भक्तिकाव्य से साक्षात्कार

(निबन्ध-संग्रह)

भक्तिकाव्य से साक्षात्कार

कृष्णदत्त पालीवाल

वाणी प्रकाशन ग्रुप
भारतीय ज्ञानपीठ

वाणी प्रकाशन : भारतीय ज्ञानपीठ की पुस्तकों के एकमात्र प्रकाशक एवं वितरक

लोकोदय ग्रन्थमाला : ग्रन्थांक 888

सजिल्द पहला संस्करण : 2007
सजिल्द तीसरा संस्करण : 2019
सजिल्द चौथा संस्करण : 2026

वाणी प्रकाशन : भारतीय ज्ञानपीठ की पुस्तकों के एकमात्र प्रकाशक एवं वितरक

वाणी प्रकाशन

4695, 21-ए, दरियागंज, नयी दिल्ली-110 002
दूरभाष : 011-23273167, 23275710
ईमेल : sales@vaniprakashan.in
www.vaniprakashan.com

ISBN : 978-91-263-1331-0

मूल्य : ₹ 695

भक्तिकाव्य से साक्षात्कार
(हिन्दी निबन्ध)
कृष्णदत्त पालीवाल

BHAKTI KAVYA SE SAKSHATKAR
(Hindi Essays)
by Krishnadatta Paliwal

मुद्रक : आर. टेक ऑफ़सेट प्रिंटर्स, दिल्ली-110 032

प्राक्कथन

मेरे लिए भक्तिकाव्य संस्कार का हिस्सा है और आधुनिक काव्य विचार का। संस्कार और विचार के बीच होनेवाली कशमकश को मैं बराबर झेलता रहा हूँ। उस तनाव को भी जो अपमान-यातना से उपजता है। इस बेचैन-व्याकुल जिन्दगी में भक्तिकाव्य की छाया का अनुभव 'अपूर्व' सुख देता है। मैं न सन्त हूँ, न भक्त, न दार्शनिक, न किसी राजनीतिक विचारधारा का गुलाम। एक बेहद सामान्य पाठक या भावक। यह भावक मन भक्तिकाव्य के भीतर डूबकर न जाने कितने भाव-मोती ले आता है और यह भाव-मोती ही जिन्दगी की दीप्ति को बढ़ाते हैं। अनोखे पत्थर, सीपियाँ, शंख जिन्हें आप अपने भीतर सजा सकते हैं। ये पत्थर-सीपियाँ बीनते हुए मुझे चार दशक हो गये और मन में इनके प्रति लगाव कम नहीं हुआ। इस भाव-यात्रा में मेरा यह विश्वास दृढ़ हुआ है कि भक्तिकाव्य हमारी जातीय स्मृति की सर्वाधिक मूल्यवान धरोहर है। इसमें हमारे पुरखे बोलते हैं और यह हमारा वह 'घर' है जिसमें हमारे पुरखों की आत्मा निवास करती है। भक्तिकाव्य की 'रसायन प्रक्रिया' में ऐसा जादू है कि कायाकल्प हो जाता है और लालसाएँ हो जाती हैं—परिष्कृत।

भक्तिकाव्य से साक्षात्कार एक प्रश्नाकुल अनुभव रहा है। इस अनुभव को आत्मसात् करने की प्रक्रिया में जिस आत्ममन्थन की शुरुआत हुई और जिस सांस्कृतिक-अस्मिता से पाला पड़ा, उसे कह पाना सम्भव नहीं है। लेकिन उन अनुभवों की गीली मिट्टी ने आकार-ग्रहण करने की ठानी तो उन्हें 'कहे बिना' रह नहीं सका। भक्तिकाव्य की अनुभूति इतनी तीव्र और ताजा था कि कहे बिना नसें फटी जा रही थीं और पूरे शरीर में झनझनाहट। आत्ममन्थन की इस पीड़ित किन्तु अपरिहार्य प्रक्रिया ने ही इन निबन्धों को लिखने के लिए विवश किया। भारत के एक उत्तर औपनिवेशिक नागरिक होने के नाते मैंने सहजभाव से अपनी 'गुलामी' पर सोचा। आत्मा में धँसी गुलामी से क्या मुक्ति पाना सम्भव है? इसका उत्तर मुझे भक्ति-काव्य में मिला कि सम्भव क्यों नहीं है। भक्तिकाव्य का मधुर विद्रोही

चिन्तन मानव को स्वच्छन्द बनाता है और उस मानवीयता का विकास करता है जिसमें यूरोपीय चिन्तन का 'अन्य' नहीं है। भक्तिकाव्य का अपना भूमण्डल है, अपना आकाश है और अपने प्रतीक-मिथक-बिम्ब-आख्यान। इसमें 'शास्त्र' का नहीं, लोक का, लोक-संस्कृति का, लोक-संवेदना का, लोक-धर्म का 'अपूर्व-अद्‍भुत' विस्तार है। यह विस्तार कबीर, दादू, रैदास, जायसी, सूर, मीरा, रसखान, तुलसी, रहीम की भाव-यात्रा में मैंने पाया है। इस भाव-यात्रा में आत्मनिर्वासन की जगह पर है आत्मबोध और लोकजागरण का आलोक।

यहाँ यह स्पष्ट कर देना जरूरी है कि ये निबन्ध बीस-पच्चीस वर्षों में लिखे गये हैं। समाज, संस्कृति, धर्म, परम्परा, दर्शन, सम्प्रदाय से लगभग सभी निबन्ध जुड़े हैं। फिर भी समय-समय पर लिखे जाने के कारण इनकी अन्तर्योजना खंडित है। वर्षों तक रगड़ खाकर भक्ति-रस और भक्तिशास्त्र पर लिखा और मध्ययुगीन सम्प्रदायों पर बहुत दिमाग खपाया। भक्ति के लोकतन्त्र में कितना कुछ पा सका, इसका निर्णय तो आप जैसे सज्जन ही कर सकते हैं।

इन निबन्धों में माता की आरती-पूजा और पत्नी प्रोफेसर रीतारानी पालीवाल की भक्ति का रस भी छलकता मिलेगा। इस स्थिति के कारण भक्तिकाव्य का यह साक्षात्कार चाहे अतल गहराइयों में न ले जाए लेकिन पानी में छपाक-सी डुबकी लगाकर मोती बाहर लाने का उज्ज्वलभाव अवश्य मिलेगा। और यह क्या कम है!

—कृष्णदत्त पालीवाल

शरद पूर्णिमा,
7 अक्तूबर 2006
प्रोफेसर, हिन्दी-विभाग
दिल्ली विश्वविद्यालय, दिल्ली-110007

अनुक्रम

प्रस्तावना

भक्ति, भक्तिकाव्य और भक्तिशास्त्र के साथ भारतीय संस्कृति-दर्शन-धर्म और साहित्य के कई प्रश्न जुड़े हुए हैं। इन प्रश्नों के साथ एक प्रश्न और जोड़ दिया जाता है—आध्यात्मिकता का प्रश्न। और फिर भारतीय-संस्कृति को आध्यात्मिक संस्कृति कहकर उसके चिन्तन के सभी भौतिक-सामाजिक प्रश्नों को दरकिनार कर दिया जाता है। पश्चिमी प्राच्यविदों ने भारतीय भक्ति-चिन्तन के साथ बड़ा अन्याय किया है और पूरी नासमझी के साथ अन्याय। यह अन्याय हृदय में पीड़ा पहुँचाता है। भारतीयों को 'आध्यात्मिकता' में धकेलकर अपनी राजनीति करना पश्चिमी उपनिवेशवादियों का पुराना खेल रहा है। समय आ गया है कि इस उत्तर औपनिवेशिक समाज में हम उनकी कपटी-राजनीति का भण्डाफोड़ करें। हिन्दी-साहित्य में आचार्य रामचन्द्र शुक्ल और चन्द्रधर शर्मा गुलेरी ने इस अध्यात्मवादी पश्चिमी राजनीति की बखिया उधेड़ते हुए माना है कि यह भारतीय चिन्तन-परम्परा के तेज को कुन्द करने के लिए की गयी 'सोची-समझी राजनीति' थी। पूरी विवेक-वयस्कता के साथ आचार्य शुक्ल ने काव्य और साहित्य में अध्यात्मवाद का विरोध किया। साथ ही 'रहस्यवाद' के झूठे प्रचार का जोरदार खण्डन।

चार दशक से ज्यादा समय हो गया। मुझे पूरब-पश्चिम पढ़ते और रटते। इसी दौरान पाया कि आधुनिकता—विशेषकर यूरोपीय आधुनिकता भविष्य-पूजन में जीती है और स्मृति-परम्परा अतीत को पोंछकर मिटा देना चाहती है। वहाँ प्रोटेस्टेण्ट धर्म और यूरोपीयता को आधुनिकता का पर्याय बनाया गया। इसीलिए अरबिन्द, कुमार स्वामी, विवेकानन्द, गाँधी पश्चिम की आधुनिकता से भयभीत रहे हैं। फिर हमारा भक्ति-काव्य और भक्ति-आन्दोलन लोकजागरण की धुरी रहा है। उसे आज 'मध्ययुगीनता' कहकर कैसे ठुकरा दें। जबकि हमारा मध्ययुगीन बोध पश्चिम का मध्ययुगीन बोध है भी नहीं। यहाँ लोक प्रबल है—शास्त्र-बल कमजोर। इसलिए भक्तिकाव्य को ब्राह्मणवादी-पुरोहितवादी काव्य कहना गले नहीं उतरता। मेरे मन में यह गूँज बराबर रही है कि पश्चिमी प्रतिमानों से चाहे वे मार्क्सवादी या

मनोविश्लेषणवादी प्रतिमान हों, भक्तिकाव्य का मूल्यांकन नहीं हो सकता, नहीं करना चाहिए। ऐसी प्रगतिशीलता किस काम की जो अपने ही हाथों अपनी नाक कटवाकर नकटा कहलवाने पर आमादा हो। इसलिए मैं दामोदरन्, सतीशचन्द्र और सुवीरा जायसवाल जैसे इतिहासकारों के भक्ति 'पाठ' से सहमत नहीं हो सका। जरूरत भक्ति, भक्तिकाव्य और भक्तिशास्त्र के दमित अर्थ को 'टेक्स्ट' के भीतर से निकालने की थी, जिस ओर अपेक्षित ध्यान नहीं दिया गया। मैंने मिशेल-फूको के विमर्श सिद्धान्त को ओट में रखकर भक्तिकाव्य से साक्षात्कार किया है—अपनी सम्पूर्ण सीमाओं के साथ और गफलत से दूर रहकर।

ज्यादातर पश्चिमी प्राच्यविदों ने हिन्दू-धर्म-चिन्तन की दृष्टि को 'छलना-छाया-भ्रम' मानकर बिना किसी शर्म के यह कहना शुरू कर दिया कि हिन्दुओं को, शिक्षित हिन्दुओं को ईसाई धर्म अपना लेना चाहिए और ईसाई धर्म-पन्थ ही हिन्दू का कठमुल्लापन दूर कर सकते हैं। इस तरह का विचार साक्षी है कि औपनिवेशिक शासन में इस देश ने क्या नहीं झेला। हापसन विल्सन को तो इस बात तक पर गुस्सा आता रहा कि हिन्दू अपने धर्म को 'सनातन' क्यों कहता है—'दिव्यता' का दावा क्यों ठोंकता है। (दे. ऐसेज ऐंड लेक्चर्स चीफली द रिलीजन ऑफ द हिन्दूज : खण्ड-2, पृ.40)। उन्नीसवीं शताब्दी के उत्तरार्द्ध में पश्चिमी विद्वानों ने एक नया पैंतरा बदला और कहने लगे कि ईसाई धर्म और कृष्णोपासना में एक तरह की समानता है। इन विद्वानों ने पूरे आत्मविश्वास से कहना शुरू किया कि कृष्ण कथा से जुड़े आख्यान-उपाख्यान, कथाओं के प्रकरण-प्रसंग तथा भक्ति-सिद्धान्त ईसाइयों की देन हैं। दुष्ट बुद्धिवाले वेबर ने 1874 में एक शोधपूर्ण निबन्ध प्रकाशित किया और उसे लुभावना शीर्षक दिया 'एन इनवेस्टिगेशन इन टू द ओरिजिन ऑफ द फेस्टिवल ऑफ कृष्ण जन्माष्टमी।' यह निबन्ध क्या छपा, वेबर के समर्थकों की बाढ़ आ गयी। 'क्राइस्ट' का रूपान्तर 'कृष्ण' सिद्ध किया गया। वेबर के इस मत का प्रबल पुष्ट तर्कों से प्रतिवाद किया आचार्य हजारीप्रसाद द्विवेदी ने 'सूर साहित्य' में। पश्चिम में मेकैनिकल जैसे बर्र-प्रवृत्ति के लोग भी थे, जिन्हें विश्वास था कि एक न एक दिन भारतीयों को यीशु की शरण में जाना ही पड़ेगा। उनमें यह विश्वास-वृक्ष भी रातोंरात पनपा कि नेस्टोरियल धर्म प्रचारक सातवीं शताब्दी में भारत आ चुके थे और उन्हीं के माध्यम से कृष्ण-कथा में ईसाईवाद का प्रवेश हुआ। (दे. इण्डियन थीइज्म, पृ. 4) इसी अन्धड़ में हापकिन्स को कहना पड़ा—'द रिलीजन्स ऑफ इंडिया' शीर्षक पुस्तक में कि हिन्दू धर्म और शास्त्रों को गहन अध्ययन-विश्लेषण से गहने मथने की जरूरत है। ऊपरी सतही लपालप से काम चलनेवाला नहीं है। सन् 1900 में मैक्समूलर ने 'सेक्रेड बुक ऑफ द ईस्ट' की भूमिका में कहा कि इस ग्रन्थमाला को प्रस्तुत करने का उद्देश्य दार्शनिक-धार्मिक विचारधाराओं की तह तक पहुँचना है। ताकि सत्य को बाहर निकाला जा सके।

लगे हाथ इसी सिलसिले को श्रीमान ग्रियर्सन ने आगे बढ़ाया। 1908 में ग्रियर्सन ने 'भागवतधर्म' पर एक बहुचर्चित निबन्ध लिखा—'नारायणीय ऐंड द भागवताज'। इसी चिन्तन की कड़ी का विकास तब हुआ, जब 'इन्साइक्लोपीडिया ऑफ रिलीजन ऐंड एथिक्स' में भक्ति के वैष्णव चिन्तन, वैष्णव रस एवं वैष्णव सिद्धान्तों को लेकर एक विवादास्पद, बेतुका निबन्ध लिखा—'भक्तिमार्ग'। (ग्रियर्सन भाग-2, पृ.539) इसी 'भक्तिमार्ग' शीर्षक निबन्ध में यह स्थापना की कि हिन्दी में भक्ति ईसाइयों की देन है। इसी तर्क परम्परा का पल्लवन कुछ ही समय बाद जैकोबी ने किया और उनका निबन्ध, अवतारवाद के सिद्धान्त पर प्रकाशित हुआ। (इन्साइक्लोपीडिया ऑफ रिलीजन ऐंड एथिक्स-भाग-7, पृ. 1973)। लेकिन जैकोबी 'गीता', 'कृष्ण' और 'धर्म' की आन्तरिक लय को समझने में पूरी तरह चूके। फलतः उनकी समझ में न भागवत सम्प्रदाय आया, न अवतारवाद। जैकोबी के निशाने की चूक से हताश हापकिंस ने 1911 में एक बड़ा महत्त्वाकांक्षी निबन्ध प्रकाशित करवाया और शीर्षक दिया 'द एपिक यूज आफ भागवत ऐंड भक्ति'। भक्ति की वैदिक व्याख्या एवं महाकाव्यगत प्रयोग में वे ऐसे उलझे कि गाभिन भैंस की तरह तालाब की सिंघाड़ेवाली बेल में तड़पते रहे और फिर न निकल सके। 'मति अतिरंक मनोरथ राऊ' का इस निबन्ध से बेहतर उदाहरण आज सम्भव नहीं है।

भारतीय नवजागरण के प्रकाश में भण्डारकर से लेकर आचार्य हजारीप्रसाद द्विवेदी जैसे उद्‌भट विद्वान जागे और अपनी संस्कृति की जड़ों की तलाश में समर्पित हो गये। आखिरकार आर. जी. भण्डारकर ने भारी अनुसन्धान के बाद 1913 में एक प्रबन्ध लिखा और शीर्षक दिया—'वैष्णविज्म, शैविज्म ऐंड माइनर रिलीजस सिस्टम्स।' भण्डारकर के सिर पर साम्राज्यवादी सोच का जादू था। इसलिए वैष्णव एवं शैव-चिन्तन को घला-मला करके वे चलते बने। उन्हें ध्यान ही नहीं रहा की वैष्णव सिद्धान्तों पर तान्त्रिक धर्म साधनाओं का दूर तक असर है—और पीछे तो सूफ़ी प्रभाव भी कम नहीं। वैष्णव आन्दोलन ब्राह्मणवाद-पुरोहितवाद कर्मकाण्डवाद, क्रूर सामन्तवाद की दमितकारी शक्तियों के विरुद्ध किस तरह का विद्रोह है—इस विद्रोही शक्ति को भी भण्डारकर नहीं पहचान सके। 1921 में एच. सी. राय चौधुरी ने 'मैटेरियल्स आफ द अर्ली हिस्ट्री आफ वैष्णव सेक्ट' शीर्षक एक प्रबन्ध प्रकाशित किया। राय चौधुरी की बुद्धि का दिवाला तब पिटता दिखाई दिया, जब वे कृष्ण-भक्ति को ईसाई धर्म से प्रभावित घोषित कर उठे। राय चौधुरी कृष्णोपासना सम्बन्धी पौराणिक कथाओं के आधार पर वासुदेव कृष्ण की जीवनी पर पिल पड़े। इस बात पर उन्होंने विचार तक नहीं किया कि राम और कृष्ण की कथाओं की भारतीय साहित्य में कोई सीमा नहीं है। कृष्ण, भाव के देवता पहले हैं, धर्म और दर्शन के बाद में। विष्णु से वासुदेव तक की एक बहुत लम्बी अन्तर्यात्रा है—भाव-सागर की अन्तर्यात्रा।

राय चौधुरी से बेहतर एल. डी. बार्नेट थे जिन्होंने पूर्व और पश्चिम की दृष्टि को सहानुभूति-सद्भावना से समझने का प्रयत्न किया और एक पुस्तक लिखी—'द हिन्दू गाड्स ऐंड हीरोज़' जो 'द विजडम ऑफ द ईस्ट सीरीज' में प्रकाशित हुई। इस पुस्तक में वैष्णव देवताओं का विवेचन तो कम से कम भटकानेवाला नहीं है। इसी राह की ओर सर चार्ल्स एलियट चले और 1921 में तीन खण्डों में 'हिन्दुइज़्म और बुद्धिज़्म' का प्रकाशन हुआ। इसी बीच श्रीमद्भगवद्गीता के अनुवादों की धूम मची और बाल गंगाधर तिलक का 'गीता भाष्य' तक वासुदेव कृष्ण पर नये सन्दर्भों को सामने लाया। इसी समय के आसपास कुमार स्वामी की पुस्तक 'ईस्टर्न आर्ट' के निबन्धों की भारतीय बौद्धिकों में चर्चा प्रबल हो गयी और इनसे विचार का एक नया क्षेत्र मिला। हिन्दी में विद्यानिवास मिश्र ने कुमार स्वामी के चिन्तन को 'लागौ रंग हरी' पुस्तक में प्रस्तुत भी किया और प्रतिष्ठित भी। उन्होंने भक्ति-काव्य और 'भक्तिरस' के अन्तर्निहित अर्थ का 'रस-विशेष' पाठक तक पहुँचाया और वे 'आध्यात्मिकता' के चक्कर में नहीं पड़े। प्रिय भाई विष्णुकान्त शास्त्री, भक्ति एवं शरणागति' की ओर समर्पित भाव से गये। सच बात है कि भक्तियोग भावयोग है, जिसमें भारतीय जनता की लोकलय, लोकसंस्कृति और लोकजागरण की निर्विकार चेतना है। अतः सामाजिक आधार के सन्दर्भों को दृष्टि-पथ में रखकर मैंने भक्तिकाव्य का साक्षात्कार करना-कराना चाहा है। मैं न भक्त हूँ, न सन्त हूँ, न धार्मिक प्राणी हूँ, न नेता या महन्त। मैं भक्तिकाव्य का सामान्य पाठक हूँ—विद्वान नहीं। उत्तर-आधुनिक स्थितियों-परिस्थितियों के कारण पाठकों-सामाजिकों-भावकों-सहृदयों-सुमनसों, प्रमाताओं की आस्था 'भक्तिकाव्य' को लेकर हिलडुल रही है और एक मारक खालीपन जीवन में भर रहा है। ऐसे कलिमल-ग्रस्त समाज और समय को भक्तिकाव्य आज भी बहुत कुछ दे सकता है 'मानुष प्रेम भयउ बैकुण्ठी' का सूत्र देकर लोक में विष्णु-उपासना का जो नया स्वरूप महत्त्व-महिमा को प्राप्त करता गया, उसने भक्ति का सिद्धान्त ही बदलकर रख दिया। भक्ति में प्रेमोपासना या आराधना को प्राधान्य मिला और वैदिक यज्ञों ने भक्ति को प्रकृति-दर्शन से मिलाकर दृढ़रूप दिया। बौद्धों तथा अन्य वेद-विरोधी, शास्त्र-विरोधी चिन्तकों-सम्प्रदायों ने यज्ञ-प्रथा से चिढ़कर इसके अनुष्ठानों को निरर्थक घोषित कर दिया।

विद्वानों और जिज्ञासुओं के लिए प्राचीन भारतीय साहित्य में बुद्धि रूपी मथानी फेरने पर भी यह जान पाना या प्राप्त कर पाना लगभग असम्भव है कि भक्ति और भक्ति-सिद्धान्त का विकास कैसे हुआ और इसमें किन सामाजिक-धार्मिक कारणों ने विष्णु का प्रवेश कराया तथा इसमें विष्णु उपासना का वर्चस्ववाद कैसे स्थापित हो पाया। विद्वानों ने 'भक्ति' को लेकर कई दृष्टिकोणों से अध्ययन-अनुसन्धान किया है लेकिन भक्ति की पहेली पूरी तरह सुलझी नहीं। इसमें बहुत कुछ अनुमान केन्द्रित

रहा। फिर 'भक्ति' शब्द का इतिहास दीर्घकालीन उथल-पुथल के क्रम में बना है। इसलिए इसमें अनेक अर्थ-छायाएँ एक साथ झिलमिलाती मिलती हैं। सामाजिक-धार्मिक शक्तियों के प्रभाव और दमन ने 'भक्ति' की अवधारणा में नये सन्दर्भ जोड़े हैं। आज तक न तो 'भक्ति' शब्द का देश-विदेश में अनुवाद हो पाया है, न इस अवधारणा का सही सन्दर्भगत भाष्य ही सम्भव हो सका है। यह सच बात है कि 'भक्ति' शब्द की अनेकार्थी-व्यंजना शब्द की अर्थगत केन्द्रीयता को स्थापित ही नहीं होने देती। बार-बार अर्थ-फिसलता है और किसी न किसी सम्प्रदाय के हाथ में पड़ जाता है। हालत यहाँ तक पहुँची है कि 'भक्ति' शब्द न केवल बहुलार्थक स्वरूप ग्रहण करता रहा है, अपितु भाव-साधनाओं में 'विरुद्धों का सामंजस्य' स्थापित करता हुआ एक सामुदायिक-धार्मिक सिद्धान्त का जामा पहन चुका है।' आज भक्ति और भक्तिकाव्य पर विचार-चर्चा करते समय यह बात भूलने के विरुद्ध है कि 'भक्ति' भावयात्रा का संकेत नहीं है, वह पूरी विचारधारा है और इसकी 'एपिस्टोमोलॉजी' की जटिलता को समझना जरूरी है। 'भगवत्', 'भक्ति' तथा 'भक्त' में एक आन्तरिक योजना है—जातीय अवचेतन की संरचना के साथ। विद्वान लोग कहते हैं कि भगवत शब्द का तात्पर्य वह आदिम जनजातीय समूह था जो समस्त जनजातीय सम्पत्ति का स्वामी होता था। इसी तरह खोजबीन से पता चलता है कि 'भक्ति' का अर्थ उस सम्पत्ति का एक भाग था और 'भक्त' का अर्थ था—वह व्यक्ति, जिसे वह सम्पत्ति-भाग प्राप्त होता था। (दे. सुवीरा जायसवाल-वैष्णव धर्म का उद्भव और विकास, पृ. 119) आगे चलकर समाज में नये विचारों के पैदा होने पर भक्त-भक्ति आदि शब्दों के अर्थ में परिवर्तन होने लगा और 'भगवत' को एक देवता का पद प्राप्त हो गया और उसे कुछ समय बाद भगवान के रूप में पूजा जाने लगा तथा भक्त को उपासक के रूप में सामाजिक मान्यता मिली।

ऋग्वेद की एक ऋचा में अग्निदेव भक्तों में अपना प्रसाद वितरित करते हुए मिलते हैं। परवर्ती काल में पाणिनि के बहुधा उद्धृत सूत्र में 'भक्ति' शब्द का अर्थ 'प्रेम करना' या 'किसी से संलग्न होना' न होकर वह अर्थ ग्रहण कर लेता है—जिसकी अर्थ-ध्वनि यह है कि जिस पर कोई आश्रित है। भक्ति से शरणागति के अन्त:सूत्र यहाँ जोड़े जा सकते हैं और ईश्वर में परम अनुरक्ति का नाम भक्ति क्यों है, इस आशय का अनुमान लगाया जा सकता है। ऐसा काल-चक्र में हुआ है जब भक्ति का अर्थ 'प्रसाद' किया गया है। समय बड़ा बलवान है, उसने अपनी गति से भगवान और भक्त को एक सूत्र में गूँथ दिया। दोनों की दूरी समाप्त कर दी। आत्मीय हृदय-संवाद ने दोनों में अद्वैत-भाव, पिता-पुत्र भाव, पति-पत्नी भाव, प्रिय-प्रिया भाव, कृष्ण-राधा भाव, वृन्दावन बिहारी की निकुंज लीला का भाव, महारास—न जाने कितने भाव सम्बन्ध पैदा किये। अनन्त को अनन्तभावों की मधुरता में बाँधा और प्रेम उपमा की

दृष्टि से चैतन्यमहाप्रभु ने उसे परकीया-भाव में बाँधकर खोल दिया। बन्धनविहीन स्वच्छन्द प्रेम। स्वकीया-प्रेम से ज्यादा परकीया प्रेम की गरमाहट का असीम अनुभव। मधुर-रस या ब्रज-रस का अनुभव। भारतीय महाकाव्यों ने भक्ति शब्द का प्रयोग उसी तरह किया जैसे मानव के सन्दर्भ में। भक्ति का अर्थ हो गया 'चाह' या 'प्रेम' या 'राग' या 'आसक्ति' या अनुरक्ति या रसात्मक अनुभूति। 'रसो वै सः' अब भक्ति में भाव और रस बन गया। रस कैसे बन गया? इस निष्पत्ति का सामाजिक इतिहास भूगोल-गणित प्रस्तुत कर पाना बहुत बड़ी चुनौती है। भक्ति शब्द के अर्थ-परिवर्तन सामाजिक-परिवर्तनों के सूचक हैं। महाकाव्य-युग के बाद हम पाते हैं कि विशेषकर पुराणों के युग में भक्ति का अर्थ हो गया देवता की समर्पित भाव से पूजा आराधना। भक्ति पर केवल मनुष्य का अधिकार। देहधारी मानव ही भगवान की भक्ति कर सकता है अदेहधारी नहीं। भक्ति का अर्थ-सन्दर्भ भगवान से राग-अनुराग लगन से जुड़ गया। लगन से सेवा और अनेक प्रकार से भक्ति की भाव-भूमि तैयार हुई।

विद्वानों का एक बड़ा वर्ग मानता रहा है कि आरम्भ में वैदिक साहित्य में 'भक्ति' शब्द का प्रयोग 'धर्मनिष्ठा' के अर्थ-सन्दर्भ से दूर ही रहा। लेकिन वरुण से सम्बन्धित ऋचाओं की धर्मनिष्ठा भक्ति-भावना क्यों नहीं है? वरुण में आवेशपूर्ण अनुराग-आसक्ति क्या कोरी छलना का भाव है। देवतागण पिता-भाई-मित्र रूप में सम्बोधित हैं—उन्हें मानव सम्बन्धों में बाँधकर आत्मीय रूप प्रदान किया गया है। देवताओं के उपासक उनके प्रति अपनी भक्ति-उपासना-आराधना का निवेदन करते हैं। इन्द्र-अग्नि के लिए अपना हृदय उलीच देते हैं, उनके लिए अपने को पूरी तरह खाली कर देते हैं, ताकि उन्हें हृदय में भरा जा सके। वैदिक कवि इन्द्र की प्रार्थना में कहता है कि तू हमारे सगे-रिश्तेदार के रूप में प्रख्यात है—सखा-पिता रूप में हमारी देखभाल करता है, हम पर दयालु-कृपालु रहता है, हमारी रक्षा कर हमारा रक्षक बन। ऐसे ही अद्भुत आत्मीय सम्बोधन अग्नि, उषा, पूषन के लिए प्रयुक्त किये गये हैं। वैदिक ऋषियों की ऋचाओं में प्रकृति की आराधना का अद्भुत विस्तार है, प्रायः उपासकों के साथ प्रकृति सगोत्रता पर बल दिया गया है। वैदिक गोत्रों के नामों में अंगिरस, विश्वामित्र, भरद्वाज मूलतः अग्निदेव से जुड़े हैं और इनसे जुड़कर गोत्र-परम्परा विकसित हुई और जाति-वर्ण-व्यवस्था में मिलकर उसने उग्र रूप धारण किया। 'होत्र' और 'गोत्र' की गाथा से भारतीय समाज भर गया। कभी-कभार ऋग्वेद की ऋचाओं में 'सजात्य' और 'सनाभि' सम्बन्धों का वर्णन मिलता है—'एक गर्भ उत्पन्न' पुत्र गाथाएँ मिलती हैं। इसीलिए विद्वानों का कहना है कि वैदिक काल में भक्ति के साथ जाति 'गोत्र-कुल' भी उत्पन्न हुए। फलतः भक्ति का गोत्रों से नाभि-नाल सम्बन्ध जोड़ा गया। कुटुम्ब सम्बन्धों को देवताओं से जोड़ा गया और उन्हीं के आधार पर आराधना का पल्लवन किया गया। देवताओं के साथ आसक्ति-अनुराग की

भावना आदिम सामुदायिक जीवन की अभिव्यक्ति नहीं तो क्या है? उत्तर-वैदिक युग में सामाजिक वर्गीकरण और विकास की प्रक्रिया तेज हुई तो वैदिक उपासना का खुलापन सिकुड़ने लगा। कर्मकाण्डी सिद्धान्तवादिता और रीतिवादिता ने समाज को अजगरी गुंजलक में लपेट लिया। कर्मकाण्ड ने पुरोहितवाद को न केवल दृढ़ किया अपितु सामाजिक अन्याय के अस्त्र-शस्त्र प्रदान कर दिये। शास्त्र और शस्त्र दोनों को लेकर पुरोहित पूरी ताकत से समाज पर चढ़ बैठे। कर्मकाण्डी यज्ञों ने देवता और भक्त के बीच पुरोहित खड़ा कर दिया तो दूरी बढ़ी और मानव-देव सम्बन्धों में औपचारिकताओं का प्रवेश हुआ। देवता और भक्त के साथ पुरोहित—दो से तीन क्या हुए, प्रेम की प्रकृत मनोभूमिका में दरार पड़ गयी। दुःख इस बात का है कि यह दरार आज तक भरी नहीं जा सकी है। वैदिक कर्मकाण्डवाद को उपनिषदों ने तोल-तराश कर समरस करना चाहा और निर्गुण-सगुण आराधना की भूमि तैयार की गयी। भक्ति-सिद्धान्त में ईश्वर का अनुग्रह, साकार ब्रह्म की धारणा का मूल उपनिषदों में मिलता है। इसी मूल बीज ने कालान्तर में 'गीता' में अपने को सिद्धान्त रूप में स्थापित किया। दुष्टों का नाश करने के लिए, साधुजनों के परित्राण के लिए, धर्म की संस्थापना के लिए ब्रह्म की अवतारवादी ध्वनि सुनाई दी। इसीलिए विद्वानों ने माना है कि उपनिषद् रूपी गाय का बलिष्ठ बछड़ा है श्री कृष्ण। उपनिषद् माताओं का दूध पीकर पीन-पुष्ट। मूल बात यह कि 'गीता' ही वह प्रथम ग्रन्थ है जो साकार-ब्रह्म की धारणा का सिद्धान्त प्रतिपादित करती है। वेदेतर प्राक् आर्य-पूजा की आदिम धार्मिक भावना भी 'गीता' में घुल गयी और गीता-चिन्तन ने नया रूप पाया। कुमार स्वामी ने 'यक्ष' शीर्षक अपनी पुस्तक में एक महत्त्वपूर्ण स्थापना की है कि भक्ति की धार्मिक भावना, देवता की प्रेमाराधना के मूल की खोज यक्षों, गन्धर्वों, नागों आदि प्राक् आर्य देवताओं की पूजा में करनी चाहिए। इस विचार की ध्वनि यह है कि 'भक्ति' प्राक्-आर्य-संस्कृति की देन है और अपनी आदिमता में वह आराध्य-आराधक सम्बन्ध की प्रगाढ़ता का संकेत भी।

सामाजिक संरचनाओं में परिवर्तन के साथ 'भक्ति' के अर्थ-सन्दर्भों में भी परिवर्तन आये हैं। इन परिवर्तनों ने 'धर्म' की संरचना को भीतर-बाहर से बदला। देवी-देवताओं के धार्मिक साँचे तैयार किये। मानव-रक्षा के लिए कुल-देवी, कुलदेवता, ग्राम देवता के नये-नये साँचे निर्मित किये। ये साँचे कैसे और क्यों निर्मित किये गये, इन पर समाजशास्त्रियों, पुरातत्त्ववेत्ताओं ने अध्ययन किया है, लेकिन कोई ठोस निष्कर्ष सामने नहीं आ सका है। हाँ, इतना अवश्य हुआ है कि हड़प्पा-संस्कृति के अवशेषों में ऐसी प्रतिमाएँ मिली हैं—जो वैदिक संस्कृति को हड़प्पा-संस्कृति से जोड़ने का एक आधार देती हैं और इसी आधार से कहा जा रहा है कि वैदिक संस्कृति तो हड़प्पा संस्कृति का विस्तार थी। बलि से देवताओं को प्रसन्न करने की चाल कब

चली, कह पाना कठिन है लेकिन इस चाल ने भक्ति को धर्म से जोड़कर दम लिया। यह काम अच्छा हुआ या बुरा, यह अलग बात है।

'भगवद्गीता' में 'भक्ति' का अर्थ-सन्दर्भ स्वच्छ रूप धारण करता है—यहाँ 'भक्ति' से अर्थ-व्यंजना यह है—भगवान से प्रेम। आत्मीय प्रेम। भावुक प्रेम की सतही उच्छलता से रहित प्रगाढ़ प्रेम। 'गीता' में भगवान ने भय मिश्रित आतंक को स्थान ही इसलिए दिया है कि भक्त का मंगल हो। दास्यभाव से अहं का नाश हो और दम्भरहित शरणागति प्राप्त हो। दम्भ श्रीकृष्ण किसी का नहीं रखते, चाहे अर्जुन ही क्यों न हो। 'गीता' भक्ति में उपासना और श्रद्धा पर बल देती है पूरे बौद्धिक विश्वास के साथ! बौद्ध-धर्म के निराशावादी अनीश्वरवाद ने जो शून्य पैदा किया था, उसे भी गीता भरने में समर्थ हुई। हालाँकि महायान बौद्धमत ने एक आशावादी शंखनाद किया था और बुद्ध की भक्ति का प्रसार किया। किन्तु इस भाव का चरम विकास गीता में हुआ। 'गीता' का भगवान भक्त के परित्राण के लिए, अधर्म का नाश करने के लिए अवतार धारण करता है।

जिज्ञासुओं, सन्तों, भक्तों और विद्वानों ने यह प्रश्न कई रूपों में उठाया है कि भगवद्-भक्ति की अवधारणा में श्रृंगारपरक प्रवृत्तियों का जन्म कैसे हुआ? गोप देवता कृष्ण के साथ नारायण का एकीकरण लम्बी सामाजिक प्रक्रिया का परिणाम है। विष्णु और हरिवंश पुराण वाला कृष्ण का सहज-प्रकृत जीवन। भगवान के प्रति भक्तों की तीव्रभावना का विस्फोट तमिल आलवार भक्तों के पदों में हुआ। उसके बाद तो पूरा दक्षिण भारत भक्ति-आन्दोलन से भर गया। बंगाल में वैष्णव-मतों की ऊँची ध्वनियाँ उठीं और अखिल भारतीय भक्ति-आन्दोलन चला। भक्त कवियों ने देश की सांस्कृतिक-भावनात्मक एकता के अन्त:सूत्रों को दृढ़ किया और मानव-मन को भक्ति-भाव की प्रेरणा से जीवन शक्ति प्रदान की। उपनिषदों के ज्ञान ने ब्रह्म के मूर्त-अमूर्त रूपों को व्याख्यायित किया। फिर तैत्तिरीय उपनिषद् में ब्रह्म अन्नमय, प्राणमय, मनोमय, विज्ञानमय और आनन्दमय रूप में मिलता है। उपनिषदों की रहस्यमयी प्रतीकात्मक दार्शनिक भाषा को गीता समरस करती है। 'मामेकं शरणं व्रज' में प्रेमध्वनि है। यही प्रेमध्वनि नारायणीय उपाख्यान, नारद पंचरात्र साहित्य, संहिताओं की व्याख्या वृत्ति से विकसित होनेवाले भागवत धर्म, पंचरात्र धर्म, नारायण—वासुदेव सभी वैष्णव धर्मों में है। यहाँ शिव-शक्तिवाद और अवतारवाद का लीलागान है, रसमय, प्रेमाभक्ति और प्रेमा पुमर्थो महान का प्रेम-दर्शन। यही दर्शन हिन्दी भक्तिकाव्य और भक्तिशास्त्र का मूल आधार है। शाण्डिल्य भक्ति सूत्र में कहा गया कि ईश्वर में परमानुरक्ति का नाम भक्ति है : सा परानुरक्तिरीश्वरे। नारदभक्ति सूत्र में भक्ति को परमप्रेमरूपा घोषित किया गया—सात्वस्मिन् परम प्रेमरूपा। यह प्रेमरूपा भक्ति ही परा भक्ति है, पराअनुरक्ति है। वह अमृतरूपा है, ज्ञानस्वरूपा है—रसरूपा

है।

भक्ति-चिन्तन के सिद्धान्त में 'नारद-भक्ति-सूत्र' की अपार महिमा है। यहाँ निर्देश है कि भक्ति के लिए वैदिक और लौकिक सभी कर्मों का परित्याग आवश्यक है। नारद ने भक्ति से सम्बन्धित कई प्राचीन मतों की चर्चा की है और माना है कि भक्ति का मूल भाव है राग या प्रेम। सभी कर्मों को भगवान के प्रति अर्पण और समर्पण। कर्म, ज्ञान, योग मार्ग से श्रेष्ठमार्ग है—भक्ति-मार्ग या भक्तियोग। भक्ति साधक तत्त्व हैं—(1) सांसारिक विषयों का त्याग, (2) सत्संग, (3) अखण्ड भजन, (4) गुण श्रवण, (5) कीर्तन, (6) भगवत्कृपा। नारद-भक्ति-सूत्र ने 'प्रेम' की व्याख्या करते हुए कहा है कि कामनारहित अविच्छिन्न-सूक्ष्म अनुभव रूप है। इसलिए दास्य-भाव और कान्ताभाव ही प्रधान भक्तिभाव हैं। नारद ने भक्ति में ग्यारह प्रकार की आसक्तियों को स्थान दिया—(1) गुणमाहात्म्यासक्ति, (2) रूपासक्ति, (3)पूजासक्ति, (4) स्मरणासक्ति, (5) दास्यासक्ति, (6) सख्यासक्ति, (7) कान्तासक्ति, (8) वात्सल्यासक्ति, (9) तन्मयासक्ति, (10) परमविरहासक्ति और (11) भावासक्ति।

दरअसल, श्रीमद्भागवत पुराण में भक्ति के सैद्धान्तिक और व्यावहारिक स्वरूप का निरूपण स्वच्छ-सहज शैली में किया गया है। यहाँ कहा गया है कि ब्रह्म, परमात्मा और भगवान् ब्रह्म के तीन रूप हैं। ब्रह्म ज्ञान का विषय है—परमात्मा योग का विषय है, (ईश्वर) भगवान भक्ति का विषय है। मूलरूप में ज्ञान और योग भक्ति के पूरक हैं—साधन हैं। जीवों की प्रकृति के अनुसार चार तरह की भक्ति है—सात्त्विकी, तामसी, राजसी और निर्गुण। इनमें नवधा भक्ति भी है—

श्रवणं कीर्तनं विष्णोः स्मरणं पादसेवनम्।
अर्चनं वन्दनं दास्यं सख्यमात्मनिवेदनम्॥

साधना-भक्ति और साध्यभक्ति को भक्तिशास्त्र के आचार्य रूप गोस्वामी गौड़ी भक्ति और पराभक्ति नाम देते हैं। आचार्य हजारीप्रसाद द्विवेदी ने इस पूरी चर्चा को समेटते हुए कहा है कि दोनों में समानतत्त्व हैं—(1) भक्त का भगवान के साथ व्यक्तिगत सम्बन्ध है, (2) प्रेम ही परम पुरुषार्थ है, प्रेमा पुमर्थो महान्, (3) भक्त की परम साधना है भगवान के साथ लीला, (4) गुरु को भगवान का रूप बताया गया है, (5) नाम-महिमा का महत्त्व, (6) दीनता और आत्मसमर्पण, (7) भगवत्कृपा। (दे. हिन्दी साहित्य की भूमिका, पृ. 71)

प्रायः यह प्रश्न भी उठाया जाता है कि भक्ति तो ठीक है लेकिन भक्तिमूलक वैष्णव धर्म या चिन्तन का भाव क्या है? गाँधी जी अपने को वैष्णव कहते थे और वैष्णवता का सम्बन्ध 'पीर परायी जाणे रे' से जोड़ते थे। वैष्णव का अर्थ हुआ-दूसरे

को कष्ट न पहुँचाने वाला, अहिंसा-धर्म को पालनेवाला, हत्या-वध से दूर, सात्त्विक शुद्ध चित्तवृत्ति का व्यक्ति। इस तरह वैष्णव, शब्द में न जाने कितनी अर्थ-ध्वनियाँ हैं। महाभारत के नारायणीय खंड में वैष्णव का अर्थ किया गया है—फलों-फूलों पर जीनेवाला, मांसाहार से दूर, किसी जीव की हत्या न करनेवाला। धर्म के चार पुत्रों के रूप में अवतरित हुए नारायण। और पुराणों में उन चार रूपों की जननी अहिंसा है। इस कथा रूपक का 'पाठ' पूरी भारतीय संस्कृति की विशिष्टता का उद्घोष करता है—जो सभी को जीने के अधिकार से वंचित न करना अपना (धर्म) कर्तव्य समझता है—वह वैष्णव है—जिसकी आन्तरिकता के जल में नर के नारायण-विष्णु का शयन है। लुटेरी-संस्कृतियों के लोग 'वैष्णवता' का अर्थ समझ ही नहीं सकते। क्योंकि उनकी संस्कृति में वैष्णवता का संस्कार नहीं है। हिन्दी साहित्य में आधुनिक हिन्दी के प्रवर्तक और नवजागरण के अग्रदूत भारतेन्दु ने एक निबन्ध लिखकर इसी विचार को स्पष्ट किया है। उनके निबन्ध का शीर्षक है—'वैष्णवता और भारतवर्ष।' भारतेन्दु ने विष्णु-विमर्श का यह भाव विष्णु-पुराण से पाया था। विष्णु-भगवान का ऐसा उपासक या भक्त जो किसी प्रकार की हिंसा नहीं करता, दूसरों का धन नहीं लूटता। न दूसरों को ठगता, न परायी स्त्री और धन पर निगाह रखता है। इस तरह सच्चरित्र व्यक्ति जाति-धर्म एवं देश का एक मानदण्ड है—'वैष्णव जन'। भगवान ऐसे व्यक्ति के हृदय में निवास करते हैं जिसका मनोमुकुर निर्मल है। छल-कपट से दूर हितकारी कृपालु-मानव। पण्डित लोग कहते हैं कि भागवत-धर्म ने अहिंसा सिद्धान्त को बौद्ध-जैन चिन्तन से ग्रहण किया है। यह भी हो सकता है कि बौद्धों-जैनियों ने अहिंसा का यह दृष्टि-दर्शन भागवत धर्म से पाया हो! भागवत-धर्म या नारायणीय सम्प्रदाय के आरम्भ में नरबलि का विधान था, किन्तु पीछे से इस धर्म ने बलिप्रथा से अपने को मुक्त कर लिया। शान्तिपर्व, (महाभारत) में यह उल्लेख स्पष्ट रूप से किया गया है कि देवता को मधु-मत्स्य, मांस आदि से अर्घ्य देकर प्रसन्न करने की प्रथा अवैदिक है, विष्णु की अर्चना-वन्दना दूध-दधि-चावल-पुष्प के अर्घ्य से की जानी चाहिए। 'महाभारत' से उलट विधान 'रामायण' में है—'रामायण' के अयोध्याकाण्ड में राम हरिण के रांधे मांस से विष्णु एवं रुद्र की पूजा करते हैं। और यह यहाँ वैदिक विधि से विष्णु की पूजा है।

प्राचीन साहित्य के खोजी पण्डितों ने कई प्रमाणों से सिद्ध कर दिखाया है—प्राचीन आर्य शिकार करते थे, शिकार खाते थे और वासुदेव कृष्ण का सम्प्रदाय बलिप्रथा से दूर नहीं था। विष्णु पुराण की इस कथा को बार-बार दुहराया जाता है कि गोवर्द्धन को मांस का अर्घ्य चढ़ाया था। पुराणों की एक कथा दूसरी कथा के विरोध में खड़ी मिलती है। इसका कारण भिन्न-भिन्न कालों और प्रदेशों की परम्पराओं का पार्थक्य है। 'शतपथ ब्राह्मण' की कथा का निहितार्थ है कि यज्ञ के पावक में मनुष्य, घोड़ा,

बैल, भेड़ और बकरी इनकी बलि नहीं देनी चाहिए। कहीं-कहीं यह कहा गया है कि देवता को फूल चढ़ाने चाहिए—देवी को लालकमल, विष्णु को नीलकमल। कमलों से पटा सरोवर है भारतीय संस्कृति। जिसमें कमल को विष्णु की दाहिनी आँख कहा गया है।

यह जिज्ञासा उठायी गयी है कि अवतारवाद का सिद्धान्त आया कहाँ से और कब शुरू हुआ? कृष्ण नारायण से नरावतार बने कैसे? वासुदेव कृष्ण के साथ अवतारवाद का सिद्धान्त जुड़ा कैसे? विद्वान हर चीज का बीज ऋग्वेद में खोजने के आदी रहे हैं और यहाँ भी ऋग्वेद को टटोलने पर पाया कि बीज-भाव तो मौजूद माना जा सकता है। एक कथा में विष्णु युद्ध के समय अन्य रूप धारण करते हैं। फिर ऋग्वेद में इन्द्र की गति कई तरह से है। वे अनेक रूप धारण करते हैं। लेकिन रूप-धारण करना तो अवतारवाद नहीं कहा जा सकता। न रूप धारण से वैष्णव अवतारवाद का कुछ लेना-देना है। ऐसी स्थिति के कारण अवतारवाद के सिद्धान्त की प्रथम स्पष्ट घोषणा—'भगवद्गीता' में मिलती है—

यदा यदा हि धर्मस्य ग्लानिर्भवति भारत।
अभ्युत्थानमधर्मस्य तदात्मानं सृजाम्यहम्॥
परित्राणाय साधूनां विनाशाय च दुष्कृताम्।
धर्मसंस्थापनार्थाय सम्भवामि युगे-युगे॥ (4,7-8)

'गीता' के इन कथनों पर विचार करने के बाद डॉ. सुवीरा जायसवाल ने 'वैष्णव धर्म का उद्भव और विकास' में अनुमानवाद का सहारा लेकर कहा है कि इस प्रकार यह सिद्धान्त इस बौद्ध धारणा से काफी प्रभावित है जिसके अन्तर्गत यह माना जाता है कि पहले भी बहुत से बुद्ध हो चुके हैं। लेकिन ऐतिहासिक दृष्टि से यह बौद्ध-सिद्धान्त पूर्ववर्ती है और खोजों से यह ज्ञात हो चुका है कि कुछ पहले हुए बुद्धों की ई. पू. तीसरी शताब्दी में आराधना की जाती थी। (दे. पृ. 130) यह अनुमान भी लगाया गया सम्भवतः बोधिसत्त्वों के सादृश्य पर ही कि विष्णु के न जाने कितने अनगिनत जन्म हो चुके हैं। फिर अवतार शब्द का अर्थ है 'उतरना' 'नीचे आना' अर्थात स्वर्ग से भूमि पर आना और भूमि को बैकुण्ठ धाम बना देना लीला करना। प्रकट होना। प्रादुर्भाव होना। भक्तों के भवभय-भंजन विष्णु 'हरिवंश पुराण' के शब्दों में प्रादुर्भूत होते हैं। 'महाभारत' के 'नारायणीय खण्ड' में नारायण-विष्णु के अवतारों की चर्चा है जिनमें वामन, वराह, नरसिंह और मानुष चार अवतार प्रमुख हैं। महाभारत के 'आरण्यक पर्व' और 'मार्कण्डेय पुराण' में इस चर्चा का विस्तार है। अवतारों की संख्या 'भागवत पुराण' तथा 'पंचरात्र संहिताओं' में बढ़ती ही गयी। फिर तो अवतार-कथाओं का एक सागर ही हमारे सामने लहराने लगा। राम और कृष्ण की अवतार कथाओं ने विष्णु के

अवतार की भूमिका को लोकप्रिय बनाया। पालि के 'दशरथ जातक' में राम को बोधिसत्त्व के रूप में चित्रित किया गया है। (दे० कपिलदेव पाण्डेय—मध्ययुगीन साहित्य में अवतारवाद) भारतीय भाषाओं का पूरा भक्तिकाव्य विष्णु के अवतारी रूपों की कथाओं का भक्ति-रस है।

वैष्णव-चिन्तन और लोक-मानसिकता की एक लम्बी अन्तर्यात्रा से गुजरने के बाद ज्ञात होता है कि पशु बलिवाले वैदिक याज्ञिक अनुष्ठान अलोकप्रिय होते गये और उनका स्थान बौद्धधर्म के अहिंसा—भक्ति-सिद्धान्त लेते गये। बौद्धों ने ब्राह्मणधर्मी सामाजिक-धार्मिक व्यवस्थाओं की चूलें हिलाकर रख दीं। बौद्ध-चिन्तन की क्रान्ति के बाद ब्राह्मणों ने फिर एक राह निकाली, लोकप्रिय देवी-देवताओं की उपासना-आराधना की राह। प्रभु-प्रभुता और पद सभी को आकृष्ट करने लगे तो इनसे भक्तिपरक साँचों को आचार्यों ने गढ़कर तैयार करने का कार्य शुरू कर दिया। आचार्यों ने विवेक वयस्कता के साथ नारायण विष्णु में सभी देवताओं को मिला देने की गुपुत—प्रकट जुगुत निकाली। जनसमूह को एकत्रित करने के लिए कीर्तनों-नृत्यों-कला आयोजनों को बढ़ावा दिया। अनेक तरह की सामाजिक असमानताओं के बावजूद भक्ति पूजा का एक जन-सामान्य लोक-मार्ग 'लोक-धर्म' सिद्धान्त के भीतर से निकलता दिखाई दिया। इस जन-विश्वास और जन-आस्था वाले लोक-धर्म ने किसानों-श्रमिकों की एक बड़ी तादाद को भगवान विष्णु की ओर प्रवृत्त किया। जाति-पाँति तोड़कर भक्ति-मार्ग में बढ़ई, लुहार, मोची, काछी, धोबी, धानुक, नाई, कुम्हार, बुनकर आदि सभी आये और सभी ने अपने को देवता के नजदीक पाया। आज भी शेष संकर्षण के अस्त्र-शस्त्र और पराक्रम से ज्ञात होता है कि कभी वे कृषकों के बीच लोकप्रिय देवता रहे होंगे।

महाभारतकालीन समाज पर वासुदेव कृष्ण का ऐसा वर्चस्व स्थापित है कि कोई भी उनसे अधिक न बली है न राजनीतिज्ञ। वासुदेव कृष्ण कब राधा-प्रेमी कृष्ण बने। आभीर जाति की देवी राधा और आभीर देव कृष्ण अन्य सभी देवी-देवताओं को ओट में कर प्रमुख स्थान पा गये। इनके अनेक आख्यान हैं—'श्रीमद्भागवत पुराण' इनकी अद्भुत काव्यात्मकता का विलास है। इन आख्यानों का सार सर्वस्व यही है कि वन्य-पृष्ठभूमि में चित्रित शैशवकालीन कथाओं के प्रकृत भाव से परिपूर्ण परिवेश को अपनाकर जनता का मन जीत लिया। मनु सात्वतों की कथाओं से निकले वासुदेव-कृष्ण, वैश्य व्रात्यों से कैसे जुड़े? इन सामाजिक संरचनाओं के 'फार्मेशनों' को लुसई गोल्डमान के विचार-चिन्तन से हेरा जा सकता है। गोल्डमान की सोशल-फार्मेशन थियरी की गुलामी जरूरी नहीं है। लेकिन इससे मदद तो ली ही जा सकती है। कृषि के साथ पशुपालन का व्यापार कृष्ण को कई सन्दर्भों में सामने लाता है अतः उन पर समाजशास्त्रीय चिन्तन से सोचा जाना चाहिए। कृष्ण को सनातनी व्रात्य व्यवस्था में

रखने का अर्थ–वैश्य व्यापार से जोड़ना था। फिर वृष्णि नायकों का दबदबा बढ़ा तो ब्राह्मणों ने कृष्ण की शौर्य–गाथाओं को ससम्मान अपना लिया और देव–समूह में कृष्ण एक योद्धा के रूप में उभरे। समाज में श्री देवी अर्थात् वैश्यों, शूद्रों में उर्वरता की श्री देवी की भक्ति–पूजा व्यापारियों, शूद्रों, कृषकों सभी में लोकप्रिय थी। फिर श्री को विष्णु की पत्नी के रूप में धार्मिक मान्यता मिल जाने से अपूर्व सौन्दर्य उमड़ना ही था। अनेक लौकिक–अलौकिक देवी–देवताओं का नारायण विष्णु में समावेश और एकीकरण भारतीय संस्कृति की एक बड़ी घटना तो है ही, उपलब्धि भी है। उपलब्धि यह कि नारायण–विष्णु ने सभी को अपने साथ जोड़ा और इस जोड़ने की समाहार की शक्ति ने ही उन्हें लोकनायक बनाकर लोक–धर्म में स्थापित कर दिया। महाभारत के 'नारायणीय खण्ड' का प्रतिपाद्य ही है वासुदेव और नारायण के बीच संवाद सेतु से तादात्म्य स्थापित करना। यहाँ नारद मुनि विष्णु की स्तुति गाते हैं। अवैदिक मूल के देवता नारायण वैदिक धर्म में आदरभाव से लाये गये। शतपथ ब्राह्मण ने उनका सम्बन्ध पुरुष–सूक्त की ऋचा से जोड़ दिया। समाज का चातुर्वर्णिक विभाजन और उसके प्रमाण कई तरह की व्याख्या की अपेक्षा करते हैं। इसी चतुर्वर्णवाद पर बाबा साहेब अम्बेडकर ने विस्तार से विचार किया और गीता तथा भक्तिशास्त्र की निन्दा की। (दे. कृष्णदत्त पालीवाल, अम्बेडकर समाज–व्यवस्था और दलित साहित्य)। नारायण के उपासक दो प्रकार के थे। वैदिक व्यवस्था को स्वीकार करने वाले और वैदिक व्यवस्था को अस्वीकार करनेवाले अवैदिक जन। पहले को भागवतों और दूसरे को पंचरात्रों के नाम से प्रसिद्धि मिली। ऐसा भी विद्वानों ने माना है कि पूजा की पंचरात्र विधि निम्न वर्गों में प्रचलित थी, और जब पंचरात्र धर्म कमजोर पड़ा तो उच्चवर्गीय भागवतों ने उस पर अपना वर्चस्व स्थापित कर लिया। भागवत–धर्म के वर्चस्व ने पंचरात्रों को ही क्यों बहुतों को कूट–पीटकर–छानकर हज़म कर लिया। यवनों तक ने कृष्ण को हेराक्लीज ऐसे ही नहीं मान लिया। इस मानने के पीछे समाज के अनेक 'कारक' सक्रिय मिलते हैं। जो कुषाण राजा शैव और बौद्ध–मतों की ओर आकृष्ट हुए, वे भी वैष्णव चिन्तन की छतरी से दूर न थे। प्रायः कृष्णभक्त राजाओं ने वासुदेव नाम धारण किया और इसमें अपने को धन्य–धन्य माना। विष्णु और शिव को मिलाकर 'हरि–हर' प्रतिमाएँ कला में ढलने लगीं और मुहर ठप्पों में भी। यह मात्र दो देवों का समन्वय–सामंजस्य नहीं है—दो विचारधाराओं का बिना किसी शर्त के एकीकरण है—संस्कृति का भाव–विस्तार है। बौद्ध–शक उपासकों के नामों में विष्णु का प्रवेश कोई छोटी बात नहीं है—भारत का यह असीम भाव–चित्त–विस्तार है। आभीर राजा वसुषेण के तीसरी सदी के उत्तरार्द्ध के एक अभिलेख में नारायण भक्ति की पुकार का उल्लेख है। इस नारायण को 'पुराण–पुरुष' कहा गया। महादण्डनायक शिवशेप, शक रुद्रादमन, विष्णुरुद्रशिविलानन्द तथा शातकर्णि ने सेतागिरि पर्वत पर 'अष्टभुजास्वामी'

को प्रतिष्ठित किया। इस देवता को विष्णु के रूप में पहचान मिली। शिव-भक्त राजाओं ने विष्णु-भक्ति सूचक नाम धारण किये-प्रतिमाएँ बनवायी, मन्दिरों का निर्माण किया। इतना ही नहीं आदिवासियों के देवी-देवताओं को विष्णु में लय-लीन कर दिया। भागवत पुराण में घोषणा कर दी गयी कि किरात, हूण, आन्ध्र, पुलिन्द, आभीर पुल्कस, कंक, यवन, खस तथा इसी प्रकार की अन्य जरायमपेशा जन-जातियाँ विष्णु-पूजन से पवित्र हो जातीं। इसी सिद्धान्त का सच्चा व्यवहार सूर और तुलसी-काव्य के रचना-कर्म में दिखाई देता है। भक्तिकाव्य का यह एक महत्त्वपूर्ण पक्ष है जिसपर ध्यान दिया जाना चाहिए।

कितनी सुखद स्थिति है कि गुप्त राजाओं ने 'अप्रतिरथ', 'परम दैवत', 'परम भागवत', 'पर सौगत', 'परम माहेश्वर' आदि की उपाधियाँ ग्रहण कीं। इन सभी उपाधियों का ध्वन्यर्थ महाभारत के 'अनुशासन पर्व' में आयी विष्णु-पूजा से सम्बन्धित मानना चाहिए। क्योंकि विष्णु को वहाँ 'दैवत देवताम्' से महिमा प्रदान की गयी है। 'हरिवंश पुराण' में कृष्ण ने गोपालों से कहा है गौयें ही 'दैवतं परम' हैं। नतीजा यह हुआ—दैवतं परम अर्थात् सर्वोच्च पूजनीय ही पीछे से स्त्रियों के लिए पति-भक्ति-पूजा का प्रतिमान बन गया। इसलिए गुप्तनरेशों का 'दैवतं परम' मात्र उपाधि नहीं है—समाज की आन्तरिक लय का विस्फोट है। क्योंकि नारायण, कृष्ण और राम—भगवान विष्णु के अवतार—भक्तों के लिए 'परम दैवतं' हैं। कुमारगुप्त के सिक्कों में राजा नरसिंह है, नरसिंहावतार रूप है—'साक्षादेव नरसिंहो सिंहभट्टेन्द्रो जयत्यनिशम्' स्कन्दगुप्त के धनुर्धरदाय वाले सोने के सिक्के पर छपी 'सुधन्नी' क्या विष्णु की स्मृति का आलोक नहीं बिखेरती?

प्राचीन-साहित्य में देवत्व और राजत्व एक साथ जुड़ा हुआ है। उन दोनों की चर्चा जहाँ कहीं आती है—वहाँ विष्णु (ब्रह्म की व्यापकता) आ अवश्य जाता है। इस दृष्टि से संस्कृत के महाकाव्य देखे जा सकते हैं—जिनमें राजा का देवत्व विष्णु के अंशावतार से नाभि-नाल जुड़ा हुआ है। यह लोक मिथक समाज में व्याप्त हो गया कि यदि राजा सूर्य तप-व्रत धारण करता है तो विष्णु प्रसन्न होकर उसके शरीर में प्रवेश कर जाते हैं और विकास करते हैं। ऐसा राजा 'नरदेवता' कहलाता है। विष्णुपुराण का 'पाठ' विष्णु-कथा के उद्भव-सम्पादन-संशोधन का भाष्य करता है। महायान शाखा का बौद्ध-ग्रन्थ 'सुवर्णप्रभासोत्तम सूत्र' ने कुषाणों की देवपुत्र पदवी को सैद्धान्तिक रूप दे दिया। इन्द्र, रुद्र, यम, वरुण, कुबेर, अग्नि सभी विष्णु में प्रवेश करते गये। तभी तो विष्णु का एक लोक अर्थ हुआ विशद् अर्थात् अनेक शक्तियों को धारण करनेवाला। इसी में से विष्णु का चतुर्भुज और चक्रपाणि, चक्रसुदर्शनधारी, बिम्ब उभरा है। विष्णु-पुराण के कथा-मिथकों का इतना लोकायतन हुआ कि बौद्धों का सिद्धान्त बोधिसत्त्व-सिद्धान्त उसमें लय हो गया। जन-मन में विष्णु के लिए ऐसी लौ लगी कि सन्तों-

महन्तों-प्रबुद्धों-योगियों में यह विचार फैल गया कि विष्णु के अतिरिक्त कोई भी देवता धरती की रक्षा करने में समर्थ नहीं है। इसी अवधारणात्मक विचार के भीतर से 'विष्णु-चक्र' का चिह्न उभरकर लोक में आया। विष्णुधर्मोत्तर पुराण (चन्द्रगुप्त द्वितीय के समय का ग्रन्थ) ने अवतारवाद के सिद्धान्त में तो अपने को लीन किया ही विष्णु को अवतार, रामदाशरथी और कृष्ण-क्षत्रिय के रूप में प्रस्तुत किया। विष्णु का रथ लोक रथ बनकर चल पड़ा और आज भी विघ्न-बाधाओं के साथ चल रहा है।

इतिहास-रथ की धूल में यह ध्वनि ध्वस्त नहीं हुई है कि मौर्यों के पतन के पश्चात् शैवमत का तेज चमक उठा। तमाम जनजातीय गणतन्त्र (मालव, काद्रवे, कांड, यौधेय आदि) शिव और नन्दी को लेकर सामने आये। सिक्कों पर साँड़, कार्त्तिकेय और शिव विराजमान होते दिखाई दिये। ईसा की एक शताब्दी पूर्व से ही नन्दी (साँड़) को शिव के वाहन के रूप में पर्याप्त मान-सम्मान प्राप्त हुआ। विष्णु की दो पत्नियाँ हैं—श्री और पृथ्वी। विष्णु का नाम पड़ा—श्रीपृथ्वीवल्लभ। यह क्या कहानी है कि गुर्जर प्रतिहार ने विष्णु से न केवल अभिन्नता स्थापित करनी चाही, अपितु एक उपाधि धारण कर ली—'आदिवराह की उपाधि'। समुद्रगुप्त के सिक्कों की पीठ पर बैठा गरुड़-ध्वज सभी गुप्तराजाओं में 'परम भागवत' बनकर जीवित रहा। कभी-कभार यही स्मृति परम माहेश्वर और 'आदित्य-भक्त' के रूप में भी मौजूद रही है। समाज में विष्णु और शिव (हरिहर) का ऐसा भाव-विस्तार हुआ कि शिव-विष्णु तथा अन्य देवताओं की उपासना करनेवाले उनकी स्मृतियों में अर्पित-भक्तों को 'स्मार्त्त' 'परमस्मार्त्त' कहा जाने लगा। विष्णु-परम्परा पर तो वज्रपात तब हुआ जब वाल्मीकि रामायण में (हो सकता है प्रक्षिप्त हो) यह घटना घटी कि विष्णु के अवतार राम ने कठोर तपस्या में तल्लीन एक शूद्र तपस्वी का सिर काट दिया। क्योंकि तप का अधिकार केवल ब्राह्मण को है। ब्राह्मण के पुत्र को पुनर्जीवित करने के लिए राम ने यह कुकृत्य किया। इस कुकृत्य को लोक ने स्वीकार नहीं किया और इस कथा को फिर से दुहराने की छूट नहीं दी। लेकिन दलित साहित्य ने आज इस घटना का वर्ण-जाति व्यवस्था को लेकर एक नया 'भाष्य' तैयार कर लिया है—कि वर्चस्वशाली अगड़ों ने किसी न किसी बहाने से पिछड़ों के ऐसे ही सिर काटे हैं। अत: इस वर्चस्ववादी ब्राह्मण व्यवस्था का अन्त होना चाहिए। आखिरकार कोई तो बड़ा 'कारक' है कि भक्तिकाव्य-भक्तिशास्त्र, भक्ति-आन्दोलन इस बात पर बार-बार जोर देता है और रामानन्द बनकर जोर देता है (वे रामानन्द, जो मध्यकालीन चिन्तन के मेरुदण्ड हैं) कि 'जात-पाँत पूछै नहि कोई। हरि को भजै सो हरि का होई।' रामानन्द ने सभी के लिए भेदभावरहित भक्ति-मार्ग खोल दिया। रामानन्द के इन्हीं विचारों को कबीर और तुलसी ने अपनी काव्यमयी बानी से घर-घर पहुँचाया।

भक्तिकाव्य में नायकत्व का आधार क्या है? क्यों उभरते हैं—सूर्य की तरह

नारायण-विष्णु? समस्त भारतीय चिन्तन की धर्मचक्र धुरी को ही विष्णु नहीं घुमाते हैं—अपितु समस्त देवी-देवताओं की भक्ति के मूल में विष्णु का निवास है। सभी अवतारों की तह में वे ही हैं और पूरा अवतारवाद-लीलावाद का सिद्धान्त उनके ही गुण-कीर्तन करता है। महाकाव्यों तथा पुराणों में विष्णु तथा नारायण की एकता अचरज पैदा करने वाली है। भागवत हो, पंचरात्र हो, सात्वत और वैष्णव आदि कोई हो, सर्वत्र विष्णु का चक्रवर्तीत्व है। विष्णु ही रस-रूप है, रस ही जल है—जल ही हरीतिमा है और हरीतिमा ही जीवों का जीवन है। इसी दार्शनिक चिन्तन की गहन-सूक्ष्म भूमि पर खड़े होकर तुलसीदास ने रसों को 'जलचर' कहा है। 'महाभारत' का 'नारायण' ही विष्णु है। विद्वानों ने भारी अनुसन्धानों के बाद माना है कि नारायण एक अवैदिक देवता हैं और नारायण ने 'पंचरात्र सत्र' से सिद्धि प्राप्त की और सभी जीवों में प्रविष्ट हो गये। अनुमान यह भी लगाया गया है कि नारायण की व्युत्पत्ति 'नर' से हुई है और कभी नारायण नाम के ऋषि रहे होंगे-जिन्हें लोक ने देवता मान लिया। नर-नारायण की सूर्योपासक कथा ने विष्णु में अपने को घुला दिया और दोनों अभेद हो गये। 'शतपथ ब्राह्मण' के नारायण देवता हैं। लेकिन महाभारत की कथाओं का समाज ही अलग है—जिनमें नारायण की कठोर तपस्या से नर के जन्म की बात कही गयी है।

'नारायण' शब्द पर भारी माथा-पच्ची हुई और कहा गया कि 'नारायण' द्रविड़ शब्द है। कई जगह नारायण का सम्बन्ध 'पुरुषमेध' से जोड़ा गया और 'नारायण' तथा 'भागवत' को अलग-अलग माना गया। गीता में नारायण की धारणा स्पष्ट है। जहाँ वे 'विश्वरूप' हैं—और नर अर्जुन के स्वामी। 'महाभारत के आरण्यक-पर्व' में कथा मिलती है कि मार्कण्डेय ऋषि सोते हुए नारायण के मुख में प्रवेश कर गये और वहाँ विश्व दर्शन किया फिर मुख से बाहर निकले तो वही बाहर का अन्धकार। मार्कण्डेय ऋषि आश्चर्य चकित। पता नहीं कौन-सा सच था—भीतर या बाहर। भारतीय कथा-सागर में नर-नारायण तपस्याओं का कोई ओर-छोर नहीं है। इन कथाओं में नारायण को भागवत से अलग नहीं किया जा सकता। 'भगवत्' शब्द का अर्थ है—'साझीदार बनाना'। पीछे से इसमें 'आराधना करना' और 'सेवा करना' अर्थ जुड़ गया। और 'भक्त' शब्द का अर्थ किया गया—'समर्पित'। नारायण के उपासकों ने नारायण को 'पंचरात्रिक' कहा। 'नारदपंचतन्त्र' के अनुसार 'रात्र' का अर्थ—ज्ञान। अत: पंचरात्र वह सिद्धान्त और दर्शन है—जिसमें ज्ञान के पाँच भेदों का विश्लेषण-विवेचन होता है। वे पाँच तरह के ज्ञान हैं—तत्त्व, मुक्तिप्रद, भक्तिप्रद, यौगिक और वैशेषिक। इस प्रकार पंचरात्र के दर्शन का अर्थ है जो अज्ञान का नाश करे। पंचरात्र-सिद्धान्त के लिए यह बात पूरे बल के साथ कही गयी कि जिस प्रकार आदित्य का प्रकाश अज्ञान रूपी रात्रि का नाश कर देता है—उसी प्रकार यह योग, सांख्य, बौद्ध, जैन एवं पाशुपत दर्शनों को विदीर्ण कर देता है। कभी-कभार यह मत भी प्रतिपादित किया गया कि शरीर-

रचना के पंचभूत ही पंचरात्र हैं। पूरे वाद-विवाद-संवाद की मूल ध्वनि यह है कि पंचरात्र लोग नारायण के भक्त थे और भागवत लोग वासुदेव के आराधक। भागवत लोग वासुदेव की उपासना नारायण-विष्णु एवं अवतारों की महिमा के साथ करने लगे और पंचरात्र लोग नारायण की उपासना उनके चतुर्व्यूहात्मक रूप (वासुदेव, संकर्षण, प्रद्युम्न और अनिरुद्ध) में करते थे। वस्तुत: पंचरात्र लोगों को अवैदिक कहकर निन्दा की गयी है। यह भी कहा गया है वेदानुयायियों को पंचरात्र, भागवत, बौद्ध, दिगम्बर, कापालिक, पाशुपत, भैरव तथा वाममार्गी शाक्त सिद्धान्तों का चिन्तन पास नहीं फटकने देना चाहिए। ये सभी वेद-विरोधी विचारधाराएँ हैं। भागवत तथा पंचरात्र में मूल पार्थक्य क्या है? भागवत धर्म जाति-व्यवस्था का समर्थन करता है और पंचरात्र विरोध। लोक-कथा के अनुसार नारायण योगी नर के साथ बद्रिकाश्रम में तपस्यालीन रहते हैं—नारद के मित्र हैं और ऊँच-नीच से उन्हें लेना-देना नहीं है। धीरे-धीरे यह नारायण ही विष्णु से अभिन्न होता गया और विष्णु ने इसे अपने स्वरूप में विलय कर लिया। हाँ, पहले नारायण ने ब्रह्मा से अभिन्नता स्थापित की तत्पश्चात् विष्णु से। अवैदिक नारायण का वैदिक विष्णु में विलय जातियों के मेल-मिलाप की कहानी कहता है। यह भी सत्य उभरता है कि विष्णु का सामाजिक महत्त्व निरन्तर बढ़ता रहा है। यहाँ तक कि वैदिक इन्द्र भी विष्णु में विलय हो गया। यहाँ तक कि संकर्षण जैसे कृषि-देवता (रोहिणीपुत्र बलराम) भी विष्णु-रूप होते गये। विष्णु का वासुदेव (वह जो सभी में व्याप्त है) में रूपान्तरण एक बड़ी सामाजिक-प्रक्रिया का इतिहास लिए है। वेदों में कृष्ण का नाम एवं इन्द्र से संघर्ष भले ही मिलता हो लेकिन वे एक अवैदिक देवता हैं। स्वयं 'महाभारत' में आर्यतत्त्व का कम, अनार्य तत्त्व से ज्यादा है। डी. डी. कोसाम्बी का यह मत अब लगभग स्वीकार कर लिया गया है कि-कृष्ण की गाथाओं में अनेक विजातीय तत्त्वों का सामंजस्य हुआ है। उनके चरित्र की विविधता—कहीं योद्धा, कहीं राजनीतिक, कहीं जनजाति के शिशुदेवता, लोक-कथाओं के प्रेमदेवता, नटवर-लीलाधारी न जाने कितने रूप हैं—कृष्ण-भगवान के। कुछ विद्वान कृष्ण कथा को सच मानते हैं—कुछेक कृष्ण को भाव-पुरुष।

वासुदेव सम्प्रदाय में कृष्ण सम्पूर्ण प्रकृति के देवता हैं—बन्धनों को तोड़कर उन्मुक्तता देनेवाले देवाधिदेव। गोप-गोपियाँ भी प्रकृति हैं और वृक्ष-यमुना भी। कृष्ण ब्रजपति हैं, व्रजन करते हैं, प्रव्रजन करते हैं, कहीं नहीं रुकते, चलते रहते हैं, आसक्ति से दूर अनासक्ति के देव। कृष्ण का इन्द्र से संघर्ष गोवर्द्धन-धारणलीला है। अनेक लीलाओं के नायक कृष्ण लीला-नायक हैं, राधा-वल्लभ हैं, यदुनन्दन हैं, कंसारि हैं, रास-रस के नायक हैं, पूर्णावतार हैं। कृष्ण के साथ विष्णु का एकीकरण अद्‌भुत ढंग से हुआ है। आभीर जाति का प्रेम-देवता और प्रेम-देवी ने पूरा भारतीय जीवन ही रस-लीला से भर दिया। कुछ विद्वान देवकीपुत्र तथा 'छान्दोग्य उपनिषद्' में उल्लिखित

ऋषि आंगरिस के शिष्य कृष्ण को 'महाभारत' का नायक मानते हैं। लेकिन इस प्रश्न का उत्तर नहीं मिल पाया कि कृष्ण का नारायण एवं विष्णु से मेल कब हुआ? कब वासुदेव से गरुड़ का मेल हुआ? गरुड़ों का विवरण प्राचीन ग्रन्थों में यक्षों, नागों-किन्नरों, विद्याधरों के साथ मिलता है और गरुड़-ध्वज का उल्लेख भी कम पुराना नहीं है। ऐसा भी अनुमान लगाया गया है कि वासुदेव कृष्ण में विष्णु की अभिन्नता बौद्धों-जैनियों को परास्त करने के लिए की गयी। फिर बलदेव और कृष्ण की जनजातीय पृष्ठभूमि थी और वे लोक-देवताओं के रूप में पूजे जाते थे। पीछे से ब्राह्मणों ने वासुदेव-कृष्ण एवं संकर्षण की भक्तिमूलक उपासनाओं को अपनाकर इन देवताओं पर अपना रंग चढ़ा दिया। उन्हें विष्णु-नारायण का शास्त्रसम्मत आवरण दे दिया। डॉ. राममनोहर लोहिया ने कृष्ण पर एक नये दृष्टिकोण से विचार किया है और पाया है कि वे पूरे देश को सांस्कृतिक एकता के सूत्र में बाँधने वाले देवता हैं। इसलिए इस तर्क में ज्यादा नहीं उलझना चाहिए कि अनार्य-आभीर देवता की आर्य देवता-विष्णु से अभिन्नता कैसे स्थापित हुई। हमें भारतीय-संस्कृति के सिद्धान्त-विरोधों में सामंजस्य स्थापित करने की शक्ति पर भरोसा रखना चाहिए। इसी शक्ति ने भारतीय संस्कृति में नमनीयता-उदारता और हृदय की विशालता को विस्तार दिया है। 'भागवतपुराण' ने वासुदेव को विष्णु के पूर्ण शक्ति के अवतार के रूप में सम्मानपूर्ण स्थान दिया है। 'भगवद्गीता' में नर-अर्जुन नारायण वासुदेव को प्रायः 'विष्णु' कहकर ही सम्बोधित करते हैं। (विस्तार के लिए देखिए—लेखक की कृति-'मध्ययुगीन महाकाव्यों में नायक') विष्णु के द्वादश नामों का समूह ऋतु-चक्र की दार्शनिक प्रतिपत्ति है। वराह मिहिर के अनुसार विष्णु के बारह रूप मार्गशीर्ष से लेकर क्रमशः बारह महीनों के अधिष्ठाता देवता हैं। विष्णु की भाँति ही शिव के भी बारह नाम हैं और दोनों बारह आदित्यों से जुड़े हुए हैं।

भक्ति और काव्यात्मकता की दृष्टि से श्रीमद्भागवत पुराण सर्वोपरि कृति है। इतनी मधुर काव्यात्मकता शायद ही भारतीय साहित्य में कहीं हो। प्रेमा-भक्ति का केन्द्र भागवत पुराण ही है और सूर-भक्ति का रस सागर इसी से निष्पत्ति पाता है। इसी भक्ति-सागर से सामन्ती दमन के विरुद्ध मानवीय विद्रोह का दर्शन जन्म लेता है। सूर काव्य ने सहज मानव प्रवृत्तियों के विरुद्ध दमन का विरोध किया। भक्ति-काव्य का अमोघ-अस्त्र है—प्रेम। यह प्रेम समस्त-भक्ति-काव्य को माधुर्य-भाव और मधुर-रस से भर देता है। यह मधुर-रस ही भक्ति-रस है—कृष्ण-रस है, राम-रसायन है, जायसी का 'बैकुंठी भाव' है और कबीर का भेदभाव रहित मानव-प्रेम। भक्ति-काव्य के रूढ़ि विरोधी-प्रेम को आचार्य शुक्ल ने 'सूरदास' में और आचार्य हजारीप्रसाद द्विवेदी ने 'सूर-साहित्य' में सप्रयास विस्तार से प्रस्तुत किया है और इसमें सूफ़ियों के प्रदेय की महिमा को भी नकारा नहीं गया है। भक्ति-काव्य में प्रेम के

लोक-आधार को आचार्य द्विवेदी ने विस्तार से प्रस्तुत करते हुए यहाँ तक कह दिया है कि—''असल में 'सूरसागर' शास्त्रीय वैष्णव भक्तिशास्त्र से प्रेरणा अवश्य लेता है; पर शास्त्रीय की अपेक्षा लोक-धर्म के अधिक निकट है।'' उनके विचार से 'लोकजीवन ही 'सूरसागर' की लीलाओं की मुख्य सामग्री है। (डॉ. ह. प्र. द्विवेदी ग्रन्थावली भाग-4, पृ. 152-159)'। नारायण विष्णु, वासुदेव कृष्ण को राधा-वल्लभ, रासबिहारी, रसिकेश्वर के रूप में जो मान्यता मिली है—उसने भक्ति-काव्य को प्रेम-रस से भर दिया है। मूल ध्वनि यह है कि कृष्ण रस ही जीवन सर्वस्व है। ब्रज नायक कहीं भी थिर नहीं रहते। जनमते ही जेल से चल पड़े तो पूरा जीवन चलते ही रहे। यह व्रजन-भाव ही यह अर्थ पाता है कि 'जयति तेऽधिकं जन्मना व्रजः श्रयत इन्दिरा शश्वदत्र हि। दयित-दृश्यतां दिक्षुतावकाः त्वपि धृतासवस्त्वां विचिन्वते॥ यह ब्रज तुम्हें जन्म देकर धन्य हुआ है—यहाँ इन्दिरा (लक्ष्मी) सदा विराजती रहती हैं। अनन्त-अनन्त गोपियाँ हर दिशा में प्रिय को तलाश रही हैं। शुक्ल यजुर्वेद में 'व्रज' का सर्वाधिक प्राचीन उल्लेख है। यहाँ अग्नि से प्रार्थना की गयी है कि हमें गउओंवाले व्रज (गोमन्त व्रज) में प्रवेश कराओ। गउएँ क्या हैं? इन्द्रियाँ, सूर्य की पुत्रियाँ और गीतमय पुकार। इस ब्रज लोक में नारायण कृष्ण राधे-राधे की टेर से बेचैन रहते हैं और सबको बेचैन करते हैं। यह ब्रजभाव पूरे देश के प्राणों में उतर गया। इस ब्रजभाव ने गायकों-वादकों-कलाकारों, कवियों, फकीरों, सामन्तों, रसिकों, बादशाहों को खींचा और 'स्वच्छन्द भाव दर्शन' का सन्देश भी। कहना न होगा कि ब्रजभूमि भाव-प्रवाह है और जोरदार रस-प्रवाह। ब्रज-रस का सार यह है कि जीवन दम्भरहित सामान्य होने में है—अकड़ भरे विशिष्ट होने में नहीं। 'श्रीमद् भागवत' में वृन्दावन विहार का वर्णन है—कृष्ण को वन-विहार की इच्छा हुई तो वे वन में बाँसुरी लेकर निकल पड़े। बाँसुरी तो प्रतीक है मोहन की माया-शक्ति का जो सभी को मोहती है। इसीलिए ब्रजभाव का अर्थ है—सबका हो जाना, सबमें रम जाना। यही ब्रज-भाव की उपासना और भक्ति है। अमिश्रित भाव से नित्य लीला बिहारी 'रसिक रसिकनी' के नित्य-विहार की, राधा-भाव से सखी-भाव से उपासना। श्रीकृष्ण की माधुर्य-लीलाएँ ब्रज-वृन्दावन में ऐश्वर्य लीलाएँ मथुरा द्वारिका में। ब्रजलीला में माधुर्य-भाव ही सब कुछ है—वैभव-भाव का महत्त्व नहीं है।

वैष्णव-सम्प्रदायों में विभिन्न लीलास्तरों के विशिष्ट रूप मिलते हैं। वल्लभ-सम्प्रदाय में वात्सल्य और सखा-भाव की प्रधानता है। चैतन्य सम्प्रदाय में (परकीया-भाव) गोपी भाव, बारकरी सम्प्रदायों में शान्त और दास्य की प्रधानता है। मीरा की उपासना में गिरधर-भाव की—पति-पत्नी-भाव की और निम्बार्क में गोपी-भाव की, राधावल्लभ सम्प्रदाय में सखीभाव की प्रधान रूप में उपासना है। स्वामी हरिदास के सखी सम्प्रदाय में शुद्ध सखीभाव की उपासना का प्राधान्य है। इन सभी वैष्णव-

सम्प्रदायों का निकष है प्रेम और नित्यलीला का रसास्वादन। गोपी-भाव और सखी-भाव में तात्त्विक अन्तर किया है। "ब्रजलीलाओं के उपासकों के यहाँ गोपी-भाव और सखी-भाव प्रायः पर्यायवाची शब्द हैं, क्योंकि उनके लिए ब्रज अथवा गोलोक में लीलाधारिणी शक्ति गोपियाँ ही हैं। वहाँ गोपी ही सखी हैं।" (दे. रसिक बिहारी गोस्वामी-कृष्ण भक्तिकाव्य में सखी-भाव, पृष्ठ 32) प्रो. एच. एच. विल्सन ने 'हिन्दू रिलीजन्स' में सम्भवतः प्रथम बार वैष्णव-धर्म के अन्तर्गत अनेक सम्प्रदायों के साथ 'सखी-भावाज' पर ध्यान दिया। उन्होंने पाया कि यह सम्प्रदाय राधा-कृष्ण को उपास्य मानने वालों की एक प्रशाखा है जो विशेषतया राधा-वल्लभियों की शाखा से ही निकली जान पड़ती है। कृष्ण की शक्ति के रूप में राधा ही उनकी विशिष्ट उपास्य हैं, अतः उनकी उपासना विकृत एवं हास्यास्पद है। अपने को राधा की सखी के रूप में प्रदर्शित करने के लिए उनके अनुयायी अपने लिंग के पूर्ण विपरीत, स्त्रीजनोचित वेश-भूषा धारण करते हैं। केवल वस्त्र ही नहीं, उनके तौर-तरीके और वृत्ति भी स्त्रियों जैसी ही होती है। (ए-स्केच ऑफ द रीलीजियस सेक्ट्स आफ द रीलीजियस सेक्टर ऑफ द हिन्दूज, प्रोफेसर एच. एच. विल्सन—सम्पादन डॉ. रोनोल्ड होस्ट, लन्दन 1962, पृ. 177) यह धारणा भ्रामक है कि सखी-सम्प्रदाय का जन्म 'राधा वल्लभ सम्प्रदाय' से हुआ। शायद उन्हें सखी-सम्प्रदाय का ज्ञान नहीं था—"ज्ञान होता तो वे हरिदास-सम्प्रदाय में सखी सम्प्रदाय की चर्चा करते और कभी न कहते कि इस सम्प्रदाय के लोग स्त्रियों जैसी वेशभूषा धारण करते हैं। तथा वैसी ही उनकी वृत्तियाँ भी होती हैं। इस तरह की विकृतियों वाला कोई भी सम्प्रदाय कृष्णभक्ति धारा में नहीं है। स्वामी हरिदास के सखी-सम्प्रदाय में स्त्री-वेशभूषा धारण करना विहित नहीं है, न कोई विधान ही। लेकिन दुर्भाग्यवश विल्सन की राह पर ए. वार्थ चल पड़े और लिखा—'राधावल्लभीय....सखी भावोपासक हैं और वेशभूषा, व्यवहार और मनोवृत्ति भी स्त्रियों जैसी ही रखते हैं। ये दोनों सम्प्रदाय वास्तव में वैष्णव शाक्त हैं, जिनमें हम अनेक व्यक्तियों तथा चैतन्य, वल्लभ और रामानन्द के अनुयायी सम्प्रदायों को भी रख सकते हैं। ये भी शैव-शाक्तों की भाँति वाममार्गीय साधनाएँ करते हैं—जिन्हें वे अत्यन्त गोपनीय रखते हैं।' (द हिन्दू रिलीजन्स आफ इंडिया—ए. बार्थ—अनु.रेन, जे वुड लन्दन 1891, पृ. 236) ए. वार्थ को पता ही नहीं है कि राधा तो कृष्ण की आह्लादिनी शक्ति है—और सखी सम्प्रदाय में राधा की आह्लादिनी शक्ति के रूप में मान्यता नहीं है। खेद इस बात का भी है कि 'वैष्णविज्म, शैविज्म ऐंड अदर माइनर रिलीजन सिस्टिम्स' के लेखक रामकृष्ण गोपाल भण्डारकर को भी वैष्णव सम्प्रदायों का सही ज्ञान नहीं था। अपने अधूरे-अपर्याप्त ज्ञान के कारण वे न वैष्णव-सम्प्रदायों के दार्शनिक आधारों, लोक-विधानों-आचारों, और धर्मों को स्पष्ट समझ सके, न सखी-भाव को। उनकी इस पुस्तक का पश्चिम में प्रचार-प्रसार

रहा, जिसने बड़ा भारी अहित किया।

भक्ति-काव्य और भक्तिशास्त्र को भारतीय लोक-परम्पराओं, लोक-मिथकों विश्वासों, प्रतीकों, आख्यानों, गाथाओं, दार्शनिक आधारों के साथ मिलाकर समझने की जरूरत है। अलग-अलग तोड़कर समझने पर उनकी समग्रता खण्डित हो जाती है और पूरा भाव वृत्त बिखर जाता है। इसलिए भक्तिकाव्य-भक्तिरस को अखण्डता में ग्रहण करना चाहिए। प्रकृति-पुरुष की अभेदकता को प्रतिपादित करनेवाले इस देश के चिन्तन में एक चीज दूसरी चीज से जुड़ी है—विच्छिन्न नहीं है। साहित्य व्याकरण से, व्याकरण दर्शन से, दर्शन धर्म से, धर्म अध्यात्म से, अध्यात्म पराविधाओं से। अत: रस-दर्शन, भक्ति-दर्शन को अखण्डता-निरन्तरता और परिवर्तन के युग-सन्दर्भों में व्याख्यायित-विश्लेषित करना चाहिए। ऐसा न करने पर न भक्तिशास्त्र के साथ न्याय होगा न भक्ति-रस के साथ। प्राचीन और नवीन का संवाद 'परम्परा' के तिरस्कार से नहीं किया जा सकता, क्योंकि दोनों 'निरन्तरता' के सहभागी हैं। एक-दूसरे में अन्तर्व्याप्त।

1

भक्ति-रस : एक जीवन-दर्शन

हिन्दी काव्यधारा में 16वीं शताब्दी का लोकजागरण चित्त को आह्लादित कर देता है। भक्ति की अनुभूति और भक्तिकाव्य की अनुभूति लोकानुभूति में रूपान्तरित हो जाती है। भक्ति-रस के प्रवाह से लोक-जीवन में नये प्राण पड़ जाते हैं। खिन्नता को हटाकर लीलानुवाद आ जाता है। आचार्य अभिनव गुप्त ने रसानुभूति और ईश्वरानुभूति या भक्ति में अन्तर माना है। उनके मत से रसानुभूति आत्मनिर्भर अनुभूति है और ईश्वरानुभूति पर निर्भर अनुभूति। भक्ति, मानव को ईश्वर की शरण में डाल देती है, अधीन कर देती है, दैन्य का बोध जगा देती है। इसलिए रस-सिद्धान्त के अनुसार भक्ति, भाव से अधिक ऊँचे स्थान की अधिकारी नहीं है। भक्ति, पंचमवेद नाट्य में रस-निष्पत्ति नहीं कर सकती। यह सोचकर ही भरत ने 'नाट्य शास्त्र' में भक्ति को आठ रसों में स्थान नहीं दिया। परवर्ती आचार्यों ने भी भक्ति को देवादि विषया रति-मात्र मानकर भाव की संज्ञा दी। पर इधर पन्द्रहवीं-सोलहवीं शताब्दी में भक्ति एवं भक्तिकाव्य को लेकर एक नया चिन्तन ही उठ खड़ा हुआ।

भक्ति एवं भक्तिकाव्य-चिन्तन को चैतन्य महाप्रभु की भाव-धारा ने एक नयी ज्योति दी। चैतन्य की भावधारा में पगे रूप गोस्वामी और जीव गोस्वामी ने रस-सिद्धान्त की भाषा में भक्ति-सिद्धान्तों का विवेचन कर डाला। हिन्दी के मध्यकालीन कृष्ण-साहित्य में 'श्री हरि भक्ति रसामृतसिन्धु' तथा 'उज्ज्वल नीलमणि' नामक दो ग्रन्थों ने तत्कालीन सर्जन-चेतना को नयी चिन्तन दीप्ति ही दे डाली। ये दोनों ग्रन्थ रूप गोस्वामी की कृतियाँ हैं—जिन पर उनके ही भतीजे जीव-गोस्वामी ने वैदुष्यपूर्ण टीकाएँ लिखी हैं। चैतन्य महाप्रभु की चेतना का दार्शनिक आधार यहाँ भक्ति-कमल की भाँति खिल उठा। भक्ति-रस का इतना लोकग्राही विवेचन इन दो ग्रन्थों में हुआ कि वह भक्ति-रस शास्त्र का मानदण्ड ही बनता गया। दिलचस्प बात यह है कि चैतन्य महाप्रभु ने किसी दार्शनिक ग्रन्थ का प्रतिपादन नहीं किया। लेकिन उनके अनुयायी शिष्यों ने एक सुव्यवस्थित दर्शन खड़ा कर ही डाला। यह दर्शन मध्व-दर्शन से काफी मिलता-जुलता है—और प्रायः इसे मध्व-गौड़ीय दर्शन नाम से पुकारा भी जाता है।

चैतन्य ने कृष्ण की जिस रहस्य-निर्झर, शृंगारी, मधुर छवि की झाँकी लोक को दिखायी थी, उसे किसी भी स्थिति में आँखें हटाने में असमर्थ थीं। रूप ही रूप, रूप का सागर। अनन्त भाव लहरियाँ, अमाप गहराई। सभी जल-जीव, उसमें डूबते-उतरते मस्त। इसी रूप-सागर को लक्षित करते हुए गोस्वामियों ने मधुर-उज्ज्वल भक्ति-रस को मथकर पाया। सच्चे अर्थों में यह भक्ति-सागर का मन्थन ही था। गोस्वामियों ने अनेक भक्ति-ग्रन्थों को भी दुहा पर सर्वाधिक बड़ी कामधेनु श्रीमद्‌भागवत ही सिद्ध हुई।

श्रीमद्‌भागवत को लेकर यह बात लोक में फैल चुकी थी कि व्यास जब महाभारत और पुराणों की रचना करके मन में सार्थक सृजन-तृप्ति न पा सके तो बड़े उदास हुए। उन्हें भीतर से कुछ खाली-खाली महसूस हुआ। विचारक थे व्यास अतः सरस्वती के किनारे ध्यान लगाकर सोचने लगे—भीतर यह रिक्तता क्यों है ? मन क्यों उचाट है ? उसमें उजलापन-निखरापन क्यों नहीं है ? यायावर नारद आये तो उन्होंने पूछा, "बताओ नारद, इस रचना-कर्म के बाद भी भीतर खालीपन क्यों है ?" नारद ने पण्डित की सीधी जीभ से कहा डाला—"आपको जो करना था वह आपने नहीं किया। आपने धर्म, अर्थ, काम, मोक्ष की बात की, पर चित्त को गुदगुदानेवाली, मुदित करनेवाली बात नहीं की। आपने मधुर-रस का लीला-भाव व्यक्त ही नहीं किया। आपने ऐसे तीर्थ बनाये जहाँ कौवे पानी पियें ऐसे तीर्थ नहीं बनाये, जहाँ हम पानी पियें, हमारी प्यास बुझे, हम तृप्त हों। आपने अतृप्ति को ही जन्मा। हंसों के लिए तृप्ति का प्रबन्ध नहीं किया—तद्वायसं तीर्थमुशन्ति मानसा न तत्र हंसा निरमन्त्युशिकक्षयाः। आपने लीला-गान न किया। आप भूल गये कि श्रीकृष्ण से भावित-अर्जित ज्ञान और कर्म ही शोभा देते हैं। यह बात आपकी समझ में चाहे कम आयी हो, चैतन्य और उनके अनुयायियों की समझ में पूरी तरह घर कर गयी। जो अतृप्त और अकिंचन है, उसे ही कृष्ण का लीला-रस तृप्ति दे सकता है। प्यासे को ही जल स्वाद देता है, जल से छके को नहीं—तब तक, जब तक उसे दुबारा प्यास नहीं लगती।"

लोक-प्यास को गोस्वामियों ने ठीक समय पर पहचाना और पूरी शक्ति से भक्ति-रस की प्रतिष्ठा इनके ग्रन्थों ने कर डाली। भक्ति को 'भाव' के अन्तर्गत न गिना, उसे 'रस' की मूर्धन्य पदवी दी। भक्ति को वास्तविक-रससिद्ध करने के साथ 'भक्ति-रसामृत-सिन्धु' में समस्त काव्यशास्त्रीय रसों, विभावों, अनुभावों आदि को भक्ति की विस्तृत-परिधि में समेटकर भक्ति-रस की सागर-मुद्रा का बिम्ब सामने खड़ा कर दिया। 'भक्ति रसामृतसिन्धु' नाम काफी सुविचारित इस अर्थ में था और है कि सभी रस-प्रवाह इसी में आकर मिल जाते हैं। भक्ति के शान्त, प्रीति, सख्य,वात्सल्य, मधुर आदि सभी रूप धूप से खिले पड़े हैं। इतना ही नहीं, काव्यशास्त्रीय सभी रस यहाँ आमन्त्रित हैं—पर मधुर-रस की पताका सबसे ऊँची है।

इसी मधुर-रस का वास्तविक प्रतिपाद्य रूप-उज्ज्वल रस है और उज्ज्वल नीलमणि इस अर्थ का गहन निचोड़ है।

प्रश्न उठता है इस उज्ज्वल-रस या भक्ति रस का स्वरूप क्या है? इस सम्बन्ध में पहले गोस्वामियों की स्थापना को जानना ही ठीक रहेगा। रूप और जीव गोस्वामी एक मत और एक स्वर में कहते हैं कि भक्ति चाहे साधनावस्था हो चाहे साध्यावस्था हो—दोनों ही रूपों में आनन्दमयी अनुभूति है। श्रेष्ठ से श्रेष्ठ अन्य अभिलाषाओं से शून्य, ज्ञान और कर्म आवरणों से अनावृत, कृष्ण को प्रसन्न करने की भावना से रची-पची भक्ति ही उत्तम-भक्ति है :

अन्याभिलाषिताशून्यं ज्ञानकर्माद्यनावृतम्।
आनुकूल्येन कृष्णानुशीलनं भक्तिरुत्तमा॥ (भ. र. सि. का. 11)

'अनुशीलन' शब्द से ध्वनित है कि वह कायिक-मानसिक कैसी भी हो सकती है। किन्तु भगवान को प्रसन्न करने के लिए पूजा-अर्चना आदि सेवा के भाव तो गौण हैं। प्रधान-भाव होना चाहिए—राग प्रधान मानसी-भक्ति। चूँकि भक्ति शुद्ध एवं निरुपाधिक अनुभूति है—भोग और मोक्ष के आडम्बर भाव से भक्त को मुक्त रहना चाहिए। सच्चा भक्त किसी भी प्रकार के मोक्ष की कामना नहीं करता। ज्ञान का भी वही रूप अपेक्षित है जो आत्मा-परमात्मा के अद्वैतभाव को सिद्ध करे तथा आत्मा-परमात्मा के आनन्दमय स्वरूप को समझने-समझाने में सहायक हो। सूरदास ने भक्ति-विरोधी ज्ञान की जोरदार शब्दों में निन्दा की है। उन्हें अद्वैत-ज्ञानवाला प्रपंच नहीं सुहाता। उसमें एक छल है, कपट है जिसे सूर का भक्तहृदय समझ लेता है। अद्वैत-ज्ञान उज्ज्वल-रस की ओर नहीं ले जाता। स्मृति आदि में जिन कर्मों का प्रतिपादन है—भक्ति-दृष्टि उन्हें भी निर्मला-भक्ति का आवरण ही मानती है। नित्य-नैमित्तिकादि कर्मों के लिए केवल इतना भर अवकाश है, जितने में वे आराध्य की प्रसन्नता के लिए सहायक बनते हैं। ऐसी स्थिति के कारण गोस्वामियों द्वारा प्रतिपादित भक्ति 'भावरूपा' है। वे तो रामानुज की 'ज्ञानरूपा' भक्ति से भी भयभीत रहते हैं। कारण, ज्ञान चित्त में कर्कशता लाता है, जबकि भक्ति तो नवनीत-रूपा है, कोमला है, श्यामा है, राधा-भाव-रूपा है। ज्ञान-वैराग्य भक्ति की परमता के सोपान नहीं हैं—भक्ति स्वयं ही साध्य है और साधन भी। इसीलिए यह स्वतः आनन्दानुभूतिमयी है। भक्ति का चरम उद्देश्य है—कृष्णानुकूलता प्राप्त करना। वह एक ऐसी मधुमती भूमिका है, जिसमें आनन्द-लाभ की भावना भी तिरोहित हो जाती है। देश और काल का अतिक्रमण जरूरी है—यह एक प्रकार का आत्मयज्ञ है। भक्ति की दीक्षा आनुलाभनिक मृत्यु है, साथ ही पुनर्जन्म भी। भक्त चाहे ज्ञानी न हो, अच्छा ज्ञान भी न रखता हो, पर वह अनाड़ी नहीं है। उसमें एक ऐसी विश्व-दृष्टि पैदा हो

जाती है कि वह तुच्छभावों से ऊपर उठ जाता है, भक्ति में भगवान से तदाकार हो जाता है। यह बात आज के आधुनिकतावादी की समझ में ही नहीं आ सकती। क्योंकि उसके व्यक्तिवाद ने इस सर्वभाव के संस्कार से ही उसे काट दिया है। इस संस्कार से कटने का ही दण्ड है कि वह भाँय-भाँय करता भड़भड़ाया घूम रहा है। उसे किसी पर भरोसा नहीं रहा—न अपने पर, न अपने आराध्य पर। और ज्ञान पर भरोसा किया नहीं जा सकता।

भक्ति अलादीन का चिराग नहीं है, तान्त्रिक जादू नहीं है, ऐसा भाव है कि श्रद्धा से उसका क्रमिक-विकास होता है। साधु-संगति तथा भजन-क्रिया से चित्त का रेचन होता है, मैल निकल जाता है। तभी तो कहा गया है कि साधन भक्ति से भाव-भक्ति और भाव-भक्ति से प्रेमा-भक्ति का प्रादुर्भाव होता है। इसी प्रेमाभक्ति की विशिष्ट स्थितियाँ हैं—प्रणय, प्रेम, स्नेह, मान, अनुराग आदि। साधना-भक्ति की रागानुगा स्थिति ही साध्य भक्ति, 'प्रेमा' की परिपक्व दशा है। यहाँ भरत के पाक-रस की चर्चा नहीं है, पर उसी तरह का भाव-रस है। साधन-भक्ति के ही दो रूप मान लीजिए—वैधी तथा रागानुगा। वैधी में शास्त्र की जकड़ है और रागानुगा में हृदय की मुक्तावस्था। सच बात यह है कि रागानुगा भक्ति ही भक्ति का द्वार है, वही चित्तवृत्तियों को माँजती है—चमकाती है। यही भक्ति-साधना चित्त को नये मोड़ों-कोणों से विस्तार देती है। काम, वात्सल्य, सख्य, दास्य सभी वृत्तियाँ भक्ति साधना से कृष्णानन्द में रमकर कृष्ण-रस या श्याम-रस पान करती हैं।

रूप गोस्वामी और जीव गोस्वामी कान्ता-भाव की भक्ति को ही मधुरा भक्ति कहते हैं। इसी भक्ति में 'परकीया भाव' की प्रेम-आँच बलती है। इस कामवृत्ति में कामानुगा की आग है। सम्बन्धानुगा में अन्य सभी सम्बन्ध हैं पर भाव की वह तीव्रता, वह ऊष्मा नहीं है, जो कामानुगा में है। सूर का सख्य-भाव सम्बन्धानुगा में है तो राधा-कृष्ण गोपी-लीला-भाव कान्ता-भाव में है। कान्ता भाव में गोपी भाव की प्रधानता है—गोपी भाव में कृष्ण रस को छककर भी अतृप्ति में रहने का भाव है—एक ऐसी अतृप्ति है, जो तृप्ति में और अधिक अतृप्ति पाती है। इस गोपी-भाव में वह निर्वैयक्तीकरण है—जो वैयक्तिक काम-लालसा को जला देता है, यथा—

सा कामरूपा सम्भोगतृष्णां या नयति स्वताम्।
यदस्या कृष्णासौख्यार्थमेव केवलमुद्यमः॥
इयं तु ब्रजदेवीषु सुप्रसिद्धा विराजते।
आसां प्रेम विशेषोऽयं प्राप्तः कामपि माधुरीम्। भ.र.सि.का.68।

यह निर्मला काम भक्ति है—जो कुब्जा में नहीं पायी जाती। कुब्जा में कृष्ण के साथ काम-भोग की आतुरता थी। वह कृष्ण के वस्त्र खींचने लगी थी। कृष्ण उसे समझ

गये तो उसे मिले नहीं। आचार्यों ने बार-बार ध्यान दिलाया है कि निर्मल कृष्णरति ही भक्ति-रस में परिणत होती है। अतः भक्ति-रस का स्थायी भाव है गोपीभाव से कृष्ण-रति-धारण किये रहना। वस्तुतः यहाँ कृष्ण रति का पर्याय है—'भाव'। इस भाव का उज्ज्वल प्रकाश है—प्रेमा-भक्ति। यह 'भाव' ही शुद्ध सत्त्व है और यह शुद्ध सत्त्व आनन्दमय भगवान की स्वरूपात्मिका शक्ति है। इसे ही 'ह्लादिनी' 'सन्धिनी' तथा 'संविद' नाम भी दिये गये हैं। इसलिए इस स्थिति का पर्याय है—राधा। राधा ही नित्य-प्रिया, रसप्रिया और आह्लादिनी शक्ति है। मधुर-भावों से परिपूरित यह राधा ही कान्ता भाव की चरम परिणति का प्रतीक है। 'भाव' के इसी 'शुद्धसत्त्व विशेष' को 'महाभाव' 'मोदन भाव' से सम्बोधित किया गया है। ध्यान देने की बात यह है कि इस भक्ति की उत्पत्ति नहीं होती, इसका प्रादुर्भाव होता है। इस अर्थ को केन्द्र में रखकर इन आचार्यों ने तीन तरह के भक्त पाये हैं। नित्यप्रिय भक्त, प्रपंच प्रियभक्त, साधकभक्त। राधा, ब्रजयुवतियाँ, यशोदा आदि प्रथम कोटि में—नित्य प्रिय भक्त के अन्तर्गत आती हैं क्योंकि भगवान की नित्यलीला में संग रहती हैं। प्रपंचप्रिय भक्त वे हैं जिनमें साधना-भक्ति के द्वारा शुद्ध-भक्ति का उदय होता है। साधक भक्त वे हैं—जो नित्य-भक्ति से भावों का परिष्करण कर लेते हैं।

भक्तों की मनोवृत्तियाँ अलग-अलग ढंग की होती हैं—उनका अलग संस्कार होता है। इन मनोवृत्तियों के कारण ही काम-प्रधान, दास्य प्रधान तथा सख्यभाव प्रधान भक्त होते हैं। पर शुद्धसत्त्व विशेष रति का मूल साँचा एक-सा होता है—फलतः सभी वृत्तियाँ अपना अलग-अस्तित्व खोकर तादात्मीकृत होती हैं। यह एक विशेष ढंग का साधारणीकरण है, जिसमें शुद्ध सत्त्व विशेष रूपारति भक्ति की मनोवृत्ति से तादात्म्य स्थापित कर लेती है। यह रतिवृत्ति 'संविद' 'आह्लादिनी' 'स्वयंप्रकाश्य' है। यहाँ कहना चाहिए कि अभिनवगुप्त की रस-शब्दावली में नया अर्थ-रूपान्तरण घटित होता है। क्योंकि यह रति स्वरूपतः आनन्दरूपा है। यह भगवान की लीला शक्ति है और सभी को आनन्दित करनेवाली है। यहाँ तक कि यह भगवान के आनन्द तक का प्रकाशन करती है। इसी रति के स्पर्श से लीला में आनन्द भाव उदित होता है।

रूप गोस्वामी थोड़ा आगे बढ़कर भक्ति के छह उत्सों का उल्लेख करते हैं और यह उनके मूल चिन्तन की मौलिकता का अगला चरण है। ये गुण इस प्रकार हैं—1. क्लेशघ्नी, 2. शुभदा, 3. मोक्षलपुताकृत, 4. सुदुर्लभा, 5. सान्द्रानन्द विशेषात्मा, 6. श्रीकृष्णाकर्षणी। भक्ति के सभी गुण लोक-कल्याण और लोक-हृदय के विस्तार से जुड़े हुए हैं। भोग और मोक्ष की निस्सारता इस भक्ति में प्रकट है। इस भक्ति में आनन्द के साथ अतृप्ति है। भीतर की प्यास है, तपड़न है, भटकन है—इसे गोपी भाव से ही जाना जा सकता है। यथा—

रतिरनिशनिसर्गोष्णप्रबलतरानन्दपूररूपैव।
ऊष्माणमपि वमन्ती सुधांशु कोटेरपि स्वाद्वी॥

इसलिए मूलरस एक ही है—भक्ति-रस। और 'पिबतं भागवतं रसम्' के रसिक वे भावुकहृदय निश्छल भक्त हैं, जिन्हें एक ही रस का स्वाद परमस्वाद लगता है—भागवत रस का। अब 'रसो वै स:' तथा 'रसैकमय' काफी नजदीक आ जाते हैं। उपनिषद-दर्शन की यह नयी सामाजिक व्याख्या है—'रसैकमय' भगवान रसमय है, वही भक्ति-रस का हेतु है। इस भक्ति रस के दो मूल भेद हैं। शान्त, प्रीति, प्रेयान्, वत्सल और मधुर इस भक्तिरस का मुख्यरूप है और हास्य, अद्‌भुत, वीर, करुण, रौद्र, भयानक और बीभत्स गौण भेद। कहना न होगा कि यहाँ काव्यशास्त्र के रसों में शृंगार तथा शान्त को ही भक्ति-रस में प्रधान स्थान मिला है।

गोस्वामियों ने काव्य-रस और भक्ति-रस में पार्थक्य स्वीकार किया है। इनके मत से काव्य-रस स्थायी नहीं है—उसकी अवधि छोटी होती है। भक्ति-रस साधनागम्य अनुभूति है जिसमें स्थायित्व काफी है। भक्ति-रस साधना माँगता है। वह पूर्व जन्मों की प्राक्तन वासना नहीं। भक्त में भक्ति-रस के आस्वाद के लिए कृष्ण-रति की वासना अपेक्षित है क्योंकि 'रसिका भगवद्‌भक्ति रसज्ञा इत्यर्थ:' कृष्ण रति के लिए पाँच चीजें अपेक्षित हैं। 1. भगवान की मूर्ति, 2. श्रीमद्‌भागवत-श्रवण, 3. कृष्ण-भक्तों का सत्संग, 4. नाम श्रवण, 5. मथुरा-निषेवण। रूप गोस्वामी ने इन पाँचों तत्त्वों को 'अलौकिक' घोषित किया है। भक्त न स्त्री है न पुरुष—वह मात्र भक्त है, तभी तो उद्धव भी कृष्ण रति का आनन्द ले सकते हैं। अभिमान तो त्यागना ही होगा। अभिमान ही भक्ति का शत्रुभाव है। इस भक्ति में तादात्म्य भी सम्बन्ध रूप है—सखा-सखी, पिता-पुत्र, पत्नी-प्रिया आदि—अद्वैत रूपा नहीं हैं। दण्डकारण्यवासी मुनि भी कृष्ण को कान्ता भाव से ही पा सकते हैं। हालाँकि भक्ति रस-स्वरूप भी काव्य शास्त्रीय रस स्वरूप से बहुत भिन्न नहीं है। केवल 'श्रवणादि' को अधिक महत्त्व दे दिया गया है। कृष्ण-रति से निष्पन्न भक्ति-रस की अवस्थिति केवल 'भक्त हृदय' में है—शुद्ध काव्याभ्यासी इस रस का आस्वादन नहीं कर सकते। भक्ति मानस की स्थायी वृत्ति है जिसमें स्थायी रस का उद्रेक होता है और चित्त 'प्रसन्न' और 'निर्मल' होता है। यही 'उज्ज्वल' रस की भावभूमि है। अपनी बात को स्पष्ट करने के लिए ही रूप गोस्वामी ने साधारणीकरण का श्रेय 'विभावादि' को न देकर 'कृष्णरति' को ही दिया। अत: भावों का साधारणीकरण होता है—जिसमें विशेष सम्बन्धों से मुक्ति का अर्थ निहित है। शैव तथा वेदान्ती आचार्यों से मेल यह है कि रूपगोस्वामी रस को अखण्ड और स्वयंप्रकाश मानते हैं। मधुर रस, उज्ज्वल रस का पर्यायवाची शब्द है—जयदेव, विद्यापति, चण्डी दास, मीरा, सूर आदि कवियों में यही

उज्ज्वल रस विद्यमान है। यह प्राकृत शृंगार-रस नहीं है—लौकिकता से तिरोहित मधुर रस है। इस रस रहस्य को भक्ति-मार्ग के साधक ही समझ सकते हैं। गोपी-रति ही मधुरा है जिसमें सतरंगी भूमिका बनती है—रति, प्रेमा, स्नेह, मान, प्रणय, राग, अनुराग, भाव। ये सभी पारिभाषिक शब्द प्रेम के उत्तरोत्तर विकास के संकेत-सूत्र हैं। रति भी तीन प्रकार की है—साधारणी रति, सामंजसा रति, समर्था रति। साधारण रति 'कुब्जा' की लौकिक रति है। श्रेष्ठ रति तो समर्था ही है। इसी की अधिकारिणी राधा है—गोपियाँ-गोप हैं। फिर गोपी-प्रेम परकीया-भाव का चरम प्रेम है। स्वकीया में प्रेम की पराकाष्ठा नहीं है। तीव्रता, घनता, एकतानता परकीया प्रेम-भाव में ही है। ध्यान देने की बात है कि इसी परकीया भाव-दर्शन में रीतिकाल के अन्तःसूत्र गुँथे हुए हैं। परकीया निर्बाध-प्रेम प्रवाह है स्वकीया तालाब का ठहरा जल। परकीया के लिए भगवान कृष्ण की लीला नित्य है। नित्य बैकुण्ठ-लोक का स्वाद है, नित्य यमुना विहार है, नित्य लीला स्वाद है। ब्रज में ही नाना रस रसोमय गोपी मण्डल है, रास मण्डल है। कृष्ण का यह लीला रस इस लोक में ही सुलभ है—परलोक में नहीं। परलोक से यह लोक महान है, उज्ज्वल है। यहाँ भक्तों के कष्ट निवारणार्थ कृष्ण नित्य गोवर्द्धन धारण करते हैं और नित्य इन्द्र पराजित होता है।

पद्मपुराण में एक कथा आती है कि वन में राम के सौन्दर्य को देखकर मुनिजनों में कान्ताभाव से राम के साथ रमण-लीला करने का भाव आया। उनकी कान्तासक्ति भावना को बाद में कृष्ण ने पूरा किया तब, जब वे सभी मुनिजन ब्रज में गोपी रूप में अवतरित हुए। दूसरी कथा यह भी है कि भगवती गायत्री ने कान्ताभाव से भगवान को प्राप्त करने की लालसा की और वे ब्रज में गोपी रूप में उत्पन्न हुईं तथा कृष्ण को प्रेमी के रूप में वरण किया। तीसरी कथा बृहद्वामनीय पुराण में मिलती है कि उपनिषदों से प्रसन्न होकर भगवान ने उन्हें अपने नित्य लीला-लोक की झलक मात्र दिखायी, जिसमें गोपियों के साथ लीलानन्द का रसरूप था। उसे देखकर उपनिषद्कारों के मन में भी गोपी-रूप में अवतरित होने की कामना जनमी और वे गोपी-रूप में अवतरित भी हुए। उपनिषद् ही नहीं, देव-नारियाँ भी ब्रज में ब्रजविहारी के साथ लीला-रस प्राप्त करने को अवतरित हुईं, जिनमें राधा, चन्दावती, विशाखा, ललिता, श्यामा आदि तो नित्य गोपी-रूप में रहती हैं। भागवतकार ने ब्रज भूमि की वन्दना में लिखा है—

जयति तेधिकं जन्मना ब्रजः
श्रयत इन्दिरा शश्वदत्र हि।
दयित दृश्यतां दिक्षु तावकाः
त्वयि धृतासवस्त्वां विचिन्वये॥

यह ब्रज धन्य है—जहाँ कृष्ण जन्म लेते हैं, इन्दिरा विराजती हैं—अनन्त-अनन्त

गोपियाँ तलाशती रहती हैं। कृष्ण की तलाश जीवन की तलाश है। कृष्ण की पूरी जीवन-यात्रा ब्रज है। कृष्ण का यह व्रजन, प्रव्रजन, परिव्रज-जीवन की गति है। शुक्ल यजुर्वेद में ब्रज का सबसे पुराना सन्दर्भ मिलता है। यहाँ अग्निदेव से विनती की गयी है कि हमें गउओं वाले ब्रज में प्रवेश कराओ। यह लोक ही गोलोक है और गउएँ सूर्य की किरणें हैं। यहीं विष्णु का धाम है—जहाँ मधु का झरना प्रवाहित है। इस प्रकार ब्रज तथा ब्रजवनिताओं से भगवान का नित्य सम्बन्ध है। इस सम्बन्ध को रसखान कवि ने समझा है, सूर ने समझा है। इसी ब्रज में लीला-पति का लीला अवतार होता है। गोपियों के लौकिक पति उनके वास्तविक पति नहीं हैं—उनके वास्तविक पति हैं—कृष्ण। वे ही उन्हें बन्धनों से मुक्त करते हैं, नारी को नर की बराबरी में लाकर आदर देते हैं। यह सब कार्य भगवान की योग माया शक्ति के द्वारा होता है। यही योगमाया, विभिन्न शक्तियों को गोपीरूप में अवतरित करती है। गोपी-भाव के अनुराग की चरम सीमा महाभाव है। महाभाव में संयोग-वियोग की लीलाएँ होती हैं, पर गोपियों से कृष्ण का कभी वियोग होता ही नहीं। वियोग भी नित्यमिलन का मानस-भाव है।

अब बड़ा प्रश्न यह उठता है कि भक्ति को रस न मानने की समस्या क्या थी, जिसे गोस्वामियों ने सुलझाया। अभिनवगुप्त पूर्व के आचार्यों ने भक्ति को पहचाना तक नहीं। अभिनव ने भक्ति को पहचाना तो, पर उसे रति का एक भेद ही स्वीकार किया। अभिनवगुप्त ने भक्ति को शान्तरस के संचारियों में अन्तर्भूत कर लिया। अभिनव ने शैव-दर्शन की मान्यता के अनुरूप ही शान्तरस को नित्य रस माना है—'सर्वरस प्रकृति'—शान्त को प्रकृति और आठ रसों को उसकी विकृति। अभिनव का भक्त मन उनके दार्शनिक से ऊँचा उठता है और वे शान्तरस में भक्ति को प्रतिपादित करते हैं। उन्हें ध्यान है कि शैव-दर्शन अद्वैतवादी है और भक्ति द्वैत की अनुभूति। इसलिए अभिनव गुप्त ने भक्ति को अंशी का अंश भाव माना एवं उसे प्रकृति-रस में ही महत्त्व प्रतिष्ठा दी। अभिनव के मन्तव्य को मम्मट नहीं समझ सके। मम्मट की राह पर ही विश्वनाथ-जगन्नाथ चले। आश्चर्य की बात यह है कि पण्डितराज जगन्नाथ के सामने भक्ति-काव्य की विशाल राशि मौजूद थी पर वे उधर हेर न सके। यह हेरना रूप और जीव गोस्वामी के भाग्य में था। और इन्हीं आचार्यों ने भक्ति-रस की सामाजिकों में प्रतिष्ठा पण्डितराज के सामने की थी। पण्डितराज भक्ति के महत्त्व से अनभिज्ञ नहीं थे पर उसे रस मानने को तैयार न थे। उन्हें लगता था कि भक्ति की सहृदयता का क्षेत्र सीमित है। अतः भक्ति एक भाव ही है—रस नहीं। पण्डितराज के मत का प्रतिवाद करते हुए वैष्णव आचार्यों ने भक्ति-रस को सिद्धान्ततः सिद्ध करके दिखाया। वैष्णव सम्प्रदायों ने 'लीलाभाव' के मूल को गह लिया और कहा—सभी रस प्राकृत-रस हैं। भक्ति रस अप्राकृतरस है, परमार्थ-रस है, कृष्ण-रस है। तेरहवीं से सत्रहवीं शताब्दी तक राम-कृष्ण का इतना लीलागान हुआ कि पूरा भारत भक्ति-

रस में मग्न हो गया। सूर, मीरा, रसखान का समस्त काव्य, कृष्ण रसमय है। सूर ने कहा, ''नीरस कवि न कहै रस-रीति। रसिकाई रसलीला पर प्रीति।'' यह रस लीला ही श्याम-रस है—'सूर स्यामरस सहज माधुरी रसिकनि को अवलेह'। यह रस-लीला अपने स्वाद में 'परमस्वाद सबही जु निरन्तर अमित तोष उपजावै' से परिपूर्ण है। यह कृष्ण-रस रसिक या भक्त के चित्त का संस्कार और समाकलन दोनों है। प्राचीन आचार्यों ने रस की उपमा पाक-रस से, आयुर्वेद के जैवरस से, धातु शास्त्र के पुटपाक रस से दी है अर्थात रस ही जीवन का प्राण है, जल है, अन्न है, आनन्द है, सर्वस्व सार है।

आज पश्चिम के आलोचक और पश्चिमी दृष्टि के भारतीय आलोचक वैष्णव भक्तिकाव्य के रस-दर्शन के सौन्दर्य-बोध को समझने में अक्षम हैं। वे उसे मात्र अध्यात्म समझकर उसका उपहास कर रहे हैं। उन्होंने यह भुला दिया है कि भक्ति काव्य का भक्ति-रस एक जीवन-दर्शन की खोज है—जिसमें तप के ताप से श्याम-रसायन तैयार किया गया है। जीवन के खालीपन को यह रस भरता है। इसे छोड़ देने का ही नतीजा है कि आज के जीवन का खालीपन भर नहीं पाता। जीवन लीला-नाट्य का रसानुभव नहीं रहा—उसे विकृति, यन्त्रणा, सन्त्रास के पश्चिमी नारों से मारा जाता है। हमने भुला दिया है कि राधा ही सीता की भावरूप प्रतिकृति है—भाव की भावना है। हमने कृष्ण-रस का स्वाद भुला दिया है तो जीवन का स्वाद ही नीरस हो गया है। हमारे कृष्ण हमसे रूठकर चले गये हैं—उन्हें फिर से खोजकर लाने की जरूरत है।

2

भक्ति-आन्दोलन और हिन्दी सूफ़ी काव्य

भक्ति-आन्दोलन की महिमा और व्यापकता का इतिहास भारतीय साहित्य और दर्शन में अद्भुत है। ऐसा सांस्कृतिक-आन्दोलन किसी भी अन्य देश में खोजने पर नहीं मिलता है। वेदों में भक्ति की आन्तरिक लय निर्मित होती है और देश में बौद्ध-धर्म के उदय और विकास के बाद, भक्ति-आन्दोलन बहु-आयामी आन्दोलन का स्वरूप ग्रहण कर लेता है। यह इतना व्यापक रूप धारण करता है कि भारतीय जीवन-मूल्यों, दार्शनिक संवादों, धार्मिक अनुष्ठानों, लोक-विश्वासों के साथ सांस्कृतिक मिथकों, आख्यानों और कलाओं पर निर्णायक प्रभाव छोड़ता है। इतना ही नहीं मध्यकालीन भारत के शासकों की नैतिक मूल्य-व्यवस्था का पूरा ढाँचा इससे प्रभावित हुए बिना रह नहीं पाता। क्षेत्रीय भाषाओं के उदय, संगीत, नृत्य, चित्रकला, शिल्पकला के विकास में भक्ति-आन्दोलन की शक्तियों का बड़ा भारी हाथ रहा है।

विद्वानों ने इस प्रश्न को समय-समय पर उठाया है कि क्या भक्ति-आन्दोलन को जन-आन्दोलन कहा जा सकता है? इस प्रश्न का उत्तर एक खास कोण से 'उत्तर भारत में भक्ति-आन्दोलनों के उदय की ऐतिहासिक पृष्ठभूमि' पर विचार करते हुए इतिहासकार सतीशचन्द्र ने देने का प्रयास किया है। उनका कहना है कि सही अर्थ में भक्ति-आन्दोलन को मुश्किल से ही जन-आन्दोलन कहा जा सकता है, क्योंकि इसका उद्देश्य जन-साधारण की परिस्थितियों में परिवर्तन लाने से अधिक (सिवा अप्रत्यक्षरूप से) 'वैयक्तिक मुक्ति और भगवान से रहस्यात्मक मिलन' था। दिलचस्प बात यह है कि सतीशचन्द्र ने अपने विचार में डॉ. ताराचन्द को मिला लिया है। डॉ. ताराचन्द की पुस्तक 'भारतीय संस्कृति पर इस्लाम का प्रभाव' (इनफ्ल्युएंस ऑफ इस्लाम ऑन इण्डियन कल्चर, इलाहाबाद 1946, पृ. 145) के साथ कठिनाई यह है कि वे भक्ति-आन्दोलन पर इस्लाम के प्रभाव को इतना बढ़ा-चढ़ाकर प्रस्तुत करते हैं कि बुनियादी सच खो जाता है। भक्ति और भगवान की अवधारणा और सम्बन्ध को वे भारतीय जनमानस की लय में समझ ही नहीं सके। भारतीय लोक और शास्त्र की आन्तरिक ध्वनि को ठीक से सुनते हुए आचार्य हजारीप्रसाद द्विवेदी ने 'हिन्दी

साहित्य की भूमिका' में भारतीय साहित्य की प्राणधारा पर 'भारतीय चिन्ता का स्वाभाविक विकास' शीर्षक अध्याय में कहा, ''मैं जोर देकर कहना चाहता हूँ कि अगर, इस्लाम नहीं आया होता तो भी इस (हिन्दी) साहित्य का 'बारह आना' वैसा ही होता, जैसा आज है।'' आचार्य द्विवेदी को 'भूमिका' में 'इस नाटकीय घोषणा की आवश्यकता इसलिए पड़ी कि बहुत से विद्वान हिन्दी साहित्य के उदय को मुसलमानों और हिन्दुओं के संघर्ष का परिणाम मानते हैं। स्वयं आचार्य रामचन्द्र शुक्ल ने हिन्दी साहित्य के आदिकाल को वीरगाथा काल' माना क्योंकि उस समय मुसलमान आक्रमणकारियों के विरुद्ध हिन्दू राजाओं के वीरतापूर्व युद्ध की गाथाएँ लिखी गयीं। (नामवर सिंह, 'दूसरी परम्परा की खोज' पृ. 70) दरअस्ल, 'पूर्व मध्यकाल' को 'भक्तिकाल' नामकरण करने के साथ आचार्य शुक्ल ने सोचा था कि मोटे हिसाब से वीरगाथा काल महाराज हम्मीर के समय तक ही समझना चाहिए। उसके उपरान्त मुसलमान साम्राज्य भारत में स्थिर हो गया, और हिन्दू राजाओं का न तो आपस में लड़ने का उतना उत्साह रहा, न मुसलमानों से। जनता की चित्तवृत्ति बदलने लगी और विचारधारा दूसरी ओर चली।' (हिन्दी साहित्य का इतिहास, पृ. 60) इस विचारधारा में धर्म की रक्षा का वीर प्रयत्न' होता रहा। ऐसा प्रयत्न जो सारी जनता को आकर्षित रखे और धर्म से विचलित न होने दे।' इतना ही नहीं आगे चलकर जब मुसलिम साम्राज्य दूर तक स्थापित हो गये तब परस्पर लड़नेवाले स्वतन्त्र राज्य भी नहीं रह गये। इतने भारी राजनीतिक उलट-फेर के पीछे हिन्दू जन-समुदाय पर बहुत दिनों तक उदासी छायी रही। अपने पौरुष से हताश जाति के लिए भगवान की शक्ति और करुणा की ओर ध्यान ले जाने के अतिरिक्त दूसरा मार्ग ही क्या था?' (वही, प्रकरण 1, सामान्य परिचय, पृ. 63)

वज्रयानी सिद्धों, कापालिकों, तान्त्रिकों ने देश के पूर्वी भागों और नाथपन्थी जोगियों ने पश्चिमी भागों में अपनी करामातों-करतूतों से ऐसी विकृतियाँ पैदा कर दी थीं कि 'सामान्य जनता की धर्म भावना' दबती जा रही थी और जनता का हृदय धर्म से दूर हटता जा रहा था। आचार्य शुक्ल के 'धर्म' में विद्वानों ने 'वर्णाश्रम व्यवस्था' को खोज निकाला है और निन्दा की है। आज की दृष्टि से यह निन्दा उचित ही है। लेकिन प्रश्न उठता है कि आचार्य शुक्ल का 'धर्म' से पूरा-अभिप्राय क्या था? अपने अभिप्राय को स्पष्ट करते हुए आचार्य शुक्ल ने लिखा है—''धर्म का प्रवाह कर्म, ज्ञान और भक्ति, इन तीन धाराओं में चलता है। इन तीनों के सामंजस्य से धर्म अपनी पूर्ण सजीव दशा में रहता है। किसी एक के भी अभाव से वह विकलांग रहता है। कर्म के बिना वह लूला-लँगड़ा, ज्ञान के बिना अन्धा और व्यक्ति के बिना हृदयविहीन या निष्प्राण रहता है। ज्ञान के अधिकारी तो सामान्य से बहुत अधिक समुन्नत और विकसित बुद्धि के कुछ थोड़े से विशिष्ट व्यक्ति ही होते हैं। कर्म और भक्ति ही सारे

जन-समुदाय की सम्पत्ति होती है। हिन्दी साहित्य के आदिकाल में कर्म तो अर्थशून्य विधि-विधान, तीर्थाटन और पर्वस्नान आदि के संकुचित घेरे में पहिले से बहुत कुछ बद्ध चला आ रहा था। धर्म की भावनात्मक अनुभूतियाँ—भक्ति, जिसका सूत्रपात महाभारत काल में और विस्तृत प्रवर्तन पुराणकाल में हुआ था, कभी कहीं दबती, कभी कहीं उभरती, किसी प्रकार चली भर आ रही थी।" (वही., पृ. 64)

भारतीय लोक-मानस की आन्तरिक-लय में कभी कहीं भी निराशा का स्थायीभाव नहीं है। निराशा-पराजय संचारी-भाव तो रहा, किन्तु इससे आगे नहीं। इस विचार को गहते हुए आचार्य हजारीप्रसाद द्विवेदी ने हिन्दी साहित्य को 'हतदर्प पराजित जाति' की सम्पत्ति मानने से इनकार कर दिया। उनका ध्यान भक्तिकाव्य को मुस्लिम आक्रमण की 'प्रतिक्रिया' वाली धारणा पर गया। आचार्य शुक्ल ने विचार का प्रत्याख्यान करते हुए कहा, "सूरदास और तुलसीदास आदि वैष्णव कवियों की समूची कविता में किसी प्रकार की प्रतिक्रिया का भाव नहीं है। जिस समाज को ये भक्तगण सुधारना चाहते थे, उसमें विदेशी धर्म का कोई प्रभाव उन्होंने लक्ष्य नहीं किया था।" (हि. सा. की भूमिका, पृ. 28) इस कथन को अलग या गलत सन्दर्भों में निरूपित न किया जाए इसलिए कहा, "इन सबका यह अर्थ नहीं है कि मुसलमानी धर्म का कोई प्रभाव साहित्य पर नहीं पड़ा है।..."

किन्तु यह प्रभाव 'प्रभाव' के रूप में ही स्वीकार किया जाना चाहिए, प्रतिक्रिया के रूप में नहीं।" (वही, पृ. 29) आचार्य द्विवेदी जी ने 'भूमिका' में अंग्रेज इतिहासकार हेवेल के मत का प्रतिवाद किया—"प्रोफेसर हेवेल ने अपने 'हिस्ट्री ऑफ आर्यन रूल' में लिखा है कि मुसलमानी सत्ता के प्रतिष्ठित होते ही हिन्दू राज-काज से अलग कर दिये गये। इसलिए दुनिया के झंझटों से छुट्टी मिलते ही उनमें धर्म की ओर, जो उनके लिए एकमात्र आश्रय-स्थल रह गया था, स्वाभाविक आकर्षण पैदा हुआ। यह गलत व्याख्या है।" (पृ. 15) भक्ति-आन्दोलन को मुसलमानों के विरुद्ध हिन्दुओं की प्रतिक्रिया घोषित करने का काम साम्राज्यवादी अंग्रेज इतिहासकारों ने किया। इस व्याख्या से उनका हित सधता था ताकि हिन्दू-मुसलमान आपस में लड़ते-भिड़ते रहें।

भक्ति-आन्दोलन में हिन्दू-मुसलमान जनता के बीच भेदभाव दूर करने वाले सूत्र प्रमुख थे। इस विचार को डॉ. रामविलास शर्मा ने इस तर्क के साथ प्रस्तुत किया—"ईसा की दूसरी शताब्दी में ही आन्ध्र-प्रदेश में कृष्णोपासना के चिह्न पाये जाते हैं। गुप्त सम्राटों के युग में 'विष्णु-नारायण' वासुदेव की उपासना ने अखिल भारतीय रूप ले लिया। (दे. दि क्लासिकल एज, भारतीय विद्याभवन, पृ. 422) पाँचवीं शताब्दी से लेकर नौवीं शताब्दी तक तमिलनाडु भक्ति-आन्दोलन का प्रमुख स्रोत रहा। आलवार-भक्तों की कीर्त्ति सारे भारत में फैल गयी। कश्मीर में ललद्दद, तमिलनाडु

में आण्डाल, बंगाल में चण्डीदास, गुजरात में नरसी मेहता—भारत के विभिन्न प्रदेशों में भक्त-कवि लगभग डेढ़ हजार वर्ष तक जनता के हृदय को अपनी अमृतवाणी से सींचते रहे।'' इस प्रकार भक्ति-आन्दोलन ने पूरे देश को एकता के सूत्र में बाँधने का कार्य किया। ''यह भक्ति-आन्दोलन ब्रह्मदेश, अफगानिस्तान और ईरान की सीमाओं पर जाकर रुक जाता है; सिन्धु, कश्मीर, पंजाब, बंगाल, महाराष्ट्र, आन्ध्र, तमिलनाडु आदि प्रदेशों पर भक्ति-आन्दोलन की धारा पूरे वेग से बहती है। भक्त-कवियों ने विभिन्न प्रदेशों को राष्ट्रीय एकता के सूत्र में बाँधने में कितना बड़ा काम किया, उसका मूल्य आँकना सहज नहीं है। इनके पास राजनीतिक शास्त्रीय कोई सूत्र नहीं थे, जिन्हें वे दुहराते हुए जनता को एकताबद्ध करते। उन्होंने भावात्मक रूप से जनता को एक किया। इस भावात्मक एकता में मुख्य भाव था—भक्ति का।'' (परम्परा का मूल्यांकन, पृ 90) ध्यान में रखने की बात है कि भक्ति की पूरी अवधारणा के मूल में स्थित है—प्रेम। प्रेमा पुमर्थो महान। भारतीय जनता को एक नया मन्त्र ही भक्ति में मिला-प्रेम ही सबसे बड़ा पुरुषार्थ है।

भारत में सामन्तवाद के पतन की मार ने हिन्दू-धर्म व्यवस्था को भीतर-बाहर से झकझोर कर कमजोर कर दिया। इस कमजोर स्थिति में भी पुरानी-व्यवस्था के रक्षकों ने शास्त्रों-स्मृतियों के नये भाष्य किये। इन भाष्यों से वेदान्त ने शक्ति प्राप्त की। मध्ययुग में विशेषकर चौदहवीं-पन्द्रहवीं शताब्दियों में भास्कर भट्ट, आनन्दतीर्थ, माधव, सायण आदि ने वेदों के भाष्य किये। उपनिषद्-ब्रह्मसूत्र गीता- जिसे 'प्रस्थानत्रयी' कहा जाता है, उसके भाष्यों से नया चिन्तन खमीर उठा। मेधातिथि, कुल्लुक भट्ट, विज्ञानेश्वर, हेमाद्रि जैसे उद्‌भट विद्वानों ने स्मृतियों (विशेषकर मनुस्मृति), विधि-संहिताओं पर टीकाएँ प्रस्तुत कीं। दर्शन के क्षेत्र में सांख्य वैशेषिक तथा अन्य दर्शन प्रणालियों की नयी व्याख्याएँ सामने आयीं। दर्शन, धर्म और पूजा-उपासना ने राजाओं के दरबारों को अपने भीतर समेट लिया और मन्दिरों का बड़ी संख्या में भक्ति-प्रेरणा ने दक्षिण में निर्माण करवाया। वेद-पाठ, यज्ञ-पूजा, मन्त्र-तन्त्र में जनता आकण्ठ निमग्न दिखाई दी। इसी निमग्नता के भीतर से रूढ़िवाद, यथास्थितिवाद ने भ्रष्ट आचारों का बीज बोया। धार्मिक अवधारणाओं को इतना ठोस और ठस्स कर दिया कि स्वतन्त्र-चिन्तन वाले लोगों का जीना हराम हो गया। सिद्धों-नाथों-कापालिकों-शैवों-शाक्तों ने ऐसी करामाती धमाचौकड़ी मचायी कि समाज का दम फूल गया। 'गोरख जगायों जोग भगति भिगोयों लोग' की अर्न्तध्वनि का हम 'पाठ' करते हैं, तो अनेक अर्थ-सन्दर्भ उजागर हो उठते हैं—उस समाज के जो सिद्धों-नाथों द्वारा विकृत किया जा रहा था। इसलिए के. दामोदरन 'भक्ति-आन्दोलन' के सन्दर्भों को यूरोप के महान सुधार-आन्दोलनों से जोड़ने की बौद्धिक उछल-कूद करते हैं, तो फिसल जाते हैं। (दे. भारतीय चिन्तन परम्परा) इसका प्रमुख कारण है कि

पश्चिमी धर्म-दर्शन और भक्ति की अवधारणाओं से इन भारतीय अवधारणाओं को—विशेषकर-अद्वैत-वेदान्त की भूमि को कभी समझा ही नहीं जा सकता। भारत के भक्ति-आन्दोलन को राजनीतिक-आर्थिक जामा पहनाकर मार्क्सवादी-विद्वत्ता तो बघारी जा सकती है, उस भाव के सत्य से साक्षात्कार नहीं किया जा सकता, जिसमें वह निवास करता है। भक्ति-आन्दोलन के मूलाधार राम और कृष्ण कैसे बने हैं—इसके पीछे एक बहुत लम्बी विचार-यात्रा का इतिहास है। यह इतिहास इतने कथन से ही उजागर नहीं हो सकता कि यह (भक्ति-आन्दोलन) शुद्धतः एक धार्मिक आन्दोलन नहीं था। वैष्णवों के सिद्धान्त न तो कोरे आदर्शवाद थे, न सामाजिक-आर्थिक संघर्षों की सपाट कथा। भक्ति आन्दोलन ने सांस्कृतिक-क्षेत्र में राष्ट्रीय नवजागरण का जो रूप धारण किया, उसके पीछे वेदान्त का उगा हुआ सूर्य है। इसी अर्थ में डॉ. रामविलास ने इसे 'लोक जागरण' नाम दिया है बहुत सटीक अनुगूँज लिए हुए। लोक-भाषाओं का उदय, जाति-प्रथा पर प्रहार, पिछड़ी जातियों से सन्तों का विद्रोही-विस्फोट, सामाजिक अन्तर्वस्तु में बदलाव और परिवर्तन इन सभी के पीछे वे सक्रिय शक्तियाँ थीं जो पुरोहितवाद-पुराणवाद, यज्ञवाद, कर्मकाण्डवाद आदि का विरोध करती थीं। निचले-वर्ग में भक्ति-आन्दोलन ने आत्म-विश्वास जगाया और इस विश्वास को कायम रखने के लिए हर प्रदेश में अपने सन्त पैदा किये। इन सन्तों ने अपने चिन्तन और साहित्य से इस सत्य को ध्वनित किया कि ईश्वर के सामने न कोई छोटा है, न बड़ा। सभी बराबर हैं। रामानन्द को आज कौन भूल सकता है। जिनका उद्घोष था—'जाति-पाँति पूछै नहि कोई। हरि को भजै सो हरि का होई।' सच पूछो तो, रामानन्द ही भक्तिकालीन चिन्तन के मेरुदण्ड हैं।

गुरु की कृपा से ईश्वर-भक्ति का सन्देश एक ओर तो 'मुक्ति' और 'निर्वाण' चिन्तन की चुनौती थी, दूसरी ओर इस लोक की महिमा को परलोक के सामने स्थापित करना था कि यह संसार मिथ्या नहीं है—सत्य है, कर्म सौन्दर्य सत्य है। शंकर के मायावाद और विवर्तवाद से मुक्ति पाने का प्रयत्न—भक्तिवाद में मिलता है। रामानुजाचार्य से लेकर रामानन्द तक व्याप्त दर्शन और भक्ति का सार सर्वस्व यही है कि संसार में कर्म-सौन्दर्य की शक्ति व्याप्त है, भाग्यवाद, निराशावाद या ठलुआवाद, से यह संसार नहीं चलता। इसलिए इस काल में उपनिषद्, ब्रह्मसूत्र और गीता के चिन्तन की पुकार मची हुई है। यह केवल धार्मिक ग्रन्थों की पूजा से उत्पन्न अवतारवाद नहीं है। इसके पीछे सोशल फार्मेशन या सामाजिक संरचनाओं के साँचे सक्रिय हैं, जो अनेक संस्थाओं-विचारों-दर्शनों से शक्ति का केन्द्रण कर रहे हैं। भक्ति-आन्दोलन की सामाजिक संरचनाओं की निर्मिति के स्रोत और उन स्रोतों से पैदा होने वाली अवधारणाएँ एक ऐसे इतिहास-बोध को लिए हैं कि उनके चिन्तनगत प्रतीकों-मिथकों-लोक विश्वासों को सपाट ढंग से व्याख्यायित नहीं किया जा सकता।

उनके गहरे अन्तर्विरोध के असुविधाजनक स्तर हैं, इनकी छानबीन कई कोणों से करनी पड़ेगी। राजनीतिशास्त्र, समाजशास्त्र, अर्थशास्त्र, धर्मशास्त्र की व्याख्याएँ उन्हें समझने में मदद तो कर सकती हैं किन्तु वह सम्पूर्ण दृष्टि का बोध पैदा नहीं कर सकतीं जो इनके पीछे 'फोर्स' बनकर सक्रिय रही हैं। मध्ययुगीन चिन्तन के मेरुदण्ड रामानन्द की शिक्षाओं पर डॉ. ताराचन्द का यह कथन गुमराह करता है कि "उन्होंने दो धार्मिक विचारधाराओं को जन्म दिया—एक रूढ़िवादी और दूसरी परिवर्तनवादी।" (इनफ्ल्युएंस ऑफ इस्लाम आन इण्डियन कल्चर, पृ. 145) रामानन्द की एक धारा कबीर, एक धारा तुलसीदास। निर्गुण धारा विद्रोही, सगुण धारा समझौतावादी, राम-भक्ति-धारा। दक्षिण का समतावादी भक्ति-आन्दोलन रामानन्द उत्तर भारत में लाये! 'भक्ति द्राविड़ उपजी, लाये रामानन्द। परगट किया कबीर ने, सप्त द्वीप, नौखण्ड।' रामानन्द ने पूरे देश का भ्रमण किया और जो अनुभव पाया उसके बल पर ब्राह्मण वर्चस्ववाद का खण्डन किया। कहते हैं कि रामानन्द के बारह शिष्य थे। इनमें रैदास चमार थे। धर्मदास अछूत, जाट, किसान। सेना नाई थे और कबीर जुलाहे। तुलसीदास ब्राह्मण थे लेकिन ब्राह्मणवाद से काफी हद तक दूर। दादू बुनकर थे और नानक साधारण व्यापारी के बेटे। महाराष्ट्र के कवि नामदेव दर्जी थे और तुकाराम नीची जाति के व्यापारी। बंगाल के सन्त चैतन्य गरीब थे और आन्ध्र के कवि-सन्त वेमन्ना किसान। मलयालम में रामायण, महाभारत की रचना करने वाले एलुतुच्छन-चक्काल अर्थात तेली थे। के. दामोदरन ने पूरी स्थिति-परिस्थिति का चित्र देने के बाद कहा है, "कभी-कभी ब्राह्मण और उच्च वर्गों के लोग भी भक्ति-आन्दोलन में शामिल हुए, किन्तु उन्होंने ऐसा अपनी जाति की सुविधाओं और उच्चवर्ण के दृष्टिकोण को त्यागने के बाद ही किया। संक्षेप में भक्ति-आन्दोलन का नेतृत्व कहीं भी ब्राह्मण पुरोहितों अथवा उच्चवर्णवाले अभिजात वर्गीय लोगों ने नहीं किया।" (भारतीय चिन्तन परम्परा)

विद्वानों का एक वर्ग ऐसा भी है जो भक्ति-आन्दोलन को सूफ़ी पन्थ और इस्लाम से जुड़े अन्य धर्मों के सिद्धान्तों से प्रभावित मानता है। इस्लाम का सार-सर्वस्व है—'तसव्वुफ'। जिन लोगों को दारुल हरब और दारुल इस्लाम से सरोकार न था तथा जो लोगों को जोर जबर्दस्ती से मुसलमान बनाने के पक्ष में नहीं थे, किन्तु कुरान का आदर करते थे, वे ही प्रेमी भक्त धर्म के घेरे से निकलकर सूफ़ी हो गये। सभी धर्मों की आध्यात्मिक बेचैनी ने सूफ़ियों में अपना आकार पाया। सूफ़ी मत के उद्भव में सभी जातियों की भूमिका भी भूलने के विरुद्ध है। इन उदार सूफ़ियों ने अनेक जातियों के धर्म, दर्शन और इतिहास को भाव-रसायन में रूपान्तरित करते हुए सूफ़ी मत का सृजन किया। डॉ. ताराचन्द ने सूफ़ीमत के पाँच उद्गम माने हैं—(1) कुरान, (2) मोहम्मद का जीवन, (3) ईसाईयत और अभिनव-अफलातूनी मत, (4) हिन्दू मत और

बौद्धमत, (5) ईरान में प्रचलित जरथ्रुस्त धर्म। किन्तु अभिनव अफलातूनी मत के भीतर से पड़नेवाला प्रभाव भी, वास्तव में, हिन्दू प्रभाव था, यह ध्यान में रखने की बात है।'' (डॉ. खलीफा अब्दुल हकीम इकबाल ऐज ए थिंकर, पृ. 27) अब्दुल हकीम तसव्वुफ पर भारतीय प्रभाव मानने में हिचकते हैं—लेकिन यूनानी प्रभाव मानने में कोई संकोच नहीं करते। रामधारी सिंह दिनकर ने 'संस्कृति के चार अध्याय' में सन् 1955 ई. में अरब के बृहस्पति डॉक्टर ताहा हुसेन से कैरो में हुई बातचीत को स्मरण करते हुए कहा है कि जब मैंने कहा, ''भारत में ईरान के रहस्यवाद का अच्छा बोलबाला रहा, तब ताहा हुसेन बोल उठे—लेकिन यह चीज तो भारत से ही अरब और ईरान पहुँची थी। इसलिए तसव्वुफ जब ईरान से भारत गया, तब वह अपने ही घर लौटा था।'' सूफ़ीमत को हिन्दू-पण्डितों और बौद्ध सन्तों से वह मिला, जो मोक्ष और निर्वाण के वजन पर 'फना' की कल्पना में साकार हुआ। इस्लाम के खलीफाओं-मुल्लाओं ने सूफ़ी मत का विरोध किया है—तो उसके ऐतिहासिक कारण हैं। सूफ़ियों ने अपनी वैचारिक स्वतन्त्रता के लिए प्राणदण्ड तक झेला। लेकिन वे कुरान के भाष्यकार बनकर नहीं जिये। अरब ईरान के उत्पीड़न से बचने के लिये व्यापारियों के बहुत से सूफ़ी भारत आये और यहाँ बस गये—प्रेम-राग के साथ। न हिन्दू न मुसलमान। सच यह है कि भारत का भक्ति-आन्दोलन इस्लाम के साथ सूफ़ी मत का ऋणी है।

भक्ति-आन्दोलन पर गहरी धाक वैष्णव-चिन्तन परम्परा की रही है। इस सन्दर्भ में 'भागवत' और 'पद्मपुराण' का स्मरण आवश्यक है। भागवत में भक्ति ने नारद से कहा है कि मैं द्राविड़ देश में जन्मी, कर्णाटक में विकसित हुई, कुछ समय महाराष्ट्र में रही और गुजरात पहुँचकर जीर्ण हो गयी—

उत्पन्न द्राविड़े चाहं कर्णाटक बृद्धिमागता।
स्थिता किंचिन्महाराष्ट्रे गुर्जरे जीर्णतां गता॥

विद्वान मानते हैं कि भागवत की रचना आठवीं या नौवीं शताब्दी में हुई थी। प्रश्न उठता है कि इससे पूर्व क्या भक्ति का भारत को पता नहीं था? दिनकर जी ने माना है कि भक्ति का प्रयास विष्णुपुराण में भी है, देवी-भागवत में और कूर्म, वायु तथा शिव-पुराणों में भी। विष्णु पुराण की प्राचीनता असन्दिग्ध है। इससे भी अधिक निश्चित प्रमाण यह है कि 'महाभारत' में भक्ति अत्यन्त सुविकसित रूप में मिलती है। और गीता, जो महाभारत का अंश है, भक्ति का प्रतिपादन बहुत ही स्पष्ट भाषा में करती है। (संस्कृति के चार अध्याय : भक्ति आन्दोलन और इस्लाम, पृ. 365) वेदों में स्पष्ट भक्ति-भाव चाहे न हो किन्तु यज्ञ-दर्शन और बहुदेववाद क्या संकेत देते हैं? भागवत में यज्ञ-हवन ऋचाओं के पाठ की महिमा नहीं है लेकिन भगवान

की शरण में जाने का भाव-सन्दर्भ है। कहना न होगा कि यही तो प्रपत्तिवाद है—शरणागति का सिद्धान्त है। इसी सिद्धान्त का उपदेश रामानुज, मध्वाचार्य, निम्बार्काचार्य, वल्लभाचार्य तथा भक्ति-सिद्धान्त के अन्य आचार्यों ने किया है। प्रपत्तिवाद और शरणागति के सिद्धान्त सामी (सेमेटिक) धर्मों में आरम्भ से रहे हैं। इसीलिए प्रो. हुमायूँ कबीर और डॉ. ताराचन्द को लगता है कि भारत के भक्ति-आन्दोलन में प्रपत्ति के भाव इस्लाम से ही गये होंगे। जबकि प्रपत्ति-भाव भारत में बहुत प्राचीन है। हाँ, रामानुजाचार्य ने उसे परिभाषिक शब्द में ढाल दिया। गीता में कृष्ण ने कहा है, ''सर्वधर्मान् परित्यज्य मामेकं शरणं ब्रज।''

'वैष्णव भक्ति-धारा का सामाजिक परिप्रेक्ष्य' पर विमर्श करते हुए सुवीरा जायसवाल ने कहा है कि वैष्णव-भक्ति का पहला प्रामाणिक धर्म ग्रन्थ भगवद्गीता माना जा सकता है, जिसका रचना काल विद्वज्जन ईसा पूर्व दूसरी शताब्दी के आस-पास मानते हैं। उसकी समन्वयकारी प्रवृत्ति एक ऐसे सामाजिक परिवेश की ओर इंगित करती है, जब विभिन्न जनसमूह तरह-तरह के देवी-देवताओं की उपासना करते थे, वर्ण-व्यवस्था तथा ऊँच-नीच के भेदभाव गहरे थे और शूद्र कहे जाने वाले कारीगर, श्रमिक तथा बाहर से आकर बसे वैदिकेतर जन-समुदाय वैदिक विद्या में धर्मानुष्ठान करने का अधिकार न मिलने की वजह से बौद्ध, जैन और अन्य श्रमण सम्प्रदायों की ओर आकर्षित हो रहे थे। (सं. अखिलेश, तद्भव पत्रिका, अंक 10, जनवरी 2004) लेकिन गीता की ब्राह्मणवादी संवेदना में 'चातुर्वर्ण्यं मया सृष्टं गुणकर्मविभागशः।' का सिद्धान्त टस से मस न हुआ। गुण स्वभावज होते हैं—जन्मजात। इस कारण से वर्णों के कर्म उनके स्वभाव से उत्पन्न हुए हैं। अर्जुन स्वभावजन्य कर्म के आगे विवश है। यदि वर्णों का विभाजन जन्म पर आधारित न होकर व्यक्ति की गुणवत्ता पर निर्भर होता, तो स्त्री, वैश्य और शूद्र को पापयोनि (पापयोनय 9/32) क्यों कहा गया। गीता यह मत प्रतिपादित करती है कि जो लोग भक्ति-भाव के साथ अन्य देवी-देवताओं को पूजते हैं; वे वास्तव में 'वासुदेव' को ही पूजते हैं। भक्ति का यह स्वरूप वासुदेव को वैदिक देवता विष्णु से जोड़ देता है। भक्ति का यह ब्राह्मणीकरण भक्ति की अवधारणा को ब्राह्मण मूल्य-बोध में गर्क कर देता है। गीता को लेकर प्रश्न उठता है कि यादव वंश के मुकुटमणि कृष्ण ने ब्राह्मणी व्यवस्था की निन्दा क्यों नहीं की?

विचारणीय मुद्दा यह है कि ज्ञान और वैराग्य नामक दो पुत्रों के साथ गुजरात में आकर जो भक्ति बूढ़ी हो गयी थी—उसी भक्ति को वृन्दावन में आकर नव-यौवना का सौन्दर्य कैसे प्राप्त हो गया। लोक-मानस ने 'महाभारत' और 'गीता' से वैष्णव-भक्ति का सम्बन्ध न जोड़कर वृन्दावन की नवयौवना भक्ति से प्रगाढ़ सम्बन्ध जोड़ा। माधुर्य-भक्ति को उज्ज्वला भक्ति कहा गया। 'उज्ज्वल नीलमणि' और 'रसामृत सिन्धु' बनने का सौभाग्य भक्ति को महाप्रभु चैतन्य के दो शिष्यों के भाव-राग से प्राप्त

हुआ। त्रिपुर-सुन्दरी, महामाया, आद्या-शक्ति राधा ने मोहन से जुड़कर राधाभाव का सौन्दर्य बिखेर दिया। चैतन्य का गौड़ीय सम्प्रदाय और वल्लभाचार्य का पुष्टि मार्ग शुद्धाद्वैत-दर्शन भक्ति के केन्द्र में आ गया। कौन गहे भगवद् गीता का अनासक्ति योग-दर्शन, जन-मानस तो भागवत-पुराण की रासलीला में निमग्न होने लगा। रसों का समूह रास। रसेश्वरी राधा। रस-रूप-कृष्ण। यहाँ उपनिषदों का काव्य राधा से खेलकर बड़ा होने लगा और 'भागवत पुराण' सबसे सरस कविता का पर्याय हो गयी। गोपी-गीत महाभाव बन गया और बाँसुरी नाद शक्ति की महिमा। उत्तरी-भारत में भक्ति-आन्दोलन को जन-आन्दोलन कृष्णभक्ति परम्परा के काव्य-संगीत ने ही बनाया।

दक्षिण भारत में भक्ति-आन्दोलन को आलवार और शैव नायनार सन्तों की भक्ति-धारा ने गहराई एवं व्यापकता दी। उसमें कावेरी का जल क्या मिला कि वह जन-मन में प्रवाहित हो गयी। पश्चिमी विद्वानों का यह कहना है कि यह एक धार्मिक आन्दोलन था, जन-आन्दोलन नहीं। और यह आन्दोलन बौद्ध-जैन चिन्तन के उमड़ते प्रवाह को रोकने के लिए प्रतिक्रिया स्वरूप जन्मा था। यदि केवल हिन्दू-धर्म के पुनरुत्थान के लिए जन्मा होता, तो यह 'तमिल हिन्दू धर्म' का 'स्वर्णकाल' नहीं बन पाता। इस आन्दोलन ने वर्ण-व्यवस्था को अँगूठा दिखाकर सामाजिक समानता के मानवतावाद का मार्ग प्रशस्त किया। संस्कृत से टूटकर जनसाधारण ने तमिल की बोलचाल भरी लय में मधुर गीत गाये। गीत-गाना अपने में बन्धन से विद्रोह है। दकन के सातवाहन राजाओं तथा दक्षिण के पल्लव राजाओं ने मन्दिर बनवाये और विष्णु को सूर्य की तरह चमका दिया। चक्रधारी विष्णु के भक्तों ने बौद्धों-जैनों को दबाकर समाज में किनारे कर दिया और केन्द्र में अपना चक्रवर्तित्व स्थापित किया। सामन्तवाद का एक नया चेहरा सामने आया, जिसमें विष्णु पूजा की तरह राजा की पूजा की जाने लगी। सुवीरा जायसवाल के साक्ष्य से कहा जा सकता है कि फ्रीडम हार्डी ने अपनी पुस्तक 'विरह भक्ति : दि अर्ली हिस्ट्री ऑफ कृष्णडिवोशन इन साउथ इण्डिया' (आचार्य यू. प्रे. दिल्ली, 1983) में भक्ति आन्दोलन को जन-आन्दोलन नहीं माना। उनका विचार है कि एक जनवादी रूमानी मिथक है कि आलवार भक्त आम जनता के प्रतिनिधि थे और उन्होंने वर्ण-व्यवस्था के कष्टों के विरुद्ध भक्ति-संवेदना के माध्यम से अपनी बात कही थी। हार्डी कहते हैं कि ज्यादातर आलवार अभिजन थे और तमिल परम्परा में नवजागरण ला रहे थे। उन्होंने क्लासिकल तमिल साहित्य (संगम-साहित्य) की संवेदना को घुलाकर भक्ति-जागरण का नया खमीर उठाया। क्लासिकल तमिल-भाषा से दूर बोलचाल की तमिल में भगवान के गीत गाये। इस भक्ति-चेतना में गीता का बुद्धिवाद न था और न दर्शन का गरिष्ठ वेदान्ती छौंक। इनका आराध्य नायक प्रेमी और योद्धा था, जिसे वे नृत्य-गायन, काव्य-पाठ से प्रसन्न करते

थे। आलवारों की भक्ति में प्राचीन मूर्त्तिपूजक जनजातीय आराधना का उजला रूप था। उसमें बौद्धों का निषेधवादी जीवनदर्शन नहीं था। फिर बौद्धों-जैनों में तमिल-अस्मिता घुलना-मिलना भी न चाहती थी। आलवारों में ब्राह्मणों के विरोध का दबा हुआ स्वर था जबकि बौद्धों और जैनियों के लिए मुखर विरोध का स्वर था।

सुवीरा जायसवाल ने हार्डी और नीलकण्ठ शास्त्री के विचारों से हटते हुए अपना मत इस प्रकार व्यक्त किया है—"अत: जैन और बौद्ध मतावलम्बियों के प्रतिरोध को उत्तर भारत की आर्य संस्कृति का प्रतिरोध मानना उचित नहीं लगता। यदि ऐसा होता तो तमिल भक्त कवि वृन्दावन, मथुरा, द्वारका, रुक्मिणीय, कृष्ण और राम दाशरथि के मिथकों को न लेकर मुरुगन और अन्य तमिल देवी-देवताओं पर ही अपनी भक्ति केन्द्रित करते। परन्तु उन्होंने तो उत्तर भारत के प्रतीकों का स्थानीय तमिल प्रतीकों से खुलकर बड़े विश्वासपूर्वक समन्वय किया है और महाभारत और रामायण के उत्तर भारतीय मिथकों का स्थानीय स्थलों से तालमेल बैठाया है। संगम साहित्य में ही कृष्ण मापोन नाम से 'मुल्लर' यानी गोचर भूमि के देवता के रूप में विख्यात हो चुके थे। शिलप्पदिकारम् के रचयिता यद्यपि जैन थे फिर भी उनकी रचना में पूरा एक अध्याय कृष्ण और उनकी प्रेमिका नपिनुइ (विन्नइ) और उनके द्वारका में किए गये 'कुरवइ' नृत्य का वर्णन करता है—जिसमें साथ में बलराम भी हैं। कृष्ण और विन्नइ आलवारों के प्रिय आराध्य हैं।" (वही, अंक 10, तद्भव 2004, पृष्ठ 44)

तमिल आलवारों के प्रेम-भक्ति संग्रह 'नालिपर दिव्य प्रबन्धम् में 4000 पद्य हैं। आलवार, शब्द का अर्थ—'प्रेम-भक्ति के सागर में निमग्न' (दे. संकलन-सम्पादन एवं रूपान्तर एन. सुन्दरम, दिव्य प्रबन्ध आलवार प्रणीत पद संचयन—साहित्य अकादेमी, दिल्ली प्र. सं. 2004) आलवारों ने अपने आराध्य श्रीमान् नारायण के स्वरूप, रूप, गण और लीला का अनुभव विभिन्न प्रकार से किया है। यह अनुभव कभी भक्त रूप में, कभी नायिका रूप में। कभी माता के रूप में, कभी पिता के रूप में। यहाँ विष्णु के अवतारवाद की महत्त्व-प्रतिष्ठा है—भक्ति प्रेमरूपा है, अमृतस्वरूपा है। आलवार भक्त बारह हैं—पोय्गै आलवार, बूदत्तु आलवार, पेयलवार, तिरुमलिशै आलवार, नम्मालवार, मदुरकवि आलवार, कुलशेकरालवार, पेरियालवार, आण्डाल, तोण्डर् अडिप्येडिआलवार, तिरुप्पणालवार तथा तिरुमंगै आलवार। इस प्रकार बारह भक्तों के चौबीस-ग्रन्थ 'दिव्य प्रबन्ध' में संगृहीत हैं। रचना-संग्रह नाथमुनि के समय सम्पादित हुआ। आलवन्दार ने नम्मलवार को आचार्य के स्थान पर प्रतिस्थापित किया। रामानुजाचार्य ने इस 'दिव्य प्रबन्ध' की सहायता से अन्य धर्मावलम्बियों को पराजित कर वैष्णव धर्म की दृढ़ता से स्थापना की। उन्होंने आलवारों द्वारा रचित प्रबन्ध को आधार बनाकर ब्रह्मसूत्र भाष्य लिखा। आलवार प्रबन्ध इतना लोकप्रिय हुआ कि इसे 'दक्षिणवेद' कहा गया। इस टीका में संस्कृत-तमिल

मिश्रित 'मणि प्रवाल शैली' को अपनाया गया। प्रभु स्वामी है—भक्त दास। विष्णु ही सृष्टि, स्थिति एवं संहार का मूलकारण है। आलवार भक्त, प्रेयसी की तरह प्रेमी-परमात्मा के लिए तड़पता है। यह अनुरक्ति ही, मधुर भक्ति या रागानुगा भक्ति कहलाती है। ध्यान देने की बात है कि आलवारों की भक्ति में दास्य, वात्सल्य तथा कान्ता—तीनों भावों की प्रधानता है। आण्डाल (गोदा) तो कृष्णभक्ति में गोपी बन जाती है। मूल बात यह है कि आलवार भक्तों में राजा, ब्राह्मण, शूद्र सभी एक ही 'भक्ति' की भूमि पर खड़े हैं—समानता की यह विचित्र ध्वनि है। शूद्र किसी भी ब्राह्मण को उपदेश दे सकता है—शिष्य बना सकता है। समाज-व्यवस्था में मौजूद ब्राह्मणवाद कमजोर हो गया है। नाथ मुनि ने श्री वैष्णव सम्प्रदाय की स्थापना की। वे श्री रंगम मठ के आचार्य थे। भक्ति के भावदान ने पुराने मन्दिरों का जीर्णोद्धार किया और नये मन्दिरों का कलात्मक निर्माण।

डॉ. कपिल देव द्विवेदी ने 'मध्ययुगीन साहित्य में अवतारवाद' शीर्षक शोध प्रबन्ध में अवतार सिद्धान्त को देवता वासुदेव कृष्ण का वैदिक देवता विष्णु नारायण से तादात्म्य स्थापित होने पर प्रतिपादित किया है। विद्वान इस विचार पर लगभग मतैक्य रखते हैं कि 'महाभारत' में ही सर्वप्रथम अवतारवाद की स्पष्ट अभिव्यक्ति मिलती है। 'गीता' में कहा गया है कि धर्म की स्थापना के लिए, साधुओं के परित्राण के लिए, दुष्टों के नाश के लिए भगवान बार-बार अवतार धारण करते हैं। इस अवतारवाद के सिद्धान्त का प्रभाव लोकमत पर इतना प्रभावी सिद्ध हुआ कि तमाम देवी-देवता शास्त्र-सम्मत वैष्णव-धर्म में आते रहे और प्रतिष्ठा के साथ। अवतारवाद ने मानव कल्पना के अनन्त-आकाश को और विस्तृत कर दिया। इसमें लीलावाद का जन्म हुआ और कृष्ण-कथा, राम-कथा, शिव-पार्वती कथाओं का मंचन होने लगा। इस प्रकार लीलागान, लीला-नाट्य परम्पराओं को व्यापकता मिली और वराह, वामन, नरसिंह और मानुष इन चार-अवतारों की अवधारणा ने दैवी रूपों को प्राप्त किया। यह प्राचीन सूचना मार्कण्डेय पुराण तथा आरण्यक पर्व से प्राप्त की जा सकती है। मानव अवतार-पूजा में कृष्ण और राम को लेकर न जाने कितने मिथक निर्मित हुए और जन-जातियों में इनका प्रचलन हुआ। वाराह और नरसिंह के मिथकों का ब्राह्मणीकरण उतना नहीं हुआ। इनका लौकिकीकरण घटित हुआ, जिससे मानव की महिमा का उत्कर्ष हुआ। वामन त्रिविक्रम अवतार में वैदिक कल्पना के साथ स्थानीय कल्पना का योग रहा। लेकिन मानव के रूप में विष्णु-नारायण की पूजा को कृष्ण और राम में अद्भुत लोक-विस्तार मिला।

कई बार जिज्ञासुगण प्रश्न पूछते हैं कि मन्दिर में राम की परिकल्पना का प्राचीन प्रमाण कौन-सा है? इसका उलट प्रायः यह मिलता है कि उत्तरी महाराष्ट्र में पाँचवीं शताब्दी के पूर्वार्द्ध का राम-मन्दिर। लोक-विश्वास ऐसा मिलता है कि गुप्तवंश के

चन्द्रगुप्त द्वितीय की पुत्री प्रभावती गुप्त ने अपना एक आदेश रामगिरि स्वामी के पाद भू से जारी किया था, जो रिथपुर ताम्र पट्टाभिलेख में अंकित है। यह जानना आवश्यक है कि प्रभावती गुप्त वाकाटक नरेश रुद्र सेन द्वितीय की पत्नी थी। महाकवि कालिदास ने 'मेघदूत' काव्य में रामगिरि की पहाड़ियों (श्लोक-12 से) के लिए कहा है कि वे रघुपति के चरण चिह्नों से अंकित हैं। नागपुर के समीप (रामटेक को) रामगिरि माना जाता है। किन्तु किसी साक्ष्य के अभाव में यह कहना कठिन है कि यहाँ राम की कोई प्रतिमा स्थापित की गयी थी। हाँ, जनश्रुति है कि राम वनवास के समय वहाँ से गुजरे थे। धनुषधारी राम का रूप गुप्त नरेशों में स्कन्दगुप्त को सर्वाधिक प्रिय रहा है। विष्णु का आयुध 'शारंग' धनुष सिक्कों पर धनुर्धारी राम के रूप में अंकित है। ईसवी सन् की प्रथम सहस्राब्दी तक राम विष्णु-मन्दिर मौजूद तो है लेकिन गौण देवता के रूप में है। राम की लोकप्रियता जैन रामायणों तथा ललित साहित्य की रचनाओं के रूप में तेजी से उनके बढ़ते प्रभाव का प्रमाण है। इस काल के अनेक मन्दिरों में राम-कथा उत्कीर्ण है। पाँचवीं-छठी शताब्दी के देवगढ़ के मन्दिर में दशावतार, चालुक्य मन्दिरों में और राष्ट्रकूट कालीन (आठवीं शताब्दी एलोरा की गुफाओं में राम-कथा की महिमा मिलती है। भूलने के विरुद्ध यह बात है कि भक्ति साहित्य में राम की पूजा के भाव-भजन सर्वप्रथम आलवारों के भजन-पूजन में प्राप्त होते हैं। आरम्भ के आलवारों ने विष्णु नारायण (गोपालक कृष्ण) की स्तुति में भजन गायन किया है। तदनन्तर तिरुमंगई पेरिय, कुलशेखर, नम्म आदि ने (आठवीं-नौवीं शताब्दी में) रामावतार की ओर हृदयाकर्षण व्यक्त किया है। नम्म आलवार की प्रसिद्ध रचना 'तिरुवाय मोलि' (सहस्र गीति) में राम ही एक मात्र आराध्य कहे गये हैं। नम्म को श्री वैष्णव परम्परा में राम की चरण-पादुका का अवतार माना जाता है। कुलशेखर पेरुमल तिरुमोलि (ग्यारह छन्दों में) रामकथा कहते हैं और मधुर कवि की रामभक्ति में अनन्यता तो प्रख्यात रही है। रामकथा के साथ इन कवियों ने ऐसा तादात्म्य स्थापित किया है कि आज भी इनके प्रति भक्तों का सिर श्रद्धा से झुक जाता है। राम-भक्ति की तन्मयता का प्रेम-सागर दक्षिण भारत के इन कवियों में उमड़ता मिलता है—भक्ति-रसामृत सिन्धु। चिदम्बरम् के प्रसिद्ध नटराज मन्दिर को कुलशेखर चित्रकूट की संज्ञा देते हैं और मन्दिर में स्थित विष्णु पूजा-गृह को चित्रकूट का पर्याय। वर्तमान 'गोविन्दराज मन्दिर' में स्थित विष्णु-शयनावस्था की मूर्ति है। कहते हैं कि आलवारों के समय वहाँ हनुमान सहित राम की मूर्ति विराजमान थी। मूल बात यह है कि राम मन्दिरों के निर्माण की परम्परा सबसे पहले दक्षिण-भारत में आरम्भ हुई। बाद में उत्तर भारत, मध्यप्रदेश में जैसे 'रामलोचनमन्दिर' का निर्माण। चोल राजाओं ने राम-सीता-लक्ष्मण के मन्दिर निर्मित किये और चोल राजाओं ने दसवीं शताब्दी में 'कोदण्डराम' की उपाधि धारण की।

दरअसल, यह कहना उचित नहीं है कि कृष्ण और राम पर अभिजात वर्गों का वर्चस्व स्थापित रहा, निम्न वर्गों का नहीं। वैष्णव धर्म का मूल भागवत-धर्म में विद्यमान है और भागवत धर्म में वैदिकता विष्णु नारायण के साथ वासुदेव गोपाल-कृष्ण की पूजा लोक परम्पराओं, लोक-आस्थाओं के रूप में मिलती है। कृष्ण-भक्ति-धारा में शास्त्र के साथ लोक संवेदना का जो निखार मिलता है, उसमें शास्त्र से ज्यादा लोक-सौन्दर्य की प्रचुरता है। अनेक अर्थों में कृष्ण-भक्ति-आन्दोलन शास्त्र-विरोधी, रूढ़ि-विरोधी भक्ति-आन्दोलन रहा है। लोक-संवेदनाओं का बहुआयामी पहलू यह है कि इसमें नर के साथ नारी को समानता का दर्जा मिलता है। नारी यदि नर के बराबर हुई है, तो कृष्ण काव्य में। रामावतार की वाल्मीकि कल्पना के राम असाधारण जरूर हैं लेकिन लोकप्रियता में जनता के बहुत अपने हैं। जनता उनके नैतिक आदर्शों का अनुकरण करती है। वे ऐसे कुलीन राम नहीं हैं कि जनता से दूर रहें। यह राम-काव्य की लोकप्रियता का प्रमाण नहीं तो क्या है कि बौद्ध-जैन सिद्धान्तों, कथाओं, आख्यानों ने राम के आख्यानों का उपयोग किया। जैन रामायण में राम-कथा की नवीन छवियाँ सृजित की गयीं, और बुद्ध तो विष्णु (अमिताभ) बनकर ही लोक में प्रतिष्ठित हुए। धीरे-धीरे राम के 'नाम' का ऐसा लोक-मन वाला समाज आया, जिसमें राम के नामरूप जप, ध्यान की सत्ता-महत्ता स्थापित होती गयी। दामोदर-धर्मानन्द कोसाम्बी ने भक्ति-चिन्तन को मध्ययुगीन सामन्तवाद की मूल 'वैचारिकी' माना है। सामन्तवाद का मूलतत्त्व था—स्वामी के प्रति दास या आश्रित या अनुगामी की दृढ़ निष्ठा। राजाओं-नवाबों सरदारों के प्रति छोटे सरदारों, व्यक्तियों की आश्रयवादिता। इस समाज में भक्ति-भाव की मानसिकता ही सर्वाधिक उपयुक्त धार्मिक विचारधारा थी। (मिथ ऐण्ड रियलिटी, पापुलर प्रकाशन-1962, बम्बई) यह धार्मिक विचारधारा विष्णु से ही नहीं, उनकी दो पत्नियों (श्री और पृथ्वी) के पौराणिक मिथकों से शक्ति पाती रही है।

राजा में विष्णु का अंश दरबारी परम्परा में ऐसा पनपा कि उसकी कथा में अभूतपूर्व नाटकीय मिथक जुड़ते गये। (सूर्यवंशी कहकर राजाओं ने अपने वंश को राम से जोड़ दिया। कम्बन की तमिल रामायण की रामकथा में सूर्यवंशी चोलराज वंश अप्रत्यक्ष रूप से मौजूद है।) इस दृष्टि से कम्बन की रामायण का 'डिसकोर्स' बड़े काम का है, जिसमें राम और चोल राजा दोनों एक हो गये हैं। यह कहना इस 'डिस्कोर्स' में सही नहीं है कि राम-रावण युद्ध हिन्दू-मुसलमान संघर्ष की कथा है। मुसलमानी आक्रमणकारियों को 'रावण' कहना धर्म की राजनीति है लेकिन वह राजनीतिक चेतना का सद्साहित्य नहीं कहा जा सकता है। 'राम-कथा' को जो लोग हिन्दू कथा-चेतना का गठन मानकर अपने को प्रगतिशील कहते हैं, वे ही 'कम्युनल' हैं और वे ही साहित्य में घृणा की राजनीति के ठेकेदार। तुलसीदास के राम कभी भी

आडवानी-सिंघल के राम नहीं हो सकते हैं। क्योंकि वहाँ राम लोकनायक हैं और यहाँ राम वोट बटोरने वाले नायक। तुलसी के राम पर वाल्मीकि, कम्बन न जाने कितने पुराने रचनाकारों का प्रभाव है। वे भक्ति के लिए अभयता का दान देने वाले 'प्रभु' हैं—लोकरक्षक राम, लोकमंगलकारी राम। तुलसीदास के राम शूद्र और नारी दोनों को सम्मान देते हैं और उनसे सम्मान भी पाते हैं—(दे. सीय राममय सब जगजानी, कृष्णदत्त पालीवाल, वाणी प्रकाशन, दरियागंज, दिल्ली, 1994)। मैं वहाँ विस्तार से कह चुका हूँ कि तुलसी के राम लोक-मंगल करने के लिए अवतार धारण करते हैं। उनमें गीता-भाव की परम्परा नयी निष्पत्ति पाती है। 'रामचन्द्रिका' (केशवदास) के राम सामन्तवादी परम्परा की सीधी उपज हैं। वे भोग में प्रवृत्त हैं। कम्ब रामायण तथा तुलसी के रामचरितमानस में शम्बूक-वध की चर्चा नहीं है। धर्म का कट्टर प्रतिपादन नहीं है। कट्टर प्रतिपादन होता तो राम के हाथों मारे जाने वाले मारीचि, बालि एवं रावण को 'परमपद' प्राप्त नहीं होता। तुलसी ने 'मोक्ष' के स्थान पर 'भक्ति' की स्थापना की ओर उसे सर्वोच्च मूल्य के रूप में प्रतिष्ठित किया। भक्ति-मार्ग के दरवाजे ही रामानुज से लेकर रामानन्द तक नहीं खुले, पूरे समाज-चिन्तन के जड़वाद में एक नयी क्रान्ति की लपट फूट पड़ी।

रामायण, महाभारतकालीन समाज कई अर्थों में पिछड़ा समाज है—जिसमें शम्बूक का वध हो सकता है और एकलव्य का गुरुदक्षिणा में अँगूठा दान। तुलसी का समाज पिछड़ा समाज नहीं है—उस समाज में शूद्र युवक शम्बूक का वध कराने का कलेजा किसी रचनाकार के पास नहीं है। इस काल में शेष कृष्ण 'शूद्राचार शिरोमणि' और गोपाल भट्ट 'शूद्र संस्कार दीपिता' लिख रहे हैं—ब्राह्मण-शूद्र भेदभाव कम हो रहा है और समाज में सहिष्णुता पनप रही है। ब्राह्मण-पूजा (विप्रपद-पूजा) हो रही है—लेकिन शिव-पूजक पिछड़ी जातियाँ भी सम्मान पा रही हैं। कम्ब रामायण ने केरल-कर्नाटक पर ही प्रभाव नहीं डाला—हिन्दी प्रदेशों पर विशेषकर तुलसी के 'रामचरित मानस' पर गहरा प्रभाव डाला। विवाह से पूर्व राम और सीता में परस्पर आकर्षण 'मानस' में कम्ब रामायण की देन मानी जा सकती है। चन्द्रमा को देखकर राम में सीता-विरह का भाव तुलसी को तमिल की रामायण परम्परा से जोड़ता है—(दे. सुवीरा जायसवाल, वैष्णव धर्म का उद्‌भव और विकास)। यह भी विश्वास है कि रामानुजाचार्य का दीक्षा-संस्कार तिरुपति के कोदण्डराम मन्दिर में हुआ था। यह बात महत्त्वपूर्ण है कि आठवीं शताब्दी से लेकर पन्द्रहवीं शताब्दी तक राम-भक्ति से सम्बन्धित अनेक रचनाओं का सृजन किया गया, जिनमें वेदान्त-भक्ति-आराधना और तान्त्रिक-धर्म-साधना की परम्पराएँ गतिशील हैं। बौद्ध और शंकराचार्य ने राम-भक्ति में थोड़ी उदासी तो पैदा की लेकिन वे भक्ति के प्रवाह को रोक नहीं सके। कश्मीर की तान्त्रिक साधना ने 'अद्‌भुत रामायण' का चोला धारण कर लिया और वह द्वन्द्वयुद्ध

में रावण-राम को मार डालता है—लेकिन सीता? सीता शक्ति का रूप धारण कर रावण और अनेक योद्धाओं के सिर काट डालती हैं और अन्त में ब्रह्मा राम को जीवित करते हैं—सीता शान्त हो जाती हैं।

महामहोपाध्याय पाण्डुरंग काणे ने 'हिस्ट्री ऑफ धर्मशास्त्र' 'हिन्दूधर्मशास्त्रों के इतिहास' में राम-सीता को पुरुष-प्रकृति दर्शन से जोड़कर विचार किया है। उपनिषदों का ज्ञान-जल रामानन्द में 'राम-रसायन' बन गया है और राम के नाम का जाप-मन्त्र जन-मन में उतरा है। शिव जी राम-मन्त्र का जाप करते हैं और स्थान है—विश्वनाथ की नगरी। लोलार्कतीर्थ अर्थात् वाराणसी। रामानन्द को राममन्त्र की दीक्षा राघवाचार्य ने दी, जो दक्षिण भारत से उत्तर-भारत में राम-मन्त्र लाये थे। रामानन्द का बड़ा प्रदेय यह है कि उन्होंने उत्तर-भारत में राम-भक्ति का भाव-सागर लहराकर दम लिया। रामावत्-सम्प्रदाय उनकी इस महिमा का बड़े श्रद्धाभाव से बखान करता है। रामानन्द के सन्त सगुण और निर्गुण दोनों थे। नरहरि और अनन्तानन्द सगुण भक्ति में निमग्न हैं तो धन्ना, पीपा, रैदास और कबीर उनके ही शिष्य हैं। इन शिष्यों की कथा-वृत्तान्त परम्परा की ऐतिहासिकता पर तो अँगुली उठाई जा सकती है—अँगुली उठती भी रही है, किन्तु रामानन्द की महिमा में सन्देह की कोई गुंजाइश नहीं है। कबीर का समय पन्द्रहवीं शताब्दी है तो उन्हें रामानन्द का समकालीन मानना कठिन है। लेकिन कबीर के वैष्णव मन में रामानन्दी परम्परा बोलती मिलती है। सगुण रामभक्ति के वेदान्त-दर्शन से रामानन्दी सम्प्रदाय की 'अध्यात्म रामायण' ताल-मेल पैदा करती है। कहते हैं कि 'राम-गीता' और 'रामहृदय' जैसी चौदहवीं-पन्द्रहवीं शताब्दी की रचनाओं ने राम को विष्णु के पूर्णावतार-आसन पर बैठाने का कार्य किया। 'अध्यात्म रामायण' में 'राम मण्डली' की चर्चा आती है। इस चर्चा का अर्थ है कि राम-कथा सुनने, राम-मन्त्र का जाप करने तथा रामनवमी की पूजा-व्रत की परम्परा का चलन था और जनमत एक त्राता के रूप में राम को पाकर अपने कष्टों से निवारण का प्रभु रूप पा गया था। इरफान हबीब ने भक्ति-आन्दोलन की वैचारिक पृष्ठभूमि का भाष्य करने के बाद पाया है कि पिछड़ी जातियों ने नानक-रैदास, दादू-रज्जब, कबीर में एकेश्वरवाद के लोक जागरण के पक्ष से आत्म-विश्वास पाया। वर्ण-जाति की असमानताओं को नकार कर दूसरी-परम्परा का पक्ष पुष्ट किया। मुल्लाओं और पुरोहितों के कठमुल्लावाद पर प्रहार किया। 'मध्ययुगीन' भक्ति-आन्दोलन का एक पहलू' निबन्ध में ग. मा. मुक्तिबोध ने निर्गुण सन्तों की विद्रोही प्रवृत्ति से साक्षात्कार करते हुए कहा, ''मेरे मन में हरदम यह प्रश्न उठता है कि कबीर और निर्गुण पन्थ के अन्य कवि तथा कुछ महाराष्ट्रीय सन्त तुलसीदास की अपेक्षा अधिक आधुनिक क्यों लगते हैं? क्या कारण है कि हिन्दी-क्षेत्र में जो सबसे अधिक धार्मिक रूप से कट्टर वर्ग है, उनमें भी तुलसीदास इतने लोकप्रिय हैं कि, उनकी भावनाओं और वैचारिक अस्त्रों द्वारा, वह वर्ग आज भी

आधुनिक दृष्टि और भावनाओं से संघर्ष करता रहता है। समाज के पारिवारिक क्षेत्र में इस कट्टरपन के अब नये पंख भी फूटने लगे हैं।'' (नयी कविता का आत्मसंघर्ष तथा अन्य निबन्ध, पृ. 91) इस प्रश्न का उत्तर देने के लिए वे युग की मूल गतिमान सामाजिक शक्तियों से बनने वाले सांस्कृतिक इतिहास' में उतरे हैं। महाराष्ट्र के सन्त ज्ञानेश्वर ने 'ज्ञानेश्वरी' में पुराण-पन्थियों की कलई खोल दी है कि कैसे पिछड़ी जातियों के सन्तों को प्रताड़ित किया गया। उत्तर भारत में कबीर ने शोषित वर्ग की अगुआई की और धर्म शास्त्रवादी शक्तियों से टक्कर ली।

उत्तरी-भारत की कृष्ण-भक्ति धारा में भावावेशवाद था लेकिन जातिवाद न था। कृष्ण-भक्ति धारा ने निर्गुण सन्तों की करामातवादी स्थितियों से लोहा लिया और निर्गुणियों से प्राण-पण के साथ संघर्ष किया। आचार्य रामचन्द्र शुक्ल ने निर्गुणियों को एक जगह जब लोक विरोधी करार दिया—तो ग. मा. मुक्तिबोध को उनके तर्क से बहुत पीड़ा हुई। तुलसीदास-सूर की सगुणधारा क्रान्तिकारी—कबीर-दादू की निर्गुणधारा क्रान्ति-विरोधी। उल्टा पहाड़ा क्यों पढ़ा आचार्य शुक्ल ने। यहाँ आचार्य शुक्ल का ब्राह्मणवादी मन बेकाबू कैसे हो गया? ग. मा. मुक्तिबोध का उत्तर है—''इसके पीछे उनकी सारी पुराण-मतवादी चेतना बोलती है।'' (वही) ''क्या यह एक महत्त्वपूर्ण तथ्य नहीं है कि राम-भक्ति-शाखा के अन्तर्गत एक भी प्रभावशाली और महत्त्वपूर्ण कवि निम्नवर्गीय शूद्र वर्गों से नहीं आया? क्या यह एक महत्त्वपूर्ण तथ्य नहीं है कि कृष्ण-भक्ति शाखा के अन्तर्गत रसखान और रहीम जैसे हृदयवान मुसलमान कवि बराबर रहे आये, किन्तु रामभक्ति-शाखा के अन्तर्गत एक भी मुसलमान और शूद्र कवि प्रभावशाली और महत्त्वपूर्ण रूप में अपनी काव्यात्मक प्रतिभा विशद नहीं कर सका जबकि यह स्वत: सिद्ध बात है कि निर्गुणशाखा के अन्तर्गत ऐसे लोगों को अच्छा स्थान प्राप्त था।'' (वही...) सच बात यह है कि निर्गुण सन्तों के क्रान्ति दर्शन को उच्चवर्गीय सगुणवादियों ने प्रभावहीन कर दिया, उसके क्रान्तिकारी दाँत उखाड़ दिये। जन-साधारण से शुरू हुए भक्ति-आन्दोलन को 'उच्चवर्गीयों ने आगे चलकर अपनी तरह बना लिया—उस पर अपना पूरा प्रभुत्व स्थापित कर लिया।'

हिन्दी में निर्गुण-भक्ति-धारा के अन्तर्गत कबीर-दादू की चर्चा तो डटकर हुई है लेकिन निर्गुण प्रेम-मार्गी-भक्ति-धारा अर्थात् सूफ़ी काव्य पर जब-तब ही विचार किया गया। जबकि सूफ़ियों ने निर्गुण कबीर धारा और सगुण कृष्ण-भक्ति धारा पर गहरा प्रभाव डाला है। सूफ़ियों की उद्‌भव विकास-यात्रा का इतिहास न जानने के कारण भी सूफ़ियों को मुसलमान मान लिया जाता है। जबकि सच बात यह है कि सूफ़ी कवि कुरान-हदीस के भाष्यकार नहीं हैं—उनका अपना चिन्तन है। हाँ, यह तथ्य है कि 'सम्प्रदाय' के रूप में सूफ़ियों का मत इस्लामी देशों में फैला। अरब के

नगरों में यहूदी-ईसाई-हिन्दू-बौद्ध-इस्लाम आदि बहुत से धर्म मिलन-स्थल बने हुए थे। सूफ़ी मत पर इन सभी की धमक है। सूफ़ी मत ने कुरान और नबी को अँगूठा दिखाया—जैसे संगीत को नबी प्रश्रय नहीं देते-जबकि सूफ़ी मत संगीत को साधन रूप में अपनाता है। इतना ही नहीं, प्रायः सूफ़ी सन्त-भक्त तो कवि होते हैं और कवियों को कुरान में सम्मानजनक स्थान प्राप्त नहीं है। काजियों-मुल्लाओं से सूफ़ियों की पटरी न बैठती थी—वे तो सूफ़ियों को प्राणदण्ड तक देते थे—जैसे सूफ़ी साधक मंसूर। डॉक्टर बुकेट ने 'डिक्शनरी ऑफ इस्लाम' में सूफ़ीमत के विश्वासों की चर्चा की है, जिनका निष्कर्ष यह है कि अस्तित्व केवल परमात्मा का है और उसे प्रेम-साधना से ही प्राप्त किया जा सकता है। सूफ़ी साधक ईश्वर को परमसुन्दरी के रूप में देखता है। सूफ़ी साधक पुरुष ही नहीं—स्त्रियाँ भी होती हैं—जैसे सूफ़ी साधिका-बसरे की राबिया।

सूफ़ी मत पर भारतीय चिन्तन (हिन्दू बौद्ध चिन्तन) का असर कम नहीं है। मुहम्मद साहब के जन्म से पहिले ही अरबों को हिन्दू-बौद्ध चिन्तन का ज्ञान था। दिनकर जी ने 'संस्कृति के चार अध्याय' में कहा है कि "अरब के लोग किसी समय बौद्धमतावलम्बी थे," यह अनुमान भी निराधार नहीं हैं। "मक्के के काबा-मन्दिर में 360 मूर्तियाँ थीं, जिनमें प्रतिदिन एक मूर्ति की, विशेष रूप से पूजा होती थी। मुहम्मद साहब ने इन मूर्तियों को तो हटा दिया, लेकिन किसी कारण एक काला पत्थर वहाँ अब भी रह गया है, जिसे 'संगे असबद' कहते हैं और जिसे हर हाजी श्रद्धा के साथ चूमता है।" (पृ. 263) विद्वान लोग कहते हैं कि काबे के मन्दिर और बल्ख के नौ-बिहार मन्दिर में बुद्धदेव की पूजा होती थी। अरबी-फारसी में मूर्ति के लिए जो बुत शब्द प्रचलित है, वह बुद्ध का ही अरबी रूप है, नौ-बिहार, नव विहार या बौद्ध-मठ। इतिहास ने बार-बार इस्लाम को इस बात के लिए कोसा है कि उसका प्रचार तलवार के बल पर हुआ। वे जहाँ गये, जनता को तीन विकल्प दिये—(1) कुरान लो और इस्लाम कबूल करो, (2) कर दो और अधीनता स्वीकार करो, (3) दोनों में से कोई बात पसन्द नहीं है तो तलवार गले में उतरेगी। इस्लाम आग की तरह फैला। क्यों फैला ? इसके कई कारण हैं। इस्लाम को जन्म लिए अस्सी वर्ष हुए थे कि उसका झण्डा भारत तक महासागर के किनारे फहराने लगा। मोहम्मद साहब का जन्म 570 ई. में और मृत्यु 632 ई. में हुई। सन् 622 ई. में मक्का छोड़कर मदीने गये। यही इस्लाम का आरम्भ वर्ष है। तेजी से इस्लाम ईराक, ईरान और मध्य एशिया में फैल गया। सिन्ध मुसलमानों के अधीन हो गया—स्पेन पर मुसलमान काबिज हो गये। विद्वान मानते हैं कि खलीफाओं ने इतना बड़ा साम्राज्य स्थापित किया कि रोमन-साम्राज्य का कद घट गया। मोहम्मद साहब की मृत्यु के दस साल बाद ईरान पर अरब मुसलमानों का कब्जा हो गया और वहाँ के लोग मुसलमान होने लगे। कुछ लोग ईरान

छोड़कर भारत भाग आये थे, वे पारसी-धर्म के लोग हैं। मूल बात यह कि इस्लाम का उदय अरब में हुआ—वह ईरानी-धर्म नहीं था। ईरानी-सभ्यता-संस्कृति में इतने परिष्कृत लोग थे कि अरब विजेता बर्बर दिखाई देते थे। इतिहास ने ईरानी-संस्कृति की महिमा का विस्तार किया। फारसी इस्लाम की भाषा और ईरानी संस्कृति को मुसलमानों ने अपनी संस्कृति स्वीकार किया। कहते हैं कि इस्लाम का जन्म सामी (Semitic) संस्कृति के बीच हुआ किन्तु ईरान आकर वह आर्य-नस्लवालों का धर्म हो गया। (दे. रामधारी सिंह दिनकर, भारतीय संस्कृति के चार अध्याय, पृ. 266)

इस्लाम केवल तलवार से ही नहीं फैला। उसमें कवियों, नेताओं, सन्तों का विचार-जल भी प्रवाहित रहा। फिर अरब के लोग मूर्तिपूजक या बद्द थे। मक्के के मन्दिर में मूर्तियों का जमघट था। अरब और ईरान भोगवादी पतन में गर्क थे। ऐसे कठिन समय में मोहम्मद का जन्म हुआ। मोहम्मद ने कहा—ईश्वर एक है और मोहम्मद उसके पैगम्बर हैं। मोहम्मद साहब मूर्तिपूजा के विरोधी थे, अतः अरब के मूर्तिपूजक लोग बिगड़ गये और उन पर टूट पड़े। उन्हें मक्का शहर छोड़कर भागना पड़ा। यही घटना 'हिजरत' कही जाती है। मक्का छोड़कर भागे—यथरिब में शरण ली। उस नगर का नाम मदीनतुन्नवी अर्थात् नबी का नगर पड़ गया। मोहम्मद साहब ने इस बात पर जोर दिया कि इस्लाम में शामिल हो जाने पर आदमी-आदमी में कोई भेद नहीं रह जाता। इस समानतावादी सिद्धान्त के कारण इस्लाम बड़ा लोकप्रिय हुआ। लेकिन इस्लाम में वैराग्य की प्रधानता अथवा लौकिक सुखों का त्याग, यती-वृत्ति की प्रधानता नहीं है। इस्लाम, साधुओं की संख्या बढ़ाने का विरोधी-धर्म है—भारत के कबीर आदि निर्गुणिया सन्त गृहस्थाश्रम में रहकर भगवद्-भजन के पक्षधर हैं। ईसाई-धर्म की साधु-संघ पद्धति को कुरान स्वीकार नहीं करता। लेकिन आध्यात्मिक-विकास पर (नमाज, जकात, रोजा, हज) इस्लाम का पूरा जोर है। इस्लाम के चार खलीफा इस चिन्तन की धुरी हैं।

इस्लाम के चार खलीफा हैं—(1) अबूबर्क (632-34 ई.), (2) खलीफा उमर (634-43 ई.), (3) उस्मान (643-55 ई.), (4) अली (655-61 ई.)। समय ऐसा बलवान है कि धर्म से आरम्भ इस्लाम को राजनीति की शरण लेनी पड़ी। इस प्रकार धर्म और राजनीति का संगठन अरब साम्राज्य का केन्द्र बना और उसके नेता खलीफा कहलाने लगे। लेकिन धर्म का क्रान्तिकारी, लोक मंगलकारी चेहरा सामने आया, जो कहता था न्यायी बनो—अन्याय से की गयी उन्नति पाप है। इसी ताकत से इस्लाम का अरब-साम्राज्य उत्तरी अफ्रीका, मंगोलिया, मध्य एशिया, स्पेन, फ्रान्स और भूटान में जमता गया। फिर आठवीं शताब्दी में सिन्ध और बल्ख के अरब-साम्राज्य में सम्मिलित होने से भारत का प्रभाव खिलाफत के देशों पर पड़ने लगा। खलीफा हारूँनल रसीद (786-809 ई.) के समय से तो हिन्दू-संस्कृति की धाक

ही जम गयी। बरमक नामक एक वजीर ने भारत के हिन्दू-विद्वानों (गणित-वैद्यक, ज्योतिष, इतिहास, काव्य) से अनेक संस्कृत ग्रन्थों के अरबी अनुवाद करवाये। भारत के गणित का ज्ञान तो अरब लोग ही यूरोप ले गये। उन्हीं के द्वारा हितोपदेश, पंचतन्त्र की कहानियों का विदेश-गमन हुआ। विशेष बात यह है कि अरब, फिलिस्तीन, मिस्त्र से भारत का व्यापारिक सम्बन्ध था। अरब सौदागरों का पहला बेड़ा भारतीय तटों पर 636 ई. में आया। फिर मुहम्मद बिन कासिम का आक्रमण 512 ई. हुआ। नौवीं शताब्दी में मालाबार के राजा ने इस्लाम कबूल कर लिया। इसी समय मस्जिदों के निर्माण का इस्लाम को चस्का लगा। लेकिन इस्लाम से हिन्दुओं की घृणा का इतिहास महमूद गजनी के आक्रमणों से हुआ, फिर मुहम्मद गोरी। लेकिन ये लुटेरे लोग अरबी या ईरानी नहीं थे। पश्चिम में रोम साम्राज्य, भारत में गुप्त साम्राज्य के समय भारत में हूणों ने बर्बर उपद्रव किये। स्कन्दगुप्त ने इन हूणों को खदेड़ा। लेकिन वे भारत में घुस पड़े। तोरमाण और मिहिरकुल हूण राजा थे। फिर हूणों को शुद्ध करके ब्राह्मणों ने राजपूत बना लिया। तुर्क, हूणों की ही एक शाखा थे। हूण-भाषा में 'तुर्क' का अर्थ था—पहाड़ की वह शक्ल जो फौजी टोपी की-सी हो। तुर्की भाषा में संस्कृत-ग्रन्थों का अनुवाद भी हुआ—कुछ तुर्कों ने बौद्ध-धर्म को भी अपनाया। बाकी तुर्क लोग मुसलमान हो गये। मौका पाकर ये तुर्क मुस्लिम-साम्राज्य में घुस पड़े और सत्ता हथियाने लगे।

भारत में मुसलमानों को अरबों-ईरानियों ने नहीं, हूणों-तुर्कों ने बदनाम किया। फिर वीर मंगोल जाति भारत की ओर बढ़ी। इनका बड़ा नेता चंगेज खाँ था जो बौद्ध होते हुए भी निर्दयता का शिखर था। इसके पोता हलाकू ने भी बड़ा गदर मचाया। बगदाद उजाड़कर पुस्तकालय जला डाले। स्थिति से घबराये विद्वान कैरो और स्पेन की ओर भागे। इसी भाग-दौड़ से यूरोप में विद्या का प्रकाश फैला। जिसे विद्वान लोग सांस्कृतिक नवजागरण (कल्चरल रिनासाँ) कहते हैं। मध्य एशिया में तो तैमूरी-रिनासाँ भी चला—सांस्कृतिक नवजागरण। बाबर इसी सांस्कृतिक नवजागरण की उपज था—माँ की ओर से चंगेज खाँ और बाप की ओर से तैमूर का वंशज। प्रो. हुमायूँ कबीर ने 'अवर हेरिटेज' पुस्तक में इस्लाम के आक्रान्ताओं का बड़ा ही प्रामाणिक इतिहास प्रस्तुत किया है। तुर्कों-तातारों के खिलाफ यूरोपीय जातियाँ संघबद्ध हुईं और मुसलमानों के खिलाफ धर्म-युद्ध (क्रूसेड) की घोषणा हुई।

अरबी-भाषा के शब्द 'इस्लाम' का अर्थ है—'शान्ति में प्रवेश पाना'। मुस्लिम व्यक्ति का अर्थ है। मनुष्य और अल्लाह के साथ शान्ति का रिश्ता रखने वाला। अर्थात्-प्रेम एवं अहिंसा में निमग्न व्यक्ति। इस्लाम के कुरान सुन्ना तथा हदीस की इसमें सहमति है कि मानव प्रेम से रहे। मोहम्मद साहब के सन्देश कुरान में हैं, कृत्य सुन्ना में है और उपदेश हदीस में। कुरान का अर्थ है उच्चरित अथवा पठित वस्तु अर्थात्

भगवत्प्रेरणा के वचन। खलीफा अबूबर्क ने सारी लिखावटों का सम्पादन करके कुरान का पाठ तैयार किया। मोहम्मद साहब को धर्म का इलहाम हुआ। उन्हें लोग पैगम्बर, नबी या रसूल कहने लगे। मोहम्मद साहब रसूल इस अर्थ में हैं कि ईश्वर और मनुष्य के बीच धर्म-दूत की भूमिका का निर्वाह करते हैं। इस्लाम का मूलमन्त्र है 'ला इलाह इल्लिलाह मुहम्मदुर्रसुलिल्लाह।' अर्थात् अल्लाह के सिवा और कोई पूजनीय नहीं है। मोहम्मद उसके रसूल (धर्मदूत) हैं। इस्लाम के पाँच-कर्म हैं—कलमा पढ़ना, नमाज पढ़ना, रोजा रखना, जकात तथा हज। कुरान का पूरा जोर एकेश्वरवाद पर है। जरथुस्त्रवादियों तथा आर्यों में जो प्रकृति-पूजा-धर्म (पैगन) था, उसका कुरान विरोध बहिष्कार करती है। इस्लाम ने ईसा को ईश्वर-पुत्र नहीं माना। पैगम्बर माना। क्योंकि ईश्वर में पुत्र उत्पन्न करने वाले गुणों को जोड़ना—उसे दिव्य-कोटि से गिराकर मानव-कोटि में ले आना है।

कुरान की कल्पना है—मानव को नीच काम से वासनाओं से पतित करने का काम 'जिन' करते हैं। मोहम्मद की दिव्य दृष्टि 'कुरान' के जन्म का कारण है। कुरान मानता है कि प्रत्येक जाति में दिव्य-दृष्टिवाले लोग पैदा होते हैं। सच्चा मुसलमान वही है जो सभी धर्मों का आदर करता है। यहाँ फकीर 'औलिया' हैं और मोहम्मद (अनबिया) पैगम्बर। अच्छे कर्म करो, कयामत के दिन हिसाब होगा। स्वर्ग सातवें आसमान (अर्श) पर स्थित है। वहाँ मधु की नदियाँ बहती हैं। कुरान में नरक की कल्पना हिन्दू धर्म के समान बड़ी विकराल है। इस्लाम के सिद्धान्त दो भागों में मिलते हैं—(1) उसूल (2) कुरूँ कुरान। ईमान और अमल की बात पर अपने को केन्द्रित करता है। ईमान की साठ शाखाएँ हैं। जिनमें सूदखोरी को घृणित काम माना गया है। लेकिन जिहाद को राष्ट्रीय कर्त्तव्य माना गया—अर्थात् शत्रु के विरुद्ध संघर्ष। शत्रु द्वारा अधीनता स्वीकार करने पर 'जिजिया' अर्थात कर। इस्लामी खिलाफत (धर्मराज्य) के पहले नेता खलीफा मोहम्मद। चार नेता-खलीफा अबूबर्क, उमर, उस्मान और हजरत अली। हजरत अली का विवाह मोहम्मद साहब की बेटी फातिमा से हुआ था। हुआ यह कि नबी के मरने पर खिलाफत के सरदार हजरत अली नहीं बनाये गये। अतः गद्दी का विवाद उग्र हो गया। इस्लाम के छठे खलीफा हजरत इमाम हुसैन की कर्बला के रास्ते में विद्रोही खलीफाओं ने हत्या कर दी। इसके बाद मुसलमान दो दलों में विभाजित हो गये—हजरत अली के पक्षपाती शिया और बाकी लोग सुन्नी कहलाये। मुहर्रम हजरत हुसैन का शोकोत्सव है और शिया लोगों का विशेष पर्व।

इस्लाम के बहुत से प्रश्नों का समाधान खोजने का कार्य 'मोतजली सम्प्रदाय' के बुद्धिजीवियों ने किया। इन बुद्धिजीवियों ने उपनिषद् का ज्ञान मार्ग ही जैसे ग्रहण करने की ठान ली। जिस मार्ग से शंकराचार्य ईश्वर-सिद्धि की ओर बढ़े थे—कुछ-कुछ वैसा ही मार्ग इन बुद्धिजीवियों ने अपनाया। इस्लाम में यति-वृत्ति को जगह नहीं

थी। किन्तु मोतजली सम्प्रदाय में यति वृत्ति का डंका बज उठा। इन बुद्धिजीवियों ने हिम्मत के साथ कहना शुरू किया कि कुरान अपौरुषेय नहीं है और न उसे अन्तिम सत्य मानने की भ्रान्ति पालनी चाहिए। इन चिन्तकों में अलगजाली (1051-1112 ई.) का नाम अग्रगण्य है। धर्म पर विवेक-वयस्कता से विचार करते हुए गजाली नास्तिकता की ओर झुकते गये तथा धर्म-मात्र से उनका भरोसा उठ गया। परम्परावादियों के तर्कों से वे ऊब गये और समाधि में सहजानुभूति को सम्मान देने लगे। इसी राह को उमर खैयाम और अबुल अरा (ग्यारहवीं शताब्दी) ने पकड़ा। इन साधकों ने बौद्ध-चिन्तन और नव अफलातूनी चिन्तन को मिलाकर इस्लाम में ऐसा खमीर उठाया कि सूफ़ियों के लिए नया भाव-रसायन ही परोस दिया। सूफ़ियों को प्रेम-मार्ग का दिशा-ज्ञान इन्हीं चिन्तकों का प्रदेय माना जा सकता है। प्रेम से ही चरम सौन्दर्य (ईश्वर) की अनुभूति सम्भव है। इस तरह चिन्तन में 'तसव्वुफ' का प्रवेश होने लगा और रहस्यवाद को भावना से ग्रहण करने की पद्धति ही चल पड़ी। उपनिषद्-बौद्ध और नव अफलातूनी (प्लेटो के चिन्तन की नयी दार्शनिक व्याख्या) ने सूफ़ी-चिन्तन को पुष्ट आधार दिया और कवियों ने इस दर्शन को मौलिक रूप दिया। विद्वान बार-बार यह पूछते रहे हैं कि सूफ़ीमत का मूल कहाँ है? इसका मोटा उत्तर तो यही है कि सूफ़ीमत इस्लाम की मूल प्राणधारा का सहज परिणाम नहीं है—न यह इस्लामी रहस्यवाद की सीधी निष्पत्ति है। हाँ, इस्लाम का निचोड़ तसव्वुफ है—और धर्म की लंका को फूँककर जो लोग बाहर निकल गये, वे सूफ़ी कहलाये। इस्लाम, अफलातूनी और वेदान्त का आध्यात्मिक भाव सूफ़ी-मत में विराजमान हो गया। मुसलमान फकीरों ने खूब सोच-समझकर तसव्वुफ को सूफ़ी मत का रूप दे दिया। 'इलहाम' और 'हाल' ईश्वर और जीव का प्रेम भाव-रंगत में चमकने लगा।

सूफ़ी-मत में प्रेम महिमा के साथ प्रकृति में (दृश्य-अदृश्य सत्ता में) ब्रह्म की अन्तर्व्याप्ति यूनान-अरब-भारत की चिन्तन परम्परा का 'पुराना नमक' है जिसका स्वाद नया है—लेकिन रूप पुराना है। इश्क मजाजी (लौकिक प्रेम से) इश्क हकीकी (ईश्वरीय प्रेम) की प्रगति का भाव-दर्शन भी नया नहीं है। यह भाव-दर्शन इतना विस्तृत हुआ कि ईसाई सन्त तो ईसा मसीह को अल्लाह (सर्वशक्तिमान) और अपने को उनकी दुलहिन कहा करते थे।

सोलोमन के गीतों की रंगीन कल्पना का आधार यही भाव-दर्शन है। भारत में काव्यानन्द को, ब्रह्मानन्द और रत्यानन्द कितनी बार कहा गया है। प्लेटो अशरीरी-प्रेम में पवित्रता खोजते रहे लेकिन भारत ने भौतिकवाद से शरीरी-प्रेम को नकारा नहीं। भारत का मादन-भाव सूफ़ीमत में प्रवेश करता गया और सुन्दरियों से मिलने के अनेक तरीके ईजाद किये गये। किसी सुन्दरी के प्रेम में जोगी होना, भभूत रमाना, न जाने कितने आख्यान हैं—जो कभी शीरी-फरहाद, लैला-मजनू, ससी-पुन्नो जैसी कथाओं

में जीवित रहे। भारत में वज्रयानियों ने 'प्रेम-भोग' के लिए गुफा साधना का सहारा लिया। श्री चन्द्रबली पाण्डेय ने 'सूफ़ीमत और तसव्वुफ' में लिखा है, "सूफ़ीमत के उद्भव के सम्बन्ध में यह ध्यान रखना चाहिए कि उसके मादन-भाव का उदय सामी जातियों के बीच में हुआ और फिर अपनी पुरानी भावना और धारणा की रक्षा के लिए सारग्राही सूफ़ियों ने अन्य जातियों के दर्शन तथा इतिहास से सहायता लेकर धीरे-धीरे एक नवीन मत का सृजन किया।" इस निष्कर्ष में रामधारी सिंह दिनकर यह जोड़ना चाहते रहे हैं कि भारत की मादन-भाव-परम्परा पर भी विचार होना चाहिए। क्योंकि यह नहीं कहा जा सकता कि भारत में मादन-भाव की परम्परा नहीं थी। (संस्कृति के चार अध्याय-पृ. 297)। यह अकारण नहीं है कि डॉ. ताराचन्द ने सूफ़ीमत के पाँच उद्गम माने हैं—(1) कुरान, (2) मोहम्मद साहब का जीवन, (3) ईसाई-मत और अभिनव अफलातूनी मत, (4) हिन्दुत्व और बौद्ध मत तथा (5) ईरान में प्रचलित जरथ्रुस्त्र धर्म। कहना न होगा कि नव-अफलातूनी मत के भीतर हिन्दू प्रभाव ध्वनित था और उसकी अनुगूँज दूर तक व्याप्त थी। जब अलेकजेंड्रिया व्यापार का केन्द्र थी तथा वहाँ यूरोपीय और भारतीय व्यापारी आपस में मिलते थे। इसी नगर में नव-अफलातूनी और बौद्ध संवाद कर रहे थे। इस प्रकार ईसाई-हिन्दू विचारों का आदान-प्रदान हुआ। इस नगर का पतन (642 ई.) में हुआ तथा व्यापार का केन्द्र ईरान हो गया। ईरान में भारत की ज्योतिष, गणित, वैद्यक की पुस्तकें अरबी-फारसी में अनूदित हुईं। वे स्पेन (कारडोवा) पहुँचीं और यूरोप के मध्यकालीन विद्या के केन्द्रों में फैल गयीं। (आर. ए. निकोलसन—*सेलेक्टेड पोयम्स फ्राम दि दीवान ऑफ शम्स-तबरेज*)। वेदान्त के मोक्ष और बौद्धमत के निर्वाण से दृष्टि पाकर हो सकता है कि सूफ़ियों ने 'फना' की अवधारणा को प्रस्तुत किया हो। सूफ़ियों ने भारतीय योग-साधना के प्रति भी लगाव व्यक्त किया और उसे 'मराकबा' कहकर ग्रहण किया। भारतीय योगियों के चमत्कार सूफ़ियों की 'करामात' के रूप में मिलते हैं। सूफ़ियों में माला-जाप, स्वच्छता का दर्शन भारतीय-प्रभाव की भगवद् प्रेरणा-शक्ति से आया प्रतीत होता है। प्रोफेसर हूमायूँ कबीर ने 'अवर हेरेटेज' पुस्तक में कुरान को सूफ़ीमत का आधार मानते हुए भी भारतीय विचारधाराओं का गहरा प्रभाव स्वीकार किया है। ईसाईमत, नव अफलातूनी, जरथ्रुस्त के साथ हिन्दू बौद्ध-दर्शन भी इसमें प्रभावी रहे हैं। अरब देशों में जन्मे सूफ़ीमत पर बहुत से धर्मों का प्रभाव पड़ा। इन प्रभावों ने उसमें धार्मिक कट्टरतावाद को जगह न दी। जगह थी तो मानवता के उदात्त मूल्यों के लिए। इन उदात्त-मूल्यों के कारण ही भारतीय जनता ने सूफ़ीमत का हृदय खोलकर स्वागत किया। भारत में सूफ़ियों के चार सम्प्रदाय प्रसिद्ध हुए—(1) सुहरावर्दी सम्प्रदाय—इसके प्रवर्तक सैयद जियाउद्दीन (बारहवीं शताब्दी), (2) चिश्तिया सम्प्रदाय—इसके प्रवर्तक हजरत अरब अब्दुल्ला चिश्ती, (3) कादरिया सम्प्रदाय—इसके

प्रवर्तक शेख अब्दुल कादिर जिलानी, (4) नक्शबन्दिया सम्प्रदाय—जिसके अगुआ थे—ख्वाजा बहाउद्दीन नक्शबन्द। शाहजहाँ का पुत्र दाराशुकोह कादरिया सम्प्रदाय में दीक्षित था और बिहार में सूफ़ीमत के प्रचारक फकीर मखदुमशाह इसी सम्प्रदाय के थे। हजरत अदब अब्दुल्ला चिश्ती भारत में मुहम्मद गोरी के आक्रमण के साथ आये थे और अजमेर में बस गये। निजामुद्दीन औलिया, अमीर खुसरो और मलिक मुहम्मद जायसी इन्हीं की परम्परा में थे। भारत में इस्लाम विजेताओं का धर्म था और हिन्दुत्व पराजित प्रजा का धर्म। विजेता का धर्म अपनाते हुए हजारों लोगों ने इस्लाम कबूल कर लिया। हिन्दू सवर्ण लोग पिछड़ी जातियों पर जुल्म कर रहे थे—जुल्म से थककर वे धर्म-परिवर्तन को विवश हुए। डॉ. अम्बेडकर ने पिछड़ी जातियों के धर्म-परिवर्तन का प्रधान कारण हिन्दू जाति-व्यवस्था के अन्याय को माना है। (दे. कृष्णदत्त पालीवाल—डॉ. अम्बेडकर, समाज-व्यवस्था और दलित-विमर्श किताबघर प्रकाशन, दरियागंज, दिल्ली, सन् 2005)। ब्राह्मणवाद से चिढ़कर दलित वर्ग मुसलमान बनने पर विवश हुआ। पवित्रतावादी हिन्दू तो मुसलमानों को 'म्लेच्छ' कहकर उन्हें हिकारत की नजर से देखते थे और मुसलमान, हिन्दुओं को बुतपरस्त काफिर कहकर घृणा करते थे। इब्नबतूता के विवरण को प्रमाण मानें तो सुलतान मुहम्मद बिन-तुगलक (चौदहवीं शताब्दी) का समय भयानक था। साम्प्रदायिकता की आग चरम पर थी। दिनकर जी के इस मत से सहमत हो पाना कठिन है कि ''धार्मिक विद्वेष भारत में नहीं था। यह चीज यहाँ मुस्लिम साम्प्रदायिकता की देन है।'' *(संस्कृति के चार अध्याय, पृ. 322)*

यह सच है कि मुसलमानों की राजनीतिक विजय ने भारत की संस्कृति को प्रभावित किया। यहाँ आचार्य हजारीप्रसाद द्विवेदी जी की चार आनेवाली बात-याद आती है। 'हिन्दी साहित्य की भूमिका' में सम्प्रदायवादी-साम्राज्यवादी इतिहास दृष्टि का विरोध द्विवेदी जी ने किया है। भक्ति को मुसलमानों की प्रतिक्रिया माननेवाले विद्वान प्रायः आचार्य शुक्ल की पुस्तक 'सूरदास के वल्लभाचार्य' शीर्षक लेख का हवाला देते हैं। 'कृष्णाश्रय' नामक ग्रन्थ में वल्लभाचार्य ने एक प्रकरण में लिखा—

म्लेच्छाक्रान्तेषु देशेषु पापैकनिलयेषु च।
सत्पीडाव्यग्रलोकेषु कृष्ण एव गतिर्मम॥
गङ्गादितीर्थवर्येषु दुष्टैरवावृतेष्विह।
तिरोहिताधिदेवेषु कृष्ण एव गतिर्मम॥
अपरिज्ञान नष्टेषु मन्त्रेष्वव्रतयोगिषु।
तिरोहितार्थवेदेषु कृष्ण एव गतिर्मम॥
नानावादविनष्टेषु सर्वकर्मव्रतादिषु।
पाषण्डैकप्रपत्तेषु कृष्ण एव गतिर्मम॥

अर्थात् देश म्लेच्छा क्रान्त है, गंगादि तीर्थ दुष्टों द्वारा भ्रष्ट हो रहे हैं, अशिक्षा और अज्ञान के कारण वैदिक-धर्म नष्ट हो रहा है, सत्पुरुष पीड़ित तथा ज्ञान विस्मृत हो रहा है—ऐसी स्थिति में कृष्णाश्रय में ही जीवन का कल्याण है। श्लोक में प्रयुक्त 'म्लेच्छाक्रान्त' के कई तरह के भाष्य किये गये और कहा गया कि गंगादि तीर्थों के भ्रष्ट करने के लिए म्लेच्छों (मुसलमानों-यवनों) को ही जिम्मेदार क्यों ठहराया जा रहा है। जो अर्थ इस श्लोक में नहीं है वह आरोपित क्यों किया जा रहा है? देश में अज्ञान और विद्या की विस्मृति का अन्धकार इस्लाम के आने से फैला—यह व्याख्या गलत है। सच यह है कि इस्लाम के सामाजिक-सांस्कृतिक नवजागरण ने देश में एक नयी चेतना का प्रादुर्भाव किया। सांस्कृतिक सम्पर्क और टकराव से सामाजिक 'सोशल फार्मेशन' में परिवर्तन आया। "इस्लाम के न आने से पहले इस विशाल जनसूमह का कोई एक नाम तक न था। अब उसका नाम हिन्दू पड़ा। हिन्दू अर्थात् भारतीय अर्थात् गैर इस्लामी मत। स्पष्ट ही गैर इस्लामी मत में कई तरह के मत थे।" आचार्य द्विवेदी ने 'भूमिका' में कहा है, "भारतीय पाण्डित्य ईसा की एक सहस्राब्दी बाद आचार-विचार और भाषा के क्षेत्रों में स्वभावतः ही लोक की ओर झुक गया था। यदि अगली शतब्दियों में भारतीय इतिहास की अत्यधिक महत्त्वपूर्ण घटना अर्थात् इस्लाम का प्रमुख विस्तार न भी घटी होती तो भी वह इसी रास्ते आता। उसके भीतर की शक्ति उसे इसी स्वाभाविक विकास की ओर ठेले लिये जा रही थी।" (पृ. 15) अतः भारतीय इतिहास के मध्ययुग को हिन्दू-इस्लाम संघर्ष के रूप में देखना सम्प्रदायवादी दृष्टि है। मध्यकाल का व्यापक लोक-धर्म ही भक्ति-आन्दोलन की पृष्ठभूमि है तथा कबीर और जायसी दोनों ही भक्ति-आन्दोलन की शक्ति का विस्फोट।

भारत की मानवतावादी दृष्टि का इस बार ऐसा सर्जनात्मक रूप सामने आया कि उसने तसव्वुफ की राह से हिन्दू-मुसलमानों को समीप लाने का आन्दोलन आरम्भ कर दिया। सूफ़ी-सन्तों का महान पक्ष यह है कि वे मुल्लाओं-पुरोहितों-पण्डितों-पण्डों और सुल्तानों की नीति से बँधे न थे। प्रायः वे निर्भय होकर धर्मों के कठमुल्लावाद का विरोध करते थे। मंसूर और सरमद तो शूली पर चढ़ गये, पर झुके नहीं। सूफ़ियों की सूफ़ियानी भद्रता पर भारतीय जनता रीझ गयी और उनका हर हालत में साथ देने का मन बनाया। भारत में सूफ़ियों का प्रभाव हिन्दू-मुसलमान दोनों पर खिलजी-काल में सिर पर चढ़कर बोला। सूफ़ियों के इस बढ़ते प्रभाव से कुतुबउद्दीन, मुबारक खिलजी, गियासुद्दीन तुगलक जैसे लोग जलने लगे और उन्होंने जब तब निजामुद्दीन औलिया को धमकाया। लेकिन वे भयभीत नहीं हुए। सूफ़ी-सम्प्रदाय के साथ कलन्दर सम्प्रदाय भी पनपा-लेकिन ज्यादा दिन चला नहीं। ये वैरागी कलन्दर फकीरी के जरिये मोक्ष खोजते रहे। लेकिन समाज में जम नहीं पाये। कुछ भी हो, सूफ़ियों-कलन्दरों ने भारत में इस्लाम की छवि को बदलकर दम लिया।"

देखते-देखते सूफ़ियों ने भक्ति-मार्ग पकड़ लिया। भारत की गुरु-पूजा में समर्पित होते गये और भजनों-कव्वालियों के संगीत से जनता को मोहने लगे। सूफ़ी मत का प्रेम की पीर का दर्शन कृष्ण-भक्ति में चुपके से प्रवेश कर गया। इस्लामी मुल्ला कड़कते-फड़कते रह गये। सूफ़ियों ने उनकी एक न सुनी। कबीर और अन्य सन्तों पर सूफ़ी-प्रेम का रंग ऐसा चढ़ा कि फिर कभी नहीं उतरा। इस प्रेम-भाव की शक्ति को पहचानकर आचार्य रामचन्द्र शुक्ल ने 'जायसी ग्रन्थावली' की 'भूमिका' में लिखा—''जनता की प्रवृत्ति भेद से अभेद की ओर हो चली। मुसलमान हिन्दुओं की राम कहानी सुनने को तैयार होने लगे और हिन्दू मुसलमानों की 'दास्ताने हमजा'। हिन्दुओं और मुसलमानों, दोनों के बीच साधुता का सामान्य आदर्श प्रतिष्ठित हो गया। बहुत से मुसलमान फकीर भी अहिंसा का सिद्धान्त स्वीकार करके मांस-भक्षण को बुरा कहने लगे।'' इस प्रेमधारा के भीतर से अमीर खुसरो (1253 ई. जन्म) को भारत ने 'वरदान' के रूप में पाया। वे हजरत निजामुद्दीन औलिया के शिष्य थे तथा ब्रजवासी क्षेत्र (पटियाली जिला—एटा, उत्तर प्रदेश) में जन्मे थे। दिल्ली की खड़ीबोली में कवि-कर्म किया जबकि वे इससे पहले फारसी दाँ थे। अपनी अन्तर्दृष्टि और भाषाज्ञान से वे हिन्दी खड़ी बोली और उर्दू के पिता का गौरव प्राप्त कर सके। अपनी मसनवी 'नूह सिफ्र' में भारत-भक्ति का जोश भर दिया और संगीत-साधना में रम गये। भारत के सामने बसरा, तुर्की, खुरासान, समरकन्द, मिस्र तथा कन्धार को तुच्छ बताया और भारत की कला-साधनाओं को संसार भर से श्रेष्ठ। डॉ. गोपीचन्द नारंग ने 'अमीर खुसरो का हिन्दुवी काव्य' में उनके प्रदेय पर विस्तार से चर्चा की है—मुकरियों, पहेलियों, दोहों, ग़ज़लों के महान कवि की महत्ता का उद्‌घाटन।

तसव्वुफ या सूफ़ीमत धर्म के बाहरी पाखण्डवाद में विश्वास नहीं करता। इसलिए सूफ़ी के लिए न पाँच बार नमाज पढ़ना जरूरी है न रोजा रखना, न शंख-आरती, घण्टा-घड़ियाल में बँधना। अपने इस खुलेपन के कारण धर्म की दृष्टि में सूफ़ी न हिन्दू है, न मुसलमान, न ईसाई। फिर ईरान से जो सूफ़ी चिन्तन भारत आया, वह रोजा, नमाज, कुरान, हज को लेकर लकीर का फकीर न था। उसमें परिवर्तन चक्र तेजी से घूम रहा था। और वे मानने लगे थे कि बैर से बैर का अन्त नहीं हो सकता। अबैर (प्रेम) से ही हो सकता है—प्रेम ही परम पुरुषार्थ है—प्रेमा पुमर्थो महान। बौद्ध-वेदान्त-वैष्णव सूफ़ी प्रभावों ने कबीर दास (जन्म स. 1399) को भारतीय भक्ति-आन्दोलन की सर्वोत्तम शक्ति से सम्पन्न सन्त-भक्त कवि बनाया। कबीर ने साफ कहा कि न हिन्दुत्व में पूर्णता है, न इस्लाम में। दोनों अधूरे हैं—'हिन्दू ध्यावे देहरा मुसलमान मसीत। जोगी ध्यावे परमपद, जहँ, देहरा न मसीत।' यह गोरखनाथ का कथन है। जो नामदेव एवं कबीर के पूर्ववर्ती हैं। कबीर की शक्ति यह है कि वे क्रान्तिकारी हैं और विरोधों के सामने घुटने नहीं टेकते। इसी शक्ति के कारण जो नेतृत्व ब्राह्मणों के हाथ

में था—उसे उनसे छीनकर दलितों के हाथ में दे दिया। उनकी परम्परा ने नानक, दादू, धन्ना, रैदास, पीपा, रज्जब, मलूकदास, सुन्दरदास, धरणीदास न जाने कितने सन्तों-भक्तों में गहनभाव ने विस्तार पाया। भारत की सबसे बड़ी समस्या है हिन्दू-मुसलमान एकता की समस्या। और इस समस्या का हल सूफ़ी फकीरों के चिन्तन में मिल सकता है। हिन्दी की पूरी सन्त-परम्परा पर सूफ़ीमत का प्रभाव बहुत व्यापक और गहरा है। गाँधी जी इनकी शक्ति को जानते थे। 1920 में उन्होंने खिलाफत और असहयोग आन्दोलनों को मिलाकर मुसलमान-हिन्दू को एक किया (अद्वैत वेदान्त) तो अँग्रेज घबरा गये। यह एकता टिकी नहीं, यह अलग इतिहास है। रामकृष्ण परमहंस और विवेकानन्द धर्म-मिलन के सपने देखते रह गये और सपने बिखर गये। भारत में सूफ़ियों ने फारसी भाषा को छोड़कर-प्रेम-पीड़ा की भाषा को भारतीय रूप दिया। कबीर भी सूफ़ी थे और हठयोग, वेदान्त-में डूबे भक्त-कवि भी। तसव्वुफ की धारा के सूफ़ी कवियों में मलिक मुहम्मद जायसी का स्थान बहुत ऊँचा है—'एक आँख कवि मुहम्मद गुनी।' जायसी को यह गर्व नहीं है कि वे इस्लाम के सिद्धान्त जानते हैं या नहीं। हाँ, इस बात को बार-बार 'पदमावत' में पूछते हैं कि वे कवि हैं या नहीं। कवि है तो कैसे और 'पद्मावत' में काव्यात्मकता की स्थिति क्या है—जायसी, शेरशाह 'दिल्ली सुल्तान' के समकालीन थे। हिन्दी के प्रेममार्गी सूफ़ी कवियों ने अपना प्रेमकाव्य मसनबी के साँचे में लिखा है। प्राय: इनकी भाषा अवधी है और छन्दों में दोहा-चौपाई का प्रयोग। भक्त और भगवान के बीच गुरु-महिमा को ऊँचा स्थान दिया। ईरानी सूफ़ी कवियों की धार्मिक मसनबियाँ हिन्दी के सूफ़ी कवियों ने नहीं लिखीं। ये लोककथाओं, लोक-विश्वासों के पास गये और भारतीय घरों की कथाओं को भारतीय भाषाओं में देवी-देवताओं के साथ प्रस्तुत किया। प्रसिद्ध बात है कि जायसी के 'पद्मावत' का बांग्ला अनुवाद अराकान के वजीर मगन ठाकुर ने 1650 ई. में करवाया। जायसी से पूर्व कुतुबन 'मृगावती' की रचना हुसेनशाह के कहने पर कर चुके थे। हिन्दी के ज्यादातर प्रेम-काव्यों की मूल प्रतियाँ फारसी लिपि में प्राप्त हुई हैं। फिर भी ये हिन्दी प्रान्तों में पढ़े जाते थे। स्वयं तुलसीदास ने 'मानस' की रचना अपभ्रंश और जायसी ने दोहा-चौपाई छन्द-पद्धति में की है।

हिन्दू-मुसलमान एकता के कार्य को सूफ़ी-काव्यों ने पूरी आत्मीयता से किया। इन ग्रन्थों के योगदान से आचार्य शुक्ल का मन प्रसन्न हुआ है। उन्होंने लिखा है—'हिन्दू और मुसलमानों के दिलों को आमने-सामने लाकर उनका अजनबीपन मिटानेवालों में इन्हीं कवियों का नाम लेना पड़ेगा। इन्होंने मुसलमान होकर हिन्दुओं की कहानियाँ हिन्दुओं की ही बोली में पूरी सहृदयता से कहकर उनके जीवन की मर्मस्पर्शिनी अवस्थाओं के साथ अपने उदार-हृदय का पूर्ण सामंजस्य दिखा दिया।' जायसी ने राजा रतनसेन, रानी पद्मिनी तथा अलाउद्दीन खिलजी की लोककथा को चुना।

जिसमें खलनायक अलाउद्दीन है और वेद-निन्दक नीच राघव-चेतन। जायसी का मन इस देश की संस्कृति में ऐसा रमा हुआ है कि उनके प्रति श्रद्धा से सिर झुक जाता है। अमीर खुसरो, कबीर, जायसी, मंझन, कुतुबन, रहीम, रसखान, आलम और घनानन्द में सूफ़ी-प्रेम की इसी संस्कृति का सौन्दर्य है और इस सौन्दर्य को पाकर भारतीय संस्कृति में निखार आया है। भारतीय सौन्दर्य-बोध के निर्माण में सूफ़ीकाव्य-चिन्तन की महत्त्वपूर्ण भूमिका पर अभी बहुत कम ध्यान दिया गया है। अब इस क्षेत्र में भारी अनुसन्धान कार्य की आवश्यकता है।

जायसी केवल सूफ़ीमत के भाष्यकार नहीं हैं वे भारतीय मानववादी संस्कृति के निर्माता हैं जिसमें 'अन्य की यूरोपीय अवधारणा ही नहीं है। कुछ पागल-दिमाग जायसी को 'धर्म-निरपेक्ष' (सेक्युलर) कहकर खुश हो रहे हैं—उन्हें पता तक नहीं है कि जायसी को सेक्यूलर-नान-सेक्यूलर के प्रतिमान से परखना नादानी है। क्योंकि 'सेक्यूलर' की पूरी अवधारणा का जायसी और हिन्दी का सूफ़ी-काव्य-अतिक्रमण करता है। यह वह निर्वैयक्तिक मनोभूमिका से उपजा सृजन है—जो भेद में अभेद खोजता है। जायसी ने 'पद्मावत', 'कन्हावत', 'अखरावट' तथा 'आखिरी कलाम' में क्या किया? सिद्धान्त कथन करते रहे 'अखरावट' में और कयामत का वर्णन करते रहे 'आखिरी कलाम' में। जायसी की कीर्ति का आधार है 'पद्मावत', लोक-संस्कृति और लोकभाषा से निचोड़ी हुई काव्यात्मकता का कैलाश-सौन्दर्य। यही वह शक्ति है जो भरोसा दिलाती है कि सन्त-काव्य-परम्परा में जायसी ज्यादा अर्थवान सन्दर्भ रखते हैं। कबीर की डाँट-फटकार ने हिन्दुओं-मुसलमानों को 'चिढ़ानेवाला' सिद्ध किया। लेकिन मुल्लादाऊद, कुतुबन, मंझन, जायसी आदि के प्रेमाकाव्यों ने हिन्दू-मुसलमानों के टूटे हुए हृदयों को जोड़ने का कार्य। 'कबीर ने केवल भिन्न प्रतीत होती हुई परोक्ष-सत्ता की एकता का आभास दिया था। प्रत्यक्ष जीवन की एकता का दृश्य सामने रखने की आवश्यकता थी। वह जायसी द्वारा पूरी हुई।' (आचार्य शुक्ल, हि. सा. का इतिहास) यह आवश्यकता इसलिए पूरी हुई कि जायसी का मार्ग योग का नहीं, प्रेम का है। इसलिए सूफ़ी कवियों द्वारा लिखे गये प्रेमकाव्य और अन्य कवियों द्वारा लिखे गये प्रेम-काव्यों में बगैर किसी मतभेद के प्रेम-सौन्दर्य को लेकर तात्त्विक एकता है। अलौकिक प्रेम से ज्यादा लौकिक प्रेम के कवि। इसीलिए आचार्य शुक्ल ने जायसी के लौकिक-प्रेम की सराहना की। वे अलौकिकता पर नहीं रीझे। इस लौकिक प्रेम का आधार है—लोक-संवेदना की भाव-भूमि। जायसी ने इसी लोक-संवेदना का विस्तार किया। इस संवेदना के स्रोत भारतीय समाज में हैं—सामी-परम्पराओं में नहीं। हर प्रकार की कट्टरता के विरोध में प्रेम-मार्ग को अपनाया; प्रेम को प्रतिमान बनाकर दम लिया। फिर जायसी ने ज्योतिष, हठयोग, कामशास्त्र, तन्त्रवाद और रसायन की बातों को गलाकर अपने कवि-कर्म का निर्माण किया। जड़

पण्डिताऊ सिद्धान्तवाद को दबाकर इस काव्य में जाति-वर्ग, धर्म, सम्प्रदाय पीछे छूट गये हैं—रह गयी है प्रेमी हृदय की पवित्र धड़कन। अतः यह प्रेम 'कामुकता' और 'विलासिता' से अलग है। इस प्रेम का चरित्र है—मानव-जीवन में प्रेम-शक्ति का अनन्त-विस्तार। विजय देव नारायण साही ने 'जायसी' पुस्तक में जायसी को कुजात सूफ़ी कहा है और 'पद्मावत' को एशिया की छाती पर लिखी पहली प्रेम-ट्रेजेडी।

दरअसल, साहित्य और कला के क्षेत्र में मुगल बादशाहों ने साम्प्रदायिकता नहीं आने दी। अकबर के दरबार में, फैजी और हाजी इब्राहिम थे तो मधु सरस्वती, नारायण मिश्र, दामोदर भट्ट, रामतीर्थ और आदित्य जी भी उस समाज में प्रभाव बनाये हुए थे। रसखान, आलम, जमाल, रसलीन, मुबारक रहीम ने हिन्दी क्षेत्र में प्रेम-भाव का विस्तार किया। तुलसीदास के दोस्त रहीम हो सकते हैं—यह सूफ़ी प्रेम-पीर के राग की सबसे बड़ी व्यंजना है। लेकिन तुलसीदास ने गोरखनाथ को फटकार लगायी है—'गोरख जगायो जोग, भगति भगायो लोक' भक्ति-मार्ग ही भेदभाव मिटाने वाला सच्चा मार्ग है जिसमें झूठा चमत्कारवाद नहीं है। भक्ति आन्दोलन न तो ईसाइयों की देन है, न इस्लाम की देन, वह तो उपनिषद, भगवद्गीता के प्राचीन पर्वतों से फूटी धारा है—इस धारा में बौद्ध और सूफ़ी धारा का जल मिलता है, तो भारतीय संस्कृति के एक नये सौन्दर्य बोध की प्रतीति होती है। भक्ति न सामी है न आर्य। वह नीरस बुद्धिवाद, साम्प्रदायिकता, जातिवाद, धर्म के कठमुल्लावाद के प्रति मनुष्य का खुला विद्रोह है। आलवारों और सूफ़ियों की जाति से भक्ति का जो प्रवाह निकला है, वह मानव-जीवन के लिए अमृत है, जो ऊँच-नीच की भेद-बुद्धि से मानव को बाहर निकालता है। आलवारों और नायनारों ने भारत की जनता को वह हृदय दिया, जिसमें प्रेम-सागर लहरा रहा है। फिर नामदेव, नानक, नरसी मेहता, दादू, रज्जब, तुकाराम, कबीर, जायसी जिन आन्दोलनों के अगुआ हैं, उनमें एकता की गहरी अनुभूति है।

निष्कर्ष यह कि भारतीय भक्ति-आन्दोलन में सूफ़ी कवियों की अविस्मरणीय भूमिका है। इस चिन्तन की सम्पूर्ण ध्वनि यही है—प्रेम ही सबसे बड़ा पुरुषार्थ है।

— 11 फरवरी 2005 को ग्लोबल एनवायरमेण्ट ऐण्ड वेलफेयर सोसायटी द्वारा नेहरू मेमोरियल म्यूजियम लायब्रेरी तीनमूर्ति भवन में आयोजित अन्तर्राष्ट्रीय संगोष्ठी 'सूफ़ीज्म ऐण्ड भक्ति मूवमेण्ट कण्टेंपेरेरी रेलेवेन्स' में पढ़ा गया निबन्ध।

3

सुमिरन करै सु सास्तर बुधि उपजै सो वेद

भारतीय सन्त-साहित्य भारतीय जनता की सर्वाधिक मूल्यवान सम्पत्ति है। लेकिन इस मूल्यवान सम्पत्ति की ओर विद्वानों-शोधकर्ताओं, समाजसुधारकों, स्वाधीनता आन्दोलन के नेताओं का ध्यान उन्नीसवीं शताब्दी के उत्तरार्द्ध में गया। बीसवीं शताब्दी में भारतीय स्वाधीनता संग्राम की मुक्ति-चेतना को सन्त-साहित्य ने सांस्कृतिक-सामाजिक नवजागरण का प्रकाश लोक दिया। बीसवीं शताब्दी में शायद ही कोई बड़ा राजनीतिज्ञ, चिन्तक, रचनाकार हो जिसने सन्त-साहित्य का महत्त्व समझते हुए इस साहित्य का संग्रह, सम्पादन, पाठालोचन, टीका, भाष्य और विमर्श न किया हो। उदाहरणार्थ—बांग्ला में आचार्य क्षितिमोहन सेन ने सन् 1910 में कबीर के वचनों का चार भागों में सटीक प्रकाशन किया। कुछ समय बाद ही रवीन्द्रनाथ ने कबीर के सौ पद चुनकर उनका अंग्रेजी अनुवाद किया एवं एवलिन अण्डरहिल की 'भूमिका' के साथ लन्दन से 'वन हण्ड्रेड पोएम्स ऑफ कबीर' (1914) शीर्षक से प्रकाशित करवाया। अपने समय में 'कवि-सम्राट्' कहे जानेवाले 'प्रियप्रवास' के प्रसिद्ध रचनाकार अयोध्यासिंह उपाध्याय हरिऔध ने इसी शताब्दी के दूसरे दशक में 'कबीर वचनावली' 1916 नाम से एक संक्षिप्त संस्करण सम्पादित-प्रकाशित किया। राष्ट्रभाषा के यशस्वी सेवक बाबू श्यामसुन्दर दास ने कबीर की समस्त रचनाओं का पूरे मनोयोग के साथ 'कबीर ग्रन्थावली' नाम से सम्पादन कार्य 1928 में किया। उनके योग्य शिष्य डॉ. पीताम्बरदत्त बड़थ्वाल ने निर्गुण-सन्त धारा पर वैदुष्यपूर्ण अध्ययन अनुसन्धान प्रस्तुत किया। फिर क्या था, उत्तरी भारत की सन्त-परम्परा पर परशुराम चतुर्वेदी प्राणपण से जुड़ गये। पं. रामनरेश त्रिपाठी ने 'कविता कौमुदी' और मिश्र-बन्धुओं ने 'मिश्र-बन्धु-विनोद' में काफी श्रम किया। सन्त-काव्य का अध्ययन, अध्यापन, संग्रह, सम्पादन, टीका-भाष्य की इसी पीठिका पर आचार्य रामचन्द्र शुक्ल और आचार्य हजारी प्रसाद द्विवेदी का उदय हुआ। सन्त-साहित्य और भारतीय भक्ति-आन्दोलन के उद्भव-विकास के स्रोतों पर ध्यान देते हुए इन विद्वानों ने पाया कि भक्ति आन्दोलन अखिल भारतीय सांस्कृतिक नव प्रेरणा के उल्लास से फूटा

आन्दोलन है और इस तरह का आन्दोलन संसार के अन्य किसी देश में इस स्वरूप के साथ नहीं चला। इस आन्दोलन ने सिद्धों-नाथों के चमत्कारी-करामाती रूपों को पीछे धकेलकर निर्गुणपन्थियों और सगुण मतवादियों को एक कर दिया। इस सन्त-साहित्य ने सूफ़ियों और भक्तों को 'सन्त' घोषित करते हुए वैष्णवों और शैवों को एक किया। इन सन्तों ने जाति, वर्ण, धर्म, कुल, लिंग, प्रदेश के कठघरों को तोड़कर सभी के लिए भक्ति का मार्ग खोल दिया।

प्राय: 'सन्त' शब्द से निर्गुणियाँ-ज्ञानमार्गी सन्तों की ध्वनि ली जाती रही है। जबकि इस वस्तुस्थिति का साक्षात्कार बाद में किया गया कि 'सन्त' शब्द में निर्गुण सन्त ही नहीं सगुण सन्त भी ससम्मान समाविष्ट हैं। 'सन्त' केवल कबीर-तुलसी-नानक जैसे पुरुष ही नहीं हैं—मीरा और अण्डाल, सहजोबाई और लल्लेश्वरी जैसी स्त्रियाँ भी सन्त हैं। 'सन्त' केवल ऊँची जाति के लोग ही नहीं हैं पिछड़ी-शोषित अस्पृश्य समझी जानेवाली जातियों के लोग भी हैं। सन्त केवल हिन्दू-कवि ही नहीं हैं—सूफ़ी भी सन्त हैं। मुसलमान रज्जब अली भी सन्त हैं। जिसमें भी 'सत्त्व' का प्रबल तेज है वह 'सन्त' कहलाने का अधिकारी है। सन्त केवल उत्तरी भारत ने ही पैदा नहीं किये, दक्षिण-भारत के सन्तों की भी महिमामयी परम्परा है। सन्त-परम्परा और भक्ति-आन्दोलन में दक्षिण-भारत का योगदान इतना अधिक है कि उसका बखान कर पाना असम्भव-सा कार्य है। आचार्य शुक्ल जी को निर्गुण सन्तों पर सिद्धों, नाथों, तान्त्रिकों, कापालियों, हठयोगियों का प्रभाव देखकर यह भ्रम हो गया था कि निर्गुण सन्त लोकविरोधी हैं। आचार्य हजारीप्रसाद द्विवेदी ने आचार्य शुक्ल के इस तरह के भ्रामक विचारों को अनेक तर्क देकर निराधार सिद्ध किया है। आचार्य शुक्ल का यह विचार भी भ्रामक सिद्ध हुआ कि देश में मुसलमानों के शासन के कारण निराशा फैल गयी। उन्हें एक त्राणकारी की जरूरत महसूस हुई। सन्त-साहित्य और भक्ति-धारा पर विचार करते हुए कविवर जयशंकर प्रसाद ने 'काव्य और कला तथा अन्य निबन्ध' पुस्तक में 'रहस्यवाद' शीर्षक से निबन्ध लिखते हुए आचार्य शुक्ल के विचार को ही घुमा-फिराकर पुष्ट किया कि हिन्दी में भक्ति निराशा की देन है। प्रसाद जी ने लिखा है—"दु:खवाद जिस मनन शैली का फल था, वह बुद्धि या विवेक के आधार पर, तर्कों के आश्रय में बढ़ती ही रही। अनात्मवाद की प्रतिक्रिया होनी ही चाहिए। फलत: पिछले काल में भारत के अनात्मवादी ही भक्तिवादी बने और बुद्धिवाद का विकास भक्ति के रूप में हुआ।" फिर आगे कहा, "जिन-जिन लोगों में आत्मविश्वास नहीं था, उन्हें एक त्राणकारी की आवश्यकता हुई।" आचार्य शुक्ल और कविवर प्रसाद के विचारों में सन्त-भक्ति-धारा के उदय का आंशिक सत्य ही है, पूरा सत्य नहीं। दरअसल, ग्रियर्सन, आचार्य शुक्ल, आचार्य हजारीप्रसाद द्विवेदी सन्त-भक्ति के उदय की व्याख्या भिन्न स्तरों पर करते हैं। ग्रियर्सन के लिए भारतीय-

साहित्य में भक्ति ईसाइयों की देन है। आचार्य शुक्ल के लिए बाहरी मुस्लिम आक्रान्ताओं के आक्रमण की प्रतिक्रिया और आचार्य द्विवेदी के लिए भारतीय चिन्ता-धारा का स्वाभाविक विकास।

आचार्य शुक्ल ने 'भक्ति द्राविड़ ऊपजी लाये रामानन्द' वाली परम्परा पर ध्यान केन्द्रित करते हुए 'हिन्दी साहित्य का इतिहास' में भक्ति के उदय की चर्चा आने पर लिखा—"भक्ति का जो सोता दक्षिण की ओर से धीरे-धीरे उत्तर भारत की ओर पहले से ही आ रहा था, उसे राजनीतिक परिवर्तन के कारण शून्य पड़ते हुए जनता के हृदय क्षेत्र में फलने के लिए पूरा स्थान मिला।" (पृ. 54) भक्ति-आन्दोलन की स्थिति पर विचार किया तो आचार्य शुक्ल ने पाया—"देश में मुसलमानों का राज्य प्रतिष्ठित हो जाने पर हिन्दू जनता के हृदय में गौरव, गर्व और उत्साह के लिए अवकाश न रह गया। अपने पौरुष से हताश जाति के लिए भगवान की शक्ति और करुणा की ओर ध्यान ले जाने के अतिरिक्त दूसरा मार्ग ही क्या था।" इस स्थिति के होने पर भी भक्ति का प्रवाह इस गति से विकसित होता गया कि उसमें हिन्दुओं के साथ मुसलमानों को भी सम्मान से स्थान मिला। "प्रेम-स्वरूप ईश्वर को सामने लाकर भक्त-कवियों ने हिन्दुओं और मुसलमानों—दोनों को मनुष्य के सामान्य रूप में दिखाया और भेदभाव के दृश्यों को हटाकर पीछे कर दिया।" इस प्रकार सन्त-साहित्य ने भेदभाव को छोड़कर प्रेम का मार्ग प्रशस्त किया। शंकरदेव, नामदेव, कबीर, रज्जब, रैदास, तुलसी सभी सन्त प्रेम के इसी मार्ग पर चलकर 'लोकहृदय' से जुड़ते गये एवं लोकपीड़ा, लोक-चिन्ता तथा लोकमंगल की ओर प्रवृत्त हुए। ईश्वर की भक्ति में सूफ़ियों के प्रेमतत्त्व ने निर्गुण-सगुण में नये प्राण डाल दिये। इसमें कोई सन्देह नहीं कि कबीर ने ठीक मौके पर जनता के उस बड़े भाग को सँभाला जो नाथपन्थियों के प्रभाव से प्रेमभाव और भक्तिरस से शून्य और शुष्क पड़ता जा रहा था। उनके द्वारा यह बहुत ही आवश्यक कार्य हुआ। इसके साथ ही मनुष्यत्व की सामान्य भावना को आगे करके निम्न श्रेणी की जनता में उन्होंने आत्मगौरव का भाव जगाया और भक्ति के ऊँचे से ऊँचे सोपान की ओर बढ़ने के लिए बढ़ावा दिया। उनका निर्गुण पन्थ चल निकला, जिसमें नानक, दादू, मलूकदास आदि अनेक सन्त हुए। इन सन्तों ने अन्तस्साधना में रागात्मिक भक्ति और ज्ञान का योग किया। इसलिए इनका ईश्वर प्रेम-स्वरूप और ज्ञान-स्वरूप है। श्रद्धा एवं प्रेम के योग का नाम भक्ति है।' आचार्य हजारी प्रसाद द्विवेदी ने बड़े भारी अनुसन्धान तथा लोक-चिन्ता के प्रवाह पर निगाह-टिकाने के बाद 'हिन्दी साहित्य की भूमिका' में सन्त-साहित्य को लोक-चिन्ता-धारा का स्वाभाविक विकास मानते हुए लिखा—"बौद्ध तत्त्ववाद तो निश्चय ही बौद्ध आचार्यों की चिन्ता की देन था। मध्ययुग के हिन्दी साहित्य के उस अंग पर अपना निश्चित पद-चिह्न छोड़ गया है जिसे 'सन्त साहित्य' नाम दिया गया है। मैं जो कहना चाहता था, वह यह

है कि बौद्ध धर्म क्रमशः लोकधर्म का रूप ग्रहण कर रहा था और उसका निश्चित चिह्न हम हिन्दी साहित्य में पाते हैं।" (पृ. 9-10) मूल बात यह कि बौद्धधर्म क्रमशः लोकधर्म बनकर निर्गुण और सगुण भक्ति-धाराओं का प्रेरक स्रोत बनता गया। आचार्य द्विवेदी का 'भूमिका' में प्रसिद्ध कथन है कि 'लेकिन जोर देकर कहना चाहता हूँ कि अगर इस्लाम नहीं आया होता तो भी इस साहित्य का बारह आना वैसा ही होता जैसा आज है।' (पृ. 2) इस 'जोर देने' के पीछे आचार्य की जो दृष्टि रही है उस पर विचार करने की आवश्यकता है।

सन्त-साहित्य के इस पूरे भारतीय परिप्रेक्ष्य में यदि हम डॉ. भूपेन्द्र राय चौधरी की पुस्तक 'श्रीमन्त शंकरदेव : व्यक्तित्व और कृतित्त्व' (प्रकाशक—श्री कमलाकान्त तालुकदार—71वाँ वार्षिक अधिवेशन गुवाहाटी, श्रीमन्त शंकर देव संघ प्र. सं. 2002) पर विचार करते हैं तो पाते हैं कि श्रीमन्त शंकर देव केवल असम के ही सन्त नहीं हैं वे तो मनुष्य मात्र के सन्त हैं। यह सच बात है कि उनके विचारों का प्रसार-देश के विभिन्न प्रान्तों में उतना नहीं हुआ, जितना होना चाहिए था। गौहाटी विश्वविद्यालय में हिन्दी-अध्यापक भूपेन्द्र राय चौधरी ने शंकरदेव पर योजना विशेष के अन्तर्गत यह कार्य किया है, जिसमें उत्तर-पूर्वांचल के इस सन्त की प्रतिभा के अनेक पक्षों की चर्चा की गयी है। प्राग्ज्योतिष काम-रूप असम की राजनीतिक-सामाजिक, धार्मिक-साहित्यिक परम्पराओं का अपना इतिहास और दर्शन है। बर्मण वंश से लेकर अहोम राज्य तक का सांस्कृतिक, इतिहास, भक्ति, रत्नाकर, तोतय-बरगीत, अंकिया नाट, नाट कालियदमन, नाट-रुक्मिणीहरण, नाट पारिजात हरण, नाट भक्ति-प्रदीप हरिश्चन्द्र उपाख्यान, रुक्मिणीहरण काव्य, गुणमाला उत्तराकाण्ड (रामायण) महिमा-कीर्तन-घोषा-महाभागवत से जुड़ा है। श्री कृष्ण असम से अनेक भावों और रूपों में जुड़े हुए हैं। फिर मध्यकाल में भागवत का जोर होने के साथ 'नाम-धर्म' का महत्त्व युग-धर्म का यथार्थ बन गया। गुरु-महिमा, सन्त-संगति-महिमा, धर्माडम्बरों का त्याग, अपदेवता का बहिष्कार एक नया जागरण असम में आया। भक्ति की महिमा से भक्त कल्पतरु के रूप में सन्त शंकरदेव उभरे। लोक-वेद की शिक्षा में उन्होंने मानवतावादी संस्कृति के उत्कृष्ट मूल्यों को स्थान दिया। शंकरदेव कृष्ण-भक्त हैं और असमिया नाट्य-साहित्य के जनक। उनका विपुल साहित्य भागवत पर आधारित है। मध्ययुगीन भक्ति आन्दोलन में उन्होंने जनभाषा ब्रजावुलि (ब्रजबुलि) में साहित्य सृजन किया। संस्कृत भाषा के शास्त्रों का गहन अध्ययन किया था, जिसका परिचय उनके अंकिया नाटकों में मिलता है। इनमें आगम-निगम परम्पराओं का संगम तुलसीदास की याद दिलाता है। इस अध्ययन में खटकने वाली बात यह है कि यह शंकरदेव की अन्य बंगाली-मराठी सन्तों से व्यापक स्तर पर तुलना और संवाद नहीं करता है, जबकि इस ओर ध्यान देने की आवश्यकता है।

बीसवीं शताब्दी के पूर्वार्द्ध में काशी नागरी प्रचारिणी सभा वाराणसी, भारती-भण्डार प्रयाग, बेल्वेडियर प्रेस प्रयाग के साथ पंजाब, राजस्थान, गुजरात, महाराष्ट्र बंगाल आदि से सन्त-साहित्य को खोज-खोजकर प्रकाशित किया गया। सन्त-साहित्य का लोक तात्त्विक साहित्यिक, तुलनात्मक अध्ययन शुरू हुआ। विश्वविद्यालयों में सन्त साहित्य पर अन्धाधुन्ध शोध-कार्य हुआ पर एक-दो को छोड़कर शेषकार्य निहायत मामूली और चौपट दृष्टियों से भरा हुआ है। सन्त-वचनों, वाणियों, रमैनियों, शब्दों, साखियों का अच्छा पाठालोचन नहीं हुआ या नहीं हो सका। इस अमूल्य साहित्य सम्पदा के संरक्षण एवं सम्पादन-प्रकाशन के लिए सरकारी-संस्थानों, अकादेमियों, ग्रन्थागारों को सामने आना चाहिए था। पर वे भी मुँह छिपाते रहे। कभी-कभार धार्मिक व्यक्तियों ने अपना धन देकर दादू-रज्जब, कबीर, सुन्दरदास, नानक के वचनों-विचारों को छपवा दिया। फिर पश्चिमी आधुनिकतावाद, मार्क्सवाद और उत्तर-आधुनिकतावादी, हिन्दी साहित्य के दौर में सन्त-साहित्य पर 'धर्म' को लेकर 'सेक्यूलरिज्म' को लेकर बखेड़ा खड़ा किया गया। कबीर तथा अन्य निर्गुण-धारा के सन्त तो क्रान्तिकारी सिद्ध किये गये लेकिन सगुण-धारा के सूर-तुलसी की हालत बिगड़ती गयी। इन्हें हिन्दूवादी खाते में डालकर 'प्रतिक्रियावादी' घोषित कर दिया गया। आचार्य शुक्ल के 'तुलसीदास' को आचार्य हजारीप्रसाद द्विवेदी के 'कबीर' से पटखनी खानी पड़ी। कबीर पुकार का दादुरवाद कोलाहल कर उठा। इधर एक सज्जन तो कबीर पर ऐसे पिल पड़े हैं कि पाँच-छह पुस्तकों में कबीर के ब्राह्मणवादी आलोचकों को सोते, जागते 'दलित विमर्श' की आड़ में पानी पी-पीकर कोस रहे हैं। फलतः 'सन्त-साहित्य' विचार-चिन्तन संवाद का मुद्दा कम दलित-अदलित राजनीति का प्रमुख अखाड़ा बन गया है। बाँहतोड़ गलाकाट अखाड़ा। इन अखाड़ों के अपने-अपने महन्त हैं—मार्क्सवादी-दलितवादी महन्त। दिलचस्प बात यह है—इनमें से किसी का ध्यान न सन्त-साहित्य के पाठालोचन पर है, न सन्त-वाणी के गहन-पाठ या भाष्य पर। सन्त-साहित्य की परख-मूल्यांकन का काम छोड़कर ज्यादातर तो सन्त-साहित्य पर बात करना एक फैशन समझते हैं। जबकि हिन्दी-साहित्य के दो बड़े आलोचक आचार्य रामचन्द्र शुक्ल और आचार्य हजारीप्रसाद द्विवेदी सूर, तुलसी, जायसी, कबीर पर ही जीवन भर विचार और मूल्यांकन करते रहे। परशुराम चतुर्वेदी, पीताम्बर दत्त बडथ्वाल और अन्ततः विजयदेवनारायण भी इधर सक्रिय रहे। साही जी ने अपने चिन्तन के प्रतिमान रूप में 'जायसी' पर पुनर्विचार किया। स्वयं रामविलास शर्मा भी 'परम्परा के मूल्यांकन' में सन्त-साहित्य पर विचार करते रहे। डॉ. शर्मा की देह-यात्रा समाप्त होने के बाद साहित्य अकादेमी, दिल्ली ने उनका एक बृहत्काय ग्रन्थ सम्पादित करके प्रकाशित किया है 'भारतीय सौन्दर्य बोध और तुलसीदास'। इस पूरी विचार-परम्परा से प्रभावित होकर इधर डॉ. रमेशचन्द्र मिश्र

ने सन्त-साहित्य पर ध्यान केन्द्रित किया। उन्होंने 'सन्त साहित्य-सन्दर्भ कोश' प्रकाशित किया और हिन्दी सन्तों का उलटबाँसी साहित्य, उलटबाँसी शैली और कबीर, लोकसाधक सन्त, सन्त रोहिल की हिन्दी वाणी, सप्त सिन्धु नानक वाणी, सुन्दरदास वाणी और विचार की अन्तर्यात्रा में दो सन्तों पर अलग से विचार किया—'सन्त रैदास वाणी और विचार' तथा 'सन्त रज्जब अली वाणी और विचार।' इन दोनों पुस्तकों का प्रकाशन सन्त साहित्य संस्थान, दरियागंज, दिल्ली 110002 से वर्ष 2002 में हुआ।

'सन्त-रैदास वाणी और विचार' में 'पुरोवाक् : रैदास-वाणी लोक में प्रवेश' में रैदास के पद की प्रथम पंक्ति 'प्रभुजी, तुम चन्दन हम पानी' के भाव का मानस-विस्तार किया। और सन्त भाव से लिखा—''आज के मूल्यान्धता के इस युग में सन्त रैदास का सन्देश ही मानव को दिशा-दृष्टि दे सकता है।'' मिश्र जी ने सन्त-रैदास की वाणी का 'विमर्श' प्रस्तुत करने से पहले उनके 'विचार' समझने-समझाने के लिए—सन्त रैदास जीवन-परिचय, रैदास वाणी कृतित्व, सन्तमत विचार और रैदास-वाणी, दार्शनिक पृष्ठभूमि और रैदास वाणी, भक्तिदर्शन और रैदास वाणी, अहिंसा धर्म आचरणशीलता और रैदास वाणी, रैदास रचना में समाज चेतना के स्वर, रैदास-वाणी में मनुष्य जीवन की सार्थकता, निर्गुण काव्य-परम्परा में रैदास पर कई खण्डों में चर्चा की। रैदास ने मध्यकालीन भारतीय समाज के पाखण्डों का जोरदार खण्डन किया। पाठक यह बात ठीक से समझ सकें इसके लिए 'वाणी-भाग', 'पद-भाग', 'साखी-भाग' का अर्थ किया जिसे 'विमर्श' नाम दिया है। यह पूरी पुस्तक भावुकतावादी-आलोचना की अद्‌भुत मिसाल कही जा सकती है—अतिरिक्त श्रद्धा-भाव ने सन्त रैदास की आलोचनात्मक परख को बाधित किया है। ऐसा नहीं है कि सन्त रैदास पर यह पहला कार्य है। इससे पहले 'रैदास' पर धर्मपाल सैनी, 'रैदास की बानी' बेल्वेडियर प्रेस प्रयाग, सं. 1948, रैदास परचई अनन्तदास-सम्पादक शुकदेवसिंह—वाराणसी, सं. 1993, सन्त रविदास-विश्वेश्वरानन्द वैदिक शोध-संस्थान, होशियारपुर, सं. 1969, सन्त रविदास और उनका काव्य, रामानन्द शास्त्री, हरिद्वार सं. 1966, सन्त रैदास : व्यक्तित्व और कृतित्व, संगमलाल पाण्डेय, साहित्य वाणी, प्रयाग, सन्त रविदास ऐण्ड हिज टाइम्स, कल्याणी पब्लिशर्स, लुधियाना, सं. 1977, सन्त रविदास की भक्ति-भावना, विश्वभारती प्रकाशन, चण्डीगढ़, सन्त रैदास का निर्वर्ण सम्प्रदाय, डॉ. धर्मवीर, संगीता प्रकाशन, दिल्ली 1999, सन्त रविदास विचारक और कवि, डॉ. पद्‌म गुरुचरन सिंह, जालन्धर, सन्त-सुधा-सार, वियोगीहरि, सस्ता साहित्य मण्डल, सं. 1975 आदि में विचार-सामग्री का अम्बार लगा हुआ है। मिश्र जी ने इस सामग्री-स्रोत का उल्लेख किया है—लेकिन उनके इस कार्य का मूलाधार रैदासजी की बानी' बेल्वेडियर, प्रयाग-सं. 1948 ही रहा है।

यह सन्त-रैदास बानी पर पुनर्विचार है और आलोचना की पुरानी शैली का प्रयोग।

'सन्त रज्जब अली वाणी और विचार' में भी मिश्र जी की वही पद्धति रही है जो 'सन्त रैदास वाणी और विचार' में अपनाई गयी है। मिश्रजी ने 'रज्जब-वाणी संकलन का प्रस्ताव' में वैरागी दूल्हा सन्त कवि रज्जब के जीवन और वाणी के संकलन-सम्पादन के कारणों पर प्रकाश डाला है। रज्जबजी पर दादू जी के एक वचन का गहरा असर हुआ। 'सन्त दादू' की परम्परा के सन्त रामचरण दास ने लिखा है—'रज्जब को दादू दिया एक सबद में ज्ञान' शब्द का प्रभाव, शब्द की महिमा, शब्द की काव्यात्मकता, शब्द में स्मृति इतिहास की विद्यमानता, शब्द चिन्तन का रज्जब को ज्ञान है—"सिरजनहारे शब्द के, सदा सु सरुबदौं माहिं। रज्जब गुरु गोव्यंद जिव, बचनौ बाहरि नाहि।" कबीर-दादू-परम्परा के सच्चे उत्तराधिकारी हैं—रज्जब। वे शब्द-साधना वाणी-साधना करते हैं। रज्जब ने 'सर्बंगी' और 'अंगवधू' का सम्पादन कार्य किया है। उनके कवित्त-सवैया और छप्पय जनमानस में लम्बे समय से रचे-बसे हैं। मिश्रजी ने रज्जब के व्यक्तित्व विधायक परिवेश, कृतित्व रचनाएँ, रज्जब-वाणी शब्द चिन्तन और शब्द मूल्य, रज्जब वाणी का प्रतिपाद्य, रज्जब : भक्ति-विचार के प्रतिमान, रज्जब-कबीर का काव्य-शिल्प, अप्रस्तुत-योजना : रज्जब वाणी के सन्दर्भ में, उलट बाँसी पद-रचना, रज्जब का भाषा-विचार और रज्जब वाणी-भाग कवित्त सवैया छप्पय। इस पुस्तक के भीतर से गुजरने पर ऐसा अनुभव होता है कि बी. ए., एम. ए. के पाठ्यक्रम को ध्यान में रखकर तैयार की गयी है। विद्यार्थियों की सुविधा के लिए 'वाणी-विचार' के अलग-अलग टुकड़े जोड़े गये हैं। सन्त रज्जब का यह समग्रता में आकलन मूल्यांकन नहीं है। तन्मय-भाव से इसमें रज्जब के विचारों का कीर्तन है—भाष्यपरक परख नहीं। शायद रज्जब की वाणी का पहला प्रकाशन-ज्ञानसागर प्रेस बम्बई से सन् 1930 में हुआ था। उसके बाद 'सन्त कवि रज्जब : सम्प्रदाय और साहित्य' राजस्थान प्राच्य विद्या प्रतिष्ठान, जोधपुर से सं. 1965 तथा रज्जब-वाणी सम्पादन, उपमा प्रकाशन, कानपुर से 1963 में डॉ. ब्रजलाल वर्मा ने किया था। सन् 1985 में 'रज्जबदास की सर्बंगी' का सम्पादन शहाबुद्दीन इराकी ग्रंथायन, अलीगढ़ से प्रकाशित हुआ। सन् 1980 में स्वामी नारायण दास ने सन्त साहित्य प्रकाशन, अजमेर से 'श्री रज्जिब वाणी' नाम से किया था। इसीलिए मिश्र जी का यह कार्य दुर्लभ अप्राप्त सामग्री का प्रकाशन नहीं कहा जा सकता। यह बात जरूर है कि मिश्र जी ने सन्त-साहित्य के उद्धार का ठेका-सा उठा लिया है और वे पूरे संकल्प के साथ इस कार्य में समर्पित हैं।

इधर गोपाल शरण तिवारी ने 'सहस्राब्दी का कवि तुलसीदास' शीर्षक से एक छोटी-सी आलोचनात्मक पुस्तक वाणी प्रकाशन, दरियागंज, दिल्ली से 2002 में प्रकाशित की है। इस पुस्तक में तुलसी और शेक्सपियर को गत सहस्राब्दी का

सर्वाधिक प्रासंगिक कवि सिद्ध करने का प्रयास किया गया है। लेखक का दावा है कि "सम्भवत: पहली बार प्रस्तुत पुस्तक में कालिदास, दान्ते, शेक्सपियर एवं तुलसीदास की काव्य-प्रतिभा का उद्‌घाटन प्रमाणों एवं तर्कों द्वारा किया गया है।" पूरी पुस्तक के भीतर से गुजरने पर यह अहसास हुए बिना नहीं रहता कि यह 'मति अति रंक मनोरथ राऊ' वाली घोषणा सिद्ध होती है। तिवारी जी नये जोश में टी. एस. इलियट को नसेनी बनाकर चढ़ना चाहते हैं, काश यह अरमान पूरा हो पाता। इस पुस्तक में तुलसीदास पर विचार इस बात को लेकर होना चाहिए था कि आधुनिक कविता के सबसे बड़े कवि सूर्यकान्त त्रिपाठी निराला जी को तुलसीदास इतने प्रिय क्यों रहे? भारतीय आधुनिक नवनागरण का कोई कवि भक्ति-आन्दोलन और तुलसीदास से अलग क्यों नहीं रह पाता? रवीन्द्रनाथ के वैष्णव चिन्तन के बाद निराला जी 'राम की शक्ति पूजा' 'तुलसीदास' 'पंचवटी प्रसंग' 'स्फटिक शिला' जैसी कविताओं को रचकर भी तुलसीदासमय जीवन-भर क्यों रहे? पीड़ित भारतीय जनता को तुलसी आत्मविश्वास क्यों देते हैं और जनता में कबीर से ज्यादा लोकप्रिय क्यों हैं? जिस ढंग से तुलसीदास उत्तरी भारत की जनता के हृदय में स्थायी-निवास कर रहे हैं, उस तरह का भाव-संस्कार कोई अन्य कवि क्यों नहीं दे सका है? कहना न होगा कि गोपाल शरण तिवारी की यह पुस्तक तुलसीदास के चिन्तन में नया कुछ नहीं जोड़ती है। इधर डॉ. रामविलास शर्मा के विचारों ने, 'भारतीय सौन्दर्य-बोध और तुलसीदास' में जो विचार-दृष्टि प्रस्तुत की है, उस दृष्टि को आज आगे बढ़ाने की आवश्यकता है।

हाल ही में आधुनिक नवजागरण के सन्त दयानन्द सरस्वती पर राज बुद्धिराजा की पुस्तक 'शंखनाद' शीर्षक से परमेश्वरी प्रकाशन, प्रीत विहार, दिल्ली—92 से प्र. स. 2002 से प्रकाशित हुई है। वे गुजरात के टंकारा गाँव में जन्मे मूलशंकर, दयाराम, शुद्ध चैतन्य आदि नामों से गुजरते हुए दयानन्द सरस्वती के विख्यात नाम तक कैसे पहुँचे हैं। यह स्वामी जी की 'जीवनी' उनके जीवन-संघर्ष, चिन्तन-प्रेरणा और आर्य समाज-आन्दोलन के महत्त्व पर विचार करती है। 'सत्यार्थ प्रकाश' एक ग्रन्थमात्र नहीं है। यह एक ऐसे क्रान्तिकारी विचारों की प्रेरणा है, जिसकी स्मृति से ही प्रेरणा की सुगन्ध आती है। राज जी ने 'अपनी बात' में संकेत दिया है कि 'आज स्वाधीन भारत के लोग दासता की ओर चल पड़े हैं। राजनीति, धर्म, समाज और साहित्य में फैले भ्रष्टाचार को जड़ से उखाड़ने के लिए 'सत्यार्थप्रकाश' का अध्ययन हर मनुष्य के लिए परम आवश्यक है।" इस जीवनी, को पढ़कर हमें चन्द्रधर शर्मा गुलेरी जी के उस निबन्ध का उत्तर नहीं मिलता-जिसे उन्होंने 'मारेसि मोहि कुठाँव' शीर्षक से लिखा था। गुलेरी जी ने स्वामी दयानन्द के चिन्तन के उन घातक प्रभावों पर प्रकाश डाला है, जो आर्य-दम्भ से अलगाववाद तथा अतीत मोह में फँसाते हैं। प्रश्न उठता है कि क्या वैदिक चिन्तन से आज के समाज को आगे बढ़ाया जा सकता है? 'विचारधाराओं

का अन्त' हमारे आज के समय-सन्दर्भ का सच है। बहुलतावाद का सन्दर्भ, सांस्कृतिक-बहुलतावाद की शक्ति का विस्फोट कर रहा है। इतिहास के इस नये मोड़ पर नये मनुष्य की अवधारणा में एक नया मानव समाजशास्त्र-सौन्दर्यशास्त्र 'थियरी' के रूप में उपस्थित है। इस स्थिति से आँख मूँदकर हम नयी चुनौतियों का सामना नहीं कर सकते हैं।

आज पूरे भारतीय सन्त-साहित्य और चिन्तन पर नये सामाजिक-राजनीतिक सन्दर्भों को सामने रखकर पुनर्विचार की जरूरत है। ग. मा. मुक्तिबोध ने 'मध्ययुगीन भक्ति-आन्दोलन का एक पहलू' निबन्ध में भक्ति-आन्दोलन के अन्तर्विरोधों का उद्‌घाटन किया था और सन्त साहित्य की आधुनिक दृष्टि से खबर ली थी। आज ग. मा. मुक्तिबोध के वैचारिक सरोकारों से 'सन्त-साहित्य' पर अध्ययन चिन्तन की अपेक्षा महसूस की जा रही है। निष्कर्ष यह कि सन्त-साहित्य के पिष्ट-पेषण का समय जा चुका है—अब तो उस चिन्तन को पुनर्नवा करना ही हम सभी का दायित्व बनता है। इस चिन्तन से ही लोकतन्त्र की नयी कसौटियों के साँचे निर्मित किये जा सकते हैं।

4

कबीर : लोक-संवेदना से साक्षात्कार

धर्मान्धता और धर्मनिरपेक्षता के इस टकराव भरे दौर में भक्तिकाल के कवि कबीर हमारे लिए सबसे ज्यादा प्रासंगिक हैं। प्रश्न उठता है कि मध्यकाल का यह कवि क्यों प्रासंगिक है ? इसका उत्तर यही है या हो सकता है कि वे हिन्दू-इस्लामी परम्परावाद, रूढ़िवाद को तोड़कर मनुष्य को एक नवीन दिशा और दृष्टि देते हैं। धार्मिक सम्प्रदायवाद को निर्भयता से डाँट-फटकार वे हमारे 'मानुष-भाव' की रक्षा एवं उसका विस्तार करते हैं। भारतीय 'स्मृति' ने लोक-परम्पराओं में अपनी आन्तरिक शक्तियों को केन्द्रित किया है और वाचिक परम्परा के रूप में अनुभव-राशि का प्रवाह बनाये रखा। कबीर इसी वाचिक परम्परा की जीवन्त-धड़कन का रचनाकर्म में सजग अहसास हैं। समस्त सन्त-परम्परा शास्त्रज्ञान, शास्त्रवेत्ता पण्डितवाद-पुरोहितवाद के विरुद्ध रही है। 'सन्त' शब्द से संसार त्यागी महात्मा का अर्थ-लेना पूरे 'सन्त-सन्दर्भ' को गलत समझना है—कारण इन सन्तों में गृहस्थों की संख्या कम न थी। 'सन्त' केवल 'हिन्दू महात्मा का बोध' ही नहीं है, इनमें अनेक मुसलमान थे और इस्लामी कट्टरतावाद, मुल्लावाद के विरुद्ध थे। निर्गुण ही सन्त नहीं हैं, सगुण भी सन्त हैं और सन्तों का लोक-रक्षा का भाव एक-सा है। हिन्दू-धर्म के कर्मकाण्ड, धर्मशास्त्र, आचार-विचार की कट्टरता, व्यर्थ का अभिजात्यवादी दम्भ और मौलवियों-मुल्लाओं, काजियों की जड़वादिता का सन्त हर कीमत पर खण्डन करते थे। अलगाववाद, व्यक्तिवाद, नस्लवाद की मानव-विरोधी विचारधाराओं की कलाई तोड़कर मानव-भाव का प्रेम-दर्शन ही इनके चिन्तन का आधार था। कबीर इसी अर्थ में 'सन्त' हैं। उन्हें 'समाज सुधारक' 'फक्कड़ विद्रोही' आदि कहकर समझाना उनका अवमूल्यन करना है, पर प्राध्यापकीय आलोचना इस अवमूल्यन से चूकी भी नहीं है। कबीर की शक्ति को हम अखण्ड या चिन्तन की अखण्डता में पा सकते हैं—कवि, समाज-सुधारक भक्त, विद्रोही, सन्त आदि के खण्ड-खण्ड कठघरे बनाकर नहीं पा सकते।

सन्त-परम्परा का सामाजिक सांस्कृतिक आधार भारतीय चिन्तन-परम्पराओं में बहुत दूर तक फैला हुआ है। कबीर जैसे सन्त का उदय भारतीय-चिन्तन धारा में

आकस्मिक नहीं है—वह इस देश के सबसे गतिशील, उद्दाम और अनुपम सांस्कृतिक-आन्दोलन की उपज थे। जिनकी जड़ें तपोवनों और गाँवों तक फैली हुई थीं। इसीलिए संस्कृति का महावृक्ष न केवल हिन्दू-धर्म, बौद्ध-धर्म, जैन धर्म, शैव शाक्त वैष्णव, इस्लाम ईसाई खाद पर पलकर बड़ा हुआ, बल्कि उसकी जड़ें उस लोक-जल से पनपी थीं, जो सभी धर्मों से जुड़कर भी उस पर आधारित न था। नतीजा यह हुआ कि कबीर का चिन्तन एक धर्म या धर्मग्रन्थ तक सीमित नहीं है। वे न कुरान के भाष्यकार हैं—न वेद-उपनिषद, गीता, रामायण के टीकाकार हैं। उनका पूरा चिन्तन अपनी स्थिति-परिस्थिति से पैदा हुआ है। भारतीय मध्यकाल का पूरा चिन्तन रामानन्द में खौलता-तपता है और 'राम-रसायन' बनकर लोक-भाषा में भर जाता है। मध्यकालीन सामाजिक-सांस्कृतिक नवजागरण की धुरी रामानन्द हैं। कबीर और तुलसी इन्हीं रामानन्द के शिष्य हैं और रामानन्द? रामानुजाचार्य की परम्परा का विवेक-वयस्क परिणाम। रामानुजाचार्य में प्राचीन सामाजिक सांस्कृतिक चिन्तन और संवेदन छन-छनकर भर जाता है—और यह भरापन रामानन्द को ज्ञान के उस तपोवन में खड़ा कर देता है, जहाँ साफ है कि संस्कृत को छोड़कर लोक-भाषाओं में रचना करनी चाहिए तथा जाति-पाँति, धर्म-वर्ग की दीवारों को तोड़कर समाज को गतिशील बनाना चाहिए।

ब्राह्मण रामानन्द से कबीर ने ब्राह्मणवाद, संस्कृतवाद, पुरोहितवाद के खण्डन की प्रेरणा पायी 'रामानन्द चिताये' का यही अर्थ-सन्दर्भ है। कबीर के समय तक भारतीय सामन्तवाद कमजोर पड़ गया था। यह कहना कि सामन्तवाद पूरी ताकत में था, इतिहास के तथ्यों को गुमराह करना है। ईरानियों-अरबों-पठानों-तुर्कों के आने से भारतीय समाज-परिवर्तन के तेज चक्र से गुजर रहा था और हिन्दू सामन्तों तथा व्यापारियों की विदेशी सामन्तों व्यापारियों से नवीन धुरियाँ कायम हो रही थीं। गाँवों का मुँह बड़े-बड़े नगरों की ओर हो गया था। व्यापारियों-कारीगरों-जुलाहों-किसानों और अन्य श्रमजीवियों के सामाजिक-सांस्कृतिक विकास में बाधक था पुराना सामन्तवाद। हिन्दू-मुसलमान दोनों ही धर्मों के सामन्त जनता को रौंदते थे। इसीलिए परिस्थितिवश हिन्दू-मुसलमान जनता को एक ओर सामन्तवाद के विरुद्ध खड़ा होना पड़ा। पर जनता धर्म-विद्वेष के आधार पर नहीं, धार्मिक सहिष्णुता के आधार पर संगठित हुई। जनता की इसी सुगठित शक्ति के प्रतिनिधि कबीर, जायसी, सूर, तुलसी, रहीम, रसखान बने हैं। इन सभी का पूरा रचना-कर्म सामन्तवादी मूल्यों के विरोध में खड़ा है। पण्डित और मौलवी मिलकर सामन्तों को धर्मावतार ईश्वर घोषित करते रहे पर जनता ने इस आवाज को ही अनसुना कर दिया। विराट् भक्ति आन्दोलन की शक्तियों ने जनता को विराट् पुरुष अनन्त-अन्तर्यामी की ओर पहुँचाया है और भक्ति-काव्य में ईश्वरवाद जनता का ज्ञान, भक्ति, कर्म, शक्ति बनकर सामने आया।

जनता के अध्यात्मवाद को पलायनवाद, निराशावाद से जोड़ना गलत है। क्योंकि यह अध्यात्मवाद आस्था प्रेरित व्यक्ति की शक्ति बना है। कबीर के पूरे आध्यात्मिक चिन्तन को इसी विचार से देखना समझना होगा। ऐसा न करने पर हम न कबीर को ठीक-ठीक समझ सकते हैं न तुलसी को। हमारा धर्म अकेला नहीं पनपा, वह दर्शन-साहित्य-अध्यात्म आदि की गोद में पनपा है—इस पूरी संश्लिष्टता को भारतीय 'परम्परा' में समझना पड़ेगा। पश्चिमी दिमाग के 'माडर्न' लोग तो प्रकृति और मनुष्य की भारतीय अवधारणा को ही नहीं समझते हैं। उनके लिए 'भक्तिकाव्य' को समझना ही असम्भव है और समझते भी हैं तो गलत मानदण्डों से कसकर। नतीजा यह होता है कि वे भारतीय संस्कृतिक-सामाजिक भक्ति-आन्दोलन की विराट पीठिका से ही वंचित रह जाते हैं। यूरोपीय मानस अपने प्रतिमानों से मध्यकालीन भक्ति- आन्दोलन को नहीं समझ सकता। कबीर-तुलसी के लोक-धर्म को समझने के लिए भारतीय परम्परा की विश्वदृष्टि का संस्कार चाहिए। कबीर का सबसे शक्तिशाली लोक-धर्म वाला पक्ष ही है जिसने 'धर्म' पर से शासकों, पुरोहितों, मुल्लाओं, मौलवियों का वर्चस्व कम कर दिया। इस कार्य से पिछड़ी जातियों को—जुलाहों-कारीगरों, किसानों को जीवन जीने का मौका मिला और उनमें स्वाभिमान का उदय हुआ। जनता को यह विश्वास कबीर ने वापस लौटाया कि शास्त्रों-धर्मग्रन्थों-पण्डितों-काजियों के बिना भी काम चल सकता है।

आचार्य शुक्ल का यह कथन कबीर के सन्दर्भ में विशेष ध्यान देने योग्य है कि, "अतः कबीर ने जिस प्रकार एक निराकार ईश्वर के लिए भारतीय वेदान्त का पल्ला पकड़ा, उसी प्रकार उस निराकार ईश्वर की भक्ति के लिए सूफ़ियों का प्रेमतत्त्व लिया और अपना 'निर्गुणपन्थ' बड़ी धूमधाम से निकाला। बात यह थी कि भारतीय भक्तिमार्ग साकार और सगुण रूप को लेकर चला था। निर्गुण और निराकार ब्रह्मभक्ति या प्रेम का विषय नहीं माना गया। इसमें कोई सन्देह नहीं कि कबीर ने ठीक-मौके पर जनता के उस बड़े भाग को सँभाला जो नाथपन्थियों के प्रभाव से प्रेमभाव और भक्तिरस से शून्य और शुष्क पड़ता जा रहा था। उनके द्वारा यह बहुत ही आवश्यक कार्य हुआ। इसके साथ ही मनुष्यत्व की सामान्य भावना को आगे करके निम्न श्रेणी की जनता में उन्होंने आत्म-गौरव का भाव जगाया और उसे भक्ति के ऊँचे से ऊँचे सोपान की ओर बढ़ने के लिए बढ़ावा दिया। उनका 'निर्गुण पन्थ' चल निकला, जिसमें नानक, दादू, मलूकदास आदि अनेक सन्त हुए।" (हिन्दी, साहित्य का इतिहास, पृ. 67, भक्तिकाल प्र. 1) कबीर से पूर्व वज्रयानी सिद्ध, कापालिक आदि देश के पूरबी भागों तथा नाथपन्थी जोगी पश्चिमी भागों में अपना वर्चस्व स्थापित कर चुके थे। बौद्ध-धर्म विकृत होकर अनेक शाखाओं में बँट गया था। सामान्य जनता का हृदय जीवन के कर्म, ज्ञान, भक्ति पक्ष से भटक गया था। वज्रयानी सिद्धों और नाथपन्थी जोगियों

ने क्या किया था? "जनता की दृष्टि को आत्मकल्याण और लोक-कल्याण विधायक सच्चे कर्मों की ओर ले जाने के बदले उसे वे कर्म क्षेत्र से ही हटाने में लग गये थे। उनकी बानी तो 'गुह्य, रहस्य और सिद्धि' लेकर उठी थी। अपनी रहस्यवादिता की धाक जमाने के लिए वे बाह्य जगत की बातें छोड़, घट के भीतर के कोठों की बात बताया करते थे। भक्ति, प्रेम आदि हृदय के प्रकृत भावों का उनकी अन्तस्साधना में कोई स्थान न था।" (वही पृ. 64) इनका प्रभाव सामान्य जनता पर क्या पड़ा? 'सामान्य अशिक्षित या अर्द्धशिक्षित जनता पर इनकी बानियों का प्रभाव इसके अतिरिक्त और क्या हो सकता था कि वह सच्चे शुभकर्मों के मार्ग से तथा भगवद् भक्ति की स्वाभाविक हृदय-पद्धति से हटकर अनेक प्रकार के मन्त्र-तन्त्र और उपचारों में जा उलझे और उसका विश्वास अलौकिक सिद्धियों पर जा जमे?' कबीर को जमकर चमत्कारवाद का खण्डन करना पड़ा है, उसके पीछे यही सिद्धों-नाथों की पृष्ठभूमि सक्रिय है। बड़ी बात यह है कि कबीर सिद्धों-नाथों से प्रभावित होकर भी उनकी बुराइयों का समर्थन नहीं करते हैं। एक बड़े रचनाकार का मानवतावाद कबीर के कवि-कर्म में शिखर को छूता है—यह बात गाँठ बाँध लेने की है। आचार्य शुक्ल ने ध्यान दिलाया है कि मुसलमानों के आने के पहले ही भारत में 'सच्चे धर्मभाव' का ह्रास हो गया था और समाज में परिवर्तन के लिए एक बहुत बड़े धक्के की आवश्यकता थी।" परिवर्तनवाद का यह धक्का कबीर के द्वारा पहली बार जोर से दिया गया। कबीर की इस ऐतिहासिक भूमिका को कैसे भुलाया जा सकता है। कबीर की इसी ऐतिहासिक भूमिका को नमन करने के लिए आचार्य क्षितिमोहन सेन, रवीन्द्रनाथ टैगोर, हजारी प्रसाद द्विवेदी, राहुल और विजयदेव नारायण साही कबीर की ओर गये। साही जी ने 'जायसी' पर पूरी पुस्तक लिखी पर कबीर को प्रेरणा-गुरु मानकर जो कविता लिखी है—वह उस पूरी काव्य परम्परा की आभा है, जिसे पाकर मनुष्य बड़ा होता है—गति और शक्ति पाता है। साही जी ने अपने 'साखी' नामक कविता संग्रह के नाम पर कबीर-स्मृति की मुक्त मुहर लगायी, बल्कि एक कविता भी कबीर-स्मृति-प्रेरणा को 'प्रार्थना : गुरु कबीर दास के लिए' शीर्षक से लिखी। आज के रचनाकार, पाठक और बुद्धिजीवी के लिए कबीर किस कदर सार्थक प्रासंगिक हैं—यह कविता उसी भावभूमि का दस्तावेज है। साही ने लिखा—'परमगुरु/ दो तो ऐसी विनम्रता दो/ कि अन्तहीन सहानुभूति की वाणी बोल सकूँ'/ और यह अन्तहीन सहानुभूति/ पाखण्ड न लगे। दो तो ऐसा कॅलेजा दो/ कि अपमान, महत्त्वाकांक्षा और भूख की गाँठों में मरोड़े हुए/ उन लोगों का माथा सहला सकूँ/ और इसका डर न लगे/ फिर कोई हाथ ही काट जाएगा/ दो तो ऐसी निरीहता दो/ कि इस दहाड़ते आतंक के बीच/ फटकारकर सच बोल सकूँ। और इसकी चिन्ता न हो कि इस बहुमुखी युद्ध में/मेरे सच का इस्तेमाल/ कौन अपने पक्ष में करेगा/ यह भी न दो/तो इतना ही दो/कि बिना मरे चुप रह सकूँ।'

कबीर में भोगनेवाले व्यक्ति और रचनेवाली मनीषा के बीच पार्थक्य नहीं है। यह परिस्थिति का तकाजा भर है। उनके व्यक्तित्व और कृतित्व, स्वभाव और स्वधर्म की भीतरी पुकार थी कि वे रचनाकर्म से मौखिक-परम्परा का विस्तार एवं परिष्कार करें। कबीर ने लोक-भूमि में भीतर तक धँसकर समझा था कि पण्डितों के शास्त्रार्थ जनता को दिशा न दे सके। वे मात्र बौद्धिक-जुगाली ही बने। दार्शनिक ग्रन्थों की खण्डन-मण्डन-परम्परा चिन्तन की जड़ता तोड़ती रही। ब्रह्मसूत्रों, गीता, उपनिषदों आदि पर जो भाष्यों की परम्परा धड़कती रही, उसने जनता के लिए एक नूतन भक्ति-मार्ग निकाल ही लिया। कबीर जैसे 'कालदर्शी कवि जनता के हृदय को सँभालने और लीन रखने के लिए दबी हुई भक्ति को जगाने लगे। क्रमशः भक्ति का प्रवाह इतना विस्तृत और प्रबल होता गया और उसकी लपेट में केवल हिन्दू जनता ही नहीं, देश में बसनेवाले सहृदय मुसलमानों में से भी न जाने कितने आ गये। प्रेम-स्वरूप ईश्वर को सामने लाकर भक्त-कवियों ने हिन्दुओं और मुसलमानों—दोनों को मनुष्य के सामान्य रूप में दिखाया और भेदभाव के दृश्यों को हटाकर पीछे कर दिया। "जाति पाँति पूछै नहीं कोई। हरि को भजै सो हरि का होई।" भक्ति का जो प्रवाह दक्षिण से उत्तर में आया था उसने सामन्तवाद के भेदवादी दाँत ही तोड़ डाले। ऊँच-नीच, ब्राह्मण, शूद्र, हिन्दू, मुसलमान, राजा-रंक, जाति-रंग का भेदभाव ही समाप्त कर दिया। यह कार्य कबीर ने सर्वाधिक मनोयोग से किया। जनता को आज भी याद है— "भक्ति द्राविड़ ऊपजी लाये रामानन्द। परगट किया कबीर ने सप्तद्वीप नव खण्ड।" कबीर ने रामानन्द के राम को भी छोड़ा नहीं। उसे नये रूप में ग्रहण कर लिया। रामानन्द ने विष्णु के अवतार राम की उपासना की, जमकर-लोक-प्रतिष्ठा की जिसे तुलसी ने आगे बढ़ाया। पर कबीर भी 'राम को छोड़ न सके।' 'रमैनी' में कबीर का 'राम-रसायन' देखते ही बनता है—किन्तु वे दशरथ सुत राम नहीं हैं—कबीर की लोक-मानस चेतना से निर्मित घट-घट व्यापी, अक्षर-अनन्त अविनाशी राम हैं। इस राम से हिन्दू-मुसलमान दोनों को जोड़ने का मार्ग निकाला। इससे ही सामान्य भक्तिमार्ग का राजपथ प्रशस्त हुआ। कबीर ने खुद झेलकर समझा था कि उच्च जातियाँ—नीचे की जातियों पर कहर ढा रही हैं। अतः अभिजात्य से मुक्ति उन्हें आवश्यक प्रतीत हुई। अभिजात्यवाद का दम्भ तोड़ने के लिए सिद्धों-नाथों ने भी कदम उठाया था। वज्रयानी तो ज्यादातर निचली जाति के पददलित लोग ही थे—ऐसी स्थिति में जाति-पाँति का खण्डन करना उनके व्यक्तित्व और अस्तित्व की भीतरी पुकार थी। नाथ पन्थी जोगी भी वेद-शास्त्र, तीर्थाटन, पर्व-पूजा आदि का खण्डन करते थे। वे जोर देकर कहते थे कि बाहरी पूजा अर्चना की विधियाँ व्यर्थ हो गयी हैं। अतः हिन्दू मुसलमानों के लिए साधना मार्ग एक है—दो नहीं हैं। नाथपन्थ में हिन्दू-मुसलमान दोनों आये और नाथपन्थियों का यह खुला-मार्ग कबीर को भी भाता रहा है। महाराष्ट्र में सन्त नामदेव

बारहवीं शताब्दी में हिन्दू-मुसलमान के लिए सामान्य भक्ति-मार्ग निकाल चुके थे। फलतः 'कबीरदास ने विशेष तत्परता के साथ एक व्यवस्थित रूप देकर यह मार्ग 'निर्गुणपन्थ' के नाम से चलाया।' कबीर ने नाथपन्थ से बहुत लिया पर खटकनेवाली बातों पर वे मौन नहीं रहे। 'झिलमिल झगरा झूलते बाकी रहा न काहु। गोरख अटके कालपुर कौन कहावै साहु? बहुत दिवस से हिण्डिया सुन्नि समाधि लगाई। करहा पड़िया गाड़ से दूरि परा पछिताई।' कबीर से आचार्य शुक्ल को शिकायत यही रही कि वे अन्तस्साधना में रागात्मक भक्ति और ज्ञान तो लाये, ईश्वर का ज्ञानस्वरूप और प्रेमस्वरूप तो फैलाया, पर 'धर्मस्वरूप' न ला पाये। यह कार्य तो तुलसीदास के द्वारा ही सम्पन्न हुआ।

लोक-जागरण की विचार-भूमि को तलाश करने पर यह बात साफ होती गयी कि निर्गुण मार्ग के लिए नामदेव और नाथपन्थियों ने ही मार्ग निकाला। जहाँ तक पता चलता है, 'निर्गुण पन्थ' के निर्दिष्ट प्रवर्तक कबीर दास ही थे। एक ओर वे रामानन्द में दूसरी ओर सूफ़ियों, नाथयोगियों में रमे। वैष्णव-परम्परा से उन्होंने अहिंसावाद और प्रकृतिवाद लिया। कबीर ने लोक-चिन्तन का इतना खुलापन सामने रख दिया कि वे न तो अद्वैतवादी कहे जा सकते हैं, न एकेश्वरवादी। जुलाहे-कोरी कबीर बहुत कम हिन्दू, बहुत कम मुसलमान हैं—उनका पूरा प्रयास मनुष्य बनने का है—वह मनुष्य जो धर्मवाद, जातिवाद, नस्लवाद, आभिजात्यवाद, अलगाववाद से दूर होकर मनुष्य को प्रेम से अपना सके। मूर्ति-पूजा और नमाज दोनों के खण्डन के पीछे कबीर की यही लोक-संवेदना सक्रिय है। यही लोक-चेतना विवश करती है कि कबीर सिकन्दर लोदी को ललकारते हैं—'रावण सरिखा चल गया लंका का सरदार।' सिकन्दर लोदी कबीर को गंगा में फिंकवा देता है—पर कबीर डरते नहीं हैं।

कबीर जन-संस्कृति के कवि हैं। उनके कवि-कर्म में तत्कालीन लोक-मानस के दुःखते-कसकते अनुभव रिले-मिले हैं। कबीर की आत्मपरक उक्तियों में समाज की चिन्ता और मनोदशा उभर पड़ी है। कबीर किसी अन्य कथा का गान न करके स्वानुभूतिमूलक काव्य रचते हैं। कबीर का यायावरी व्यक्तित्व ऐसा था कि वह समाज से अभिन्न होकर ज्ञान की ऊँची से ऊँची भूमि पर पहुँचकर बोला और पूरा युग उनके रचना-कर्म में अभिव्यक्ति पा सका। शताब्दियों से प्रचलित सन्त-परम्परा की शब्दावली उनमें आलोकित हो उठी और प्रतीकों-मिथकों में लोक-परम्परा ने तेजस्वी अर्थापत्ति की। कबीर की रचनात्मक प्रतिभा इतनी ग्रहणशील है कि परम्परा से प्राप्त विचार-धाराएँ, साधनाएँ, दार्शनिक जिज्ञासाएँ उनमें संचित होकर छन गयीं। लोकानुभव की भूमि पर खड़े होकर इस रचनाकर्म ने सभी तरह के शास्त्रवाद को चुनौती दी और जरूरत पड़ी तो उसके मिथ्यावाद का डटकर विरोध किया। वे साहित्यिक परम्पराओं से निकलकर लोक-परम्पराओं को ग्रहण करने के लिए लोक-

काव्य-रूपों, भाषा-भाव की अभिव्यक्तियों की ओर गये। सामाजिक रूढ़ियों, वर्ण-व्यवस्था और शास्त्रवादी ब्राह्मणों के विरोध में कबीर की वाणी आग उगलती है। कबीर ने ब्राह्मण विरोध का एकप्रखर अंश 'विप्रमतीसी' लिखकर प्रस्तुत किया।

प्रश्न उठता है कि कबीर किस साहित्यिक परम्परा से सम्बन्धित हैं? इसका सीधा उत्तर नहीं है। सच यही है कि लोक-परम्परा जिसके अन्तर्गत सन्त-परम्परा की वाणी भी समाहित है—कबीर की रचना भूमि है। बौद्धों-वेदान्तियों, नाथों, सिद्धों, फकीरों, वर्णाश्रम विरोधी विचार धाराओं ने कबीर को भीतर से मथ डाला और उनके मन में लोक-मंगल की लौ लग गयी। अपने समय के चिन्तकों-सन्तों की उन्होंने संगति-सत्संग से पूरा लाभ उठाया और वाचिक परम्परा में रहकर ज्ञान अर्जित किया। 'कलम गही नहिं हाथ' का अर्थ यह नहीं है कि वे अज्ञानी थे—लिख न सकते थे, पर सुनकर वे विद्वानों की वाणी का मर्म निचोड़ सकते थे। रामानन्द, शेख तकी से उन्हें बहुत कुछ मिला था। इसी बल पर वे कह सकते थे—"तू पंडित मैं काशी का जुलाहा बूझै मोर गयाना" अपने ज्ञानानुभव के पोढ़ेपन से कहा, "अरे इन दोउन राह न पायी। हिन्दुन की हिन्दुवाई देखी तुरकन की तुरकाई।" यह देखना स्थितियों-घटनाओं के बीच में खड़े होकर देखना था—जिसमें 'पोथी पढ़ि-पढ़ि जग मुआ पण्डित भया न कोय' की सीधी ध्वनि थी। ज्ञानी वही है जो नीति, सदाचार, समता, करुणा से मानव को एक करता है—हिन्दू-मुसलमान को जोड़ता है—'ढाई आखर प्रेम का पढ़ै सो पण्डित होय।' ज्ञानी की यह सर्वथा मौलिक परिभाषा थी। और यह परिभाषा उस हाय-हत्या के संघर्ष काल में अनुभव से फूटी थी! यही वह स्वर है, जिसकी अनुभूति में प्रामाणिकता और ईमानदारी दोनों है—"तू कहता कागज की लेखी। मैं कहता आँखिन की देखी।" कबीर की यही 'मैं' शैली छायावाद के कवि निरालाजी में 'मैंने मैं शैली अपनायी' के रूप में पुनर्जीवित हुई।

संस्कृत, पालि, प्राकृत और अपभ्रंश की लोककाव्य धारा, जो अभिजात्यवादी-रीतिवादी धारा को पछाड़कर आगे बढ़ती रही थी—और जिसने अपनी शक्ति को लोक-भाषाओं में अभिव्यक्त किया है, उसने कबीर में एक विशेष लोकानुभूति से जनजागरण का अर्थ-प्रवाह पाया। यह अकारण नहीं है कि कबीर के कवि-कर्म में साखियों की भरमार है। 'साखी' एक प्रकार से दो-पदों का दोहा ही है। 'साखी' शब्द संस्कृत के साक्षी (समक्षिन) का अपभ्रंश रूप है, जिसका अर्थ है वह व्यक्ति जो किसी घटना का प्रत्यक्ष द्रष्टा या गवाह हो। आरम्भ में चिन्तक गुरुओं के उपदेश ही 'साक्षी' रहे और फिर उनकी अनुपस्थिति में भी गुरु-वचन ही 'साखी' कहलाये। इस प्रकार के प्रमाण सिद्धों-नाथों की बानियों में भरे पड़े हैं—जैसे 'साखि करब जालन्धरपाद। वासन देखों मोहि पण्डिताचार' (हिन्दी काव्यधारा : राहुल जी, पृ. 153)। कबीर ने पूर्वानुभव को पुनः अपने चिन्तन की कसौटी पर कसकर खरे-

खोटे का विचार किया और 'खरे काव्यानुभव' को 'साखी' कहा। आचार्य हजारीप्रसाद द्विवेदी ने 'हिन्दी साहित्य की भूमिका' में परम्परा के पूरे अर्थ को समेटकर लिखा—"असल में साक्षी (साखी) का मतलब ही यह है कि पूर्वतर साधकों की बात पर कबीरदास अपनी साक्षी या गवाही दे रहे हैं—अर्थात् इस सत्य का अनुभव वे भी कर चुके हैं।" (पृ. 42) जाहिर है कि लोकानुभव पर आधारित तर्क-पुष्ट ज्ञान को शिष्य या सहृदय के समक्ष उपस्थित करने में जो काव्य-रूप पूरी तरह सहायक रहा, वह 'साखी' ही है। कबीर ने अपनी साखियों में निर्गुण ब्रह्म यह अन्य किसी विषय को साक्षात् द्रष्टा के रूप में उपस्थित किया। विद्वानों का एक वर्ग यह ठीक ही कहता रहा है कि कबीर की साखियाँ एक ओर तो उपनिषदों के ज्ञान का जनवादीकरण है—'दूसरी ओर लोकानुभव का संचितकोष। अनेक प्रकार के जीवन-जगत् सत्य इन साखियों में चमकते मिलते हैं। काम, क्रोध, लोभ, मोह, दम्भ, दर्प, संसार, सम्पत्ति सभी पर सन्तों ने जिस ढंग से विचार किया है वही विचार-पद्धति कबीर ने अपनायी है। फलतः कबीर की लोक-संवेदना का आलोक विश्वदृष्टि का पर्याय बन जाता है। ध्यान रहे कि कबीर का 'लोक' बहुत व्यापक है—वह जाति-धर्म, प्रदेश-देश की सीमाओं को तोड़कर मानव-मात्र का प्रेम-लोक है। वेदान्त-दर्शन का सार घुलकर और इस्लामी-संस्कृति का तत्त्ववाद छनकर कबीर में 'भाव-रसायन' बन गया है।

कबीर को स्वयं ध्यान है कि 'साखी आँखी ज्ञान की समुझि देखु मन माँहि। बिन साखी संसार का झगरा छूटत नाहि।' (कबीर बीजक, पृ. 114) ज्ञान से ही पाश कट सकते हैं—चित्त निर्मल हो सकता है—'पद गाये मन हरषिया साखी कह्या आनन्द।' ढोंगी, मक्कारों से कबीर का सामना बराबर रहता है और वे उन्हें भूमि चटा देते हैं—"माला पहिरे टोपी पहिरे छाप तिलक अनुमाना। साखी सबदी गावत भूले आतम खबर न जाना।" अथवा 'साखी सबदी दोहरा, कहि किहनी उपखान। भगति निरूपहिं अधम कवि, निन्दहि वेद पुरान।' यह बात आज भी खोज का विषय है कि निर्गुण धारा के सन्तों ने तो दोहों को 'साखी' कहा पर अन्य विचार-परम्पराओं के चिन्तकों ने 'दोहे' को 'साखी' क्यों नहीं कहा। उदाहरणार्थ जैन साधकों में 'जो इन्दु' (परमात्मा प्रकाश) और मुनि रामसिंह के दोहे देखे जा सकते हैं—जिन्हें भूलकर भी कभी 'साखी' नहीं कहा गया। जबकि जैन कवियों के शृंगाररस के दोहे भी कबीर आदि सन्तों ने भाव-दिशा बदलकर जस के तस ले लिए हैं। राजस्थानी में रचा 'ढोला मारूरा दोहा' के बहुत से दोहे कबीर ने हजम किये हुए हैं—"यह तनु जारौ मसि करौ जसु धुआँ जायसरग्गि। मुझ प्रिय बद्दल होय कटि, बरसि बुझावै अग्गि।" (ढोला मारूरा दोहा) यह तनुजारौ मसि करौं जसु धुआँ जाय सरागि। मति वे राम दया करैं बरसि बुझावै अग्गि (कबीर-बीजक)। यह भी महत्त्वपूर्ण बात है कि नामदेव और रैदास की रचनाधार्मिता को 'वाणियाँ' कहा गया है—'साखियाँ' नहीं। जबकि ये दोनों

कबीर से पूर्ववर्ती हैं और दोहे लिखते हैं। सन्त रज्जब द्वारा सम्पादित 'दादू दयाल की वाणी' मिलती है—वहाँ दादू दयाल की साखी नहीं मिलती। 'साखी' शब्द का ज्ञान-परम्परा के अर्थ में प्रयोग कबीर के 'सुमिरन को अंग' 'विरह को अंग' से प्रतीत होता है कि अंग या प्रकरण ही 'साखी' के रूप में लोक-प्रतिष्ठा पा गया।

कबीर में 'सबद' को 'पद' के अर्थ-सन्दर्भ में प्रयुक्त किया गया। कभी-कभार तो 'पद' या 'सबद' को भी 'वाणी' कह दिया गया है। कबीर 'बीजक' में 228 पद हैं—जिन्हें सत्रह रागों में बाँधने का प्रयत्नसाध्य संकल्प दिखाई देता है। विद्वानों का एक वर्ग यह भी कहता है कि बीजक में पद जरूर 228 हैं—पर सभी पद 'सबद' नहीं कहे जा सकते। 'सबद' के अन्तर्गत तो 110 या 111 को ही रखा जा सकता है। महत्त्वपूर्ण बात है कि 'पद' 'सबद' और 'वाणी' पर्याय कभी नहीं रहे—'इनका बारीक भेद-बराबर दिखाया गया है। सूर के 'पद' राग-रागिनियों में बद्ध हैं—यह कौन नहीं जानता। पर सूर के पदों को 'सबद' नहीं कहा गया। स्वयं कबीर लोक-गायन-वादन की परम्परा तथा शास्त्रीय संगीत की पद गायन परम्परा से परिचित जान पड़ते हैं। कारण 'पदों' को 'गीत' कहा जाता रहा—'कबीर' के शब्दों में, "पद गाएँ मन हरषिया साखी कह्या अनन्द। सोतन नाँव न जाणियाँ जल में पड़िया फन्द।" या फिर "तुम्ह जिनि जानो गीत हैं यहु जिन ब्रह्म विचार। केवल कहिं समझाइया आतम साधन सार रे।" ध्यान देने की बात है कि कबीर से पूर्व नाथों-सिद्धों ने भी पदों को अपनाया है और पीछे से पूरा भक्ति-काव्य पद-परम्परा की लोक-संगीत शक्ति का सागर ही बन गया। 'सूर सगुन लीला पद गावै' का सूर-संकल्प इस पूरी वाचिक-परम्परा का सर्जनात्मक तेज रहा है। गायन, मानव के मूल रागों को पकड़ता है और शब्द-लय तथा अर्थ-लय का सामंजस्य एक ऐसे नाद-सौन्दर्य की सृष्टि करता है कि सृजन का सौन्दर्य शास्त्र 'अपूर्व' भाव से भर जाता है। आनन्दकुमार स्वामी ने 'अपूर्व' पर सोच-समझकर ही बदल दिया है। प्रश्न उठता है कि कबीर के पदों को वाणी या बानी क्यों कहा गया? इसका उत्तर भी लोक-संस्कृति के भीतर ही मौजूद है। 'वाणी' में माँ सरस्वती का पूरा योग रहता है। चित्त वृत्ति की समाधि दशा में रचनाकार नहीं लिखता, रचना ही रचनाकार को लिखती है—गन्ने की तरह पेरती है। नतीजा यह होता है कि रचना के एक-एक शब्द में दिव्यता का भान होता है। इस स्थिति में पहुँचा रचनाकार 'कलाकार' नहीं होता। 'कलाकार' शब्द 'कवि' की तुलना में बहुत हल्का है। काव्य ही विद्या है, कलाएँ-उपविद्या। कला में 'कौशल' प्रदर्शन करने का बाहरी भाव है पर काव्य में प्रकृत-भाव का नैसर्गिक सौन्दर्य। इसी अर्थ में काव्य 'हृदय की मुक्तावस्था' है भावयोग है—हृदय की प्रकृत भावदशा है—व्यक्ति-हृदय का लोक-हृदय में विलय है। कबीर को 'शास्त्र' मान्य नहीं है—पर शास्त्रों की इस सच्चाई को ग्रहण करने में उन्हें परहेज नहीं है। कबीर 'सन्त हंस गुन गहहिं पय' के सच्चे अर्थों

में रचनाकार हैं और उनका रचना-कर्म भाव-पार्वत से फूटी पार्वत-धारा। जिसे लोक का शिव अपने सिर पर धारण करता है। कालिदास की तरह कबीर में 'शिव-भाव' का अपार विस्तार है। फलतः कबीर की 'वाणी' लोक के शिव-भाव का जन-जन को साक्षात्कार है। यह वह अभेद तत्त्ववाद की भूमि है जिसमें 'गुरु' और 'गोविन्द' एक हो गये और लोक-ज्ञान कराने के कारण 'गुरु' को 'गोविन्द' से बड़ा ठहराया गया। क्यों ठहराया गया? ''गुरु बिनु ज्ञान न होइ।'' कबीर का यह कथन ''मझा ज्योति राम प्रकासै गुर गमि वाणी।'' इसीलिए सन्तों की 'वाणी' में 'अमृतत्व' है पूरा 'सत्त्वोद्रेक' है—सघन रस है—अखण्ड का अनुभव है। यह 'वाणी' ही गोरखबानी है— दादू बानी है। इसी में 'भक्ति-धर्म की रसात्मक अनुभूति है' का मर्म निहित है।

भारत में 'लोक' इतना प्रबुद्ध रहा है कि रामायण और गीता में 'लोक' का आलोक-भाव कम नहीं है। इसे कम करके न आँकना चाहिए। प्रायः इसे कम करके आँका गया है। 'लोक' का अनुभव है कि ज्ञान-प्रसार के भीतर ही भाव-प्रसार होता है और भाव का मूल है 'शब्द'। शब्द को ब्रह्म कहा गया है—शब्द की लोक-व्याप्ति है, एवं शक्ति अनन्त-अपार अद्‌भुत। पूरा जगत-व्यापार शब्द पर टिका है। वेद और तन्त्रशास्त्र इसीलिए 'शब्द ब्रह्म' की महिमा गाते अघाते नहीं हैं। बौद्धों ने 'जप' और 'नाम' को 'ध्यान-समाधि' से जोड़कर बड़ा काम किया। डॉ. भरत सिंह उपाध्याय ने अपनी पुस्तक 'ध्यान और नाम' में बौद्ध-परम्परा के लोक-भाव का जो अनुसन्धान किया है—वह सिद्ध करता है कि मन्त्र जप और तन्त्र सिद्धि की नाम साधना ने लोक-प्रकाश दिया। बौद्धों की नाम और जप परम्परा ही तान्त्रिकों-नाथों को मिली और कबीर ने मुक्त-भाव से इस परम्परा को अपना लिया और इसका भरपूर विकास किया। नाम और जप के पीछे कबीर का लोकानुभव बोलता है कि जप और नाम से भक्त या सन्त में इतनी शक्ति आ जाती है कि 'अनन्त' मन में रूप ग्रहण कर लेता है। यही 'अक्षर ब्रह्म' है। योगशास्त्र और शंकराचार्य के विचार शब्द ब्रह्म में गुँथे पड़े हैं। यह विचार-परम्परा इतनी प्रबल रही कि गोरखनाथ ने कहा कि शब्द ही ताला है—शब्द ही कुंजी है—शब्द ही ज्ञान है, शब्द ही निर्गुण निर्विकार-ब्रह्म है। शब्द से ही नाद की निष्पत्ति होती है और नाद-ब्रह्म के प्रभाव से अज्ञान कटता है। कबीर के पदों को 'सबद' इसीलिए कहा गया है कि शब्द ही सन्त-वचन का अमृत-तत्त्व है। जो अज्ञानी यह 'सबद' भाव न समझते थे—उन पर कबीर का क्रोध बरसता है—'माला पहिरे टोपी पहिरे छाप तिलक अनुमाना। साखी सबदी गावत भूले आतम खबर न जाना।' आज का 'बीजक' कबीर-पन्थियों का संग्रह-ग्रन्थ है—जिसमें कबीर के मुख से निकले सन्त-भावों का संचयन है। कबीर के पदों या सबदों को 'राग-रागिनियों' में नहीं घेरा गया। कारण, लोक-परम्परा 'सबद' की संस्कार-सिद्धि को 'दरबारी काव्य परम्परा'

से बचाना चाहती थी। दरबारी-परम्परा शब्द को 'भोगती' है—पर लोक-परम्परा 'शब्द योग' में रमती है। कबीर के 'सबद' पदों में 'कूट-वाणी' का आवरण लिपटा है—और ललकार की आग भी। जैसे 'चोट सहारै सबद की तासगुरु मैं दास।'

कबीर के 'बीजक' का 'रमैनी' भाग सन्त-राग का भरभरा कर फूट पड़ना है। पहले 'राग सूहौ' की लोक-ध्वनि है फिर सप्तस्वर भरी पुकार—'सतपदी रमैनी' अष्टपदी रमैनी, दुमरी रमैनी, अष्टपदी रमेड़ा बारहपदी रमैनी, चौपदी रमैनी। कबीर 'बीजक' में चौरासी रमैणियाँ हैं। रमैनी का अर्थ है—राम-रसायन। रमैनी से 'वेदशास्त्र में रमण करनेवाली वाणी' अर्थ न लेना चाहिए, जैसा कि विद्वानों ने भ्रमवश लिया है। रमैनी शब्द को 'रामायण' से 'रामायणीय' रामायणी से रमयनी और फिर रमैनी के रूप में देखना चाहिए। आज भी रामायण पढ़नेवाले भक्त को लोक-भाषा में 'बड़े रमैनी हैं' कहते सुना जा सकता है। वाल्मीकि रामायण का 'रामायण' शब्द लोक-चित में इतने गहरे पैठ गया कि 'रामचरितमानस' तक को 'रामायण' ही कहकर 'लोक-स्मृति' तृप्ति पाती रही है। कबीर में भी 'रमैनी' लोक-स्मृति का जीवन्त रूप है—कारण, रमैनी में रामतत्त्व की ही व्याख्या है। पर कबीर का 'राम' वाल्मीकि या तुलसी का राम नहीं है। कबीर ने बार-बार कहा है—'दसरथ कुल अवतरि नहिं आया। नहिं लंका के राव सताया।' अर्थात् दशरथ का पुत्र राम जो रावण-वध करता है, वह कबीर का राम नहीं है। 'रामचरित मानस' से 'रमैनी' की एक बाहरी समानता यह है कि दोहा-चौपाई-शैली में कबीर ने इसे लिखा है। किन्तु 'रमैनी' को आचार्य हजारीप्रसाद द्विवेदी कबीर की रचना नहीं मानते। वे लिखते हैं, "मेरा अनुमान है कि दोहा-चौपाइयों में लिखी गयी तुलसीदास की रामायण के प्रभाव ने कबीरपन्थियों को भी अपनी रामायण बनाने को प्रोत्साहित किया।" (हिन्दी साहित्य, पृ. 125) कुछ भी रहा हो पर 'लोक-स्मृति' यही मानती है कि रमैनी के रचनाकार कबीर ही हैं।

कबीर के काव्य रूपों पर शोध-करनेवाले—विद्वान नजीर मुहम्मद ने कई प्रमाण देकर यह सिद्ध किया है कि रमैनी भी कबीर की ही रचना है। कबीर 'बीजक' की एक साखी का उन्होंने प्रमाण दिया कि 'जो मिलया सो गुरु मिलया, सीख न मिलिया कोय। छः लाख छानवे रमैनी, एक जीव पर होय।' दिलचस्प बात यह है कि वे भक्तमाल के उस कबीर से सम्बन्धित छप्पय का भी हवाला देते हैं—जिसमें कहा गया है कि "कबीर कानि राखि नहीं वर्णाश्रम षट दरसनी। भक्ति विमुख जो धरम नाहि अधरम करि गायो। जोग जाय ब्रत दान भजन बिनु तुच्छ दिखायो। हिन्दू तुरक प्रमान 'रमैनी' सबदी साखी। पच्छपात नहि बचन सबिहि के हित की भाखी॥ आरूढ़ दसा ह्वै जगत पर मुख देखी नाहिंन भनी। कबीर कानि राखी नहीं वर्णाश्रम षट दरसनी।" कबीर साहित्य के मर्मज्ञ विद्वान डॉ. पीताम्बरदत्त बड़थ्वाल ने 'हिन्दी काव्य में निर्गुण सम्प्रदाय' में बड़ी भारी छानबीन के बाद लिखा है—हिन्दी में चौपाई

लिखने की लोकप्रिय शैली के लिए कबीर की सृष्टि है जिसमें दोहे गुम्फित रहते हैं और जो तुलसीदास की रचना 'रामचरित मानस' तथा मलिक मुहम्मद जायसी के 'पटभक्त' में अपनायी गयी है। उनकी 'रमैनी' नाम की रचनाएँ इसी शैली में लिखी गयी हैं।

बहरहाल, लोक-संवेदना को लोक-शैली में रचने की कबीर में गहरी ललक है। उनका यह अरमान 'चौंतीसा' के रूप में साफ दिखाई देता है, जिसमें देवनागरी वर्णमाला के स्वरों से हटकर केवल व्यंजनों के आधार पर रचनाएँ की गयी हैं। आरम्भ में 'ओं ॐकार आदि को जानै' की पुकार है। 'च चा रचित चित्र है भारी। तजि चित्रै चेतहु चितकारी। चित्र-विचित्र इन्हैं अवझेरा। तजि चित्रै चित राखि चितेरा।' चौंतीस-चौंतीस वर्णों की द्विपदी रचना है। द्विपदी में चौंतीसा के साथ ही 'बावनी' भी मिलती है—पर 'बीजक' में इन्हें स्थान नहीं मिला है। हिन्दी वर्णमाला के प्रत्येक वर्ण के क्रम में छन्दबद्ध रचना 'बावनी' कहलाती है। इसे 'कम्हरा' 'अखरावट' 'बारहखड़ी' भी कहा गया है। जायसी लिखित 'अखरावट' सभी को याद है। बावनी में सोलह स्वर 36 व्यंजन रहते हैं—बावनी के 'कबीर ग्रन्थावली' में प्रयोग मिलते हैं—ऐसे ही 'वार' नाम से भी 'राग बिलावल' मौजूद है। सप्ताह के सात दिनों को 'रविवार' से उठाया गया है और हर वार को ब्रह्म-स्मरण से जोड़ा गया है। लोक-मन में उतरने वाले कबीर 'चाँचर' लिखते हैं—'कालबूत की हस्तिनी मन बौरा हो' या 'कम्म अन्ध गज बस परे मन बौरा हो।' विद्वान कहते हैं कि चर्चरी बसन्तकाल का गायन-वादन युक्त समूहगान है। यह लोकगीत का प्रकार है—कबीर ने भी इसे कई प्रदेशों ने घूम-घामकर पाया होगा। 'बीजक' में 'बसन्त' शीर्षक से भी बारह रचनाएँ हैं—यह शैली 'फाग' से मिलती-जुलती है। बसन्तोत्सवों में गाये जाने के कारण ही फाग काव्य को बसन्त काव्य लोक कहा जाने लगा है। 'हिन्दी-साहित्य का आदिकाल' में आचार्य हजारीप्रसाद द्विवेदी ने कहा है कि 'बीजक का बसन्त इसी लोक प्रचलित काव्य-रूप का अंगीकार है। भाषा इसकी अवश्य बदल गयी है—पर उस बात का सबूत तो है ही कि उन दिनों प्रचलित काव्य रूपों का सन्तों ने अपने ढंग से अपने उद्देश्य के लिए उपयोग किया है।' कबीर लोक-जीवन में इस कदर धँसते गये हैं कि 'हिंडोला' 'वेलि' 'कहरा' 'करहुली' 'विप्रमतीसी' क्या नहीं लिखे। हिंडोला का अर्थ-गत सन्दर्भ कबीर ने बदल दिया। 'हिंडोला' सावन के झूले के प्रेमगीत हैं। कबीर को ये गीत इतने भाये कि उन्होंने हिंडोला गीतों में आध्यात्मिक तान का तराना छेड़ दिया। कहाँ तो सावन के झूले की मस्ती और कहाँ योग-साधना की काशी करवट। परम्परा के नये प्रयोग में कबीर बड़े चतुर हैं।' 'विप्रमतीसी' में ब्राह्मणों को खरी-खोटी सुनानेवाली करारी राग-ध्वनि है कि ब्राह्मणों की मति पर कैसे पत्थर पड़ गये हैं कि वे शास्त्र, मूर्ति-पूजा, तीर्थाटन में फँसकर समाज को गुमराह कर रहे हैं।

आज भी गाँवों में कहार लोग 'कहरा' गाते हैं और ढोल, मृदंग की तान-लय पर नाचते हैं। हिन्दुस्तान का 'माडर्न' इन्हें ऐसे देखता है—जैसे बौरों गाँव में ऊँट देखा जाता है। दूसरे किस्म के वे लोग हैं—जो कला-भक्तों की संस्कृति में फँसकर 'लोक-संस्कृति' को पिटारी में भरकर दिखाते हैं। इन 'भद्रजनों' में कला का विलास ही अधिक है। लोक-कलाओं को सुरक्षित रखने के ईमानदार प्रयत्न नहीं होते। कला इनके लिए 'छब्बीस-जनवरी' 'पन्द्रह अगस्त' 'विदेशों में भारतीय संस्कृति' के झूठे दिखावे की चीज रह गयी है। भारत में लोक-गीतों-लोक-संस्कृति के प्रति-विशेषकर नागर-समाज में एक नफरत या हिकारत का भाव है—'गँवार' लगता है। इन नागर जनों को या भद्रजनों के अभिजात्यवाद को कबीर का लोक संस्कृतिवाद फूटी आँखों पसन्द नहीं है। कबीर जरूर 'हो रामा' में डूबे हैं—क्योंकि मध्यकाल का वह समाज लोक-संस्कृति को प्यार करता था, जीता था। उसी में जीवन की सच्ची लय महसूस करता था, ''ताल झाँझ मल बाजत आवै कहरा सम कोई नाचे हो।'' की याद कबीर दिलाते हैं। गाँव ठेठ संवेदना के लिए कबीर को 'दास कबीर कीन्ह यह कहरा, महरा माहि समाना हो' कहकर लोक बराबर याद करेगा। पर कबीर का लोक आज पश्चिमी प्रहारों से उजड़ रहा है—क्योंकि गँवई संवेदना मटियामेट हुई जा रही है। भारत को 'प्रगति' और 'विकास' की लगन लगी है—और यह लगन ही पश्चिमवाद की दिशा में ले जा रही है। आज समझना तक कठिन पड़ता है कि कभी साँप के काटने पर गाँवों में साँप का विष उतारने के लिए 'बिरहुली' गायी जाती थी। साँप अब भी मौजूद हैं पर बिरहुली गायक नहीं रहे। कुछ तो 'अन्ध विश्वास' कहकर उन्हें खदेड़ा गया और कुछ 'विज्ञान' के नाम पर गायब कर दिये गये। हाँ, मेरे मित्र प्रेम रघुवंशी ने अपने काव्य-संग्रह 'देखो साँप तक्षक नाग' की भूमिका में यह बात दावे से कही है कि अभी भी मध्यप्रदेश के कुछ आदिवासी जन 'करहुली' नुमा चीज गाते हैं।

कबीर की उलटबाँसियाँ? क्या कहा कबीर की उलटबाँसियाँ भी लोक संवेदना में रची-बसी हैं। लोक-जीवन में उलटबाँसी भी अभिव्यक्ति की एक विशिष्ट पद्धति रही है। अलौकिक अद्वितीय अनुभव को लौकिक भाषा में कौन कह सकता है। कहे तो उसका प्रभाव मर जाता है। कबीर जैसे अनुभवी सन्त को पता था कि आध्यात्मिक बातों को गूढ़ प्रतीकों तथा लोक-विपरीत शैली में ही कहना सार्थक होगा। कबीर ने सांसारिक धर्म-कर्म व्यापारों के क्रम उलट दिये। बैल बिआय गाय भई बाँझ। बछरा दुहेउ तीनों साँझ।' या 'चीटीं चढ़ी पहाड़ पर नौ मन तेल लगाय' या फिर 'नाव में नदिया डूबी जाय' जैसी कबीर की प्रसिद्ध उलटबाँसियाँ। कहना न होगा कि हठयोग में कबीर की आस्था थी और इसी आस्था ने हठयोग के प्रतीकों-मिथकों से उनके काव्य को एक नयी रंगत दे डाली। 'ब्रह्मानन्द' को भारतीय काव्यशास्त्री तो रस के सन्दर्भ

में 'ब्रह्मानन्द सहोदर' कहकर थम गये पर सिद्ध और नाथ कब थमने वाले थे। इन सिद्धों-नाथों ने 'गुह्य-साधना, रहस्य' को पनपाकर 'करामात' दिखानी शुरू की। जनता चमत्कृत। पर जनता ने इस 'चमत्कार' को नमस्कार किया। वेद-शास्त्र और पण्डितवाद के जंजाल में फँसी जनता को लुभाने की भी यह कारगर तरकीब थी, एवं पण्डितों को रौंदकर ठीक करने का भी उसमें अचूक बाण रहता था। फिर सन्त की लँगोटी से यदि चमत्कार न बरसा तो पण्डित जी गीले होकर गलते कहाँ थे। कबीर ने जोर देकर शास्त्रवादी पण्डितों को ललकारा 'कहे कबीर ताहि गुरु कारौं, जो ये बदहु विचारे।'

उलटबाँसी के सूत्र 'प्रवाह्लिका', 'सन्ध्या भाषा', 'कूटपद' में निहित रहे हैं। इन्हें 'उलटा बाउल' 'मारुड' 'रिडिल' 'समाधि भाषा' तथा 'पैरोविल' नाम भी दिये गये हैं। जाहिर बात यह है कि उलटबाँसी 'विरोध मूलक वक्रता' की भाषा है—'उलटाबाँस' हैं। योग में कुण्डलिनी मार्ग ही 'उलटबाँस' है। 'बाँस' शब्द 'वंशी' या वाणी से निकला प्रतीत होता है—कारण-वंशी को 'अनहदनाद' से जोड़ा जाता रहा है—'बाजत अनहद बाँसुरी तिरबेनी के तीर'। योगशास्त्र कहता है कि अनहदनाद में शरीर के भीतर समुद्र, मेघ-गर्जन और भेरी झर्झर की झँकार ध्वनि सुनाई देती है। कबीर अपनी उलटबाँसियों को 'उलटावेद' कहते हैं। संसार के प्रवाह के विपरीत साधक को इस मार्ग में चलना पड़ता है—फिर यह अकथनीय रहस्य है—"कहै कबीर यह अकथ कथा है कहता कही न जाई।" परमतत्त्व से साक्षात्कार 'एक अचम्भा देखा रे भाई' का दर्शन है। कबीर जगह-जगह उलटबाँसी की कठिन ज्ञान-साधना का संकेत देते हैं—'अवधू सो जोगी गुरु मेरा। जो यह पद का करै निबेरा।' निबेरा कैसे हो 'पहिलैं पूत पाछे भई माई। चेला कै गुर लागैं पाई' यहाँ तो 'पहरि चोलना गदहा नाचै भैंसा निरति करावै'। हालत यह है कि 'ठाड़ा सिंघ चरावै गाई' या 'धरती बरसे अम्बर भीजै' की अकथ योग-दशा है। इस साधना-पद्धति का 'अवधू' सामान्यजन नहीं है जग से न्यारा साधक है। 'अवधू जोगी जग थैं न्यारा। मुद्रा निरति सुरति कर सींगी, नादन बंडै धारा। बसै गगन में दुनी न देखै चेतनि चौकी बैठी। चढ़ि अकास आसन नहि छाड़ै, पीवै महारस मीठा।' रचनात्मक दृष्टि से कबीर की उलटबाँसियाँ कोरा चमत्कार नहीं हैं—उनमें गूढ़ार्थ व्यंजना है। यह ज्ञान मध्यकालीन भारत में जनता के लिए कम आकर्षण नहीं रखता था। इसी परम्परा में सूर के 'दृष्टिकूट' और अमीर की पहेलियाँ आती हैं। लोक बड़ा ही विलक्षण है। उसकी विलक्षणता का अगम सौन्दर्य इन उलटबाँसियों में मौजूद है। कबीर उलटबाँसियों से बच नहीं सकते थे। उनके सामने उलटबाँसियों की एक सम्पन्न और समृद्ध परम्परा जीवित थी। वेदों-उपनिषदों से यदि वे दामन बचाकर निकलते थे तो बौद्ध-धर्म के सहजयान-वज्रयान सम्प्रदाय उनका हाथ थाम लेते थे। सिद्धों की उलटबाँसियाँ

आलोक और अन्धकार की मिली-जुली झिलमिलाहट के कारण ही 'सन्ध्या-भाषा' कहलाती थी—इस झिलमिलाहट को जिये बिना कबीर को चैन न था। सरहपा, गुण्डरीपा से पूरबी भाग गूँज रहा था। समय के साथ नाथपन्थी भी सन्ध्याभाषा की ओर भाग खड़े हुए और उनकी बानियाँ इनसे भर गयीं। 'उलटी चरचा गोरख गावै' से ज्ञात होता है कि चमत्कार वृत्ति चरम सीमा पर थी—'चींटी केरा नेत्र में गजेन्द्र समाइला। गावड़ी के मुख में बाधला विवाइला'। गोरखबानी में इसी चमत्कार को 'नाथ बोले अमृत वाणी, बरिषैगी कंबली भीजैगा पाणी।' नाथों की तरह जैन-कवि भी उलटबाँसी गा उठे। इस पूरी रूपक-प्रतीक शैली परम्परा का प्रभाव कबीर पर दिखाई देता है। सुन्दरदास पर तो 'सुन्दर सब उलटी कहै समुझै-सन्त सुजान' कहकर अपने को सामने लाते हैं। यही बात धरनीदास को 'अचरज खयाल' में मिलती है। राजस्थानी में 'हियाली' मराठी में 'भारूड़' बांग्ला में 'बाउल गीत' इसी 'उलट बाँसी' परम्परा के नाम हैं—जिसे मध्यकालीन भारतीय सन्तों ने सघन आध्यात्मिक अर्थ भरकर गाया है।

कबीर उन कवियों की तरह नहीं थे जिनकी कल्पना-कामिनी के आस-पास चौकड़ी भरती रहती है। संघर्ष करता हुआ असंगठित समाज का दर्द उनके रचना-कर्म में भिदा हुआ है। यह कल्पना उस पूरे परिवेश को जज्ब करती है जिसमें अनेक विचारधाराएँ टकराकर कोलाहल कर रही थीं। कबीर के कवि पर 'सन्त-करुणा' की दमक थी। कबीर अपने गुरु रामानन्द का यह कथन भूल न सकते थे कि सांसारिक विपत्तियों से संघर्ष करते हुए उन पर विजय प्राप्त करने वाला सन्त कहला सकता है—'पचि मुहा संसार निकस्या होइ सन्त जन-सूरा।' फलतः कबीर में एक सन्त-योद्धा ने जन्म लिया। इस सन्त-योद्धा ने निष्काम-निर्वैरी सन्त का मॉडल दिया—'निब्बैरी निह-कामता साईं सेती नेह। विषियाँ सून्यारा रहै सन्तनि को अंग एह।' सन्त का ईश्वर प्रेम रूप है और घट-घट व्यापी है। ऐसे घट-घट राम है दुनिया देखै नाहि। गीता में जिसे 'स्थितप्रज्ञ' कहा गया है—कबीर का 'सन्त' उसी का भाव-विस्तार है। यह सन्त-भाव सारग्राही सूर्य की तरह है जो 'थोथा देहि उड़ाय' फिर कबीर भीख माँगने वाले सन्त न थे। स्वयं कमा कर खानेवाली मनःस्थिति से पले-पके थे—स्वाभिमानी ऐसे कि रघुनाथ से भी माँगने में हिचकते थे। उनमें संग्रह का लोभ न था—'मैं भी भूखा ना रहूँ साधु ना भूखा जाय' का गार्हस्थिक तप प्रबल था। यह सन्त-मन इन्द्र को भिखारी समझता है—परम्परागत अर्थ में ही इन्द्र सत्ताकामी है—'राम अमल माना रहै गिणै इन्द्र को रंक।'

सन्त-साधना ने मायावाद का खण्डन किया और ज्ञान के प्रकाशवाद को आदर देते हुए गुरु-महिमा का गायन। गुरु के बिना न लोक-ज्ञान-परम्परा के तत्त्व प्राप्त हो पाते हैं न ब्रह्म ज्ञान। गुरु अपने ज्ञानांजन से शिष्य को देवता बना देता है—'जिन मानुष तें देवता करत न लागी बार।' यही कारण है कि कबीर ने गुरु को 'गोविन्द' से बड़ा

माना। 'भाग बड़े रामानन्द गुरु पाया। जॉ मन मरन का भरम गमाया।' पीछे से स्वयं कबीर-पन्थियों ने कबीर को गुरु बनाकर कब्जा कर लिया और उनकी चिन्तन-धारा की प्रखरता को कुन्द कर दिया। पर कबीर का विचार साफ था कि 'गुरु कुम्हार सिष कुम्भ है—गढ़ि-गढ़ि काढ़ै खोट। भीतर हाथ सहारि दै बाहर-बाहर चोट।' लेकिन कबीर ने अन्धे ज्ञानी अधकचरे गुरु के विषय में सामाजिक को आगाह भी किया है कि जिसका गुरु अन्धा है उसका चेला तो अन्धा होगा ही। अन्धा तो अन्ध ज्ञान से शिष्य के पतन में ही सहायक हो सकता है। सूफ़ियों की साधना में जो गुरु-महिमा का वर्णन है—वही दृष्टि कबीर अपनाते हैं—जायसी ने कहा था—'सैयद अशरफ पीर पियारा, जिन्ह मोहि मन्त्र दीन्ह उजियारा' पीछे से सगुण-धारा के सभी सन्त अपने गुरुओं के प्रति समर्पित रहे हैं। क्यों न रहते ? सन्तों में विवेकवाद की महत्त्व-प्रतिष्ठा इस गुरु-परम्परा से ही हुई। लोक-चिन्तन भी गुरु-महिमा में मग्न रहा है। गुरु-ज्ञान से ही जीवन के सत्य की पहचान मिलती है। मूर्तिपूजा, व्रत, उपवास, तीर्थाटन, परम्परागत शास्त्र, आचार-विचार का रति-भाव, रोजा, चिल्लानेवाले मुल्लाओं की खबर इन सभी के पीछे स्वानुभव तो है ही, गुरु-परम्परा का अनुभव भी बोल रहा है। हिन्दुओं में वैष्णव-शैव एवं शाक्त थे—तथा तीनों की साधनाओं में आपसी झंझट था। लोक-मत वैष्णवों के प्रति घृणा का भाव न रखता था—कारण यह मत प्रेम-अहिंसा-करुणा की त्रिवेणी लिये था, पर शाक्तों की उपासना-पद्धति में मांस-मदिरा-मैथुन का बोलबाला था। इस देहवादी-नारी भोगी उपासना के प्रति लोक मन में गहरी नफरत भरी थी। वही नफरत कबीर के सन्त-मन से बार-बार निकलती दिखाई देती है। यह लोक-भाव ही था जो कहता था—'साषत संगु न कीजिए दूरहि जइए भागि। वासन कारो परसिए, ताऊ कछु लागै दागु।' शाक्त ही काजल की कोठरी है और कर्म में 'साक्त से सूकर भला' है। क्यों भला है शाक्त जो सुअर से भी ज्यादा गन्दगी में जीने वाला है—'पापी पूजा वेसि करि भषे मांस मद दोउ।' इसीलिए वैष्णव जन चण्डाल हो तो भी चलेगा पर शाक्त नहीं—'साक्त बाँभण मत मिलै। बैस्नो मिलै चण्डाल।' या 'वैश्नों की छपरी भली न साकत का गाँव।' वैष्णव-प्रेम पर कबीर का मन गद्‌गद है पर उसके दोषों पर निगाह न हो, ऐसी बात नहीं। ढोंगी पाखण्डी छापा-तिलकधारी ठग वैष्णवों की वे डटकर खबर लेते हैं—''वैस्नों भया तो का भया, बूझा नहीं विवेक। छापातिलक बनाइ करि दग्धा लोक अनेक।'' यह ढोंगी वैष्णव लोक जलाता है और इस लोक-चिन्तन से कबीर बेखबर नहीं रह सकते। यह उनका कवि-स्वभाव है और यह लोक-चिन्ता ही कबीर की काव्य-प्रेरणा है। किसी दिव्य शक्ति की प्रेरणा से कबीर कवि-कर्म में प्रवृत्त नहीं होते। लोक-चिन्ता की पीड़ा का अनुभव ही उन्हें कहने को विवश करता है—उनकी शिराओं में आग दहका देता है—कहे बिना उनसे रहा नहीं जाता। ढोंगी को कबीर माफ नहीं कर सकते हैं। कारण, वह लोक

की आँख में धूल झोंकता है—'माला तो कर में फिरे, जीभ फिरै मुँह माँहि। मनुआँ तौ चहुँ दिसि फिरै यह तौ सुमिरन नाहि।'' 'ध्यान-समाधि' पर कबीर ने बड़ा बल दिया है। यह ध्यान-समाधि स्वयं भगवान बुद्ध लगाते थे और पीछे से उनके शिष्यों में भी इसका आदर रहा। बुद्ध के एक शिष्य ने तो 'ध्यान समाधि' में नींद आ जाने पर अपनी पलकें काट डाली थीं।

मूर्ति में भाव-पूजा का हिन्दू-मानस कबीर की समझ में नहीं आया। यह भी हो सकता है कि मूर्ति-पूजा ढोंगियों का बहाना-ठिकाना बन गयी हो। पत्थर में भगवान को पानेवाला हिन्दू-मानस जड़-चेतन से तदाकार रहा। इस बारीक बात को न समझने के कारण ही कहा, 'पत्थर पूजे हरि मिले तो मैं पूजूँ पहार।' हिन्दू-भगवान की भाव-पूजा से चित्रकला, मूर्तिकला का इतना अधिक विकास हुआ है कि बता पाना सम्भव नहीं है। बौद्धों में पहले तो मूर्तिपूजा का विरोध हुआ पर पीछे से मूर्ति-पूजा चल ही पड़ी। शायद ही संसार में गौतम बुद्ध से ज्यादा कोई व्यक्ति चित्र-मूर्ति में उतरा हो। कबीर तो विद्रोही भाव से तीर्थस्थान, जप-तप, सन्ध्या-गायत्री का विरोध करते रहे। और कबीर के काव्य का यह पक्ष बहुतों को क्रान्तिकारी भी दिखाई देता है। वस्तुत कैसे 'परम्परा' गति खोकर 'रूढ़ि' बन जाती है और कैसे रूढ़ि मानव को तोड़ती है—सामाजिक-चेतना का यह पक्ष ही कबीर में सक्रिय मानना चाहिए। ऐसे ही मुस्लिम-समाज के भीतर प्रचलित सुन्नत, हजु कुरबानी, हलाल आदि पर कबीर ने व्यंग्य किये हैं। वे साफ कहते हैं कि हृदय को शुद्ध किये बिना हज को जाना व्यर्थ है। चित्त की शुद्ध अवस्था पर सन्त कबीर हिन्दू-मुसलमान कोई हो, पूरा बल देते रहे हैं। 'शेष सबूरी बाहिरा क्या हज काबे जाइ। जाका दिल सावत नहीं ताको कहाँ खुदाइ।' ईश्वर घट-घट व्यापी है—मुल्ला मुनारे क्या चढ़हि साँइ न बहरा होय। जा कारन तूँ बाँग देहि दिल के भीतर सोय।'' पीर मुल्लावाद-पुरोहितवाद पर कहीं भी मौका मिले भर कबीर चोट करने से नहीं चूकते। 'हज काबे ह्वै ह्वै गया—केती बार कबीर'। सच्चा मानव वही है तो हर ढोंग को छोड़ दे—और खुले मन से मानव को हृदय से लगा ले। परनिन्दा, असत्य, वासना, परनारी-भोग, काम-क्रोध, लोभ, मोह, कपट को छोड़कर परोपकार सहिष्णुता, अहिंसा की ओर जाना ही जीवन की सच्ची दिशा है। संसार को ज्ञान से जीना ही जीना है। इसे ही 'ज्ञानी भुगते ज्ञान करि मूरख भुगतै रोय।' सत्कर्म करो कुकर्म से बचो यह सन्त ज्ञान-चरखा' कबीर निरन्तर चलाते है—'जुआ, चोरी, मुखबिरी, व्याज, घूस पर नार। जो चाहे दीदार को ऐसी वस्तु निवार।'' ऐसा लगता कि ऊपर बताई गयी बुराइयों से कबीर का युग भरा पड़ा था। आज भी हमारा समाज कबीर के युग से कम बेहाल नहीं है—ज्यादा ही है। बौद्धों के 'मध्यम प्रतिपदा' सिद्धान्त का कबीर के मन में आदर है और धैर्य की शक्ति में निष्ठा। वे मानव की कथनी और करनी को एक देखना चाहते हैं। 'कथनी मीठी खाँड-

सी, करनी विष की लोय। कथनी तजि करनी करै बिष ते अमृत होय।' वास्तव में, कबीर एक ऐसे मनुष्य के निर्माण का मॉडल समाज के सामने रख रहे थे, जो समाज को विकृतियों-विभीषिकाओं से मुक्त कर नया समाज निर्मित कर सके।

आज भी हमें कबीर की प्रासंगिकता पर विचार करते हुए बौद्ध-वैष्णव सन्दर्भों पर गहराई से ध्यान देने की जरूरत है। इन दोनों साधना पद्धतियों की लोक-जागरण चेतना से कबीर ने बहुत कुछ अपने चिन्तन में आत्मसात किया है। यह सच है कि बौद्ध-वैष्णव चिन्तन धुरी एक-दूसरे की पूरक रही हैं—उसी प्रकार पूरक जैसे योग और भक्ति-परम्पराएँ एक-दूसरे की पूरक रही हैं। बौद्ध साधना के भीतर पनपने वाली ध्यान साधना जिसके 'ध्यान-सम्प्रदाय' ने चिन्तन का एक नया तेज ही धारण किया और 'नाम-साधना' की महत्ता-महिमा स्थापित की। स्वयं बुद्ध ने ध्यान पर बड़ा बल दिया और कहा, 'भिक्षुओ, ध्यान करो, प्रमाद मत करो।' उनके शिष्य एकान्त में जाकर ध्यान करते थे। बौद्ध त्रिपिटक चार तरह के ध्यानों की चर्चा करते हैं। महायान सूत्रों का मत साक्षी है कि बुद्ध शाक्यमुनि ने ही 'नाम' का चिन्तन-पक्ष स्थापित किया। यह बात 'सुखावती व्यूह सूत्र' तथा 'अमितायुर्ध्यान सूत्र' में साफ ढंग से कही गयी है। यहाँ शाक्यमुनि बौद्ध राजा बिम्बिसार की विपत्तिग्रस्त असहाय पत्नी वैदेही को 'नाम' जप का उपदेश देते हैं। वास्तव में, जिसे 'एकयान' 'बुद्धयान' 'स्थविरवाद' 'श्रावकयान' कहा गया है—वही 'हीनयान' कहलाता है—'हीनयान' में अर्हत् होना ही जीवन का परम लक्ष्य है—अर्हत अर्थात् सब क्लेषों-काषायों से मुक्ति एवं चित्त की निर्मलता से विमुक्ति प्राप्त करना। यह माना जाता है कि स्थविर लोग ही अर्हत् थे। डॉ. भरतसिंह उपाध्याय ने हीनयान और महायान की तुलना करते हुए एक महत्त्वपूर्ण बात कही है कि अर्हत् 'जन-सम्पर्क अधिक नहीं चाहते थे। उनकी वृत्ति सदा यही रहती थी कि 'साधु निष्कामता, साधु प्रविवेक (एकान्तवास)'। इन्हीं के सम्बन्ध में बाद में कहा गया है कि अर्हत् लोक आत्म-परिनिर्वाण के लिए उद्योग करते थे, दूसरे प्राणियों का हित-साधन नहीं करते थे। यह कहना सर्वांश में ठीक नहीं था। अब सब प्राणियों के हित का संकल्प लेकर जो साधना वेग से बौद्ध-धर्म में आयी, वह बाद में 'महायान' कहलायी। अर्हत् होना उतना जीवन का लक्ष्य नहीं था, जितना कि बोधिसत्त्व होना अर्थात् सब सत्त्वों के हित के लिए कार्य करना। यहाँ यह लक्षणीय है कि बोधिसत्त्व भिक्षु और गृहस्थ दोनों ही हो सकते हैं।'' इस दृष्टि से कबीर एक पहुँचे हुए बोधिसत्त्व दिखाई दे सकते हैं। उनका पूरा जीवन ही सभी प्राणियों के कल्याण पथ के लिए समर्पित था। 'बोधिसत्त्व' को 'सन्त' का रूप मानकर ही मैं ऐसा कह रहा हूँ।

आचार्य रामचन्द्र शुक्ल ने 'तुलसीदास' नामक पुस्तक में पूरे बौद्ध-चिन्तन के परिप्रेक्ष्य को गलत समझने के कारण यह टिप्पणी की है कि कबीर आदि निर्गुणियाँ

सन्त लोक-विरोधी थे। (पृ. 16, प्र. स. 1923) ऐसी गलती बाबू श्यामसुन्दर दास यह कहकर कर रहे थे कि 'तिस पर कबीरदास जी स्वयं पढ़े-लिखे न थे। उन्होंने जो कुछ कहा है, वह अपनी प्रतिभा और भावुकता के वशीभूत होकर कहा है। उनमें कवित्व उतना नहीं था, जितनी भक्ति और भावुकता थी।' (कबीर-ग्रन्थावली, भूमिका, पृ. 4, 1928) स्वयं अयोध्यासिंह उपाध्याय 'हरिऔध' (कबीर रचनावलि) की 'भूमिका' में कबीर को महान मानते हुए भी उनकी 'कवित्व-शक्ति' से सन्तुष्ट न थे। पहली बार आचार्य हजारी प्रसाद द्विवेदी ने मुक्त-भाव से यह कहने का साहस किया कि हिन्दी साहित्य के हजार वर्षों के इतिहास में कबीर जैसा व्यक्तित्व लेकर कोई लेखक उत्पन्न नहीं हुआ। महिमा में यह व्यक्तित्व केवल एक ही प्रतिद्वन्द्वी जानता है 'तुलसीदास।' (कबीर, पृ. 222) आचार्य द्विवेदी का ध्यान भी कबीर पर शान्ति निकेतन पहुँचने पर ही गया। वहाँ रवीन्द्रनाथ की प्रेरणा से आचार्य क्षिति मोहन सेन कबीर की ओर प्रवृत्त हुए तथा कबीर-वाणी का संग्रह चार भागों में 1910 में करवा चुके थे। स्वयं रवीन्द्र ने कबीर के सौ पदों का अंग्रेजी अनुवाद अण्डरहिल की भूमिका के साथ 'वन हण्ड्रेड पोएम्स ऑफ कबीर' (1914, लन्दन) प्रकाशित करवाया था। ऐसी स्थिति में आचार्य द्विवेदी को कबीर सम्बन्धी मानसिकता के अन्तःसूत्र स्पष्ट हैं। बांग्ला की 'बाउल' परम्परा ने भी आचार्य द्विवेदी को कबीर पर नये ढंग से सोचने का मौका दिया। उन्होंने कबीर को 'समाज-सुधारक', 'हिन्दू-मुसलमान समन्वय-साधक' न कहकर 'क्रान्तिकारी' कहा। कबीर की क्रान्तिकारिता का क्षेत्र सत्ता-सुलतान न था। सामन्तवाद-पुरोहितवाद का दमन-चक्र था। जाति-व्यवस्था का क्रूर सामाजिक-धार्मिक ढाँचा था। इस ढाँचे को तोड़ने के लिए लोक-शक्तियाँ उठ रही थीं। उन्हीं लोक-शक्तियों की ताकत से कबीर दलित-उपेक्षित जनजन की बात कह सके। ठीक से देखा जाए तो यह 'क्रान्तिकारी चिन्तन के बीज-भाव कबीर को बौद्ध-धर्म से ही मिले थे जिनकी पुष्टि सिद्धों-नाथों-वैष्णवों के चिन्तन से होती थी। इसलिए बौद्ध-चिन्तन-परम्परा की क्रान्ति-चेतना पर ध्यान देना अपेक्षित है।''

बुद्ध के उपासक शिष्य विमल कीर्ति ने जाति-पाँति के साँचे को तोड़कर सर्वसाधारण के लिए महायान मार्ग खोल दिया। 'बुद्ध धर्म के क्षेत्र में यह एक क्रान्तिकारी कदम था। और इसके अनेक महत्त्वपूर्ण फलितार्थ हुए। बुद्ध-धर्म में सुखावती-पन्थ ने सुगम-सहज मार्ग खोलकर जाति-प्रथा के दृढ़ ढाँचे को चरमरा दिया। मूढ़, अज्ञानी, अशिक्षितों को अपनी ओर आकृष्ट किया और लोक ने महाकरुणा कर त्राता के रूप में उसे ग्रहण किया। इसीलिए सुखावती-पन्थ बौद्ध-धर्म का भक्ति-मार्ग बना है कि उसने क्रूर सामाजिक-व्यवस्था के सत्तावादी तन्त्र को नकार दिया। और 'आगम' परम्परा में प्राण फूँक दिये। बुद्ध को महायान ने 'लोक-पिता' के रूप में याद किया। पिता ने कहा, ''आत्मदीपो होओ—आत्मशरण।'' किसी अन्य के

बहकावे में आने की जरूरत नहीं है। नाम-भक्ति से ही नामी को पाया जा सकता है। 'ध्यान' वाले धमाके से बोलते थे, नाम भक्ति वाले विनय के साथ ही चलते थे। नाम वाले 'नेम्बुत्सु' अर्थात् बुद्ध-नाम-जप पर ही पूरी ताकत लगाये थे। 'नमो अमिताभाय बुद्धाय' मानव-धर्म की बुद्ध के माध्यम से निरन्तर स्मृति है। ध्यान में उच्चतर आध्यात्मिक-साधना का सुख है पर 'नाम' में जय ध्यान का सन्तोष। कबीर इस पूरी ध्यान-नाम-परम्परा के प्रभाव में आकर ही कहते हैं कि—'सुमिरन मन की प्रीति है।' या 'राम सुमिरि पछतायेगा'। 'सुमिरन' ही 'ध्यान' की भाव-साधना भूमि हैं। लोक में यह 'नाम-ध्यान इतना भिद गया है कि लोक-देवता शिवजी मन्त्र के रूप में निरन्तर 'राम-नाम' का जाप करते हैं—'महामन्त्र जेहि जपत महेसू' तुलसीदास के लोमश ऋषि ने काकभुशुण्डि को 'राम-नाम' को एक 'मन्त्र' के रूप में दिया है—'हरषित राममन्त्र तव दीन्हा।' कबीर और तुलसी दोनों ने 'मन्त्र' के रूप में 'नाम' जप को लेकर विशुद्ध भक्तिमार्ग का भाव-प्रसार लोकसंवेदना में किया है। विशुद्ध भक्ति-मार्ग में 'नाम' ध्यान-साधना कम 'मन की प्रीति' अधिक है। नाम-ध्यान को लेकर यही 'मन्त्रयान' और 'भक्ति-पन्थ' में मूल पार्थक्य है। एक—'मन्त्रयान में 'नाम' से ध्यान सिद्धि पर बल है। हाँ, नाम-स्मरण में भक्ति-पन्थ की शरणागति का भाव 'कबिरा कूता राम का मुनिया मेरा नाम' का यही भाव सौन्दर्य है। दरअसल, ध्यान तो 'समाधि' एवं प्रज्ञा का मार्ग है—कठिन है पर 'नाम' कीर्तन-स्मरण का सहज-मार्ग। निर्बलों-दलितों-दरिद्रों को तो 'नाम' का ही सहारा है—कबीर ने कहा है कि 'विष्णु नावै नाही कोई ठाऊँ।' अर्थात् विष्णु के नाम जप के बिना प्राणी को कहीं ठौर नहीं है। फलत: कबीर आगे बढ़कर कहते हैं कि 'नाम' ही मेरी खेती है, घर है, बल है, भरोसा है, पूँजी है, विद्या-माया है—निर्धन का धन है—'नाउँ मेरी खेती, नाउँ मैरै बाट। नाउँ मैरै माया, नाउँ मेरी पूँजी। नाउँ मैरै निरधन जूँ निधि पायी।' पूरा भक्ति-काव्य इसी-नाम महिमा का भावग्राही काव्य है। 'नाम' की कृपा से तुलसी कहते हैं—'पाषाण जैसे तर जाते हैं—'सुनियत सेतु पयोधि पखाननि करि कपि कटक तर्‌यो।' नाम रूपी नाव में भारी पत्थर रख दिया जाए तो भी नाव पार ले जाती है—'अर्थात् सभी पापी तर जाते हैं।'

दिलचस्प बात यह है कि हिन्दी भक्ति-काव्य के सभी कवियों ने नाम को नौका जाहिर तौर पर कहा है। कबीर ने तो 'राम नाम नौका गह्या' है—जिसमें डूबने का खतरा नहीं है। यह भावनात्मक 'नाम जहाज है' में है और यही तुलसी में 'राम निज नावरे के कथन में है। सर्व प्रथम 'नाम' महिमा का जो मूल हमें बौद्ध-धर्म में मिलता है—वह कैसे भक्तिकाव्य की संचित शक्ति बनता है, यह 'जानना' कबीर-तुलसी की लोक ज्ञान-परम्परा का सीधा बोध है। कारण शाक्यमुनि बुद्ध का ही यह संकल्प था कि मैं अपनी धर्म-नाव में बैठाकर मनुष्यों को तारूँगा।'' 'महाजनं संसारसागराद्

उतारेत्वा' का अर्थ—'सभी प्राणियों को पार उतारूँगा' का ही भाव है।

कबीर ही नहीं, तुलसीदास जैसे ज्ञानी-भक्त भी बार-बार 'राम-नाम' की रट लगाते हैं—'कीर ज्यों नाम रटे तुलसी सो कहे जग जानकी नाथ पढ़ायो।' यही संकल्प नानक में व्याप्त है—'ठाकुर तुम शरणाई आया। तुम अपना नाम जमाया।' 'नामी' या ठाकुर ही भक्त को 'नाम' जपने की प्रेरणा देता है। यहाँ कबीर, नानक, तुलसी सभी सन्तों में श्रद्धा एवं विश्वास का एक अद्‌भुत अपूर्व भाव विद्यमान है—विश्वास न हो तो श्रद्धा का 'नाम-व्रत' ही खण्डित हो जाता है। तुलसी ने इसी सत्य को जानकर श्रद्धा और विश्वास के रूप में शिव-पार्वती की स्तुति की है—'भवानीशंकरौ वन्दे श्रद्धाविश्वासरूपिणौ। याभ्यां बिना न पश्यन्ति सिद्धाः स्वान्तःस्थमीश्वरम्।' कारण, श्रद्धा का पर्यवसान प्रज्ञा में होता है और प्रज्ञा शक्ति ही 'नाम शक्ति' धारण करती है। पूरे भक्ति-काव्य की भाव-संवेदना का यही अन्तः सूत्र है कि 'श्रद्धा बिना धरमु नहि होई' तथा 'बिनु विश्वास भगति नहिं।' नाम में विश्वास रहने पर ही भक्ति-व्रत-उपासना, विरुद पूरा हो सकता है—इस सिद्धान्त में कबीर जीवन भर रमे रहे। समझने-ध्यान देने की बात है कि कबीर पर 'आध्यात्मिकता का रंग तुलसी से कम नहीं है, किन्तु इस पक्ष को सामाजिक-धार्मिक सन्दर्भों में समझने की ओर प्रगतिशीलों ने ध्यान कम दिया है। क्यों कम दिया है? प्रगतिशीलों का लगता है कि आध्यात्मिक रंग की चर्चा से कबीर की प्रगतिशीलता बाधित होती है। जबकि यह प्रगतिशीलों का सच्चा बुद्धि-भ्रम है। कबीर की आध्यात्मिकता में शास्त्र जड़ता नहीं है—लोक भाव-भूमि का प्रकृत अध्यात्म भाव है और यह अध्यात्म तत्त्व भी भारतीय जनता का रूढ़ क्रान्तिकारी पक्ष नहीं है—लोक-चित्त-वृत्ति का समाधि भाव है—भावनात्मक-धर्म का समष्टिवाद यही है।

कबीर पूरा जोर देकर कहते रहे हैं कि राम-रसायन पीने वाला प्राणी ही 'राम-धाम' को जाएगा। राम-नाम ही ततसार है—कहनेवाले कबीर ने लोक-भाव में छोड़ा क्या? वे करते रहे दशरथ पुत्र राम का निषेध और कहते रहे—'सिरजनहार न व्याही सीता' पर पूरी राम-कथा कबीर के हृदय में प्रवाहित है। उनका काव्य राम-कथा के मिथकों-प्रतीकों का भण्डार प्रतीत होता है। रामानन्दी वैष्णव परम्परा की कबीर पर यही सच्ची विजय है। अनाम-अरूप-निर्गुण, निराकार, निरंजन होते हुए भी वह ब्रह्म प्रेम-राग वश 'निर्गुण नाम जपाया' का उद्‌घोष बनता है। कभी-कभार तो तुलसी भी 'राम' को 'निरंजन' कह जाते हैं—'नाम अनेक, अनाम, निरंजन।' यह तात्त्विक 'दृष्टि इतनी संश्लिष्ट एवं गूढ़ होकर भक्ति-काव्य में भिदी हुई है कि 'राम के निर्गुण और सगुण' 'नाम' में भेद कर पाना चुनौती है। भेद है ही नहीं तो भेद हो कैसे? यही अभेदवाद अद्वैतवाद की निर्गुण-सगुण, भक्ति-साधना में तात्त्विक एकता की भूमि है। कबीर कहते भर हैं—'मैं क्या जानूँ राम कूँ नैन न कबहूँ दीठ।' पर कबीर से ज्यादा

राम को जाना भी किसने है?

कबीर पावन-दर्पण समाधि लगाकर 'राम' को हेरते हैं—'ऐसा प्रतीत होता है कि शंकराचार्य का' 'श्वेताश्वतर उपनिषद' का यह वचन प्रत्यक्ष हो गया है कि—'अयं तु परमो धर्मो यद्योगेनात्मदर्शनम्' अर्थात् परम धर्म यही है। (ध्यान) योग के द्वारा आत्म-दर्शन, आत्म-साक्षात्कार, चित्त-पूजा का बिम्ब। संस्कृति के भाव-पुरुष राम को कबीर-तुलसी दोनों ऐसे ही पाते हैं पर पाने का दम्भ नहीं करते। केवल पाकर झूमते रहते हैं। 'मन मस्त भया तौ क्या बोलै' की यही तन्मय अवस्था है।

कबीर सहित हिन्दी के मध्यकालीन सन्तों को यह चिन्ता बराबर रहती है कि प्रभु का 'व्रत' 'जस' 'प्रण' 'विरुद' खण्डित न होने पाए। नानक की प्रसिद्ध काव्य पंक्ति लोक-मुख पर रहती है कि 'प्रभु दी अपना विरद सँभारिया।' तुलसी में 'दीनदयाल विरद संभारी' की पुकार है और सूर में 'कै प्रभु हार मानकर बैठहु कै करहु विरद सही'। उपनिषदों का जो ज्ञान 'गीता' में गाय के थनों से निकलने वाले ताजे दूध की तरह का स्वाद देता है, उसका कारण लोकप्रवाद में निहित है। यह अकारण नहीं कि गीता में देवर्षि नारद हाथ में वीणा लिए हुए विष्णु या नारायण का भजन कर रहे हैं। गीता पर बौद्ध-वैष्णव दोनों दबाव एक साथ सक्रिय हैं और भक्ति-रस की एक नवीन भूमि तैयार होती दिखाई देती है। फिर 'नारद-भक्ति सूत्र' में प्रेम-रूपा अमृत-रूपा भक्ति का निरूपण है। यह मात्र वैष्णव-परम्परा नहीं है—इसमें बौद्धों का प्रदेय कम करके न आँकना चाहिए। महात्मा कबीर की वे 'राम-समाधि' में बौद्ध-वैष्णव दोनों परम्पराओं का अनहद नाद मौजूद है। कबीर तो लम्बे काल तक 'राम-समाधि' में रहने की बात स्वयं कहते हैं—'राम समाधि आज हूँ नहीं छूटी।' 'राम-समाधि' की ऐसी ही चर्चा नरसी मेहता, नानक, रैदास, सुन्दरदास, धरनीदास और दादू में है। समर्थ रामदास के लिए 'समस्ता मधे नाम हे सार आहे' है और कबीर के लिए भी 'राम नाम ततसार है।' पूरे देश में राम-नाम का करण्ट प्रवाहित है। पूरी भारतीय लय राम में तल्लीन है—और कहीं भी न कोई धर्म जाति का झगड़ा है न राम नाम से परहेज। हिन्दू मुसलमान दोनों राम-धुनि गा रहे हैं। आज इसी 'राम-धुनि' को राजनीतिज्ञों ने अपनी विकृतियों से भंग कर दिया है—जिसे फिर से समाज में लाने की जरूरत है। कबीर का यह सन्देश आज भी हमारे लिए सार्थक है। कबीर का ज्ञान-मार्ग, अज्ञान-विकृति-भेदभाव को जलाने की प्रक्रिया है। उसका मूल्य हाई है—मानव मात्र से भेदभाव खोकर प्रेम-मार्ग का अनुसरण। प्रेम-शक्ति में वज्र-विश्वासी कबीर के लिए राम नाम पहरेदार है और ध्यान के बन्द दरवाजे में 'राम-समाधि' अनन्त का अनुभव है। यही अनुभव कबीर में गाता है 'दुलहिन गावहु मंगलाचार। हमारे घर आये हो राजा राम भरतार।' इस राम-भरतार के सामने नवेली दुल्हिन का समर्पण एक बड़ा प्रगाढ़ प्रेमार्थ रखता है।

कबीर में जप के साथ माला का उल्लेख मिलता है। माला या सुमिरिनी का उद्भव भी बौद्ध-धर्म में है। इस सम्बन्ध में डॉ. भरत सिंह उपाध्याय का कहना है कि 'प्रथम शताब्दी ईसवी' में भारत से चीन गये प्रसिद्ध बौद्ध भिक्षु काश्यप मातंग की रचना 'द्वाचत्वारिंशत सूत्र' (बयालीस परिच्छेदों वाला सूत्र) में माला या सुमिरिनी का स्पष्ट उल्लेख है और यहाँ एक ऐसे व्यक्ति का निर्देश किया गया है जो अपनी उँगलियों के बीच माला के मनके फेर रहा है। विश्व के आध्यात्मिक इतिहास में यह माला या जपमाला का प्राचीनतम उल्लेख है।' समय के साथ अभिताभ बुद्ध की भक्ति मध्य एशिया और ईरान में फैली। खोतन नगर में तो ईसाई, मानी-पन्थी, जरथुस्त्री और बौद्ध-धर्म के अनुयायी प्रेमपूर्वक साथ-साथ रहे भी। यहीं पर इस्लाम का बौद्ध-धर्म से संगम हुआ और इस्लाम के माननेवालों ने भी अल्लाह के नाम पर माला पर जप करने की प्रेरणा प्राप्त की। स्वयं इन्साइक्लोपीडिया ऑव रिलीजन ऐण्ड एथिक्स—जिल्द दसवीं में कहा गया है कि इस्लाम ने माला का उपयोग बौद्ध-धर्म से जाना है। फलतः ईरान का सूफ़ीमत भी माला के प्रभाव में आया। भारत में मुईनुद्दीन चिश्ती हों या निजामुद्दीन औलिया—कोई सूफ़ी-सन्त हो माला पर अल्लाह के नाम का जप करता है। विचित्र बात यह है कि इस्लाम से ही ईसाइयों ने सलीबी युद्धों के दौरान माला को पाया। हिन्दी भक्तिकाव्य के सभी कवि माला पर नाम जप कर रहे हैं। कबीर ने तो आरम्भ में ही माला पर नाम-जप किया। कबीर की माता शिकायत के साथ कहती मिलती है—'जब से माला लई निपूते तब से सुखु न भयो।' हाँ, बाद में कबीर ने माला छोड़कर 'अजपाजाप' किया और तिलक लगानेवाले, झूठा माला जप करने वाले ढोंगियों पर व्यंग्य भी किये। सच्चा सुमिरन एकाग्रचित्त से जप है—'बिनही मुख के जयकरो नाही जीभ डुलावो' या 'मन का मनका फेर' 'साँसों साँसा नाम जप' नाम जप के चार प्रकार हैं—जीभ से जप, ओठों से जप, साँस से जप और मनसा जप। क्या अद्भुत बात है कि चारों के विषय में कबीर का गहन ज्ञान है। वे तो कभी नाम सुरति के चरखे को बन्द ही नहीं होने देते—'चरखा चलै सुरति विरहिन का।' स्मृति के या सुरति के सातत्य पर उनका बल है कि उसका धागा मत टूटने दो—'धागा ज्यूँ टूटैत्यू जोरि।' राममय रहने की कबीर बात दुहराते थकते नहीं हैं 'राम कहे भल होइगा नहितर भला न होय।' कबीर में राम-सिद्धान्त नहीं है—'आचरण है—अनुभव है, लोक ज्ञान प्रकाश है। राम नाम जपकर ही वे लोक से कह पाते हैं—'यह पद तौ निरबाना है।''

आज के मनुष्य के लिए कबीर और तुलसी दोनों ही कठिन पड़ते हैं। पश्चिमवादी, उपभोक्तावादी संस्कृति के पतनशील युग में कबीर 'जानने-पढ़ने' की चीज रह गये हैं। उनकी 'काव्य-वस्तु' का मूल्य इसलिए घट गया है कि वे तप, त्याग, करुणा की बात करते हैं। आज के आदमी में तप का जल सूख गया है—कबीर

उसका कैसे भला कर सकते हैं। आज भारतीय जन का मन पशिचमवादी संस्कृति में इस ढंग से बदल रहे है कि पूरी सन्त-परम्परा के ही निरर्थक हो जाने का खतरा सामने है। राजनीति में पनपती मूल्यान्धता ने गाँधी और मार्क्स को ही निगलकर व्यर्थ कर दिया है— कबीर तो एकदम भँवर में पड़ गये हैं। वे तो निर्भय हैं—'राम सुमिरि निरभय भया' और उनकी क्रान्तिकारिता में 'राम-रसायन' की बात बहुत है। जीवन के अनेक रसायनों में यही रसायन कबीर को भाता है—''सबै रसाइण मैं पिया हरि सा और न कोय।'' यही 'राम-रसायन' हनुमान ने पिया है। कबीर को संसार के रोग बहुत कष्ट देते हैं—पर 'न कोई वैद बुलाऊँ' की हठ किये बैठे हैं—'पूरन पुरुष मिलै अविनाशी, वाही को नबज दिखाऊँ।' पर आज के युग में कबीर के 'पूरन-पुरुष-अविनाशी' को पूछता कौन है? कबीर को पहचानना और अद्वैत-भाव-चिन्तन से पहचानना तो आज और भी कठिन है—'राम कबीरा एक भये हैं कोई ना सकै पहिचानी' फिर कबीर में 'वाक्-संयम' का उपदेश है—'ऐसी बानी बोलिए मन का आपा खोय। औरन को शीतल करै, आपहु शीतल होय।' आज-शीतल बानी की बात स्वप्न-कथा-सी लगती है। प्रेम शब्द असार पर कबीर के लिए प्रेम ही जीवन सर्वस्व सार है। 'जिहि घट प्रीति न प्रेमरस पुनि रसना नहि राम। ते नर या संसार में उपजि भए बेकाम।' कबीर का लोकानुभव कहता है कि भोगवाद से चित्त को हटाने में ही जीवन की प्रगति है, ''नाना भोजन स्वादि सुख नारी सेती रंग। बेगि छाँड़ि पछिताइगा ह्वै है मूरति भंग।'' कबीर का उपदेश आदेश यही है न—'मन के मते न चालिए, छाड़ि जीव की वाणि।' मन को मार कर राम भजन करना ही जीव-धर्म है। मेरा मन सुमिरै राम कूँ मेरा मन रामहि आहि।' कबीर का सुमिरण-भाव भी कायर का कर्म नहीं है, सूरमा की शक्ति है—'सुरति संमणी निरति मैं अजपा माहै जाप।' माया मोह से छूटकर कबीर गगन मण्डल आसण किया काल लिया सिर कूट है' ब्रह्म-प्रेमासक्ति में तन्मय रहते हैं—उनकी भक्ति में अद्वैत का अमृत भरा है—''नैन रमइया रमि रहा-दूजा कहाँ समाय।'' राम ही कबीर के माता-पिता, रक्षक हैं—'बाप राम सुनि बिनती मोरी' या 'हरिजननी मैं बालक तोरा।' या 'कबीर तूँ काहे डरै सिर पर हरि का हाथ'। जाहिर है कि कबीर को ब्रह्म पर पूरा भरोसा है। आज के आस्थाहीन मानव को कबीर मरुस्थल में भटकने से बचा सकते हैं। कबीर का स्वामी गरीब-निवाज है और 'तीन लोक की जानै पीर'।

कबीर काव्य का मर्म इस बात में छिपा है कि आत्मा और परमात्मा दोनों ही एक हैं—'हरि मरिहैं तो हमहूँ मरिहैं। हरि ना मरै हम काहे कूँ मरिहैं।' पूरा वेदान्त-दर्शन कबीर ने वाचिक परम्परा से पाया है—पर 'माया' के लिए कबीर की अपनी सन्तदृष्टि है—'कबिरा माया पापिणी हरि सूँ करै हराम।' कबीर दर्शन का अन्धानुकरण नहीं करते चाहे अद्वैतवाद हो या बौद्ध-दर्शन। वे उसे अनुभव की कसौटी पर कसते

हैं—इसीलिए कबीर के रहस्यवाद की सभी दार्शनिक -धार्मिक व्याख्याएँ व्यर्थ हैं। कबीर के लिए रहस्यवाद न तो सिद्धान्त है न वाद है—वह एक आध्यात्मिक परम्परा की लोक स्मृति है—अपरोक्ष सत्ता का संकेत है। राम-विरह में कबीर पागल हैं और राम-मिलन में उल्लास से मस्त।

कबीर के काल में जरायमपेशा जातियों के साथ बड़ा अत्याचार होता था। गुलामों का व्यापार होता था। वे बेचे जाते थे। समय का यह दर्दनाक इतिहास उनकी इस पंक्ति में बोलता है—'मैं गुलाम मोहि बेचि गुसाई।' गुलामों-पशुओं की तरह पकड़कर बेचे जाने की चर्चा तुलसी भी करते हैं—पर कबीर में यह चर्चा एकदम सीधी और साफ है। लोक में हिलनेवाले हर पत्ते पर कबीर की नजर थी। वे अध्यात्म-रस पीकर एकान्त में झूलने वाले सन्त न थे। गृहस्थ सन्त थे और गृहस्थ तप के ताप से पके थे। इसलिए उनके रचनाकर्म का प्रत्येक उदाहरण गृहस्थों के बीच से निकलकर आता है। गृहस्थानुभव की सच्चाई को जानने के कारण ही कबीर झूठी धार्मिक क्रियाओं के विरोधी हैं। हिन्दू देवों-द्विजों की पूजा करते हैं—मन्दिर जाते हैं, गंगा-स्नान करते हैं—एकादशी का व्रत रखते हैं—पूर्व दिशा को महत्त्व देते हैं। मुसलमान रोजा रखे हैं, पश्चिम को मुँह करके नमाज पढ़ते हैं। इस प्रकार दोनों की उपासना-पद्धतियों पर कबीर की निगाह है—'ब्रह्मन गियास कराई चन्द्र बीसा काजी यह रमजाना। ग्यारह-माह पास के राखे एकै माहि निधाना।' कबीर ने अपने समय में प्रचलित सभी साधनाओं, उपासना-पद्धतियों पर ध्यान दिया और पाया कि उपासना पद्धतियों को जीने वाले व्यक्ति एक-दूसरे के खिलाफ हैं। खूब-सोचकर कबीर ने धर्मशास्त्रों को भटकाने वाला कहा और वर्ण-व्यवस्था तथा अवतारवाद पर प्रहार किये। तीर्थों में जाकर-स्नान करने से मुक्ति, पिण्डदान से पितरों का तर्पण की यह कहकर खिल्ली उड़ायी कि जिस पिता को जीवित रहते भूखों मार डाला, मरने पर उसे पिण्डदान देने में क्या लाभ। ऐसे ही शैवों की जटा बढ़ाने की, योगियों के 'डण्डा' 'मुद्रा' आधारी आसन-प्राणयाम की निन्दा की तथा जैन मतावलम्बी श्रावकों और लुंचितों की खिल्ली उड़ायी। विशेष बात यह है कि कबीर जितने विस्तार से हिन्दू परम्पराओं-साधनाओं-मतों-सम्प्रदायों की चर्चा करते हैं, उतने विस्तार से मुसलमानों की नहीं। इस्लाम-धर्म के मानने वालों को 'तुर्क' ही नहीं कहते, वे काजी, मुल्ला, शेख पर करारी चोट करते हैं।

काजी के हिन्दू-मुस्लिम भेदभाव पर कहते हैं—'काजी कौन कतेव बषानै। पढ़त-पढ़त केते दिन बीते, गति एकै नहि जानै।' कबीर का मन एक स्वच्छ समाज बनाने का है—एक ऐसा समाज जिसमें जाति-धर्म-वर्ग आदि का छोटा-बड़ापन न हो। झूठा आडम्बर न हो। यह संसार झूठी माया से पट गया है—असार है—'यह संसार झाड़ और झाँखर आग लगे बरि जाना है। कहत कबीर सुनो भाई साधो सतगुरु नाम ठिकाना है।' ध्यान में रखना होगा कि संसार को असार कहने वाले कबीर जीव

को कर्म-विमुख रहने का उपदेश नहीं देते। जगाते हैं—सुलाते नहीं हैं—'कबिरा गर्व न कीजिए काल गहे कर केस। को जानै कित मारिहै का घर का परदेस।' कहना न होगा कि कबीर का यह पूरा चिन्तन बौद्ध-वैष्णव-इस्लाम-जैन-परम्पराओं का निचोड़ है। सिद्धान्त रूप में वे योग-दर्शन की बहुत-सी बातें मानते हैं। इतना ही नहीं, उनके भक्तिकाव्य में हठयोग, मन्त्रयोग, लय योग, राजयोग और सहज योग की निरन्तर साधना और अनुभूति के स्तर पर विकास हुआ है। पर इस विकास का वैशिष्ट्य यह है कि वह कठिनता से सहजता की ओर बढ़ा है और यही लोक-हितकारी सच्ची सन्त-दृष्टि भी है। सन्तों ने चित्त शुद्धि एवं चित्त की समग्रता पर बड़ा बल दिया है। चित्त की वृत्तियाँ पाँच प्रकार की हैं—प्रमाण, विपर्यय, विकल्प, निन्द्रा और स्मृति। चित्त की इन वृत्तियों को रोकना ही योग है। पर योग में हठयोग कठिन साधना है। इसीलिए हठयोग को 'उलटी साधना' या 'नाथयोग' नाम भी लोक ने ही दिया है। क्योंकि इनमें मन की अधोमुखी वृत्तियों को उलटी साधना से ऊर्ध्वमुखी किया जाता है। नाथ-पन्थ की पूरी साधना-पद्धति हठयोग है और हठयोगी सिद्धि की आकांक्षा में जीता है। इड़ा और पिंगला नाड़ियों को रोककर हठयोगी सुषुम्ना मार्ग से प्राणवायु को संचारित करने का मार्ग अपनाता है, यही हठयोग है। 'षट्चक्रं षोडशाधारं द्विलक्ष्यं व्योमपंचकम्। स्वदेहे ये न जानन्ति कथं सिद्ध्यन्ति योगिनः। (गोरक्ष-पद्धति, पृ.12) गोरक्ष-पद्धति हठयोग में 'खेचरी मुद्रा' का महत्त्व बखान करती थकती नहीं। कबीर के कवि-कर्म के साक्षात्कार से साफ प्रतीत होता है कि वे हठयोग साधना की ओर दीर्घकाल तक प्रवृत्त रहे। वास्तव में, यह युग ही शैव और नाथपन्थी साधकों की साधना से भरा पड़ा था—'ससि हरि सूर-मिलावा तब अनहद बेन बजावा। जब अनहद बाजा बाजे तब साँई संग विराजै।' रूपक बाँधकर यही बात वे हजार बार कहते हैं—'अरधउरध की गंगा जमुना, मूल कमल की घाट। षट्चक्र की गागरी, त्रिवेणी संगम बाट।' कबीर ने हठयोग साधना के सभी प्रतीक-मिथक-बिम्ब लोक-जीवन से लिये हैं—और लोक-भाषा में ही योग की समस्त पारिभाषिक शब्दावली को प्रस्तुत कर दिया है। एक उदाहरण लीजिए। 'अवधू गगन मण्डल घर कीजै। अमृत झरै सदा सुख उपजै बंक नालि रसपीजै। मूल बाँधि सर गगन समाना सुषुमन मो तन लागी। काम क्रोध दोउ भए पलीता जहाँ जोगिणी जागी। मनवाँ जाई दरीबै बैठा मगन भया रस लागा। कहै कबीर जिय संसा नाही सबद अनहद जागा।'

कबीर के पदों में हठयोग साधना का मस्त-वर्णन रूपकों में खिला मिला है—यही हरी हरारत है जो कभी नहीं उतरती है 'अवधू मेरा मन मतवारा।' उन्मनि चढ़ा गगन रस पीवे त्रिभुवन भया उजियारा। गुड़ करि ग्यान ध्यान करि महुआ, भव भाठी करि भारा। सुषुमन नारी सहज सयानी, पीवै पीवन हारा।' सूर्य-चन्द्र की भट्ठियों पर जो 'राम-रसायण' तैयार हुआ है—उसे कबीर जैसे सन्तों ने छककर पिया है। अनुभव

ज्ञान से वे हठयोग को छोड़कर सहज-योग की ओर बढ़े और कहा। 'सहजै रहै समाय न कहूँ आवै न जाय।' या 'सहज समाधि सुख में रहिबो कोटि कलप विश्राम।' कबीर ने हिन्दू, बौद्ध, जैन, नाथपन्थी, मुसलमान सभी के लिए, 'सहज समाधि' की बात और 'अवधूत' दर्शन की तुच्छता को उजागर किया। दरअसल, कबीर सहज-साधना और रमैनी में रम गये। उन्हीं की शक्ति से सामन्तवाद और पुरोहितवाद के कबीर ने छक्के छुड़ा दिये। लोक-भूमि पर कबीर पर राम-दर्शन पनपा और बड़ा हुआ। कबीर का राम किसी धर्म, दर्शन-सम्प्रदाय, जाति-वर्ग, देश संस्कृति का राम नहीं है। मानव-मात्र का राम है। इस अविनाशी विश्वपति में विश्व-मानव की मंगल-दृष्टि है। जाहिर है कि कबीर में मात्र खण्डन-मण्डन ही नहीं है—समाधान की गहरी अन्तर्दृष्टि है। किन्तु इस दृष्टि को पश्चिमी आधुनिकतावाद, अस्तित्ववाद, भाववाद, सौन्दर्यवाद से नहीं समझा जा सकता। कारण, इस चिन्तन का मूलाधार सन्त-दर्शन के भक्तिभाव पर केन्द्रित है। यह भक्तिवाद लोक-संस्कृति का अंग है और भारतीय संस्कृति के परिवर्तन की एक व्यापक ध्वनि इसमें मौजूद है। इस लोक-संस्कृति का निर्माण और प्रसार लोक-भाषाओं ने एक साथ मिलकर किया। जिस समय भारत पर अरबों-तुर्कों के हमले हुए—उस समय पुरानी सामन्तवादी व्यवस्था चरमरा रही थी। राजनीतिक एकीकरण कहीं न था। राष्ट्रीय एकता के बिना राष्ट्रीय सुरक्षा सम्भव न थी। अगड़ी जातियाँ पिछड़ी जातियों को वर्ण-व्यवस्था, उपासना-पद्धतियों का कवच ओढ़कर जितना ही सताती थीं, उतना ही समाज कराह-कलप कर विदेशी आक्रान्ताओं के लिए रास्ता साफ करता था। सोचने की बात है कि आखिर क्या बात है कि तुर्क-शासन के मुख्य केन्द्र हिन्दीभाषी प्रदेश थे। हर बाहरी आक्रान्ता मध्यदेश पर अधिकार करने को उतावला रहा और अधिकार के बाद यहीं धर्म-परिवर्तन सबसे अधिक हुआ। ज्यादा धर्म परिवर्तन वहीं हुआ जहाँ बौद्ध-धर्म की हवा थी। बारहवीं शताब्दी से लेकर पन्द्रहवीं शताब्दी तक भारतीय समाज आर्थिक-राजनीतिक परिवर्तन-चक्र में तेजी से गुजरा। नये आर्थिक-सामाजिक विकास के फलस्वरूप सामन्त-विरोधी, मुल्लावाद-पुरोहितवाद-विरोधी चेतना प्रखर हुई। कबीर का पूरा रचना-कर्म इसी चेतना का व्यापक स्तर पर प्रतिनिधित्व करता है। पिछड़ी जातियों ने अपनी व्यथा को कहने के लिए ही मानो कबीर को पैदा किया। लोक-भाषा और लोक-संस्कृति की शक्ति से सम्पन्न होकर कबीर ने शास्त्रों-स्मृति-ग्रन्थों के विरुद्ध अपनी चिन्तन धारा को प्रवाहित किया। कबीर की पूरी कविता अभिजात्यवाद से मुक्ति पाने की संकल्प-शक्ति का प्रमाण है। उनके चिन्तन की दिशा रूढ़िवाद विरोधी और क्रान्तिकारी है।

कबीर और राम के एक होने का अर्थ है—कबीर और लोक (राम) का एक हो जाना। यही लोक-वेद परम्परा है जो परम्परा कबीर के जीवन के भीतर से पैदा

हुई थी—जिसका आधार लोकानुभव है। जाहिर है कि धार्मिक प्रभावों की खोजबीन से कबीर की विषयवस्तु, भाषा-भाव, काव्य-रूप, विचार-दर्शन आदि का पूरा विश्लेषण नहीं किया जा सकता। उसका आधार सामाजिक-सांस्कृतिक ढाँचा है। यह पूरा ढाँचा कमजोर पड़ने से सामन्तवाद और उभरती हुई जन-शक्ति के कारण उसका रूप बदल रहा था। कबीर की भाषा में अवधी-ब्रजी, बुन्देलखण्डी, पंजाबी आदि अनेक बोलियों के शब्द हैं—इसका कारण मात्र कबीर की घुमक्कड़ी सन्त-वृत्ति में ही नहीं है। इसका कारण है जनपदीय सीमाओं का टूटना और व्यापारियों-सन्तों-आचार्यें के द्वारा नये सामाजिक सम्बन्धों का स्थापित होना। आगरा-दिल्ली की बोली बनारस-मगध में सुनाई पड़ती है—पछाँह के व्यापारी पूर्व में और पूर्व के व्यापारी-कारीगर, बुनकर, सैनिक आदि का पछाँह में आना-जाना है। इस आवागमन से खड़ी बोली की सूरत निकल रही है। कबीर के रचना-कर्म का सामाजिक ऐतिहासिक दृष्टि से महत्त्व यही है कि उसमें जनता का प्रेम-भाव और वेदना दोनों का सच्चा निरूपण है। हिन्दू और तुर्क सामन्तों की दुहरी-तिहरी मार सहती हुई दोनों की भावनाओं का निष्कपट-विस्फोट है। कबीर ने जो कविता की है—उसकी विषय-वस्तु न इस्लाम-धर्म है—न हिन्दू-धर्म, न हिन्दू-इस्लाम-धर्म के समन्वय की चेष्टा। उसका मूल लोक-धर्म की चेष्टा है—जनता की जातीय-संस्कृति का निर्माण है। डॉ. रामविलास शर्मा ने ठीक कहा है कि 'समन्वय की बात उदार लगते हुए भी अवैज्ञानिक है, उसका आधार धार्मिक आचार-विचार को संस्कृति समझ बैठना है—उसका आधार यहाँ की जनता के सांस्कृतिक-विकास को कम करके आँकना है। पूर्वी बंगाल के या पश्चिमी पंजाब के या सिन्धु के या अवध के मुसलमान सब बाहर से नहीं आये थे। उनमें से अधिकांश यहीं के थे और धर्म बदलने से उनकी संस्कृति नहीं बदल गयी। (परम्परा का मूल्यांकन—पृ. 51-52) इसी दृष्टि से कबीर या जायसी को 'समन्वय का कवि' न कहकर 'जन संस्कृति' का कवि कहना उचित है। यह जन-संस्कृति अलगाववाद-जातिवाद को समाप्त कर समानतावाद या एक व्यापक समाजवाद की भावना पर पनप रही है या उठ रही है। वर्णों, धर्मों, धार्मिक सम्प्रदायों मत-मतान्तरों, जातियों, कुलों-वंशों, बोलियों में बँटे हुए समाज में यह लोक-संस्कृति यह बीज बो रही है कि सभी का एक-दूसरे से गहरा नाता है—सभी भाई-भाई हैं—सभी को प्रेम से जीना है। सभी मिलजुलकर ही सत्ता और निर्धनता के बीच से जीवन जीने का रास्ता निकाल सकते हैं। एक ऐसा रास्ता जिसमें ऊँच-नीच, हिन्दू-मुसलमान का भेद न हो। भेद को मिटाकर अभेद की ओर बढ़ना ही लोक-संस्कृति के लिए कबीर का पूरा तर्क है।

कबीर के रचना-कर्म को एक 'विचारणीय समाजशास्त्र' का मुद्दा घोषित करते हुए अपनी पुस्तक 'भक्तिकाव्य का समाजशास्त्र' में डॉ. प्रेमशंकर कहते हैं कि 'कबीर मुल्ला, पण्डित दोनों को फटकारते हैं और जातीय सौमनस्य की बेजोड़ मिसाल के

तौर पर उन्हें प्रस्तुत किया जा सकता है। अपने मन्तव्य का आरम्भ वे 'अहं की मुक्ति' से करते हैं क्योंकि उनका विचार है कुछ पोथियाँ पढ़ लेने के कारण इस पुरोहित-वर्ग को यह भ्रम हो गया है कि वह ज्ञान का ठेकेदार है अथवा मुक्तिदाता।' (पृ. 63) कबीर का पूरा रचना-संघर्ष इस पुरोहितवाद के टाट के पलट देने को लेकर है। कबीर के चारों ओर धर्म ही धर्म हैं—हिन्दू धर्म, इस्लाम धर्म। किन्तु कबीर इन दोनों के बीच से कूदकर बाहर आते हैं और उनका पूरा अरमान 'धर्मान्धता' से निबटने का दिखाई देता है—यह अरमान ही अपनी ईमानदारी से हिन्दी-जाति और हिन्दी-कविता का एक नया मिजाज निर्मित करता है। इसे आप 'सेकुलर' मिजाज नहीं कह सकते—'सेकुलर' शब्द यहाँ बहुत छोटा पड़ता है फिर राजनीतिकों ने 'सेक्युलरिज्म' को इतना रौंदा है कि इसमें सँड़ाध उठ गयी है। इसीलिए 'सेक्युलरिज्म' की शब्द-मोहकता से कबीर के सन्दर्भ में जायसी के सन्दर्भ में मैं मुक्त होने की जरूरत महसूस करता हूँ। कबीर या जायसी का 'प्रेम-रसायन' का बीज-भाव बहुत बड़ी चीज है, जिसे पाकर मनुष्यता बड़ी होती है—'परिष्कृत' होती है, उजली होती है।' उदात्त होती है।

क्या यह कम आश्चर्य की बात है कि कबीर अपनी धारणाओं, प्रत्ययों, प्रतीकों, मिथकों, शब्दों से एक ऐसी प्रेम-सृष्टि कर देते हैं जिनमें रहना धर्म-पाश से मुक्त होकर रहना है। धर्म को ललकारती आन्तरिक अनुभूति जहाँ मानव को गति देती है। जहाँ 'सर्वसम्प्रदायवाद' और 'गैर-सम्प्रदाय की धारणाएँ ही झूठी पड़ जाती हैं और लोकभाषा हिन्दी सभी दीवारों को तोड़कर विश्व मानव-दृष्टि का मॉडल पेश करती नजर आती है। कबीर का रचना-कर्म धार्मिक अनुभूति को ठेलकर किनारे कर देता है और प्रेम-रस केन्द्र में आ जाता है। आप इसे भक्ति काव्य-रस भी कह सकते हैं। प्रेम-रस गहरे जाकर कबीर की पूरी संवेदना, काव्यानुभूति की बनावट और मनोभूमिका को एक विराट् मानव-संस्कार में खड़ा कर देता है। कबीर काव्य की लोक-जागरणवादी ध्वनि इसी अर्थ में आज भी प्रांसगिक है कि वह समाज को टूटने के खतरे से बचाकर एकता और बन्धुत्व की भावना में लय कर लेती है। मेलमिलाप वाली बहुरंगी-बहुधर्मी-लोक-संस्कृति का सच्चा भाव भी यही है। अतः ऊँची जातियों के विरुद्ध नीची जातियों का आक्रोश कबीर की मूल विशेषता नहीं है—जैसा कि हिन्दी के बहुत से नामी आलोचक सिद्ध करते रहे हैं। कबीर को भक्ति-आन्दोलन की विराट् सांस्कृतिक-सामाजिक पृष्ठभूमि में ही तार्किकता से समझना होगा।

5

कबीर के मार्फत विचारों का महाभारत

मैं अपनी इस पूरी अन्तर्यात्रा में कबीर का अन्त:पाठ करना चाहता हूँ और डॉ. धर्मवीर के कबीर के नये भाष्य पर विमर्श। यह विमर्श धर्मवीर के कबीर के 'आतंक' से मुक्त होकर ही किया जा सकता है। डॉ. धर्मवीर तो अपना लक्ष्य साधने के लिए योजना बनाकर कबीर-विजय का अश्वमेध करने को निकले हैं। इस कबीर विजय-यात्रा को निकले-धर्मवीर जी की हालत यह है कि 'ब्राह्मण' तथा 'ब्राह्मणवाद' में कोई फर्क स्वीकार करने को तैयार नहीं हैं। भारत के मार्क्सवादियों ने अगड़ों को छरने-कूटने के लिए 'ब्राह्मणवाद' का चक्रव्यूह रचा और इस चक्रव्यूह में दलित करुणा के खरगोश को बिठाकर मानववाद का जाप शुरू किया। मैं इस मार्क्सवादी चिन्तन को 'ब्राह्मणवाद' के नाम पर न तो पूजना चाहता हूँ न आलोचना मुक्ति (क्रिटिकल डिवाइस) की तरह प्रयुक्त करना चाहता हूँ। न इसे मानने की इच्छा है न इसे एक टूल्स (प्रतिमान) की तरह गहने का अरमान। डॉ. धर्मवीर ने 'ब्राह्मणवाद' को एक अस्त्र की तरह चलाकर हिन्दी के ज्यादातर नामी-गरामी आलोचकों की तबीयत झक्क कर दी है। यह सब देखते हुए भी मैं धर्मवीर को 'परिभाषित' नहीं करना चाहता। सामाजिक-राजनीतिक क्षेत्र का सांस्कृतिक-क्षेत्र 'ज्ञान की परम्परा' को परिभाषित करना भी नहीं चाहेगा। परम्परा या परम्पराओं के भीतर ही 'इतिहास' जीता है 'आधुनिकता' फूटती है। और उसी का अगला चरण पोस्ट माडर्निज्म या उत्तर आधुनिकता है।

डॉ. धर्मवीर के इस कथन को मैं कभी स्वीकार नहीं कर पाता हूँ कि "बात यह है कि मैं हिन्दी साहित्य में 'जनवाद', 'आधुनिकता', 'उत्तर-आधुनिकता' के शब्दों को महत्त्व नहीं देता हूँ।" (कबीर के आलोचक भाग-2, भूमिका) इन कथन पर मेरा निवेदन है कि—'आधुनिकता', 'उत्तर-आधनिकता', 'शब्द' नहीं है जैसा कि आपके कथन में हिकारत का भाव है—ये तो आज विश्व-भर में समीक्षा-चिन्तन की 'अवधारणाएँ' हैं। इतनी व्यापक अवधारणाएँ हैं कि उनसे बचनेवाला कुएँ का मेढक कहलाता है। जिसे ज्ञात ही नहीं है कि गतिशील यथार्थ में, चिन्तन में, आइडियालॉजी

में कैसे-कैसे परिवर्तन हो रहे हैं। कैसे 'विचार धाराओं का अन्त' और 'इतिहास के अन्त' की चर्चा-परिचर्चा की जा रही है। और इस चर्चा में क्यों दलित साहित्य और दलित-विमर्श के गर्क हो जाने का खतरा बढ़ गया है। हिन्दी और भारतीय भाषाओं में जो दलित शब्द है उसका परम्परागत अर्थ है गरीब उत्पीड़ित, यातना भोगा हुआ और भोगता हुआ प्राणी। लेकिन आज 'दलित' शब्द को एक भिन्न राजनीतिक अर्थ मिल गया है और यह एक अवधारणा के रूप में उभरकर आया है। इसे अवधारणा के रूप में विकसित करने का श्रेय बाबा साहेब अम्बेडकर को है। यह प्रश्न भी मौजूद है कि व्यापक हिन्दू समाज के साथ दलित कहाँ तक जुड़े हैं और कहाँ तक अलग हैं? राजनीति में दलित-वर्ग की अभिव्यक्ति और अस्मिता का क्या रूप है तथा हिन्दूसमाज की विच्छेदनकारी—विभाजनवादी शक्ति के रूप में इसकी क्या भूमिका है? जाति-प्रथा की जकड़बन्दी से बचने के लिए दलितों ने 'बौद्ध-धर्म' को एक विकल्प के रूप में चुना था। उसकी स्थिति क्या है?

डॉ. धर्मवीर के विचार को 'हिन्दू' अवधारणा के सन्दर्भ में समझना होगा। मध्यकाल में 'हिन्दू' अवधारणा, स्वाधीनता संग्राम के दिनों की 'हिन्दू' अवधारणा तथा स्वाधीनता के बाद की 'हिन्दू' अवधारणा को भारतीय सन्दर्भों में समझना होगा। आज की राजनीति ने 'हिन्दू' शब्द को इतना मैला और घिनौना कर दिया है कि सोचकर पीड़ा होती है। लेकिन हिन्दी-साहित्य के मध्यकाल में 'विशेषकर कबीर के समय में 'हिन्दू' शब्द का अपना अर्थ विस्तार था। 'ना हिन्दू ना मुसलमान' में उसी अर्थ की अनुगूँज है। रवीन्द्रनाथ ने 'भारत वर्ष में इतिहास की धारा' 1912 निबन्ध में जो स्थापनाएँ की थीं, उनका विकास हिन्दी-क्षेत्रों में भी कम नहीं हुआ। आर्य-अनार्य मुद्दों को उठाते हुए कहा, "किसी को यह नहीं समझना चाहिए कि अनार्यों ने हमें कुछ नहीं दिया। वास्तव में प्राचीन द्रविड़ लोग सभ्यता की दृष्टि से हीन नहीं थे। उनके सहयोग से हिन्दू-सभ्यता के रूप में वैचित्र्य और रस-गाम्भीर्य मिला। द्रविड़ तत्त्वज्ञानी नहीं थे। पर उनके पास कल्पना शक्ति थी, वे संगीत और वास्तुकला में निपुण थे। सभी कला-विद्याओं में वे निपुण थे।" इन जातियों की निपुणता की खोज करते हुए रवीन्द्रनाथ एक समय ऐसा आया कि कबीर के पास पहुँच गये। रवीन्द्रनाथ की प्रेरणा से आचार्य क्षिति मोहन सेन ने वाचिक-परम्परा से प्राप्त कबीर के वचनों का संग्रह करके 1910 में चार भागों में उनका सटीक प्रकाशन कराया। स्वयं रवीन्द्रनाथ ने सौ पद चुनकर उनका अंग्रेजी अनुवाद किया तथा एडविन अण्डरहिल की भूमिका के साथ लन्दन से 1914 में 'वन हण्ड्रेड पोयम्स ऑफ कबीर' शीर्षक से प्रकाशित कराया। इस प्रकार आचार्य हजारीप्रसाद द्विवेदी के 'कबीर' की मानसिकता का बीज-वपन हुआ। रवीन्द्र नाथ ने 'भारत वर्ष में इतिहास की धारा' नामक निबन्ध में कहा, "कबीर की जीवनी और रचनाओं में यह स्पष्ट देखा जा सकता है कि उन्होंने भारत

की समस्त बाह्य आवर्जना का अतिक्रमण करते हुए उसके अन्त:करण की श्रेष्ठ सामग्री को ही सत्य-साधना समझकर उपलब्ध किया था। लोकाचार, शास्त्रविधि और अभ्यास के रुद्ध-द्वार पर आघात करके उन्होंने भारत को जगाने का प्रयास किया।'' विद्वानों ने कबीर को नवजागरण के विमर्शकार के रूप में देखा और इस्लाम के आगमन से पूर्व के विशाल जन-समूह को 'हिन्दू' नाम दिया। हिन्दू अर्थात् भारतीय और भारतीय अर्थात् गैर इस्लामी-मत। हिन्दू-धर्म इस्लाम के आने पर ही शास्त्रबद्धता की ओर बढ़ा तथा हिन्दू-समाज में व्याप्त विधि-निषेध की जकड़न से सामान्य जनता तबाह हो गयी। वैरागियों के प्रति आश्रम-भ्रष्ट गृहस्थ मुड़ गये और धर्म-परिवर्तन करके मुसलमान हो गये। उन दिनों 'ना हिन्दू ना मुसलमान' वाले लोग बहुतायत में थे—और वे सामूहिक रूप से इस्लाम कबूल करके ही चैन पा सके। इस प्रकार पुराना हिन्दू-रक्त नये मुसलमान का रूप-धर्म लेकर आया। इसीलिए-विद्वानों का एक वर्ग मानता है कि मध्यकाल के इतिहास का मुख्य अन्तर्विरोध हिन्दू और इस्लाम का संघर्ष है—शास्त्र और लोक का अन्तर्विरोध नहीं। 'हिन्दू' को लेकर रवीन्द्रनाथ तो कहते ही आ रहे थे कि जिसे हम हिन्दू रीति नीति कहते हैं, यह मिश्रित संस्कृति है। संस्कृति से आगे बढ़कर अज्ञेय जी के शब्दों में कहें तो यह संग्राहकता से निर्मित संस्कृति है। 'संस्कृति का चिन्तन करने वाले किसी भी विद्वान के सामने यह बात स्पष्ट होनी चाहिए कि संस्कृतियाँ प्रभाव ग्रहण करती हैं, अपने अनुभव को समृद्धतर बनाती हैं, लेकिन यह प्रक्रिया मिश्रण की नहीं है। संस्कार नाम ही इस बात को स्पष्ट कर देता है।' (स्मृति-लेखा, पृ. 118)। इसलिए जिसे आज हिन्दू-संस्कृति कहते हैं—उसमें न जाने कितनी परम्पराएँ हैं—कितने मत हैं—कितनी देशी-विदेशी जातियाँ हैं। हिन्दू-संस्कृति की जातियों के इस लम्बे परिदृश्य की खोज-बीन किये बिना न हम कबीर को समझ सकते हैं न तुलसी को। हिन्दू-मुसलमान परम्पराओं की जटिलताओं पर विचार किये बगैर धर्मवीर जी ने 'कबीर के आलोचक' को समझाने का जो हौसला दिखाया है—वह सराहना का पात्र होते हुए भी 'चिन्ताजनक है और आशंका का दीप अँधेरे में जलकर ही बुझ जाता है, दृष्टि की एकांगिता का शिकार हो जाता है और साहित्य में अखण्ड दृष्टि को विच्छिन्न करते हुए खण्ड-दृष्टि का दोषी।'

धर्मवीर जी ने 'कबीर के आलोचक' की 'भूमिका' में संकेत दिया था और आज उस संकेत को बहुत गम्भीरता से ग्रहण करने की जरूरत है। वे कबीर को लेकर कई मंजिलें चढ़ चुके हैं और अभी थमे नहीं हैं। यह उनके जीवट का तो प्रमाण है—उस आग का भी प्रणाम है, जिसे कबीर ने उनमें सुलगाया है। उन्होंने लिखा था—''यह पुस्तक कबीर पर मेरी बड़ी योजना का हिस्सा है। इसमें मैंने कबीर के ब्राह्मणवादी समीक्षकों को समझना चाहा है। इसमें पता चलता है कि ब्राह्मणवादी समीक्षकों ने कबीर के दर्शन और सामाजिक सन्देश के प्रति तनिक भी सम्मान नहीं बरता। उन्होंने

कबीर को नहीं कबीर के भीतर रामानन्द ब्राह्मण को बैठाकर उसकी प्रशंसा की है। मूल कबीर से ये सभी बचते हैं। इनकी यह भी कोशिश रही है कि कहीं यह सिद्ध न हो जाए कि कबीर दलितों के किसी पुराने धर्म के प्रचारक या अपने किसी नये धर्म के प्रवर्तक थे। उन सबका उद्देश्य उस सम्भावना पर रोक लगाना है कि हिन्दू-धर्म को छोड़कर भारत के दलितों का कोई नया या अलग धर्म भी हो सकता है।'' हिन्दू-धर्म को त्याग देने का संकल्प डॉ. अम्बेडकर ने किया था और सन् 1956 में हिन्दू-धर्म को त्यागकर वे बौद्ध-धर्म में लाखों लोगों को साथ लेकर चले भी गये थे। लेकिन उन दलितों का हुआ क्या? वे सभी आरक्षण पाने के लिए हिन्दू-दलितों के पीछे हो लिये और 'नौकरी' के राम के सामने सिर झुकाकर खड़े हो गये। बौद्ध-धर्म का चिन्तन बबूल के वन में भटक गया। 'दमनवाद' का अर्थ हो गया नौकरियों में अधिकाधिक आरक्षण और मण्डल-कमण्डल के कीर्तन में अन्याय का मारू राग। सोचने की बात यह भी है कि बौद्ध-धर्म को हिन्दू-धर्म से अलग मानना क्या उचित है? बौद्धों ने हिन्दू-धर्म का काफी कुछ ग्रहण कर लिया है और महायान बौद्ध तो हिन्दू-धर्म का एक अभिन्न अंग ही बन गया। भारत में बौद्ध-धर्म सहज-धर्म बनकर हिन्दू-धर्म में खप गया। बौद्धों ने अपने ज्यादातर प्रतीक विष्णु से ग्रहण कर लिये। बौद्ध-चिन्तन-परम्परा में विष्णु चिन्तन-परम्परा, स्मृति-परम्परा पर विचार करने की आवश्यकता है—और इस ओर आचार्य नरेन्द्र देव ने 'बौद्ध-धर्म दर्शन' जैसी अनुसन्धान से पूर्ण पुस्तक लिखकर संकेत किया है। बाबा साहेब अम्बेडकर ने हिन्दू-धर्म की 'नीचताओं-वर्जनाओं' से मुक्ति पाने के लिए 'बुद्धं सरणं गच्छामि' का जो विकल्प चुना था—वह विकल्प ही आज धूल में ध्वस्त हो गया है। बाजारवाद की संस्कृति में गर्क जो आर्थिक-मनुष्य उपभोक्तावाद को लेकर उभरा है—वह, जाति, वर्ण, वर्ग, देश, धर्म विहीन 'ग्लोबल मैन' है और यह ग्लोबल मैन 'अमरीकावाद' है—भोगवाद है—'जिसमें हिन्दू, बौद्ध, जैन सभी अपना चेहरा खो बैठे हैं।

धर्मवीर का आन्तरिक संकल्प स्पष्ट है कबीर को रामानन्दी प्रपंचवाद से मुक्त करना। इसलिए वे ब्राह्मण रामानन्द के भाष्य में 'वर्णवाद' का चक्का घुमाते हैं। उन्हें लगता है कि कबीर किसी 'नये धर्म' के प्रवर्तक हो सकते हैं—लेकिन यह 'नया धर्म प्रवर्तन' क्या अम्बेडकर के प्रतिमानों से सम्भव हो सकता है? क्योंकि राजनीतिक वर्णवाद तो अम्बेडकर की जड़ों में ही मट्ठा डाल रहा है। कबीर के मार्फत 'नया धर्म' चलाना। हिन्दू-धर्म से अलग होकर धर्मान्तरण कर लेना। फिर सम्मान से जी पाना क्या सम्भव है? वर्णवादियों की चिलम कौन भरेगा? यह एक ऐसा सांस्कृतिक सवाल है जिसका उत्तर वर्णवादियों के पास नहीं है। 'हिन्दुत्व' का जोर आजमाइश करने वाली सत्ता की राजनीति में पागल संकीर्णतावादी-साम्प्रदायिक पार्टियों के पास भी नहीं है। वर्णवादी वर्चस्ववाद से मुक्ति पाने का प्रयास दलित समाज को हिन्दू-समाज

से धकेलकर बाहर तो कर सकता है, पर भीतर आसन पर नहीं बैठा सकता। कबीर को अगर आप एक 'राजनीतिक कवि' की तरह पेश करेंगे तो वे दलित विमर्श के अधिनायकवादी-तन्त्र में फँसकर अपना 'असली' चेहरा खो देंगे। इस खतरे पर कई कोणों से सोचना होगा। इसलिए कबीर को 'अलग' तथा 'नया धर्म' प्रवर्तन करनेवाली धर्मवीरीय-कोशिश कबीर के सांस्कृतिक 'टेक्स्ट' को उन बौद्धिक अजगरों के पास धकेल देगी जो 'दलितवाद' का उपहास करते हैं। दलितों द्वारा दलितों के लिए लिखा साहित्य अपनी 'व्यापकता' खो देगा। वह 'साहित्य' तो रहेगा नहीं 'प्रचारात्मक एजेण्डा' मात्र रह जाएगा। अभी हाल ही में दलित काव्यशास्त्र, दलित साहित्य का सौन्दर्यशास्त्र और समाजशास्त्र की चीख-पुकार क्या सुनाई दे रही है— उसमें केवल 'मार्क्सवाद' और वह मार्क्सवाद जिसका जनाजा बीसवीं शताब्दी के अन्तिम वर्षों में निकल चुका है। उसे ही छद्म शब्दावली में महिमा-मण्डित किया जा रहा है। 'हिन्दी दलित-साहित्य का स्वतन्त्र समीक्षाशास्त्र उसमें नदारद है। उधर जो 'अखाड़ा' धर्मवीरजी कबीर को आगे करके बना रहे हैं—उसमें सगुण तुलसी से उनकी टक्कर कराने का अरमान प्रबल है। जबकि ये दोनों ही कवि एक-दूसरे के विरोधी नहीं हैं—पूरक हैं। दोनों का ही साध्य है—'प्रेम-भाव' से मनुष्य को बड़ा करना। धर्मवीर की रणनीति में 'वैष्णव-धर्म' को घेरकर चकनाचूर करना है और यह सम्भव नहीं है, क्योंकि कबीर में दलित-तत्त्व कम वैष्णव-तत्त्व की प्रबलता अधिक है। यह वैष्णव-तत्त्व कबीर ने जाने-अनजाने भारतीय जनता की सगुणोपासक-परम्परा से पाया है। कबीर के निर्गुण राम को जनता के मन में बसे राम आच्छादित किये हुए हैं।

हमें इस गफलत में नहीं रहना चाहिए कि धर्मवीर की कबीर के चिन्तन की ओर ध्यान दिलाने वाली पुस्तकें कबीर को वर्णवाद के शिकंजे से मुक्त करती हैं बल्कि अब तो राष्ट्रवादी सांस्कृतिक राष्ट्रवादियों का आक्रमण कबीर पर और तेज हो गया है। कबीर पर वर्णवादियों के जो हमले हो रहे हैं—उनका उद्देश्य 'लोकमंगल' नहीं है उनका उद्देश्य है कबीर की क्रान्तिकारिता के दाँत उखाड़ देना। मुसलमान जुलाहे कबीर को हिन्दू-धर्म से बाहर खदेड़ देना। इसलिए कबीर को लेकर मानववाद, मानवतावाद, समन्वयवाद, सुधारवाद, दलित करुणावाद आदि शब्दों की जो कोशमाला गढ़ी जाती रही है, वह झूठी है, भ्रमात्मक है, मायावादी है। पूरा दलित कैनन भरोसे की भाषा से दूर है—उसमें अलगाववादी-घृणा का विषधर फूत्कार छोड़ रहा है। हिन्दू-धर्म और 'हिन्दुत्व' के नाम पर राजनीति का जहरवाद देश की सभी मेल-मिलाप वाली पटरियों को उखाड़ रहा है। 'सेक्यूलरिज्म' की आड़ में घोर साम्प्रदायिक राजनीति का खेल। जातिवाद की वोट नीति। सड़ता-बजबजाता देश—जिसमें रचना और रचनाकार—काली जली ईंट की तरह किनारे पर पड़े हैं—निरर्थक हो गये हैं।

बाजारवाद की संस्कृति ने दलित और द्विज दोनों की 'ऐसी-तैसी' कर दी है। दोनों बेहाल हैं। कबीर-तुलसी दोनों ही हाथी दाँत बनकर रह गये हैं। यह चिन्ता का विषय है।

मार्क्सवाद के पण्डे-पुजारी हिन्दी-समीक्षा में लगभग सात-दशकों से कबीर-घाट और कबीर-पन्थ की प्रगतिशीलता का बखान करते रहे हैं और तुलसी के प्रतिक्रियावाद की भरसक निन्दा। लेकिन भारतीय जनता ने तुलसीदास को अस्वीकार नहीं किया। इस तथ्य का खुलासा डॉ. रामविलास शर्मा ने 'भारतीय सौन्दर्य-बोध और तुलसीदास' पुस्तक लिखकर किया है। कबीर के नाम पर बहकाने खाने-कमाने का धन्धा करने वाले प्रगतिशील हिन्दी प्राध्यापकों की भी कमी नहीं है। कबीर, रैदास, दादू को दलित-साहित्य में घेर-बटोरकर बैठनेवाले कई संगठन 'विदेश यात्राओं का पंच सितारा आनन्द' ले रहे हैं—'इन भाई-बहिनों ने संगठन के नाम पर अपना 'दल' खड़ा किया है। कबीर के 'पाठ' की वैचारिकता से इन्हें कुछ लेना-देना नहीं है। लोहिया के नाम पर जो दुर्गति राजनीति में 'समाजवाद' की है—अम्बेडकर के नाम पर वही दुर्गति 'दलितवाद' की हो रही है। दोनों में स्वतन्त्र-चिन्तन के लिए स्थान नहीं है। पूरा दलित-प्रश्न भूमण्डलीकरण की दबोच में इन दलित संगठनों ने ही खड़ा किया है। 'सत्ता' के लिए, धन के केन्द्रों पर किसी तरह कब्जा करने के लिए इनके भीतर कुहराम मचा हुआ है। इधर ग्राम्शी और फूको को 'कबीर' पर चस्पा करके अनाप-शनाप बकवास करनेवाली, विद्वत्ता का फैशन हिन्दी आलोचना में जोरदार तरीके से चल रहा है। 'विमर्श' के नाम पर विचारधारा के जूते। इसमें न कबीर कबीर रहे हैं न तुलसी तुलसी। सबके अपने-अपने 'धन्धे' रह गये हैं। कबीर पर 'ज्ञान मीमांसा' और 'अर्थ मीमांसा' की अजीब आफत आ गयी है कि कबीर कभी भी ब्राह्मण रामानन्द के शिष्य नहीं हो सकते हैं। कबीर-रामानन्द को लेकर जो अनेक किंवदन्तियाँ लोक में फैलायी गयी हैं, वह सुविचारित षड्यन्त्र का हिस्सा मानी जा रही हैं। कबीर को इतिहास के अर्थवाद से निकालने की यह कैसी अन्धी गली है।

यह गली डर्बन में खुलती है—आन्दोलन करती है और वहाँ दलित-विमर्श की हवा निकल जाती है। दलित अब सत्ता-विमर्श की राजनीति है, जिसे थोड़े से छद्म बुद्धिजीवी चालाकी से 'कैश' करने पर आमादा हैं। उत्तर-आधुनिकतावादी समाज में मानवाधिकार के स्पेस और सूचना-संचार समाज की जरूरतें उनमें रामकथा का 'नारद मोह' पैदा कर रही हैं—जिसमें 'जप तप कछु न होय तेहिकाला' वाली स्थिति है। काम बाला तो नव-पूँजीवाद के चक्कर काट रही है—और दलित कटोरे में सन्नाटा बैठा है। विदेशी पूँजीवादी साम्राज्यवाद पूँजीवाद से भाँवरे डालकर 'हनीमून' मना रहा है। कबीर के जरिये दलित-आन्दोलन की रणनीति पिट रही है और इस ग्लोबल सांस्कृतिक-रणनीति पर धर्मवीर चुप हैं—वे सिर्फ साहित्यिक आलोचना के

ब्राह्मणवाद से दो-चार हाथ कर के ही तृप्ति पा रहे हैं। जबकि इस कबीर के दलित सत्ता-विमर्श में शक्ति के उन केन्द्रों की स्थिति का भी पूरा ब्यौरा होना चाहिए जो अपनी शक्ति से कबीर की 'पाठात्मकता' का अर्थ सन्दर्भ बदलने में समर्थ रहे हैं। वे केवल ब्राह्मणवादी-वर्चस्ववादी ही नहीं हैं—और भी बहुत से 'ठाकुर-ठग' बनानेवाले इतिहास-भूगोलवादी हैं जो हर तरह से श्रम को हड़पकर 'चलहि जोंक ज्यों वक्रगति' से जीते हैं। यह एक नये तरह का नव सामन्तवाद है—जो कम्प्यूटर के कुली पैदा करता है और खुद लकदक घूमता है—भोगता है। आज कबीर पर इसी धूर्त-चक्र का जादू-छाया हुआ है।

कबीर का समय, जन्म-मृत्यु की साम्प्रदायिक जनश्रुतियाँ—क्या मतलब? खोजने से पहले खुरों से जमीन की खुदाई और अयोध्यासिंह उपाध्याय हरिऔध की कबीर वचनावली का विवरण-पत्र। परशुराम चतुर्वेदी 'कबीर साहित्य की परख' तथा गोविन्द त्रिगुणायत 'कबीर की विचार-धारा' जैसी पुस्तकों से जन्म-मृत्यु की सूचनाओं का सारांश। कहते हैं कि बिजलीखाँ ने संवत् 1507 में अमी नदी के तट पर बस्ती जिले में खिरनी नामक स्थान पर कबीर के रोज़े का निर्माण कराया था तथा नवाब फिदाई खाँ ने संवत् 1624 में जीर्णोद्धार करवाया। यह जनश्रुति है कि असम के प्रसिद्ध भक्त शंकरदेव ने उत्तरी भारत की यात्रा के दौरान कबीर की समाधि के दर्शन किये थे। कई तरह की जनश्रुतियों में यह बात आती है कि कबीर को रामानन्द ने बड़ी मुश्किल से अपना शिष्य बनाया था। सिकन्दर लोदी ने कबीर को गंगा में फिंकवा दिया था। कबीर सन्त तकी के समकालीन थे और नानक से भेंट हुई थी। कबीर के गुरु रामानन्द 120 वर्ष तक जीवित रहे थे। आज कबीर को लेकर इतनी जनश्रुतियाँ हैं कि उनके जन्म-मृत्यु काल का प्रामाणिक इतिहास मिल पाना सम्भव नहीं है। फिर सन्तों की जीवनी इसलिए भी खोज पाना सम्भव नहीं है कि वे प्रायः अपने को ओट में रखते हैं—अपने विषय में मौन रहते हैं। कभी-कभार कोई बात अचानक निकल जाए तो अलग बात—जैसे (1) काशी में हम परगट भये रामानन्द चेताये, (2) जो काशी तन तजै कबिरा मगहर कौन निहोरा, (3) तू पण्डित मैं काशी का जुलाहा, बूझै मोर गयाना, (4)चौदह सौ पचपन साल गये, चन्द्रवार एक ठाठ ठये। जेठ सुदी बरसापत को पूरनमासी प्रगट भये। (5) संवत् पन्द्रह सौ पछहत्तरा मगहर कीन्हौ गौन। (6) गुरु परसादी जैदेव नामा। भगति के प्रेम इन्हहि है जाना। बाबू श्यामसुन्दर दास ने कबीर का जन्म संवत् 1455 और मृत्यु संवत् 1575 माना है। (कबीर-ग्रन्थावली) इस लेखक को झपटकर धर्मवीर ने 'हिन्दू-लेखक' सम्बोधन दिया। कबीर के साथ 'कबीर-पन्थ' और अस्सी वर्ष की आयु का हिसाब-किताब।

धर्मवीर मानते हैं—'अयोध्यासिंह उपाध्याय हरिऔध का पहला आक्रमण 'कबीर वचनावली' 1916 में हुआ। कबीर की उपलब्ध पुस्तकों के आधार पर पहला

संग्रह और 90 पृष्ठ का 'मुखबन्ध'। कबीर पर यहीं से धर्मवीर शुरू हुए—"यह बहुत चतुराई से लिखी गयी किताब है। लेकिन फिर भी उपाध्यायजी की चतुराई उजागर की जा सकती है। इस पुस्तक में कबीर की दृष्टि को हिन्दू-धर्म से अलग मानते हुए भी उसे हिन्दू-धर्म में खपाने की कोशिश की गयी। इस खपाने की कोशिश में उन्होंने कहीं-कहीं कबीर की प्रशंसा की है लेकिन ज्यादातर कबीर की निन्दा की है। पर क्या हिन्दू लेखकों का यह रवैया ठीक है कि कबीर को हिन्दू सिद्ध करने में कबीर का अपमान करने का अधिकार भी अपने हाथ में ले लें।" (कबीर के आलोचक, पृ. 25) धर्मवीर की नाराजी का कारण है—"कबीर को 'हिन्दू धर्म में खपाने की कोशिश' और 'अपमान करने का अधिकार'। फिर उपाध्याय जी 'आधेमन' से कबीर की ओर गये और पुस्तक तैयार की। उसमें 'कबीर साहब के उत्तमोत्तम भजनों और साखियों का संग्रह' शीर्षक रखकर खुद को इसका संग्रहकर्त्ता कहा है। नागरी प्रचारिणी सभा, काशी ने इस पुस्तक को अपनी 'मनोरंजन पुस्तक माला' सीरीज के अन्तर्गत छापा था। उस सीरीज की यह 12वीं पुस्तक थी। इससे यह जाहिर है कि अँग्रेज विद्वानों ने कबीर के अध्ययन की जो धार्मिक और गम्भीर खोज करनी चाही थी, काशी नागरी प्रचारिणी सभा उसे केवल मनोरंजन मानकर उड़ा देना चाहती थी।" (वही) इस कथन से जाहिर है कि कबीर पर गम्भीर खोज अँग्रेजों ने की—हिन्दी के विद्वानों ने नहीं। धर्मवीर की मानसिकता पर औपनिवेशिक गुलामी की कितनी 'प्रभावी' छाप है जो उनके कथन में ध्वनित है और अर्थ-ग्रहण क्षमता ऐसी है कि 'मनोरंजन पुस्तक माला' सीरीज से अँग्रेज विद्वानों की 'गम्भीर खोज' को काशी नागरी प्रचारिणी सभा-मनोरंजन की चीज मानकर उड़ा देना चाहती है। उपाध्याय जी और 'सभा' के प्रति कृतज्ञ होना तो दूर, धर्मवीर उन पर बरसने को आमादा हैं। पाठक यहाँ आ बैल मुझे मार वाली कहावत को चरितार्थ होते पाते हैं। भले आदमी ने इतना तक नहीं समझा कि मनोरंजन पुस्तक माला, सीरीज का नाम सस्तेपन-हलकेपन का प्रतीक नहीं है। यह नाम तो गम्भीर-महत्त्व के ज्ञान को सरल ढंग से 'उत्साहपूर्ण' परोसने का भाव रखता है। उस अर्थ का अनर्थ धर्मवीर की अर्थ-कला कर रही है।

हरिऔध ने 'कबीर पन्थ' के बारे में कहा था—'परन्तु यह सच है। कबीर पन्थी साधु एक प्रकार से हिन्दू समाज से पृथक् रहते हैं, उसमें उनकी यथेष्ट प्रतिपत्ति नहीं।' (वहीं, पृ. 27) इसका अर्थ धर्मवीर ने निकाला कि 'हरिऔध जी कबीर पन्थ के साथ कोई छल करना चाहते हैं।' (वहीं, पृ. 26) यह छल क्या है? हिन्दू-धर्म में द्विजों के साथ शूद्रों-अन्त्यजों को मिलाये रखने की कोशिश। जिससे द्विजों को लाभ है और शूद्रों को नुकसान। धर्मवीर के पास हिन्दू-धर्म को लेकर हानि-लाभ का यह बनियावादी-ज्ञान-विस्तार है। कारण क्या है इस ज्ञान विस्तार का "नीति की दृष्टि से द्विजों ने यह सोचा कि जब धर्मग्रन्थों, मन्दिरों, पुजारियों, पुरोहितों की दृष्टि से यथार्थ

में हिन्दू-धर्म मात्र इन्हीं का है।'' इसलिए हिन्दू-धर्म की परिभाषा में गैर द्विज फालतू ठहरते हैं। इसके साथ ही हरिऔध का साहस देखिए—''पहले मैं यह देखूँगा कि कबीर पन्थ वैष्णव-धर्म की एक शाखा मात्र है और उसकी विचार परम्परा और विशाल हिन्दू-धर्म के सिद्धान्त उसमें ओतप्रोत हैं क्या? तदुपरान्त मुसलमान धर्म के प्रभाव की भी मीमांसा करूँगा।'' (कबीर वचनावली, पृ. 52) एक हिन्दू लेखक ब्राह्मण हरिऔध का यह दृष्टिकोण आरम्भिक दृष्टिकोण ही धर्मवीर को सुलगा देता है—कबीर को 'वैष्णव-परम्परा के वैष्णव-धर्म का एकेश्वरवादी रूपान्तरण मात्र कहना? क्या अर्थ है इसका! कबीर को रामानन्दी वैष्णव और वेदों-उपनिषदों की दूरी तक पहुँचने में सक्षम मानना—वैदिक उपनिषद् पुराण परम्परा का समर्थक सिद्ध करना ही तो है? इस समर्थक को चुनौती देने का बीड़ा धर्मवीर 'कबीर के आलोचक' में उठाते हैं। देखा जाए तो कबीर की रामानन्दी वैष्णव परम्परा को खुली चुनौती देकर उस पर हाथ छोड़ने का साहस करने वाली यह पहली किताब है। हरिऔध का विचार कि 'कबीर साहब अन्त में वेदान्त धर्मावलम्बी' हो गये थे—कबीर की सन्तानों को विवश करती है कि वे वैचारिक लड़ाई के घमासान के लिए कमर कस लें। कबीर न मुल्ला को कुछ समझते हैं न ब्राह्मण को। उनका अलग 'लक्ष्य समाज' है। इस लक्ष्य समाज में इस देश के शूद्र और अन्त्यज शामिल हैं। इनमें छोटे किसान-मजदूरों का श्रमिक वर्ग है—जो वेद-कुरान से वंचित है। डॉ. अम्बेडकर प्रमाण के साथ कहते रहे हैं कि हिन्दू शास्त्रों से दलितों का कोई भला न हुआ, न हो सकता है। इसी अम्बेडकरी-विचार-परम्परा को गहते हुए धर्मवीर ने हरिऔध से असहमति व्यक्त करने का कबीराई कलेजा दिखाया है। विजयदेव नारायण साही ने 'साखी' शीर्षक काव्य-संग्रह में एक कविता लिखी है—'प्रार्थना गुरु कबीरदास के लिए।' इसी प्रार्थना को मानो धर्मवीर ने पालन करने का हौंसला दिखाया है। वेद उपनिषद का पावनता जनित विवेक शूद्रों-अन्त्यजों के लिए त्रासजनित विवेक कैसे बना है और कर्मकाण्ड लीलावाद-अवतारवाद ने पिछड़े समाज को छल-कपट से कैसे पछाड़ा है—कबीर इस करुण महागाथा को कहते थकते नहीं है। वेद-कुरान परम्परा को कबीर ने पढ़ा नहीं, गुना था। तभी तो रामानन्द और शेख तकी से अलग धर्म चलाने का इरादा किया होगा। ज्ञानी होते हुए भी कबीर के असफल होने का कारण हरिऔध की निगाह में यह था कि कबीर में शालीनता की कमी थी 'घमण्डी' थे। धर्मवीर कबीर के बचाव में तुलसी को नोचने लगते हैं और यहाँ तक कहने लगते हैं—'श्रमिक समाज और नारी की दृष्टि से तुलसी विश्व के साहित्यिक इतिहास में सबसे ज्यादा असभ्य, बर्बर और दुश्मन कवि हैं।'' (कबीर के आलोचक, पृ. 38)

विश्वसाहित्य के इतिहास की जानकारी का दम्भ धर्मवीर को कहीं का नहीं छोड़ता। तुलसी को लेकर घोर अज्ञानता की बातें उनकी 'समझ' की पोल खोल देती

हैं। धर्मवीर के इस कथन पर कि श्रमिक समाज और नारी की दृष्टि से तुलसी विश्व के साहित्यिक इतिहास में सबसे ज्यादा असभ्य, बर्बर और दुश्मन कवि हैं, भगवान सिंह को कहना पड़ा—"कुल मिलाकर यही कहा जा सकता है कि कबीर को विद्रोही, क्रान्तिकारी एवं तुलसी को गतानुगतिक, प्रतिक्रियावादी सिद्ध करने की जो मुहिम प्रगतिवादी समीक्षकों ने शुरू की थी और जिसे दूसरी परम्परा की खोज ने नया जीवन दिया, वह डॉ. धर्मवीर जैसे कथित दलितवादियों के हाथों अपनी विकृत और फूहड़पन की चरमसीमा पर पहुँच रही है—जिसका प्रमाण है धर्मवीर का ऐसा कथन...। कबीर को ऊँचा बहुत ऊँचा दिखाने के लिए धर्मवीर ने तीन और पुस्तकें लिख डाली हैं—(1) कबीर : हजारी प्रसाद द्विवेदी का प्रक्षिप्त चिन्तन, (2)कबीर और रामानन्द किंवदन्तियाँ (3) कबीर : बाज भी, कपोत भी, पपीहा भी।' (बहुवचन, अंक -7, पृ. 232, अप्रैल जून 2001 महात्मागाँधी अन्तरराष्ट्रीय हिन्दी विश्वविद्यालय, नयी दिल्ली से प्रकाशित पत्रिका)। भन्नाये दलितवादी धर्मवीर का तुलसी को नीचा दिखाने वाली राजनीति का यह चरम दिवालियापन ही कहा जाएगा। यह धर्मवीर की आलोचना का सात्त्विक क्रोध नहीं है—'उन्माद' से भरा कथन है—जिसमें 'सपनेहु सन्त सभा नहि देखी' वाला भटका हुआ भाव है।

धर्मवीर 'कबीर ग्रन्थावली' की भूमिका को 'डॉ. श्यामसुन्दर दास का दूसरा आक्रमण' कहते हैं। पहले तो उन्हें यह जानना चाहिए श्यामसुन्दरदास 'डॉक्टर' नहीं थे, वे 'बाबू श्यामसुन्दर दास' थे। 'कबीर ग्रन्थावली' के सम्पादन का दायित्व उन्हें काशी नागरी प्रचारिणी सभा ने सौंपा था और वे कबीर को हिन्दुओं के हित में इस्तेमाल करनेवाले नहीं थे। धर्मवीर ने पता नहीं यह कैसे कहा 'कबीर ने एक बात बहुत स्पष्ट रूप से कही थी कि वे हिन्दू नहीं हैं। उन्होंने अपने व्यक्तित्व को ही नहीं बल्कि अपनी समूची जुलाहा जाति और पन्थ के रूप में सारे दलित वर्गों को हिन्दू कहलवाने से बचाया था। अपनी समझ में वे इस मामले में बहुत सचेत थे। शायद उन्हें आभास भी नहीं था कि बाद में उनका इस्तेमाल हिन्दू-धर्म के बचाव के लिए किया जाएगा। उन्होंने हिन्दू और मुसलमान के दोनों धर्मों से तत्कालीन दलित-जातियों की रक्षा की थी।' (कबीर के आलोचक, पृ. 42) दलित जातियों को एक अलगाव के साथ हिन्दुओं से अलग करने की राजनीति का एक खतरनाक खेल धर्मवीर खेलते हैं। और यह उनकी अपनी सोची-समझी रणनीति है। यह नीति यदि 'हिन्दुत्व' की राजनीति में आती है कि दलितों को हिन्दू-समाज से दूर रखो, तो होगा क्या? आपसी कलह, घृणा और विनाश। यह कहना कि बाबूजी का उद्देश्य है 'कबीर को हर तरह से विशुद्ध हिन्दू रक्त घोषित किया जाए।' तर्क से परे की बात है। बाबूजी विस्तार से मुसलमान शासकों के हिन्दुओं पर किये गये अत्याचार की चर्चा करते हैं लेकिन कबीर को हिन्दू-धर्म में घसीटकर लाने का कहीं भी कभी मन नहीं बनाते। डॉ. केदारनाथ द्विवेदी ने

अपनी पुस्तक 'कबीर और कबीर पन्थ' में या डॉ. रामनिवास चण्डक ने 'कबीर : जीवन और दर्शन' या मुंशीराम शर्मा ने 'भक्ति का विकास' पुस्तक में हिन्दुओं पर मुसलमानों के अत्याचारों की चर्चा जिस ढंग और टोन में की है—वह निन्दनीय है। क्योंकि अतीत इतिहास को हिन्दू-मुस्लिम वैमनस्य के रूप में पेश करना सम्प्रदायवादियों की शक्तियों को दृढ़ करना है। धर्मवीर के बहाने से 1989 के वर्ष को दलित विशेषांक तथा दलित उत्पीड़न की संज्ञा देना तो ठीक है कि हिन्दुओं ने दलितों पर अत्याचार किये। ये अत्याचार हिन्दू-धर्म पर कलंक हैं। लेकिन यह कहना "क्या दलितों का लिए वर्ष 1989 के ये ब्राह्मण, ठाकुर और वैश्य मध्यकालीन किसी फिरोज तुगलक, तैमूर लंग और सिकन्दर से कम हैं।" (वही, पृ. 4) बुद्ध के वचन हैं कि बैर से बैर का अन्त नहीं हो सकता। बैर का अन्त अबैर (प्रेम) से ही हो सकता है—यह सनातन-धर्म है—'एस धम्मो सनन्तनो।'

बाबू श्यामसुन्दर दास ने 'प्रस्तावना' में कबीर से जुड़ी किंवदन्तियों का हवाला देकर रामानन्द को कबीर का गुरु मान लिया है। इस बात से भड़ककर धर्मवीर ने लिखा है कि, "डॉ. श्यामसुन्दरदास उन पहले हिन्दू-लेखकों में से हैं जिन्होंने कबीर के बारे में ज्यादा से ज्यादा भ्रम फैलाने की कोशिश की थी। इस तरह से इन्होंने नेतृत्व प्रदान करने का प्रयत्न किया था। बाद में सभी बाह्मणवादी हिन्दू लेखक इन्हीं के कथनों की लकीर पीटते रहे।" (वही, पृ. 52) कबीर के पाठ से बहुत से उदाहरण देकर बाबूजी ने कबीर को वैष्णव सिद्ध किया है—"कबीर सारतः वैष्णव थे। शाक्तों की निन्दा के लिए यह तत्परता उनकी वैष्णवता का ही फल है। जो कुछ सन्देह उनकी वैष्णवता में रह जाता है, वह रामानन्द को गुरु बनाने की उनकी आकुलता से दूर हो जाना चाहिए।" (कबीर-ग्रन्थावली, प्रस्तावना, पृ. 14) वे यह भी कहना नहीं भूलते कि वे बाहर से आये मुसलमान एकेश्वरवाद या खुदावाद के समर्थक नहीं थे। और हिन्दुओं का जन्म-मरण सम्बन्धी सिद्धान्त (पुनर्जन्म का सिद्धान्त) वे (कबीर) मानते थे।" (वही, पृ. 39) इस तरह बाबू जी ने कबीर को हर तरह से 'हलाल' किया और बहुश्रुत कहकर वेदान्त-उपनिषदों-पौराणिक कथाओं के ज्ञान से जोड़ दिया। कबीर की वाणी को 'अटपट' और 'खिचड़ी' कहकर 'गँवारू' तक कहने की जुर्रत की।

सूर, तुलसी तथा जायसी पर विस्तृत आलोचना लिखने के बाद आचार्य रामचन्द्र शुक्ल ने हिन्दी साहित्य का पहला आधुनिक-दृष्टि सम्पन्न इतिहास 'हिन्दी साहित्य का इतिहास' शीर्षक से 1929 में 'शब्द-सागर' की 'भूमिका' के रूप में लिखा—जो बाद में स्वतन्त्र रूप से छपा। आचार्य शुक्ल ने साहित्यिक प्रवृत्तियों के आधार पर इसमें काल-निर्धारण एवं नामकरण किया। इस प्रकार जिस काल में 'भक्ति' की प्रधानता को पाया उसे 'भक्तिकाल' नाम दिया। इस भक्तिकाल में निर्गुण-धारा और सगुण-धारा के सभी कवियों पर गम्भीरता से विचार किया। निर्गुण-धाराओं और

सगुण-धाराओं को प्रस्तुत करने के लिए उसकी दो शाखाओं को निर्गुण ज्ञानमार्गी और निर्गुण प्रेममार्गी तथा सगुण-धारा को सगुण राम-भक्ति धारा और सगुण कृष्ण-भक्ति धारा नाम से सम्बोधित किया। निर्गुण कवि हो या सगुण कवि—सभी भक्त हैं और विराट् सत्ता के प्रति समर्पित। इन सभी कवियों के प्रति उनके मन में आदर का भाव है, ऊँचा-नीचा दिखाने का तुच्छ भाव नहीं। कवियों की अन्तर्वृत्तियों की विशिष्टताओं और भिन्नताओं को रेखांकित करने के लिए आचार्य शुक्ल उनकी 'तुलना' करते चलते हैं। अच्छी खरी आलोचना 'तुलना' के बगैर न होती है, न हो सकती है। कबीर, जायसी, सूर, तुलसी की तुलना से वे इस निष्कर्ष पर पहुँचे कि इस काल के सर्वश्रेष्ठ कवि तुलसीदास हैं। तुलसीदास के सर्जन और चिन्तन, प्रबन्धत्व और मुक्तक की शक्ति ने उन्हें इतना प्रभावित किया कि उन्होंने अपने काव्य-प्रतिमान तुलसी से ही निर्मित किये। जगह-जगह वे कबीर, जायसी, सूर की कमियाँ निकालते हैं—लेकिन इनमें से किसी के प्रति भी तिरस्कार का भाव दृष्टिगत नहीं होता।

आश्चर्य में डालता है मुझे धर्मवीर का यह साहस कि वे भारतीय भक्ति-साहित्य तथा हिन्दी भक्ति-साहित्य, भक्तिशास्त्र, भक्ति-आन्दोलन की पृष्ठभूमि का तार्किक विश्लेषण किये बगैर ही आचार्य रामचन्द्र शुक्ल पर 'ब्राह्मणवादी' कहकर सीधा धावा बोल देते हैं। इस स्थिति पर ध्यान केन्द्रित करते ही पाठक पाता है कि धर्मवीर का उद्देश्य साहित्य की आलोचना में भागीदार न होकर 'दलित-विमर्श' करना है और कबीर के मार्फत अपने विचारों का महाभारत लड़ना है। यह महाभारत निर्गुण और सगुण में फैलाकर लड़ने का यत्न है जिसमें दलित-विमर्श की अमूर्त लड़ाई लड़ी जा रही है।" धर्मवीर ने लिखा—"आचार्य रामचन्द्र शुक्ल, कबीर से सीधे नहीं टकराये। एक बार भी उन्होंने कबीर पर आमने-सामने का प्रहार नहीं किया।" (कबीर के आलोचक, पृ. 65) इस कथन से ऐसी ध्वनि निकलती है आचार्य शुक्ल कायर थे और कबीर से आमना-सामना करने में घबराते थे। आचार्य शुक्ल तो कबीर से आमना-सामना करने में घबराते थे—लेकिन दलित-विमर्शकार धर्मवीर कबीर को आगे करके आचार्य शुक्ल का आमना सामना करने में तनिक भी नहीं डरते। इसीलिए एक अपनी वक्रोक्ति को साधते हुए कहते हैं—वे कबीर से किसी की ओट लेकर लड़ते हैं। उनका आक्रमण घातक होता है पर वे ऐसा किसी अन्य की तुलना में ही कर पाते हैं। इसके लिए उनके साहित्य के इतिहास कोश में एक तुलसी थे जिनकी प्रशंसा के बहाने उन्होंने अप्रत्यक्ष रूप में कबीर की निन्दा कर डाली है। लेकिन शुक्लजी का मन जायसी के बहाने कबीर का अनादर करने से अच्छी तरह भर सका है। असल में, उन्होंने जायसी को कबीर की टक्कर में ही खड़ा किया है। वैसे उनका जायसी से कुछ लेना-देना नहीं था। जायसी भी उनके लिए मुसलमान थे। लेकिन दो विरोधियों में से एक को चुनने की ऐतिहासिक अनिवार्यता में उन्होंने जायसी को चुन

लिया है। इस युद्ध नीति में उन्होंने जायसी के प्रति बहुत सम्मान प्रकट नहीं किया और ऐसा वे अपने द्विज-वंशी संस्कारों के कारण कर भी नहीं सकते थे। (वही, पृ. 65) हिन्दी साहित्य का प्रत्येक पाठक जानता है कि आचार्य शुक्ल की सर्वश्रेष्ठ व्यावहारिक कला का रूप जायसी ग्रन्थावली की 'भूमिका' में मिलता है। विस्तार के लिए मेरी पुस्तक 'आचार्य रामचन्द्र शुक्ल का चिन्तन जगत्' शीर्षक से प्रकाशित है—उसे देखा जा सकता है कि जितनी सर्जनात्मक आलोचना आचार्य शुक्ल ने जायसी की की है—वैसी न सूर की कर पाये हैं न अपने प्रिय कवि तुलसीदास की। तुलसीदास में काव्य प्रतिमानों को निर्मित करने का 'संकल्प' प्रमुख है, जायसी में लोक-संवेदना,लोक-संस्कृति, लोक-सौन्दर्य एवं लोक-भाषा का विस्तृत भाष्य। कबीर से जायसी को टकराने का तो कोई इरादा नहीं है—यह इरादा तो धर्मवीर ने अपना ही मतलब (कबीर के मार्फत दलित विमर्श की वकालत) साधने के लिए बनाया है। इसलिए उनके कथन में 'नीयत का खोटापन' अर्थापत्ति पाता देखा जा सकता है। आचार्य शुक्ल ने अपने छूत-वंशी संस्कारों के कारण कबीर को नीचा दिखाया—यह अभियोग धर्मवीर उन पर लगाते हैं। 'कबीर का अनादर' छूत वंशी संस्कारों वाले आचार्य शुक्ल करें तो 'कबिरा कूता राम का' रूपक पूरा नहीं हुआ।

आचार्य शुक्ल की प्रचण्ड बौद्धिकता का बल कबीर को भूखा कर देता है—उनके तुलसी तो बहाने से कबीर को 'नीच' कहते ही हैं—शुक्ल जी भी तुलसी के साथ हैं। कुलीनतावादी-वर्चस्ववादी, सगुणवादी, वर्णवादी, पुरोहितवादी, ब्राह्मणवादी के लिए बर्दाश्त से बाहर है—आज शुक्ल जी होते तो हजार आपराधिक मामलों में उन्हें इस तरह अधिकारी धर्मवीर के हाथों जेल काटनी पड़ती। सौभाग्यशाली रहे धर्मवीर जी कि उनके आने से बहुत पहले वे संसार से खिसक गये। धर्मवीर जी को तब यह इस तरह न लिखना पड़ता, "वे जायसी की वहीं तक प्रशंसा करते हैं, जहाँ तक उन्हें कबीर की निन्दा करनी होती है, इसके बाद जब उनका जी चाहता है वे तुलसी के मुकाबले में जायसी को छोटा सिद्ध कर देते हैं। वे कबीर को जायसी से पिटवाते हैं।" (वही) मुसलमान को मुसलमान से पिटवाते हैं—सूफ़ीसन्त से ज्ञानीसन्त-जुलाहे को पिटवाते हैं—हिन्दू राजनीति की नीच हरकत करते हैं—हद है गरीब-दलित अपमानित, वंचित-शोषित कबीर को पिटवाकर आचार्य शुक्ल ट्रेजिक प्लेजर पाते हैं—'पाण्डे कौन कुमति तोहि लागी।' लेकिन आचार्य शुक्ल हैं कि उनके कुलीनतावादी मन में गरीब, वंचित के लिए दया-करुणा का भाव तक नहीं है। मनुष्यता की भाव-भूमि से इतने गिरे हुए ब्राह्मण। इस गिरे हुए ब्राह्मण ने बी. ए., एम. ए. में जायसी की 'पद्मावत' को रखने के लिए रातोरात 'आपातकालीन स्थिति' दिखलाकर 'पद्मावत' का सम्पादन कर डाला और भूत की तरह जुटकर साढ़े तीन सौ पृष्ठों की 'भूमिका' चेप दी।

जाहिर है कि "शायद शुक्ल जी के मन में हिन्दी साहित्य के इतिहास में यदि कोई भूत बसा हुआ है—तो वह कबीर का है।" इस भूत को देश निकाला देकर वे चैन से रह सके। लेकिन 'जायसी ग्रन्थावली' की भूमिका में कबीर की स्मृति ने जोर मारा—"सौ वर्ष पूर्व कबीर दास हिन्दू और मुसलमान दोनों को फटकार चुके थे।" इधर मुसलमान जायसी ने 'हिन्दुओं की कहानियाँ हिन्दुओं की बोली में' लिखकर 'सहृदयता' से 'जीवन की मर्मस्पर्शी अवस्थाओं के साथ उदार हृदय का पूर्ण सामंजस्य दिखा दिया।' आचार्य शुक्ल की आलोचना-परम्परा को आगे बढ़ाने वाले विजयदेव नारायण साही ने 'जायसी' पुस्तक में काव्यात्मक सौन्दर्य को हजार आँखों से सराह डाला। लेकिन साही जी ने 'कबीर' पर पुस्तक लिखने की कृपा नहीं की। साही जी कृपा करते तो धर्मवीर का दलित-विमर्श भार कम हो जाता। लेकिन लोहियावादी साही ने अम्बेडकरवादी धर्मवीर का साथ न दिया। ऐसा लगता है कि ब्राह्मण रामस्वरूप चतुर्वेदी की संगति में साही जी बिगड़ गये थे। आचार्य शुक्ल का भी इस बिगाड़वाद में अप्रत्यक्ष रूप से हाथ था। वे कुतबन मियाँ की तारीफ कर सकते हैं—लेकिन कबीर की नहीं। कबीर हिन्दुओं को जली-कटी सुनाता था। इसलिए आचार्य शुक्ल का हिन्दूवादी मन 'कबीर' की निन्दा करने में अपने मन की घृणा पूरी तरह व्यक्त करता है। जायसी को पहुँचा हुआ फकीर कहने में भी शुक्लजी की हिन्दू-राजनीति सक्रिय थी। कबीर को पहुँचा नहीं कहा, केवल 'निराला पन्थ' निकालने के हौंसले का रोना रोते रहे। कबीर जायसी में फर्क क्या था? 'कबीर विधि-विरोधी थे और वे विधि पर आस्था रखनेवाले, कबीर लोक-व्यवस्था का तिरस्कार करनेवाले थे और वे सम्मान करने वाले।' कबीर ने पण्डितों को फटकारा, लेकिन जायसी ने अपने को पण्डितों का पिछलग्गू कहा। कबीर के लिए पण्डित माने 'मूर्ख' जायसी के लिए पण्डित माने 'विद्वान'। दोनों की समझ का फर्क है। पण्डितों (विद्वानों) का पिछलग्गू बनकर जायसी (वेद-पुरान) तथा 'कुरान' के लोक-मंगलवादी मार्ग की ओर प्रवृत्त हो गये।

आचार्य शुक्ल ने 'प्रेम-सिद्धान्त दृष्टि' को शामी परम्परा, फिर सूफ़ियों की मार्फत भारतीय परम्परा को हिन्दी-साहित्य की प्रेम दृष्टि को विदेशी देन माना है। सूफ़ी प्रेमवाद का प्रभाव सगुण-निर्गुण दोनों पर गहरे तक पड़ा है। इसलिए 'प्रेम-तत्त्व' निर्गुणियाँ सन्तों की देन नहीं है—"शुक्ल जी कबीर के चिन्तन-पक्ष को नकारते हैं, बल्कि वे उनके काव्य-पक्ष को भी नकारते हैं। वे अकेले कबीर पर नहीं बल्कि उनकी पूरी निर्गुण धारा पर टिप्पणी करते हैं। निर्गुण शाखा के कबीर, दादू आदि सन्तों की परम्परा में ज्ञान का जो थोड़ा-बहुत अवयव है—वह भारतीय वेदान्त का है—पर प्रेम-तत्त्व बिल्कुल सूफ़ियों का है।" कबीर पर ही क्यों आचार्य शुक्ल ने राम-काव्य, कृष्णकाव्य परम्परा पर सूफ़ी प्रेम-तत्त्व का प्रभाव-निरूपित किया है। प्रेम की रागवृत्ति

के कारण सूफ़ियों का रहस्यवाद चमक उठा, कबीर में फीका रहा। दूसरे शब्दों में आचार्य शुक्ल ने सहृदयता-भावुकता काव्यात्मकता की कमी के कारण कवियों की श्रेणी से कबीर को उखाड़कर 'भक्ति' के संसार में फेंककर दम लिया। दूसरे शब्दों में शुक्लजी ने साहित्यिक-मूल्यों से कबीर का मूल्यांकन न करने का अपराध किया। वे कबीर को वेद-पुराण-उपनिषद पुराण की जाति-वर्णवादी परम्परा से काटते रहे। धर्मवीर कहते हैं—'कबीर शुक्ल की ब्राह्मण-कसौटी के कवि कहलाने के लिए ब्राह्मणों के पैर-धोकर पीनेवाले नहीं थे। वे दोषी तो इतने कि उन्होंने 'तीसरा पन्थ चलाकर' दम लिया था। क्या यह गुनाह था ? कबीर देश की 85 प्रतिशत दलित जनता के प्रतिनिधि कवि हैं और तुलसी 15 प्रतिशत जनता के द्विज-ब्राह्मणवादी कवि। वर्चस्ववादी-कुलीनतावादी हिन्दू-मुसलमान 'जीजा-साले' बनकर दलितों के खिलाफ मोर्चा खोले रहे। मुसलमानी मिली-भगत का नतीजा था कि धर्मवीर की दृष्टि में 'ब्राह्मणों की काशी नगरी आबाद रही।' मुसलमान जायसी के 'पद्मावत' का लाभ दलितों को नहीं मिला। ब्राह्मणों की उसमें बन आयी। इन्हीं ब्राह्मणों ने शास्त्रवाद-वेदवाद—अस्पृश्यता को कायम रखा है। आचार्य शुक्ल 'रामचरित मानस' तथा 'पद्मावत' की उकृष्टता से बहक जरूर गये थे लेकिन कबीर की विलक्षण प्रतिभा के कायल न हों, इस बात से आज इनकार कर पाना सम्भव नहीं है। अतः धर्मवीर को कबीर सम्बन्धी अपनी स्थापनाओं पर ठण्डे दिमाग से पुनर्विचार करने की जरूरत थी।

क्या विडम्बना है कि दलित-विमर्श के नशे में मदहोश धर्मवीर को न रामचन्द्र शुक्ल के तुलसी-जायसी-सूर भाते हैं, न हजारी प्रसाद द्विवेदी के 'कबीर'। आचार्य द्विवेदी ने हिन्दी आलोचना में उपेक्षित कबीर की महत्त्व-प्रतिष्ठा 'कबीर' (1942) पुस्तक लिखकर की है। इसी पुस्तक में आत्मविश्वास से कहा है—"हिन्दी साहित्य के हजार वर्षों के इतिहास में कबीर जैसा व्यक्तित्व लेकर कोई लेखक उत्पन्न नहीं हुआ। महिमा में यह व्यक्तित्व केवल एक ही प्रतिद्वन्द्वी जानता है— तुलसीदास।" (कबीर, पृ. 222)। आचार्य शुक्ल ने कबीर की महिमा में सिर्फ इतना कहा, "मनुष्यत्व की सामान्य भावना को आगे करके निम्न श्रेणी की जनता में उन्होंने आत्म-गौरव का भाव जगाया।" (हिन्दी साहित्य का इतिहास, पृ. 65) 'कबीर' पर किताब लिखनेवाले तमाम विद्वानों पर आचार्य शुक्ल का यह कबीर-मूल्यांकन भारी पड़ता है। 'निर्गुणियाँ सन्त लोकविरोधी' जैसे कथन का इस कथन में परिहार हो जाता है।

आचार्य हजारी प्रसाद द्विवेदी ने 'कबीर' के मूल्यांकन में हिन्दी साहित्य में रचनाकार के मूल्यांकन के नये प्रतिमान भी प्रस्तुत किये हैं। वे नये प्रतिमानों के साथ कबीर को लेकर पाठक के सामने आये। पाठकों ने इस पुस्तक का पूरे मन से अभिनन्दन किया। लेकिन इस पुस्तक को लेकर धर्मवीर का मुँह कुछ ज्यादा ही फूला हुआ है।

वे 'सूर्य पर पूरा ग्रहण' कहते हैं—डॉ. हजारी प्रसाद द्विवेदी। वे पूरे अध्याय 5 में हजारी प्रसाद द्विवेदी को 'डॉक्टर' कहकर सम्बोधित करते हैं, जबकि उन्हें ऐसा सम्बोधन अज्ञानी जन भी नहीं देता। वे 'डॉक्टर' नहीं थे—लेकिन लोकमन में स्वीकृत 'आचार्य' थे। उनकी विद्वत्ता ने 'आचार्य' की अवधारणा का अर्थ पाया। लेकिन धर्मवीर इस ओर उदासीन हैं—'डॉक्टर' कहते हैं—'आचार्य' नाम के आगे लगाने में झेंपते हैं। शायद आचार्य शुक्ल से ज्यादा वे आचार्य द्विवेदी से ख़फ़ा हैं। आचार्य द्विवेदी अपने को कबीर चिन्तन का 'खलीफा' समझते हैं—उनकी खलीफागीरी को झाड़ने के लिए ही धर्मवीर ने 'कबीर के आलोचक'—अध्याय 5, पृष्ठ 73 में लिखा है कि आचार्य शुक्ल ने कबीर की नाभि में तीर मारा था। लेकिन डॉ. हजारीप्रसाद द्विवेदी ने इस सारे खेल को ही मोड़ दिया। उन्हें पता चल गया था कि कबीर को बाली की तरह नहीं मारा जा सकेगा। इसलिए उन्होंने कबीर को मारने का एक नया रास्ता निकाला। यह नया रास्ता क्या था? आचार्य द्विवेदी ने 'सीधी टकराहट की बजाय इसे भीतर से निस्तेज और निष्प्रभावी करना चाहा। वास्तव में, उन्होंने इस मध्यकालीन वेद-विरोधी विस्फोट को फ्यूज करने की कोशिश की है। उन्होंने कबीर के चिन्तन की सारी आग की चकाचौंध खत्म कर दी है।' उन्होंने वेद-पुराण ब्राह्मणवाद को अमृत पिलाकर ऐसा जीवित किया कि कोई उसे मार न सके।

आचार्य क्षितिमोहन सेन और रवीन्द्रनाथ से प्रेरणा लेकर आचार्य द्विवेदी ने जो 'एकेडेमिक खेल' खेला—वह धर्मवीर के हृदय में त्रिशूल की तरह चुभता है। इसी चुभन के साथ वे कहते हैं—"बात यह है कि एक डॉ. हजारी प्रसाद द्विवेदी ही नहीं बल्कि वेद और संस्कृत साहित्य के घमण्ड में आया हुआ कोई भी ब्राह्मणवादी विद्वान शूद्रों और दलितों के ज्ञान, उनकी भाषा को सम्मान की दृष्टि से नहीं देखता। वह जब भी देखता है दलितों के साहित्य को हेय दृष्टि से देखता है। वह इस साहित्य का अध्ययन नाममात्र को और वह भी मतलबी ढंग से करता है।" (वही पृ. 74) धर्मवीर के इन विचारों की सच्चाई की जाँच-पड़ताल होनी चाहिए। लेकिन साहित्य की राजनीति करने वाले ठाकुर-ब्राह्मण आलोचकों को जो अपने को प्रगतिशील कहते हैं—उन्हें इस तरह की जाँच-पड़ताल कमेटी से दूर कैसे रखा जा सकेगा। हिन्दी साहित्य की सभी कामयाब बड़ी पत्रिकाओं-पत्रों, अकादमियों, सत्ता के सभी केन्द्रों, विश्वविद्यालयों के पदों-पीठों, सभा-गोष्ठियों सेमिनारों पर इनका पूरा-पूरा कब्जा है। बड़े प्रकाशन गृहों के ये सलाहकार हैं—अवैतनिक सम्पादन-साहित्य के हर खेत में साँड़ की तरह चरकर ये सभी कबीर के साथ होने का दम भरते हैं। ये इतने संगठित हैं—'विचारधारा' के नाम पर कि इनसे एक क्या एक लाख धर्मवीर भी पार नहीं पा सकते। हिन्दी साहित्य के इन नटवरलालों ने स्वाधीनता के बाद की हिन्दी आलोचना को 'विचारधारा की रखैल' बना रखा है और ये ग्राम्शी, नोम चामस्की, आलथूसे,

गोल्डमान, ईगलटन का नाम लेकर साहित्य का समाजशास्त्र उगलते रहते हैं। धर्मवीर जी सोच लीजिए—''युद्ध यह नर का नर से नहीं है—वह सामने दनुज है।'' प्रगतिशील विचारों के इन सन्त-सामन्तों ने ही दीन-हितकारी बनकर साहित्य के कबीरों का घोड़ा अपने कब्जे में कर लिया है। इस घोड़े की सवारी में 'कामधेनु' का फल छिपा है—मनोकामना की पूर्ति। इन रावणों ने युग की सीता को राम से छीन लिया है और राम अब सीता को छुड़ाने में असमर्थ हैं। ये सभी शक्ति के उपासक हैं और शिव के सेवक। मिशेल फूको का 'विमर्श-सिद्धान्त' जिस शक्ति-सत्ता की अवधारणा को 'विमर्श' में स्थापित करता है—नवनाथों, नवसिद्धों, नवनिर्गुणिया ज्ञानियों ने 'सहज साधना', 'शवसाधना', 'वैष्णव-शाक्त साधना' सभी में उसकी सिद्धि प्राप्त कर ली है। आज कबीर के रामानन्द के विषय में दावे से कह पाना कठिन है लेकिन इनके रामानन्द तो कबीर हैं—जो पूरे मध्यकाल और आधुनिक साहित्य के मेरुदण्ड हैं। इधर कबीर वंशियों, कबीर पन्थियों-चेलों ने दलित विमर्श में भी अपनी घुसपैठ कर ली है—धर्मवीर, आपको मालूम है न। न मालूम हो तो दिल्ली में आकर अपना तपोवन बनाकर धूनी रमा लीजिए—मटकों, मधुशाला का इन्तजाम करके आइए। मधु बालाओं के बिना न साहित्य-चिन्तन हो सकता है—न साहित्य का सर्जन और न अध्ययन-अध्यापन। साहित्य का यह मुक्त बाजारवाद, देहवाद से जुड़ा है लेकिन नारी-विमर्श को केन्द्र में लाना होगा। यदि आप इधर ध्यान देंगे तो भला होगा। सभी जाने-माने प्रगतिशील आलोचक कहने लगेंगे कि धर्मवीर ने कबीर के मार्फत हिन्दी आलोचना की जड़ता को तोड़ा है और चिन्तन के क्षेत्र में क्रान्तिकारी कदम उठाया है। मुझे पता है आपकी कबीर-माला ने प्रगतिवाद के भी शिविरों में फूट डाल दी है—कुहराम मचा है और कुछ तो आपका कीर्तन भजन कर भी रहे हैं—इन्हें प्रसाद में लड्डू-मलाई खिलाते रहिए, सभी भुक्खड़ हैं।

समय की ऐसी हवा चल रही है कि अब आचार्य शुक्ल, आचार्य द्विवेदी, परशुराम चतुर्वेदी पर 'बहस' बेकार हो गयी है। उत्तर-आधुनिकतावाद, उत्तर-संरचनावाद में कबीर का नया अन्त:पाठ भाष्य के साथ 'अनन्त अर्थ सम्भावना' के साथ लाइए, वेद-पुराण ब्राह्मणवाद का रोना काम नहीं आएगा। यह मुद्दा तो डॉ. रामविलास शर्मा के हाथों पिट चुका है और तुलसी को बहुमत से साहित्य का प्रधानमन्त्री चुन लिया गया है और साहित्य का देश उनकी नीतियों से ही 'प्रगति' करेगा। आचार्य द्विवेदी ने वेद ब्राह्मण और रामानन्द के चश्मे से कबीर को देखकर हिन्दू और वैष्णव सिद्ध करने के लिए कबीर की जिस ढंग से व्याख्या की है, वह तो साहित्य में दूसरी परम्परा की खोज है जिसमें जाति-धर्म-वर्ग-निरपेक्ष सेक्यूलर मानव का बिम्ब दमक रहा है। पहली परम्परा का जाति-धर्म-वर्ण-वर्ग-बद्ध मानव यहाँ नहीं है। आप कबीर की तीसरी परम्परा के नवीन पन्थ-दलित-विमर्श के सरोकारों को

उभारने का 'अरमान' रखते हैं। इस 'अरमान' की कद्र होनी चाहिए।

'कबीर के आलोचक' तथा कबीर पर लिखी 'कबीर तथा रामानन्द' में रामानन्द एक ऐसी गुत्थी रही है जिसे सुलझा पाना कठिन चुनौती थी। गुत्थी भी काफी जटिल तथा विचारात्मक दाँवपेच से भरी हुई, जिसमें रामायण-महाभारत, वेद-पुराण, स्मृति सभी हिन्दू धर्मशास्त्र चिपककर सुरक्षित बैठे हैं। फिर राम-भक्ति परम्परा के इस प्रथम आचार्य की जन्म तिथि का ठौर-ठिकाना मतभेदों से भरा हुआ है। विद्वान गण ईसा की पन्द्रहवीं तथा सोलहवीं शताब्दी के प्रथम चरण में उनकी उपस्थिति का अनुमान लगाते हैं। कबीर-रैदास-पीपा की किंवदन्तियाँ भी रामानन्द में शिव की जटाओं की तरह उलझी हुई हैं। पता नहीं आचार्य शुक्ल को क्या सूझी कि उन्होंने शेख तकी, सिकन्दर लोदी और रामानन्द को समकालीन माना। साक्ष्य के तौर पर रामानन्द की कृति 'रामार्चन पद्धति' को आगे किया। किन्तु गुत्थी सुलझी नहीं तो विद्वानों ने 'अगस्त्य संहिता' को आधार मानना शुरू किया। प्राय: रामानन्दी मठों की परम्पराओं में 'अगस्त्य संहिता' को ही आदर प्राप्त है। प्रयाग में जन्मे गौड़ ब्राह्मण रामानन्द के गुरु राघवानन्द 'भक्तमाल' के साक्ष्य से माने जाते हैं कि रामानन्द ने स्वतन्त्र चिन्तन-पद्धति के प्रकाश के लिए स्वतन्त्र सम्प्रदाय की काशी-मठ के पंच गंगाघाट पर स्थापना की थी। लेकिन एक वर्ग रामानन्द को प्राचीन रामावत-सम्प्रदाय से जोड़ता है और दक्षिण भारत 'वाल्मीकि रामायण', 'अध्यात्म रामायण' से जोड़ता है। यह भी प्रसिद्ध है कि 'श्री सम्प्रदाय' की दो शाखाएँ हो गयीं—एक शाखा में सीताराम, दूसरी में लक्ष्मी नारायण की उपासना-आराधना। प्रथम शाखा के रामानन्द ने सीताराम की अवधारणा को व्याख्या के साथ महत्त्व-प्रतिष्ठा दी। इस शाखा में अनन्तानन्द, कबीर, रैदास, सुरसरी, पीपा, नरहर्यानन्द आदि अनेक सन्त रामानन्द के शिष्य हो गये। संयोगवश रामानन्द ने अनेक पुस्तकें लिखीं और उनकी लोक़-प्रसिद्धि बहुत हुई। जैसे—'श्री वैष्णवमताब्ज भास्कर', 'श्री रामार्चन पद्धति', 'गीता भाष्य', 'उपनिषद् भाष्य', 'आनन्द भाष्य', 'रामरक्षास्तोत्र', 'परा चिन्तामणि', 'रामाराधनम्', 'वेदान्त विचार', 'रामानन्दादेश', 'ग्यानलीला' आदि। लेकिन हिन्दी साहित्य के चतुर सुजान रामानन्द के दो ग्रन्थ मानते हैं—'श्रीरामार्चन पद्धति' तथा 'श्रीवैष्णवमताब्ज भास्कर'। असल में रामानन्द की मिथकीय उपस्थिति का दायरा बहुत बड़ा है जो ग्रन्थ हो या सम्प्रदाय—उनकी ऐतिहासिक स्थिति को तवज्जो नहीं देती। 'रामावत-सम्प्रदाय' और रामानन्द पर विलियम पिच ने 'पैजेण्ट्स ऐण्ड मौंक इन ब्रिटिश इण्डिया' 1996—आक्सफोर्ड युनिवर्सिटी प्रेस) नामक पुस्तक में जो अध्ययन किया है, वह भी रामानन्द और उनके युग की प्रामाणिक जानकारी नहीं दे पाता। इस दिशा में अभी अनुसन्धान कार्य नाममात्र को हुआ है, कबीर-पन्थियों के पास जाते हैं तो वे रामानन्द के निर्गुण पर तथा 'आत्म-बोध', 'ज्ञानबोध' पर भरोसा करते हैं। नागरी प्रचारिणी

सभा, काशी ने 'रामानन्द की हिन्दी रचनाएँ' नाम से जो पुस्तक छापी है, उसमें 'हनुमान की आरती' को यदि छोड़ दें तो शेष सभी पद निर्गुण परम्परा की ओर झुके हुए हैं। दिलचस्प बात यह है कि इन निर्गुण-पदों का प्रचार रामानन्द सम्प्रदाय में नहीं है। यही वह बिन्दु है जहाँ सन्देह की गुत्थी और उलझ जाती है। रामानन्द का सम्बन्ध कबीर और तुलसी से कैसे बना? क्यों बना? क्या लोक ने ही तो दोनों को एक तार में कसने की कोशिश नहीं की? क्योंकि निर्गुण-सगुण उपासना भक्ति में उतना अलगाव है नहीं, जितना विद्वानों ने 'बौद्धिक दार्शनिक जाल' से खड़ा किया है। कबीर-तुलसी से अलग सूरदास का निर्गुण के स्थान पर सगुण अपनाने का मन क्यों बना? निर्गुण अगम्य है, ज्ञानियों-विद्वानों के चिन्तन का विषय है और सगुण ब्रह्म रूपरेखा-जाति-गुण, लीला, अवतार के कारण लोक में सभी को सुगम है :

रूप-रेख-गुन-जाति-जुगुति बिन निरालम्ब मन चक्रत ध्यावै।
सब विधि अगम विचारै ताते सूर सगुण लीला पद गावै॥

इस कथन में अर्थ-ध्वनि स्पष्ट है कि सूर 'सगुण लीलापद' इसलिए गा रहा है कि सामान्य जनता को निर्गुण-निराकार ब्रह्म-दर्शन समझ में नहीं आता है। फिर इन सगुणवादियों ने रामानन्द-वल्लभाचार्य आदि आचार्यों के प्रभाव से भक्ति-मार्ग हिन्दू-मुसलमान, राजा-रंक, नर-नारी, ब्राह्मण-शूद्र सभी के लिए खोल दिया। रामानन्द के समीप धनी-निर्धन मुसलमान आये और इसी स्थिति-परिस्थिति ने हिन्दू-मुसलमान सन्तों को रामानन्द की ओर समर्पित कर दिया। इसलिए रामानन्द पूरे भारतीय मध्ययुगीन साहित्य और चिन्तन के मेरुदण्ड बनते गये। कबीर की काव्य संवेदना में (सांस्कृतिक-सामाजिक-धार्मिक अनुगूँज) गुरु की महिमा का महत्त्व गोविन्द से ज्यादा क्यों हो गया? इस ओर डॉ. धर्मवीर ने 'कबीर और रामानन्द : किंवदन्तियाँ' शीर्षक पुस्तक में 'लोक-चित्त' पर पर्याप्त ध्यान नहीं दिया। ध्यान देते तो पाते कि हिन्दू-सन्त हों या मुसलमान सन्त, सभी कबीर को रामानन्द का शिष्य मानते हैं। इस लोक-स्मृति में या जातीय-स्मृति में 'शास्त्र' को कोई नहीं पूछता। लोक को क्योंकि उसी में जन-हृदय का आलोक-मौजूद है। इस लोक के सामने ब्राह्मणवादी-अब्राह्मणवादी मत तो पानी भरते हैं। इसी लोक के रामावती सम्प्रदायवाले, कबीर-पन्थी तथा सभी निर्गुणिया पन्थ के माननेवाले रामानन्द को कबीर का गुरु मानते हैं। कबीर रामानन्द से सम्बन्धित सभी किंवदन्तियों को 'लोक-स्मृति' पर भरोसा करके ही मान लेना चाहिए। मुहसिन फ़नी ने 'दबिस्ताँ ए मजाहिब' (सत्रहवीं शताब्दी के मध्य में निर्मित कोश) में यह स्पष्ट उल्लेख किया कि कबीर को रामानन्द ने मुश्किल से अपनी शिष्यता दी थी। 'दबिस्ताँ' कोश क्या है—चार्वाक, सिख, पारसी, यहूदी, शास्त्रवादी हिन्दू, शाक्त-शैव, गोसाईं, विरागी, ईसाई सभी सम्प्रदाय अर्थात् विचार-परम्पराओं की सैद्धान्तिकता का धर्म-समुद्र। फ़नी ने कबीर

का सम्बन्ध 'वैरागियों' से माना है। वैरागी न 'कुरआन' को मानते हैं न 'वेद-पन्थ' को वे विष्णु नाम का जाप एकान्त में मुक्ति के लिए करते हैं।

वैष्णवों के सभी हिन्दुस्तानी सम्प्रदाय जीव-हत्या में विश्वास नहीं करते, मांसाहारी नहीं हैं। फ़नी कहते हैं कि जन्म से जुलाहे कबीर वैरागी (सन्त) थे। (पृ. 264)। यहाँ मेरा निवेदन है कि किंवदन्तियाँ हल्के ढंग से उड़ा देने की चीज नहीं होतीं। उनमें सामूहिक मानव-मन के आदिम-बिम्ब छिपे रहते हैं। किंवदन्तियाँ मिथक बनकर 'आर्कियालाजी ऑफ नालेज' (मिशेलफूको की पुस्तक) ज्ञान के प्राचीन अभिलेखागारों में उन तमाम सत्यों को व्यंजित करती हैं जिन पर सहसा हमारा ध्यान नहीं जाता। नाभादास का छप्पय क्या है—कबीर रामानन्द मिथक की स्मृति। ऐसे ही 'वैष्णव' का अर्थ शाकाहारी, मांस-मदिरा से दूर, अहिंसक और पाप-कर्म से डरने वाला है। लेकिन भारतीय साहित्य के मध्यकाल में 'वैष्णव' का अर्थ-सन्दर्भ बहुत व्यापक था। साधना-पद्धति, परम्परा, भलामानुष, संस्कृति-संस्कार से युक्त संवेदनशील प्राणी, भक्त, उपासक सन्त, वैष्णव कवि (भागवत-परम्परा का कवि) रामानन्द को कट्टर वैष्णव, शास्त्रवादी मिथक में डालने का प्रयास ही गलत है—राजनीति से प्रेरित प्रयास है जो उनके 'भक्ति चिन्तन' के मानववाद को गुमराह करता है और करता रहा है। प्यूरिटनवादी आर्थोडाक्सी के पश्चिमी प्रतिमान-दृष्टि से कबीर, रामानन्द, तुलसी, जायसी, मीरा, रसखान के साथ आप कभी भी न्याय नहीं कर सकते। डॉ. अम्बेडकर हिन्दू जाति-प्रथा, वर्णवाद, शास्त्रवाद, कर्मकाण्डी पुरोहितवाद के विरोधी थे, पर वे मनुष्यता के विवेक को अस्वीकार करके नहीं चले थे। यदि विरोधी होते तो ऐसा न कहते, "शास्त्रों ने समझौते वाली भावना का पालन करते हुए जाति-व्यवस्था को हमेशा के लिए जीवनदान दे दिया और चिन्तनशील विचारों की अभिव्यक्ति को दबा दिया, क्योंकि ऐसा न करने पर जाति-व्यवस्था की धारणा नष्ट हो सकती थी। ऐसे अनेक समाज सुधारक हुए हैं जिन्होंने जाति-प्रथा तथा अस्पृश्यता का उन्मूलन करने के लिए कार्य किया है। उनमें रामानुज, कबीर आदि प्रमुख हैं।" (बाबा साहेब डॉ. अम्बेडकर सम्पूर्ण वाङ्मय, खण्ड 1, पृ. 98, कल्याण मन्त्रालय भारत सरकार की ओर से प्रकाशित)। मुसीबत यह है कि धर्मवीर दलित-विमर्श के जोश में बाबा साहेब अम्बेडकर से कोई सदाचार-शील भरी सन्त-सीख नहीं लेते। नतीजा यह है उनके कबीर सम्बन्धी वैचारिक महाभारत में भाव आस्फालन का झाग बहुत है—तत्त्व बहुत कम। भारतीय साधना की स्मृति में परम्परा में 'निर्गुण' की स्वीकृति का प्रमाण नहीं मिलता अर्थात् स्वीकृति असम्भव है। लोक-स्मृति को प्रमाण मानते हैं तो रामानन्द ही कबीर के गुरु थे।

मैं लगे हाथ कबीर और तुलसी की रामानन्दी गुत्थी पर भी थोड़ा विचार करना चाहता हूँ। इस निबन्ध की 'अन्तर्वस्तु' के हिसाब से भी यह विचार जरूरी है और

इसकी अन्तर्योजना भी खण्डित नहीं होती। आचार्य हजारी प्रसाद द्विवेदी ने, कबीर को समन्वयवादी नहीं माना। लेकिन 'हिन्दी साहित्य की भूमिका' में तुलसी के लिए कहा, ''लोकनायक वही हो सकता है जो समन्वय कर सके।'' इतना ही नहीं गौतम बुद्ध के बाद तुलसीदास को सबसे बड़ा लोकनायक माना। तुलसीदास निर्गुण-सगुण में समन्वय कर सके, कबीरदास नहीं। कबीर 'क्रान्तिकारी' तबीयत से अक्खड़, स्वभाव से फक्कड़। तुलसीदास स्वभाव से चिन्तनशील, शालीन लोक धर्म के रक्षक। आचार्य द्विवेदी ने तो तुलसी को आदर-भाव से स्मरण किया है तथा समन्वयवादी कहा। किन्तु समन्वयवादी हमारे यहाँ स्वतन्त्र भारत में अच्छा नहीं समझा जाता। 'समन्वयवादी' एक गाली है जिसका अर्थ है—समझौतावादी, रीढ़रहित, अवसरवादी, चालाक-धूर्त, चरित्रहीन आदि। साहित्य की राजनीति में 'समन्वय' शब्द मैला हो गया है और विकृत अर्थ का वाहक भी। भगवान सिंह ने 'कबीर और तुलसी पूरक या विरोधी?' शीर्षक बहुवचन, अंक-7, पृ. 23-31 निबन्ध में एक नया ही विचार-सन्दर्भ उठाया, ''द्विवेदी जी की इस स्थापना में ही कबीर क्रान्तिकारी तो तुलसी समझौतावादी जैसी मान्यता का जो बीज-वपन हुआ, वह बाद में प्रगतिवादी समीक्षा के अन्तर्गत रांगेय राघव, प्रकाशचन्द्र गुप्त, यशपाल, मुक्तिबोध द्वारा पल्लवित-पुष्पित हुआ। भक्ति साहित्य की चर्चा कबीर बनाम तुलसी तक सिमटकर रह गयी—कबीर को विद्रोही एवं क्रान्तिकारी तो तुलसी को वर्ण-व्यवस्था, ब्राह्मणवाद, सामन्तवाद से समझौता करनेवाला सिद्ध करने में कतिपय समीक्षक अपनी प्रतिभा का उत्कर्ष प्रकट करने लगे। कबीर बनाम तुलसी की 'बहस' को एक गलत राजनीतिक रंग देने का कुचक्र देखकर डॉ. रामविलास शर्मा से नहीं रहा गया। उन्होंने 'परम्परा पुनर्मूल्यांकन' नामक पुस्तक में प्रगतिशील परम्परा का अर्थ-सन्दर्भ उजागर करने के बाद तुलसीदास पर कुछ लेख लिखे। यही लेख 'भारतीय सौन्दर्यबोध और तुलसीदास' शीर्षक से साहित्य अकादेमी, दिल्ली ने अभी हाल में पुनः प्रकाशित किये। इसी बीच डॉ. रमेश कुन्तल मेघ की पुस्तक 'तुलसी आधुनिक वातायन से', भगवानसिंह की पुस्तक 'आधुनिकता और तुलसीदास', कृष्णदत्त पालीवाल की पुस्तक 'सीय राम मय सब जग जानी' प्रकाशित हुईं। उसी समय आदतन डॉ. नामवरसिंह ने 'रामविलास शर्मा के तुलसीदास और निराला-पन्त सम्बन्धी निबन्ध मननीय हैं' (आधुनिक हिन्दी साहित्य की प्रवृत्तियाँ, पृ. 144) जैसी विचार-भूमि से पलटा खाया और समय की गति को समझते हुए 'दूसरी परम्परा की खोज' में ग. मा. मुक्तिबोध के साथ हो गये। ''साथ ही भारतीय इतिहास के सन्दर्भ में द्विवेदी जी द्वारा प्रस्तुत यह 'लोक-धर्म' की अवधारणा निश्चय ही बहुत महत्त्वपूर्ण है। वैसे तो 'लोक-धर्म' शब्द का प्रयोग द्विवेदी जी से पहले शुक्ल जी ने भी किया है, किन्तु जैसा कि 'तुलसीदास' नामक पुस्तक के 'लोक-धर्म' शीर्षक अध्याय से स्पष्ट है,

शुक्ल जी का 'लोक-धर्म' बहुत कुछ वर्णाश्रम धर्म ही है। 'भक्ति के नाम पर वेद-शास्त्रों की निन्दा करने वाले' और 'आर्य धर्म के सामाजिकत्व को न समझकर लोगों में वर्णाश्रम धर्म के प्रति अश्रद्धा उत्पन्न करनेवाले' नीच जातियों के निर्गुणपन्थी भक्तों की जैसी भर्त्सना शुक्ल जी ने की है, उससे स्पष्ट है कि शुक्लजी का 'लोक-धर्म' वस्तुतः 'आर्य शास्त्रानुमोदित' सनातन धर्म ही है।' (दूसरी परम्परा की खोज, पृ. 79, राजकमल पेपर बैक) इसी पुस्तक में 'प्रेमा पुमर्थो महान' लिखते हुए नामवर सिंह जी को फिर आचार्य द्विवेदी के साथ आचार्य शुक्ल याद आये। आचार्य द्विवेदी ने प्रेम के लोक-आधार पर भक्तिकाव्य की व्याख्या की और वे शास्त्रीय भक्तिशास्त्र से सूर की तरह प्रेरणा लेकर भी दूर रहे। लेकिन आचार्य शुक्ल तो 'प्रेम' को अभारतीय मानते थे—"इस पाप-बोध जगानेवाले वर्ग से निपटने के लिए भक्तों के पास सबसे अमोघ-अस्त्र था—प्रेम। आश्चर्य नहीं कि पुरोहिती हितों के पोषक पण्डितों ने सबसे अधिक कोप इस 'प्रेम' पर ही प्रकट किया। कोप का एक रूप तो यह है कि इसे अभारतीय कहकर अग्राह्य बना दिया जाय। विचित्र विडम्बना है कि हिन्दी भक्ति-काव्य के अनेक लोकवादी मूल्यों के प्रशंसक आचार्य शुक्ल ने भी भक्तिकाव्य के प्राण 'प्रेम' को अभारतीय कहा। भक्ति-सम्प्रदाय में प्रेम का ही दूसरा नाम माधुर्य भाव है। यह माधुर्य भाव कबीर और जायसी में भी है तथा सूर और मीरा में भी।" (वही, पृ. 64) 'दूसरी पम्परा की खोज' की अनेक स्थापनाओं से आहत होकर डॉ. रामविलास शर्मा ने 'लोक-जागरण और हिन्दी साहित्य' (वाणी प्रकाशन) पुस्तक की 'भूमिका' में आचार्य द्विवेदी तथा नामवरसिंह की जमकर खबर ली। तब से कबीर बनाम तुलसी, आचार्य द्विवेदी बनाम आचार्य शुक्ल का अखाड़ा बनी हिन्दी-आलोचना लड़ाई के कई गहरे घाव लिये चल रही है। इसी वैचारिक लड़ाई के विस्फोट ('आलोचना' पत्रिका) में कबीर के प्रसिद्ध पद 'आधा हिन्दू रहिए' गाया है या 'ताते हिन्दू रहिए।' रामस्वरूप चतुर्वेदी ने बहस में 'ताते हिन्दू रहिए' का पक्ष लिया था—तो धर्मवीर ने चिढ़कर कबीर के कुछ आलोचक' में 'ताते ब्राह्मण रहिए' कहकर उन्हें कोसा है। कबीर के 'पाठ' का विचार क्या रंग लाया। भगवान सिंह ने इस स्थिति पर फिर चुप्पी तोड़ी और कहा, 'कबीर क्रान्तिकारी हैं तो तुलसी और उनके प्रशंसक समीक्षक रामचन्द्र शुक्ल वर्णाश्रमवादी। तब से यही मुद्दा हिन्दी आलोचना का मुख्य मुद्दा बनकर हावी है। अब तो आलम यह है कि जैसे बिना खाद-पानी के कुकुरमुत्ते उग आते हैं, वैसे ही बगैर पढ़े-समझे ऐसे समीक्षक भी उदित हो रहे हैं, जो तुलसी को कबीर विरोधी एवं ब्राह्मणवाद का पैरोकार सिद्ध करने में अपने अज्ञान का चमत्कार दिखा रहे हैं। ऐसे समीक्षकों में सिरमौर बनकर उभरे हैं दलित लेखक डॉ. धर्मवीर।" (बहुवचन, अंक, 7 पृ. 231)

डॉ. धर्मवीर की दृष्टि का प्रमुख मुद्दा यह है कि कबीर को वेद-उपनिषद-

पुराण-स्मृति की पौराणिक और शास्त्रवादी दृष्टि से देखना उचित नहीं है—इसी दृष्टि को वे ब्राह्मणवादी कहकर भर्त्सना करते हैं। क्योंकि इसी दृष्टि से कबीर को नीचा दिखाया गया है। डॉ. धर्मवीर की इस दृष्टि को समर्थन देने के लिए मुरली मनोहर प्रसाद सिंह ने एक लेख लिखा, 'सन्तों पाण्डे निपुन कसाई' और उस लेख में कहा,''सिर्फ कबीर सम्बन्धी समालोचनाओं में अन्तर्निहित वैचारिक साँचे के उद्घाटन से धर्मवीर ने यह स्पष्ट कर दिया है कि हम वैदिक-पौराणिक संस्कृति की विचार-दृष्टि से लड़ने और मुक्त होने के आत्म-संघर्ष के कार्यभार को किस रूप में अनदेखा करते रहे हैं। अपने अतीत के मूल्यांकन में अवैदिक परम्पराओं और जन-जागृतियों के फलस्वरूप अद्भुत सांस्कृतिक विरासत के प्रति हमारा बोध किस सीमा तक कुण्ठित है, इसके उदाहरण भी हमें इस पुस्तक से बाहर निकलकर हमसे सीधा-सीधा सवाल पूछ रहे हैं—वैदिक-पौराणिक संस्कृति के वैचारिक चौखटे के अन्तर्गत सर्वसंग्रहवाद आत्मसातीकरण की अपनी मुहिम में कहीं हमें भी निगला तो नहीं जा रहा है।'' (हंस-अप्रैल-1998) उपर्युक्त कथन में मुरली जी का विचार स्पष्ट है कि कबीर को समझने के लिए वैदिक-पौराणिक-वैचारिक साँचे का परित्याग करना आवश्यक है। प्रश्न उठता है कि इस वैदिक-पौराणिक-वैचारिक साँचे के परित्याग से तुलसी, सूर, मीरा, रसखान, रहीम, नन्ददास जैसे सगुण भक्ति-धारा के कवियों के साथ क्या न्याय किया जा सकता है ? यदि नहीं किया जा सकता तो भक्ति-साहित्य के लिए यह प्रतिमान अधूरा, एकांगी और अप्रासंगिक है। हम यह कैसे भूल सकते हैं और भूलते हैं तो यह परम्परा के साथ धोखा है—परम्परा का अर्थ है—सातत्य। और परम्परा के सातत्य से भक्तिकाव्य विच्छिन्न नहीं है। फिर भारतीय सन्त-साहित्य अपने में लोक-जागरण की उपज है। इसका स्रोत न वेद हैं न पुराण, न बौद्ध धर्म, न जैन-धर्म या इस्लाम है। इन धर्मों के धर्मशास्त्र में हिन्दी सन्त-भक्ति-परम्परा के स्रोत खोजना नादानी ही कही जाएगी। कबीर, जायसी, दादू, रैदास, कुरआन के दूर-दूर तक भाष्यकार सिद्ध नहीं किये जा सकते। न तुलसी, सूर, मीरा को वेद-पुराण के धर्मशास्त्र की कार्बन कापी कहा जा सकता है। सन्तों पर निर्गुण-सगुण परम्पराओं का 'प्रभाव' है, पर 'प्रभाव' को 'प्रतिक्रिया' किस तर्क से सिद्ध किया जा सकता है। भक्ति-काव्य और भक्तिशास्त्र की धार्मिक-व्याख्या से सन्तों का लोक-धर्म नहीं समझा जा सकता। सन्तों का लोक-धर्म दीन-दुःखी, दलितों-निर्धनों के 'दीनानाथ-दीनबन्धु' की अवतारणा पर केन्द्रित है। हिन्दू-धर्मशास्त्रों को ध्यान में रखकर तुलसी को 'प्रतिक्रियावादी' कहने का जो जोरदार अन्धड़ उठा था—वह शक्ति-विहीन हो गया है। ब्रह्म, प्रेमा-भक्ति, जीव-जगत-माया का सवाल अब नहीं रहा—जिसे लेकर शिवदान सिंह चौहान जैसे आलोचक प्रगतिशीलता की झोंक में अनाप-शनाप बोलते थे—या जैसे दलित-विमर्श के साथ कबीर को लेकर धर्मवीर कहते हैं कि 'तुलसी

विश्व के साहित्यिक इतिहास में सबसे ज्यादा असभ्य, बर्बर और दुश्मन कवि है' (कबीर के आलोचक, पृ. 38)। वैदिक-पौराणिक संस्कृति का वैचारिक साँचा कबीर के राम में तुलसी के राम से कम नहीं है। कबीर कहते हैं कि मेरा राम दशरथ-सुत सगुण राम नहीं है—लेकिन राम के लोक-रूप, लोक-कथाओं, विष्णु-महिमा से कबीर गले तक गर्क दिखाई देते हैं—प्रेम-रस, राम-रस, 'प्रेम रसाइन प्रेम रस पीवत अधिक रसाल' है। सूर-जायसी-तुलसी के लिए कबीर प्रेम के कवि हैं। जायसी 'मानुष प्रेम भयउ बैकुण्ठी' का अर्थ समझाते हैं तो तुलसी 'रामहि केवल प्रेम पियारा' का मन्त्र। सूर 'प्रेम-प्रेम से होय प्रेम से पारहि पइये'। 'प्रेमा पुमर्थो महान' प्रेम ही परम पुरुषार्थ है अन्य सभी 'पुरुषार्थ' तो तुच्छ हैं।

रही नारी-निन्दा की बात। कबीर दास के 'बीजक' को छानने पर पता चलता है कि वे तो नारी-निन्दा में तुलसी के भी कान काटते हैं। जगह-जगह जनक, याज्ञवल्क्य, नारद, सनकादिक-चिन्तकों का हवाला देते हैं। लोक-साहित्य में रचा-बसा ऐसा कोई वैदिक-पौराणिक साहित्य का पात्र नहीं है जो कबीर की सर्जनात्मकता में मौजूद न हो। रामानन्द के शिष्य कबीर को वेद-पुराणों का ज्ञान था और उसके प्रति आदर का भाव भी। शब्द की महिमा, सतगुरु की महिमा, सत्संग-महिमा, समर्पण भाव, विष्णु-महादेव-ब्रह्म त्रिदेवों का स्मरण, अनहद नाद, तन्त्र की जानकारी—क्या नहीं है उनके पास। कबीर आस्तिक हैं—तुलसी की तरह। बौद्धों से प्रभावित होकर भी बौद्धों के पिछलग्गू नहीं हैं। कबीर का शास्त्र-पुराण से गहरा रिश्ता है—पर वे तुलसी की तरह ही उसमें रमते हैं—पुरोहितवाद-मुल्लावाद का खण्डन करते हैं। मूल बात यह है कि कबीर तथा तुलसी में 'भक्ति' भाव की समानताएँ ज्यादा हैं—असमानताएँ कम।

धर्मवीर ने कबीर को लेकर तुलसीदास तथा तुलसी के मार्फत पुराने कई आलोचकों को ब्राह्मणवादी कहकर कोसने-दबोचने का अभियान चलाया है। इस अभियान में उनकी तर्क-शक्ति ढीली पड़ी है और आलोचनात्मक दृष्टि में 'संयम-सन्तुलन' का अभाव। वे दिशा-विशेष में बढ़ रहे हैं—जिसका सम्मान होना चाहिए।

6

मलिक मुहम्मद जायसी को राजनीति में घसीटने का षड्यन्त्र

राजनीतिज्ञों की गिद्ध-दृष्टि कविवर मलिक मुहम्मद जायसी पर केन्द्रित होती जा रही है। यह चिन्ता की बात है। चिन्ता की बात इसलिए है कि राजनीतिज्ञ जायसी को मोहरा बनाकर अपना मुस्लिम कार्ड चलाने की फिराक में हैं। संसद सदस्य, मन्त्री, प्रधानमन्त्री तक मलिक मुहम्मद जायसी की मजार पर चादर चढ़ाने की फिराक में हैं, ताकि मुस्लिम समुदाय की सहानुभूति को भुनाया जा सके। जायसी के प्रति पूरे अवध क्षेत्र में आदर-सम्मान का भाव है। यह भाव समझते हुए ही कुछ काँग्रेसी नेताओं की सलाह से श्री राजीव गाँधी ने साढ़े तीन लाख रुपये की लागत से उनकी मजार का कायाकल्प कराया था, जायस में कवि के पैतृक घर पर एक स्मारक बनवाया और शोध-संस्थान के लिए पच्चीस लाख रुपये देने की घोषणा की। किन्तु उसके बाद इस ओर किसी का ध्यान तक नहीं गया। अचानक अमेठी अधिवेशन की तैयारी होते ही इधर ध्यान गया। जायसी पर जनता की भावना को देखते हुए फिर नेता लोग फड़क उठे। अधिवेशन की स्मारिका पर जायसी का चित्र चिपकाने की तमन्ना प्रबल हो गयी। बाबरी मस्जिद की राजनीति को जायसी हवा दे सकते हैं और मुस्लिम-समुदाय को वोटों के लिए लपका जा सकता है। जायसी का जन्म-स्थान जायस अमेठी संसदीय क्षेत्र का सबसे बड़ा कस्बा है और उनकी मजार वहाँ से कुछ ही दूर अमेठी कस्बे के पास है।

जायसी मध्यकालीन भारत के सांस्कृतिक इतिहास का एक ऐसा नाम है—जिसका पूरा रंग हिन्दुस्तानी है। सोलहवीं शताब्दी के मोड़ से गुजरते ही इस 'जीनियस' कवि के दर्शन होते हैं। मध्ययुग के सत्ता-संघर्ष में हिन्दू-तुर्क-संघर्ष सबसे भयानक है। लेकिन याद रखने की बात है कि मुसलमान और मुसलमान के बीच का सत्ता-संघर्ष भी कम जानलेवा नहीं है। परदेसी मुसलमान देसी-मुसलमान को, हिन्दू को तलवार की धार पर उतार रहा है। देश में त्राहि-त्राहि मची है। इस कठोर समय

में भी सूफ़ी सन्त प्रेम-मार्ग निकाल रहे हैं। वे कह रहे हैं कि प्रेम से आदमी बैकुण्ठी हो सकता है—पर युद्ध से मुट्ठी भर खाक के सिवा और कुछ नहीं बन सकता। जायसी की प्रसिद्ध रचना 'पद्मावत' एक ऐसी ट्रेजेडी है जो प्रेम और युद्ध दोनों के परिणाम दिखा देती है। विजयदेव नारायण साही ने 'जायसी' पुस्तक में लिखा है कि छल, छद्म, सत और साका भी उस काल की राजनीति और युद्धनीति की सामान्य परिस्थितियाँ थीं और सबसे बढ़कर सुलतानों और शाहंशाहों की साम्राज्य-विस्तार-नीति को इस्लाम बनाम कुफ़्र की नारेबाजी से जोड़ना भी बादशाहों, मुल्लाओं, सूफ़ियों-राजाओं और पण्डितों के लिए स्वार्थ और परमार्थ दोनों को सिद्ध करने का आसान तरीका था। जायसी अपने समाज और उसमें मौजूद सत्ता-संघर्ष को देख रहे थे। उनकी विशेषता यह थी कि उन्होंने इस समूचे परिदृश्य को नयी पूर्वग्रहमुक्त आँखों से देखा—और उन्होंने उस विराट् ट्रेजेडी को और साथ ही इस सारे अभियान की व्यर्थता को देखा, जो उनके समाज को मथ रही थी। अन्त में अलाउद्दीन के बारे में जायसी का कथन है—'छार उठाइ लीन्हि एक मूँठी। दीन्हि उड़ाय पिरथिमी झूठी'। 'पद्मावत' की कथा केवल अलाउद्दीन, रतनसेन और पद्मिनी की व्यक्तिगत ट्रेजेडी नहीं है—जिन शर्तों पर जायसी का समाज उलट-पलट रहा था, उसके चलते समूची पृथ्वी के झूठी पड़ जाने की ट्रेजेडी है। (पृ. 88) ऐसे महान सूफ़ी साधक जायसी को आज मुसलमान समझना भारी भूल है। नेताओं को पता नहीं है कि जायसी के कवि एवं सन्त का क्या अर्थ है। जायसी सत्ता को फटकारते कवि हैं और आज के सत्ता-लोलुप उन्हें ही उपयोग में लाना चाहते हैं। कैसी विडम्बना है—कैसा विषाद-योग है।

जायसी ने देखा था कि नये हमलावर बाबर के साथ मुगल शाहंशाहों की बुनियाद पड़ रही थी। दिल्ली के चारों ओर नये सामन्तवाद के चक्र-कुचक्र घूम पड़े थे। भारतीय मुसलमान और हमलावर मुसलमानों के बीच राजनीतिक-सांस्कृतिक संकट के अखाड़े तूल पा रहे थे। पर हिन्दू और मुसलमान धर्मान्ध होकर नहीं लड़ रहे थे। कट्टर साम्प्रदायिक विचारधाराएँ टकरा रही थीं। पर वे हिन्दू-मुसलमान के आपसी मेल-जोल को रोकने में विवश थीं। जायसी से दो सौ वर्ष पहले कबीरदास हिन्दू और मुसलमान दोनों के कट्टरपन को फटकार चुके थे। 'पण्डितों और मुल्लाओं' की तो नहीं कह सकते पर साधारण जनता 'राम और रहीम' की एकता मान चुकी थी। साधुओं और फकीरों को दोनों तबकों के लोग आदर और मान की दृष्टि से देखते थे। साधु या फकीर भी सर्वप्रिय वे ही हो सकते थे जो भेदभाव से परे दिखाई पड़ते थे। बहुत दिनों से साथ रहते-रहते हिन्दू और मुसलमान एक-दूसरे के सामने अपना हृदय खोलने लगे थे। जिससे मनुष्यता के सामान्य भावों के प्रवाह में मग्न होने और मग्न करने का समय आ गया था। जनता की प्रवृत्ति भेद से अभेद की ओर हो चली थी।

मुसलमान हिन्दुओं की राम कहानी सुनने को तैयार हो गये थे और हिन्दू मुसलमानों का दास्तान हमजा।' (रामचन्द्र शुक्ल, जायसी ग्रन्थावली, पृ.1) भक्ति-आन्दोलन ने हिन्दू-मुसलमान का भेद-भाव लगभग मिटा दिया था। सूफ़ी महात्मा सभी को इश्क मजाजी और इश्क हकीकी का सबक याद करा रहे थे। इस पूरे सबक में जायसी की महत्त्वपूर्ण भूमिका थी। जायसी-प्रेम के पीर की कहानी लेकर कवि-संकल्प से भर गये और हिन्दू घरों की प्रसिद्ध कहानी पर काव्य रचने का मन बनाया। उन्होंने हिन्दू-मुसलमान दोनों के बीच प्रेम-प्रवाह का संचार किया। वे किसी भी कीमत पर न वेद-शास्त्र निन्दक बने, न कुरान के भाष्यकार। उनके काव्य का एक ही सन्देश है—मनुष्यता का विस्तार और मनुष्य-मनुष्य के बीच रागात्मक सम्बन्ध की दृढ़ स्थापना। आचार्य रामचन्द्र शुक्ल ने ठीक कहा है कि 'कबीर ने केवल भिन्न प्रतीत होती हुई परोक्ष सत्ता की एकता का आभास दिया था। प्रत्यक्ष जीवन की एकता का दृश्य सामने रखने की आवश्यकता बनी थी। वह जायसी द्वारा पूरी हुई।'' ऐसे जायसी को आज की स्वार्थान्ध विकृत राजनीति में घसीटना पूरी मध्यकालीन सन्त-परम्परा को कलंकित करने का प्रयास ही कहा जाएगा।

सन्त-परम्परा के जायसी लोक-धर्म, लोक-मंगल के दृढ़ संस्थापक रहे हैं। हिन्दू-धर्म, इस्लाम, कर्मकाण्ड, धर्म-शास्त्र, पुरोहितवाद-मुल्लावाद की रीति-नीति पर धावा बोलकर उन्होंने प्रेम से मानव-कल्याण का मार्ग सुझाया है। अमीर-खुसरो ने अलाउद्दीन को प्रसन्न करने की मंशा से 'खजायनुल फुतूह' लिखा और उनका यह कृत्य उनकी अपनी मसनबी 'नुहसिपहर' के विचारों से मेल न खाता था। गुजरात, चित्तौड़ और रणथम्भौर पर अलाउद्दीन खिलजी की दमन-नीति ने कहर ढाया था—उसका बयान 'खजायनुल फुतूह' में खुसरो करते हैं और हिन्दुओं को 'फराइनतुल कुफ्र' कहते हैं। खुसरो ने सुल्तान की यह कहकर तारीफ की कि उसने नापाक लोगों के खून से जमीन को धोकर पाक किया—''तूफान-ए-खून-ए आं नापाका खाक-ए-आंमीन—रा पाक वि-शुस्त।'' रणथम्भौर में अलाउद्दीन खिलजी की जीत पर खुसरो झूम उठते हैं—''दास्ताने फतहे रणथम्भौर कदर यक गजा गश्त तजां सां दारे कुफ्रेदारे इस्लाम दर कज़ा।'' किन्तु खुसरो के दो-सौ वर्ष बाद चित्तौड़ पर अलाउद्दीन की विजय पर जायसी नहीं झूमते। उन्हें इस्लाम का कुफ्र फूटी आँखों नहीं सुहाता। न वे नापाक लोगों के खून से जमीन को धोकर पाक करने की बात सोच सकते हैं। जाहिर है कि अमीर खुसरो की दिमागी बनावट से जायसी की दिमागी बनावट एकदम भिन्न है। जायसी कवि और सन्त हैं, खुसरो सत्ता के चाटुकार कवि। जायसी ने 'पद्मावत' में अलाउद्दीन खिलजी की जीत पर लिखा है 'जौहर भईं इस्तरी पुरुष भए संग्राम। पात साहि गढ़ चूरा चितउर भा इस्लाम।' इस पर विजयदेव नारायण साही ने लिखा है—''शायद जायसी के दोहे में अमीर खुसरो की स्मृति है—लेकिन दोनों

की मन:स्थिति में भारी अन्तर है। खुसरो काफिरों के खून से धुलकर पृथ्वी को पाक होता देखता है और उल्लसित होकर इस साम्राज्यवादी सत्ता-संघर्ष को इस्लाम की विजय मानता है। इसके विपरीत जायसी उड़ती हुई दो मुट्ठी राख की तरह पृथ्वी-विजय को झूठा देखते हैं और उनकी आवाज में ट्रेजेडी, व्यंग्य और गहरे विषाद का सम्मिश्रण है—जो जायसी के इस्लाम और अलाउद्दीन में गम्भीर अन्तर की अनुभूति प्रस्तुत करता है।'' (जायसी, पृ. 34)

जायसी भारतीय इतिहास की उस उथल-पुथल के सच्चे गवाह हैं—'जिसे सोलहवीं शताब्दी ने पैदा किया था। वे जानते हैं कि बाबर का मुकाबला इब्राहिम लोदी ने अपने ढंग से किया और राणा साँगा ने अपने ढंग से। इसके साथ ही यह सत्य भी उन्हें ज्ञात है कि शेरशाह सूरी ने सबको साथ लेकर हमायूँ को शिकस्त दी। इस्लाम में कट्टर सम्प्रदायवादियों-महदियों और मुजाहिदों के जो आन्दोलन उठ खड़े हुए थे, जायसी ने उनका साथ नहीं दिया। उनके व्यापक रचनाकार का मानवतावाद धार्मिक उन्माद की निन्दा करता है। जायसी ही नहीं इस युग में अबुलफजल और फैजी जैसे उदार चिन्तक भी कट्टरता को नापसन्द करते हैं। इस्लामी सामन्तवाद और हिन्दू सामन्तवाद की इस रस्साकशी को देखकर कबीर ने कहा था—'अरे इन दोउन राह न पाईं। हिन्दुन की हिन्दुवाई देखी तुरकन की तुरकाई।' जायसी ने कबीर की राह को ही चिन्तन में आगे बढ़ाया। जायसी उसी हिन्दू-तुर्क सत्ता संघर्ष की लहर को 'पद्मावत' में कथा-रूपक के माध्यम से कहते हैं। सच बात यह है कि जायसी के कवि ने जो मनोभूमिका प्राप्त की थी, वह नयी नहीं थी। इस मनोभूमिका को भारतीय कवि, सूफ़ी सन्त, योगी, वेदान्ती और शायर बहुत समय से प्राप्त करते आ रहे थे। जायसी ने पूरी परम्परा के मानवतावाद को अपनी कविता में उतारना चाहा। इसलिए आज के राजनीतिज्ञों का यह समझना कि जायसी मुसलमान थे और उनके नाम से मुसलमान खुश हो जाएँगे—वोट की वर्षा होगी, यह सब समझना मात्र भ्रम है, अज्ञान है। समझदार मुसलमान और हिन्दू दोनों जानते हैं कि जायसी जाति, धर्म, वर्ग, सम्प्रदाय, क्षेत्रीयता, नस्ल आदि सभी भेदभावों से ऊपर हैं। घटिया सत्तावादियों का तो उनका चिन्तन पूरी तरह विरोधी है। जायसी का कवि और सन्त भारतीय सांस्कृतिक-परम्परा के उस पर्वत से उत्पन्न हुआ है जिसकी धाराएँ पूरे-देश में बहुत समय से प्रवाहित रही हैं। इसलिए जायसी का चिन्तन-स्रोत कुरान-इस्लाम, सूफ़ी-धर्म, तसव्वुफ, वेदान्त, बौद्ध-दर्शन आदि में खोजना सही नहीं है। इन सभी का उनपर रंग है, पर वे इनमें से किसी एक ही रंग में रँगे नहीं हैं। फिर-ईरानियों, पठानों, अरबों तुर्कों से भरा भारत वर्ष उठान भरे सामन्तवाद की भूमिका खत्म कर चुका था—सामन्ती ढाँचा कमजोर पड़ गया था। इस सामन्तवादी ढाँचे को कमजोर करने में जायसी-कबीर-दादू-तुलसी जैसे सन्तों की भूमिका महत्त्वपूर्ण थी। प्रेममार्गी सूफ़ियों ने अनेक

मनुष्यों को धार्मिक अन्धविश्वासों से मुक्त किया एवं कहा, 'मानुष प्रेम भयउ बैकुण्ठी। नाहि तो कहा छार एक मूठी।'' मनुष्य प्रेम से ही बैकुण्ठी या दिव्य-उदात्त हुआ है और यदि प्रेम नहीं है तो क्या है—एक मुट्ठी खाक ही तो है। सन्त जायसी ने धर्म पर से मुल्लाओं का इजारा तोड़ा, पुरोहितवाद को फटकारा। जनता को यह विश्वास दिया कि धर्म और शास्त्र के बिना भी उनका जीवन सफल हो सकता है। जो लोग जायसी या तुलसी के काव्य में 'धर्म' की बात आते ही बैल की तरह पूँछ उठाकर चौंक उठते हैं, उनका दृष्टिकोण वैज्ञानिक अध्ययन में आड़े आता है। क्योंकि वे न समाज की ऐतिहासिक-सामाजिक भूमिका को समझते हैं, न समझने देना चाहते हैं।

जायसी काम, क्रोध, मद, लोभ को नियन्त्रित करने का सन्देश देते हैं। अलाउद्दीन खिलजी का पद्मावती को प्राप्त करने का काम-लोभ नाश का कारण बनता है। रतनसेन का काम ही कोढ़ बनकर फूटता है—भोग नहीं, नाश का वह वरण करता है। जायसी को यह भी पता है कि सुलतानों की अनियन्त्रित काम-पिपासा में ही उनकी मृत्यु का मन्त्र छिपा हुआ है। फिर मुसलमान अनेक देशों से आये थे—उनकी भाषा, नस्ल, जाति भिन्न-भिन्न थीं। अरब, ईरान, पठान और तुर्क इतने अलग थे कि उनकी जातीय-संस्कृति एक नहीं थी। फिर बाहर से आकर वे ब्रज, अवध, बंगाल, पंजाब, महाराष्ट्र आदि में बस गये और इन प्रदेशों की भाषाओं को अपना लिया। यही मूल बात है कि ब्रज-अवध-बंगाल आदि के मुसलमानों ने जो कविता लिखी है—उसकी विषयवस्तु इस्लाम नहीं है—उसमें इस्लाम, बौद्ध, जैन, हिन्दू, संस्कृति के सामंजस्य का भाव है और सामंजस्य का भाव ही विरुद्धों के सामंजस्य भाव को लेकर मौजूद है। विरुद्धों का यह सामंजस्य भी धार्मिक-संवेदना के भीतर घटित न होकर सांस्कृतिक-भाव प्रवाह के भीतर घटित हुआ है। फिर पंजाब, बंगाल, अवध, ब्रज के सभी मुसलमान बाहर से नहीं आये। आक्रान्ता नहीं हैं, वे तो हिन्दू भाई हैं, जिन्होंने अपना धर्म बदल लिया था। धर्म बदल लेने से उनकी जातीय संस्कृति नहीं बदल जाती। जायसी में वेदान्त, रसायन, योग का प्रभाव तो इस्लाम से भी ज्यादा है। जायसी का रतन सेन हठयोगी नायक बनकर गोरखनाथ की जय बोलता है—शंकर से सिद्ध गोटिका पाता है और हीरामन तोता से पद्मावती के हृदय-प्रेम की टोह। जायसी में इतना अधिक हिन्दू-तत्त्व है कि उन्हें मुसलमान कहते संकोच होता है। ऐसे ही वे पूरी तरह 'सूफ़ीवाद' के घेरे में भी नहीं आते। जायसी को सूफ़ी कवि मानने की जो गलत धारणा हिन्दी साहित्य में पड़ गयी है, उसे साहस से तोड़ने की जरूरत है। जायसी के कवि-कर्म की मौलिकता को सूफ़ीवाद की चादर उढ़ा दी गयी है। इस चादर को पूरी तरह हटाकर उनके कवि-मर्म की तलाश जरूरी है। इधर की राजनीति जायसी को सूफ़ी मुसलमान बनाकर, मुसलमानों को धोखा देकर ठगने की तैयारी में है—इससे भी जनता

को सावधान करने की जरूरत है।

हमारे चिन्तन का एक समय ऐसा भी रहा है कि तसव्वुफ की डोरी जायसी की नाक में ऐसे डाली गयी है जैसे बैल नाथा जाता है और नाथने के समय ही वधिया कर दिया जाता है ताकि वह गाड़ी में जोता जा सके। जायसी को चिश्तिया या महदवी सम्प्रदाय में घसीटनेवाले भी कम नहीं हैं। साही जी ने ठीक कहा है कि इतने पर भी सन्तोष न हुआ तो उन्हें सूफ़ी साधु कह दिया गया। जायसी बाबा बनाये गये। फिर कहा वे चमत्कार करनेवाले सिद्ध महात्मा थे और अपनी इच्छा से शरीर धारण कर लेते थे। शिव जी के साथ भोजन करनेवाली बात कौन नहीं जानता। सबसे पहले जायसी को तसव्वुफ या सूफ़ी सम्प्रदाय में जकड़ने की राजनीति को ग्रियर्सन ने जन्म दिया। ग्रियर्सन ने जायसी को 'मुहम्डन को-रिलीजियानिस्ट' कहा। जबकि बदायूँनी 'मुत्तखाबुल-तवारीख़' में जायसी का जिक्र तक नहीं करता। 'चन्दायन' की बात उठाता है। बदायूँनी शेख बुरहान की बात करता है—पर जायसी की नहीं। लोक-परम्परा शेख बुरहान को जायसी का गुरु मानती है और स्वयं जायसी "आगे भयउ शेख बुरहानूँ" कहकर शेख को नमन करते हैं। आचार्य रामचन्द्र शुक्ल कहते हैं कि जायसी जायस के सैयद अशरफ के शिष्य थे और बाद में उन्होंने मानिकपुर के मोहीउद्दीन से ज्ञान पाया था। प्रो. हसन अस्करी कहते हैं कि जायसी के गुरु मोहीद्दीन नहीं थे—बल्कि मीर-सैयद मुहम्मद जौनपुरी थे। लेकिन यह सभी धारणाएँ आज गलत साबित हो चुकी हैं और कहा जाने लगा कि न जायसी सूफ़ी साधक थे, न उनका ग्रन्थ 'पद्मावत' सूफ़ी काव्य है। 'अखरावट' और 'आखिरी कलाम' भी लोक-विश्वास की अर्थ-ध्वनियाँ हैं—जिनसे जायसी को सूफ़ी सिद्ध नहीं किया जा सकता। जनता में यह विश्वास फैलाया गया था कि एक हजार हिजरी में कयामत हो जाएगी। इसी विश्वास ने जायसी से 'आखिरी कलाम' लिखवाया, क्योंकि लोक-मन की उपेक्षा जायसी के कवि को मंजूर नहीं है। इधर के अनुसन्धानों से पता चला है कि जायसी किसी मठ या अखाड़े के नहीं है—वे तत्कालीन मठों और मठाधीशों की राजनीति से दूर हैं। मठाधीशों की राजनीति से दूर रहने के कारण जायसी का उल्लेख इतिहास में नहीं मिलता। उन्हें सूफ़ी नहीं कहा गया। वे मंझन, कुतुबन की तरह के सूफ़ी हैं भी नहीं। वे कहीं भी शरीयत की ठेकेदारी नहीं करते। जायसी का मन 'कवि' बनने को आतुर रहा है। वे बार-बार 'एक आँख कवि मुहम्मद गुनी', 'मुहम्मद कवि जो प्रेम का' जैसे कथनों में अपना मन खोलते हैं। 'पद्मावत' लिखने के बाद वे विद्वानों से पूछते हैं कि इस रचना में काव्यात्मक सौन्दर्य कितना है—'मैं यह कवित पंडितँह बूझा' का यही संकेत है। जायसी यह विद्वानों से नहीं पूछते कि उसमें 'तसव्वुफ' कितना है—सूफीमत की उन्हें परवाह तक नहीं है। वे सूफ़ी सिद्धान्तकार से दूर लोकप्रिय कवि बनने के इच्छुक हैं। 'मैं यह जान कवित अस कीन्हा। मकु यह रहै

जगत महं चीन्हा।' जगत् में इस कवित्व की पहचान रहे—'फूल मरै पै मरै ना बासू' में उन्हें विश्वास है। जायसी कवि हैं और भ्रमर-गुण रखते हैं—'भँवर आइ वन खण्ड हुति लेहि कँवल कै बास। दादुर बास न पेखहि भलेहि जे आछहिं पास॥' मुझे लगता है कि यही बात आज के दादुर-वृत्ति के राजनीतिज्ञों के लिए भी सही है। उन्हें जायसी के काव्य-कमल की सुगन्ध का आज तक ज्ञान नहीं है—जबकि दादुर की तरह उसकी जड़ों के पास ही निवास कर रहे हैं। इन दादुरों को तो इतना ही पता है कि धर्म को धोखे में कैसे बदल कर भ्रष्ट किया जाए। याद रखिए, जब कभी कोई देश अपने बड़े रचनाकारों के साथ राजनीति के विकृत खिलवाड़ करता है तो वह देश की सांस्कृतिक धमनियों का ही संहार कर रहा होता है। पर संहार को पनपाने वाली राजनीति जी नहीं पाती—उसे साहित्य के विष्णु-तत्त्व का शिकार होना पड़ता है। यही कारण है कि राजनीतिज्ञों को इन महान रचनाकारों से दूर रखने की जरूरत है।

जायसी को इस हिम्मत के लिए दाद देनी चाहिए कि उन्होंने सूफ़ी-धर्म का घपला अपने कवि-कर्म में संकल्प लेकर नहीं किया। उन्होंने एक ऐसी प्रेम-कथा की काव्यात्मकता का सौन्दर्य प्रस्तुत किया जो मानव-मात्र के हृदय को जोड़ता है—तोड़ता नहीं। कवि की विश्व-दृष्टि जायसी को धर्म-मज़हब शेख और सुलतान, हिन्दू और मुसलमान की राजनीति से बहुत ऊपर रखती है। फिर जायसी में लोक-संस्कृति लोकभाषा की सादगी है मानो गाँव-गाँव की प्रेम-कथा को हमारे हृदयों में गा रहे हों। 'पद्मावत' के भीतर जो बारहमासा है—उसमें भी लोककण्ठ सीधे-सीधे बोल रहा है। नारी मन का दर्प जायसी में उमड़-घुमड़ रहा है और यही उनकी मीरा, कबीर, रहीम, सूर से समानता है। हिन्दुस्तानी औरत का पूरा मन ही नागमती है, पद्मावती है और उसका पति-प्रेम ही प्रेम की नागमती ताकत है—पार्वती तप है। जायसी का यह दोहा 'यह तन जारौं छार के कहौ कि पौन उड़ाव। मकु तेहि मारग उड़ि परै कन्त धरे जहँ पाँव।' जायसी के कवि की अमरता के लिए यह राग ही काफी है। उनके धड़कते हृदय का यह स्पन्दन ही हिन्दुस्तानी जीवन की लय है, जिसे आज की सत्तान्ध राजनीति से हर कीमत पर दूर रखना होगा।

7

'रामचरितमानस' : आधुनिक अर्थ-सन्दर्भ

तुलसीदास जैसे कवि की पाँच सौवीं शताब्दी मनाना तभी सार्थक हो सकता है जब आज के मनुष्य से उसका कहीं कोई जीवित सम्बन्ध दिखाई दे। आधुनिकतावादी और उत्तर-आधुनिकतावादी झोंक में तुलसीदास को नकारने का एक फैशन इधर चल पड़ा है। जो लोग तुलसीदास के 'रामचरितमानस' पर सहानुभूतिपूर्वक विचार करते हैं या करते रहे हैं—उन्हें परम्परावादी-कट्टर हिन्दूवादी कहकर 'पिछड़े हुए चिन्तन के हिमायती' घोषित कर दिया जाता है। हालाँकि इस घोषणा का कोई असर नहीं होता। असर इसलिए नहीं होता कि तुलसीदास हमारी पूरी जातीय-स्मृति में नयी चमक पैदा करते हैं। तुलसीदास के मानव-धर्म में सीमाएँ नहीं हैं—खुलापन है। एक ऐसा खुलापन जिसमें न इस्लाम का विरोध है न हिन्दू-धर्म की बात। तुलसीदास का 'हिन्दू' यदि उसे हिन्दू कहना ही चाहे तो उस मानव-भाव का उदात्त-प्रतीक है जो भक्ति-भाव से उस विराट् भाव को धारण करता है जो सभी धर्मों से ऊपर है। भक्ति अपने को तपाने का, अपनी क्षुद्रताओं को छोड़ने का, अपने अहंकार को तोड़ने का साधन है, साध्य है—मानव-प्रेम। यह प्रेम उन सभी मूल्यों को धारण करता है, जिससे जीवन बड़ा होता है, शोषण अन्याय-अत्याचार के तन्त्र का अन्त होता है। जहाँ तक मेरी जानकारी है आधुनिक हिन्दी कविता में जिन दो बड़े कवियों ने तुलसी से प्रेरणा-शक्ति प्राप्त की है, वे कवि हैं—मैथिलीशरण गुप्त और सूर्यकान्त त्रिपाठी निराला। दोनों ही अपने-अपने ढंग से हिन्दी काव्य-परम्परा को मोड़ते हैं—उसका संस्कार-परिष्कार करते हैं और नये सामाजिक-सांस्कृतिक जागरण के सरोकारों से जोड़ते हैं। सोचना पड़ता है कि जिन जनवादियों-मार्क्सवादियों को निरालाजी इतना लुभाते हैं, उन निराला जी को तुलसीदास इतना अधिक आकृष्ट क्यों करते हैं कि आधुनिक हिन्दी कविता का सबसे बड़ा कवि होकर भी वह तुलसीदास को समर्पित है। 'राम की शक्तिपूजा', 'पंचवटी-प्रसंग' और 'तुलसीदास' जैसी उनकी सर्वोत्कृष्ट रचनाएँ तुलसी-प्रवाह से फूटती हैं। परम्परा के भीतर से फूटती इस आधुनिकता की ठसक पर साहित्य गर्व करता है।

हमारी आख्यान परम्परा के अन्तिम बड़े कवि मैथिलीशरण गुप्त को तुलसीदास प्रेरणा का प्रकाश देते हैं। ध्यान रहे कि गुप्त जी स्वाधीनता-आन्दोलन के दिनों के 'राष्ट्रकवि' हैं—जब देश ब्रिटिश साम्राज्यवाद से टकरा रहा था। गहरे अर्थों में स्वाधीनता का युद्ध साम्राज्यवादी-उपनिवेशवादी शक्तियों से राम-रावण युद्ध ही था। रामकथा हमारा निरन्तरता में प्रवाहमान वर्तमान है—अतीत नहीं है। तप-त्याग की सीता का सीतात्व रक्षित रखने के लिए राम बराबर-रावण से जूझते रहते हैं। भोगवादी वृत्तियाँ अधिनायकवादी शक्तियाँ रावण हैं जिससे राम को जूझना है—जनता को साथ लेकर जूझना है। शायद इसीलिए तुलसीदास का 'रामचरित मानस' राष्ट्रपिता महात्मागाँधी को प्रिय था। गाँधी जी ब्रिटिश साम्राज्यवाद, भारतीय विकृत सामन्तवाद-पूँजीवाद से लड़ने की शक्ति 'रामचरितमानस' से पाते थे। कितनी आश्चर्यजनक बात है कि इस देश के 'राष्ट्रकवि' और इस देश के 'राष्ट्रपिता' दोनों के प्रेरणा-स्रोत तुलसी हैं। गाँधी की विचार-चेतना में 'रामराज्य' का बिम्ब निर्मित हुआ—एक-ऐसा आदर्श राज्य जिसमें 'नहि दरिद्र कोइ दुःखी न दीना' का मॉडल पेश है। जो लोग तुलसीदास के 'रामचरितमानस' का विरोध करते हैं, वे ही लोग गाँधी-चिन्तन का विरोध करते हैं। ये विरोधी यह भी कहते हैं कि गाँधीजी ने स्वयं भरत-धर्म भारतवर्ष के लिए धारण किया और भरत के द्वारा अयोध्या के शासन में धरोहरी शासन की आदर्श कल्पना साकार देखी और उस कल्पना को उन्होंने 'हिन्द स्वराज' का आधार बनाया। गाँधी जी के लिए ब्रिटिश साम्राज्यवाद के जुल्म रावण-सत्ता के रूप थे-पश्चिम की लूट तन्त्रवादी आधुनिक सभ्यता को गाँधी जी शैतान-सभ्यता कहते थे और इस सभ्यता के चंगुल से उनकी पराधीनता से छूटने को ही वह 'पराधीनता' से मुक्ति मानते थे। गाँधी जी ने अपने लेखों-वक्तव्यों में अनेक बार साफ कहा कि वर्तमान जीवन की अधिकांश बुराइयों की जड़ पश्चिमी या आधुनिक सभ्यता है। यह सभ्यता ही कंचन-मृग दौड़ाती है और अपहरण करती है—शक्ति के सिद्धान्त को लेकर बेकाबू हो गयी है और जिसकी लाठी उसकी भैंस के हिंसावादी सिद्धान्त पर केन्द्रित है। शराब में मतवाली औरतों के देह की प्यासी यह सभ्यता अन्धे उपभोक्तावाद को ही जन्म दे सकती है। इस सभ्यता के पास 'दत्त दयध्वम् दमनम्' तीनों गुण नहीं हैं—यही मानव की सहज सर्जनात्मकता का विनाश कर बंजरता विचार-धाराओं के अन्त का ढोल पीट सकती है। यही पश्चिमी-सभ्यता रंग-बिरंगे-रूप धारण कर 'धर्मभ्रष्ट' कर रही है।

भारत के जो आधुनिकतावादी महात्मा गाँधी के भरत-प्रेरित-धरोहरी शासन के सिद्धान्त का विरोध करते हैं—वे 'रामचरितमानस' को पूँजीवाद का एक हथकण्डा सिद्ध करने में एड़ी-चोटी का जोर लगाते हैं। जनता को यह कहकर भड़काते हैं कि राम-रावण युद्ध के पीछे हिन्दू-इस्लाम संघर्ष का स्थायी बीजभाव है। रामचरितमानस

दो संस्कृतियों की युद्ध-गाथा है। और ज्यादा चालाक और धूर्त आधुनिकतावादी वामपन्थी हुए तो राम-रावण युद्ध में आर्य-अनार्य-संस्कृति के संघर्ष को दिखाते हैं। ताकि हम उत्तर-दक्षिण घृणा-अलगाव हिंसा में डूबे रहें, कभी एक न हों—एकता, अखण्डता देश में न आ सके। ताकि स्वार्थी-शक्तियाँ मजा लूटती रहें और हिन्दू-संस्कृति के विजय-भाव को आर्य-संस्कृति का नस्लवादी, भेदवादी, वर्चस्ववादी, अलगाववादी कहकर गालियाँ मिलती रहें। यही चतुर सुजान कभी-कभार 'रामचरितमानस' को सामन्तवाद का व्यापक संस्करण सिद्ध करते हैं और ज्यादा मक्कार हुए तो 'रामचरितमानस' को वर्णाश्रम-धर्म की क्रूर व्यवस्था का पोषक-रक्षक मानते हैं। अम्बेडकरवादी 'रामचरितमानस' के इसी पक्ष को लेकर भड़कते हैं और राम के चित्र पर जूतों की माला चढ़ाने की तत्परता दिखाते हैं। उन्हें यह बता दिया गया है कि राम अभिजात्यवादी कुलीन तन्त्र का पोषक है—ब्राह्मण-धर्म का रक्षक है। वशिष्ठ-विश्वामित्र की यह परम्परा पिछड़ी जातियों के ऊपर होनेवाले अत्याचार-अपमान-अन्याय को बरकरार रखना चाहती है। शबरी-निषाद की कथाओं से भ्रम उत्पन्न करके पिछड़े वर्गों को भटकाना चाहती है। 'रामचरितमानस' को लेकर इस तरह की बे-बुनियाद बातें मार्क्सवादियों ने भी अम्बेडकरवादियों से कम नहीं की हैं। इन्हें बरकरार रखना जरूरी क्यों है। लेकिन अब मार्क्सवादियों की आँखें खुल गयी हैं और वे तुलसी के जनवादीकरण में जुट गये हैं। उनके सामन्तवाद-विरोधी मूल्यों को खोज-खोजकर दिखा रहे हैं। 'गरल सुधा रिपु करै मिताई' का अर्थ तो अब समझ में आ रहा है। अब समझदार मार्क्सवादी उपनिवेशवाद और सांस्कृतिक-साम्राज्यवाद का प्रतिमान 'मानस' को नहीं मानते—तुलसीदास की भक्ति-भावना में क्रान्तिकारी लोकवाद पाते हैं।

आज यह भी समझ में आने लगा कि 'मानस' में जिस स्वाधीनता की महत्त्व-प्रतिष्ठा की गयी है—वह राजनीतिक-सन्दर्भवाली स्वाधीनता से बहुत ऊँची चीज है। फ्रांसीसी राज्य-क्रान्ति में रूसो का नारा था कि मानव को स्वतन्त्रता, समानता, बन्धुता तीनों चाहिए। रूसो जिस सिद्धान्त की रट लगाते हैं—'रामचरित मानस' उसका व्यावहारिक रूप बहुत पहले प्रस्तुत कर देता है। वैष्णव-परम्परा में 'स्वाधीनता' दूसरों की 'पराधीनता' पर आधारित नहीं है—सबकी स्वाधीनता के साथ ही उसकी स्वाधीनता का अर्थ है। वैष्णव जन 'परायी पीर' से पीड़ित होता है—दूसरों का उपकार करके भी उपकार करने का दम्भ नहीं पालता। इस चिन्तन में 'मैं' का विकास नहीं किया गया—'हम सब' का विकास ही ध्येय रहा। इसी बात को मूल से समझकर गाँधी जी ने राजनीति को ऊँचे स्तर पर ले जाने के लिए 'मानस' का उपयोग किया। रथी रावण के आगे विरथी राम को देखकर यह विश्वास जागा है—'सखा धर्ममय अस रथ जाके। रिपु रन जीत सकहि नहि ताके॥' गाँधी जी के लिए 'धर्म' का अर्थ नैतिकता

से जुड़ा था। गाँधी जी नैतिक आधार पर ही पश्चिमी सभ्यता की आलोचना करते थे। 'हिन्द-स्वराज' में गाँधी जी का स्पष्ट कथन है कि, ''मैंने आधुनिक सभ्यता की घोर निन्दा करने का साहस किया है क्योंकि मेरी मान्यता है कि इसका प्रेरक तत्त्व अनिष्टकारी है। यह सिद्ध करना सम्भव है कि इसके कुछ परिणाम अच्छे हैं, लेकिन मैंने इसकी प्रवृत्ति को आचारनीति के पैमाने से नापा है।' गाँधी का यह आचार-नीतिवाला पैमाना आजाद-भारत में छोड़ दिया गया। नेहरू-युग इस पैमाने से दूर होता गया। पश्चिमी वर्चस्व भारत पर बढ़ा और हम पश्चिमी सभ्यता-संस्कृति के नकलची पिछलग्गू बन गये। गलत आर्थिक-सामाजिक नीतियों के कारण देश में विषमताएँ बढ़ीं। 1945 में महात्मागाँधी ने पण्डित जवाहरलाल नेहरू को एक पत्र लिखा था जिसमें कहा गया था कि आप मेरी 'हिन्द स्वराज' किताब पढ़ें और उसके अनुसार देश के विकास की योजनाएँ बनाएँ। लेकिन पं. जवाहर लाल नेहरू ने महात्मा गाँधी की इस सलाह को अस्वीकार कर दिया। उन्होंने कहा कि गाँधी जी की यह किताब अपनी प्रासंगिकता खो चुकी है। आज पता चला कि पण्डित नेहरू के इसी निर्णय का दुष्परिणाम पूरा देश भुगत रहा है और विदेशी गुलामी की ओर भारत बढ़ रहा है। ध्यान रहे कि जो लोग तुलसी और गाँधी के चिन्तन को अप्रासंगिक समझते हैं, वे लोग पूरे भारतीय चिन्तन को अर्थहीन करार देते हैं और भाषा-धर्म-संस्कृति साहित्य, दर्शन सभी क्षेत्रों में पश्चिमी चिन्तन को श्रेष्ठ मानकर उस ओर भागते रहते हैं। इन्हीं औपनिवेशिक गुलामी के रक्षकों ने भारतीय स्वाधीनता के प्रकाश को अन्धकार में बदलकर दम लिया है—'माडर्न' बनने के नाम पर पश्चिम की अन्धी नकल और भारत के चिन्तन के प्रति गहरे हिकारत का भाव। तुलसी के 'रामराज्य' के मॉडल में गाँधी को क्या मिला कि वे उस पर रीझ गये। इस पर हमने विचार नहीं किया। यदि हम विचार करते तो पाते कि इस 'मॉडल' में ही लोकतन्त्र की कसौटियाँ मौजूद हैं—रामराज्य को कोरी 'यूटोपिया' कहना गलत है। 'रामराज्य' में भारतीय संस्कृति के सभी मानवीय मूल्य ध्वनित-प्रतिध्वनित हैं। हर प्रताड़ित, निर्वासित—पीड़ित-अपमानित चित्त के लिए 'रामराज्य' में आशा की किरन है। इसी किरन को मैथिलीशरण गुप्त ने अपने ढंग से तुलसी से पाया है—राष्ट्रकवि ने बड़े उमंग के भाव से कहा—'मृत जाति को कवि ही जिलाते रस-सुधा के योग से।' क्या यह कथन तुलसीदास के लिए सच नहीं है? क्या तुलसीदास ने पूरी हिन्दी-जाति की मानसिकता में उत्साह का संचार नहीं किया? क्या उनका लोक-मंगल विश्व-मंगल का पर्याय नहीं है?

तुलसीदास की लोक-मंगल-दृष्टि विश्व-कल्याण दृष्टि का पर्याय इस अर्थ में है कि तुलसी के रचनाकर्म में 'लोक' शब्द किसी भी संकुचित अर्थ में 'भारत' मात्र के सन्दर्भ तक सीमित नहीं है—अपने व्यापक अर्थ में वह मानव-मात्र के कल्याण

का अर्थ रखता है। 'रामचरितमानस' की लोक-संग्रह दृष्टि की व्यापकता कोई सीमा नहीं जानती। लोकमंगल में लोक-भाषाओं की सर्जनात्मकता का अर्थ-सन्दर्भ भी है और लोक-आन्दोलनकारी वह दृष्टि भी है जो मानव को अन्याय के विरोध में खड़े होने की दृष्टि देती है। सच्चे कवि की एक पहचान लोककण्ठ की लोकप्रियता है तो उसके सच्चे कवि-कर्म की कसौटी क्या है। 'सच्चा कवि वही है जिसे लोकहृदय की पहचान हो, जो अनेक विशेषताओं और विचित्रताओं के बीच मनुष्य जाति के सामान्य हृदय को देख सके। इसी लोक-हृदय में हृदय के लीन होने की दशा का नाम रस दशा है।' (चिन्तामणि भाग-1, पृ. 227 रामचन्द्र शुक्ल) आचार्य रामचन्द्र शुक्ल ने स्वाधीनता-आन्दोलन के दिनों में 'तुलसीदास' शीर्षक आलोचनात्मक पुस्तक लिखी। इस सुधार-जागरण युग की चेतना को 'रामचरितमानस' से प्रकाश मिलता था। तुलसीदास के शील-शक्ति सौन्दर्य के प्रतिमान असली भारतीयता की छवि निखारकर सामने लाते थे—यही कारण है कि आचार्य शुक्ल उधर मुड़े और उसी को आधार बनाकर उन्होंने हिन्दी का लोक-जागरणवादी काव्यशास्त्र निर्मित किया। लोक-हृदय की कसौटी व्यक्तिवादी-कलावादी-भाववादी धारणाओं के विरोध में खड़ी है, जिसमें साफ है कि साहित्य लोक-हृदय, लोक-मंगल, लोक-रक्षा की भावना को छोड़कर आगे नहीं बढ़ सकता। पूरे रीतिवाद पर आचार्य शुक्ल ने तुलसीदास को आधार बनाकर प्रहार किया है। व्यक्त प्रत्यक्ष सौन्दर्य की कुंजी भी आचार्य शुक्ल को तुलसीदास से मिली। इसी आधार पर वे कह सके कि अव्यक्त-अगोचर-अमूर्त्त का हृदय से कोई सम्बन्ध नहीं हो सकता। वाल्मीकि-भवभूति-कालिदास-तुलसीदास के रामकाव्य पर आधारित महाकाव्यों के आधार पर उन्होंने 'करुणा' को बीजभाव माना। करुणा प्रेम से स्वतन्त्र है—'हमारे यहाँ के कवियों ने लोक-रक्षा के विधान में करुणा को ही बीज भाव रखा है।' (रसमीमांसा, पृ. 79) करुणा के विरोधी भाव क्रोध से सम्बन्ध जोड़कर कहा कि जहाँ क्रोध लोक-रक्षा के लिए किया जाए वहाँ उचित और आवश्यक है।'' वाल्मीकि-तुलसीदास की इसी लोक-मंगलवादी परम्परा से शक्ति-ग्रहण करते हुए उन्होंने रीतिवाद का जादू खत्म कर दिया और हिन्दी-आलोचना को सच्चे लोक सौन्दर्य के मार्ग पर प्रवृत्त किया। सामन्तवाद-कलावाद अभिव्यंजनावाद, चमत्कारवाद, भाववाद के विरोध में 'रामचरित मानस' के मूल्य डटे हैं—'रामचरित मानस' का पूरा चिन्तन साम्राज्यवाद के विरोध का अद्‌भुत रूप लिये है। इसी चिन्तन से प्रेरणा पाकर कविवर रामनरेश त्रिपाठी ने 'तुलसीदास का काव्य', सद्‌गुरु शरण अवस्थी ने 'तुलसी के चार दल', आलोचकप्रवर विश्वनाथ प्रसाद मिश्र ने 'गोसाईं तुलसीदास' जैसे आलोचनात्मक ग्रन्थ लिखे। स्वाधीनता आन्दोलन के दिनों में ही तुलसीदास पर माताप्रसाद गुप्त, आचार्य बलदेव उपाध्याय आदि ने गम्भीर अनुसन्धान कार्य किया। स्वाधीनता आन्दोलन के

दिनों में हिन्दी-भाषी प्रदेशों की मानसिकता पर जो कवि सर्वाधिक छाया हुआ है उसका नाम है, तुलसीदास। तुलसी काव्य सोने के महलों के विरोध में डटा था अतः मैथिलीशरणगुप्त की यह धारणा एकदम ठीक है कि 'मृतजाति को कवि ही जिलाते रस-सुधा के योग से।' 'साकेत' 'पंचवटी' की पूरी अवधारणा सामन्तवाद-साम्राज्यवाद-रीतिवाद के विरोध में निर्मिति पाती है—'राम तुम्हारा चरित स्वयं ही काव्य है' का अर्थ इसी सन्दर्भ में खुलता है।

'रामचरितमानस' की प्रेरणा के भीतर से ही बाबा रामचन्द्र का अवध-किसान आन्दोलन फूट-फट पड़ा है। बाबा रामचन्द्र ने जनता को 'रामचरित मानस' सुनाकर इकट्ठा किया और एकत्रित जनता को वे पराधीन भारत में ब्रिटिश साम्राज्यवाद से टकराने का मन्त्र फूँकते। वे क्रान्तिकारी विचारों के बीज 'मानस' में पाकर गाते थे 'मोहि अब भा भरोस हनुमन्ता। बिनु हरिकृपा मिलहि नहि सन्ता।' इन 'मानस' मन्त्रों ने जनता को मनोबल दिया—संगठन की अन्तर्दृष्टि दी और बाबा रामचन्द्र को बहाना बनाकर फिरंगी सरकार ने गिरफ्तार किया तो लगभग डेढ़ लाख किसानों ने बरेली जेल को घेर लिया। गन्ने के खेत के एक पेड़ पर बाबा रामचन्द्र के दर्शन जब जनता को कराये गये तब जनता शान्त हुई। इस अवध किसान-आन्दोलन से अँग्रेजी साम्राज्यवाद की चूलें हिल गयीं। गाँधी जी स्वयं बाबा रामचन्द्र से मिलने गये। इन घटनाओं का हवाला अँग्रेजी अखबारों ने नहीं दिया। लेकिन गणेश शंकर विद्यार्थी ने 'प्रभा' 'प्रताप' तथा माखनलाल चतुर्वेदी ने 'कर्मवीर', महावीर प्रसाद द्विवेदी ने 'सरस्वती' के लेखों में दिया है। हिन्दी पत्रकारिता का क्रान्तिकारी स्वर इस किसान आन्दोलन से और प्रखर हुआ। इस ऊपर के एक उदाहरण से समझा जा सकता है कि 'रामचरित मानस' में कितनी शक्ति और सम्भावना है। यही कारण यह सिद्ध करने के लिए पर्याप्त है कि 'रामचरित मानस' हिन्दी-भाषी जनता की इतनी मूल्यवान धरोहर क्यों है। राम हमारे लोक-जीवन में इतने गहरे उतर गये हैं कि हर पैदा होने वाले बच्चे में माँ राम का रूप देखती है और राम के नाम पर ही अपने बच्चे का नामकरण करती है। बच्चा राम बने, राम के गुण धारण करे, राम का सौन्दर्य ही जीवन का सौन्दर्य बने। भारतीय सामूहिक और वैयक्तिक अवचेतन मन में राम के आधार बिम्ब बसते हैं—हमारा कोई चिन्तन राम के बिना पूरा नहीं होता—'कारज वही सम्हारि हैं सीतापति रघुवीर' का जीवन अर्थ, जीवन-विश्वास बहुत बड़ा है। भारतीय चिन्तन की सरस्वती के थनों का दूध तुलसीदास ने बछड़ा बनकर पिया और उस शक्ति से पूरे जीवन में 'अपराजेय भाव' की निष्पत्ति की। तुलसीदास के इस भाव को मैथिलीशरण गुप्त और निराला ने अपनी मौलिकता के साथ आगे बढ़ाया।

आधुनिक भारतीय इतिहास, समाजशास्त्र-राजनीतिशास्त्र को याद है कि ब्रिटिश जमाने में तमाम मजदूर, कुली, किसान, फीजी, गयाना, ट्रिनीडाड आदि देशों

में गये। घर छोड़ते समय भी जो किताब वे नहीं छोड़ सके—वह 'रामचरित मानस' है। अपने राम को, अपनी सीता को वे साथ लेकर विदेश गये। परदेश में भी राम ही साथ देंगे, यह भरोसा क्या नहीं कहता है। वहीं अवध है जहाँ राम हैं। अनेक लोकगीत गाये जाते हैं जिनमें बार-बार आता है कि राम बनवास चलें हैं, अवध में रहना नहीं है। तुलसीदास ने भी 'मानस' में जिस रात राम ने अवध छोड़ा है—उस अन्धकार का, उस जन-विकलता का दर्शन कराया है—'लागत अवध भयावह भारी। मानहु काल रात्रि अँधियारी॥ घोर जन्तु सम पुर नर नारी। डरपहि एकहि एक निहारी॥' जहाँ राम नहीं हैं वहाँ निराशा का अन्धकार है—रक्षक नहीं है तो रक्षा कौन करेगा। राजा के प्रतिमान का सच्चा रूप तो राम में ही हैं। हिन्दी-साहित्य में अभी यह अनुसन्धान होना बाकी है कि स्वाधीनता-संग्राम के दिनों में 'मानस' की भूमिका किन-किन क्षेत्रों में रही है। क्या विश्व के किसी अन्य कवि ने अपने देश की पराधीनता से मुक्ति के लिए वैसी प्रेरणा जनता में और राजनीतिज्ञों में पैदा की है, जैसी तुलसीदास के 'रामचरितमानस' ने की है। जहाँ तक मेरी जानकारी है—शायद नहीं की। तुलसी इस क्षेत्र में अनुपम प्रेरणास्रोत रहे हैं। पराधीनता से मुक्ति के संग्राम में जो रचना 'राष्ट्रकवि' और 'राष्ट्रपिता' दोनों को एक साथ प्रेरित करे, यह छोटी बात नहीं है। शैवों-शाक्तों-वैष्णवों में एकता का मन्त्र तुलसी ने दिया, अगड़े-पिछड़े में एकता स्थापित करने की दिशा दी, नर-नारी के भेदभाव से राम ने समाज को मुक्त किया। राम किसी को 'पराया' नहीं रहने देते, सबको अपनाते हैं, सबके हो जाते हैं। इसी लोकनायक शक्ति-धारा ने गाँधी को अभिभूत कर दिया और वे इस विचारभूमि से हिन्दू-मुसलमान, सिख-ईसाई सभी को एक करना चाहते थे, शोषितों-दलितों को हृदय से लगाकर आगे बढ़ाना चाहते थे। आज की राजनीति जैसे-जैसे गाँधी-चिन्तन से कट रही है, हम विपत्तियों के जाल में फँसते जा रहे हैं। तुलसी की अस्थावादी परम्परा से कट रहे हैं, तो राम से कट रहे हैं। हम अकेलेपन, यन्त्रणा, पीड़ा, आत्म-निर्वासन, आत्मपरायेपन, अवसाद, विद्रूपता, मोहभंग की कविताएँ लिख रहे हैं तथा कह रहे हैं कि यही हमारे परिवेश का यथार्थ है, सृजन-अनुभव का सत्य है कि हमारे सभी पुराने मूल्य मुरझा गये हैं।

'अस मानस मानस चख चाही' का अर्थ हमें सूझ नहीं रहा है। क्यों नहीं सूझ रहा है? हमारे ऊपर आज पश्चिमी उपभोक्तावादी संस्कृति का जादू सवार हो गया है। हम नारी को मात्र शरीर-मान बैठे हैं, भोग मान बैठे हैं। बाजारवाद में उसकी कीमत लगा रहे हैं—हम नारी में मौजूद 'सीता भाव' की कद्र करना ही भूल गये हैं। भूल गये हैं तो हमारे घरों की 'पवित्रता' नष्ट हो रही है। जीवन का आन्तरिक-सौन्दर्य मूर्च्छित और काला पड़ रहा है। कलह-अलगाव-विच्छेदन और असुरक्षा बढ़ी है। हमें ध्यान ही नहीं है कि शक्ति जब अनियन्त्रित हो जाती है, तो चण्डी हो जाती है,

अपने ही पुत्रों का संहार करने पर आमादा हो जाती है। हमारे समय ने हमारी आन्तरिक जीवन-लय का इस ढंग से संहार किया है कि सोचकर पीड़ा होती है। घायल ही सही, यह लय अभी खत्म नहीं हुई है—इस लय में तुलसीदास का वह सत्य भी है जिसमें जीवन-मूल्य जीवन को अर्थ देते रहे हैं। शिक्षित समाज-विशेषकर पश्चिमी शिक्षा के संस्कारों वाला समाज तुलसीदास से कट गया है। लेकिन एक बड़ा अशिक्षित समाज है जो आज भी तुलसीदास की सगुण भक्ति-भावना को लेकर जी रहा है।

कलाकृति की सार्थकता का प्रश्न सांस्कृतिक-भावों से जुड़ा होता है। सांस्कृतिक-भावों की निर्मिति में सामाजिक, आर्थिक, धार्मिक, नैतिक, राजनीतिक सम्बन्धों की बड़ी भूमिका रहती है। रचनाकार न तो परम्परा के दाय से बच सकता है, न अपने समय-समाज के मनोभावों को झुठलाकर सच्चा सृजन-कर्म कर सकता है। वह समाज में जितने गहरे उतरता है, उतने ही गहरे मनोभावों की पुनर्रचना करता है। तुलसीदास की कलाकृति 'रामचरित मानस' के 'पाठ' पर यदि ध्यान दें, तो पता चलता है कि उनके हर मिथकीय आख्यान में सामाजिक चेतना की चमक है। एक ऐसी स्वर्ण चमक, जिसे विचार की आग ने और दीप्ति प्रदान कर दी है। रामकथा के भीतर समाज-कथा और समाज-कथा में जन-कथा, जन-जीवन के संघर्ष भिदे हुए हैं। गृहकलह नाश करती है—चाहे राजा का घर हो या रंक का। रामकथा का यह सत्य आज भी उतना ही सत्य है, जितना पहले था। तुलसी के युग में हिन्दू-मुस्लिम संस्कृतियाँ बैर-विरोध भूलकर घुलीं-मिलीं। आपस में दोनों ने बहुत कुछ लिया-दिया। इसलिए यह समझना भूल है कि भक्तिकालीन भक्ति-आन्दोलन पर केवल हिन्दू-प्रभाव है या केवल इस्लामी प्रभाव। अकबर दीन इलाही धर्म-दर्शन तक हिन्दू-प्रभाव से न बच सका तो तुलसी का 'मानस' इस्लामी प्रभाव से कैसे बच सकता था। इसलिए जो लोग तुलसीदास को 'हिन्दू जाति का उद्धारक', 'हिन्दू-धर्म-रक्षक', 'हिन्दू-संस्कृति के उन्नायक' आदि कहकर चीखते-चिल्लाते मिलते हैं, ये खतरनाक लोग हैं—संकीर्णतावादी हैं। इन्हें न इतिहास की समझ है—न धर्म की, न दर्शन की, न संस्कृति की। क्योंकि संस्कृतियाँ प्रभाव ग्रहण करतीं हैं, यह उनका प्रकृत स्वभाव है। इसलिए उनमें शुद्धता खोजना गलत दिशा में खोज करना है। संस्कृति उन सभी भावों का पुंज होती है, जिसका सौन्दर्य बोध लेन-देन से व्यापक और गहरा होता है। फिर तुलसीदास तो रहीम के अभिन्न मित्र थे—दोनों गाढ़े दिनों के मित्र थे। उनमें विचार-संवाद होता था—दोनों ही एक व्यापक और सच्ची मानवतावादी दृष्टि की तलाश में थे, जिसका 'करुणा' भाव आदमी को ऊँचा करे। तुलसी-रहीम दोनों में, दोनों के रचना-कर्म में इस लोक-भाव की पराकाष्ठा है। दोनों ही लोकानुभव की संवेदना से साक्षात्कार करने के बाद रचनाकर्म में प्रवृत्त हुए हैं। दोनों ही सामन्तवादी-मूल्य चेतना पर प्रहार करते हैं, दोनों ही चित्त को चित्रकूट बनाकर जीते हैं। इसलिए इन दोनों के रचना-मर्म के सौन्दर्य को 'हिन्दू-मुसलमान-तुर्क पठान' खानों में बाँटकर

नहीं समझा जा सकता है। फिर हमें आज रचनाकार से ज्यादा रचना पर ध्यान केन्द्रित करना चाहिए और वस्तुपरक विश्लेषण से यह समझना चाहिए कि रचना किस अर्थ-सन्दर्भ को आलोकित करती है। राम को कोई दीन-हीन मिले, वे उसकी जाति-धर्म को नहीं पूछते, भेदभाव छोड़कर गले लगाते हैं। राम के रूप में तुलसीदास ने एक ऐसे 'समग्र मानव' या 'पूर्ण-मानव' की सृष्टि की है, जिसके सामने सभी क्षुद्रताएँ पराजित हैं, जिसके सामने सभी गुण अखण्ड होकर दिव्यता को प्राप्त करते हैं। पूरा लीला-भाव, अवतारवाद, देवतावाद, भक्ति-दर्शन सब इस राम में समाहित हो जाते हैं। सच बात है कि यह राम भाव-पुरुष हैं, इतिहास-पुरुष नहीं। भाव-पुरुष हैं, इसीलिए हमारी संस्कृति के विभाव-भाव दोनों हैं। आज हम तुलसीदास के 'मानस' पर काव्य शास्त्रीय, भक्ति-भाववादी, बाबावादी दृष्टि को छोड़कर बौद्धिक दृष्टि से विचार करें तो तुलसी की कृति के अनेक नये सामाजिक-सांस्कृतिक आयाम उद्घाटित होते हैं। 'मानस' में चरम नाटकीयता और चरम काव्यात्मकता, सपाटबयानी और उपदेशात्मकता की गहरी अर्थ व्यंजना जिस खूबी से संश्लिष्टता को प्राप्त करती है—वह बुद्धि को चुनौती देती है। यह सब कैसे सम्भव हुआ? कैसे एक कथा से दूसरी कथा दूसरी से तीसरी कथा के तार जुड़ते गये हैं कि एक कथा-सागर लहराने लगा। तुलसी आज के कवियों को चुनौती देते हैं कि इस कला में आगे निकलकर दिखाइए। कविता अगर शब्द-साधना है, तो तुलसी लोक-भाषा के शब्दों में कैसे पारस-स्पर्श भर देते हैं। एक ऐसा पारस-स्पर्श जिसे पाकर निराला चमक उठते हैं, अज्ञेय चमक उठते हैं। मानस के किष्किन्धाकाण्ड का वर्षा-वर्णन देखिए—'दामिनि दमकि रही घन माही। खल की प्रीति जथा थिर नाही।' एक लम्बा-वर्णन प्रकृति और कर्म के शक्ति-प्रवाह में गति भर रहा है। नैतिक-सौन्दर्य ही सांस्कृतिक सौन्दर्य को निखारता है। इसलिए पूरा 'मानस' नैतिक-मूल्यों की मणि-माला है। नैतिक-मूल्यों से रहित-समाज बर्बर पशुता, अनियन्त्रित भोग-विलास में गर्क होकर दिशाहीन हो जाता है। आज तो यह स्थिति हम देख रहे हैं कि देश की सबसे बड़ी समस्या-नैतिक पतन है। इसी ने अपसंस्कृति को जन्म दिया है। बलात्कार-व्यभिचार-भ्रष्टाचार आज हमारी सबसे बड़ी चिन्ताएँ हैं। इस चिन्ता से छूटने की दिशा आज भी 'रामचरित मानस' ही दे सकता है।

तुलसीदास ने अपने समय के सामाजिक-सांस्कृतिक संघर्ष को झेला था। पुरोहितों-मुल्लाओं के भीतरी सत्य को समझा था। 'भोग' और 'त्याग' की स्थिति-परिस्थिति के भीतर से गुजरे थे। वे कबीर की तरह गरजते नहीं हैं—लेकिन समझते पूरी समाज-दशा हैं। इसीलिए उन्होंने 'जहर' और 'अमृत' के बुनियादी अन्तर को समझाने के लिए 'मानस' लिखा है। हम इस अमृत को न पिएँ तो हमारा दुर्भाग्य है। कवि क्या कर सकता है—वह तो हमें मूल्य-सजग ही बना सकता है।

8

जातीय स्मृति का आलोक : 'रामचरितमानस'

आज के युग में तुलसीदास जैसे रचनाकार के रचना-कर्म का क्या महत्त्व है ? यह प्रश्न केवल हमारी संस्कृति की मौजूदा हालत से ही सम्बन्ध नहीं रखता, बल्कि गहरे स्तर पर हमें विचलित भी करता है। हालत यह हो गयी है कि रचना-कर्म मात्र की उपयोगिता पर हमें सशंकित होना पड़ता है। शायद इतनी भयावह स्थिति, इस समाज में पहले कभी नहीं थी कि 'रचना-कर्म' स्वयं अपने को इतना सन्दिग्ध स्थिति में पाये। हर-चीज की लय या धुन देखते-देखते टूट गयी है। आखिर समाज के जिस विशाल-विराट जन-समुदाय को पीत पत्रकारिता, सस्ती कामुकता को बढ़ावा देने वाली पत्रिकाओं, बेस्ट-सेलरों, सनसनीखेज विज्ञापनों, दूरदर्शन के घटिया सीरियलों ने अपने जाल में जकड़ रखा है, वहाँ अवकाश ही कहाँ रह गया कि सोचने-पढ़ने का एकान्त मिल सके, एक सामान्य मनुष्य को एक कविता के रचना-संसार में प्रवेश करने का आमन्त्रण मिल सके। रचना-कर्म के प्रति निरन्तर बढ़ती हुई उपेक्षा क्या यह ध्वनित नहीं करती है कि हम कहीं न कहीं बाहरी बंजरता का शिकार होते जा रहे हैं। हमारे भीतर एक मरुस्थल जन्म ले रहा है, जो सृजनात्मकता का जानी-दुश्मन है।

यह सच है कि हमारी भाषा में अच्छा रचना-कर्म पहले भी किया जाता था और आज भी अच्छी रचनाएँ लिखी जा रही हैं। आज भी हम लिखित 'शब्दों को महत्त्व देना भूले नहीं हैं और स्मृति में झटका खाती पुरानी-नयी रचनाओं को जब-तब याद करते ही हैं। लेकिन कहीं यह शंका बराबर भीतर से उठती रहती है कि समाज में अराजक राजनीति के पागलपन ने 'रचनात्मक शब्द' की या शब्द की ही गरिमा पर आघात किया है। 'रामचरित मानस' 'सूरसागर' 'कामायनी' जैसी रचनाओं की भूमिका कहीं बहुत सन्दिग्ध, अनिश्चित और डावाँडोल स्थिति में पड़ी दिखाई देती है। कभी-कभार कोई-कोई व्यक्ति यह पूछ-बैठता है कि 'रामचरितमानस' हम क्यों पढ़ें ? इसके पढ़ने का लाभ क्या है ? क्या यह हमें भक्ति-ज्ञान के चक्कर में डालकर कुन्द नहीं बनाता है या गुमराह नहीं करता है। कष्टों-अभावों-तनावों, हाड़तोड़ होड़ के इस जीवन में 'रचना-कर्म' को समय देना क्या समय की बर्बादी नहीं है ? इस

मूर्खता का क्या अर्थ?

ऊपर के प्रश्न में 'लाभ' पर बल कुछ ज्यादा ही दिया गया है। यह 'लाभ' शब्द हमारी आज की बाजारवादी-मानसिकता को पूरी तरह सामने लाता है—तात्कालिक लाभ प्राप्त करने की आधुनिक प्रवृत्ति। हमारे समाज का बनिया-मन कितना बड़ा हो गया है कि वह हर कर्म को लाभ-हानि की तुला पर तौलने लगा है। उपभोक्तावादी-संस्कृति ने 'लाभ' को एक बड़ा अर्थ-सन्दर्भ दे दिया है। विश्वव्यापी नव सांस्कृतिक साम्राज्यवाद के बादलों से चिन्तन-सृजन का आसमान घिर गया है। दुनिया की उत्पादित वस्तुएँ चाहे वह रेडियो-टेलीविजन हों, कम्प्यूटर हों, हमारी तात्कालिक इच्छाओं जरूरतों की पूर्ति करती हैं—एक रचना ऐसा करने का दावा कभी नहीं करती। कोई काव्य या नाटक किसी तात्कालिक उद्देश्य की पूर्ति करने का 'साधन' नहीं है, जबकि बाकी चीजों का महत्त्व उनकी तात्कालिक उपयोगिता से जुड़ा है। रचना-कर्म शब्द से जुड़ा माध्यम है। एक विज्ञापन या राजनीतिक मेनीफेस्टो में शब्दों का प्रयोग एक खास लाभ के उद्देश्य से होता है—वे शब्द उपभोक्ता को वस्तुओं को खरीदने की ओर ललचाते हैं, बाजार बनाते हैं। प्रश्न उठता है कि क्या रचना-कर्म शब्दों से एक वैसा ही रिश्ता बनाता है, जैसा एक विज्ञापनदाता या राजनीतिज्ञ? सरसरी तौर पर थोड़ी समानता का अहसास अवश्य होता है। आखिर एक रचनाकार भी तो शब्दों के माध्यम से ही निर्मिति करता है, शब्द ही उसके 'साधन' हैं। पर क्या रचनाकार और विज्ञापनदाता के शब्द में कोई बुनियादी फर्क नहीं है? अजीब बात है कि एक पाठक के नाते (यदि सहृदय शब्द पर आपत्ति हो तो) मैं उस 'शाब्दिक निर्मिति' से साक्षात्कार सिर्फ कविता या उपन्यास के भीतर ही कर सकता हूँ—उसके बाहर नहीं। एक विज्ञापन को पढ़कर मैं 'फ्रिज' या 'कमीज' खरीदने जाता हूँ, किन्तु जिस दुनिया को मैंने 'रामचरित मानस' या 'कामायनी' में पढ़कर पाया है, वह दुनिया क्या बाहर मिल सकती है? शायद कभी नहीं। हम 'रामचरित मानस' की दुनिया को उसके भीतर ही पा सकते हैं, बाहर नहीं। बाहर तो बाजारवाद का बखेड़ा है, जेब का मामला है—जबकि रचना या 'रामचरितमानस' जेब का मामला नहीं है—भाव-संस्कार का मामला है।

रचना में मौजूद यही चीज उसे बाहर से अलग कर देती है। अगर बाहर की दुनिया से उसका कोई लेना-देना नहीं है तो बाहर की दुनिया का ही उससे क्या लेना-देना हो सकता है। रचना आखिरकार लँगड़ा आम तो नहीं है जो जीभ को स्वाद देकर रक्त बढ़ाए। इस अर्थ में तो 'रामचरित मानस' या कोई भी रचना-कर्म एक प्रयोजनहीन, असामाजिक कर्म जान पड़ता है। राम की भक्ति से क्या लाभ-केवल एक वक्त की बर्बादी। दिमाग में राग-विराग, न्याय-अन्याय, सद्-असद् का अन्धड़। जबकि अब सब चलता है। कौन साधनों की शुद्धता पर विचार करता है, अन्य की

आँखों में धूल झोंककर, गर्दन मरोड़कर, मारकर भी यदि हम धन-प्राप्ति कर सकें तो इसमें पाप क्या है? अन्याय क्या है? समाज में यदि दुःख, दैन्य, गरीबी-शोषण, अकाल, भुखमरी है तो हम क्या करें। डार्विन ने क्या भाँग खाकर यह सिद्धान्त प्रतिपादित किया था कि प्रकृति का नियम है—शक्तिशाली जिएगा, कमजोर मरेगा ही। अब जब हमें डार्विन की वैज्ञानिक-दृष्टि से ठोस लाभ मिल रहा है तो हम 'तुलसीदास' के त्याग-मार्ग को अपनाकर क्या भूखों मरें। अपनी ताकत से कमाई गयी चीजों को दूसरों को सौंप दें। क्यों सौंप दें? हम सभी को याद है कि 'भूखे-भजन न होय गुपाला। या लेउ अपनी कण्ठी माला।' की बात किसी 'प्रैक्टिकल' आदमी ने ही कही थी। दूर क्यों जाएँ, उन्नीसवीं शताब्दी में एक क्रान्तिकारी आलोचक ने कहा था कि हमारे लिए जीवन में शेक्सपियर से ज्यादा उपयोगी एक जूता बनानेवाला है। कबीर ने कहा था कि पत्थर-पूजने से क्या लाभ, चक्की की पूजा करो जिससे पीसकर खाते हैं। उपयोगितावाद की यह दृष्टि क्या गलत है। स्वयं हिन्दी के एक मेधावी कवि नाथूराम शर्मा शंकर ने अपनी-कृतियों से निराश होकर जीवन के अन्तिम वर्षों में काली-नदी में उन्हें फेंक दिया था। मेरे एक अद्‌भुत ज्ञानी-ध्यानी अध्यापक, बौद्ध-साहित्य-चिन्तन के आचार्य डॉ. भरत सिंह उपाध्याय अपने लेखन से उदास हो गये थे। उन्हें अपनी पुस्तकें तालाब में फेंकने का मन करता था। फेंक तो वे न सके पर उनकी सार्थकता पर शंका तो उठाते ही रहे। रचना की सार्थकता या लेखन की सार्थकता पर शंका प्रकट करने का क्या अर्थ? मेरे मन में भी यह प्रश्न उठता है कि क्या 'रामचरित मानस' के शब्दों में निहित सत्य भूख से व्याकुल आदमी को सान्त्वना दे सकता है? लेकिन एक बड़ा प्रश्न फिर बचा रहता है कि क्यों इस देश में चार-सौ वर्षों से पीढ़ी-दर-पीढ़ी लोग 'रामचरितमानस' को अपना 'मानस' सौंप रहे हैं। अन्धकार और निराशा में ठिठुरते आदमी ने रामचरितमानस से जीवन की गरमाई तो पायी है। भारत के गरीब-मजदूर विवशता-अन्याय का शिकार होकर मारिशस फीजी आदि में गये तो 'रामचरितमानस' साथ अवश्य ले गये। यदि यह रचना निरर्थक थी तो यहाँ छोड़ क्यों नहीं गये! आज भी अभाव-कष्ट में वे राम की शरण में जाते हैं—अवध अभी उनके साथ है—सीता साथ है और हनुमान पर उन्हें भरोसा है। पूरी राम-कथा उनके लिए अतीत नहीं है, वर्तमान है, रोज-रोज का साक्षात्कार है। यही हालत इस देश की जनता की है। वे आज भी रामकथा में जीते हैं। सड़कों पर पत्थर तोड़ते हैं, शहरों में मरते-खपते हैं पर तुलसीदास की चौपाइयों का साथ नहीं छोड़ते। शायद 'माडर्न या पश्चिमी मानसिकता का गुलाम आधुनिक ही पश्चिमी हवा में इधर-उधर उड़ रहा है! प्रश्न फिर उठता है कि आज की शिक्षा-दीक्षा में तैयार हम लोगों में से कितने हैं जो पश्चिमी मानसिकता के गुलाम आधुनिक नहीं हैं। समय मिलने पर 'रामचरितमानस' पढ़ने में हमें हिचक लगती है पर पश्चिमी 'बेस्ट-सेलर' पढ़ने में

हमारी छाती फूलती है। अँग्रेजी में पढ़ रहे हैं—यह क्या कम बड़ी बात है। शिक्षित का अर्थ ही हो गया है अँग्रेजी पढ़ा-लिखा और उस जीवन-पद्धति का अनुयायी या नकलची आदमी—बाकी सब गँवार, जाहिल, पिछड़े, मध्ययुगीन, यथास्थितिवादी, जड़, जुते हुए बैल।

दरअसल, मेरे जैसे गँवारों के लिए एक सरल सत्य यह है कि 'रामचरितमानस' जैसी हर कलाकृति मन का बोझ हल्का करती है। अन्धकार में प्रकाश देती है—वह देती है जिससे कठिन से कठिन स्थिति-परिस्थिति में जीवन-जीने की राह निकलती है। एक खास तरह का मनोरंजन भी कराती है। और यह कोई शर्म की बात भी नहीं है। 'मानस' का अध्ययन हम जीवन का कोई गम्भीर सत्य पाने के लिए करते भी हैं। यह काम विद्वान करते हैं, हम तो अनास्था विद्रूपता भरे जीवन की निराशा छाँटने के लिए 'मानस' का गहन अवगाहन करते हैं। हमें पता है कि दुनिया के महान रचनाकार शेक्सपियर-मिल्टन, गेटे, कालिदास से लेकर निराला-अज्ञेय तक—लगातार अलग-अलग संस्कारों और रुचियों के श्रोता-पाठकों को अपनी ओर आकृष्ट करते रहे हैं। यह बात इसलिए भी आश्चर्यजनक लगती है कि इन किताबों में न तो 'सीरियलों' का मसालेदार मनोरंजन होता है न काम-केलि का विस्तार। फिर भी उन्हें घण्टों क्या महीनों तक पढ़ते रहते हैं, रमते रहते हैं। क्या आज के माहौल में यह आश्चर्यजनक बात नहीं है। यह बात अलग है कि दो पाठकों की मन:स्थितियाँ भिन्न-भिन्न हो सकती हैं और उन पर भिन्न ढंग का प्रभाव भी पड़ सकता है। हर महान कृति अलग तरह की संवेदना और सौन्दर्य-दृष्टि की सृष्टि करती है किन्तु इससे उसकी निरर्थकता सिद्ध नहीं होती।

यह ठीक बात है कि तुलसीदास के रचना-कर्म और सूर्यकान्त त्रिपाठी निराला के रचना-कर्म को पढ़ते हुए हम उसी प्रकार का प्रभाव ग्रहण नहीं करते हैं—जिस प्रकार का प्रभाव हम एक जासूसी उपन्यास पढ़ते हुए या टी. वी. सीरियल देखते हुए ग्रहण करते हैं। प्रश्न उठता है कि दोनों प्रकार के मनोरंजनों में कहाँ अन्तर है? इस प्रश्न का महत्त्व आज और अतिरिक्त महत्त्व प्राप्त करता है—क्योंकि आज तो मनोरंजन के लिए एक विराट पैमाने पर चैनल शुरू किये जा रहे हैं—रात-दिन 'इण्टरटेनमेण्ट इण्डस्ट्री' का 'शो बिजनेस' चलता है। 'रामचरित मानस' या 'राम की शक्तिपूजा' का साध्य है—हमारी चेतना के सीमान्तों का विस्तार करना, पर्त-दर-पर्त नये अर्थों को खोलते चले जाना। अकेले, निजी आत्मीय क्षणों में चेतना से एक नया रिश्ता जोड़ना। पर 'इण्टरनेट इण्डस्ट्री' का साध्य क्या है?—उपभोग्य वस्तुओं के लिए तड़प पैदा करना, नये ग्राहकों का निर्माण करना, दिमाग की चिन्तन-प्रक्रिया की मुक्तता को नष्ट करना, कामुक प्रवृत्तियों को भड़काना। औरत को क्रय-विक्रय के बाजार में प्रदर्शन में बदल देना, शरीरवादी भौतिकता के पीछे प्रमत्त करना। कलात्मक मनोरंजन और सस्ते

मनोरंजन में हम पहले भी फर्क करते थे और आज भी करते हैं। फैयाज खाँ, गुलाम अली खाँ के गायन, स्वप्न सुन्दरी और सोनल मानसिंह के नृत्य। और फिल्मों-सीरियलों के गानों और टाँग-उठाऊ विकृत हरकतों में न नृत्य है न कला। फिल्मी 'आर्टिस्ट' की आज कद्र क्यों गिरी है—कलाविहीन विकृत अंग-संचालन, अंग-प्रदर्शन के कारण ही न! तुलसीदास में जो लीला-नाट्य की तन्मयता है—वह इन सस्ते-मनोरंजनों में कहाँ है? कलात्मक मनोरंजन की परिभाषा को आप कितना ही व्यापक या लचीला कर लें। 'रामचरितमानस' में राम-लक्ष्मण सीता की पीड़ा यातना से हजारों ग्रामवासी आज भी आँसू बहाते हैं। इस रोने में हर साल बार-बार राम-सीता की लीला को देखकर ही हमें आनन्द की प्राप्ति होती है। रावण को रथ पर सवार देखकर और राम को रथ-विहीन देखकर हम बेचैन हो जाते हैं। सीताहरण के अवसर पर हम कैसे असहाय विवश तड़फड़ाते हैं। क्यों तड़फड़ाते हैं? क्यों हमारा क्रोध रावण पर फूट पड़ता है? रावण हमारी स्त्री तो नहीं लिये जा रहा है—राम की पत्नी ले जा रहा है। फिर भी हम हैं कि सीता के दु:ख में रोते हैं और रावण की मौत पर हँसते हैं।

इसका अर्थ है कि हमारा मैं 'रामचरितमानस' पढ़ते-देखते 'मैं' नहीं रहता—'हम' में बदल जाता है। इसे ही काव्यशास्त्र में 'साधारणीकरण' नाम दिया गया है। कलाकृति हमें बदलती है। खुद वह जैसी है वैसी ही रहती है। हमें अपने-पराये की भेद-बुद्धि से मुक्त कर विशालता की ओर बढ़ा देती है। क्षुद्रताओं की ग्रन्थियाँ काटकर एक व्यापक 'मानुष भाव' की सृष्टि करती हैं। कलाकृति ही यह काम कर सकती है—यह काम 'पॉप-म्यूजिक' नहीं कर सकता। समय बिताने के लिए साधन रूप में मनोरंजन और कलाकृति के मनोरंजन में कितना बड़ा अन्तर है। प्रश्न उठता है 'रामचरितमानस' को बार-बार पढ़ने के बाद जो हमारा बदलता हुआ मन है, भाव-संस्कार है—वह अन्ततः क्या है? यही प्रश्न हमें सही उत्तर की ओर-मोड़ देता है, उस कलात्मक प्रभाव की ओर संकेत कर देता है—जिसमें 'आत्म-विश्रान्ति' का मर्म और सत्य छिपा हुआ है। सस्ते मनोरंजन तात्कालिक प्रभाव उत्पन्न करने के बाद अपनी उपयोगिता खो देते हैं या अपनी व्यर्थता का अहसास करा देते हैं क्योंकि उनका प्रयोजन इतना ही था। लेकिन 'रामचरितमानस' अपनी प्रभाव-प्रक्रिया में मन के भीतर कोल्हू में पेर देता है, मथता है, तेल निकाल देता है। उस चिकनाई में मन की रुक्षता टूट जाती है—चित्र दमकने लगता है—जीवन एक नया अर्थ पा जाता है। हम पूरी उदासी झाड़कर भरत की तरह राम-सीता से भेंटते हैं। हमारे राम हमसे अलग न हों, हमारी सीता हममें अग्नि धधकाती रहें, हमें उनकी अग्नि-परीक्षा की पीड़ा न झेलनी पड़े, न हमें कभी सुमन्त बनकर रथ हाँकना पड़े कि बेचैन उदास होकर अँधेरे में अयोध्या में प्रवेश करना पड़े। न किसी निषादराज की विकलता-विवशता झेलनी पड़े। हम

बार-बार अपने से पूछते हैं यह कैसा मन है जो राममय हो जाता है। 'रामहि केवल प्रेम पियारा' का प्रेम 'जानने' में जीवन को 'जानना' है। जिसने जानकीनाथ को नहीं जाना, उसने जीवन को ही नहीं जाना है। 'रामचरितमानस' का कोई एक प्रयोजन नहीं है, न जाने कितने प्रयोजन हैं, कितने भाव-प्रवाह हैं, कितने चिन्तन- घाट हैं, कितनी नदियाँ हैं, जो इस राम-सागर, कथा-सागर की ओर जा रही हैं। ''जिनके श्रवण समुद्र समाना'' वे ही इस कथा-प्रवाह को अपने मन में भर पाते हैं। लेकिन जिनके कान सड़ती तलैया हैं—उनसे इसका क्या मतलब। मुझे पता है किताब के भीतर ('रामचरितमानस') राम-कथा हमेशा रहेगी, राम हमेशा स्वर्णमृग से छले जाएँगे और सीता को खोजते रहेंगे। अन्याय के रावण का हमेशा अन्त होता रहेगा। हर युग का पाठक इस कलाकृति में अपना अर्थ खोजता रहेगा। हर बार इस टैक्स्ट का नया भाष्य किया जाएगा और हर बार कथा नये सिरे से पाठक के द्वारा लिखी जाएगी। 'रामचरितमानस ' के जीवनानुभव में पाठक अपना सत्य पाते रहेंगे। किन्तु 'कलाकृति' वही रहेगी। जैसा तुलसी ने उसे सृजित किया है। इस महान कलाकृति की प्रासंगिकता हर युग में बदल सकती है, कम-ज्यादा हो सकती है, किन्तु 'कलाकृति' पाठकों के संस्कारों-आकांक्षाओं के अनुसार अनुभव सत्य देती रहेगी। इसीलिए हम बार-बार कालिदास-तुलसीदास की ओर मुड़ते रहेंगे। कलाकृति का यह कैसा अमरत्व है कि समय उसे कभी पुराना नहीं बना पाता है। हर बार विचारों की बाढ़ आने पर वह डूब जाती है, बाढ़ उतर जाने पर उसकी अर्थ-भूमि और उर्वरा हो जाती है। हम जमीन की तरह उसे जितना ज्यादा 'कमाते' हैं, खोदते-गोड़ते हैं—नयी अर्थ की फसल भरभरा कर फूट-फट पड़ती है। इसका अर्थ हुआ कि जो कुछ हम कहते रहते हैं, वे 'रामचरितमानस' जैसी कलाकृति का भीतरी अनुभव सत्य नहीं है, केवल बाहर से की गयी हमारी व्याख्या का सत्य है—हमारी धारणाओं, अपेक्षाओं, आकांक्षाओं, इच्छाओं का सत्य है इसलिए कोई भी व्याख्या उसकी अन्तिम व्याख्या नहीं हो सकती और कोई भी सत्य उसका अन्तिम सत्य नहीं हो सकता। कलाकृति की कारिका मेरे अनुभव पर आधारित होगी—मेरे शब्द होंगे—मेरे विमर्श जबकि 'रामचरितमानस' के काव्यत्व का सत्य उसके शब्दों में ही अटा हुआ है—अटल-निष्कम्प। कलाकृति का सत्य उसके अपने शब्दों का सत्य है और मेरा सत्य मेरे शब्दों का भाब्य का सत्य। दोनों सत्य एक नहीं हैं—एक-से प्रतीत हो सकते हैं—पर एक नहीं हैं। पाठक को समानुभूति नहीं हो सकती। कलानुभूति बनाम निर्वैयक्तिक अनुभूति ही हो सकती है। 'रामचरित मानस' जैसी महान कलाकृति एक नन्दिनी गाय है, जिस पर वशिष्ठ-विश्वामित्र संग्राम तो किया जा सकता है लेकिन उस गाय को अपनी इच्छाओं से घुमाया-बहकाया-धमकाया नहीं जा सकता है। जो आलोचक 'रामचरितमानस' को लेकर बराबर यह धमकी देते रहे हैं कि हम इसे एक धार्मिक कृति, भाववादी कृति

मानते हैं, वे इसका क्या बिगाड़ पाये। न मार्क्सवादी इस कृति का बाल बांका कर पाये, न अम्बेडकरवादी कुछ कर पाने की स्थिति में हैं। हाँ, धमकाते रहते हैं कि हम इस कृति को जूते से पूजेंगे। 'मानस' पर जूतों की माला डाल देने से 'मानस' का भीतरी अर्थ नहीं बदल जाता है—केवल हमारी भड़ास निकल जाती है।

अगर मैंने 'रामचरितमानस' जैसी कालजयी कृति की नन्दिनी गाय के तेज से तुलना की है तो महज यह एक संयोगवश दी गयी उपमा नहीं है। इस कथन के पीछे मेरी आकांक्षा का आरोपण है, मेरा अपना अनुभव, अनुभव-सत्य। नन्दिनी के प्रताप के कारण कोई विश्वामित्र इसके पालक वशिष्ठ का कुछ नहीं कर सकता। प्रमत्त भाव से पागलों ने 'मानस' को 'ब्राह्मणवादी', 'वर्णाश्रम-धर्म के वर्चस्ववाद की तरकीब', 'प्रतिक्रियावादी', 'अध्यात्मवादी', 'हिन्दूवादी', 'हिन्दुत्व और साम्प्रदायिकतावादी', 'बुद्धि विरोधी भक्ति के जहरवाद से भरी' पता नहीं क्या-क्या नहीं कहा। कुछ दिन हुए, मेरे एक मित्र ने 'रामचरितमानस' के 'शुक्लीय', 'मिश्रीय', 'वाजपेयीय', 'शर्मीय' अर्थ के विरुद्ध जिहाद छोड़ने की घोषणा की थी। उनका यह भी विचार था कि 'रामचरितमानस' की आलोचना में सबके सब ब्राह्मण जाति के लोग लगे रहे हैं, क्यों किसी निम्न जाति के विद्वान ने इस पर कार्य नहीं किया? क्यों रामकाव्य ने एक भी शूद्र-कवि पैदा नहीं किया? क्यों निर्गुणवादियों की क्रान्तिकारी विचारधारा को सगुण मतवादी तुलसीदास ने उच्चकुलीनों का वर्चस्ववाद स्थापित करके चौपट कर दिया। रूढ़िवाद, पुरोहितवाद, ब्राह्मणवाद को हिन्दी भाषी प्रदेशों में तुलसीदास ने ही क्या पुष्ट नहीं किया और कर रहे हैं। ऐसे मेरे मित्र यह भूल जाते हैं कि आज जिस जातिवाद, सम्प्रदायवाद, धर्मवाद से हमारी राजनीति पूरी तरह प्रदूषित हो गयी है, उसे किसने बढ़ाया है? क्या इसके लिए किसी कबीरवादी, किसी जायसीवादी को दोषी करार दिया जा सकता है? क्या यह सच नहीं है कि अगड़े-पिछड़े का यह विभाजन ही गलत है। आरक्षण को संरक्षण कभी बाबा साहेब अम्बेडकर ने नहीं दिया पर अम्बेडकरवादी आरक्षण के लाभों के पीछे पड़े हैं। यही हालत उन राजनीतिज्ञों की है—जो अपने को समाजवादी-लोहियावादी कहते हैं—'जातिवादी' यही सबसे ज्यादा हैं।

'रामचरितमानस' में जातिवाद को बढ़ावा नहीं है। तुलसी जाति, धर्म, कुल, वर्ग, वर्ण, प्रदेश, भाषा की राजनीति से बहुत ऊपर हैं। रामानन्द से उन्होंने यही सीखा है कि जातिवाद व्यर्थ की चीज है—काम की चीज है राम की अनन्या-भक्ति। इस भक्ति का मार्ग सभी के लिए खुला है। आज 'रामचरितमानस' के भीतरी सत्य को उससे अलग करके देखने की जो चालाक कोशिशें चल रही हैं, वे घातक हैं। बिना सही समझ, सही समग्र दृष्टि के हम किसी भी 'कलाकृति' के जीवन-सौन्दर्य को नहीं देख पाते। हमारा अपना आरोपण कलाकृति के पूरे अर्थ-मर्म को बदल देता है।

कलाकृति की जड़ें युग-संवेदना भूमि में गहरे बहुत गहरे तक गयी होती हैं। वे परम्परा और संस्कृति के रस को चूसकर कृति को दे रही होती हैं। पूरे के पूरे सृजन-प्रेरणा के विस्तार को समझ पाना कठिन होता है—इसलिए 'कलाकृति का समग्र सत्य' कृति में ही रहता है—पाठक या आलोचक उसके एक भाग का अनुभव भोगी ही होता है। इसलिए हम ज्ञान के फार्मूलों और विचारधाराओं का जालों से 'कलाकृति' को खींचकर पूरी तरह बाहर नहीं ला पाते। कलाकृति हमें ही जाल सहित खींचकर अपने में गिरा लेती है और फिर व्यर्थ कहकर किनारे फेंक देती है।

'रामचरितमानस' का कलात्मक सत्य न धर्मशास्त्र का सत्य है, न अर्थशास्त्र का सत्य है, न काव्यशास्त्र के सिद्धान्तों से नापा जा जानेवाला सत्य है। न सौन्दर्यशास्त्र इसकी थाह पा सकता है, न समाजशास्त्र। नीतिशास्त्र, दर्शनशास्त्र, मनोविश्लेषणशास्त्र, मार्क्सवाद, आधुनिकतावाद आदि हजार-हजार वाद मिलकर इसके सत्य की मूल जड़ नहीं खोज सकते हैं। वह सभी सत्यों से बहुत भिन्न सत्य है—व्यापक मानव अनुभव का अनन्तता को स्पर्श करता सत्य। पूरा सत्य उसके कथ्य प्रवाह में है। हम उसे पादाचार्य अभिनवगुप्त या भक्ति-शास्त्र के आचार्य रूप गोस्वामी की अवधारणाओं में व्यक्त नहीं कर सकते। समाजशास्त्र या दर्शनशास्त्र की पुस्तकों में मनुष्य की एक विशिष्ट अवधारणा होती है जिसके आधार पर कुछ मानक-निष्कर्ष निकाले जाते हैं पर वहाँ समग्र मनुष्य परिभाषित नहीं हो पाता। 'रामचरितमानस' जैसे सृजन में मनुष्य की एक नहीं, हजारों छवियाँ, एकदूसरे को चीरती हुई निकल जाती हैं। हम राम या भरत को पकड़कर यह कहने का दावा नहीं कर सकते कि यही मनुष्य की समग्र छवि है। सत्य कहाँ है? शिव के पास, राम के पास, भरत के पास, हनुमान के पास, विभीषण के पास, सीता के पास, किसके पास है—सबके पास तो एक अथाह व्यथा ही है। राम सब कुछ जानते हैं, फिर सीता पर सन्देह क्यों? स्वर्ण-मृग की छलना का छल क्यों? इसलिए कि जीवन में 'जानना' ही सब कुछ नहीं है—जाने हुए को अनुभव में प्रवाहित करना ही मुक्ति है। इसी में रचनाकार की भी मुक्ति है। राम एक ऐसी संस्कृति के प्रतीक हैं जिसमें जानने की कोई सीमा नहीं है—हालाँकि 'जानना' जहाँ 'पाप' नहीं है, केवल यातना है, भीतर-ही-भीतर मीठे दर्द में घुलना है—इस घुलावट में ही रस है, यही पाठक का 'श्रेय' और 'प्रेय' है। राम की भाव-रचना 'रामचरितमानस' एक ऐसी सांस्कृतिक भाषा में करता है—जिसमें 'सीता' के तप की पवित्रता को 'ज्ञान' प्रमाणित नहीं करता, भक्ति-भाव की अनन्यता ही प्रमाणित करती है। दास्य-भक्ति ही प्रमाणित करती है।

क्या यह भारतीय मन की एक विशेषता नहीं है कि वह राम को लीला नायक, मर्यादानायक, सुरनायक, जननायक, मिथक नायक, इतिहास नायक, भाव-नायक, अवतारी नायक आदि एक साथ मानता है। सभी भाव, सभी रस, सभी गतियाँ,

ध्वनियाँ, संस्कृतियाँ, परम्पराएँ राम से ही आकार ग्रहण करती हैं। एक संस्कार-सम्पन्न भारतीय एक ही समय में राम को विष्णु का अवतार भी मानता है और मानव की तरह सीता जैसी पत्नी पर सन्देह भी करता है। फिर इन दोनों छवियों में पाठक को कोई अन्तर्विरोध नजर नहीं आता है। हर भारतीय अपने बच्चे में राम-सीता की छवि देखता है—राम-सीता की यातना भूलकर। विवाह के अवसर पर भी दूल्हा-दुल्हिन में राम-सीता की छवि का ही दर्शन करते हैं। पूरी की पूरी भारतीय लोक-संस्कृति राम से संपृक्त है। हमारे जातीय संस्कार में राम जिस ढंग से रचे हैं—उस ढंग से पश्चिम के मन में एक भी नायक बसा हुआ नहीं दिखाई देता। ईडिपस और अपोलो, मिनर्वा और डायना कोई भी ऐसा नहीं है, जिसमें पूरी संस्कृति का मन बोल रहा हो। राम हमारे अवचेतन मन में भाषा के उस रिश्ते के साथ मौजूद हैं कि निरन्तर रचना-कर्म की दिशा निर्धारित करते रहते हैं। कृषि सभ्यता से लेकर उन पर आजतक सभ्यता की न जाने कितनी परतें जमी हुई हैं। इन पर्तों से भारतीय मन की स्फटिक शिला का निर्माण हुआ है जहाँ राम अपने हाथों से फूलों की माला बनाकर सीता को पहनाते हैं। पत्नी का ऐसा सम्मान-भाव किसी भी देशी-विदेशी कथा में दुर्लभ है। रामकथा का एक ऐसा विशिष्ट किस्म का संसार है कि विशिष्ट किस्म का संस्कारी-भक्त मन ही इस विशिष्टता को पकड़ पाता है—'राम भगत अधिकारी' होना बड़ी बात है। ऋषि-मुनि तपस्वी गृहस्थी-भक्त सभी 'रामकथा के अधिकारी' बनने को तरसते हैं। इसीलिए राम कथा मात्र लीला का नाटक ही नहीं है, वह एक ऐसा स्रोत है जहाँ से जीवन-सत्य, जीवन-मूल्य एक विशिष्ट आकार पाते रहते हैं।

'रामचरितमानस' को बाहर से, बाहर की मनमानी धारणाओं से उधेड़ने की जरूरत नहीं है। इस महान रचना का सत्य इसके समूचे कथ्य के विस्तार और बुनावट—उसके 'टेक्शचर' में निहित है। आप इसे एक नाटक, कहानी या जासूसी उपन्यास की तरह उद्‍घाटित नहीं कर सकते। 'युद्ध और शान्ति' या 'गोरा' और 'गोदान' को परखने के जो 'टूल्स' हैं वे 'रामचरितमानस' पर लागू नहीं किये जा सकते हैं। जहाँ कहीं, जब कभी समाजवादी-यथार्थवादी पश्चिमी-दृष्टि से इसे परखा गया है, रचना का शव ही हम ढोते रहे हैं। पश्चिम का पूरा सौन्दर्य दर्शन इन्द्रियवाद को केन्द्र बनाकर आगे बढ़ता है जबकि हमारा भारतीय दर्शन पुरुष-प्रकृति की अद्वैतता का प्रतिपादन करता है और इन्द्रियवाद को पास नहीं फटकने देता है। 'रामचरितमानस' को 'मानस' से ही ग्रहण किया जा सकता—बाहर से नहीं—'अस मानस मानस चख चाही।' कहकर तुलसीदास ने यही संकेत दिया है। हम इसे 'इण्टेंशनल फैलेसी' अभिप्रायपरक हेत्वाभास कहकर चलता नहीं कर सकते हैं। क्योंकि मानस एक हृदय से दूसरे, दूसरे से तीसरे-चौथे अनगिनत हृदयों की यात्रा है—''रचि महेश निज मानस राखा। पाय सुसमय शिवा सन भाखा।'' शिव आदिम देवता ही नहीं हैं, वे जीवन-

विवेक के प्रतीक हैं। भारतीय बुद्धिवाद की विवेक वयस्कता शिव हैं और यही विवेक वयस्कता कथा भाव को रचती है। फिर यह कथा तपस्वियों में, गुरुओं में फैलती है—'मैं पुनि निज गुरुसन सुनी'। इस कथा के सत्र चलते रहे, कथा प्रवाह-उमड़ता बढ़ता रहा। कथा ने परिवर्तन और सातत्य से नया रूप पाया। नया अर्थ पाया। शब्द-चिन्तन परम्परा और अर्थ-चिन्तन परम्परा का राम-रसायन या भाव-रसायन पाया। अनेक धाराओं-उपधाराओं का विचार जल मिला। इसलिए इस कथा में अनेक तीर्थ, अनेक नदियाँ, अनेक प्रयाग हैं। तीर्थराज प्रयाग में राम-पद के अनुरागी भरद्वाज ऋषि रहे, रहते हैं। ऋषि थे, ऋषि हैं—वहाँ राम-कथा निरन्तर होती रहती है—समाज, भक्त समाज उसे निरन्तर सुनता रहता है, पर कथा को सुनने से कथा को और सुनने की प्यास बढ़ती है। प्यास कम नहीं होती, तृप्ति नहीं होती—'दरस आस पियास तुलसीदास चाहत मरन।' यह विशेष रस' वाली कथा है सामान्य-रसवाली कथा नहीं—'रामचरित जे सुनत अघाही। रस-विशेष जाना तिन्ह नाही।' यह 'रस-विशेष' क्या है—निरन्तर अतृप्ति का, प्यास का अनुभव-चातक चाह की पुकार, राम मेघ के आने की प्रतीक्षा—बहुत से अर्थ हैं। इसलिए उपन्यास की तरह इस कथा का आरम्भ और अन्त नहीं है—'राम कथा कै मिति जग नाही।' यह कथा निरन्तर आरम्भ ही है—पूरा कथ्य इस आरम्भ को समझने में ही शुरू है, समाप्ति नहीं है 'कथा तुम्हारि सुभग सर नाना' तथा 'औरहु कथा अनेक विधाना।' एक बहुत संश्लिष्ट-जटिल अनेकार्थी कथा की निर्मिति का नाम है—'रामचरित मानस।' तुलसी की सरलता- सहजता में बड़ी जटिलता है। कथा की सभी शिराओं में सत्य झनझनाता है और पाठक को झकझोर कर झनझना देता है, विचार-तार में प्रवाहित बिजली की तरह।

कथा क्या है चक्करदार सोपानों का जादू है, एक मन्त्र-मुग्ध करनेवाला जादू। कथ्य में भूल-भूलैया का तन्त्र फैला है। बीच का कथ्य आरम्भ को समझने की कुंजी है—विमल मति से रहित पाठक को इसमें छलावा भी मिल सकता है। चक्करदार मोड़ों और घुमावों से भरे 'घाट मनोहर चार' हैं। इन घाटों पर पहुँचकर डुबकी लगाना भीतर के मल को धो देना है, जड़ताओं-विकृतियों को बहा देना है। पूरी कथा विष्णु की उस देह की तरह है जिसमें मार्कण्डेय ऋषि को पता नहीं चल पाता है कि आखिर सच क्या है? कहाँ है? सत्य की निरन्तर खोज ही रामकथा है। 'मानस' के भीतर अवगाहन करने पर पता चलता है कि न जाने कितने भ्रमों को सत्य समझकर जीव-जीवन में पकड़े रहता है। इसलिए इस कलाकृति का मर्म खुलता ही तब है, जब हम पाते हैं कि जानने की एक नयी अन्तर्यात्रा शुरू हुई है। कई बार लग सकता है और लगता भी है कि 'मानस' अन्ततः एक विराट दार्शनिक और यदि आप चाहें तो कह सकते हैं कि एक व्यापक आध्यात्मिक अनुभव है—देह के साथ नारायण की लीला में भागेदारी है। इसलिए नहीं कि यह रचना हमें दर्शन का कोई सत्य बताती है, जिसके

लिए हम दर्शनशास्त्र में जाते हैं। यह रचना जीवन के नये आयामों का रहस्योद्घाटन (Revelation) करती है—अनेक विरोधी-अन्तर्विरोधी, दुरूह सत्यों का एक ऐसा यथार्थ सामने लाती है जो हमारे खण्डित अनुभवों को एक व्यवस्था देता है। एक पैटर्न में ढालता है—अपनी क्रमबद्धता में दृष्टि से सम्पन्न कर देता है। 'मानस' को पढ़ते हुए हम उन्हीं भावनाओं का प्रेम, घृणा, क्रोध, बैर, उत्साह आदि अनुभव करते हैं। ये भावनाएँ हर क्षण हमारे साथ हैं—चाहे वे पश्चात् की घोर यातनाएँ हों या मृत्यु का त्रास या अनिर्वचनीय आनन्द के क्षण। इनमें नया क्या है—परिचित भाव हैं। पर यह कथा 'परिचित' को 'अपरिचित' और 'अपरिचित' को 'परिचित' बनाने की कला का एक प्रतिमान रख देती है। यही तो कवि-कर्म का भी प्रतिमान है। प्रकरणवक्रता, प्रबन्धवक्रता के प्रतिमान भी तो उससे अलग नहीं हैं। एक पूरी वाचिक और लिखित परम्परा का तुलसी दूसरा नया पाठ उठाते हैं। एक ऐसा नया पाठ जो चकित करता है। कथा का यह पाठ हमारी सभी परिभाषाओं को भ्रामक सिद्ध देता है—काव्यशास्त्र की अपर्याप्तता को 'मानस' पहली बार सिद्ध करता है। काव्यशास्त्र की महाकाव्य कसौटी पर आप 'मानस' को महाकाव्य सिद्ध नहीं कर पाते हैं जबकि आप इस अनुभव से बराबर गुजरते ही हैं कि यदि इसे महाकाव्य न मानें तो हिन्दी की किस कृति को महाकाव्य कहें। तुलसी की स्वच्छन्द प्रतिभा की सृजन-दृष्टि शास्त्र के घेरे को तोड़कर बाहर निकल पड़ी है, 'हरि अनन्त हरि कथा अनन्ता' की असीमता का बोध। तमाम मर्यादाएँ यहाँ टूट जाती हैं—और एक चीज रह जाती है—अखिन्नमन से प्रेम 'रामहि केवल प्रेम पियारा'। प्रेमकथा का प्रेम-दर्शन। 'रामचरितमानस' की सृजन-चेतना यह सिद्ध करती है कि एक महान कलाकृति का कोई विकल्प नहीं है। इतिहास की खोज पुरातत्त्व शास्त्री की पहचान, दर्शनशास्त्र की तात्त्विक अवधारणाएँ, समाजशास्त्री-अर्थशास्त्री के सिद्धान्त, लुभावनी पत्रिकाएँ, टी.वी. सीरियल इस कलाकृति का विकल्प नहीं बन सकते। आजादी के आन्दोलन में 'मानस' गाँधी की मनोभूमिका का निर्माण करता है। अकथ-यातना से पीड़ित जनता के लिए 'मानस' बाबा रामचन्द्र के विराट् अवध किसान-आन्दोलन की प्रेरणा बन जाता है और साहित्य में 'मानस' अपनी पूरी मिथक-चेतना के साथ क्रान्तिकारी कवि निराला की मनोभूमिका के निर्माण में निर्णायक बन जाता है। आलोचना के प्रतिमान आचार्य शुक्ल 'मानस' से ही ग्रहण करते हैं और मैथिलीशरण का 'साकेत' नारी-आन्दोलन की ताकत। इसलिए आज भी 'मानस' हमारी जातीय अस्मिता की सबसे बड़ी पहचान है। हमारी संस्कृति की सरस्वती का सबसे पवित्र स्वर, लय, गति, ताल, छन्द। इसलिए जो लोग 'रामचरित मानस' की प्रासंगिकता का प्रश्न उठाते हैं, वे एक प्रकार से भारतीय परम्परा, संस्कृति, दर्शन, चिन्तन की प्रासंगिकता का प्रश्न उठा रहे होते हैं। यदि भारतीय-जीवन-पद्धति, जीवन-दृष्टि अप्रासंगिक हो गयी है, तो 'मानस' भी अप्रासंगिक हो गया है। यदि

तमाम अनास्थाओं, अभावों, अन्धकारों, बाहरी वैचारिक आक्रमणों के बावजूद भारतीय जीवन-दृष्टि प्रासंगिक है, तो 'मानस' को अप्रासंगिक कैसे कहा जा सकता है! तमाम अनास्थाओं, तापों, तनावों को शान्त करनेवाला 'मानस' आस्था का अमृत कलश है। प्रश्न यह नहीं रह गया है कि आज 'रामचरितमानस' हमारे लिए कितना प्रासंगिक है, बल्कि यह कि आज हम 'मानस' के लिए उसके कलानुभव, जीवनानुभव के लिए कितने प्रासंगिक रह गये हैं। क्या आज हम मानवीयता के ह्रास-युग में, टुच्ची, ओछी राजनीतिक स्थितियों में क्या वह चिन्तन-एकान्त जुटा पाएँगे, जो 'मानस' का साक्षात्कार कर सके? जीवन की उस लय को सुन सके जिसे आज-पश्चिमी प्रभाव नष्ट करना चाहते हैं। कोई भी रचना हमारे लिए नहीं लिखी जाती। हम उसे अपनी मनोभूमिका के अनुसार पढ़ते हैं, रचना के पाठ का एक नया पाठ तैयार करते हैं।

क्या यह सच नहीं है कि हमारे सांस्कृतिक सौरमण्डल में वाल्मीकि, व्यास, कालिदास, तुलसीदास घूम रहे हैं, जो हमारी स्मृतियों-आकांक्षाओं, संस्कारों, भावनाओं को प्रभावित करते हैं। जो हमारे सांस्कृतिक वायुमण्डल का इतना अभिन्न अंग बन गये हैं कि उनकी स्मृति को मलिन-मद्धिम तो किया जा सकता है, मिटाया नहीं जा सकता। न जर्मनी गेटे को मिटा सकती है, न शेक्सपीयर को छोड़कर अँग्रेज जाति जी सकती है। हर देश का एक जातीय-सांस्कृतिक सौर मण्डल होता है—जिससे व्यक्ति रचनाकार को निर्वासित प्रताड़ित किया जा सकता है, पर कलाकृति को नहीं।

प्राय: यह बात आज मंचों-गोष्ठियों से उठायी जा रही है कि आज का समाज उस साहित्य से कट गया है, जिसे हम भक्तिकाल का साहित्य कहते हैं। इस सांस्कृतिक नवजागरण के साहित्य को 'मध्ययुगीन बोध' से ग्रस्त (पिछड़ेपन) कहकर उपेक्षा की जाती है। जबकि मध्ययुगीन बोध पश्चिम के अन्धकार युगीन साहित्य से उपजी अवधारणा का वाची है। हमारे यहाँ 'अन्धकार-युग' कभी रहा ही नहीं। न धर्म का वह ताण्डव हुआ जो पश्चिम में रहा। इसलिए भूलवश उनके मध्यकाल के दोषों को हमारे मध्यकाल पर थोपना अज्ञान है। हमारे भक्ति काव्य के पीछे एक अखण्ड समग्र और समर्थ चिन्तन-सृजन की परम्परा है। ऐसी अखण्ड-समग्र परम्परा का दावा पश्चिम का कोई देश नहीं कर सकता है। जो परम्परा टी. एस. इलियट को मिली है, वह खपच्चियों को जोड़कर बनी परम्परा है। लेकिन जो परम्परा तुलसीदास, जयशंकर प्रसाद, निराला, अज्ञेय को मिली, वह एक समग्र परम्परा है। पश्चिमी प्रहारों ने आधुनिक काल में उस परम्परा को क्षत-विक्षत किया—पर यह परम्परा मरी नहीं है। अपने जीवट में अटूट प्रहारों को झेलती हुई हम तक आती है।

अपनी परम्परा की ताकत के कारण ही 'मानस' हो या 'कामायनी' अपने समय और समाज के भीतर चलने वाले असंख्य अन्तर्द्वन्द्वों-तनावों-प्रश्नाकुलताओं, विभ्रमों-

विभीषिकाओं-निराशाओं-आकांक्षाओं का 'साक्षी' बनकर आती रही हैं। क्या यह उनकी सामर्थ्य नहीं है कि वह 'समय' उनके भीतर परिभाषित हो रहा है। आज मूल प्रश्न यह है कि उपभोक्तावादी संस्कृति के भार से बेचैन मन क्या 'मानस' या 'कामायनी' के साक्षात्कार के काबिल रह गया है? हम तो इनका स्थान साहित्य में निर्धारित भी नहीं कर सकते हैं, क्योंकि इन महान कृतियों ने स्वयं अपना स्थान साहित्य में बना लिया है—लगभग अविस्मरणीय स्थान। जब भी हम इनके पास जाते हैं—खाली हाथ नहीं लौटते। कुछ न कुछ सरस्वती का प्रसाद पाते ही हैं। इसीलिए ये कलाकृतियाँ हम तक चलकर नहीं आएँगी हमें ही उनके पास चलकर जाना होगा। एक अतिथि भाव से नहीं, एक सखा-भाव से जाना होगा। जरूरी नहीं है कि इन कृतियों के पास जानेवाला हर पाठक दृष्टि-सम्पन्न, कला-विदग्ध ही हो। ऐसी स्थिति में हम इनमें इतना ही देख सकते हैं जितनी हमारी दृष्टि सामर्थ्य है। कई बार हम कृति को भीतर-बाहर से देखने में ही अक्षम होते हैं। जंगली धतूरे की तरह हम केवल झूमने का नाटक कर रहे होते हैं। पर ऐसे भी होते हैं जो योगी की तरह परकाय-प्रवेश में माहिर होते हैं। वे कृति में चुपके से प्रवेश करते हैं और बिना किसी हड़बड़ाहट के बहुत-कुछ देख लेते हैं। आचार्य शुक्ल की संजय-शक्ति का हम 'मानस' को लेकर आज भी लोहा मानते हैं। तुलसी के सृजन कर्म से गुजरते हुए कोई तथ्य, कोई घटना, कोई दृश्य, अतीत-वर्तमान का कोई ब्यौरा उनकी आँखों से ओझल नहीं रहता। आचार्य शुक्ल हजार आँखों से सूर, जायसी, तुलसी, कबीर को देखते हैं, और तार्किक टिप्पणी, भाष्य, विमर्श करते हैं। जायसी के 'पद्मावत' का तो एकदम नया भाष्य आचार्य शुक्ल ने ही किया और उसी परम्परा को विजय देवनारायण साही ने 'जायसी' पुस्तक में नये सिरे से आगे बढ़ाया। लेकिन आचार्य शुक्ल के बिना साही जी के इतने आगे बढ़ने की सम्भावना कम ही थी।

तुलसीदास जैसा महान रचनाकार अपने सृजन-क्षणों में एक व्यापक और विराट युग-सत्य को रचना-कर्म में ढाल रहा होता है, उस सृजन की भट्ठी में पूरा युग खौलता है और गाढ़ा अनुभव रस बूँद-बूँद निचुड़कर रचना में भर जाता है। ऐसा सृजन-कर्म पाठक को एक अद्भुत सम्पूर्णता का बोध देता है। एक निरक्षर लगभग अशिक्षित समाज में तुलसीदास प्रवेश कैसे कर गये, यह प्रश्न कम महत्त्वपूर्ण नहीं है। आगम-निगम परम्पराओं का छना ज्ञान तुलसी ने जनता को परोस दिया। जिस ज्ञान को छककर जनता ने सम्पन्नता का अनुभव किया। नर में नारायण को बैठाकर तुलसीदास प्रार्थना की मुद्रा में 'विनय पत्रिका' बन गये। भजन बन गये, कीर्तन बन गये, नवधा-भक्ति बन गये। भक्त-शिरोमणि भी बने ही। उन्हें बहुत तरह के पाठक मिले या बहुत तरह के पाठकों ने उन्हें आत्मीयता से अपनाया। तुलसीदास ने शब्दों का आविष्कार नहीं किया। मौजूद शब्दों में स्मृति को नया अर्थ सन्दर्भ दे दिया। यह जाना-माना सच है

कि एक तानाशाही व्यवस्था में जातीय स्मृति को नष्ट करने के लिए भाषा को नष्ट किया जाता है—ताकि जाति को आसानी से गुलाम बनाया जा सके। अँग्रेजों ने पहला हमला भक्ति-आन्दोलन पर किया और कहा कि हिन्दी में भक्ति ईसाइयों की देन है। ग्रियर्सन ने 'तुलसीदास' पर किताब लिखी और ईसाई प्रतिमानों से घेरने की कोशिश की। यह अलग बात है कि ग्रियर्सन अपने उद्देश्य में सफल नहीं हो सके। तुलसीदास तक हिन्दी कविता पूरी तरह एक सम्पन्न परिदृश्य प्राप्त कर चुकी थी। संवेदना, काव्य-भाषा, रचना-विधान और शैली मँज चुकी थी—उसे और आगे बढ़ाने की जरूरत थी, यही कार्य तुलसी की कलम से हुआ। भक्ति से कविता बनाने की जो प्रेरणा-प्रक्रिया कबीर से आरम्भ हुई थी, उसकी सशक्त निष्पत्ति तुलसी के सृजन-कर्म से हुई। तुलसी के सामने समस्या थी कि संस्कृति को छोड़कर संस्कृत की शास्त्रीय परम्परा का ज्ञान ध्यान जन-भाषा हिन्दी में कैसे लाया जा सकता है। शास्त्रीयता को लोक ग्राह्य कैसे बनाया जाए, यह तुलसी की रचना-समस्या थी। जिसे उन्होंने सहज भाव से हल किया। लोक-भाषाओं को लेकर रामानन्द की सृजन-प्रेरणा-दृष्टि तुलसी की रचना का आधार बनी। प्रबन्ध, मुक्तक, अवधी, ब्रजभाषा और संस्कृत में श्लोक रचना सब 'भाखा' ताकत बनी। निर्गुण-सगुण, वैष्णव-शैव के सांस्कृतिक-संकट को उन्होंने विवेक से हल किया। वे भाव-उच्छलन के नहीं, विचार-संयम के रचनाकार बने। और एक ऐसा चरित्र खड़ा कर दिया कि संस्कृति ने उसमें अपनी छवि को साकार किया। कहते रहे 'कवित विवेक एक नहि मोरे' पर पाठक ने पाया कि उनसे ज्यादा काव्य-विवेक किसी के पास उस युग में नहीं दिखाई देता। 'अरथ अमित अति आखर थोरे' का मर्म-समझाया और एक ऐसे शील का परिचय दिया जो कवि में दुर्लभ होता है। पण्डों-पुरोहितों से कम संघर्ष नहीं किया, पर झुके नहीं। तुलसी के सृजन-संघर्ष में उनका आत्म-संघर्ष समझने लायक है—'बारे तो लाल विललात द्वार-द्वार दीन' का अनुभव क्या कहता है ? अपनी स्थिति परिस्थिति से संघर्ष, अपने अहं से संघर्ष का ही नतीजा है कि तुलसीदास आत्मदान, आत्म-समर्पण की ओर मुड़ गये। स्वान्तःसुखाय 'बहुजन हिताय' की खुली पुकार बन गया। उस भक्त-कवि ने एक ही उपदेश दिया—राम-भक्ति पर भरोसा करो 'सो सब धरम करम जरि जाहू। जेहि न राम पद पंकज भाहू॥'

'रामचरित मानस' को लेकर असली प्रश्न यह नहीं है कि इस रचना को कौन लोग पढ़ते हैं या कितने लोग पढ़ते हैं या समाज-परिवर्तन में उसकी भूमिका क्या रही है। असली प्रश्न यह है कि क्या यह रचना अपनी भाषा के उस संवाद में दखल दे सकी है, जो यह समाज अपनी भाषा में करता आया है ? यदि यह कृति यह कार्य कर सकी है, तो इसकी रचना सार्थक है, वह समाज-भाषा सार्थक है, वह संस्कृति सार्थक है जिसमें मनुष्य की एक नयी छवि उभरती है, एक नया सौन्दर्य-बोध विकसित होता

है। जब तक इस सौन्दर्य-बोध को हिन्दी-भाषी समाज अपने ही हाथों नष्ट नहीं कर लेता, यह कृति अनन्तकाल तक उसे अपने में संचित किये रहेगी। वही कृति 'कालजयी' होती है जिसे कोई समाज आनन-फानन में अपने को जज्ब नहीं कर पाता। रचना की तात्कालिक लोकप्रियता 'भोग' ली जाती है और भोगने के बाद उसे ठुकरा दिया जाता है। लेकिन जो रचना धीरे-धीरे देश और काल में धँसती है—वह खून बनकर जाति की धमनियों में दौड़ने लगती है। शायद ही तुलसीदास के रचना-कर्म पर रीतिकाल का कोई कवि रीझा हो। पर समय की दूरी होने पर तुलसीदास पर आधुनिक काल के अधिकांश कवि रीझे। उन्होंने कालिदास-भवभूति को भी तुलसी की तरह बहुत निकट, बहुत आत्मीय पाया। महान रचना तृप्ति को अतृप्ति में बदलने के कारण ही याद की जाती है—तृप्ति देने के कारण नहीं। साहित्य का यह कितना अपना, पर अजीब तर्क है। सौन्दर्य का तर्क साहित्य का तर्क है। इसलिए इस तर्क को किसी अन्य तर्क से सिद्ध नहीं किया जा सकता। रचना का अपना तर्क है—तुलसी का तर्क कुछ भी रहा हो। 'रामचरितमानस' के तर्क के ऊपर अपने तर्क आरोपित करनेवाले नहीं समझ सकते। विचारधारावादी अपने तर्कों से 'मानस' का गूदा फेंकते रहे हैं और छिलका खाते रहे हैं। रचना की स्वायत्तता में विश्वास न रखने के कारण वे रचना की पूँछ मरोड़ते रह गये हैं। कभी-कभार तो 'मानस' की गला-काट आलोचना की गयी है और खूब की गयी है। विचारधारा की रस्सी में बँधे गुलाम 'मानस' की स्वतन्त्रता को बर्दाश्त नहीं कर सके और इसे 'प्रतिक्रियावादी' करार दे दिया। इसकी 'भक्ति' को अफीम और 'लीला' को जहर तथा 'अवतारवाद' को पागलपन का छलावा तक कहने को तैयार रहे हैं। एक केन्द्रीय विश्वविद्यालय की पाठ्यक्रम कमेटी में हिस्सेदारी करने के अवसर पर मुझे खुद ऐसे प्रगतिवादियों से पाला पड़ चुका है। जो 'भक्ति', 'लीला', 'अवतारवाद' तीनों अवधारणाओं के पीछे पागलपन की हद तक दिखाई दिये। प्रश्न उठता है कि क्या इन तीनों अवधारणाओं को खारिज करके भक्तिकाव्य, तुलसी तथा 'रामचरितमानस' को समझ सकते हैं। 'रामचरितमानस' की पीठ में ऐसी प्रगतिशीलता से छुरा भोंकना एक ओर नासमझ कायरता है, दूसरी ओर कलाकृति की क्रूर निर्मम हत्या। इन रिडक्टिव किस्म के अध्यापकों के द्वारा भी 'रामचरितमानस' पर बड़ा अन्याय हुआ है।

रचना, विचारधारा नहीं है, न विचारधारा 'रचना'। यदि ऐसा होता तो विचारधाराओं का फार्मूलाबद्ध प्रचारवादी लेखन ही महान लेखन कहलाता। पार्टियों को लेकर न प्रेमचन्द ने लिखा है, न निराला ने, न अज्ञेय ने। हाँ, यह जरूर है कि पार्टियाँ उन्हें अपनी विचारधाराओं की जंजीर में बाँधना चाहती हैं। आज तुलसीदास, निराला, प्रेमचन्द, मुक्तिबोध पर कब्जा करने की कोशिश कौन ताकतें नहीं कर रही हैं, ताकि वे उनका उपयोग कर सकें। ये लोग भूल जाते हैं कि कलाकृति परम्परा से

प्राप्त विचार संवेदना का हिस्सा होते हुए भी विशिष्ट, अद्वितीय संश्लिष्ट, स्वानुभूत अनुभव होती है। कलाकृति अपने मूल बिम्ब और रूपक अपनी परम्परा के मूल संस्कारों, आधारों-विश्वासों से ही प्राप्त करती है—आखिरकार तो सृजन एक सांस्कृतिक प्रक्रिया है। हम अलग से अपनी विचारधारा को आरोपित करने का दुस्साहस क्यों करते हैं? अपनी समझ को रचना की समझ पर क्यों थोपते हैं? 'रामचरितमानस' में 'रचना का सत्य' कोई बाहर की सच्चाई नहीं है—'रचना के भीतर का सच है। रचना सत्य देती नहीं है, सत्य का केवल अनुभव कराती है। यह सच उसके स्व-रूप में स्पन्दित है, संचरित है। 'रामचरितमानस' के सच का साक्षात्कार हम उसके भीतर उसकी भाषा में करते हैं—उससे बाहर आने पर तो हम अपना ही भाष्य बघार रहे होते हैं। 'मानस' का सच न तुलसीदास में है, न पाठक में है, उस समूची पीड़ा-यातना संघर्ष में है जो उसकी अर्थ-लय में समाया हुआ है—जिसे न खिसकाया जा सकता है, न झुठलाया जा सकता है। क्योंकि 'रामचरितमानस' के बाहर तो कवि की अनुभूति है, पाठक की प्रभाव-चेतना है आलोचना का कोलाहल। रचना का सत्य तो केवल रचना में ही है—जिसके बाहर से मात्र दर्शन किये जा सकते हैं—मात्र बाहरी साक्षात्कार।

यह पीड़ा और आश्चर्य की बात है कि 'रामचरितमानस' जैसी महान कलाकृति को लेकर भी हिन्दी आलोचना इस सच को झुठलाती रही है। पता नहीं हम 'मानस' से क्या चाहते हैं? आज हम एक ऐसी हास्यास्पद स्थिति में पहुँच गये हैं कि अपनी विचारधारा की छुरी से तुलसी के रचना-कर्म को हलाल कर देते हैं। हमें यह ध्यान तक नहीं रहता है कि यह रचना पूरी हिन्दी जाति को विस्मृति के अँधेरे से निकालकर स्मृति के आलोक में लाती है। 'रामचरितमानस' को लेकर मेरे मन में और भी त्रासद प्रश्न हैं। पर इन प्रश्नों की ओर मुड़ते ही मुझे टाल्स्टाय का यह कथन जकड़ लेता है कि कितना अच्छा हो अगर आदमी हमेशा फैसला लेने की जल्दबाजी न करे, उन प्रश्नों का उत्तर देने की कोशिश न करे, जो हमेशा प्रश्न बने रहते हैं।''

9

तुलसीदास : जातीय स्मृति की ठोसभूमि

पूरा युग-परिवेश उत्तर-आधुनिकतावाद की अन्धी आँधी से त्रस्त है। विचार के हर केन्द्रवाद को चुनौती दी जा रही है। सृजन और परम्परा के पूरे पाठ को नये-विमर्श के लिए ललकारें दी जा रही हैं। केन्द्र से परिधि की ओर चलने की आवाज उठ रही है। पश्चिमी धूल और धुएँ से परिवेश को इतना प्रदूषित किया जा रहा है कि सोचकर दिमाग चकराने लगता है। क्या यह सच नहीं है कि सन्तों-भक्तों के सृजन-कर्म पर विचार करना ही पिछड़ेपन का प्रतीक माना जा रहा है। हम तो आधुनिकता जैसी उलझी और उछालू अवधारणा और उसकी प्रवृत्तियों के दौर तक से पूरी तरह न गुजर पाये थे कि उत्तर-आधुनिकतावाद का नगाड़ा बज उठा। आधुनिकता की अवधारणा में हर परम्परा से प्राप्त मूल्य या विचार पर अस्वीकृति की मुद्रा से प्रश्न-चिह्न लगाने की प्रवृत्ति रही है। बदलते हुए परिवेश में मूल्यों की सार्थकता की तलाश भरी चुनौती आधुनिकता का मूल गुण भी है और दम्भ भी। यह खटकता-कसकता हुआ दम्भवाद 'समग्रता' को चीर देता है। उस संवेदना को चीर देता है—जिसमें 'समग्र मानुष भाव' निहित रहता आया है।

पश्चिमी आधुनिकता की कसौटी पर किसी भी भारतीय कवि की आधुनिकता को परखने की जो तैयारी हम करते रहे हैं, वह हमारी औपनिवेशिक दासता का नतीजा नहीं है क्या? हर महान रचनाकार अपनी संस्कृति, परम्परा, दर्शन, इतिहास, भूगोल, समाज-संवेदना की निष्पत्ति होता है। हमारी परम्परा में जैसे मिल्टन या दाँते का पैदा होना असम्भव है, वैसे ही पश्चिम की परम्परा में तुलसीदास या जायसी-कबीर का पैदा होना। 'ग्रेट ट्रेडीशन' और 'ट्रेडीशन ऐण्ड इण्डिविजुअल टैलेण्ट' का ढोल पीटने पर भी हम पाते हैं कि पश्चिम के पास कोई एक अखण्ड-समग्र परम्परा नहीं है। पर सौभाग्यवश हमारे पास एक समग्र अखण्ड परम्परा है। वेदों से लेकर कालिदास तक, कालिदास से लेकर तुलसीदास तक, तुलसीदास से लेकर निराला और अज्ञेय तक अखण्डधारा या धाराओं का कोलाहल हमें सुनाई देता है। हम परम्परावाद, रूढ़िवाद, जड़शास्त्रवाद को स्वीकार नहीं करते, पर 'परम्परा' की महिमा को विवेक वयस्कता

से पहचानते हैं। हम भारतीयों की प्रवृत्ति सोने के ढक्कन से ढके घड़े को उघाड़कर भीतर झाँकने की रही है। हजारों सालों तक हम रस, ध्वनि, अलंकार, वक्रोक्ति पर संशय उठाकर 'तर्क' करते रहे हैं। 'नानापुराणनिगमागम.....तुलसी रघुनाथगाथा' कहने वाले तुलसीदास किसी भी कीमत पर परम्परावाद-रूढ़िवाद को स्वीकार नहीं करते। वे संशय करते हैं, प्रश्न उठाते हैं, हर धातु को तपाकर परखते हैं। क्या यह सच नहीं कि 'रामचरित मानस' में रामकथा का आरम्भ संशय से होता है। सीता-विरह-व्याकुल राम-लक्ष्मण को देखकर शिव प्रणाम करते हैं और पार्वती संशय करती हैं। शिव को कहना पड़ता है—'जो तुम्हरे मन अति सन्देहू। तौ किन जाहि परीक्षा लेहू'। पार्वती शिव की बात पर विश्वास न करते हुए जाती हैं। सीता का रूप धारण करती हैं और राम व्यंग्य करते हैं पार्वती पर—'बूझेहु राम कहाँ वृषकेतू। विपिन अकेलि फिरहु केहि हेतू।' एक बहुत-बड़ा व्यंग्य पार्वती को तिलमिला देता है। लौटकर लज्जावश चतुराई से वह शिव से छिपाती हैं, पर शिव हैं कि सब जानते हैं। पार्वती, तुमने सीता का रूप धारण किया। राम की पत्नी मेरे लिए पूजनीय हैं—शिव पार्वती का त्याग करते हैं—'यह तन जोग उमा अब नाही।' इसी संशय प्रकरण से 'रामचरितमानस' की कथा का जटिल विधान शुरू होता है। शिव की जटाओं की तरह रामकथा के इतने प्रसंग प्रकरण आते हैं कि उन्हें सुलझा पाना सरल नहीं है। यहाँ रामकथा में भारतीय सांस्कृतिक अस्मिता की निर्मिति से बना हमारा सामूहिक वैयक्तिक मन मौजूद है, जिसे हजार-हजार नयनों से भी न हेरा जा सकता है न हजार-हजार कानों से सुना जा सकता है। —'रामकथा कै मिति जग नाही' कथा रूपी नदियाँ भावरूपी कानों समुद्रों में समा जाती हैं—''जिनके श्रवण समुद्र समाना' का यही अर्थ-सन्दर्भ है। इस कथा का स्वभाव ऐसा है कि प्यास बुझाती नहीं है। प्यास बढ़ाती है। तुलसीदास का चातक मन कहता है—'दरस आस पियास तुलसीदास चाहत मरन।' कथा का स्वाद तृप्ति में नहीं है—अतृप्ति में है, घायल गति में है। यहाँ घाव भक्त को लगता है। हृदय पीर रघुवीर को होती है। 'मेरे घाव पीर रघुवीरहि।'

परम्परा के भीतर से फूटता-प्रवाह 'आधुनिकता' है। आचार्य हजारी प्रसाद द्विवेदी ने 'परम्परा और आधुनिकता' निबन्ध में एक अद्‌भुत बात कही है। परम्परा हमारा जमा हुआ, टिका हुआ पैर है और आधुनिकता हमारा उठा हुआ, आगे को बढ़ता हुआ पैर है। पूरा बोझ टिका हुआ पैर सँभालता है। यह पैर न हो तो दूसरा पैर उठकर आगे बढ़ ही नहीं सकता। कोशिश करते हुए गिर पड़ेंगे। कवि परम्परा को मोड़ सकता है, विपरीत दिशा में चल सकता है पर उसे छोड़ नहीं सकता है। मुक्त दिखने पर भी मुक्त नहीं हो सकता। आधुनिक हिन्दी साहित्य में 'परम्परा' की चर्चा को केन्द्र में लाने वाले अज्ञेय का रिश्ता प्रसाद से है—प्रसाद का रिश्ता तुलसी-कालिदास से लेकर वेद तक अटूट है। अपूर्वता के भाव हैं। इसलिए तुलसीदास को समझना सरल नहीं

है। वे सरल-सहज दिखाई ही देते हैं पर उनका सहज-सरल बहुत गुरु-गम्भीर और गहरा है। इसलिए 'रामचरितमानस' की व्यंजना बहुत व्यापक है। 'अस मानस मानस चख चाही।' इसे ऊपर की आँखों से नहीं समझा जा सकता, हृदय बुद्धि की आँखों से, आन्तरिक विवेक-वयस्कता से ही समझा जा सकता है। प्रश्न यह है कि आन्तरिक विवेक वयस्कता होती कितनों के पास है? दुर्लभ होती है। इसलिए विवेक-वयस्कता, तर्क बुद्धि का ठेका लेने वाले मेरे तमाम मार्क्सवादी मित्र 'मानस' में 'भाववाद' खोजते ही गर्क हो गये। उन्हें न माया मिली न राम। ग. मा. मुक्तिबोध ने 'मध्ययुगीन भक्ति-आन्दोलन का एक पहलू' निबन्ध में तुलसीदास को परम्परावादी-ब्राह्मणवादी पुराणमतवादी तुलसीदास ही घोषित किया। उन्होंने लिखा है—

'एक बार भक्ति-आन्दोलन में ब्राह्मणों का प्रभाव जम जाने पर वर्णाश्रम धर्म की पुनर्विजय की घोषणा में कोई देर नहीं थी। ये घोषणा तुलसीदास ने की थी। निर्गुण मत में निम्न जातीय धार्मिक जनवाद का पूरा जोर था, उसका क्रान्तिकारी सन्देश था। कृष्ण-भक्ति में वह बिल्कुल कम हो गया, किन्तु फिर भी निम्नजातीय प्रभाव अभी तक पर्याप्त था। तुलसीदास ने भी निम्नजातीय भक्ति स्वीकार की, किन्तु उसको अपना सामाजिक दायरा बतला दिया। निर्गुण मतवाद को जनोन्मुख रूप और उसकी क्रान्तिकारी जातिवाद-विरोधी भूमिका के विरुद्ध तुलसीदास ने पुराणमतवादी स्वरूप प्रस्तुत किया। निर्गुण मतवादियों का ईश्वर एक था, किन्तु अब तुलसीदास के मनोजगत् में परमब्रह्म के निर्गुण स्वरूप के बावजूद सगुण ईश्वर ने सारा समाज और उसकी व्यवस्था, जो जातिवाद-वर्णाश्रम धर्म पर आधारित थी, उत्पन्न की। राम निषाद और गुह का आलिंगन कर सकते थे; किन्तु निषाद और गुह ब्राह्मण का अपमान कैसे कर सकते थे। साधारण जनों के लिए कबीर का सदाचारवाद तुलसी के सन्देश से अधिक क्रान्तिकारी था। तुलसी को भक्ति का मूलतत्त्व तो स्वीकार करना ही पड़ा कि राम के सामने सब बराबर हैं किन्तु चूँकि राम ने ही सारा समाज उत्पन्न किया है, इसलिए वर्णाश्रम धर्म और जातिवाद को तो मानना ही होगा। पं. रामचन्द्र शुक्ल जो निर्गुणमत को कोसते हैं, वह यों ही नहीं। इसके पीछे उनकी सारी पुराणवादी चेतना बोलती है।'' (नयी कविता का आत्मसंघर्ष तथा अन्य निबन्ध, पृ. 90) इस प्रकार तुलसीदास पुराणमतवादी कवि हैं और पं. रामचन्द्र शुक्ल पुराणमतवादी आलोचक ठहराये जाते हैं। प्रश्न उठता है ग. मा. मुक्तिबोध की विचारधारा में कौन-सी चेतना बोलती है? वही मार्क्सवादी चेतना ही न। इस मार्क्सवादी समझ का दिवालियापन, तुलसीदास पर कीचड़ उछालता है और कवि तुलसीदास की पूरी चेतना को समझने में असमर्थ रहता है। प्रश्न उठता है कि क्या तुलसीदास इतने भ्रामक—बे-सिर-पैर के निर्णयों के योग्य हैं? डॉ. रामविलास शर्मा तो ऐसा नहीं मानते। क्या आचार्य शुक्ल के साथ

डॉ. रामविलास शर्मा की समझ पर भीषण ओले पड़ गये हैं। जाहिर है कि मुक्तिबोध के मार्क्सवाद और रामविलास शर्मा के मार्क्सवाद में फर्क है। विचारधारा की गुलामी में बद्ध ग. मा. मुक्तिबोध को दिखाई ही नहीं देता कि शबरी के जूठे बेर खाने वाले राम जातिवादी नहीं हैं—सीता की क्या जाति? राम ने क्या जाति के आधार पर विवाह किया? जातिवाद का मूलाधार विवाह-व्यवस्था से जुड़ा है। जातिवाद के आधार पर क्या राम ने सुग्रीव हनुमान से दोस्ती की। तुलसीदास जिस ब्राह्मणत्व की बात करते हैं, वह ब्राह्मणवाद नहीं है। पुरोहितवाद की तुलसीदास कठोर खबर लेते हैं, क्यों? दुःख इस बात का है कि मुक्तिबोध ने खोखले तर्कों से तुलसीदास को नीचा सिद्ध करने की एक गलत दिशा दी। ब्राह्मणवाद और पुरोहितवाद में तो फर्क करना ही पड़ेगा। पुरोहितवाद कर्मकाण्ड आदि में अपरिवर्तनशीलता को कायम करता है जबकि ब्राह्मणत्व परिवर्तनवाद की निरन्तर गुहार लगाता रहा है। मुक्तिबोध को ब्राह्मणत्व की व्याख्या जयशंकर प्रसाद से सीखनी समझनी चाहिए थी 'ब्राह्मण न किसी के राज्य में रहता है न किसी के अन्न से पलता है—स्वराज्य में विचरता है और अमृत होकर जीता है।' पर वे प्रसाद की बात क्यों मानते। वे तो प्रसाद जी पर तलवार चलाते हैं—निर्भय भाव से चलाते हैं। तुलसीदास और जयशंकर प्रसाद को हटा दीजिए, कबीरवादियों के लिए रास्ता साफ हो जाएगा। 'जाति' और 'वर्ण' 'धर्म' और 'दर्शन' की जटिल गुत्थी को न समझ पाने के कारण ही मार्क्सवाद बौद्धिक लफ्फाजी बनकर रह गया।

उत्तर-आधुनिकतावाद का एक रूप है—नव सांस्कृतिक साम्राज्यवाद। यह नव सांस्कृतिक साम्राज्यवाद 'तीसरी दुनिया' के देशों में उपभोक्तावादी संस्कृति का प्रचार-प्रसार करके हमेशा के लिए अपना वर्चस्व स्थापित करना चाहता है। नव सांस्कृतिक साम्राज्यवाद की नीयत यह है कि वह भारत देश की 'स्मृति' को मिटाना चाहता है। सांस्कृतिक चेतना की 'स्मृति' को मिटाकर ही इस देश को अपना चिर पिछलग्गू बनाया जा सकता है। इस कार्य के लिए पश्चिम 'बाजारवाद की संस्कृति' का खेल खेल रहा है। पश्चिमी समृद्ध देश नहीं चाहते कि हमें हमारा कुछ भी याद रहे। जातीय-स्मृति के विनाश के बिना पश्चिमी संस्कृति का दबदबा कायम नहीं हो सकता। इसलिए वेद-उपनिषद्-रामायण, महाभारत, कालिदास, तुलसीदास से भारत को छुड़ाना जरूरी है। किसी भी सांस्कृतिक देश की बनावट में कवियों का उतना बड़ा योगदान नहीं है जितना कि भारतीय संस्कृति के निर्माण में कवियों ने योगदान किया है। स्वाधीनता संस्कृति के पूरे आन्दोलन में गाँधी जी तुलसी की रामराज्य की कल्पना को गहे रहे। राम निर्गुण राम उनसे नहीं छूटा। आज भी भारत के जन-जीवन में राम की व्याप्ति कम नहीं हुई है—इस व्याप्ति के केन्द्र में हैं तुलसीदास। इसलिए जो भारत और भारतीय संस्कृति के शत्रु हैं, वे तुलसीदास के भी शत्रु हैं। कभी वे तुलसी पर सीधा

प्रहार करते हैं, कभी अप्रत्यक्ष आक्रमण। तुलसीदास को ध्वस्त किये बिना जन-जातीय स्मृति का विध्वंस नहीं किया जा सकता। इसलिए आज तुलसीदास पर चौतरफा हमला हो रहा है—स्मृति को मिटाना है। इस पश्चिमी नव सांस्कृतिक साम्राज्यवाद की चाल को अज्ञेय जी समझते-समझाते रहे। 'जन-जनक-जानकी' यात्रा मात्र यात्रा नहीं है—पूरी संस्कृति की सीता की परिक्रमा है—ज्योति को और प्रज्वलित करने की लालसा है। अज्ञेय जी ने 'शेषा' में कहा है—"स्मृति के अनेक स्तर हैं, लम्बा सोपान क्रम है। एक जैविक सत्ता की स्मृति है, एक मानव सत्ता की स्मृति है। मानवीय विकास के लिए जो निरे जैविक विकास से आगे का विशिष्ट विकास है—इस मानवीय स्मृति का चरम महत्त्व है और यह स्मृति तभी बनी रह सकती है जब तक आभ्यान्तर-जगत् बना रहे। अन्तर्लोक की सत्ता के बिना इस स्मृति का भी अस्तित्व नहीं रहता। अगर लोक मात्र केवल बाह्य लोक है तो व्यक्ति शरीर और मस्तिष्क से परे कोई स्मृति भी नहीं है, कोई संस्कृति नहीं हो सकती, कोई मूल्य नहीं हो सकते...। (पृ. 73)

"संस्कृति के लिए महत्त्व की चीजें एक मूल्य का बोध, एक नियति का बोध, एक क्रीड़ा भाव, एक गति का बोध और एक स्वाधीनता का बोध। इनमें से किसी एक के मिट जाने से संकट का बोध होता है। और आज स्थिति ऐसी नहीं है कि कौन-सा एक गायब है। प्रश्न यह है कि कौन एक बचा है। नेहरू ने एक बिन्दु पर कहा था—P. tryst with Destiny उस समय पाँच में से चार तो उपस्थित थे। क्रीड़ा भाव तब नहीं था, पर कुछ बाद ही कुछ समय के लिए 'संस्कृति' में, जीने के साथ वह भी जुड़ा रहा। पर आज कौन-सा बोध बाकी है? असल में आज हम न संस्कृति में जी रहे हैं, न स्वाधीनता में ही। यह जो स्वातन्त्र्योत्तर की प्रवृत्ति सबने ओढ़ ली है, उसकी जड़ में यह बात है कि हमारी सरकार ही एक 'स्वाधीन' सरकार नहीं है। यह जो सरकारी तन्त्र है केवल 'उत्तराधिकारी' तन्त्र है : 'इण्डिया दैट इज भारत' का शासन होने में 'भारत' को तो उसने केवल व्याख्या का अंश मान लिया है। 'दैट इज भारत और इण्डिया' की सारी परम्पराओं का निर्वाह करने का अपना दायित्व मान लिया है। अर्थात् औपनिवेशिक बल्कि साम्राज्यीय परम्पराओं का निर्वाह करने का। ऐसे में स्वाधीनता की परम्परा कैसे पनप सकती है और स्वायत्त, आत्म गौरवशाली, गतिमान संस्कृति का बोध कहाँ से आ सकता है—उसके मूल्य कहाँ से विकसित हो सकते हैं।" (पृ. 72) जब हम यह कहते हैं तुलसीदास या जयशंकर प्रसाद 'जातीय-स्मृति' के रचनाकार हैं तो वास्तव में हम यही कह रहे होते हैं कि ये कवि—'समग्र संस्कृति की चेतना' के वाहक कवि हैं। जैविक स्तर पर तो भूलना और याद रखना—स्मरण और विस्मरण—दोनों अनिवार्य हैं, किसी एक के बिना जीवन-रक्षा नहीं हो सकती। पर क्या स्मरण रहे और क्या भुला दिया जाए, इसमें जहाँ कहीं विकल्प का क्षेत्र होता है (कह सकते हैं कि जैविक स्तर पर नहीं होता), वहाँ विकल्प का समाधान संस्कृति

करती है, वरण के आधार वही निश्चित करती है।

अगर प्रगतिशीलता का कोई ऐतिहासिक सन्दर्भ भी है—और अगर नहीं है तो विचारधारा विशेष के लोग जिस प्रगति का शोर-मचाते हैं, वह है क्या? तो तुलसीदास क्यों कबीर से कम प्रगतिशील माने जाएँ—जैसा कि ग. मा. मुक्तिबोध ने 'मध्ययुगीन भक्ति-आन्दोलन का एक पहलू' निबन्ध में माना है। तुलसी के रचना-कर्म ने भारतीय समाज में एक ऐतिहासिक-सांस्कृतिक अस्मिता-बोध, निष्पत्ति बोध (सेन्स ऑफ डेस्टिनी) जगाने का प्रयत्न किया और ऐसे काल में किया जब देश अपनी सांस्कृतिक अस्मिता के लिए ऐड़ी-चोटी का जोर लगा रहा था—उसे एक त्राणदाता शरणदाता की आवश्यकता हुई ताकि वह संकटों से उभर सके। तुलसी ने ऐसे कठिन समय में 'त्राणदाता' के रूप में राम को अपनाया। भक्ति-भावना का इतना प्रबल ज्वार सहसा क्यों उमड़ पड़ा। जयशंकर-प्रसाद ने 'रहस्यवाद' शीर्षक लेख में कहा है कि 'फलत: पिछले काल में भारत के दार्शनिक अनात्मवादी ही भक्तिवादी बने और बुद्धिवाद का विकास भक्ति के रूप में हुआ।' फिर आगे कहा, 'जिन-जिन लोगों में आत्मविश्वास नहीं था—उन्हें एक त्राणकारी की आवश्यकता हुई।' प्रसाद जी के इस कथन पर आलोचक प्रवर पं. रामस्वरूप चतुर्वेदी की टिप्पणी देखिए—"कवि प्रसाद की यह व्याख्या आलोचक रामचन्द्र शुक्ल के दृष्टिकोण से एक स्तर पर जुड़ जाती है, जिसे उन्होंने अपने इतिहास में 'वीरगाथा काल' कहा। वहाँ आत्मविश्वास का भाव निश्चित रूप से मिलता है, और फिर क्रमश: एक के बाद एक राजनीतिक-सैनिक पराजय के क्रम में जातीय आत्मविश्वास का भाव स्खलित होता जाता है, और भक्ति-भावना मुखर हो उठती है, "जिन-जिन लोगों में आत्मविश्वास नहीं था, उन्हें एक त्राणकारी की आवश्यकता हुई" यों रामचन्द्र शुक्ल के ऐतिहासिक सन्दर्भों की व्याख्या और प्रसाद के दार्शनिक सन्दर्भ की व्याख्या एक-दूसरे की पूरक बन जाती है।" (हिन्दी साहित्य और संवेदना का विकास, पृ. 34) आचार्य शुक्ल भक्ति के उदय में बाह्य इस्लामी तत्त्वों की क्रिया-प्रतिक्रिया का हवाला देना नहीं भूलते हैं—'भक्ति का जो सोता दक्षिण भारत की ओर से धीरे-धीरे उत्तर भारत की ओर पहले से ही आ रहा था, उसे राजनीतिक परिवर्तन के कारण शून्य पड़ते हुए जनता के हृदय-क्षेत्र में फैलने के लिए पूरा स्थान मिला।' (पृ. 54) आचार्य शुक्ल से अलग दृष्टि रखते हुए और इस्लाम की क्रिया-प्रतिक्रिया का खण्डन करते हुए भक्ति को परम्परा का स्वाभाविक विकास माना। आचार्य शुक्ल और आचार्य द्विवेदी के बीच जो विवाद खड़ा हुआ है, उस विवाद से कुछ निष्कर्ष साफ तौर पर निकलते हैं कि भक्तिकाव्य के पीछे बौद्ध-धर्म का लोक मूलक रूप है, प्राकृत-अपभ्रंश के शृंगार काव्य की प्रतिक्रिया है और इस्लाम के सांस्कृतिक आतंक से बचाव की सजग चेष्टा है।

इधर पिछले दशक में भक्ति के उदय और भक्तिकाव्य को लेकर डॉ. रामस्वरूप

चतुर्वेदी तथा डॉ. नामवर सिंह के बीच विवाद गहराया है। इस विवाद में वल्लभाचार्य के 'कृष्णाश्रय' के कथन की ओर ध्यान दिया गया। वल्लभाचार्य का कथन है कि 'देश म्लेच्छाक्रान्त है। गंगादि तीर्थ दुष्टों द्वारा भ्रष्ट हो रहे हैं, अशिक्षा और अज्ञान के कारण वैदिक-धर्म नष्ट हो रहा है, सत्पुरुष पीड़ित तथा ज्ञान विस्मृत हो रहा है। ऐसी स्थिति में एकमात्र कृष्णाश्रय में ही जीवन का कल्याण है।' आचार्य शुक्ल ने इस तरह के कथनों पर गहराई से सोचने के बाद ही कहा था कि 'इस हीन दशा के बीच वे अपने पराक्रम के गीत किस मुँह से गाते और किन कानों से सुनते? जनता पर गहरी उदासी छा गयी थी।' भगवान का व्यक्त स्वरूप यद्यपि एक देशीय था—केवल प्रेम था—पर उस समय नैराश्य के कारण जनता के हृदय में जीवन की ओर से एक प्रकार की अरुचि-सी उत्पन्न हो रही थी—उसे हटाने में यह उपयोगी हुआ। "मनुष्यता के सौन्दर्यपूर्ण और माधुर्यपूर्ण पक्ष को दिखाकर इन कृष्णोपासक वैष्णव कवियों ने जीवन के प्रति अनुराग जगाया या कम से कम जीवन जीने की चाह बनी रहने दी।" यदि इस कथन को सगुण वैष्णव कवियों के युग-परिवेशगत सन्दर्भ में ठीक-ठीक देखा जाए, तो कहना पड़ेगा कि यही काम तुलसीदास ने किया। उन्होंने राम का त्राणकारी रूप सामने रखकर जनता के हृदय में व्याप्त निराशा को दूर किया तथा जीवन में कर्म-सौन्दर्य का नया उत्साह जाग्रत किया। इस दृष्टि से आचार्य द्विवेदी की इस धारणा को स्वीकार कर पाना कठिन है कि इस्लाम के प्रभाव को हिन्दी-साहित्य के इतिहास में 'प्रभाव' के रूप में ही स्वीकार करना चाहिए, प्रतिक्रिया के रूप में नहीं। —आचार्य शुक्ल के 'प्रतिक्रिया' वाले मत को दबाने और रौंदने का हौसला आचार्य द्विवेदी के बाद डॉ. नामवर सिंह ने 'दूसरी परम्परा की खोज' में फिर दिखाया। इस्लाम के आगमन से उत्पन्न आतंक को या सांस्कृतिक-धार्मिक आतंक की समस्या को हिन्दुओं के लिए महज सरकारी नौकरियाँ न मिल पाने की चिन्ता के रूप में देखा। इतना ही नहीं, आचार्य शुक्ल को हेवेल से पूरी शरारत के साथ भिड़ा दिया। प्रो. हेवेल ने 'हिस्ट्री ऑफ आर्यन रूल' में लिखा है कि मुसलमानी सत्ता के प्रतिष्ठित होते ही हिन्दू राजकाज से अलग कर दिये गये। इसलिए दुनिया की झंझटों से छुट्टी मिलते ही उनमें धर्म की ओर, जो उनके लिए एकमात्र आश्रय-स्थल रह गया था, स्वाभाविक आकर्षण पैदा हुआ। यह गलत व्याख्या है। मैं प्रस्ताव करता हूँ कि हमारे पाठक आगे के सहस्राब्दक की साहित्यिक चेतना को जाति की स्वाभाविक चेतना के रूप में देखें, अस्वाभाविक अधोगति के रूप में नहीं। नामवर सिंह की इस वैचारिक सलाह पर रामस्वरूप चतुर्वेदी की टिप्पणी है...'हेवेल का उपर्युक्त सरलीकरण और उसमें निहित दृष्टिकोण निश्चिय ही 'गलत व्याख्या है' इसमें दो मत नहीं। पर हेवेल की विचारधारा में वल्लभाचार्य या रामचन्द्र शुक्ल के दृष्टिकोण को प्रक्षिप्त करना कम गलत नहीं। हेवेल विदेशी इतिहासकार हैं, उनके लिए हिन्दूजन का राजकाज से हटा

दिया जाना धर्म को उनके लिए एक मात्र आश्रय स्थल छोड़ देना है। पर वल्लभाचार्य के लिए प्रश्न नौकरियों का नहीं, हिन्दू-अस्मिता का है और रामचन्द्र शुक्ल के लिए उसके सूक्ष्म और निथरे स्वरूप संस्कृति का, जिसकी ओर आगे चलकर आधुनिक युग के तेजस्वी कवि निराला का ध्यान जाता है। (हिन्दी साहित्य और संवेदना का विकास, पृ. 40)। आधुनिक हिन्दी-कविता के सबसे बड़े क्रान्तिकारी कवि सूर्यकान्त त्रिपाठी निराला भक्ति-काव्य में तुलसीदास को किस रूप में देखते हैं, यह विचारणीय मुद्दा है। इस विचारणीय सन्दर्भ को चतुर्वेदी जी उठाते हैं—

"कवि निराला मर्यादा पुरुषोत्तम राम के गुण-गायक तुलसी के प्रशंसक क्यों और कैसे हो जाते हैं, यह आलोचनात्मक जिज्ञासा का एक सर्वथा योग्य पर यहाँ अवान्तर विषय है। लगता है कि तुलसी के निमित्त से इस क्यों और कैसे का ही समाधान निराला ने अपने काव्य 'तुलसीदास' में दिया है। निराला मूलतः इतिहासज्ञ या प्रकरणकर्ता नहीं हैं। पर उनका साक्ष्य एक आधुनिक सवंदेनशील कवि और सांस्कृतिक जीवन के सावधान अध्येता के रूप में महत्त्वपूर्ण है। 'तुलसीदास' काव्य 100 छन्दों में रचा गया है। आरम्भ के 36 छन्दों में, यानी एक तिहाई से कुछ अधिक अंश में कवि निराला ने तत्कालीन जीवन की विषम परिस्थितियों का मार्मिक-चित्रण किया है—'भारत के नभ का प्रभापूर्ण। शीतलच्छाय सांस्कृतिक सूर्य' से आरम्भ करके 'उमड़े, भारत का भ्रम अपार हरने को' तक। पहले ही छन्द में निराला ने स्पष्ट कर दिया है कि उनकी चिन्ता सांस्कृतिक स्तर पर है। वे देख रहे हैं कि भारत का सांस्कृतिक सूर्य मन्द पड़ गया है और इस्लाम की चाँदनी फैल रही है। सूर्य और चन्द्र हिन्दू और इस्लामी संस्कृति के परम्परित प्रतीक हैं।" (वही, पृ. 41)। निराला आरम्भ में ही मुगलों और पठानों के आक्रमण को वर्षा के रूपक में बाँधते हैं। राजनीतिक पराभव की इस वर्षा ऋतु के बाद सांस्कृतिक शिथिलता की शरद्-ऋतु आती है। पूरा परिवेश काल अकबरकालीन है। अकबर के शासनकाल की इतिहासकारों-रचनाकारों ने शान्तिकाल और 'ध्वंस-दमनकाल' दोनों रूपों में व्याख्या की है। निराला की इस काव्य व्याख्या से साफ दिखाई देता है कि यह सांस्कृतिक पराभव का काल है।

(1) मोगल-दलबल के जलद यान। दर्पित पद उन्मद नद पठान
हैं बहा रहे दिग्देशकाल, शर-खरतर। छाया ऊपर घन अन्धकार—
टूटता वज्र दह दुर्निवार। नीचे प्लावन की प्रलय-धार, ध्वनि हर हर।

(2) उर के शासन पर शिरस्त्राण। शासन करते हैं मुसलमान;
है उर्मिल जल, निश्चलत्प्राण पर शतदल।

हिन्दू-जीवन का 'शतदल' (भारतीय संस्कृति का प्रतीक कमल) इस्लाम के शासनकाल में 'निश्चलत्प्राण' हो गया है। निराला पूरी स्थिति-परिस्थिति पर निर्भय-

भाव से 'साम्प्रदायिक' कहे जाने का खतरा उठाकर इस्लाम के सांस्कृतिक आतंक के बीच तुलसीदास के कवि-कर्म को रखकर देख रहे हैं। निराला 'इन्हीं परिस्थितियों के बीच तुलसी के कवि-जीवन का उदय दिखाते हैं। वल्लभाचार्य ने तत्कालीन हिन्दू-धर्म की दुरवस्था का वर्णन किया था, निराला समग्र संस्कृति को मुरझाये कमल के रूप में अंकित करते हैं। जायसी ने 'पद्मावत' में सहज-अकुण्ठ भाव से हिन्दू-तुरक युद्ध को जगह-जगह चित्रित किया है। निराला ने भी वैसे ही स्थिर मन से कहा, 'शासन करते हैं मुसलमान' (तुल, बल्लभ की पंक्ति—म्लेच्छाक्रान्तेषु देशेषु।) कुल मिलाकर कहा जा सकता है कि यह हिन्दू-अस्मिता के लिए संकट की घड़ी है। इस सांस्कृतिक-संकट से हिन्दू-जाति को त्राणदाता राम ही उबार सकता है। आज-तुलसीदास के सृजन-कर्म को समझने की यह भी एक दिशा हो सकती है। किन्तु इस दिशा के खतरे भी कम नहीं हैं। इसलिए ज्यादातर मार्क्सवादी आलोचक हिन्दू इस्लाम-संघर्ष का नाम आते ही काँपने लगते हैं—फिर एक सीमा के बाद 'मुसलमान' प्रगतिशील और हिन्दू प्रतिक्रियावादी, साम्प्रदायिक दिखाई देने लगते हैं। वे भूल जाते हैं कि इतिहास की गलत व्याख्या के परिणाम न कल्याणकारी होते हैं, न सचाई के तर्क से उपजे निष्कर्ष। जबकि सच्चाई यह है कि इस्लाम इस देश में आक्रान्ता होकर आया—पर आज वह हमारी राष्ट्रीय-धारा का अभिन्न अंग है। उन्हें इस देश में हिन्दुओं की तरह ही सम्मान से जीने का अधिकार है।

तुलसीदास का रचना-कर्म जातीय जीवन से जनता को जोड़ता है और हिन्दी-जाति में नया विश्वास पैदा करता है। इसलिए संकीर्ण रूप में धार्मिक-दृष्टि या हिन्दू-दृष्टि तक सीमित करना तुलसी के कवि-कर्म को गलत-ढंग से समझना-समझाना है। अपने रचना-कर्म में कहीं भी तुलसीदास 'हिन्दू-धर्म' की बात नहीं करते और न कभी इस्लाम का विरोध करते हैं। हिन्दू-मुस्लिम एकता की कोई राजनीतिक नारेबाजी उनमें नहीं है। पूरे मन से तुलसी भक्ति-भाव के प्रति समर्पित हैं—'सो सब धरम करम जरि जाहू। जेहि न राम पद पकंज भाहू॥' राम-भक्ति का अनन्य भाव तुलसी की शक्ति है। तुलसी 'परम्परा' का कीर्तन नहीं करते हैं—बल्कि उसे बार-बार खौलाते-तपाते-परखते हैं और 'परम्परावाद' की अपरिवर्तनशीलता को स्वीकार नहीं करते। तुलसी की आधुनिकता 'परम्परा' और 'परम्परावाद', 'पुरोहितवाद' और कोरे कर्मकाण्डवाद को चुनौती देती है। पश्चिमी आधुनिकता और आधुनिकतावाद के अमेरिकी साँचे से तुलसी को कसना अन्याय है। क्योंकि वह पश्चिम के समृद्ध समाज का नरक है जिसमें औद्योगिक आर्थिक दृष्टि की प्रधानता है। पर भारतीय आधुनिकता में 'मानुष-भाव' को मानवीयता को विकसित-परिष्कृत करने का भाव रहा है। पश्चिमी विज्ञान और औद्योगिकी नव्य पूँजीवाद, नव्य उपनिवेशवाद स्थापित करने का कूट-प्रयास कर रही है और इस तरह के प्रयासों से भारतीय चिन्तन का कोई ताल-

मेल नहीं बैठता है। अरविन्द, विवेकानन्द, गाँधी, लोहिया की आधुनिकता और नेहरू जी की आधुनिकता में वे फर्क करते हैं और इसी फर्क को चिन्तक निर्मल वर्मा ने 'भारत-यूरोप : प्रतिश्रुति के क्षेत्र' में विस्तार से उद्घाटित किया है। "यही मुख्य कारण था, जहाँ यूरोप के मानवतावादी आदर्शों से 'लिबरल' भारतीय समाज सुधारक अभिभूत हुए, वहीं दूसरी ओर पारम्परिक हिन्दुओं ने उन्हें पूरी तरह अस्वीकार कर दिया। भारतीय परम्परा में पगे यह पण्डित यह जानते थे कि 'शक्ति' (पावर) की यूरोपीय अवधारणा और धर्म की उस भारतीय धारणा के बीच कोई संगति नहीं है। (पृ. 42)। चिन्तन की सांस्कृतिक-नैतिक अवधारणाओं में बुनियादी फर्क ही हमें आगाह करता है कि हम तुलसीदास का मूल्यांकन पश्चिमी अवधारणाओं से न करें। 'पश्चिमीकरण' के चक्कर में पड़े हुए आलोचक ही तुलसीदास को संरक्षणशील, परम्परावादी और अपरिवर्तनवादी कहते रहे हैं।

क्या यह सच नहीं है कि तुलसीदास मध्यकालीन भारतीय संस्कृति के सबसे समर्थ सृजनात्मक भाष्यकार हैं। तुलसी के राम की 'समझ' वाल्मीकि-भवभूति के राम की 'समझ' नहीं है। तुलसी के रचनाकर्म में 'ईश्वरत्व' से 'मानवत्व' बड़ा है। राम अवतार ही इसलिए लेते हैं कि अन्याय से मुक्ति दिला सकें। वह मूल्य व्यवस्था कायम कर सकें जिसमें सन्त और सज्जन चैन से जी सकें। 'ताड़का वध' इसी सत्य की घोषणा है—'निसचर हीन करौ मही भुज उठाय प्रन कीन्ह।' मूल्य-चेतना में भी वे अड़ियल नहीं हैं। उनका प्रतिमान है 'संग्रह त्याग न बिनु पहचाने' पूरी ताकत से 'ऊँच निवास नीच करतूती' की वे निन्दा करते हैं। देवताओं के चरित्र का भण्डाफोड़ तुलसी ने इसीलिए किया है कि देववादी विलासवाद पूँजीवाद-भोगवाद को तुलसी क़िसी कीमत पर स्वीकार नहीं करते हैं।

लोक-संग्रहवादियों ने बहुत शोर मचाया कि तुलसी लोकमंगलवादी हैं। 'लोक मंगलवाद' का क्या अर्थ? जबकि लोक-मंगल तुलसी का साधन-मूल्य है साध्य मूल्य नहीं। अपने आप में लोकमंगल कितना ही बड़ा मूल्य क्यों न हो पर वह बड़ा तभी है जब वह 'रामभाव' का विस्तार है। लोक-भाषा में सृजन-कर्म करने का संकल्प पूरे शास्त्रीयतावाद-रीतिवाद को चुनौती देकर तोड़ता है। क्यों तोड़ता है? जड़तावाद-शाश्वततावाद-यथास्थितिवाद तुलसी को स्वीकार नहीं है। अपने समय के सामन्तवादी-मूल्यों को तुलसी तोड़ते हैं। डॉ. रामविलास शर्मा ने 'तुलसी साहित्य के सामन्त विरोधी मूल्य' शीर्षक लेख में कहा है—"दो तरह के लेखकों ने तुलसी साहित्य का मूल्यांकन बहुत आसान बना दिया है। पहली तरह के लेखक वे हैं जो समझते हैं कि तुलसीदास ने रामचरितमानस लिखकर इस्लाम के आक्रमण से हिन्दू-धर्म की रक्षा कर ली और राम-सीता आदि के चरित्रों द्वारा हिन्दू समाज और हिन्दू-संस्कृति के लिए अमर आदर्शों की प्रतिष्ठा कर दी। दूसरी तरह के आलोचक वे हैं

जो समझते हैं तुलसीदास ने वर्णाश्रम धर्म के छिन्न-भिन्न होने के समय फिर ब्राह्मणवाद का समर्थन किया, नारी की पराधीनता आदर्शरूप में रखी और जनता को भक्ति रूपी अफीम की घूँटी देकर सुला दिया।'' (परम्परा का मूल्यांकन, पृ. 74)। पहली दृष्टि के आलोचक तुलसी के रचना-कर्म के महत्त्व को अतिशय श्रद्धा से ढँक देते हैं। और दूसरी तरह के आलोचक उन्हें ब्राह्मणवादी, पुरोहितवादियों के हित रक्षक, पतनशील सामन्तवादी मूल्यों के रक्षक आदि कहकर तुलसी के महत्त्व से मुँह फेर लेते हैं। ''दोनों ही तरह के आलोचक भारतीय जनता को—खासकर हिन्दी भाषी जनता को तुलसीदास की सांस्कृतिक विरासत से वंचित कर देते हैं। क्या इस तरह की धारणाएँ वैज्ञानिक हैं? क्या वे जनता के हित में, हमारी जातीय संस्कृति के विकास के हित में हैं?'' (वही, पृ. 74)।

जो विद्वान तुलसी की मर्यादा-दृष्टि, समन्वय दृष्टि के पीछे पागल हैं—उनमें विवेक-वयस्कता के लिए, तर्क के लिए स्थान ही नहीं है। शैवों-शाक्तों-वैष्णवों को मिलाना तुलसी की कवि-दृष्टि नहीं है—सामाजिक जरूरत का एक पहलू है। नारी और दलित की जितनी चिन्ता तुलसी को है, उतनी चिन्ता शैव, वैष्णव, ब्रज, अवधी, राम और कृष्ण के समन्वय भाव में नहीं है। समन्वय आज अवसरवादी राजनीति का प्रपंच है। तुलसी इस प्रपंच में पड़ते हैं पर प्रपंचवाद को तोड़कर बाहर आ जाते हैं। प्रपंचवाद को समझना और तोड़ना ही उनके कवि-धर्म का व्रत है। सभी नैतिकताएँ, मर्यादाएँ समन्वय दृष्टियाँ तुलसी में अपने ढंग से परिभाषित होती हैं। 'रामहि केवल प्रेम पियारा' यही बात जायसी में है—'मानुष प्रेम भयउ बैकुण्ठी' आचार्य शुक्ल ने तुलसी के साथ जायसी को यों ही नहीं रखा है। उसके पीछे उनका 'प्रेम-दर्शन' बोल रहा है जो जाति-वर्ण-धर्म की दीवारों को तोड़ता है और एक ही चरम-मूल्य मानता है भक्ति का मूल्य। तुलसी की भक्ति जाति-वर्ण, धर्म, पुरोहितवाद के सभी सामन्तों ढाँचों को ध्वस्त कर देती है। इसलिए समन्वयवादी दृष्टि से तुलसी की महानता को सिद्ध करने वाली दृष्टि बड़ी ही सीमित और सरलीकरणों से भरी दृष्टि है। समन्वयवाद क्या है? सही गलत से समझौतावादी-अवसरवादी प्रवृत्ति। यह प्रवृत्ति ही तुलसी की नहीं है।

दुर्भाग्यवश ऐसे भी लोग हैं जो राजनीतिक-पशुता की चपेट में चौपट हैं, उनके राजनीतिक आग्रह बड़े दम्भकारी हैं। ऐसे लोग जब 'रामचरितमानस' पर पिल पड़ते हैं, तो वे 'गाँधीजी' और गाँधीवाद का विरोध करने के लिए 'मानस' को अस्त्र बनाते हैं। इन विरोधियों का तर्क है कि गाँधी ने भरत के द्वारा अयोध्या के शासन में 'धरोहरी शासन के आदर्श की कल्पना' को साकार पाया। यही उनके 'हिन्द स्वराज्य' का वैचारिक आधार बना। कुल मिलाकर ऐसे लोक 'रामचरितमानस' को हथकण्डा-दर्शन मानते हैं, जो धर्मवाद, हिन्दूवाद, सामन्तवाद, पूँजीवाद पता नहीं क्या-क्या को

बढ़ावा देता है। और तगड़े पड़े तो कहने लगते हैं कि तुलसीदास 'वर्णाश्रम-व्यवस्था के हिमायती हैं।' और प्रगतिशीलता में बढ़े तो तुलसी को हिन्दू-सांस्कृतिक साम्राज्यवाद' का संरक्षक कह देते हैं। ऐसे भी हैं जिन्हें पूरा भक्ति-काव्य अफीमवाद-जहरवाद दिखाई देता है। ये लोग भक्तिकाव्य को हिन्दी का सर्वाधिक पतनशील साहित्य मानते हैं। साम्प्रदायिकतावाद-उपनिवेशवाद भी खोजियों ने खोजा है। अध्यात्मवाद-भाववाद का 'रामचरितमानस' को अखाड़ा भी माना है। एक सज्जन मुझसे कह रहे थे कि 'रामचरितमानस' पढ़ते ही 'गर्व से कहो हम हिन्दू हैं' का भाव और लाठी हाथ में आ जाती है। पूर्व प्रधानमन्त्री अटलबिहारी वाजपेयी ने 'रामचरितमानस' पढ़कर ही आणविक विस्फोट की प्रेरणा पायी है—पण्डित में वामन में यह मध्ययुगीन क्षत्रियत्व कहाँ से आया? जो लोग गाँधी-अयोध्या और राम से नाराज हैं—उन्हें 'रामचरितमानस' जला देने लायक धर्मग्रन्थ दिखाई देता है। ये बेचारे इतना भी नहीं जानते हैं कि 'रामचरितमानस' हिन्दुओं का मात्र धर्मग्रन्थ नहीं है। इसी का उपयोग गाँधी ने, लोहिया ने राजनीति में किया। एक ने 'रामराज्य' पकड़ लिया, दूसरे ने (लोहिया ने) चित्रकूट में राम-मेला का आयोजन चलाया। —'सखा धर्ममय अस रथ जाके। रिपु रन जीत सकै नहिं ताके॥'

आज समाज में एक ऐसा तबका भी राजनीति कर रहा है जो 'मानस' को फाड़कर उस पर जूता बजाता है या फिर पेशाब कर देता है। नाराज होने के सबके अलग-अलग ढंग हैं। क्यों न हों मूर्ख हास्य के प्राचीन आलम्बन जो रहे हैं। अन्धी राजनीति का अन्धा गुस्सा 'रामचरितमानस' पर उतरता है और भारतीय-संस्कृति की बात करते ही उनका मन गोली मार देने को करता है। जिस समाज में यह हालत राजनीतिज्ञों ने कर दी हो, वहाँ तुलसीदास के रचना-कर्म का क्या अर्थ? इस 'अर्थ' पर आज बृहत्तर सन्दर्भों में विचार करने की जरूरत महसूस की जा रही है।

'रामचरितमानस' के लिए 'साहित्यिक-दृष्टि' अपनानेवाले लोग काव्यशास्त्रीय मानदण्डों का सहारा लेते हैं। पर यहाँ सभी सहारे 'मानस' के सामने कारगर नहीं होते—'निज मुख मुकुर मुकुर निजपानी। गहि न जाय अस अद्भुत बानी।' अद्भुत वाणी को गहने में मानदण्ड अपर्याप्त सिद्ध होते रहे हैं। 'अपूर्व सृष्टि' में अनन्त की छवि झाँकती है। 'रामचरितमानस' के सामने महाकाव्य के मानदण्ड पानी भरते हैं और प्रबन्ध-काव्य के फीते छोटे पड़ जाते हैं। 'सप्त प्रबन्ध सुभग सोपाना।' सात सीढ़ियाँ हैं इस प्रबन्ध में उत्कर्ष मूलक। यह न तो पुराण है न इतिहास। न किसी ऐतिहासिक राम की कहानी। 'हरिअनन्त हरिकथा अनन्ता' की राम कहानी है—भाव-पुरुष की लीला का विस्तार। अवतारवाद के सिद्धान्त को ध्यान में रखकर कह सकते हैं कि 'रामचरितमानस' लीला-प्रबन्ध है या लीला-काव्य की अपूर्वता के सृजन-लीलाकमल की गन्ध। 'राम कथा कै मिति जग नाही' के अनुसार अनन्त रामों की

कहानी है जिसमें अतीत की वर्तमानता है—सातत्य और परिवर्तन का गतिचक्र है। 'मानस' न तो दर्शन है, न धर्मग्रन्थ, न गाथा, न इतिहास, न साहित्य है। पर एक ऐसा भाव-सागर है जिसके भीतर से जीवन-मेघ उठते हैं, बरसते हैं, यथा—

संभुप्रसाद सुमति हिअ हुलसी। रामचरित मानस कवि तुलसी॥
करइ मनोहर मति अनुहारी। सुजन सुचित सुनि लेहुँ सुधारी॥
सुमति भूमि थल हृदय अगाधू। वेद पुरान उदधि घन साधू॥
बरसहिं राम सुजस बरबारी। मधुर मनोहर मंगलकारी॥
लीला सगुन जो करहिं बखानी। सोइ स्वच्छता करै मल हानी॥
प्रेम भगति जो बरनि न जाई। सोई मधुरता सुसीतलताई॥
जो जल सुकृत सालिहित होई। राम भगत-जन जीवन सोई॥
मेघा महिगत सो जल पावन। सकिलि श्रवनमग चलेउ सुहावन॥
भरेउ सुमानस सुथल थिराना। सुखद सीत रुचि चारु चिराना।
सुठि सुन्दर-संवाद वर, विरचे बुद्धि-विचारि।
तेइ एहि पावन सुभगसर, घाट-मनोहर चारि॥

मानस का रूपक विचार-विस्तार पाता है—

सात प्रबन्ध सुभग सोपाना। ज्ञान नयन निरषत मन माना॥
रघुपति महिमा अगुन अबाधा। बरनब सोई बर-बारि अगाधा॥
राम सीय जस सलिल सुभा सम। उपमा बीच विलास मनोरम॥
पुरइन सघन चारु चौपाई। जुगुति मंजु मनि सीय सुहाई॥
छन्द सोरठा सुन्दर दोहा। सोइ बहुरंग कमल कुल सोहा॥
अरथ अनूप सुभाव सुभासा। सोइ पराग मकरन्द सुबासा॥
सुकृत पुंज मंजुल अलि माला। ज्ञान-विराग विचार मराला॥
धुनि अवरेव कवित गुन जाती। मीन मनोहर ते बहु भाँती॥
अरथ धरम कामादिक चारी। कहब ज्ञान विज्ञान बिचारी॥
नव रस जप तप जोग बिरागा। ते सब जलचर चारु तड़ागा॥
सुकृती साधु नाम गुन गाना। ते विचित्र जल विहग समाना॥
सन्त सभा चहुँदिसि अँवराई। श्रद्धा रितु बसन्त सम गाई॥
भगति-निरूपम विविध विधाना। छमा दया दम लता बिताना॥
सम जप नियम फूल-फल नाना। हरिपद रति रसवेद बखाना।
औरो कथा अनेक प्रसंगा। तेइ सुक पिक बहु बरन बिहंगा॥
पुलक वाटिका बाग बन, सुख सुविहंग बिहारु।
माली सुमन सनेह जल, सींचत लोचन चारु॥

पूरी कथा में भक्तों का स्वच्छ मन ही माली है और इस कथा-श्रवण से जो प्रेमाश्रु उमड़ते हैं—वही इस वन को सींचने वाले हैं। जिनकी बुद्धि निर्मल नहीं है, वे दुष्टजन इस 'रामकथा जग मंगल करनी' के स्वाद से वंचित ही रह जाते हैं। भारतीय काव्य-शास्त्र में 'काव्य का अधिकारी' का प्रश्न सदैव महत्त्व पाता रहा है। सुरुचि-सम्पन्न, विमल प्रतिभानि ही संस्कारी सहृदय है—'निजमोह संकट निवारणता' का अर्थ भी संस्कारी से ही जुड़ता है—

जे गावहिं यह चरित सँभारे। तेइ येहि ताल चतुर रखवारे॥
सदा सुनहि सादर नर नारी। तेइ सुर बर मानस अधिकारी॥
अति खल जे विषई बक कागा। एहि सर निकट न जाइ अभागा।
सबुक भेक सेवार समाना। इहाँ न विषय कथारस नाना॥
तेहि कारन आवत हियहारे। कामी काक बलाक बिचारे।
आवत यहि सर अति कठिनाई। राम कृपा बिनु आइ न जाई॥
कठिन कुसंग कुपन्थ कराला। तिन्ह के वचन बाघ हरि ब्याला॥
गृह कारज नाना जंजाला। तेइ अति दुर्गम सैल बिसाला॥
वन बहु विषम मोहमद नाना। नदी कुतर्क भयंकर नाना॥
जे श्रद्धा संबल रहित, नहि सन्तन कर साथ।
तिन कहुँ मानस अगम अति, जिन्हहिं न प्रिय रघुनाथ॥

आज के उत्तर-आधुनिकतावादी व्यक्ति का विषयी मन (उपभोक्तावादी संस्कृति में गर्क मन) 'मानस' के भाव-रस व्यंजना की अपूर्वता का सौन्दर्य समझने में असमर्थ रहता है। यही कारण है कि तुलसी के रचना-कर्म की जो 'क्लासिकल-संवेदना' है उससे हम कटते जा रहे हैं। भूलने की बात नहीं है कि हमारी मानुष संवेदना का संहार 'पश्चिमवाद' ने किया है। पश्चिम का पिछलग्गू बनकर हमने कितना खोया है, इसका आज अनुमान कर पाना तक कठिन है। क्या विडम्बना है कि पराधीन भारत में हम पश्चिम से मुक्ति पाने का संघर्ष करते रहे और आजाद भारत में हम न केवल पश्चिम के पीछे लग लिये बल्कि पश्चिम के एक उपनिवेश बन गये। बहुराष्ट्रीय कम्पनियों के बाजारवाद में, सूचना-क्रान्ति की चहकती दुनिया में जीने-मरने को बेचैन हो गये। जातिवादी टुच्ची अमानवीय राजनीति ने भारतीय-चिन्तन-परम्परा-मूल्यचेतना की जड़ें खोद डालीं। ऐसे कठिन समय में भी तुलसी ही हमारे लिए सार्थक हैं—

जौं करि कष्ट जाइ पुनि कोई। जानहिं नींद जुड़ाई होई॥
जड़ता जाड़ विषम डर लागा। गएहुँ न मज्जन पाव अभागा॥

करिं न जाइ सर मज्जन पाना। फिरि आवै समेत अभिमाना॥
जौं बहोरि कोउ पूछन आवा। सरनिन्दा करि ताहि-बुझावा॥
सकल विघ्न ब्यापहि नहिं तेही। राम सुकृत बिलोकहिं जेही॥
× × ×
अस मानस मानस चष चाही। भइ कवि बुद्धि विमल अवगाही॥
भयेउ हृदय आनन्द उछाहू। उमगेउ प्रेम प्रमोद प्रबाहू॥
सरजू नाम सुमंगल मूला। लोक वेद मत मंजुल कूला॥
नदी पुनीत सुमानस नन्दिनि। कलिमल तृन तरु मूल निकन्दिनि॥

तुलसी की काव्य-दृष्टि में जड़-शास्त्रीयतावाद का निषेध है—उनकी दृष्टि का आधार है—ज्ञान-नयन से जीवन के मर्म का ग्रहण, राम-सीता के भावजल में अवगाहन, अहंकार से रहित-भक्ति-भाव में शरणागति, प्रपत्तिवाद। राम सीता का भाव-सौन्दर्य अनुभव तो किया जा सकता है, नहीं कहा जा सकता—'उर अनुभवति न कहि सक सोऊ। कवन प्रकार कहै कवि कोऊ॥' इस कवि को ज्ञात है कि 'कविहि अरथ आखर बल साँचा। अनुहरि ताल गतिहि नट नाचा॥' तुलसीदास की कविदृष्टि 'राममय' बनाने की तैयारी में है—राममय होने का अर्थ ही है—क्षुद्रताओं-विकृतियों से ऊपर उठकर विश्व-हृदय में अपने हृदय को मिला देना।

हृदय-सिन्धु मति सीप समाना। स्वाती सारदा कहहिं सुजाना॥
जौ बरखइ बरवारि विचारू। होंहि कवित मुकुतामनि चारू॥
× × ×
भनिति विचित्र सुकवि कृत जोऊ। राम नाम बिनु सोह न सोऊ॥
भनिति भदेस वस्तु कवि बरनी। राम कथा जग मंगल करनी॥
× × ×
मनि मानिक मुक्ता छवि जैसी। अहि गिरि गज सिर सोह न तैसी।
नृप किरीट तरुनी तनु पायी। लहहि सकल सोभा अधिकाई॥
तैसेहि सुकवि कवित बुध कहहीं। उपजहि अनत अनत छवि लहहीं॥
× × ×
कीरति भनिति भूति भलि सोई। सुरसरि सम सब कहँ हित होई॥
भनिति मोरि शिव कृपा विभाती। शशि समाज मिलि मनहुँ सुराती॥

जैसे उद्धरणों से डॉ. भरतसिंह उपाध्याय 'नाम और ध्यान' पुस्तक में तुलसी के सृजन मन्थन के बाद इस निष्कर्ष पर पहुँचते हैं कि सहज-होकर चित्त-समाधि लगाकर पूरे विश्वविवेक का घृत जन-जन को सौंप देना चाहते हैं। काव्य में 'कला' उत्पन्न करना उन्हें आता है पर वे वाक्-विलासी चमत्कारवाद में विश्वास नहीं करते। विराट से क्या छल 'सहज' में ही बल है। हम जल की तरह प्रवाहित हों, जड़-द्वीप न बनें। नदी

बनें और सागर की ओर उमड़ चलें। हमारे भीतर के सभी द्वीप ढह जाएँ। हमारा मैं मैं न रहे 'सब' का हो जाए, सबमें हो जाए, यही भाव मुक्ति है—साधारणीकरण व्यापार है—निर्वैयक्तिकता है। शब्द और अर्थ का व्यंजना व्यापार, वक्रोक्ति का सौन्दर्य सबकी मुक्ति तादात्म्य में ही है। अर्थ की गहराई में जाते ही पता चल जाता है कि राम के हृदय का भरत-भाव। जग राम नाम को जपता है, राम भरत को जपते हैं—'जग जपि राम राम जपि जेई।' जनक जब भरत की सराहना पर 'अयोध्या काण्ड' में आते हैं, तो कहते हैं—

सुगम अगम मृदु मंजु कठोरे। अरथु अमित अति आखर थोरे॥
ज्यों मुख मुकुर, मुकुर निजपानी। गहि न जाइ अस अद्‌भुत बानी॥

पूरे 'मानस' का काव्यार्थ भरत में अभिव्यक्ति पाता है। 'भरत सरिस को राम सनेही' भरत की थाह कौशल्या, जनक, वसिष्ठ किसी को नहीं लगती है—केवल राम को लगती है—'भरत अमित महिमा सुनु रानी। जानहिं राम न सकहि बखानी।' अमित को कौन जान सकता है केवल राम। यहाँ आकर काव्यशास्त्र की सभी प्रतिज्ञाएँ झूठी पड़ जाती हैं—नायक राम के भीतर का नायक भरत। स्वयं राम भरत के सामने लाचार हैं।

सो तुम्ह करहु करावहु मोहूँ। तात तरनि कुल पालक होहू॥
सो विचारि सहि संकट भारी। करहु प्रजा परिवार सुखारी॥

तुलसी जिस सगुण की लीला रचते हैं, वह व्यतीत नहीं है—वर्तमान है। भक्त की करुणा से उन्मथित सागर। राम अपूर्व हैं। भरत का बिम्ब तुलसी सामने लाते हैं—उसमें अनेक भाव-बिम्ब संश्लिष्ट हैं। नन्दिग्राम में कुटी बनाकर रहते भरत की दशा—'नित नव राम प्रेम पनु पीना। बढ़त धरम दलु मन न मलीना।' राम वनवास का समय इस भरत ने तप से काट दिया। एक दिन शेष रह गया, भाई के आने का अता-पता नहीं। साधना की गुहा में बेचैन भरत के मन में खौला पड़ गया—'कपटी कुटिल मोहि प्रभु चीन्हा। ताते नाथ संग नहीं लीन्हा॥' राम न आएँ तो जीकर क्या होगा—'बीते अवधि रहहिं जो प्राना। अधम कवन जग मोहिं समाना॥' अचानक हनुमान आकर राम के आगमन का समाचार देते हैं—भरत के लिए इससे सरस-सन्देश और कोई नहीं हो सकता। राम आते हैं, हाल-चाल पूछते हैं पर भरत भाव-विह्वल हैं। कण्ठ रुक जाता है—शब्द नहीं फूटता है। बहुत सँभलकर कहा—

अब कुसल कौसलनाथ आरत जानि जन दरसन दियो।
बूड़त विरह वारीस कृपानिधान मोहि कर गहि लियो॥

तुलसीदास ने भगवान से भक्त को बड़ा सिद्ध किया है। क्या यह रामभक्ति का एक नया पाठ नहीं है—एकदम नया विमर्श-विश्लेषण। यही केन्द्र से परिधि की ओर यात्रा भी है।

भक्त के लिए ही अवतार की विवशता है। 'राम जनम के हेतु अनेका। परम विचित्र एक ते एका॥' कामाकुल नारद का शाप, स्वायंभुव, शतरूपा का तप, मुनि विश्वामित्र की गुहार, धरती का आर्तक्रन्दन और अनेक कथा-प्रसंग के कारण अवतार के हेतु हैं। भक्त की भूख—'दरस आस पियास तुलसीदास चाहत मरन' इस अतृप्ति की प्यास से मरने में ही जीवन है। प्रभु हमारे साथ रहें—यही जीवन है—प्रभु के बिना जीवन निस्सार—अन्धकारमय। राम का प्रेम ही सब अर्थों का अर्थ है। प्रेम की ऐसी व्याकुलता कि चैन छिन जाय—

कामिहि नारि पियारि जिमि, लोभिहि प्रिय जिमि दाम।
त्यों रघुनाथ निरन्तर, मोहि प्रिय लागहु राम॥

अन्य किसी से माँगना अपने को छोटा करना है। राम से माँगना ही माँगना है—

'जेहि जाँचत जाचकता जरि जाति जेहि जारत जोर जहा नहि रे।'

दरअसल, तुलसी ने भक्ति-आन्दोलन के अनुरूप रामकथा को ढाला और उसमें युग-संवेदना का संचार किया। यह समझना बहुत सही नहीं है कि तुलसी वेद, गीता, मनुस्मृति या धर्मशास्त्र, दर्शनशास्त्र के भाष्यकार हैं। 'तुलसी के सृजन-कर्म की अपनी विशेषताएँ हैं, जो पूरी तरह किसी धर्मशास्त्र पर केन्द्रित नहीं है।' तुलसी के युग का अपना समाजशास्त्र, सौन्दर्यशास्त्र है, जिसका कवि पर गहरा असर है। बौद्ध और वेदान्ती दार्शनिक जहाँ संसार को असार और दुःख का कारण मानते हैं—वहाँ तुलसी बहुत सीधे शब्दों में अलखवादियों के विचारों का खण्डन करते हैं। उनपर रामानुजाचार्य और रामानन्द की विचारधारा 'लोक-धर्म-चिन्तन का असर गहरा है।'

झूठो है झूठो है झूठो सदा जग सन्त कहंत जे अन्त लहा है।
ताको सहै सठ संकट कोटिक काढ़त दन्त करंत हहा है।
जानपनी को गुमान बड़ों तुलसी के विचार गँवार महा है।
जानकी जीवन जान न जान्यो तो जान कहावत जान्यो कहा है।

ज्ञान और योगमार्ग से भक्ति-मार्ग श्रेष्ठ है—इस स्थापना में सन्त कवि का मन दृढ़ रहा। साकार ब्रह्म की उपासना के बहाने न केवल सामान्यजन के लिए उपासना का मार्ग खोल दिया, बल्कि उन मानव-मूल्यों की प्रतिष्ठा की, जिनका भारतीय संस्कृति-संवेदना में अक्षय मूल्य है। सूर की भाँति तुलसी ने लोक-संस्कृति के आधार

ग्राम-जीवन के अद्‌भुत जीवन्त चित्र दिये। सीता के साथ ग्रामवधूटियों की मार्मिक चर्चा, केवट—निषाद का प्रेम, मन्दिर में सीता की पार्वती-पूजा, हनुमान-मिलन जन-संस्कृति के आधार हैं। डॉ. प्रेमशंकर ने 'भक्तिकाव्य के समाजशास्त्र' शीर्षक पुस्तक में तुलसीकाव्य का जो समाजशास्त्र प्रस्तुत किया है, वह उस पूरे परिवेश के इतिहास और यथार्थ से निर्मित हुआ है। भक्ति-आन्दोलन में पीड़ित वर्ग की बड़ी भूमिका है। इस भूमिका को पहचानते हुए तुलसी ने स्त्रियों और अछूतों का साथ दिया। इस सन्त कवि को जाति-प्रथा के ठेकेदारों-पुरोहितों ने बहुत सताया, पर तुलसी डटे रहे। तुलसी के राम मानव-मुक्ति के लिए जाति-पाँति का विरोध करते हैं। धर्मशास्त्र, जातिवाद के ढाँचे को बनाये रखना चाहता है। भक्ति इस ढाँचे को ढहाती है और सभी के लिए भक्ति-मार्ग बनाम मुक्ति-मार्ग खोल देती है। राम का पूरा रूप-स्वरूप तुलसी ने अन्याय का नाश करने वाला, दीन-बन्धु, दीनानाथ, दरिद्र नारायण, धनुर्धर योद्धा का निर्मित किया। तुलसी के रामराज्य को जो लोग यूटोपिया—फन्तासी समझते हैं—उन्हें डॉ. रामविलास शर्मा के उस कथन पर विचार करने की आवश्यकता है कि ऐसे समाज का निर्माण हो, जिसमें ऊँच-नीच का भेद न हो, जिसमें सताने वाले राजा न हों, धर्म के ठेकेदार न हों, समाज-व्यवस्था का आधार-प्रेम हो, जहाँ लोग रोग और अकाल से न मरें, जहाँ स्त्रियों और पुरुषों के लिए एक-से नियम हों। तुलसी का रामराज्य ऐसे ही सुखी समाज का चित्र है। इस तरह के चित्र मध्यकालीन निर्धन-किसानों, जुलाहों, कारीगरों आदि की साम्य-भावना प्रकट करते हैं—एक वर्गहीन सुखी समाज का स्वप्न प्रकट करते हैं, ये चित्र सिद्ध करते हैं कि भारतीय जनता में वर्गहीन समाज की आकांक्षा बहुत पुरानी है, वह आज वैज्ञानिक आधार पर संगठन और एकता के बल पर चरितार्थ होना चाहती है।'' (परम्परा का मूल्यांकन, पृ. 54)।

निराला ने हिन्दी साहित्य के मध्यकाल के यदि किसी कवि से अपना दृढ़ सम्बन्ध जोड़ा है, तो तुलसीदास से। निराला जीवन भर तुलसीदासमय रहे, जीवन भर उन पर लिखा। क्यों लिखा? निराला ने स्वयं युग-प्रवर्तक कवि होते हुए भी हिन्दी साहित्य की परम्परा और तुलसीदास से अपने सम्बन्ध को तोड़ा नहीं वरन् उसे दृढ़ किया। तुलसी को निकालकर हिन्दी-साहित्य की परम्परा से सम्बन्ध जोड़ना असम्भव है। इस परम्परा में जो कुछ मूल्यवान है, जो कुछ महत्त्वपूर्ण है, जो कुछ सदा के लिए संग्रह करने योग्य है, वह तुलसी में सुरक्षित है और बहुत बड़ी मात्रा में सुरक्षित है। यह तथ्य तुलसी की अपराजेय प्रतिभा का द्योतक है कि उन्हें त्यागकर कोई भी युग-प्रवर्त्तक कवि हो नहीं सकता। (वही, पृ. 56) समझने की बात यह है कि आचार्य शुक्ल की भाँति कितने मुग्ध हैं तुलसी पर रामविलास शर्मा। आधुनिक हिन्दी आलोचना के दो सबसे बड़े आलोचक और आधुनिक कविता के सबसे बड़े कवि निराला की मुग्धता का अर्थ है। क्यों न मुग्ध हों, आज के युग में भी तुलसीदास कवियों

के लिए प्रेरणा-स्रोत हैं :

वह रुद्ध द्वार का छाया-तम तरने को—
करने को ज्ञानोद्धत प्रहार
तोड़ने को विषम वज्र-द्वार,
उमड़े, भारत का भ्रम अपार हरने को।

भक्त कवि तुलसी 'ज्ञानोद्धत प्रहार' से 'विषम वज्र द्वार' तोड़ना चाहते हैं उनके ज्ञानलोक में फैले अन्धकार को भगाना चाहते हैं। 'रामकृपा भवनिसा सिरानी, जागे अब न डसै हौं।' परलोक से ज्यादा वे लोक के दु:ख कष्ट से जनता को जोड़ते हैं— 'लोक को न डर, परलोक को न सोच, देवसेवा न सहाय गर्व धाम को न धन को।' कहीं भी तुलसी मायावादी नहीं हैं, न उनकी सीता अविद्या का रूप हैं। तुलसी के लिए जगत 'सीय राममय' है। और दरिद्र की व्यथा ही सबसे बड़ी व्यथा 'नहि दरिद्र सम दु:ख जग माही।' दु:ख-दरिद्रता भूख-अकाल पर तुलसी से ज्यादा हिन्दी के किसी कवि ने नहीं लिखा। और पूरे अनुभव के साथ लिखा, 'आगि बड़वाग्नि से बड़ी है आग पेट की' दरिद्रता रूपी रावण ने संसार में तबाही मचा दी है—इस रावण को राम ही ठीक कर सकते हैं—किसी और का उस पर वश नहीं है। उत्पीड़न से रहित समाज-व्यवस्था को स्थापित करना ही तुलसी के लिए धर्म-कर्म है—'परहित सरस धर्म नहि भाई। पर पीड़ा सम नहि अधमाई।' प्रजा को सतानेवाले राजाओं, आज के नेताओं के लिए वे 'नरक-व्यवस्था' की बात करते हैं—'जासु राज प्रिय प्रजा दु:खारी। ते नृप अवसि नरक अधिकारी।' भवभूति की करुणा ही तुलसी में भक्ति बन गयी है।

जो विद्वान हमें यह समझाते घूमते हैं कि तुलसी ने शूद्रों-दलितों पर पुरोहितवाद-ब्राह्मणवाद को स्थापित किया, उनकी समझ पूरा गलत पाठ पढ़ाती है और ऐसे विद्वानों की क्रान्तिकारिता से ही हमें घृणा हो जाती है। वर्ण-धर्म का समर्थन तुलसी की नहीं, तुलसी के युग की सीमा है। वर्णाश्रम धर्म के समर्थक पुरोहित वर्ग ने तुलसी को इतना अधिक सताया है कि उनकी जीवन-स्मृति में यह कड़वाहट सर्वत्र मिलती है यथा 'धूत कहो अवधूत कहौ...'

एक ओर रामविलास शर्मा हैं, जो मानते हैं कि तुलसी की भक्ति सभी वर्णों और जातियों को मिलानेवाली है। दूसरी तरफ ग. मा. मुक्तिबोध जैसे कवि-चिन्तक हैं, जो मानते हैं कि तुलसी का वर्णाश्रम धर्म को समर्थन देना बड़ा ही प्रतिगामी कृत्य है। 'कट्टरपन्थियों ने अपने उद्देश्यों के अनुसार तुलसीदास जी का उपयोग किया, जिस प्रकार आज जनसंघ और हिन्दू महासभा ने शिवाजी और रामदास का उपयोग किया है। सुधारवादियों की तथा आज की भी एक पीढ़ी को तुलसीदास जी के इस वैचारिक प्रभाव से संघर्ष करना पड़ा, यह भी एक बड़ा सत्य है। किन्तु साथ ही यह भी ध्यान

में रखना होगा कि साधारण जनता ने राम को अपना त्राणकर्ता भी पाया, गुह और निषाद को अपनी छाती से लगाने वाला भी पाया।' (नयी कविता का आत्म-संघर्ष और अन्य निबन्ध, पृ. 76)। यह सब होने पर भी मुक्तिबोध ने कहा कि सगुणवाद पर उच्चवर्गियों ने अपना वर्चस्व स्थापित कर भक्ति- आन्दोलन के क्रान्तिकारी दाँत उखाड़ दिये। 'निष्कर्ष यह कि जो भक्ति-आन्दोलन जनसाधारण से शुरू हुआ और जिसमें सामाजिक कट्टरपन के विरुद्ध जन-साधारण की सांस्कृतिक आशाएँ-आकांक्षाएँ बोलती थीं, उसका 'मनुष्य-सत्य' बोलता था, उसी भक्ति-आन्दोलन को उच्चवर्गियों ने आगे चलकर अपनी तरह का बना लिया और उससे समझौता करके, फिर उस पर अपना प्रभाव कायम करके और अनन्तर जनता के अपने तत्त्वों को उनमें से निकालकर उन्होंने उस पर अपना पूरा प्रभुत्व स्थापित कर लिया और इस प्रकार उच्चजातीय वर्गों का समाज के संचालक शासक वर्गों का धार्मिक-सांस्कृतिक-क्षेत्र में प्रभुत्व स्थापित हो जाने पर साहित्यिक क्षेत्र में, उन वर्गों का प्रधानभाव-शृंगार, विलास का प्रभावशाली विकास हुआ और साहित्यिक क्षेत्र में भक्ति-काव्य की प्रधानता जाती रही। क्या कारण है तुलसीदास भक्ति आन्दोलन के प्रधान अन्तिम कवि थे?' तुलसीदास जिस ऐतिहासिक-सामाजिक प्रक्रिया के अंग थे—उस प्रक्रिया को बिना समझे हुए इस प्रश्न का उत्तर नहीं दिया जा सकता। सामन्तवाद की जर्जरित अव्यवस्था और व्यापारिक पूँजीवाद का उदय आर्थिक-ढाँचे को बदल रहा था। किन्तु इस ढाँचे में जनता सुखी न थी। जनता की तबाही का वर्णन तुलसी ने इस सत्य को उजागर करने के लिए किया है।

तुलसी ने भक्ति-आन्दोलन में ऐसी रामकथा का सृजन किया जिसने राम की लोक-यात्रा का सतत अनुभव कराया। पं. विद्यानिवास मिश्र का कहना है कि तुलसी के राम ने छोटे की छोटाई का अनुभव नहीं होने दिया। निषादराज को राम ने भरतसम भाई कहकर गले लगाया। भरत को कवि ने 'भक्ति' का प्रतीक बनाया और शिव को विवेक का—'रामचरित में शिव को वक्ता और भरत को राम के परम सनेही रूप में प्रतिष्ठित करके 'भक्ति-विवेक' के दो पक्ष उभारे, एक सिद्ध और दूसरा साध्य। दूसरी बात यह है कि रामचरितमानस दुर्बल-निराश को शक्ति देने वाला जीवन-काव्य है, उसी के कारण इस देश ने अपनी सांस्कृतिक अस्मिता कायम की। यही नहीं; इस देश से बाहर जो भारतवासी बन्धक मजदूर होकर दूर देशों में गये, उन्होंने भी अपनी सांस्कृतिक अस्मिता रामचरितमानस के बल पर कायम रखी।' (तुलसी मंजरी, पृ. 26) मूल बात यह कि 'मानस' काव्य से ज्यादा जीवन-मन्त्र है। 'रचि महेश निज मानस राखा' का अर्थ है कि यह शिव-मानस का अमृत है। विवेक के सिद्ध-पक्ष का नाम है शिव। जो विवेक के साथ नहीं—वह भटककर कष्ट झेलता है, चाहे वह पार्वती ही क्यों न हों। तुलसी भी शिव की तरह ऊपर से भोले हैं—पर भीतर से कठोर

विवेकी। भारतीय आगम निगम परम्पराओं का विवेक उनमें बहुत विकसित है पर विनय का ऊपरी आवरण है—'कवित-विवेक एक नहि मोरे' कहने पर भी उनकी इस बात पर कौन विश्वास करेगा? केवल मूर्ख ही न। पण्डित-दार्शनिक जानते हैं कि तुलसीदास जैसा ज्ञानी कवि पूरे हिन्दी के मध्यकाल में नहीं है फिर भी ज्ञानमार्गी कहने का प्रचलन कबीर के लिए है। कबीर चीख-चिल्लाकर भी जो नहीं कह पाते हैं, उसे तुलसी अधरोष्ठों में हँसते हुए कह देते हैं—छमिहैं सज्जन मोर-ढिठाई' मात्र शिष्टाचार है। सभी-कलाओं के सिद्ध साधक हैं। शिव और शिव के हृदय में पैठकर कथा कह रहे हैं तुलसीदास। लगता है कि यह वैष्णव-शैव संघर्ष मिटाने के लिए है या दोनों का समन्वय कराने के लिए। ये सभी बातें सरलीकरण करनेवालों की हैं। तत्त्वज्ञ-मर्मज्ञ जानते हैं कि शिव, कृष्ण, राम, सीता, राधा, पार्वती एक हैं। पुरुष-प्रकृति की लीला। हमारी अनेक कथाओं में एक कथा यह भी है शिव ने राधा बनकर और पार्वती ने कृष्ण बनकर प्यार का नया स्वाद पाया।

रामचरितमानस में राम-राज्य का वर्णन है—पर सीता-त्याग की कथा नहीं है। क्यों नहीं है? शायद तुलसीकालीन समाज नारी के साथ यह सब बर्दाश्त नहीं कर सकता। या फिर स्वयं तुलसी की आत्मा भी इसे गवारा नहीं कर पाती। 'सन्त हृदय नवनीत समाना' का प्रतिमान भी झूठा पड़ जाता यदि तुलसी सीता-निष्कासन की पुरानी भूल दुहराते। अच्छा किया तुलसी सीता-निष्कासन पर मौन साध गये। इस मौन की ताकत यह भी है कि तुलसी ने 'मानस' में सीता की अग्नि-परीक्षा नहीं करायी, सीता को अग्नि में प्रवेश करा दिया। रावण जिस सीता का हरण करता है, वह असली सीता नहीं है, उसकी छाया मात्र है। तुलसी ने सीता को खुले मन से महत्त्व दिया।

जनक सुता जग जननि जानकी। अतिशय प्रिय करुणानिधान की।।
ताके जुगपद कमल मनावउँ। जासु कृपा निर्मल मति पावउँ॥

तुलसीदास के मन में नारी के प्रति आदर-करुणा का भाव कितना है—उस भाव की प्रतीक सीता, कौसल्या, अनसूइया, सबरी आदि हैं। पुरोहित वर्ग ने जो व्यवहार शूद्रों से किया था, वही व्यवहार नारियों से किया। उन्हें शिक्षा, भक्ति एवं अधिकार से वंचित रखा। सन्त कवि तुलसी ने नारियों के अधिकार के द्वार खोल दिये। अयोध्या हो, जनकपुर हो, चित्रकूट हो—हर जगह राम के स्वागत में स्त्रियाँ आगे दिखाई देती हैं। ग्रामीण स्त्रियों के साथ सीता का आदरपूर्ण व्यवहार क्या सिद्ध करता है? सामन्तवाद ने नारी और शूद्रों को बहुत कष्ट दिये और इन दोनों को कष्टों से मुक्ति दिलाने के लिए तुलसी-संघर्ष करते हैं। शूद्रों पर ब्राह्मणों का वर्चस्व तुलसी को कहाँ स्वीकार है। पुरोहित वर्ग तुलसी को कितना पीड़ित कर चुका था, इस कष्ट की अभिव्यक्ति 'कवितावली' में बार-बार हुई है। वर्ण और जाति की व्यवस्था को तो

उन्होंने व्यंग्य के साथ ललकारा 'कौन धौं सोमयागी अजामिल अधम कौन गजराज धौं वाजपेयी।' हिन्दुओं के दम्भ से कष्ट भोगते इस कवि ने मन्दिर को छोड़कर मस्जिद में रहने-सोने की बात की है। ध्यान देने की बात है कि तुलसी में अद्भुत क्रान्तिकारिता है, निर्भयता है। फलतः निर्भयता और भक्ति के महत्त्व की प्रतिष्ठापना के पर्याय का नाम ही तुलसीदास है। क्यों तुलसी की विनय हमें डराती है? इस विनय में भीतरी दहाड़ है, खल-जन निन्दा है, समय का सत्य है।

सूर के कृष्ण अनासक्त हैं। वे रिश्ते बनाकर तोड़ते हैं सभी का दम्भ चूर करते हैं चाहे वह राधा का ही दम्भ क्यों न हो। कृष्ण के राग में विराग का तत्त्व प्रबल है। तुलसी के राम में राग प्रबल है, रिश्ता प्रबल है, सम्बन्धों का निर्वाह प्रबल है। राम रिश्ते को जोड़ते हैं, दृढ़ करते हैं। माता, पिता, भाई, मित्र, सखा, भक्त, पत्नी, सेवक कोई भी रिश्ता हो, उसका निर्वाह कैसे करना चाहिए, राम उसके प्रतिमान हैं। शत्रु पक्ष के विभीषण से जो रिश्ता बना—उसका निर्वाह देखिए। हर जगह, 'मेरे घाव पीर रघुवीरहि' का विराट-भाव मिलेगा। इसीलिए 'नाते नेह राम सों मनियत' में बहुत सी अर्थ-ध्वनियाँ हैं। हर नेह की हर नाते की अर्थापत्ति होती है। लक्ष्मण-शक्ति के अवसर पर राम का विलाप और कथन कि मैं जीवन त्याग दूँगा। अयोध्या में जाकर यह मुँह कैसे दिखाऊँगा, माँ को क्या उत्तर दूँगा। मेरे बाद अंगद-विभीषण-सीता का क्या होगा। अनेक प्रश्नाकुलताएँ—चिन्ताएँ। और अन्त में कहा, 'मेरो सब पुरुषारथ थाको। बिपति बँटावन बन्धु-बाँह बिनु, करौं भरोसो काको॥' राम सबके नाते में बँधे हैं और सब राम के नाते में। अयोध्या छोड़ने पर अयोध्यावासी बिलख उठे, घर मसान बन गये। 'लागत अवध भयावह भारी। मानहुँ कालरात्रि अँधियारी' जहाँ राम नहीं है वहाँ अँधकार है। जहाँ राम हैं—जीवन है, गति है, प्रकाश है, उल्लास है, भरोसा है, 'सोवै सुख तुलसी भरोसे एक राम को।' राम पर भरोसा ही सच्चा भरोसा है—'पायो नाम चारु चिन्तामणि उर कर ते न खसैहौ' का भाव ही-भाव है। आज जबकि हर सम्बन्ध टूट-फूट रहा है—!'कलह और तनाव है। कटखना आत्मनिर्वासन है—श्रम का परायापन है। इस कठिन समय में भी राम ही आस्था दे सकते हैं—अशरण की शरण बन सकते हैं।

तुलसीदास का यह कथन ही रामकथा का सार है—'ऐसो को उदार जग माहीं। बिनु सेवा जो द्रवत दीन पर राम सरिस कोउ नाहीं।' राम किसी को अकेला नहीं रहने देते हैं—विपत्ति के समय कन्धे पर हाथ रख देते हैं। यही कारण है कि शास्त्र की पूरी नायक परिकल्पना राम के सामने छोटी पड़ जाती है। अन्य के साथ राम की अनन्यता को यदि आप परिभाषित करना चाहें तो नहीं कर पाते हैं। सभी परिभाषाएँ अव्याप्ति दोष से दूषित हो जाती हैं। 'मन क्रम वचन राम पद नेहू' का अर्थ सागर से भी गहरा है। हर गहराई इस नाते-नेह की गहराई के सामने छोटी पड़ जाती है। वर्ण, जाति,

धर्म के कारण जो बहिष्कृत हैं जो 'सहज अपावन' या 'अति अघ' रूप समझे जाते रहे हैं—उन 'आभीर जवन किरात खस स्वपचादि' के लिए भी राम हर-समय रक्षक हैं। कहना न होगा कि भक्ति का लोक-जागरणवादी मॉडल तुलसी के हाथों ही समाज में प्रतिष्ठित हुआ। इस मॉडल में एक ही ध्वनि है—'रामहि केवल प्रेम पियारा। जानि लेउ सोइ जाननिहारा।' यह प्रेम-भाव भक्तिभाव का ही सच्चा पर्याय है। प्रेम की ताकत के कारण ही निर्गुण-ब्रह्म सगुण-साकार बनता है—'प्रेम ते प्रकट होइ भगवाना।' अलखवादियों चमत्कारवादियों-कुण्डलिनी जगाने वालों से कहा ही 'तुलसी अलखहि का लखै राम-नाम जपु नीच।' राम और नाम दोनों का ध्यान ही 'जीवन-मूरि' है। इसलिए आस्थारहित भक्ति-रहित प्राणी कहीं का नहीं है। सार-संक्षेप यह कि तुलसी की भक्ति का आधार सामाजिक यथार्थ है। यह रचना-कर्म अलंकारशास्त्र-रीतिशास्त्र के पैटर्न को तोड़ता है—सामन्तवाद, साम्राज्यवाद से मुक्ति की राह दिखाता है। रोमाण्टिक-काव्यशास्त्र के भावावेशवाद से मुक्त है। इसमें विचार-चिन्तन का गाढ़ा रसायन है। तुलसी की पूरी विचारधारा मानव को आगे बढ़ाने के लिए है। क्षुद्रताओं से मुक्त करने के लिए है।

तुलसीदास के सृजन-कर्म की महिमा पर डॉ. रामविलास शर्मा ने ठीक कहा है—"तुलसीदास की यह स्थापना साहित्य के प्रति सामन्ती विचारधाराओं से ही लड़ने में मदद नहीं देती, वह पूँजीवादी साहित्य-सिद्धान्तों से भी लड़ने में मार्गदर्शन करती है। कला कला के लिए या सामाजिक दायित्व से मुक्त होकर प्रयोग की स्वाधीनता की गुहार करने वाले साहित्यकारों का दिल टटोलिए। हृदय-सिन्धु की जगह उनका दिल सड़े हुए पानी से भरी हुई गड़ही की तरह है, उसमें जनता से प्रेम के बदले देश की तरफ से उदासीनता और साम्राज्यभक्ति के बगूले उठते हैं। ये लोग 'फार्म' की रट लगाकर साहित्य में उच्चकोटि के विचारों के महत्त्व को अस्वीकार करते हैं। इनकी मति सीप के समान नहीं है जिससे मोती निकलें, उस घोंघे की तरह है जो सेक्स के लिए मुँह फैलाकर अपने अन्दर सिमट जाता है। जन-संस्कृति, ग्राम-गीतों, प्राचीन साहित्य से इनकी सरस्वती नहीं जाग्रत होती, न विदेश के जनवादी लेखक इन्हें अच्छे लगते हैं, इनकी प्रेरणा का स्रोत एजरापाउण्ड, टी. एस. इलियट, स्पेण्डर आदि लेखक हैं, जो जन-शिविर के विरोधी हैं।" (परम्परा का मूल्यांकन, पृ. 87)। तुलसी की विरासत पर गर्व करने का अर्थ है—नव सांस्कृतिक साम्राज्यवादी मूल्यों का विरोध करना। यही मानव-मुक्ति का सच्चा मार्ग है।

10

रामकथा कै मिति जग नाहीं

भारतीय लोक-मानस के अपराजेय भाव का नाम राम है और लोकचित्त की अदम्य-अटूट विश्वास-शक्ति का नाम दुर्गा है—सीता है, पार्वती है, द्रौपदी है। भारतीय संस्कृति ने राम को भाव-नायक के रूप में सृजित करने के लिए न जाने कितने मिथक, इतिहास, आख्यान, उपाख्यान, इतिवृत्त, कथा-प्रसंग, कथा-प्रतीक राम में जोड़कर जीवन-मूल्यों की समग्रता में सृष्टि कर डाली है। एक ऐसी मूल्य-चेतना, मूल्य-व्यवस्था, मूल्य-दृष्टि की कि राम-सीता, शिव-पार्वती, लोक-हृदय की स्थायी सम्पत्ति बन गये। जन्म-मरण, सुख-दुःख, आसक्ति-विरक्ति में राम हमारी जनता के प्राणों में समा गये। इसलिए रामकथा स्मृति नहीं है, वर्तमान है, साक्षात्कार है, अमर भावलीला है। इतना ही नहीं, राम की जातीय निर्मिति धर्म, कर्म, इतिहास, परम्परा, संस्कृति, दर्शन, साहित्य सभी में ऐसे भिद गयीं कि हर निराशा को भेदकर उसमें प्रेरणा का प्रकाश भरने की नारायण कला समाती गयीं। सच बात है कि 'रामकथा कै मिति जग नाहीं' इस अमित कथा में 'हरि अनन्त हरि कथा अनन्ता' का भाव-समुद्र लहराने लगा। तुलसीदास ने रामचरित मानस में 'संशय-विहग उड़ावनि हारी' कथा कहकर बेसहारे को सहारा दे दिया। अधर्म का रावण धर्म धनुर्धर के हाथों मरता है तो जनता को भरोसा हो जाता है कि अन्यायी है तो पर रहेगा नहीं। राम के साथ धर्म का रथ है—'सखा धरमय अस रथ जाके। रिपु रन जीत सकहिं नहिं ताके॥' यह-धर्म, भक्ति की रसात्मक अनुभूति है, कर्म-सौन्दर्य की सौन्दर्य-लीला है। अन्याय को लीलकर न्याय को महत्त्व प्रतिष्ठित करनेवाली लीला ही राम-लीला है।

वाल्मीकि की 'रामायण', तुलसी का 'रामचरितमानस' या बांग्ला में कृत्तिवास की रामायण या भारतीय भाषाओं में लिखी गयी अनगिनत रामायणें—चाहे वह तमिल रामायण हो या विचित्र रामायण या अध्यात्म रामायण उस अर्थ में धार्मिक साहित्य नहीं हैं, जिस अर्थ में हम मजहबी साहित्य या 'रिलीजियस लिटरेचर' शब्द-विचार का प्रयोग करते हैं। हमारी चिन्तन-परम्परा में व्यक्ति नहीं है—'मैं' का दम्भ-पाखण्ड-अहंकार नहीं है—केवल है—'हम', 'समाज', 'लोक' समष्टि को बढ़ाने का भाव,

पूरी-परम्परा, निर्वैयक्तिक-परम्परा का भाव रसायन है—राम-रसायन है—जिसे तपा कर सीता, पार्वती, राधा खौलाती हैं, पकाती हैं, माँजती हैं, कच्चापन खत्म करती हैं, पकाकर भरने को तैयार करती हैं। मजहब और 'रिलीजन' में 'मैं' का आदेश है, आदेश देनेवाली संस्था है, उसका पूरा तन्त्र है, पैगम्बर या प्रतिनिधि है, एकेश्वरवाद है—उसमें हिलने की गुंजाइश नहीं है। पर हमारे बहुदेववादी विचार में आदेश का तन्त्र नहीं है—स्वतन्त्रता है, वरण की छूट का खुलापन है। इसीलिए आज हमें 'रामकथा' को लेकर जो विचार गार्सा द तासी, ग्रियर्सन, सर जान उड्रफ आर्चर, मैक्समूलर आदि ने दिये थे—उन पर हँसते हैं, उनकी बुद्धि के दिवालियेनपन पर दुःखी होते हैं और कहते हैं कि पश्चिमी-दर्शन और धर्म के प्रतिमानों से रामकथा, शिव-कथा, महाभारत-कथा को कभी नहीं समझा जा सकता। पश्चिमी विद्वानों ने भारत की सम्पूर्ण संस्कृति पर यहाँ तक कि राम, कृष्ण, दुर्गा पर आक्रमण करते हुए कहा है कि रामायण-महाभारत 'अवर्णनीय बर्बरता के घृणास्पद स्तूप हैं।' गुलाम भारत में यह बात श्री अरविन्द को कितनी खटकी होगी—इसका अन्दाजा इस बात से लगता है कि उन्होंने 'फाउण्डेशन आव इण्डियन कल्चर' तथा 'इण्डियन रेनासाँ' शीर्षक से दो पुस्तकें लिखकर उन आक्षेपों-भ्रमों का उत्तर दिया। इन्हीं भ्रमों के निवारणार्थ रामकृष्ण परमहंस, विवेकानन्द, महर्षि रमण, कुमारस्वामी, दादाभाई नौरोजी, तिलक, गाँधी और लोहिया को खड़ा होना पड़ा। एक समय में कबीर-तुलसी को भी आक्रान्ताओं से दलित जाति की रक्षा के लिए 'राम' को निर्गुण-सगुण, अवतारवाद, लीलावाद को साथ लेकर खड़ा होना पड़ा।

अद्भुत-विचित्र किन्तु सत्य है कि 'रामचरितमानस' लिखने वाले तुलसीदास को ही लोक-जागरण और लोक-संस्कृति के रक्षण हेतु 'रामलीला' का काशी में आयोजन करना पड़ा। सच है कि 'रामलीला' परम्परा के प्रथम प्रवर्तक तुलसीदास और उनके मित्र मेघा भगत, नारायणदास आदि हैं। तुलसीदास को यह सब क्यों करना पड़ा? इस प्रश्न का उत्तर-मध्यकाल का परिवेश स्वयं देता है। भारत में जिस विदेशी-संस्कृति और सत्ता का आयात हुआ, उसमें केवल निर्गुणवाद की ही व्यवस्था थी। सगुणवाद को स्थान ही कहाँ था। ब्रह्म का मूर्त्त रूप न लेकर अमूर्त की ही साधना चल रही थी। निर्गुणवाद इतना प्रबल पड़ रहा था कि सगुणवाद के परित्याग का सन्देश दिया जा रहा था। स्वयं तन्त्रवादी और सूफ़ी यही कह रहे थे। इसलिए इस स्थिति से निबटने के लिए तुलसीदास को भारतीय भक्तिमार्ग के प्रवृत्ति मार्ग में धँसकर सगुण लीलावादी ब्रह्म की भक्ति का प्रसार करना पड़ा। तुलसी के प्रयत्नों से पूरा समाज गोरखनाथ के जोग-मार्ग से हटकर सगुणभक्ति मार्ग की ओर मुड़ा। कठिन समय में सगुणवादियों द्वारा यह बहुत बड़ा काम हुआ। नर-नारी अवतारवाद, लीलावाद में विश्वास करने लगे और कबीर कहते ही रह गये—'दशरथ सुत तिहुँ लोक बखाना।

राम नाम का मरम न जाना।' तुलसीदास का राम-नाम का मर्म, रामकथा रस-स्वाद कबीरवादियों को समझाना जरूरी लगा।' निर्गुणवाद का खण्डन करना पड़ा। 'मानस' में शंकर-पार्वती संवाद में यह 'विषय' आया है। पार्वती ने पूछा, ''राम सो अवध नृपतिसुत सोई। की अज अगुन अलखपति कोई।'' पार्वती की शंका-समाधान के बाद शिव की निर्गुणवादियों को प्रबल फटकार है—

एक बात नहि मोहि सोहानी। जदपि मोहबस कहेहु भवानी॥
तुम्ह जो कहा राम कोउ आना। जेहि श्रुति गाव धरहि मुनि ध्याना॥
कहहिं सुनहिं अस अधम नर ग्रसे जे मोह पिशाच।
पाखण्डी हरिपद बिमुख जानहि झूठ न साच॥
अज्ञ अकोबिद अन्ध अभागी। काई विषय मुकुट मन लागी॥
लम्पट कपटी कुटिल विसेषी। सपनेहु सन्त सभा नहि देखी॥
कहहि जे वेद असममत बानी। जिन्ह के सूझ लागु नहि हानी।
मुकुर मलिन अरु नयन विहीना। रामरूप देखहि किमि दीना॥
जिन्हके अगुन न सगुन विवेका। जल्पहि कल्पित वचन अनेका॥
बातुल भूत विबस मतवारे। ते नहि बोलहिं वचन बिचारे॥
जिन्ह कृत महामोह मद पाना। तिन्ह कर कहा करिअ नहि काना॥

ये महामोद मदपान वाले लम्पट-कपटी कुटिल-पिशाच कौन लोग कहे गये हैं? वे, जो लोग सामाजिक-नैतिक जीवन की पवित्रता के शत्रु हैं—इन शत्रुओं से सावधान रहने का उपदेश 'रामलीला' देती है। गार्हस्थ जीवन के तप-साधकों को ये 'महामोद मदपाना' वाले ही भटकाने की चाल चलते हैं। भारत में वैदिक-प्रवाह को खण्डित करने के प्रयास कई बार घात लगाकर किये गये। पहला घातक प्रहार बौद्ध-धर्म का था। तुलसी ने कहा है कि 'अतुलित महिमा वेद की तुलसी किये विचार। जेहि निन्दत निन्दित भयो विदित बुद्ध अवतार॥ (दोहावली-464)। ऐसा नहीं है कि तुलसी जैसा कि कुछ सिर-फिरे मार्क्सवादी कहते हैं कि ब्राह्मणवाद के चक्कर में रहे। तुलसी ने 'कलियुग वर्णन' में ब्राह्मण, क्षत्रिय, वैश्य, शूद्र कौन है जिसे नीच कर्म करते देखकर डपटा न हो। जाहिर है कि तुलसी के प्रमाण पर अकबरकालीन समाज को स्वर्ण-युग कहना इतिहासकार का धोखा है। स्वयं तुलसी को पण्डावाद-पुरोहितवाद, मुल्लावाद, तन्त्रवाद का कटु, कठोर अनुभव है, इस अनुभव का खुलासा वे राम-कथा में हर मौके पर करने में नहीं चूकते। पाखण्डी-सन्तों की बखिया उधेड़ने में तुलसी को कौन पा सकता है। अकबरकालीन सामन्ती, बर्बर अधिकारियों के द्वारा पीड़ित जनता की मुक्ति के लिए रामचन्द्र के दरबार में 'विनय पत्रिका' रूपी अर्जी भेजी। यह कृति समाज की सम्पूर्ण सांस्कृतिक-राजनीतिक वेदना का दस्तावेज है।

'रामलीला' और लोक-जन में रामभक्ति के प्रसार के लिए कविवर तुलसी को बड़ा व्यापक जन-आन्दोलन ही चलाना पड़ा। हनुमान-पूजा को नये सिरे से पुनर्जीवित करना पड़ा। काशी में ही बारह स्थानों पर हनुमान के मन्दिर बनवाने पड़े। उनके साथ ही जगह-जगह 'अखाड़ों' की योजना करनी पड़ी। गाँव-गाँव में राम-अखाड़े बनाये गये। अखाड़ों के सामने राममन्दिर-एवं रामलीला करने का विधान सुझाया गया। फलतः धनुषधारी राम के मन्दिर भक्त-शिरोमणि हनुमान के सामने निर्मित हुए। हनुमान भाव में ही राम की आराधना का सर्वोच्च मन निहित है। इसी हनुमान-भाव से प्रेरित होकर दक्षिण के प्रसिद्ध सन्त रामदास ने यह नियम बनाया कि प्रत्येक गाँव-नगर में 'मारुति मन्दिर' अवश्य होना चाहिए और उसी के निकट कीर्तन, भजन, पूजा, अखाड़ा जमना चाहिए। ऐसा नहीं कि तुलसी से पहले राम-लीला नहीं होती थी। वाल्मीकि ने लवकुश के द्वारा रामायण-लीला का गायन करवाया। परम्परा को याद है कि कुशीलव नट या अभिनेता को कहते हैं। कुशीलव का सम्बन्ध इधर नाट्य-परम्पराओं पर अनुसन्धान कार्य करने वाले विद्वानों ने जोड़ा है। ऐसे ही अनुसन्धान कार्य से सम्पन्न कपिला वात्स्यायन की प्रसिद्ध पुस्तक है—'पारम्परिक भारतीय रंगमंच : अनेक धाराएँ।' इस क्षेत्र में पड़कर जगदीशचन्द्र माथुर ने 'परम्पराशील लोक-नाट्य' पुस्तक लिखी। इसी क्षेत्र के अनुसन्धान में इन्दुजा अवस्थी ने रामलीला परम्परा पर वर्षों कार्य किया। यह सिद्ध हुआ कि रामकथा के बहुत से नाटक संस्कृत भाषा में मिलते हैं। तुलसी ने बहुत से नाटकों का 'मानस' रचना में उपयोग किया—यह तथ्य आज छिपा नहीं है। पर आज जो 'राम-लीला' का प्रसार है उसके पीछे 'रामचरितमानस' की अविस्मरणीय भूमिका है। इतना ही नहीं केशव की 'रामचन्द्रिका', के नाटकीय कौशल से भरे विदग्ध-वक्रोक्तियों वाले 'संवाद' बहुत से स्थानों पर 'रामलीला' में बोले जाते हैं। यही हाल पीछे से राधेश्याम कथावाचक की रामायण का रहा—जो जनता के कण्ठ में बस गयी।

आज पर्याप्त साक्ष्य मौजूद हैं कि तुलसीदास ने वाराणसी में 'रामलीला' का प्रयास अपने मित्र मेघा भगत के साथ आरम्भ किया। वाराणसी के दो प्रसिद्ध खण्ड रहे हैं—केदार और काशी। केदारखण्ड में 'मानस' की लीला का आयोजन तुलसी ने किया और काशी खण्ड में मेघा भगत ने। लोक अफवाह है कि पहले मेघा भगत काशी में वाल्मीकि रामायण के अनुसार ही रामलीला करते थे। तुलसी से मित्रता होने पर मेघा भगत ने 'मानस' के अनुसार रामलीला का विधान अपनाया। केदारखण्ड वाली तुलसी की 'रामलीला' की विशेषता है कि वह नित्य स्थान बदलती है। इसमें अयोध्या एक स्थान पर, चित्रकूट दूसरे स्थान पर तथा लंका तीसरे स्थान पर रखी जाती है। तुलसी द्वारा प्रचलित 'रामलीला' का प्रभाव आज भी केदार खण्ड के दो मुहल्लों में मिलता है—एक मुहल्ले का नाम है अवध और दूसरे का लंका। इन्हीं स्थानों पर

अवध और लंका की लीलाएँ आयोजित की जाती हैं। कहते हैं कि तुलसी ने कृष्णलीला भी चलायी जिसका अवशेष अस्सी घाट पर नागनथैया के रूप में विद्यमान है। तुलसी अस्सी घाट पर रहते थे—दक्षिण में गंगवार काशीराज्य था। काशी-राज्य की राजधानी 'रामनगर'। पहले वहाँ जनता ने रामलीला शुरू की और उसे राजाओं ने पोषित किया। आचार्य विश्वनाथ प्रसाद ने पूरे देश की रामलीलाओं का सर्वेक्षण करने के बाद लिखा है—"भारत में रामलीला-सम्बन्धी इतना विशिष्ट सांस्कृतिक समारोह भारत में अन्यत्र नहीं होता, अयोध्या में भी नहीं। वहाँ के महात्मा भी प्रतिवर्ष आश्विन में रामलीला देखने यहीं पधारते हैं।"

रामलीला को लेकर बाबा विश्वनाथ की नगरी वाराणसी बड़ी विचित्र रही है। 'रचि महेश निज मानस राखा। पाय सुसमय शिवा सन भाखा।' शिव ने प्रथम बार रामकथा पार्वती को सुनायी। उसके बाद में यह कथा ऋषियों, मुनियों, ज्ञानियों, पक्षियों सचराचर सृष्टि में पल्लवित होती रही। पर यह रामकथा या रामलीला ऊपर की आँखों से देखकर भी नहीं देखी जा सकती। इसके लिए हृदय की आँखों को खोलना पड़ता है—"अस मानस मानस चख चाही।" उनके लिए नहीं है यह 'रामलीला' जो जनवादी व्याख्याओं की बौद्धिक कलाबाजी खाने के बाद 'रामचरितमानस' को पूँजीवाद, सामन्तवाद, नस्लवाद, कुलीनता व नारी की निन्दा का भ्रष्ट भण्डार मानते हैं या सिद्ध करने पर आमादा हैं। ये वही बुद्धिवाद की दुमें हैं—जो गाँधी और उनके रामराज्य चिन्तन पर जूते बरसाते हैं। एक समय ऐसा भी रहा इसी समाज में कि मानस-विरोध के साथ ही गाँधी-चिन्तन का विरोध भी प्रचण्ड रूप धारण करके 'रामलीला' को वर्ण-व्यवस्था का चालाकी से समर्थन करने वाला राजनीतिक तमाशा भी कहा गया। और तो और 'रामलीला' का ध्वन्यार्थ उपनिवेशवाद और सांस्कृतिक साम्राज्यवाद, हिन्दूवाद की चालाकी का हिमालय तक कहा गया। समाज का एक वर्ग 'मानस' की पोथी फाड़कर उस पर जूतों का हार चढ़ाता रहा। यह सत्य भुला दिया गया कि गाँधी और लोहिया ने राजनीति को कितने ऊँचे स्तर पर ले जाने के लिए 'मानस' का उपयोग किया था।

भारतीय भाषाओं में रामकथा और रामलीला की परम्पराएँ मध्यकाल से ही प्रचलित रही है। असमिया में राम बारहमासी, सीता बारहमासी तथा कौसल्या बारहमासी वे गाथा गीत हैं, जिनमें रामायण का सारांश और ऋतुओं के गीत हैं। कवि माधव कन्दली ने 'रामायण' के प्रसंगों का स्वतन्त्र उपयोग करके एक नयी रंग-परम्परा का प्रवर्तन किया। दुर्गावर ने गीति-रामायण के गीतों को शास्त्रीय रागों में ढाला। माधवदेव और शंकरदेव के प्रयासों से रामकथा को नया विस्तार मिला। उड़ीसा में रामकथा की इतनी व्यापक परम्परा रही है कि भुवनेश्वर में भरतेश्वर, लक्ष्मणेश्वर तथा शत्रुघ्नेश्वर मन्दिर-समूह निर्मित किया गया। बलरामदास ने रामकथा पुराणपद्धति और

व्यासशैली में लोक को दी। उड़िया की दाण्डी रामायण ने असमिया के अंकिया नाट्य और भाओना की तरह छऊ, मयूरभंज छऊ, पुल्लिया छऊ में राम-लीला के अभिनव प्रयोग किये। दशहरा के आसपास फसल की कटाई के उत्सव-रूप में चैत्र पर्व मनाया जाता है, दुर्गापूजा होती है, शिव का आवाहन होता है। इस प्रकार बंगाल की 'जात्रा' से उड़ीसा के छऊ नृत्य-नाटक का सम्बन्ध भी जुड़ता है। मयूरभंज कलाकार इसमें छत्तीस रागनियाँ मिलाते हैं। ढोल, चडचडि, ताल और बोलों की ध्वनियाँ दर्शकों को मुग्ध किये रहती हैं। आदिवासी जातियाँ भैरव को स्वर-ताल-लय, नर्तक, वाद्यों के आघात से रिझाती हैं। बांग्ला के जातीय कवि कृत्तिवास की 'रामायण' बांग्ला का सांस्कृतिक मन है जिसमें वाल्मीकि 'रामायण' की प्रेरणा ध्वनित है। हालाँकि कृत्तिवास ने रामकथा के लिए 'अद्‌भुत रामायण', 'अध्यात्मरामायण', 'देवी भागवत पुराण', 'रघुवंश', 'उत्तर रामचरित', 'महावीरचरित', 'अनर्घराघव' आदि कृत्तियों से भी कम सहायता नहीं ली है। कृतिवास की रामायण को बंगाल से बाहर उड़ीसा-असमिया में पांचाली-गायकों ने पहुँचाया। कृत्तिवास ने राम-सीता को ऐसा मानवीय रूप दिया कि पूरा बंगाल उसमें अपने को पाता रहा। विष्णु, शिव, शक्ति, सूर्य और गणेश—पंचदेवता यहाँ हैं—पर 'शक्ति की पूजा' का महत्त्व सर्वोपरि है। नेपाली में भानुभक्त की रामायण, अध्यात्म रामायण का अनुवाद अवश्य है, किन्तु तुलसी के 'मानस' का प्रभाव ज्यादा गहरा है—तुलसी के 'रामचरितमानस' का अनुवाद पंजाबी में गुरुमुख प्रेमी तथा हरिपाल देवी ने किया। लेकिन कवि रामलुभाया दिलशाद कृत 'पंजाबी रामायण' की धमक भी पंजाब की रामलीलाओं पर कम नहीं है। इसकी प्रेरणा वाल्मीकि रामायण है पर लोकचित्त ने इसमें अनेक नये प्रसंग जोड़े हैं।

महाराष्ट्र के कथावाचकों, व्यासों, पौराणिकों, कीर्तनकर्ताओं ने रामकथा को लोककण्ठ में न जाने कब से रचाया-बसाया है। यहाँ के 'वारकरी सम्प्रदाय' ने राम-कृष्ण हरि के मन्त्रों को गुंजायमान किया। इसलिए नामदेव तथा विट्ठल-भक्त निरन्तर इधर झुके रहे। सन्त रामदास ने मारुति मन्दिर बनवाये। स्वयं नामदेव 'अभंगों' में राम, सीता, हनुमान गायन करते रहे। फलतः इस परम्परा में एकनाथ ने 'भावार्थ रामायण' की रचना कर डाली। फिर कृष्णदास मुद्‌गल ने 'सम्पूर्ण रामायण' लिखी। समर्थ रामदास ने 'लघुरामायण' लिखी और लबाई ने 'सीता-स्वयंवर'। मराठी में रामकथा और रामलीला मंच इतना समृद्ध हुआ कि वहाँ मन्त्ररामायण, चिद्‌बोध रामायण, तीर्थरामायण, ऋषि रामायण, हनुमान राम पर निरोष्ठ रामायण, संक्षेप रामायण न जाने कितनी रामायणें लिखी गयीं। संस्कृत-प्राकृत-अपभ्रंश रामकथा की परम्परा का महाराष्ट्र में गहरा उपयोग हुआ। रामलीला मंच की समृद्ध-परम्परा में महाराष्ट्र सदाबहार क्षेत्र रहा है। भारतीय-संस्कृति के राम का विस्तार मराठी के साथ गुजराती में हुआ। यहाँ आरम्भ में रास-शैली में 'हनुमन्तरास', 'रावण मन्दोदरी संवाद' और

'रामचरित' लिखे गये। 'वाल्मीकि रामायण' ने गुजरात को इतना लुभाया कि 'राम-लीला' की लोक-शैली ने इसे घर-घर पहुँचाया। तुलसी का 'रामचरित मानस' इतना लोकप्रिय हुआ कि प्रेमानन्द ने 'रण-यज्ञ' लिखा। 'लवकुश रास', 'रामयशो रसायन', 'रास-राम-रघुवंश', 'रामराज्य', 'राम-विवाह', 'राम बाल-लीला', 'गिरधर रामायण' की राम-परम्परा ने महात्मा गाँधी का वह अपराजेय मन बनाया जिसने आजादी के आन्दोलन में अन्याय को खत्म करने का संकल्प लिया। भारतीय-भाषाओं में रामलीला की लोक-नाट्य परम्परा का इतना विशाल सागर उमड़ा कि तेलुगु में 'रंगनाथ रामायण' का मौलिक ढंग से सृजन हुआ। फिर भी यहाँ 'भास्कर रामायण', 'मोल्लरामायण', 'निवर्चन उत्तर रामायण', 'रामाभ्युदय', 'श्रीमद्रामायण कल्पवृक्ष' की निरन्तर बहार रही। इतना ही नहीं गाँव-गाँव घूमनेवाले पुतली-कला के अभिनेता रंगनाथ रामायण का ऐसा पाठ करते हैं कि भक्ति-भाव सजीव हो जाता है। 'रंगनाथ रामायण' की ही भाँति कन्नड़ की 'तोरवे रामायण' का जनता में प्रसार है। कन्नड़ में 'रामचन्द्र चरित पुराण', 'श्री रामायण-दर्शन', 'मध्य रामायण', 'संग्रह रामायण'। शिवराम कारन्त कृत रामायण की एक बड़ी परम्परा है। कुवेंपु का 'रामायण-दर्शन' राम-लीला परम्परा का प्राण ही बना है। इसी तरह तमिल में 'कम्ब-रामायण' का एक ऐसा इतिहास है कि जिससे तुलसी का 'रामचरित-मानस' तक जुड़ता है। कम्ब ने वाल्मीकि रामायण 'रघुवंश', 'अध्यात्मरामायण', 'जानकी हरण' की प्रेरणा को सृजन शक्ति में मूर्त्त किया। वैष्णव कम्ब श्री सम्प्रदाय में थे, जिसका सम्बन्ध रामानुजाचार्य एवं भक्ति-आन्दोलन से है। यह भक्ति-आन्दोलन का अखिल भारतीय प्रवाह ही है कि मलयालम तक में 'रामचरित', 'रामकथा-पाठ', 'कृष्ण रामायण', 'अध्यात्मरामायण' का सृजन हुआ। इतना ही नहीं कश्मीरी में 'प्रकाश रामायण', 'शंकर-रामायण', 'रामावतार चरित', 'विष्णुप्रताप रामायण', 'ताराचन्द रामायण', 'अमर रामायण' की एक अखण्ड-परम्परा है। सच है कि भारतीय-भाषाओं की राम-कथा और 'राम-लीला' परम्परा की विविधता इतनी रंग-बिरंगी है कि भारतीय संस्कृति का यह लीला-कमल भक्ति एवं श्रद्धा से मोह लेता है।

रामकथा और रामलीला-परम्परा देश से बाहर विदेश गयी। वाल्मीकि ने बौद्ध-ग्रन्थों के साथ चीन में प्रवेश किया। 'लकांश' राम-कथा के प्रचलित ढाँचे में परिवर्तन करता है—पर राम-कथा की जादुई कला से चीन बच नहीं पाता है। 'लकांश रामायण' मात्र-अनुवाद नहीं है, चीनी में मौलिक सृजन है तिब्बत में 'दशरथ-जातक', 'अनामक-जातक' से रामकथा पहुँची। यहाँ तिब्बती रामायण में सीता जी रावण की पुत्री हैं और सीता-जन्म के समय यह भविष्य-वाणी होती है कि यह कुल का नाश करेगी। यही हुआ भी। रामकथा ने जैन-बौद्धों के प्रभाव को लेकर मंगोलिया में प्रवेश किया। यहाँ राम राक्षस-मृग रूपी रावण का वध करते हैं। राम-कथा ने चीन के साथ

जापान में भी जातक कथाओं और रामायण के साथ प्रवेश किया। पर जापानी-कथा में सीताहरण के लिए कंचन-मृग का प्रसंग नहीं है। पूरी कथा बदली हुई। यही हाल इण्डोनेशिया में रामकथा का है। इस्लामबहुल इस देश ने रामकथा को शिलाओं पर अंकित करवाया। मध्य जावा में नगर का नाम 'अयोध्याकर्ता' रखा तथा शिव मन्दिरों की भित्ति पर राम को उत्कीर्ण कर दिया। प्रम्बनान के शिवमन्दिर रामकथा की मूर्तियों के लिए संसार में प्रसिद्ध हैं। 'रामायण', 'रघुवंश' और 'जानकी हरण' महाकाव्यों की परम्परा को इण्डोनेशिया कला के सौन्दर्य में तराशता है। श्रीलंका, थाई, फिलीपीन्स, त्रिनिदाद, मारीशस, फीजी में राम-कथा के सृजन कमल खिले। भारतीय संस्कृति का विदेश गमन अँग्रेजी-काल में पूर्वी-भारत में जानेवाले मजदूरों से भी हुआ। विदेश-गमन के समय ये कुली-श्रमजीवी अपने राम को साथ ले गये। 'रामचरितमानस' और राम की चौपाइयों में दुःख झेलने की शक्ति पाते रहे। भारतीय मूल के लोग जहाँ-जहाँ बसे, वहाँ 'मिनी भारत' बना डाला। इस मिनी भारत ने राम और रामलीला को जीवन्त रखा। वनवासी राम-सीता की व्यथा को ये प्रवासी भारतीय ही गहराई से जानते हैं। इनके राम ही अयोध्या के निर्वासन का अर्थ-प्रसंग जानते हैं।

आज देशभर में रामलीलाएँ होती हैं पर भारत का मन—सांस्कृतिक मन—दरक गया है। नव साम्राज्यवाद और नव सांस्कृतिक उपनिवेशवाद ने तकनीकी क्रान्ति, सूचना-क्रान्ति, उपभोक्ता-क्रान्ति से देश को रौंद डाला है। शक्ति या दुर्गा की विजय में हमारी आस्था नहीं रही। अपराजिता देवी के पूजन, शमी-वृक्ष के पूजन, राम-पूजन में अपसंस्कृति का जहरीला कोढ़ प्रवेश कर गया है। जब सांस्कृतिक विजय में ही आस्था नहीं रही तो 'नकल', 'अनुकरण' भिखारीवाद में ही जीना हमारी नियति बनती जा रही है। इस मानसिकता के विरुद्ध रामकथा हमें जगा सकती है, विद्रोह करना सिखा सकती है। पर हम हों तब न।

11

भक्तिशास्त्र में भक्तिरस

भक्तिकाव्यशास्त्र में रस महाप्रभु चैतन्य (16वीं शताब्दी के मध्य) की भावधारा से ऐसे निष्पत्ति पाता है कि उसका सामाजिक-सांस्कृतिक इतिहास अद्‌भुत है। महाप्रभु के दो शिष्य ब्रज भूमि में आये—आचार्य रूप गोस्वामी और जीव गोस्वामी। इन मेधावी शिष्यों ने भक्ति-रस का काव्यशास्त्र रस-सिद्धान्त की भाव-भाषा में प्रस्तुत किया और भक्ति-काव्य के लिए भक्तिशास्त्र की सैद्धान्तिकी का विवेचन किया। मध्यकालीन कृष्ण भक्ति-साहित्य की यह 'अपूर्व' घटना है कि भक्ति-सिद्धान्तों का विवेचन-विश्लेषण करने वाले दो ग्रन्थ सहृदय-भक्तों को उपलब्धि के रूप में प्राप्त हुए—'श्री हरिभक्ति रसात्मक-सिन्धु' एवं 'उज्ज्वलनीलमणि'। उल्लेखनीय तथ्य यह है कि ये दोनों ग्रन्थ आचार्य रूप गोस्वामी की कृतियाँ हैं। हमारा सौभाग्य ही कहिए कि इन दोनों ग्रन्थों पर उनके विद्वान भतीजे जीव गोस्वामी ने टीकाएँ की हैं। टीका अर्थात् 'पाठ' या टेक्स्ट का सूक्ष्म-गहन अन्तर्भाष्य (डी. कन्स्ट्रक्शन)। 'भक्ति रसामृत सिन्धु' की रचना 1541 ई. में हुई थी और 'उज्ज्वलनीलमणि' की इसके बाद। ये दोनों ग्रन्थ और उनकी टीकाएँ विद्वानों के भक्त समाज में इतनी समादृत हुईं कि भक्ति-शास्त्र की महिमा स्थापित हो गयी। महाप्रभु चैतन्य के शिष्यों ने अपने 'सम्प्रदाय' के दार्शनिक आधारों का विस्तृत विवेचन किया। चैतन्य महाप्रभु की भक्ति का 'कृष्ण शृंगारी-मधुररूप' मधुर-भक्ति-रस के समाजशास्त्र और सौन्दर्यशास्त्र में आकार लेकर अमिट हो गया। इनका उपजीव्य ग्रन्थ 'श्रीमद्‌भागवत' है, जबकि इन शिष्यों ने भक्ति से सम्बन्धित अनके ग्रन्थों का अनुशीलन किया। घोर तप-श्रम का नतीजा यह हुआ है कि भक्तिशास्त्र के सिद्धान्त व्यवस्थित-शैली में सामने आ सके। यहाँ रससिद्धान्त ने ध्वनिसिद्धान्त के गले में बाहें डाल दीं और 'हृदय-संवाद' किया। विद्वानों ने इसी स्थिति के कारण इन ग्रन्थों में भक्तिशास्त्र का समर्थ-सम्पन्न रूप पाया है।

रूप गोस्वामी और जीव गोस्वामी की कृतियों का मूल प्रतिपाद्य विषय है—भक्ति-रस की निर्भ्रान्त रूप में महत्त्व-प्रतिष्ठा। भारतीय काव्यशास्त्र के प्राचीन

आचार्यों ने भक्ति को देवादि विषयक रति के रूप में 'भाव' के अन्तर्गत स्थान दिया था—उसे 'रस' नहीं कहा था। रूप और जीव आचार्यों ने भक्ति-भाव को भक्ति-रस के रूप में सामाजिक पहचान दी। इतना ही नहीं, रूप गोस्वामी ने 'श्रीहरिभक्ति-रसात्मक-सिन्धु' में भक्ति की सर्वांग सहित सैद्धान्तिक स्थापना की। भक्ति के लगभग सभी रूपों को लिया—प्रीति, सख्य, वात्सल्य, मधुर, शान्त आदि। लेकिन मूल प्रतिपाद्य मधुर रस है। उज्ज्वलनीलमणि ने 'मधुर-रस' का विवेचन 'उज्ज्वल रस' के नाम से किया। प्रधान स्थान मधुर भक्ति-रस को दिया तथा अन्य रसों को उससे नीचे। अपनी प्रतिभा के बल पर इन आचार्यों ने पुष्टिमार्गीय भक्ति-भावना को रागानुगाभक्ति के रूप में विश्लेषित किया और उसे साध्य न मानकर साधन माना। भक्ति-रस का प्रतिपादन करने वाले आचार्यों ने सिद्ध कर दिखाया कि भक्ति चाहे साधना रूप में हो या साध्य रूप में, भक्ति मूलतः शुद्ध संवेदन से प्रेरित परम पवित्र आनन्द की अवस्था है। प्रश्न उठा है कि श्रेष्ठ भक्ति कौन-सी है? इसका उत्तर इन दोनों आचार्यों ने यह कहकर दिया कि जिनके जानने पर श्रेष्ठ से श्रेष्ठ भोगों और मोक्ष तक की अभिलाषा न रहे। प्रसन्न करने के लिए कृष्ण की अनन्य भाव से भक्ति जिसका परमभाव हो। उत्तम भक्ति का लक्षण है—अनुशीलन। यह खोज या अनुशीलन कायिक भी हो सकता है और मानसिक भी। अनुशीलन के भाव में कृष्ण को खोजने के भाव का सातत्य है, निरन्तरता है। दर्शन इस प्रकार बना कि मोक्ष और भोग से भक्ति श्रेष्ठ है। निर्मला भक्ति में सूरदास और नन्ददास ने भक्ति-विरोधी ज्ञान की निन्दा की है। यहाँ भूलने के विरुद्ध बात यह है कि रामानुजाचार्य की भक्ति 'ज्ञानरूपा' थी। गोस्वामी आचार्यों की भक्ति 'भाव-रूपा' है। ज्ञानरूपा भक्ति मानव-चित्त में शुष्कता लाती है। भाव-रूपा भक्ति चित्त को माखन-सा कोमल बनाती है। मूल तर्क यह कि ज्ञान और वैराग्य को भक्ति का आवरण मानकर विचार किया गया है। 'भक्तिः भावरूपा' ही साधन है, साध्य है और परमानन्दमयी है।

भक्ति भाव में निरन्तरता रहने पर ही भक्ति-भावना का क्रमिक विकास होता है। इस क्रमिक विकास में भक्ति के तीन भेद दिखाई देते हैं—साधना भक्ति, भाव भक्ति, प्रेमा भक्ति। साधना-भक्ति भक्ति का निर्मल उदय है। भाव-भक्ति मन की तन्मय अवस्था है। मन की तन्मयता ही प्रेमाभक्ति है। प्रेमा-भक्ति की महिमा अपार है—उसमें राग, स्नेह, प्रणय, मान, अनुराग तथा महाभाव की शक्ति है। आचार्यों की स्थापना यह है कि वैधी भक्ति रागानुगा भक्ति के बाद समाप्त हो जाती है। रागानुगा भक्ति का चरम विकास ही प्रेमा-भक्ति है। यह प्रेमा-भक्ति ही 'गोपीगीत' है। वैधी-भक्ति में शास्त्र का बन्धन है और बन्धन के अंग 64 हैं। शास्त्र-मर्यादा के निर्वाह के कारण वैधी-भक्ति को मर्यादा-भक्ति कहा गया है। रागानुगा-भक्ति में स्वच्छन्दता है, शास्त्र की मर्यादा नहीं है। इसलिए रागानुगा भक्ति में जोर 'रागशक्ति' पर है। राग-

वृत्तियाँ ही काम-वृत्तियाँ हैं जो स्वतः उत्पन्न होती हैं। रागानुगा-भक्ति में चित्त का भाव परिष्कार है और भाव-परिष्कार से उत्पन्न हृदय-विस्तार। रागानुगा-भक्ति की विशेषता है कि चित्त को मोड़ती है—तोड़ती नहीं है—खिजाती नहीं है, रिझाती है। भक्ति-भावना में कृष्ण की अनुकूलता का अर्थ है ब्रज-रस का आस्वादन। दोनों गोस्वामी आचार्यों का परम साध्य है—मधुरा भक्ति। जिसमें कान्ता-भक्ति भाव की प्रधानता है। कान्ताभक्ति ही लौकिक-भक्ति में—'काम-भक्ति' है 'रागवृत्ति'। यहाँ रागानुगा के दो भेद हैं—कामानुगा और सम्बन्धानुगा। कामानुगा ही सच्चे रूप में रागानुगा है। सम्बन्धानुगा भक्ति में सख्य आदि के कारण राग की प्रगाढ़ता नहीं होती। कामानुगा भक्ति में ही गोपी-भाव की प्रगाढ़ता है और इसमें परम निर्वैयक्तिकीकरण है—'निजनिबिड़मोह संकट निवारण' भाव। भाव-स्थिति का राग राधा है। राधा ही कृष्ण की आह्लादिनी शक्ति हैं। नित्यप्रिया हैं, चरम कान्ताभाव हैं, मोदन भाव हैं, महाभाव हैं। महाशक्ति हैं, सर्वशक्ति वरीयसी हैं। शक्तिरूपरति स्वयंप्रकाश है, संविद हैं। संविद हैं तो स्वयं प्रकाशिका शक्ति से सम्पन्न हैं। आचार्य रूप गोस्वामी ने भक्ति की छह विशेषताओं की चर्चा की है—(1) क्लेशघ्नी, (2) मोक्षलघुता कृत्, (3) सान्द्रानन्द विशेषात्मा, (4) शुभदा, (5) सुदुर्लभा और (6) श्रीकृष्णाकर्षणा। इन सभी में भाव की चरम अवस्था का नाम—प्रेमा-भक्ति है। इस भक्ति में लोक-मंगल और लोक-रक्षा का भाव प्रबल रहा है।

भक्ति का स्वरूप क्या है? परम आनन्द-प्रवाह रूपा। शान्त होते हुए भी इस प्रवाह में बेचैनी है—तड़प है, जलन है, ऊष्णता है, प्यास है—चातक प्यास। इस तरह रूप गोस्वामी और जीव गोस्वामी में 'रस' का अर्थ है—भक्ति-रस। इसी अर्थ में 'श्रीमद्भागवत' को भी रस कहा गया है। भागवत को रस कहने की अर्थ-ध्वनि है—भगवत-भक्ति रस। यह भक्ति 'रसैकमय' है। इतना ही नहीं जीव गोस्वामी और आगे बढ़कर तैत्तिरीय के 'रसो वै सः' तक की अन्तर्यात्रा में प्रवृत्त हैं। जैसे "स च रसो भगवद् भक्तिमय एव, यस्यां वै श्रूयमाणायामित्यादि-फलश्रुते यन्मयत्वेनेव भगवति रसशब्दः श्रुतौ प्रयुज्यते 'रसो वै सः' स एव च प्रशस्यते। रसं ह्येवायं लब्धानन्दी भवति इति।' (पृ. 74)। शक्ति और शक्तिमान का अभेद 'रस' है। इसी व्यापक सन्दर्भ में पूरी 'एपोटिया' बनती है—रस अर्थात् भक्ति-रस।

रूप गोस्वामी ने भक्तिशास्त्र के 'श्रीहरिभक्तिरसात्मकसिन्धु' में चार विषयों का निरूपण किया है—भाव, भावाभास, रस और रसाभास। भावों, भावाभासों, रसों और रसाभासों को वे 'रस' के अन्तर्गत सहेज लेते हैं। रसाभासों के तीन भेद किये—उपरस, अनुरस और अपरस। इस परिधि में श्रेष्ठ है उपरस। कृष्ण रस का परम है—कान्ताभाव। कहना न होगा कि कृष्ण-रस ही भक्ति-रस का स्थायीभाव है। मानक मन में स्थायीभाव संस्कार रूप या वासनामय रहता है। विभावादि के साथ संयोग होते ही

वह 'रस' रूप में अभिव्यक्त हो जाता है। दरअसल भक्ति-रस की अभिव्यक्ति को काव्यशास्त्र के अभिव्यक्ति-सिद्धान्त से अलग रखना चाहिए। नित्य-भाव की शुद्धि वृत्ति की 'उत्पत्ति' नहीं हो सकती। उसका तो 'आविर्भाव' ही हो सकता है। कारण, कृष्णरति का भाव शुद्धसत्त्वविशेष है। भक्ति का 'मार्ग' साधना भी है और परमानन्दमयी अनुभूति भी।

अद्‌भुत बात है कि रूप गोस्वामी ने स्वयं भक्तिरस के भेद किये हैं—प्रमुख और गौण। प्रधान-रस पाँच प्रकार का है—शान्त, प्रीति, प्रेयान्, वात्सल्य और मधुर। गौण सात प्रकार का माना गया है—हास्य, अद्‌भुत, वीर, करुण, रौद्र, भयानक एवं बीभत्स। इस प्रकार आचार्य रूप गोस्वामी ने बारह भक्ति-रस माने हैं। इन बारह भक्ति रसों में व्याप्ति है कृष्णरति की। नहीं तो रसों को भक्ति-रस में गिन पाना असम्भव होता। इस तथ्य को रूप गोस्वामी ने जोर देकर रेखांकित किया है—

(क) *तस्मादनियताधाराः सात-सामयिका इमे।*
काप्यव्यभिचरन्ती सा स्वाधारान् स्वस्वरूपतः॥
रतिरात्यन्तिक स्थायीभावो भक्तजनेऽखिले।
स्युरेतस्या विनाभावाद् भावाः सर्वे निरर्थकाः॥
(भ.र.सि. : द.वि. : ल. 5 : का. 35-37)

(ख) *एवं भक्तिरसो भेदाद् द्वयोर्द्वादशधोच्यते।*
वस्तुतस्तु पुराणादौ पंचधैव विलोक्यते॥ (वही, का. 98-99)

मूलतः भक्तिरस एक ही है जिसके शान्त-प्रीति आदि पाँच उपभेद हैं। पाँच रसों के तीन वर्ग हैं—(1) शान्त, (2) प्रीत, प्रेयान् और वात्सल्य, (3) मधुर। कहना होगा कि यहाँ शान्तरस की चर्चा तो है पर अन्य रसों की तुलना में उसका प्रभाव हल्का है। कारण, उसमें कृष्णरति का वेग नहीं है—न राधा-भाव का राग। शान्तरस कृष्ण के 'लीलाभाव' की गहन गरिमा के प्रति निरपेक्ष है। अतः भक्ति-रस के सघन आनन्द की अनुभूति का उसमें अभाव है। राम-कृष्ण की 'लीलाओं' का रस भक्ति में है। गो. तुलसीदास का प्रसिद्ध कथन है—'रामचरित जे सुनत अघाहीं। रस-विशेष जाना तिन्ह नाहीं॥' अर्थात् 'रस विशेष' का अर्थ हुआ लीला-रस या भक्ति-रस। राम की लीला का ही प्रताप है कि 'रामचरित मानस' का अंगीरस भक्तिरस है—श्रृंगार या शान्त रस नहीं। सैद्धान्तिकी का सार यह है कि ब्रह्म-रस और राम-रस या कृष्णरस में अभेद है :

ब्रह्मानन्दो भवेदेष चेत् परार्धगुणीकृतः।
नैति भक्तिरसाम्भोधेः परमाणुतुलामपि॥ (वही, का. 19-20)

आचार्य रूप गोस्वामी ने मधुरा-भक्ति की महिमा को बार-बार प्रस्तुत किया है लेकिन

केवल मधुरा-भक्ति को छोड़कर वे अन्य रसों को भक्ति-रसों में अन्वित करते रहे। इन सभी की महिमा-महत्ता का बखान करने पर भी उनकी दृष्टि में वात्सल्य की सर्वोपरिता रही। मधुर-रस में रूप गोस्वामी का सम्प्रदाय निवास करता है इसलिए उसे अनेक तर्कों से पुष्ट करना स्वाभाविक ही था। इसीलिए एक चिन्तन-शिखर पर पहुँचकर मधुर-रस को 'भक्ति रसराज' नाम दिया गया है। इसी 'भक्ति रस-राज' भाव का विस्तार 'उज्ज्वलनीलमणि' को कहा जा सकता है। सच बात यह है कि रूप गोस्वामी ने 'भक्ति रसात्मक सिन्धु' की भाव रूप रचना में सभी सम्प्रदायों की भक्ति-दृष्टि को आदर सहित स्थान दिया। किन्तु अपने सम्प्रदाय की चेतना को 'उज्ज्वलनीलमणि' में ही प्रतिपादित किया है। आज यह जानना आवश्यक है कि 'उज्ज्वलनीलमणि' का प्रतिपाद्य-विषय 'मधुररस' की सांगोपांग और समर्थ भाषा में काव्यशास्त्रीय विमर्श ही है। पाँचों रसों में एक ही रति का मूल है और इसी रति के विभिन्न रूप भक्तों में दिखाई देते हैं। फिर विभावादि विभिन्न रूपों में भक्त की राग-रति-भूमि पर प्रतिष्ठित रहते हैं और वात्सल्य भाव की चेतना में कृष्ण का शिशुरूप ही 'विभाव' बन जाता है। इस तरह विभावादि भेद से रति-भेद हो जाते हैं—जैसे मधुरोपासक की चेतना में कृष्ण का लीलामय रूप।

रूप गोस्वामी की विशेषता यह है कि वे रस के विषय, आश्रय और अधिकारी की विचार चर्चा में विस्तार से प्रवृत्त होते हैं। हम सभी को ज्ञात है कि भारतीय काव्यशास्त्र के गम्भीर वृत्ति वाले आचार्यों ने प्राय: इसी पद्धति का अनुगमन किया है कि रस का सच्चा अधिकारी कौन। प्राय: भक्ति में यह मान्यता स्वीकृत रही है कि भगवद् विषयक प्रेम ही भक्ति है। जहाँ तक रति-भाव के विषय का प्रश्न है—उसका एकमात्र विषय है श्रीकृष्ण। भक्ति का उत्कृष्ट गुण है—'श्रीकृष्णाकर्षण' होना—

कृत्वा हरिप्रेमभाजं प्रियवर्ग-समन्वितम्।
भक्तिर्वशीकरोतीति श्रीकृष्णाकर्षणी मता॥ (वही, का:20-1)

भक्त ही भगवान से प्रेम नहीं करता, भगवान भी भक्त से प्रेम करता है। मधुर-रति में राधा की रति कृष्ण की ओर प्रवृत्त होती है और कृष्ण की रति राधा की ओर। प्रेम, दोनों ओर पलता है—और प्यास बढ़ाता है—किन्तु चैतन्य के सिद्धान्त में माधव की रति का स्थान 'उद्दीपन' में ही है, प्रिया की रति ही रस कोटि तक पहुँचती है। इसलिए 'प्रियता' का अर्थ हुआ मधुर रति। कहना न होगा कि भक्तिरस में सभी रति रूपों का एक ही केन्द्र है—श्रीकृष्ण। यहाँ आश्रय वे पात्र होते हैं—जिनमें यह भक्ति-रूपा रति निवास करती है। इस प्रकार भक्त ही भगवान का लीला परिकर है—वात्सल्य में डूबे नन्द-जसोदा और दास्य-साख्यभाव में निमग्न-उद्धव, गोप आदि। यहाँ ब्रजदेवियाँ माधुर्य भाव में तन्मय प्रतिमूर्तियाँ हैं—जिनमें प्रधान हैं राधादेवी।

आश्रय और अधिकारी को अलग मानकर चलने का जो प्रयत्न रूप गोस्वामी ने किया था, वह आगे चल नहीं पाया। हाँ, रस के आस्वादनकर्ता को 'सहृदय' कहा गया। भक्ति-रस में अपनी-अपनी स्थिति के अनुरूप भावकों को स्थान दिया गया। आचार्य रूप ने मानव-प्राणियों के प्रसंगवश पाँच वर्ग-बना डाले—(1) भाव्य भक्त, (2) भावक भक्त, (3) प्राज्ञ भक्त, (4) अज्ञ भक्त, (5) ग्राम्यभक्त। यथा—'तत्र तावत्पंचविधा जनाः परामृश्यन्ते—भाव्यभक्ता, भावकभक्ता, प्राज्ञा, अज्ञा ग्राम्याश्चेति।' (पु. सं., पृ. 310-1) यहाँ 'अज्ञ' भक्त वे हैं जो शास्त्रों में पारंगत होने पर भी रसशास्त्र में न रमने के कारण भक्तिरस को नहीं प्राप्त कर पाते। प्राज्ञ वे हैं जो रस-शास्त्र का ज्ञान होने पर भी भक्ति के अनुभव से गरजने की क्षमता नहीं रखते हैं। ग्राम्य-भक्त वे हैं जो अपनी सांसारिकता में डूबे हुए हैं। लीलापरिकरीय भक्त भाव्य-भक्त कहे जाते हैं और भावक भक्त रागानुगा की साधना में प्रवृत्त भक्त। भाव्य भक्त एवं भावक भक्त दोनों को भक्तिरस का अधिकारी माना गया है। रूप गोस्वामी ने जो भक्ति-रस का विवेचन किया है—उसके मूल में भाव्य-भक्त नहीं—भावक-भक्त हैं। क्योंकि भावक भक्त में रसास्वादन की क्षमता ज्यादा होती है।

यहाँ यह बहुत सुखद अनुभव है कि आचार्य रूप ने भावक भक्त में भक्तिमार्ग की मान्यताओं के अनुरूप अनेक अपेक्षित योग्यताओं की चर्चा की हैं—और चर्चा इस प्रतिज्ञा के साथ की है कि भावक भक्त को मुक्ति-मोक्ष नहीं चाहिए। भावक-भक्त का निर्मल-चित्त भगवान की भक्ति को ही जीवन सर्वस्व मानता है। काव्यरस और भक्तिरस में भेद यह है कि काव्य-रस स्थायी नहीं है जबकि भक्ति-रस स्थायी और चेतना की साधना से जुड़ा निरन्तर कर्म। सभी तरह के दम्भों को छोड़कर ब्रजपति के चरणों में समर्पण। भक्ति-रस के आस्वादन के लिए आस्वादक को कृष्णरति की साधना और निमग्नता चाहिए और पूर्वजन्मों की प्राक्तनी वासना। यथा—

प्राक्तन्याधुनिकी चास्ति यस्य सद्भक्ति वासना।
एष भक्तिरसास्वादो तस्यैव हृदि जायते॥ (वही.)

यहाँ रस-मर्मज्ञ से तात्पर्य है—प्रेम-संस्कार से संस्कारित लोग। आचार्य ने ध्यान दिलाया है कि भक्ति-रस के लिए पाँच चीजें चाहिए—(1) भगवान की मूर्ति, (2) श्रीमद्भागवत का श्रवण, (3) कृष्ण भक्तों का सत्संग, (4) नामश्रवण, (5) मथुरा-निषेवण। आचार्य ने इन पाँचों को 'अलौकिक' कहा है। यहाँ 'अलौकिक' का अर्थ है—जो लौकिक नहीं है—अर्थात उदात्त-लोकोत्तर। रूप गोस्वामी ने 'रस निष्पत्ति' की चर्चा में श्रवणादि की महिमा को विशेष स्थान दिया है। भावक का कान्ताभाव और कान्तेतर भाव प्रायः कामानुगा और सम्बन्धानुगा के परिप्रेक्ष्य में देखा गया है। सम्बन्धानुगा में दास्य, सख्य और वात्सल्य को प्रमुखता दी

गयी है—यथा :

सा सम्बन्धानुगा भक्ति प्रोच्यते सद्भिरात्मनि।
या पितृत्वादि सम्बन्धमननारोपणात्मिका॥
लुब्धैर्वात्सल्य-सख्यादौ भक्तिकार्यऽत्र साधकैः।
ब्रजेन्द्रसुबलादीनां भावचेष्टित-मुद्रया॥ (वही, का. 86)

यहाँ ध्यान में रखने की बात यह है कि आचार्य रूप ने तादात्म्य-भावना को 'अभेद भावना' का पर्याय नहीं माना। उनका दृढ़ मत है कि परमब्रह्म से 'अद्वैतात्मक अभेद' का विचार ही अपराध है। रूप गोस्वामी ने 'भक्तिरस' का स्वरूप इस प्रकार निरूपित किया :

विभावैरनुभावैश्च सात्त्विकैर्व्यभिचारिभिः।
स्वाद्यत्वं हृदि भक्तानामानीता श्रवणादिभिः॥
एषा कृष्णरतिः स्थायीभावो भक्तिरसो भवेद्। (वही, का. 5)

भारतीय काव्यशास्त्र का मनोयोगपूर्ण अनुशीलन करने वाले आचार्य रूप ने साधारणीकरण में 'विशेष सम्बन्धों से मुक्ति' की बात कही है और 'भावों' का साधारणीकरण ही उन्हें मान्य है। यथा—

एषां स्वपरसम्बन्धनियमानिर्णयो हि यः।
साधारण्यं तदेवोक्तं भवानां पूर्वसूरिभिः॥ (वही. का. 83)

ध्यान रहे जीव गोस्वामी साधारणीकरण का अर्थ 'समानुभूति' लेते हैं 'प्राचीन-भक्तानां भावैः सह अर्वाचीनानां भावान् साधारण्यमानयति।' रति आनन्द रूप भगवान की शक्ति है। फलतः कृष्णानन्द का अखण्ड रस ब्रह्मानन्द से भी ऊपर है। भक्तिरस स्वयं प्रकाश है—अखण्ड है। मधुर-रस का पर्यायवाची शब्द है, 'उज्ज्वल रस'। रूप गोस्वामी ने मधुर-रस को रहस्य मानकर उनका विवेचन कम किया। किन्तु आचार्य जीव ने 'उज्ज्वल-नीलमणि' में उसका विवेचन विस्तार से किया है। मधुर रस को 'उज्ज्वल-नीलमणि' में 'भक्ति रस' तक कह दिया गया है। संस्कृत और हिन्दी का एक विशाल साहित्य मधुर-रस की भावना से ओतप्रोत है। आप चाहें तो इस भावना को वैष्णव-रस भी कह सकते हैं। इसी भावना ने जयदेव, चण्डीदास, विद्यापति, सूर, मीरा, रसखान को एक नया 'प्रेमदर्शन' दिया है और इसी दर्शन के भीतर से यह ध्वनि उठी है—'प्रेमा पुमर्थो महान्।' कृष्ण-विषयक गोपी-रति ही 'मधुरा' है। तारतम्य की दृष्टि से इसकी सात भूमिकाएँ हैं—(1) रति, (2) प्रेमा, (3) स्नेह, (4) मान, (5) प्रणय, (6) राग, (7) अनुराग। ये सभी भक्तिशास्त्र के पारिभाषिक शब्द हैं—जिनके

साथ सतही अर्थ में खिलवाड़ नहीं करना चाहिए। क्योंकि कृष्ण विषय समर्था रति की सच्ची अभिव्यक्तियाँ गोपियाँ हैं और प्रेम की पराकाष्ठा का भाव है—परकीया-भाव। गोपी-प्रेम परकीया भाव का प्रेम है। इस सम्प्रदाय में प्रधान परकीया राधा हैं। यह मानकर चला गया है। स्वकीया का प्रेम ठण्डा और परकीया का प्रेम गर्म और गतिमय! इसीलिए गोपी-प्रेम की परकीया भाव शक्ति लोक-शास्त्र और धर्म की मर्यादाओं का अतिक्रमण है। राधा कृष्ण की अभिन्न आह्लादिनी शक्ति है और गोपियाँ नित्य प्रेयसियाँ। भगवान का धाम नित्य है, नित्य बैकुण्ठ लोक में नित्यवृन्दावन है, नित्ययमुना है। नाना रासरसोन्मत्त गोपी-मण्डल है और रस के केन्द्र में हैं—राधा।

नित्यसिद्धा प्रेयसियाँ ब्रजमण्डल में अवतरित होती हैं—राधा, चन्द्रावती, विशाखा, ललिता, श्यामा आदि नित्य सखियाँ हैं। उपनिषदकों के मन में भी जब भगवान को प्राप्त करने का भाव पैदा होता है—तो कृष्णावतार के समय गोपी रूप प्राप्त करते हैं। पद्म पुराण की प्रसिद्ध कथा है कि राम-रूप पर मोहित मुनियों ने कान्ताभाव से राम के साथ रमण की कामना की। फलत: कृष्ण-जन्म के समय वे गोपी-रूप में अवतरित हुए। इतना ही नहीं भगवती गायत्री ने कान्ताभाव से श्रीकृष्ण को प्राप्त करने की कामना की और उन्होंने ब्रज में गोपी रूप में अवतरित होकर अपनी मनोकामना को पूरा किया। कभी-कभार देवताओं की प्रार्थना पर ब्रह्म ब्रजभूमि में अवतरित होता है तो उसके साथ देवनारियाँ गोपी बनकर अवतरित होती हैं। अनेक सिद्ध भक्त भी कृष्णावतार के समय गोपियाँ बनकर ब्रजभूमि में अवतरित होते हैं। इन गोपियों के वास्तविक पति उनके पति नहीं हैं, उन सभी के एक पति हैं—गोवर्द्धनधारी श्रीकृष्ण। कृष्ण इनके साथ निकुंज-क्रीड़ा करते हैं किन्तु सन्तान उत्पन्न नहीं करते। उत्पन्न करना लौकिकता है। कृष्ण तो लीला के 'महाभाव' हैं—राग की चरमसीमा महाभाव है।

कितनी विचित्र बात है कि संस्कृत काव्यशास्त्र के बड़े आलोचकों ने 'भक्तिरस' को स्वतन्त्र रूप में स्थान नहीं दिया। जबकि भरतमुनि से पण्डितराज राज तक भक्ति को लेकर नवीन दृष्टियों का बराबर विकास हुआ। भरतमुनि ने भक्ति का न तो रस रूप में, न भाव रूप में उल्लेख किया। भक्ति या प्रीति भाव का सबसे पहले उल्लेख आचार्य दण्डी ने 'काव्यादर्श' श्लोक 275 में किया। किन्तु भक्ति को रस नहीं माना। दण्डी के अनुसार भक्ति रस नहीं है—प्रेय: अलंकार है जिसका स्थायी ईश्वर-विषयक प्रीति है। दण्डी के 'प्रेय' को रुद्रट ने 'प्रेयान्' कहकर उठाना चाहा। किन्तु वे इससे आगे नहीं बढ़े। आचार्य अभिनव ने शान्तरस को स्वतन्त्र रस की मान्यता दी। किन्तु-भक्ति रस को मान्यता देना निष्प्रयोजन समझा। ईश्वर विषयक भक्ति और श्रद्धा को पृथक रसों के रूप में स्वीकार न करने का कारण उन्होंने—स्मृति, मति-धृति जैसे भावों का उसमें अनुप्रवेश माना और अनुप्रवेश करने पर अन्तत: वे शान्तरस के अंग बन जाते हैं। इसीलिए अभिनव भक्ति को शान्त का अंग प्रतिपादित करते रहे हैं।

प्रश्न उठता है कि अभिनव ने शान्त में भक्ति को क्यों अंगीभूत कर लिया। ऐसा करने के पीछे काश्मीरी शैव-दर्शन का अद्वैतवाद है। जबकि भक्ति में द्वैत की अनुभूति है। ऐसी स्थिति के कारण 'रसत्व' की जो चरम अनुभूति है। उसे भक्ति से एकाकार करके नहीं देखा जा सकता।

आचार्य मम्मट ने अभिनवगुप्त की दार्शनिक व्याख्या को काव्यशास्त्रीय मोड़ दे दिया। उन्होंने अभिनव के शान्तरस को काव्य-रस कहा। अभिनव ने भक्ति को शान्त के अंग रूप में संचारी कहा। यहीं से संकेत लेकर मम्मट ने संचारी रूप में स्वीकृत भक्ति को 'भाव-ध्वनि' की कोटि में स्थान दिया। मम्मट ने थोड़ा आगे बढ़कर कहा कि समस्त दाम्पत्येतर रति रूप भाव-ध्वनि ही है। सौभाग्यवश मम्मट की विचार-व्यवस्था को विश्वनाथ और पण्डितराज जगन्नाथ ने सुधारों के साथ आगे बढ़ाया। पण्डितराज जगन्नाथ के सामने संस्कृत और हिन्दी का समृद्ध और विशाल भक्ति-साहित्य मौजूद था। साथ ही रूप गोस्वामी तथा जीव गोस्वामी की भक्ति-रस सम्बन्धी मान्यताएँ भी विद्यमान थीं। फिर भी उन्होंने निर्णय लिया कि भक्ति-रस नहीं है—भाव ही है। कारण, वे भक्ति-भाव को स्थायी रूप में स्वीकार नहीं करते। फिर भक्ति के भावकों का क्षेत्र सीमित है। सार-संक्षेप यह कि काव्यशास्त्रियों ने भक्ति को रस रूप में मान्यता नहीं दी।

संस्कृत काव्यशास्त्र के आचार्यों के विपरीत शास्त्र की जड़ता को तोड़ने वाले वैष्णव आचार्यों ने लोकमन का सम्मान करते हुए भक्ति को 'रस' माना है। वैष्णव आचार्य 'रसो वै सः' की वेदविदित परम्परा से परिचित थे—ब्रह्म को लीलामय पूर्ण पुरुषोत्तम मानते थे। फलतः वैष्णव आचार्यों की दृष्टि में एक मात्र सच्चा रस तो 'भक्ति रस' ही है। इन आचार्यों ने भक्ति को 'अप्राकृत रस' घोषित कर दिया और 'विशुद्ध सत्त्व' की कल्पना की। इस 'विशुद्ध सत्त्व' से ही परमेश्वर का विग्रह बना है और इसी से उसकी लोक-लीला का कौतुक। अतः भक्तिरस का स्थायी भाव भगवद्विषयिका रति प्रकृति-विकार से रहित अप्राकृत भक्ति-रस है। भक्ति ही ईश्वर में परम अनुरक्ति है और परम पुरुषार्थ भी। इसलिए पुरुषार्थ है कि इसके लिए एकाग्रभाव संस्कार की साधना चाहिए।

हिन्दी का भक्ति-साहित्य दर्शन को काव्यात्मकता में सहजभाव से घुलाकर लोकशक्ति का रूप धारण कर लेता है। तेरहवीं शताब्दी से लेकर सत्रहवीं शताब्दी तक राम और कृष्ण का ऐसा लीलागान हुआ कि मुरझाये मन खिल उठे। सामन्तवाद से पीड़ित जनता को जीवन-जीने का आधार मिला। इसलिए शास्त्र (काव्यशास्त्र) को लोक (भक्ति) के सामने झुककर भक्ति को रस मानना पड़ा। रूप गोस्वामी तथा मधुसूदन सरस्वती जैसे आचार्यों ने परम्परा के अनुसरण से दूर रहकर तत्कालीन भक्ति-आन्दोलन की विचारधारा और सामाजिकता को ध्यान में रखकर 'भक्ति-रस'

की स्वतन्त्र रूप में महत्त्व-प्रतिष्ठा की। मधुसूदन सरस्वती की मान्यता है कि भक्ति-योग एक स्वतन्त्र पुरुषार्थ है और नवरस मिश्रित पुरुषार्थ। सरस्वती जी के तर्क को पुष्ट करने के लिए बलदेव विद्याभूषण रचित 'साहित्य कौमुदी' की कृष्णनन्दिनी टीका तथा भागवतपुराण की श्रीधर टीका में अन्य रसों के साथ भक्ति-रस की चर्चा की गयी है। हिन्दी में भारतेन्दु ने 'भक्ति-रस' की गणना भर की है किन्तु हरिऔध ने भक्ति और वात्सल्य का पोढ़ा 'विमर्श' प्रस्तुत किया है। आचार्य रामचन्द्र शुक्ल ने 'रसमीमांसा' में भक्ति के काव्यशास्त्रीय 'रसत्व' की चर्चा नहीं की जबकि उन्होंने भक्ति की निर्गुण-सगुण पद्धतियों का व्यापक समाज-दृष्टि से विवेचन किया। और भक्ति के आस्वाद का समर्थन भी किया। 'कीर्तन द्वारा रस संचार' की वे चर्चा करते रहे हैं। डॉ. नगेन्द्र ने रस-सिद्धान्त में भक्ति की रस परिणति का समर्थन तो किया लेकिन उसकी स्वतन्त्र सत्ता को नहीं स्वीकार किया।

इधर आधुनिक काल में आकर 'ईश्वर' और उससे जुड़ी सभी आस्थाओं-मूल्यों पर प्रश्नचिह्न लग गया है। आज काव्य में 'रस' नहीं रहा तो भक्तिरस कैसे रह सकता है ?

12

हिन्दी प्रदेशों की वैचारिक दरिद्रता और तुलसीदास की पंचशती

गोस्वामी तुलसीदास की पंचशती की स्मृति को जिस वैचारिक स्तर के साथ चर्चा के केन्द्र में आना चाहिए था, वह कार्य नहीं हो सका। क्या इस सबके पीछे हिन्दी-भाषी क्षेत्रों की वैचारिक दरिद्रता है अब जहाँ साहित्य और कलाओं के संस्कार छिन्न-भिन्न होते जा रहे हैं? तुलसीदास जैसा हमारी जातीय अस्मिता का रचनाकार हिन्दी-भाषी समाज की चुप्पी में गर्क हो रहा है। थोड़ा-सा भी विचार करें तो यह स्थिति आज बहुत विचलित करने वाली है। जब हमारा ध्यान इस ओर जाता है कि आज के सृजन कर्म में नितान्त समसामयिकता एक परम मूल्य के आसन पर आदर के साथ बैठा दी गयी है, बाकी सभी मूल्यों पर प्रश्न चिह्न लगाकर उन्हें धता बता दी गयी है। सबसे बड़ी विडम्बना यह है कि तुलसीदास जैसा रचनाकार आजादी के बाद पुराण-पन्थियों, पाखंडियों, धर्म-संस्कृति के ठेकेदारों के हाथ पड़ गया। उनके हाथों पड़ गया जिनकी साहित्य-संस्कृति से विमुखता अभूतपूर्व रही है। ऐसी स्थिति के कारण इस रचनाकार पर विचार क्या होता। केवल उन पर राजनीतिक पैंतरेबाजी ही हो सकती थी।

क्या यह सच नहीं है कि आज स्वयं अपने ही क्षेत्रों में विचार और चिन्तन की भाषा हिन्दी नहीं बन सकी है। यह नहीं है कि उसके ऐसा बनने में कोई वैचारिक असामर्थ्य है। सामर्थ्य का अभाव न होने पर भी उसमें दर्शन, समाजशास्त्र, मनोविज्ञान आदि का कोई मौलिक या तात्त्विक कार्य नहीं हुआ। कविता अपनी अनुभूति अनुभव में अपनी प्रकृति से ही दर्शन और इतिहास को जज्ब करती है। इसी अर्थ में कविता को दर्शन और इतिहास से उच्च पद प्राप्त रहा है। तुलसीदास को दर्शन और इतिहास-समाज की चुनौती झेलनी पड़ती है और वे इस चुनौती को कवि-रूप में स्वीकार करते हैं। 'रामचरितमानस' के उत्तरकाण्ड में ज्ञान-भक्ति का ज्यादा दार्शनिक प्रपंच खड़ा करने में काव्यात्मकता और ठीक से कहें तो सहज सर्जनात्मकता कमजोर पड़ जाती है—जबकि बालकाण्ड या अरण्यकाण्ड में ऐसा नहीं होता। पूरे कवि-धर्म की ताकत

के साथ तो तुलसीदास एक ही काव्य में मौजूद हैं और वह कृति है—'विनय-पत्रिका'। दर्शन और समाज, वस्तुगत यथार्थ शृंगार भाव यहाँ दर्शन में घुलकर काव्यात्मकता की निष्पत्ति करते हैं। कवि व्यक्तित्व की निजता और व्यक्ति-तत्त्व गलकर निर्वैयक्तिक भावभूमि पर आ जाता है। कविता की चित्त-समाधि में सब कुछ साफ दिखाई देता है और आत्मदान, आत्म-निवेदन तथा आत्म-समर्पण की पूरी प्रक्रिया पूरी होती प्रतीत होती है। आज के अहंपीड़ित, अहंकेन्द्रित, नव पूँजीवाद की शक्तियों से सताये गये समाज को 'विनयपत्रिका' एक दिशा दे सकती है। वह दृष्टि दे सकती है जिसकी हमें तलाश है। मानव के भीतरी अन्तर्जगत को शक्ति-सम्पन्नता से भर देने की तैयारी का बुनियादी कार्य तुलसीदास 'विनयपत्रिका' में करते हैं। किन्तु इस पंचशती के अवसर पर भी हमने तुलसीदास के इस पक्ष पर विचार नहीं किया। हमारे सन्त-सत्संग के समारोह राम-कथा का छिलका उतारते रहे—गूदे तक नहीं पहुँच सके। क्या इससे यह दुर्भाग्यपूर्ण निष्कर्ष नहीं निकलता कि हिन्दी मानसिकता में विचार-गहनता, अर्थ-ध्वनि-ग्रहण क्षमता, सूक्ष्मताओं और जटिलताओं के प्रति ही उदासीनता है। तुलसीदास ही मानो यह सिद्ध करने के लिए काफी हैं कि हिन्दी-प्रदेश जैसा आज है, वह न साहित्य-प्रेमी है, न विचार प्रेमी है, न संस्कृति-प्रेमी। इसे इस तथ्य से भी प्रामाणिक माना जा सकता है कि तुलसीदास को समझने की क्षमता का ही हिन्दी-जाति में ह्रास हुआ है।

हिन्दी-क्षेत्रों में यह पूरा दौर-ऐसा रहा है कि जाति, धर्म, बोलियों को लेकर साम्प्रदायिकता या सिकुड़ने का भाव आया है। इस प्रदेश ने रामानन्द के प्रयासों को इस ढंग से चौपट किया है कि शर्म आती है। इतनी विराट् वैचारिक लपट कैसे राख हो गयी और हिन्दी-प्रदेशों में फूहड़-सतही-सड़ाँध भरे का आकर्षण कई गुना, कई किस्मों के साथ फला-फूला है। हमारे सभी बड़े रचनाकार एक उपेक्षित बड़े बस्ते में बाँधकर डाल दिये गये हैं। हमारा उनसे न संवाद रहा है न सरोकार। इसीलिए रचनाकार की जन्मशताब्दी हो या पंचशताब्दी, हम उन पर खुलकर वाद-विवाद, संवाद-विचार नहीं करते। इस शताब्दी में आधुनिक हिन्दी के सबसे बड़े रचनाकार सूर्यकान्त त्रिपाठी निराला पर भी सब कुछ अनमने, गैर जिम्मेदाराना तरीके से हुआ। बंगाली, मराठी, तमिल में रचनाकारों को कितने गौरव से पर्व, उत्सव की तरह मनाया जाता है—पर यह संस्कृति ही हिन्दी प्रदेशों से नदारद है। केवल राजनीति ही भ्रष्टनीति का पर्याय बनकर हिन्दी प्रदेशों पर काबिज है। उसी के छल-छद्म की इन प्रदेशों में धूल उड़ रही है। दक्षिणपन्थी हो या वामपन्थी दोनों की आँखों में यही धूल भर गयी है। कभी डॉ. राममनोहर लोहिया ने अयोध्या में 'रामायण' मेले का आयोजन किया था। आज वहाँ 'राम' और 'रामायण' दोनों पर विपत्ति के बादल गरज रहे हैं। आज वहाँ तुलसीदास बहुत ही हाशिये की चीज रह गये हैं। क्या यह सबकी सब

स्थिति समूची हिन्दी-संस्कृति का एक बुनियादी संकट नहीं है। 'रामायण' पर अन्तरराष्ट्रीय गोष्ठियाँ अन्तरराष्ट्रीय व्यापार की तरह आयोजित की जा रही हैं। साहित्य के नाम पर नयी दुकानें चलायी जा रहीं हैं, व्यापार किया जा रहा है; रचनाकार को भुनाया जा रहा है। 'ब्राण्ड' बनाया जा रहा है, रचनाकार के नाम पर विदेशी पिकनिकें चल रही हैं। हिन्दी-प्रदेशों की जनता को छल-कपट से गुमराह किया जा रहा है। हिन्दी प्रदेशों में जिला और तहसील स्तर पर तुलसी और निराला पर 'संवाद' आयोजित होने चाहिए थे पर नहीं हुए। केवल राजनीतिक मक्कारी का वहाँ खेल खेला जा रहा है।

ऐसा भी नहीं है कि हिन्दी-भाषी क्षेत्रों में घटिया, सतही, सनसनीखेज और अश्लील साहित्य का विराट व्यापार नहीं हो रहा है। हिन्दी-भाषी की इस तरह के साहित्य पर मुग्धता भी कम नहीं है। माधुरी दीक्षित और पूजा भट्ट जिस संस्कृति की प्रतीक हैं—वह संस्कृति घर-घर में युवक-युवतियों को बेकाबू किये है। उनके लिए शरीर की मुक्तावस्था ही हृदय की मुक्तावस्था का सतही रंग है। घटिया हास्य-व्यंग्य, घटिया नाटकों के अभिनय, नेताओं की प्रशस्ति के चुनावी गाने, दयनीय भावुकता के आशिकी भरे आलापों से यह प्रदेश भर रहे हैं। काशी-मथुरा-अयोध्या का राजनीतिक ड्रामा चल रहा है। वोट के भिखमंगे-ही-भिखमंगे गुबरैलों की तरह बढ़ रहे हैं। उन्हें रचनाकारों से क्या लेना-देना। तुलसीदास न तो किसी को चुनाव का टिकट दिलवा सकते हैं, न एम. पी. बनवा सकते हैं। उपयोगितावाद की दृष्टि से उनका मोल एक टका भी नहीं है—भीख माँगकर अपना पेट भरनेवाला तुलसीदास सांस्कृतिक-गौरव गर्व के सूर्य को कैसे चमका सकता है। पत्नी से ललकार खानेवाले तुलसी सुन्दरियों को यौवन-सुख का सौन्दर्य-दर्शन कहाँ दे सकते हैं? तप, त्याग, तपस्या, परिवार, प्रेम की बातें, आज की पीढ़ी का 'मूड' खराब कर देती हैं। इसलिए इस पीढ़ी को तुलसीदास के नाम से गुस्सा चढ़ जाता है। यह हालत है। अब आप ही बताइए इस सांस्कृतिक पतन का दायित्व किस पर है। नव्य सांस्कृतिक साम्राज्यवाद पर, नव्य औपनिवेशिक गुलामी की मानसिकता पर या विश्व बाजारवाद पर—जहाँ हर चीज 'भोग' है बिकाऊ है, 'ब्राण्ड' है। हिन्दी प्रदेशों का सामाजिक और आर्थिक व्योम इतना विस्तीर्ण हो गया है कि उसमें तुलसीदास के लिए जगह ही कहाँ बची है। लेकिन इस स्थिति से भी तुलसी निराश नहीं हैं। वे आज के रावणों से चुनौती की मुद्रा में पूछ रहे हैं—बताओ 'सीता' का मूल्य क्या है—'क्या आज के बाजारवाद में 'सीता' का मूल्य देने की क्षमता है?' यह प्रश्न अपने सिंहासन पर बैठकर उत्तर की प्रतीक्षा कर रहा है।

तुलसीदास कह रहे हैं कि एकबार स्वाधीनता-आन्दोलन के दिनों में हम अपनी शक्ति दिखा चुके हैं। याद कीजिए 'अवध में किसान सभा आन्दोलन'। इस पूरे

आन्दोलन की बागडोर बाबा रामचन्द्र ने सँभाली थी। महाराष्ट्र के ब्राह्मण परिवार के बाबा रामचन्द्र 13 वर्ष की आयु में ही घर-परिवार छोड़कर निकल पड़े थे। फीजी गये थे—वहाँ से 1909 में भारत लौटे थे और उ.प्र., फैजाबाद में जम गये। वहाँ से 1920 तक वे संन्यासी का जीवन व्यतीत करते रहे। इस दौर में उन्हें तुलसीदास का 'रामचरित मानस' मिल गया। 'अस मानस मानस चख चाही' का उन्होंने अर्थ समझा। 'अपनी शर्तों पर बाबा ने 'रामचरितमानस' का नया पाठ या 'न्यू टेक्स्ट' तैयार किया। इस पाठ को 'डि-कन्स्ट्रक्ट' किया और जन-क्रान्ति का क्रान्ति-दर्शन पा लिया। इस क्रान्ति का दर्शन बाबा रामचन्द्र को न मार्क्स से मिला, न तिलक से, न गाँधी से। क्रान्ति-दर्शन तुलसीदास से मिला-जिस तुलसीदास को हम 'प्रगति-विरोधी-दर्शन' का 'प्रतिक्रियावादी' लम्पट कह रहे थे। बाबा रामचन्द्र ने पाया कि 'रामचरितमानस' से जनता को संगठित करके ब्रिटिश साम्राज्यवाद के अन्याय पर धावा बोला जा सकता है। बाबा रामचन्द्र सोच-समझकर तुलसीदास का 'रामचरितमानस' लेकर गाँव-गाँव घूमते और गाँववालों को रामचरितमानस की चौपाइयाँ सुनाते। उनकी मन्त्र-चौपाई थी—'मोहि अब भा भरोस हनुमन्ता। बिनु हरिकृपा मिलहिं नहिं सन्ता।' 'रामचरितमानस' सुनाकर वे किसानों को एकत्रित करते। अपनी अद्‌भुत संगठन प्रतिभा से बाबा ने किसानों को संगठित किया। जून 1920 में बाबा रामचन्द्र जौनपुर और प्रतापगढ़ के किसानों के एक जत्थे को लेकर इलाहाबाद पहुँचे। 'को कहि सकै प्रयाग प्रभाऊ' प्रभा का अर्थ-फूटा। उन्होंने जवाहरलाल नेहरू तथा मदनमोहन मालवीय के साथी गौरी शंकर मिश्र से मुलाकात की तथा किसानों की दुर्दशा को देखने का अनुरोध किया। बाबा ने अपने हनुमान के बल पर प्रतापगढ़ के रुद्र गाँव में 'किसान-सभा' की गतिविधियाँ बढ़ा दीं—'बढ़ा क्या दीं, केन्द्र बना दिया।' अवध के ताल्लुकेदारों ने किसान-आन्दोलन को कुचलने के लिए एड़ी-चोटी का जोर लगाया। 28 अगस्त, 1920 में बाबा तथा बत्तीस किसानों को गिरफ्तार करवाया। गिरफ्तार चोरी का झूठा बहाना बनाकर कराया। प्रतापगढ़ के किसान इस घटना से भड़क उठे। चार-पाँच हजार किसान बाबा से मिलने जेल गये। इस बार एक अफवाह और फैली कि महात्मा गाँधी बाबा रामचन्द्र को छुड़ाने प्रतापगढ़ आ रहे हैं—खबर फैलते ही दस-बारह हजार किसान प्रतापगढ़ में एकत्रित हो गये। इस बार किसान तब वापिस हुए जब उन्हें यह आश्वासन दिया गया कि बाबा को छोड़ दिया जाएगा। किसान नगर के किनारे नदी पर अगले दिन का इन्तजार करते रहे। उन्हें बाबा के दर्शन गन्ने के खेत के एक पेड़ पर कराये गये। इस मौके पर लगभग साठ-सत्तर हजार किसान इकट्ठे थे। सरकार ने चोरी का झूठा मामला कमिश्नर मेहता से रफा-दफा करा दिया। 1920 में प्रतापगढ़ में ही एक समानान्तर 'अवध किसान सभा' का गठन हुआ। पूरे अवध में किसान-सभाओं की धूम मच गयी। बाबा रामचन्द्र और माताबदल पाण्डे

आदि के प्रयासों से 330 किसान-सभाएँ संगठित होकर अन्याय के विरोध में डट गयीं। 20 और 21 दिसम्बर को अवध किसान सभा की अयोध्या में एक विशाल रैली हुई, जिसमें लगभग एक लाख किसानों ने हिस्सा लिया। इस रैली में बाबा रामचन्द्र रस्सी में बँधे हुए आये। रस्सी में बँधे बाबा रामचन्द्र किसान की हालत के प्रतीक थे। इसी किसान सभा में सभी धर्मों-वर्गों जातियों के लोग आये—'रामचरितमानस' को नया अर्थ-सन्दर्भ मिल गया। रायबरेली, फैजाबाद, सुल्तानपुर, हरदोई, सीतापुर, बहराइच इस आन्दोलन के केन्द्र बने और संगठित किसान शक्ति का यह किसान आन्दोलन एक आदर्श ही बन गया। इतिहास के प्रोफेसर डॉ. कपिल कुमार ने अपने शोध-प्रबन्ध में इस किसान आन्दोलन की पूरी पृष्ठभूमि, प्रेरणा, स्थिति के बदलाव को आँकड़ों से पेश किया है। तुलसीदास और 'रामचरितमानस' की शक्ति को समझने के लिए बाबा रामचन्द्र के अवध किसान-आन्दोलन को समझना चाहिए।

भारतीय स्वाधीनता-आन्दोलन में 'रामचरितमानस' की भूमिका हम अनेक प्रेरणारूपों में पाते रहे हैं। स्वयं गाँधी पर 'मानस' का जादू कम नहीं था। यही जादू-निराला में 'राम की शक्ति-पूजा' बनकर फूटा। निराला तो जीवन भर तुलसीदासमय रहे। निराला की मानसिकता की बनावट को तुलसीदास से अलग करके सोचा-समझा ही नहीं जा सकता। हिन्दी-साहित्य का भारतेन्दु-युग, द्विवेदी-युग, छायावादी-युग, उत्तर छायावाद पर 'रामचरितमानस' का गहरा असर है। लेकिन आजादी के बाद पश्चिमी हवा के पागलपन के साथ जब हम बहकने लगते हैं तब 'मानस' का असर कम दिखाई देता है। आचार्य रामचन्द्र शुक्ल ने अपने नवजागरणवादी काव्य-प्रतिमान तुलसी को मथकर ही निर्मित किये थे—आज भी उन प्रतिमानों का अपनी सीमाओं में महत्त्व है। आजादी के बाद विकृत मानसिकता की नकलची नीतियों ने राजनीति को भ्रष्ट किया। इसी के भीतर से सांस्कृतिक-संवेदना को मरोड़कर ओछा सिद्ध किया गया। नतीजा यह हुआ कि हिन्दीभाषी समाज में गहनता, गम्भीरता, सूक्ष्मता और जटिलता को समझने के प्रति आकर्षण कम होता गया। जीवन को अपनी सांस्कृतिक परम्पराओं और भारतीय आधुनिकता की अवधारणाओं में न समझ पाने के कारण अपराधीकरण और आक्रामक असहनशीलता को पनपने का मौका मिला। इसी का प्रभाव हिन्दी-प्रदेशों पर यह पड़ा कि गहन-गम्भीर, सूक्ष्म-जटिल लगभग असह्य हो गया। तुलसीदास को छोड़कर हमारे रचनाकार वर्तमान की सरल-विवरण वर्णन स्थितियों में उतरते चले गये हैं और पूरी नयी सृजन मानसिकता जातीय परम्परा या स्मृति के अवमूल्यन का शिकार हो गयी।

हमें फिर तुलसीदास की ओर लौटना होगा। ऊपर से सहज-सरल दिखाई देने वाले तुलसी का रचनाकर्म अपने अभिप्रायों, सन्दर्भों, निहितार्थों में खासा जटिल है। 'मानस' का निहितार्थ है कि गम्भीर अर्थों को नजरअन्दाज करती सरलता वांछनीय

नहीं है। यह अवस्था जीवन की सच्ची रचनात्मकता और मानवीयता की उपेक्षा करती है। यदि हिन्दी प्रदेशों को अपनी वैचारिक दरिद्रता से उबरना है तो उन्हें सन्त साहित्य और तुलसीदास की ओर जाना ही होगा। न जाने पर हमारे हाथ में देरीदा—चिन्तन का टूटा डंडा ही रह जाएगा।

13

सूरदास-1

आज यह प्रश्न व्यंग्य की भाषा में अक्सर पूछा जाने लगा है कि सूरदास के रचना-कर्म की प्रासंगिकता क्या है? दिलचस्प बात यह है कि भक्तिकाल की प्रासंगिकता का प्रश्न 'प्रगति' और 'विकास' के नाम पर अधकचरे दिमाग के लोग ही ज्यादा उठाते हैं। उपभोक्तावादी विकृतियों के नशे में चूर और अपसंस्कृति के शिकार इन लोगों के कारण 'जातीय स्मृति' खतरे में पड़ गयी है। आज सर्वाधिक प्रयास इस बात के लिए किया जा रहा है कि हमें 'स्मृति' ही न रहे कि हमारी वैचारिक परम्परा क्या कर रही है। 'परम्परा' की बनावट के पीछे हमेशा एक संस्कृति की बुनावट मौजूद रहती है और संस्कृति का आकार बहुत अंशों में उन मिथकों, अभिप्रायों, प्रतीकों-बिम्बों, संगीत की लयों-छन्दों, शब्दों की भीतरी अर्थ-ध्वनियों के द्वारा निर्धारित होता है। इसी अर्थ में जातीय स्मृति का महत्त्व उभरकर सांस्कृतिक मनोभूमि पर अमिट हो जाता है। सूरदास का रचना-कर्म हमारी जातीय स्मृति का वह दुर्निवार हिस्सा है—जिसमें हमारी जिन्दगी की लय एक लोक-नायक और संस्कृति का भाव-पुरुष श्रीकृष्ण अपने पूरे तेज से दमक रहा है। याद-रखने की बात है कि यदि हमारे रचनाकारों, चिन्तकों को यूरोपीय कसौटियों पर आँका जाएगा—तो इन कसौटियों का हमारी अपनी सांस्कृतिक मनोभूमि में कोई स्थान नहीं है—न हो सकता है।

दुर्भाग्य यह है कि आज की हिन्दी-आलोचना अपनी दृष्टिगत समग्रता को खोकर एकांगी और खेमेबाजी के दुश्चक्र में फँस गयी है। समकालीन रचना-कर्म पर निगाह 'आधुनिकता' और 'समकालीनता' तक सिमट गयी है। हालत यह हो गयी है कि प्राचीन साहित्य के प्रति निपट विरक्ति और उपेक्षा का भाव पनप रहा है। आदिकाल, भक्तिकाल और रीतिकाल की काव्य-परम्परा को समझने-समझाने वाले विद्वान ही गायब हो रहे हैं—जो हैं भी वे रीतिवादी दृष्टि से ग्रस्त हैं। प्राचीन की नवीन व्याख्या करने में वे असमर्थ हैं। नतीजा यह है कि प्राचीन साहित्य के प्रति वे आज के विद्यार्थी और पाठक को आकृष्ट नहीं कर पाते। सोचना पड़ता है कि आखिरकार वह कौन-सी साजिश है जिसके चलते आचार्य रामचन्द्र शुक्ल की आलोचना-परम्परा

दरकिनार कर दी गयी। आचार्य शुक्ल ने तो सूर-तुलसी-जायसी—तीनों भक्तिकाव्य के बड़े कवियों पर आधुनिक दृष्टि से समीक्षा प्रस्तुत की। आचार्य शुक्ल की आधुनिक समीक्षा-दृष्टि का क्या हुआ? वह इधर-अधिकांश आलोचकों के हाथ का झुनझुना बनकर क्यों रह गयी? भक्ति-आन्दोलन सम्बन्धी आचार्य शुक्ल और आचार्य हजारी प्रसाद द्विवेदी के मतों की व्याख्या करते हुए यह क्यों कहा गया कि 'मध्यकाल में मुख्य अन्तर्विरोध शास्त्र और लोक के बीच द्वन्द्व का है।' भक्ति-आन्दोलन तन्त्रवाद और शास्त्रीय धर्म की कठमुल्लावादी धारणाओं का निषेध है। लोक-धर्म की चेतना का उभार और उत्कर्ष है। हजारी प्रसाद द्विवेदी 'सामान्यजन में प्रचलित टोना, टोटका, मन्त्र-तन्त्र' आदि विश्वासों को भी लोक-धर्म कहते हैं। तब सोचना पड़ता है कि आचार्य द्विवेदी जिसे 'लोक-धर्म' कहते हैं—वह तो रूढ़ि और अन्धविश्वास हैं—लोक धर्म नहीं है। क्या कबीर, जायसी, सूर, तुलसी के काव्य में ऐसा अन्ध-विश्वासी लोक-धर्म मिलता है? निश्चय ही नहीं। डॉ. रामविलास शर्मा आचार्य शुक्ल के 'लोक-धर्म' को 'लोक जागरण' कहते हैं। भक्ति काव्य के अध्येता के लिए आचार्य शुक्ल और डॉ. शर्मा की विचार दृष्टि तर्क पुष्ट है—आचार्य हजारी प्रसाद द्विवेदी और डॉ. नामवर सिंह की दृष्टि में भटकाव है। इस भटकाव के पीछे शास्त्र और लोक का विभाजनवादी आधार है। यह बात यहाँ भुला दी गयी है कि भारतीय परम्परा का मूलाधार वाक् केन्द्रित परम्परा है। वाक्-केन्द्रित का मूल अर्थ ही है—वाचिक परम्परा। पीढ़ी दर-पीढ़ी गुरु ने शिष्य को, माता-पिता ने सन्तान को जो ज्ञान-भाव अनुभव की धरोहर या थाती सौंपी—वही परम्परा है। फिर भारत में संस्थाबद्धता को महत्त्व लगभग नहीं मिला। किसी भी मत, धर्म, सम्प्रदाय, संस्था, धर्माचार्य, दार्शनिक का महत्त्व बस इतना ही है कि वह परम्परा की स्मृति को सुरक्षित रखने में मदद करता है। पर अन्तिम इनमें कुछ नहीं है—अन्तिम प्रमाण, तो वाक् या वाणी है। इस वाणी से ही द्रष्टा सर्वमय होकर सबके समग्र जीवन-सौन्दर्य को देखता है। हम तो वेद को प्रमाण मानते हैं—नहीं भी मानते। आगम शास्त्र को प्रमाण मानते हैं, नहीं भी मानते हैं। बौद्ध, जैन, वैष्णव, शैव और शाक्त अनेक सम्प्रदायगत अनुशासनों को मानकर भी लकीर के फकीर नहीं बनते। लकीर के फकीर होते तो बौद्ध-वैष्णव साधनाओं में इतने भारी परिवर्तन न हो सकते थे। हमारी चिन्तन-प्रक्रिया की गति निर्गुण सगुण दोनों धाराओं की शक्ति को केन्द्रीकरण से रोकती रही। यह प्रमाण है कि हमारी चिन्तन परम्परा जड़धर्मी न होकर प्रवाह-धर्मी रही। फलतः वेद-उपनिषद, पुराण, आगम, अवदान, चरित, आदि नाना प्रकार के माध्यम वाक्-परम्परा में लय होकर बोलते रहे—उनका कोई निजी व्यक्तित्व नहीं रहा। यहाँ कबीर का अर्थ हो गया कबीर की निर्गुण परम्परा और सूरदास का अर्थ हो गया—कृष्ण-भक्ति की सगुण परम्परा। लोक-गीत और लोकाख्यानों में वैदिक मन्त्रों की गूँज मिलती है। इसी से वाचिक परम्परा की

शक्ति का पता चलता है। सूरदास में श्रीमद् भागवत पुराण के माध्यम से पूरी वैष्णव-परम्परा बोलती मिलती है। इस संवाद में शास्त्र और लोक एकाकार हैं। दरअसल, शास्त्र और लोक अलग दिखाई देने का भ्रम पैदा करते हैं—वह अलग नहीं हैं—शब्द और अर्थ, शिव और पार्वती की तरह। आचार्य शुक्ल को सूरदास का 'सूरसागर' किसी चली आती हुई साहित्यिक परम्परा का परिणाम दिखाई दिया तो वे वाचिक-परम्परा को खोजने निकले। पर वाक्-परम्परा का स्रोत खोजना सहज नहीं है। परम्परा बड़ी ही जटिल और संश्लिष्ट चीज है—वह 'इतिहास' से नहीं स्मृति की वर्तमानता से अपनी पहचान कराती है। वैदिक-पौराणिक-बौद्ध आदि परम्पराओं पर यह बात लागू होती है। बौद्ध-जैन परम्पराओं में राम और कृष्ण की कथाएँ गुँथी हैं—यह सब बौद्ध-जैन परम्परा से पूर्व के भाव-प्रवाह का प्रतिफलन है। राम और कृष्ण भी 'इतिहास' नहीं हैं—भाव हैं, भाव पुरुष हैं जिनमें भारतीय-परम्परा अपनी चिन्तन-छवियों को निरन्तर अंकित करती रही है। प्रसिद्ध विद्वान डॉ. गोविन्द चन्द्र पाण्डेय ने 'मीनिंग ऐण्ड प्रासेस आव कल्चर' में बड़े मार्के की बात कही है कि 'भारतीय-परम्परा का रुझान मनुष्य के भीतर अपने अतिक्रमण की सम्भावना और उस अतिक्रमण की आवश्यकता जगाने की ओर है।' भारतीय परम्परा बाह्य प्रकृति को अन्त:प्रकृति का प्रक्षेप मानती है—पर यूरोपीय परम्परा ऐसा नहीं मानती है। वहाँ प्रकृति पर विजय की इच्छा ने आदमी को पागलपन की हद तक पहुँचा दिया है।

भारतीय परम्परा को लोक विरुद्ध शास्त्र स्वीकार नहीं रहा। लोक और शास्त्र एक-दूसरे के पूरक हैं। लोक की रक्षा शास्त्र करता है और शास्त्र की मर्यादा-रक्षा लोक करता है। कहा गया है—'यद्यपि शुद्धं लोकविरुद्धं नहि करणीयं नहि करणीयं'। आगम-निगम एक-दूसरे के विरोधी नहीं, पूरक बन कर आते हैं। पं. विद्यानिवास मिश्र ने 'भारत के लोक और शास्त्र' निबन्ध में लिखा है कि भारतीय परम्परा में 'शास्त्र लोकापेक्षी रहता है और लोकशास्त्र से भावित'। राम, कृष्ण, शिव, सीता, राधा, पार्वती सभी में एक अद्वैत-भाव-परम्परा है—पर पश्चिम की तर्काश्रित भेद बुद्धि से इस अभेद को नहीं समझा जा सकता। इस अभेद को विद्यानिवासीय बुद्धि और श्रद्धा से ही समझा जा सकता है—नामवरीय तर्क-वाद के प्रपंच से नहीं। विद्यानिवास मिश्र ने राधा की मिथकीय उपपत्ति के लिए देवी महापुराण की उस कथा की ओर ध्यान दिलाया है जिसमें मिलता है कि—राम ने अश्वमेध-यज्ञ में सीता के स्थान पर सीता की एक स्वर्णमयी प्रतिकृति स्थापित की। पत्नी के बिना यज्ञ नहीं किया जा सकता। यज्ञ पूरा हुआ तो राम ने उस प्रतिकृति को विसर्जित करने का मन्त्र पढ़ा। प्रतिकृति बिगड़ गयी, मैंने तुम्हारा साथ दिया, अब तुम्हें छोड़कर नहीं जाऊँगी, मेरा भाग्य जगा कि राम की साझेदारी मिली, मैं अलग नहीं हूँगी। राम ने बहुत मनाया, पर वह न मानी। अन्त में राम को विवश होकर यह आश्वासन देना पड़ा कि अगले जन्म में तुम

राधा होगी और तुम नित्य संयुक्त रहोगी। हाँ, तुमने इतनी जिद ठानी, इसलिए तुम नित्य विमुक्त भी रहोगी।' ऐसे ही एक दूसरा मिथक है कि 'काली ने शिव से कहा, मैं तुम्हें पुरुष होकर पाना चाहती हूँ। काली कृष्ण के रूप में अवतरित होती हैं और शिव राधा के रूप में। काली का विध्वंसक स्वभाव कृष्ण में मिलता है। वे सारे नाते-रिश्ते निर्मोही होकर तुड़वा देते हैं, कोई भी सत्ता नहीं रहने देते हैं, जो उनकी सापेक्ष न हो और शिव की अवतार राधा शिव की तरह भोली-भाली रहती हैं, वैसी ही तपोनिष्ठ, वैसी ही एकाग्र और निश्चल, शक्ति की सारी वक्रता और चंचलता कृष्ण में संक्रान्त हो जाती है।' इस कथन के साथ पं. मिश्र की एक महत्त्वपूर्ण टिप्पणी है—ये मिथक रचे जाते रहे तो हम भाव-प्रवण रहे, इनके मन्द पड़ने पर हमारे भीतर जकड़न भी आयी, हम राधा की ऐतिहासिक चीर-फाड़ करते-करते वहाँ पहुँचे जहाँ लगा कि आभीरों के उन्मुक्त प्रेम ने राधा की सृष्टि की और चूँकि एक नयी शुचिवादिता के आतंक में वह पाप है अत: राधा कृष्ण को आरोपित कृष्ण मानने से ही परम्परा की शुचिता बची रहेगी, यह माना जाने लगा। पुराणों की प्रसरणशीलता का अवमूल्यन किया जाने लगा। एक बार इस अपूर्व पुराण-निर्मात्री प्रतिभा के आलोक में अपनी परम्परा को पहचानना शुरू करेंगे तो बहुत-सी संकीर्णताएँ अपने आप छँट जाएँगी। सूरदास के 'सूर सागर' को इसी दृष्टि से समझने की आवश्यकता है।

सूरदास ने वल्लभाचार्य की उस परम्परा का डटकर साथ दिया जिसमें इस जगत् को वैकुण्ठ से महान माना गया है। वेदान्ती दार्शनिक और बौद्धचिन्तक इस संसार को मिथ्या, माया, सेमल का फूल कहकर दुख का कारण बतलाते रहे हैं। सूरदास ने स्पष्ट शब्दों में, 'रूप रेखगुन जाति जुगति बिनु निरालम्ब मन चक्रत ध्यावै' की ओर ध्यान दिलाकर निराकार-निर्गुण, ब्रह्म का खण्डन किया और कहा—'सबविधि अगम विचारै ताते सूर सगुन लीला पद गावै।' सगुण ब्रह्म का लीला-पदों में गान लोक-मन की चाह की प्रत्यक्ष लोकशक्ति है। लोक-मन की भावभूमि को समझते हुए ही सूरदास ने योग-मार्ग या हठयोग का खण्डन किया। निर्गुण योगियों की धाक को चकनाचूर करने में सूरदास ने भगीरथ प्रयत्न किया—

आये जोग सिखावन पाँड़े
परमारथी पुराननि लादे ज्यों बनजारे टाँड़े।
हमरी गति पति कमल नयन की जोग सिखै ते राँड़े।
कहो, मधुप कैसे समायँगे एक म्यान दो खाँड़े।
कहु षटपद कैसे खैपतु है हाथिन के संग गाँड़े।
काकी भूख गयी बयारि भखि बिना दूध घृत माँड़े।
काहे को झाला लै मिलवत कौन चोर तुम डाँड़े।
सूरदास तीनों नहि उपजत धनिया, धान, कुम्हाड़े॥

गोपियों का उद्धव से यह कहना कि बकवाद क्यों कर रहे हो, तुम चोर नहीं हो जिसे दण्ड से बचने के लिए झूठ का सहारा लेना पड़े। फिर हवा खाने से किसकी भूख मिटी है। दूध-घी का तर-भोजन ही स्वाद देता है। सगुण-कृष्ण की भक्ति ही दूध-घी है, तृप्ति है। इसीलिए 'गोकुल सबै गोपाल उपासी' गोकुल में सभी गोपाल—इन्द्रिय रूपी गाय के पालक कृष्ण की उपासना में समर्पित हैं। 'जोग अंग साधत जे ऊधो ते सब बसत ईसपुर काशी।' कृष्ण हमें अनाथ करके चले अवश्य गये हैं—पर हम उनके ही 'चरननि रस रासी' हैं। इसलिए योग-मार्ग के नाम पर चलने वाला धोखे का व्यापार नहीं चल सकेगा—

आयो घोष बड़ो व्यापारी।
लादि खेप गुन ज्ञान जोग की ब्रज में आय उतारी॥
फाटक दै कर हाटक माँगत भौरै निपट सुधारी।
इनके कहे कौन उहकावै ऐसो कौन अज्ञानी।
अपनो दूध छाँड़ि को पीवै खार कूप को पानी॥

कभी व्यंग्य और वक्रोक्ति से कभी सहज भोलेपन से सूरदास निर्गुण-निराकार और योगमार्ग की पोल खोलते हैं—

जोग ठगौरी ब्रज न बिकैहै।
यह व्यापार तिहारो उधो ऐसोई फिर जैहै।
जापै लै आये हो मधुकर ताके उर न समैहै।
दाख छाँड़ि के कटुक निबौरी को अपने मुख खैहै।
मूरी के पातन के केना को मुक्ताहल दैहै।
सूरदास प्रभु गुनहि छाँड़िकै को निर्गुन निरबैहै।

सूरदास का काव्य भारतीय जनता की सांस्कृतिक मनोभूमि को गहराई से समझने के लिए अमूल्य धरोहर है। लोक-चेतना की ओर सूर का ध्यान कम न था। इस दृष्टि से शुक्ल जी के इस कथन पर आज पुनर्विचार की आवश्यकता है कि 'सूरदास जी अपने ही भाव में मग्न रहने वाले थे, अपने चारों ओर की परिस्थिति की आलोचना करने वाले नहीं। संसार में क्या हो रहा है लोक की प्रवृत्ति क्या है, समाज किस ओर जा रहा है, इन बातों की ओर उन्होंने अधिक ध्यान नहीं दिया है।' प्रश्न उठता है कि लोक की प्रवृत्ति पर ध्यान नहीं दिया तो योगमार्गियों के खण्डन में इतनी गर्मी क्यों दिखायी? सूर के कृष्ण भी लोक से बेखबर नहीं हैं। वे जनमते ही दुष्ट शक्तियों का संहार करते हैं और जनता को अन्याय-यातना से मुक्ति दिलाते हैं।

वीरगाथा काल के बाद भक्ति का उदय हुआ। भक्ति का यह उदय एक विकल्प

की तलाश थी—सामन्तों-राजाओं की सत्ता का विकल्प। भक्त कवियों ने ब्रह्म को शक्ति में पाया। जयशंकर प्रसाद ने 'रहस्यवाद' निबन्ध में कहा है कि 'जिन-जिन लोगों में विश्वास नहीं था—उन्हें एक त्राणकारी की आवश्यकता हुई।' आचार्य शुक्ल ने राजनीतिक पराजय के कारण हिन्दुओं के आत्मविश्वास की शरण की बात कही है कि अपने पौरुष से हताश जाति भगवान की शक्ति एवं करुणा की ओर गयी। शुक्ल जी ने इस्लाम की प्रतिक्रिया को मूल कारण माना। हिन्दुओं के राजनीतिक-सांस्कृतिक संकट को उन्होंने विशेष रूप से देखा। उनका प्रसिद्ध कथन है—'हिन्दुओं के स्वातन्त्र्य के साथ ही साथ वीरगाथाओं की परम्परा भी काल के अँधेरे में जा छिपी। इस हीन दशा के बीच वे अपने पराक्रम के गीत किस मुँह से गाते और किन कानों से सुनते? जनता पर गहरी उदासी छा गयी थी।' इस नैराश्यपूर्ण परिवेश में सूरदास आदि भक्त कवियों ने बड़ा महत्त्वपूर्ण कार्य किया—"मनुष्यता के सौन्दर्यपूर्ण और माधुर्यपूर्ण पक्ष को दिखाकर इन कृष्णोपासक वैष्णव कवियों ने जीवन के प्रति अनुराग जगाया या कम से कम जीने की चाह बनी रहने दी।" आचार्य शुक्ल के भक्ति के उदय सम्बन्धी इस दृष्टिकोण से आचार्य हजारी प्रसाद द्विवेदी सहमत नहीं हैं। 'हिन्दी साहित्य की भूमिका' में उनका साफ कथन है कि 'बौद्ध धर्म क्रमशः लोक-धर्म का रूप ग्रहण कर रहा था और उसका निश्चित चिह्न हम हिन्दी साहित्य में पाते हैं।' इस कथन में ध्वनित है कि वे भक्ति-काव्य के विकास में इस्लाम के विशिष्ट प्रभाव को न मानकर बौद्ध-धर्म के क्रमशः लोक-धर्म में संक्रमित होने वाले प्रभाव को मानते हैं। उनका यह कथन प्रसिद्ध है—'लेकिन जोर-देकर कहना चाहता हूँ कि अगर इस्लाम नहीं आया होता तो भी इस साहित्य का बारह आना वैसा ही होता जैसा आज है।' यानी चार आने भर मामूली परिवर्तन। आचार्य द्विवेदी ठीक-ठीक अन्दाजा नहीं लगा पाये कि इस्लाम के आने से कितना भारी परिवर्तन हिन्दू मानसिकता में हुआ। दो शक्तिशाली संस्कृतियाँ टकरायीं फिर दोनों में आदान-प्रदान भी खूब हुआ। हिन्दू-मुस्लिम एकता स्थापित हुई जिसे भारी षड्यन्त्र से अँग्रेजों ने तोड़ा और तोड़कर दोनों पर अपना प्रभुत्व कायम किया। अँग्रेजों के बोये विष बीज आज भी स्वतन्त्र भारत में पनप रहे हैं। देश का विभाजन हो जाने पर भी स्थिति शान्त नहीं है। हिन्दू-मुस्लिम साम्प्रदायिकता का हाय-हत्या-नफरतवाला माहौल अभी बरकरार है।

इस्लाम भारत में आक्रान्ता बनकर आया था—इतिहास के इस सत्य पर आज इतिहासकार पर्दा डालना चाहते हैं। लेकिन स्थिति ने ऐसा नाजुक मोड़ ले लिया है कि इतिहास के यथार्थ से बच नहीं सकते। गाँधी और लोहिया हिन्दू-मुस्लिम एकता के सपने देखते रहे, लेकिन अन्धकार की रात्रि समाप्त नहीं हुई। इधर अँधेरा दुर्दिन के बादलों के घिरने से और घना हुआ है। इतिहास की क्या विडम्बना है कि देखते-देखते हिन्दू-उदारतावाद की परिणति साम्प्रदायिक राष्ट्रवाद में हुई है। कमल के फूल

पर विद्या की देवी सरस्वती की भाव-समाधि नहीं लगी है—उस पर अविद्या माया का कब्जा है। 'सूर साहित्य' और 'हिन्दी साहित्य की भूमिका' के लेखक आचार्य हजारी प्रसाद द्विवेदी ने लिखा है कि 'यदि अगली शताब्दियों में भारतीय इतिहास की अत्यधिक महत्त्वपूर्ण घटना अर्थात् इस्लाम का प्रमुख विस्तार न भी घटी होती तो भी वह इसी रास्ते पर जाता। उसके भीतर की शक्ति उसे इसी स्वाभाविक विकास की ओर ठेले जा रही थी। उसका वक्तव्य विषय कथमपि विदेशी न था। प्रोफेसर-हेवेल ने अपने 'हिस्ट्री ऑफ आर्यन रूल' में लिखा है कि मुसलमानी सत्ता के प्रतिष्ठित होते ही हिन्दू राजकाज से अलग कर दिये गये। इसलिए दुनिया की झंझटों से छुट्टी मिलते ही उनमें धर्म की ओर, जो उनके लिए एकमात्र आश्रय स्थल रह गया था, स्वाभाविक आकर्षण पैदा हुआ। यह गलत व्याख्या है। मैं प्रस्तावित करता हूँ कि हमारे पाठक आगे के सहस्राब्दक की साहित्यिक चेतना को जाति की स्वाभाविक चेतना के रूप में देखें, अस्वाभाविक अधोगति के रूप में नहीं।'' (हिन्दी साहित्य की भूमिका, पृ. 14) हेवेल भी गलत हैं और जो हेवेल की व्याख्या की बाँह थामकर चलते हैं—वे भी गलत दिशा में चल पड़ते हैं। सूरदास पर विचार करते समय विद्वानों ने सूरदास के प्रेरणा-पुरुष वल्लभाचार्य की पुस्तक 'कृष्णाश्रय' की इन पंक्तियों की ओर विशेष रूप से ध्यान दिलाया है कि देश म्लेछाक्रान्त है, गंगादि तीर्थ दुष्टों द्वारा भ्रष्ट हो रहे हैं, अशिक्षा और अज्ञान के कारण वैदिक-धर्म नष्ट हो रहा है, सत्पुरुष पीड़ित तथा ज्ञान विस्मृत हो रहा है, ऐसी स्थिति में एक मात्र कृष्णाश्रय में ही जीवन का कल्याण है।' वल्लभाचार्य के इस कथन से जयशंकर प्रसाद और रामचन्द्र-शुक्ल वाली धारणा ही पुष्ट होती है—चाहे प्रगतिशीलों को यह एक प्रतिनिधि रचनाकार और एक प्रतिनिधि आलोचक का मत कितना ही प्रतिक्रियावादी क्यों न दिखाई दे। डॉ. रामस्वरूप चतुर्वेदी ने 'हिन्दी साहित्य और संवेदना का विकास' में 'भक्तिकाल : उदय की व्याख्या' में डॉ. नामवर सिंह की 'दूसरी परम्परा की खोज' वाली व्याख्या से पूरी तरह असहमत होते हुए निराला की प्रसिद्ध कविता 'तुलसीदास' का कथन 'मोगल दल बल के जलदयान। दर्पित-पद उन्मद-नद पठान। हैं बहा रहे दिग्देशज्ञान, शर-खरतर। छाया ऊपर घन अन्धकार। टूटता वज्र वह दुर्निवार। नीचे प्लावन की प्रखर धार, ध्वनि हर हर' का हवाला देकर कहा है कि 'निराला के तुलसीदास की चिन्ता राजनीतिक पराभव तथा राजपदों और नौकरियों से हटाये जाने की नहीं है—उनके लिए चुनौती इस्लामी संस्कृति को लेकर है जिसे उन्होंने काव्य की एकदम आरम्भिक पंक्तियों में व्यक्त कर दिया है—'भारत के नभ का प्रभापूर्य।' शीतलच्छाय सांस्कृतिक सूर्य। अस्तमित आज रे-तमस्तूर्य दिङ् मण्डल।' यह तो उस समय हिन्दू संस्कृति की स्थिति है। फिर पहले ही छन्द के उत्तरार्द्ध में वे इस स्थिति के मूल कारण को स्पष्ट करते हैं—'उर के आसन पर शिरस्त्राण, शासन करते हैं मुसलमान; है ऊर्मिल जल,

निश्चल प्राण पर शतदल।' यह शतदल भी हिन्दू जीवन के उत्फुल्ल प्रतीकों में से एक है जो इस्लाम के जीवनकाल में 'निश्चलत्प्राण' हो गया है। निराला यहाँ कहीं भी परिस्थिति को दबाते या छिपाते नहीं। पर निराला अगर निडर नहीं तो कुछ भी नहीं।''

वल्लभाचार्य और निराला, रामचन्द्र शुक्ल और जयशंकर प्रसाद यहाँ लगभग एक-सी मानसिकता में दिखाई देते हैं। 'दूसरी परम्परा की खोज' में डॉ. नामवर सिंह का कथन है कि ''यह सही है कि स्तोत्र (वल्लभाचार्य के 'कृष्णाश्रय' में) के इन श्लोकों में एक जगह देश के म्लेच्छाक्रान्त होने का उल्लेख है और यदि 'म्लेच्छ' को मुसलमान का वाचक मान भी लिया जाए तो उससे यह कहाँ सिद्ध होता है कि गंगादि तीर्थों के भ्रष्ट होने, वेदों के अर्थ के तिरोहित होने, व्रतादिक सभी कर्मों के नष्ट होने, पाखण्ड, पाप, अज्ञान आदि के बढ़ने के लिए म्लेच्छ ही जिम्मेदार हैं और इन्हीं के आक्रमण के कारण कृष्ण का आश्रय ढूँढ़ा जा रहा है?'' डॉ. नामवरसिंह द्वारा दी गयी इस व्याख्या से निराश और क्षुब्ध डॉ. रामस्वरूप चतुर्वेदी लिखते हैं—'बड़ी कठिनाई से आलोचक मान पाता है कि 'म्लेच्छ' का अर्थ मुसलमान हो सकता है। वल्लभाचार्य के समय में यवन (ग्रीक) शक, हूण कोई भारत देश को आक्रान्त नहीं किये थे। तब 'म्लेच्छ' का एक ही और सीधा अर्थ होता है—मुसलमान। यह सब आज अत्यन्त अप्रिय प्रसंग लग सकता है, पर इतिहास हमारे प्रिय और अप्रिय लगने से नहीं बनता। इतिहास को दबाने और झुठलाने से वर्तमान अधिक अप्रिय हो सकता है—जो हमारे लिए ज्यादा बड़ी समस्या है। मूल बात यह है कि आज इस्लाम के प्रति हमारा जो सन्तुलित ऐहिक दृष्टिकोण है वह मध्यकालीन जनजीवन में सम्भव नहीं था। इन दो परिस्थितियों के बीच लम्बा इतिहास है जिसे अनदेखा नहीं किया जा सकता।'' (हिन्दी साहित्य और संवेदना का विकास, पृ. 43) डॉ. नामवर सिंह की स्थापना के भीतर से ही यह आवाज उठी है कि 'इस प्रकार मध्ययुग के भारतीय इतिहास का मुख्य अन्तर्विरोध शास्त्र और लोक के बीच का द्वन्द्व है, न कि इस्लाम और हिन्दू धर्म का संघर्ष।'

डॉ. चतुर्वेदी ने डॉ. नामवर सिंह में 'गला दबाती रोचक सहानुभूति' का जिक्र करने के बाद कहा—''ऐसे आलोचक वस्तुतः हिन्दू-मुसलमान की चर्चा आते ही परेशान होने लगते हैं। उनकी दृष्टि में यह चर्चा मात्र साम्प्रदायिकता से प्रेरित और प्रायोजित है। इस मन:स्थिति में वे हिन्दी भाषा और साहित्य के मूल असाम्प्रदायिक चरित्र की अवहेलना करते हैं, या उस पर सच्चे मन से विश्वास नहीं कर पाते। वे यह नहीं देखते कि चन्द या जायसी हिन्दू-मुस्लिम युद्ध का वर्णन करके भी कहीं पक्षधर नहीं होते और कबीर तो इस पक्षधरता के ही सबसे बड़े विरोधी हैं। यही नहीं, आधुनिक काल के सबसे बड़े आलोचक रामचन्द्र शुक्ल की दृष्टि में मुसलमान कवि

जायसी यदि किसी से तुलनीय हैं तो गोस्वामी तुलसीदास से।" भक्ति काव्य के चारों कवियों में कबीर-जायसी, सूर-तुलसी में हिन्दू-मुस्लिम संघर्ष का रंग हल्का है—चटक रंग है—प्रेम-मार्ग का, सामान्य भक्ति-मार्ग की खोज से उपजी एकता का। भक्ति-आन्दोलन और सूरदास का काव्य ऐसे अनेक साक्ष्य जुटाता है, जिनसे सिद्ध होता है कि भारतीय लोक-चित्त का सर्वाधिक भाव-विस्तार श्रीकृष्ण और राधा-भाव में हुआ है। श्रीमद्‌भागवत का श्याम-रसायन 'सूरसागर' में एक नये प्रवाह के साथ तरंगायित मिलता है। भक्तजन श्रीकृष्ण के भाव-सागर में निमग्न होकर अपनी क्षुद्रताओं-विकृतियों-हीनताओं से मुक्ति पा जाते हैं।

कृष्ण भाव है—राधा रस। राधा-रस को पाने के लिए ही कृष्ण-भाव का प्रवाह उमड़ पड़ा है। इस प्रवाह में आनन्द पाने वाले भक्तों ने अनुभव किया कि रस न तो मात्र प्रत्यय है, न केन्द्रीय भाव, वह आत्मयज्ञ है। यह आत्मयज्ञ जीवन के समस्त सुख-दुःखात्मक व्यापारों को छोटा करता है—यह बड़ा अनुभव प्राणी को बड़ा करता है। फलतः रस चित्त का संस्कार, प्रकाश भर नहीं है, यह चित्त के स्वभाव का शुद्ध समाकलन है। एक अर्थ में चैतन्य का स्वसंविद है। अभिनवगुप्त ने खूब सोच-समझ कर रसानुभूति एवं ईश्वरानुभूति में अन्तर किया। ईश्वरानुभूति में विषयास्वाद पूरी तरह तिरोहित हो जाता है। रसानुभूति में विषय का रूपान्तर होने पर भी वह स्मृति में निरन्तर उद्‌बुद्ध रहता है। 'परमेश्वर विषयवैवश्य समावेशरूपा भक्ति' भक्ति ईश्वर को अधीन कर देती है जबकि रस आत्मनिर्भर है। इसलिए रस-सिद्धान्त में भक्ति को भाव से ऊँची स्थिति का अधिकारी नहीं माना गया। प्रश्न उठता है कि भक्ति काव्य का प्रथम ग्रन्थ श्रीमद्‌भागवत भक्ति-दीक्षा के प्रति क्या रुझान रखता है। सभी जानते हैं कि व्यास को महाभारत और पुराणों की रचना के बाद तृप्ति नहीं मिली। सरस्वती नदी के किनारे वे विक्षिप्त होकर घूमने लगे। मन खाली-खाली क्यों है ? इसी समय नारद आये—नारद से व्यास ने मन के खालीपन का कारण पूछा। नारद ने साफ कहा—आपने वह नहीं किया, जो आपको करना चाहिए था। आपने चतुर्वर्ग-साधन की बात तो की पर जिससे चित्त तृप्ति का अनुभव करे—वह बात नहीं की। आपने आनन्द-सागर पैदा करनेवाला लीलानुवाद नहीं किया। आपने कौओं को पानी पिलाने वाले तीर्थ बनाये—ऐसे तीर्थ नहीं रचे, जहाँ मन-हंस आनन्द मोती पा सके—'तद्‌वायसं तीर्थमुशन्ति मानसा न तत्र हंसा निरमन्त्युपशिक्षयाः।' नारद ने यह भी कहा कि आपने विरागी-विरक्त को—रागी अनुरक्त करनेवाली लीला का गान नहीं किया—निष्काम कर्म ठीक है—पर अच्युत भाव से वर्जित होकर वह रम्यता नहीं प्राप्त कर सकता। श्रीकृष्ण से भावित होकर ही ज्ञान और कर्म शोभा को प्राप्त करते हैं—शोभते हैं, शुभगति को प्राप्त होते हैं।' नैष्कर्म्यमप्यच्युतभाववर्जितं न शोभते ज्ञानमलं निरंजनम्।' भगवान में मेरा मन रमा ही तब जब मैं सन्तों की वीणा से तृप्त और अतृप्त होता रहा। दासी का अनाथ

पुत्र होकर भी मैं सन्तों की जूठन पर पलता रहा और समर्पण का अर्थ जान सका। इस कथन में ध्वनित है कि भक्ति-काव्य सहृदय के लिए 'अकिंचनता' (सेल्फनाटिंग) अपेक्षित है। यह अकिंचनता ही खालीपन को भरने की तैयारी होती है—पर अकिंचनता का अनुभव हो न! तब प्रेमाभक्ति में ही मन की तृप्ति है। इस वैष्णव भाव-रस की अनुभूति को पश्चिम का सौन्दर्यशास्त्र नहीं पकड़ सकता। एक क्या एक लाख काण्ट, हीगेल आ जाएँ, इसे नहीं समझ पाएँगे। कारण, लीला-रस में भक्त की ऐसी भागीदारी होती है कि विषय और वस्तु का ध्यान ही नहीं रहता। भक्तिरस इसी चित्त-समाधि के बिन्दु पर रस-सिद्धान्त के रस से अलग हो जाता है। संस्कृत दार्शनिक आचार्य और काव्यशास्त्री देवादिविषयारति में रस की सम्भावना नहीं देख सके। उनके सामने भक्ति-आन्दोलन का भक्ति-प्रवाह जो मध्ययुग में उमड़ा—वह था ही कहाँ। इसीलिए वे बिन्दु को सागर बनते देख नहीं सके। इस प्रवाह ने मोक्ष और निर्माण को धकेल कर किनारे कर दिया और कहा कि भक्ति-रस की केन्द्रीयता में ही जगत् है—सत्य है, मंगल है, गति है, जड़ता को चुनौती है। इस भक्ति-रस में निर्गुण-सगुण के भेद ढह जाते हैं, बिन्दु में सिन्धु समा जाता है, पिण्ड में ब्रह्माण्ड का तेज विलयन हो जाता है। एक प्यास, एक अतृप्ति, एक खोज रह जाती है—प्रेम घाव का दर्द रह जाता है 'दरस आस पियास तुलसीदास चाहत मरन' का अद्वितीय अनुभव रह जाता है। उसकी छटपटाहट रह जाती है, जो कहती है—'हमारे हरि हारिल की लकरी'। यही भाव-भूमि मीरा में 'लागौ रंग हरी' बनकर रच जाता है—मेहँदी की तरह। इस अनुभव में राधा माधव और माधव राधा हो जाते हैं।

भक्ति-काव्य के आस्वाद के लिए श्रद्धाभाव जरूरी है—तर्क से उस अनुभव को नहीं पाया जा सकता। वह लौकिक अनुभव और ही तरह की लौकिकता भर देता है जिसमें श्याम की श्यामता प्रकाश बन जाती है—आँखों का अंजन, वाणी का मौन बन जाता है। प्रेम हजार-हजार आँखों से राधा-कृष्ण को देखता है और देखने की चाह बुझती नहीं निरन्तर बढ़ती है—रूप-सौन्दर्य की अतृप्ति में तृप्ति विराज जाती है। इसलिए भौतिकतावादी पश्चिमी मन कृष्ण भाव को नहीं समझ पाता। लीला-रस में स्मृति की कौंध समग्र-चेतना और चित्त को हरा-भरा कर देती है। सूरदास का लीलाकाव्य इसी अनुभव का विस्तार है—इस अनुभव को पाकर वैकुण्ठ की चाह मिट जाती है। सूर कहते हैं—'कहा करौ वैकुण्ठहि जाय।' वहाँ जमुना, ब्रज, गाय-ग्वाला, कुंज लता, कुंजबिहारी नहीं होगा। श्री कृष्ण से प्रेम करनेवाला व्यक्ति नहीं रहता है—यह भाव हो जाता है। देह से विदेह हो जाता है और वाणी से गूँगा। विरह प्रेम बन जाता है—

उधौ! विरहौ प्रेम करै।
ज्यों पुट पट गहत न रंग कौ रंग न रसै परै।
ज्यों घर दहै बीज अंकुर गिरि तौ सत फरनि फरै।

ज्यों घर अनल दहत अपनौ तन पुनिपय अमी भरै।
ज्यों रस सूर सहै सर सम्मुख तौ रवि रथहु अरै।
सूर गुपाल प्रेम पथ चलि करि क्यों दुख सुखनि डरै॥

सूरदास गोपी-भाव की श्रेष्ठता में तन्मयतासक्ति का चरम अनुभव भर देते हैं। सारी आसक्तियाँ प्रेम ताप में खौलकर रसायन बन जाती हैं—श्याम-रसायन। जीवन भर सूर ने इसी श्याम रसायन को तैयार किया। इसीलिए रसशास्त्र और भक्ति-शास्त्र के सभी पैमाने इस भक्ति-रसायन के सामने अपर्याप्त सिद्ध होते हैं। 'श्री हरि रसामृत सिन्धु' और 'उज्ज्वल नीलमणि' मधुसूदन का 'भक्ति-रसायन' इस श्याम-रसायन के लिए छोटा पड़ता है। क्या विडम्बना है कि चैतन्य महाप्रभु के भक्ति रस के अनुभव को भक्तिशास्त्र—रूप गोस्वामी, जीव गोस्वामी बाँध नहीं सके। भक्ति का लक्षण देते हुए रूप गोस्वामी को कहना पड़ा—श्रेष्ठ से श्रेष्ठ भोगों और मोक्ष तक की अभिलाषा से शून्य, ज्ञान और कर्म के आवरणों से मुक्त, भगवान कृष्ण को प्रसन्न करने की भावना से ओतप्रोत-कृष्ण का अनुशीलन ही श्रेष्ठ भक्ति है। साधन भक्ति का उद्देश्य भाव-भक्ति का उदय करना है, भाव-भक्ति का उद्देश्य प्रेमा-भक्ति को पहुँचना है—जिसमें प्रणय, स्नेह, राग, ज्ञान, अनुराग, महाभाव आदि की स्थितियाँ रहती हैं। साधन भक्ति के दो रूप—वैधी और रागानुगा। वैधी में शास्त्र का आदेश प्रधान है—हृदय का लगाव गौण। इसके चौंसठ रूप हैं। रागानुगा भक्ति में शास्त्र की नहीं, रागात्मिका चित्तवृत्ति की प्रधानता होती है। चित्त की आवेशात्मक प्रवृत्तिदशा ही राग है। सच बात यह है कि रागानुगा भक्ति ही भक्ति का प्रथम सोपान है। कामादि प्रकृतिजन्य प्रवृत्तियों के उदात्तीकरण का द्वार रागानुगा-भक्ति ही दिखाती है। इसलिए इस पर शास्त्र का वश नहीं है—यह शास्त्र का निषेध है और लोक भावभूमि का सौन्दर्य स्रोत। रागानुगा भक्ति वह पथ है जिसमें मनोवृत्तियों को तोड़ा नहीं, मोड़ा जाता है ताकि वे 'कृष्णानुकूल्य' हो सकें। वात्सल्य, सख्य, दास्य इसी की वृत्तियाँ हैं। भक्ति के उज्ज्वल राग रूप मधुरा भक्ति या कान्ताभाव की भक्ति है। कामानुगा भक्ति का यह भाव ही गोपी भाव है। यहाँ काम का चरम उदात्तीकरण है।

विशेष बात यह है कि भक्ति में आनन्द है पर अतृप्ति का प्रवाह प्रबल है—उसमें प्यास है। इस प्यास का एक ही रस है—भक्ति रस। यही कृष्ण रति से निष्पन्न उज्ज्वल रस या मधुर रस है। गोपी-प्रेम का चरम परकीया प्रेम है। राधा परकीया भाव का प्रतिमान हैं। स्वकीया में प्रेम का ठण्डापन और परकीया में प्रेम की तीव्रता और अद्भुत गरमाहट है। स्वकीया रुका हुआ जल है—परकीया उन्मुक्त-प्रवाही उन्मत्त गति-धार। राधा ही कृष्ण की आह्लादिनी शक्ति हैं और गोपियाँ नित्य प्रेमिकाएँ। नित्य वृन्दावन है, नित्य यमुना है, नित्य लीलाएँ हैं। उपनिषदों के मन में भी गोपी-भाव का

प्रवेश है और रामावतारकालीन जन, मुनिजन भी गोपी भाव लेकर जन्मे हैं। राधा, चन्दा, विशाखा, श्यामा, ललिता आदि नित्यसिद्धा प्रेयसियाँ हैं जिनके साथ ब्रजनागर ब्रज में लीलारास रचाते हैं। इस महाभाव को लेकर सूरदास कृष्ण-रस में निमग्न रहते हैं। 'सूर श्यामरस सहज माधुरी रसकनि कौ अवलेह'। यह कृष्ण रस ही परमस्वाद है—'परमस्वाद सब ही जू निरन्तर जो जानै सो पावै।' इस रस ने तरुणियों को मतवाला बना दिया है—'*तरुनी स्याम-रस मतवारि।*'

इस मधुर महारस को सूर ने संयोग-वियोग दोनों में रँग दिया है। सूर की पूरी लीला-रस-परिकल्पना पर वल्लभाचार्य की कृपादृष्टि का आलोक है। वल्लभाचार्य ने अपने सभी ग्रन्थों में रस-तत्त्व कृष्ण को ही प्रतिपाद्य बनाया है। फलतः वल्लभ सम्प्रदाय में कृष्ण का ब्रजबिहारी, गोपीवल्लभ रूप ही प्रधान रहा। मथुरा-द्वारिका के कृष्ण बहुत कम स्थान पा सके। राजा होने के आभिजात्य के दम्भ को ब्रज बिहारी कृष्ण ही तोड़ सकते हैं। कृष्ण हर तरह का दम्भ तोड़ते हैं। सत्ता के ऐश्वर्य का, रूप का, राग का। वल्लभ ने भगवान के बालरूप-किशोर रूप की आराधना की, राजा रूप की नहीं। फलतः उनका दर्शन मध्यकालीन राजाओं-सामन्तों को एक खुली फटकार है। यह फटकार वात्सल्य भक्ति के भीतर से फूटती है। बाल-वर्णन में सूरदास ने लोक संस्कृति के आधार पर ग्राम जीवन के सौन्दर्य को नयी से नयी छवियों में अभिव्यक्ति दी। विभिन्न धर्मों, जातियों एवं सम्प्रदायों में विभक्त समाज को 'बाल ब्रह्म' की उपासना का एक ऐसा मूल्य दिया जिसमें मानव मात्र का हृदय खुलता है।

भक्ति-आन्दोलन से सूरदास का सही सम्बन्ध समझने के लिए वल्लभाचार्य के साथ रामानुजाचार्य और निम्बार्काचार्य पर भी ध्यान देना चाहिए। रामानुजाचार्य ने शंकर के मिथ्वात्ववाद का खण्डन किया और भक्ति की महत्त्व-प्रतिष्ठा की। 'श्री सम्प्रदाय' के प्रतिष्ठापक इस आचार्य ने विशिष्टाद्वैतवाद की स्थापना की जिसमें जगत् सत्य है—मिथ्या नहीं। जीव और जगत् ईश्वर के शरीर हैं, यह उपनिषदों के ब्रह्मवाद की नयी निष्पत्ति है। 'अद्वैत' के स्थान पर 'विशिष्ट द्वैत' और 'संन्यास' के स्थान पर 'भक्ति' को प्रतिष्ठित करते हुए भक्ति-मार्ग को ब्राह्मण-शूद्र, राजा-रंक सभी के लिए खोल दिया। आगे चलकर रामानन्द, नामदेव, तुकाराम, वल्लभाचार्य ने इसी विचार-पथ को आगे बढ़ाया। शूद्रों को मन्दिर में प्रवेश तो दिया ही पत्तिवाद (शरणागति) का अर्थ भी जनता में पहुँचाया। रामानुज गीता की राह पर चले। उन्होंने कहीं भी 'गोपाल कृष्ण' या राम का उल्लेख नहीं किया। पर भक्त-भगवान की बिन्दु-सिन्धु-मिलन-साधना के मार्ग के काँटे तो बीन ही डाले। प्रस्थानत्रयी (उपनिषद, ब्रह्मसूत्र और गीता) के भाष्य से इन्होंने शास्त्र को लोक-सुलभ बनाया। इन्हीं की बात निम्बार्क में रंग लायी और प्रपत्तिवाद को बल मिला। मूल सिद्धान्त में निम्बार्क ने कहा—कृष्ण के चरण-कमलों को छोड़कर और कोई गति नहीं है, ब्रह्मा-शिव आदि सभी देवता कृष्ण की

वन्दना करते हैं। विशेष बात यह है कि रामानुज (11वीं शताब्दी) ने भक्ति को नारायण, लक्ष्मी, भू और लीला तक सीमित रखा था पर निम्बार्क ने कृष्ण और सखियों के साथ राधा को प्रधानता दी। निम्बार्क का प्रभाव बंगाल और ब्रजभूमि पर व्यापकता से पड़ा। यही परम्परा वल्लभाचार्य एवं चैतन्य महाप्रभु की चिन्तन-भूमि का नया उत्कर्ष बनी है।

सूरदास जी वल्लभाचार्य के दार्शनिक सिद्धान्त 'शुद्धाद्वैतवाद' और आचरण मत 'पुष्टि सम्प्रदाय' में रहने पर भी अपनी काव्यात्मकता में इन सभी का अतिक्रमण करते हैं। गोपाल कृष्ण की लीला का लौकिक संसार उनके मन में निरन्तर 'मनेर मानुष भाव' को शक्ति देता है। श्रीमद्भागवत का मन्मथ (सबके मन को मथने वाला, कृष्ण के मन को भी मथनेवाला) काम-सौन्दर्य निखरता है। पूरी प्रकृति कृष्ण को पाकर लास्य-मग्न रहती है। कृष्ण शब्द की व्युत्पत्ति में ही अर्थ-ध्वनित है कि आकृष्ट करना जिसका स्वभाव है, जो हरी-भरी फसल की तरह श्यामल है, जो प्रकाश का केन्द्र होने के कारण आँखों के लिए श्याम हैं। कृष्ण में कृष् का अर्थ है—धरती में बीज बोने की क्षमता उत्पन्न करना, जोतना, खींचना, धरती की उर्वरा शक्ति का आवाहन करना, उसे परार्थ भाव के लिए प्रेरित करना, हर तरह के बंजरपन जड़ता को तोड़ना—एक नया उल्लासमय जीवन उत्पन्न करना, अनन्त गति में रहना, ब्रजन करना, जिसमें निरन्तर ठहराव एवं जड़ता को तोड़कर नयी गति उत्पन्न करने की प्रकृत शक्ति है—वह कृष्ण है। आगे बढ़े तो निरन्तर स्थिति एवं गति दोनों को खींचना कृष्ण का सनातन व्यापार है। कृष्ण हर तरह के दम्भ को तोड़ते हैं, चाहे वह परब्रह्मता का ही दम्भ क्यों न हो। वे इतने निर्मम हो जाते हैं कि कोई रिश्ता उन्हें बाँध नहीं पाता। वे सबसे बँधकर भी मुक्त रहते हैं। कृष्ण होने का अर्थ है सबकी चाह बन जाना। सबका दधि-दूध मक्खन-रस, मिश्री बन जाना। भाव रूप स्वाद बन जाना। इसी स्वाद को गोपी-भाव से चखा जा सकता है। गोपी दही बेचने जाती है तो कोई दही लेगा की आवाज न लगाकर कोई गोपाल मोल लेगा की आवाज लगाती है। मन गोपाल में तन्मय है—नारी देह गोपाल हो गयी है—सुधि कहाँ है। रोम-रोम में कृष्ण रचे-बसे हैं। यही स्थिति 'उर में माखन चोर अड़े' से सूरदास ने व्यक्त की है। भागवत का पूरा 'श्याम-रस' निचोड़ लेते हैं सूर। कौन कहता है कि 'सूरसागर' भागवत का अनुवाद है। भागवत की कथा छाया का सहारा लेकर भी 'सूरसागर' अपनी सर्जनात्मकता में मौलिक है, कथा में सूर हर जगह अप्रत्याशित अर्थोत्तेजना पैदा करते हैं। कृष्ण का पूरा जीवन ब्रजन है—हर जड़ता को तोड़ने की तैयारी।

'सूरसागर' कृष्ण-राधा भाव की एक अनन्त यात्रा है—जिसका 'अथ' है 'इति' नहीं। इसीलिए श्रीकृष्ण 'इतिहास' नहीं हैं, पुराण हैं। कभी न पुराने पड़नेवाले, चिर नवीन प्रत्यक्ष-वर्तमान-साक्षात्कार हैं। उनको हम 'स्मृति' में नहीं प्रत्यक्ष अनुभव में

धड़कते पाते हैं। भागवत, गीतगोविन्द, सूरसागर जातीय स्मृति के अतीत भाव नहीं हैं—निरन्तर वर्तमान की भाव-यात्रा हैं। राधा आज भी विकलता-बेचैनी में मानव-चित्त को, भाव-कृष्ण को राँधती हैं—पकाती हैं। भारतेन्दु का मन हमारा मन हो जाता है—'सखा प्यारे कृष्ण के गुलाम राधा रानी के।' हमारी पूरी परम्परा, पूरी जातीय चेतना, पूरा रास, रसलीला-संगीत-राग राधा है। राधा ही भारतीय जन-जीवन की अमृता शक्ति हैं। इस अमृता-शक्ति को हम उपभोक्तावादी संस्कृति और उत्तर-आधुनिकतावादी रुझानों से खोने की तैयारी कर रहे हैं तो हमें घावों में जीना होगा।

मध्यकालीन सामन्तवाद की तमाम सीमाओं का अतिक्रमण करते हुए सूर आधुनिक काल में हमारे नजदीक आते हैं। उनके रचना-कर्म का मनुष्य धर्म, सम्प्रदाय, जाति, वर्ग और प्रान्तीयता से ऊपर उठा हुआ सहज मानव है। सूर का नारा है—'जाति-पाँति कोउ पूछत नाही, यदुपति के दरबार'। जीने की एक सही दृष्टि सूर ने तब भी दी थी और आज भी देते हैं— । आचार्य शुक्ल ने 'भ्रमरगीत सार' की भूमिका में लिखा है—"इन्होंने भगवान का प्रेममय रूप ही लिया, इसने हृदय की कोमल वृत्तियों के ही आश्रय और आलम्बन खड़े किये। आगे जो इनके अनुयायी कृष्ण-भक्त हुए वे भी उन्हीं वृत्तियों में लीन रहे। हृदय की अन्य वृत्तियों (उत्साह आदि) के रंजनकारी रूप भी यदि वे चाहते, तो कृष्ण में ही मिल जाते। पर उनकी ओर वे न बढ़े। भगवान का यह व्यस्त स्वरूप यद्यपि एकदेशीय था—केवल प्रेममय था—पर उस समय नैराश्य के कारण जनता के हृदय में जीवन की ओर से एक प्रकार की जो अरुचि-सी उत्पन्न हो रही थी, उसे हटाने में उपयोगी हुआ। मनुष्यता के सौन्दर्य और माधुर्यपूर्ण पक्ष को दिखाकर इन कृष्णोपासक वैष्णव कवियों ने जीवन के प्रति अनुराग जगाया, या कम से कम जीने की चाह बनी रहने दी।" सूर के जीवन-सौन्दर्य में जनता का मन रमा—बाल्यकाल और यौवनकाल कितने मनोहर हैं! उनके बीच नाना परिस्थितियों के विशद चित्रण द्वारा सूरदास जी ने जीवन की जो रमणीयता सामने रखी, उससे गिरे हुए हृदय नाच उठे। 'वात्सल्य' और 'शृंगार' के क्षेत्रों का जितना अधिक उद्घाटन सूर ने अपनी बन्द आँखों से किया, उतना किसी और कवि ने नहीं। इन क्षेत्रों का कोना-कोना वे झाँक आये। वे धर्मों की संकुचित खाइयों में नहीं गिरे, न दार्शनिक विचारधाराओं के प्रपंचवाद में फँसकर किसी भी चमगादड़वाद का शिकार हुए। भक्तिवाद की उन्मुक्तता और मनुष्यता की उच्च भूमि को उन्होंने कृष्ण में एकाग्र होकर बरकरार रखा है। तमाम कठिनाइयों के बीच सूर ने रचना-कर्म का एक सच्चा और सदाबहार रास्ता निकाला। यह रास्ता मानव और प्रकृति के सहयोग का रास्ता है। नदी, पर्वत, पशु-पंछी-लता-पेड़-फूल सभी के साथ जीने में ही जीवन की सार्थकता है। सभी को मार-काट, उजाड़कर, स्वामी बनकर, प्रकृति को रौंदकर अगर आदमी अपने बल में मत्त होकर जीना चाहेगा, तो जी नहीं पाएगा। भारतीय चिन्तन में 'प्रकृति' ही हमारी 'संस्कृति' हमारे 'जीवन दर्शन' को निर्धारित करती है। आधुनिक काल में

यूरोपीय उपनिवेशवाद ने अपनी 'प्रकृति' सम्बन्धी, 'काल-बोध' सम्बन्धी अवधारणा को भी अपना उपनिवेश बनाने की चेष्टा की। भारत को उन्होंने अतीत और वर्तमान की निरन्तरता में न देखकर विखण्डन में देखा। पर हमारे लिए अतीत कभी भी मृत नहीं था, अतीत-व्यतीत था जो हमारी स्मृति में जीवन्त होकर धड़कता है। यूरोपीय हमारे अतीत को महान मानकर भी वर्तमान को महत्त्व ही नहीं दे पाये। क्योंकि उन्होंने एक दम्भ, एक छलनापूर्ण पाखण्ड पाल रखा था कि भारत के वर्तमान को तो हम बनाएँगे। मार्क्स तक यह कहते रहे कि 'भारतीय संस्कृति एक जर्जरित सामन्तवाद की मरणासन्न संस्कृति है, जो जंगली देवताओं और अँधेरे अन्धविश्वासों से लबालब भरी है।' ऐसे मार्क्स से भारतीय क्या आशा कर सकते थे! वे भारतीय बहुदेववाद और भारतीय मिथक-चेतना के प्रति एकदम नामसझी की बातें करते रहे। यहाँ वृक्ष, मनुष्य, देवता और चिड़िया कभी अलग नहीं रहे। वनस्पति जगत की संवेदना ने भारतीय मानस को गढ़ा और वह मानस सूरदास के पास है, तुलसी के पास है, जायसी-कबीर के पास है। इस भारतीय मानस को यूरोपीय चिन्तन की उधार या परायी अवधारणाओं से नहीं समझा जा सकता। ओस से कोई मक्खन नहीं निकाल सकता। हमारे संस्कृति के कृष्ण, राम, शिव को बाहर से नहीं—भीतर से ही पाया जा सकता है। भीतर का अर्थ है आन्तरिक वृत्तियों को एकाग्र करके ही बात बनती है—भौतिक भैंसा दर्शन से नहीं। क्योंकि जो भीतर है वही बाहर को रचता है और जो बाहर है वही भीतर को रंग देता है। भीतर-बाहर का भेद न होकर भारतीय चिन्तन अभेदवाद की ओर बढ़ता है।

मध्यकालीन सामन्ती समाज में जिस तेवर और आक्रामकता के साथ कबीर या तुलसी उपस्थित हैं—उस ढंग का तेवर सूर का नहीं है। उनका कवि-स्वभाव ऐसा है कि अपने समय के यथार्थ को ध्वनित भर करते हैं। लेकिन निर्गुणवाद, योगवाद से वे टकराते हैं और उस लोक-यथार्थ का साफ बिम्ब समाने लाते हैं जो योगवाद की करतूतों से भर गया था। सगुण भक्ति मार्ग में सामान्य जनता का मन रमता था—'काहे को रोकत मारग सूधो। सुनहु मधुप निर्गुण कंटक ते राजमार्ग क्यों रूंधो।' या फिर गह कथन 'निर्गुण कौन देस को बासी। मधुकर हँसि समुझाय सौंह दै बूझत बात न हाँसी' कृषि समाज का लोक-नायक कृष्ण ही जनता के चित्त में बसा हुआ था—तभी तो 'कहा करै निर्गुण लै के चिरजीवहु स्याम हमारे'। इसी अर्थ-भूमि पर विचार करते हैं तो पाते हैं कि सूर अपने समय और समाज से उतने बेखबर नहीं हैं जितने कि बहुत से आलोचकों के द्वारा सिद्ध किये जाते रहे हैं। आचार्य शुक्ल ने तुलसी के समाजबोध से सूर के समाज-बोध की तुलना करते हुए सूरदास के समाज बोध की खबर ली है और इस तुलना में वे सूर के साथ ज्यादती कर गये हैं। दोनों भिन्न स्वभाव के कवि हैं—सूर ब्रज-संस्कृति से बाहर नहीं निकलते और न कृष्ण को छोड़कर कहीं भी जाते हैं।

घुटते हुए सामन्ती-समाज में सूरदास नर-नारी की स्वतन्त्रता, स्वच्छन्दता के लिए कवि-कर्म की भुजा उठाते हैं। सामन्तवादी रूढ़िवाद के विरुद्ध सूरदास का यह सच्चा और देशी स्वच्छन्दतावाद अद्‌भुत है। प्रकृति के बीचोबीच रस-रास की वर्षा होती है—प्यार की यमुना उमड़ती है। गोकुल ब्रज का समाज अपने बन्धनों को खोलकर उन्मुक्त भाव से विचरता है—यमुना के कूल-कछार, वंशीवट, वृन्दावन, मधुवन, वन सभी मिलकर राजदरबारों के शरीरवाद को ओछा और तुच्छ सिद्ध करते हैं। कहना न होगा कि दरबारी सामन्तवाद को यह सीधा अँगूठा दिखाना है। नारी को नर के बराबर कर देना और खुली छूट दे देना सामन्तवाद की नाक पर घूँसा नहीं तो क्या है?

डॉ. राममनोहर लोहिया ने 'कृष्ण' शीर्षक निबन्ध में लिखा है कि 'मनुष्य की शारीरिक सीमा उसका चमड़ा और नख हैं। यह शारीरिक सीमा उसे अपने दोस्त, एक माँ, एक बाप, एक दर्शन वगैरह देती रहती है, किन्तु मनुष्य हमेशा इस सीमा से बाहर उछलने की कोशिश करता रहता है। कृष्ण उसी तत्त्व और महान प्रेय का नाम है जो मन को प्रदान सीमाओं से उलाँघता-उलाँघता सब में मिला देता है, किसी से भी अलग नहीं रखता। क्योंकि कृष्ण तो घटनाक्रमों वाली मनुष्य लीला है, केवल सिद्धान्तों और तत्त्वों का विवेचन नहीं, इसलिए उसकी सारी चीजें अपनी ओर एक सीमा में न रहकर निरामनी हो गयी हैं।' इसी निरामन में इस लोक-नायक का सौन्दर्य निखरता गया है। यह मुक्त मनुष्य स्वकीया-परकीया की दीवारों को ढहा देता है, सभी प्रकार के लोभों-बन्धनों को तोड़ देता है। गिरधर गोपाल बनकर चक्रधर मुरलीधर की छवियों में शोभा देता है। गोवर्धन उठाकर गोप ग्वालों की रक्षा करता है, इन्द्र का मान मर्दन कर देता है। सभी राक्षसों—बकासुर, वत्सासुर आदि का वध करता है। विपत्ति के कालिया नाग को नाथकर लोक को अभय दान देता है। वैकुंठ में वास लेनेवाले देवतावाद को पछाड़कर धरती के मनुष्य की महत्त्व-प्रतिष्ठा करता है। देखा जाए तो यही वल्लभ के दर्शन का भी विचार है, जिसमें वैकुंठवाद से ज्यादा लोकवाद की महिमा का गान किया गया है। विशेष बात यह है इस दर्शन में कि कृष्ण देव होता हुआ भी निरन्तर मनुष्य बनता गया है और धरतीवाला देव मनुष्य प्यार भी करता है और रक्षा भी। इन्द्रियों से वह भागता नहीं, भोगता है। योगी कृष्ण का भोगीरूप भागवत परम्परा का एक बड़ा प्रदेय है। लोहिया जी इसे ही 'समग्र अंग एकाग्री' कृष्ण में पाते हैं कि वह पूर्ण मनुष्य की सम्भावनाओं का पुंज है। भारतीय सांस्कृतिक संवेदना में कृष्ण एकता की नींव रखते हैं। "कृष्ण बहुत अधिक हिन्दुस्तान के साथ जुड़ा हुआ है। हिन्दुस्तान के ज्यादातर देव और अवतार अपनी मिट्टी के साथ सने हुए हैं। मिट्टी से अलग करने पर वे बहुत कुछ निष्प्राण हो जाते हैं। त्रेता का राम हिन्दुस्तान की उत्तर-दक्षिण एकता का देव है। द्वापर का कृष्ण देश की पूर्व पश्चिम एकता का देव है। राम उत्तर-

दक्षिण और कृष्ण पूर्व-पश्चिम की धुरी पर घूमे। कभी-कभी तो ऐसा लगता है कि देश को उत्तर-दक्षिण और पूर्व-पश्चिम को एक करना ही राम और कृष्ण का धर्म था।'' इस राम और कृष्ण की भावना को ही विस्मृत कर दिया गया है। सम्प्रदायवादियों और अशिक्षित राजनीतिज्ञों ने राम और कृष्ण को अपनी अन्धी नीतियों में लपेट लिया है। वे कृष्ण को नहीं कालिया नाग को शक्ति दे रहे हैं—जातिवाद और धर्म के नाम पर उसी को दूध पिला रहे हैं—यह चिन्ता का विषय है।

श्रीकृष्ण भारतीय लोक-चित्त की मधुर चाह हैं—इसी चाह में कहा गया है—'साँवरे लाल को साँवरे रूप में, नैनन में कजरा करि राखौं।' भाद्रपद अष्टमी (कृष्ण पक्ष की अष्टमी) की आधी रात के भयंकर अन्धकार को चीरकर चन्द्रमा उदित होता है। यही चन्द्रमा कृष्ण चन्द्र है, हृदय की नीलमणि है—इसी से चित्त रस से आप्लावित होता है। विद्वानों ने कृष्ण के चरित्र के अनेक रंगों को देखकर प्राय: यह प्रश्नाकुलता प्रकट की है कि कृष्ण एक नहीं हो सकते, कई कृष्ण मिलकर एक कृष्ण हो गये हैं। एक, योगेश्वर कृष्ण हैं। गोपी-वल्लभ कृष्ण हैं। एक गोवर्धनधारी कृष्ण हैं। एक बाल-ब्रह्म कृष्ण हैं। एक माखनचोर कृष्ण हैं। एक छलिया कृष्ण हैं, एक राधा कृष्ण हैं, एक द्वारिकाधीश कृष्ण हैं। एक सुदर्शनधारी कृष्ण हैं। एक मुरलीधर कृष्ण हैं—न जाने कितने कृष्ण हैं और सभी कृष्ण एक ही कृष्ण-रस में निमग्न हो गये हैं। निपट निर्मोही और अकेले कृष्ण हैं जो रिश्ते जोड़कर भी मुक्त हैं। इन्द्रधनुष के सभी रंगों को खींचने वाला रंग काला ही है। सूरदास को पता है कि काले रंग पर दूसरा रंग नहीं चढ़ता—काले रंग में ही काले नाग को रौंदकर उसका काला जहर खींचने की शक्ति है—यह शक्ति ही श्री कृष्ण है। यही कृष्ण दूध पीते हुए पूतना का जहर खींच लेता है और उसके राक्षसी शरीर पर चन्दन की गन्ध चढ़ा देता है। जन्म लेते हैं तो कंस की चौकसी का जहर खींच लेते हैं—उसके दम्भ का जहर खींचते हैं। नन्द के घर जाते हैं तो कुलीनता का जहर खींच लेते हैं। ग्वाल-बालों के साथ-साथ गाय चराते हैं, माखन चोरी करते हैं, चोर बनकर हृदय में छिपी हीनताओं का जहर चूस लेते हैं। गोपियों के साथ चीर-हरण लीला करते हैं, तो दुराव का जहर खींचकर अमृत भर देते हैं—'उर में माखन चोर अड़े' हृदय में तिरछे होकर फँस गये हैं—निकालने से नहीं निकलते। सुदामा की दरिद्रता का जहर पिया और सखा को पता तक नहीं चलने दिया। युधिष्ठिर के राजयज्ञ के समय कृष्ण ने चुना जूठी पत्तल बटोरने का कार्य। सभी जातियों के दम्भ का जहर पिया और सभी में प्यार बनकर रच गये। दस हजार शिष्यों के साथ दुर्वासा पाण्डवों के पास दुर्योधन के चढ़ाने पर वनवास में आये और कहा—हम सभी भूखे हैं, भोजन दो। द्रौपदी क्या करे, गृहस्थ-धर्म की नाक कैसे रखे। कृष्णा ने कृष्ण को (सखी ने सखा को) आवाज दी, फौरन आये—सखी की लाज रखी। दुर्वासा के मन का जहर पी लिया। दस हजार शिष्य और दुर्वासा बटलोई की खुरचन से तृप्त होकर

डकार लेने लगे। मानव में हर तरह के अन्धकार को चीरने के लिए 'नन्दनन्दन वृन्दावन चन्द' उदित होता है। चैतन्य के शिष्य इसी कृष्ण को उज्ज्वल नीलमणि कहते हैं और इसी को भक्तिरसामृतसिन्धु। यही रस 'सूरसागर' का लीला-काव्य बनकर बरसता है, उमड़ता है, तृप्ति देता है। यह प्रेम-वर्षा ही मधुर भक्ति है—मधुर की मधुर पहचान।

भारतीय संस्कृति, साहित्य, कलाएँ, दर्शन, धर्म, इतिहास सभी कृष्ण के पीछे पागल होकर धन्य हुए हैं। बौद्धिकता की गाँठों में कसता और अकेला होता हुआ मनुष्य यदि कहीं विश्राम-स्थल खोज सकता है तो कृष्ण के पास। आज की उत्तर-आधुनिकतावादी स्थितियों में, जबकि सभी विचारधाराएँ चुटकुलेबाजी और बहुरूपियेपन का पर्याय हो गयी हैं, कृष्ण का मानुष-भाव ही जीने की दीक्षा-दृष्टि दे सकता है—आज पूरे वैष्णव-चिन्तन पर नये ढंग से सोचने-विचारने की, मथने की जरूरत है, तभी कुछ हासिल किया जा सकता है।

14

सूरदास-2

सूरदास का काव्य भारतीय परम्परा और जीवन-सौन्दर्य के मूल क्षेत्र गृहस्थ और परिवार की गहरी संवेदना से जुड़ा है। इस जुड़ाव की मानसिकता के पीछे सक्रिय एक विशाल भाव-भूमि है। एक सीमित काव्य-क्षेत्र कविता के लिए चुनने पर भी उसमें लोक-जीवन का गहरा सागर निरन्तर लहराता मिलता है। एक खास अर्थ में 'रामायण' और 'महाभारत' जैसे हमारे दोनों ही विशाल महाकाव्य पारिवारिक सौहार्द्र और संघर्ष, तनाव और मुक्ति, खटका और लगाव की ही गाथाएँ हैं। इनमें हमारी सांस्कृतिक-संवेदना और लोक-वेदना, जातीय अस्मिता और कर्म-चेतना का भराव ही राम, कृष्ण, शिव, सीता, राधा, पार्वती बनता है। ये सभी ऐतिहासिक नर-नारी का अहसास कराने पर भी भाव-पुरुष एवं भाव-नारियाँ हैं जिनमें हमारी सांस्कृतिक-अस्मिता के लीला-कमल खिले हुए हैं।

तुलसी की भाँति सूरदास ने लोक-संस्कृति के आधार पर ग्राम-जीवन, कृषक-संवेदना के अनुपम बिम्ब सृजित किये हैं। भारतीय जनता के उत्सव-पर्व, तीज-त्योहार, पूजा-उपासना, व्रत-तीरथ, धर्म-कर्म सभी का आनन्द सूर के काव्य में हँसता-खेलता मिलता है। ब्रज की होली और यमुना का रस-रास सूर को भूलता नहीं है। एक ध्वनि-नाद उठता है—'छबीले मुरली नेकु बजाय'। मुरली वह नाद-शक्ति है—जो जाति-पाँति, कुल की मर्यादा सभी तोड़कर दम लेती है। धर्मशास्त्र की-कट्टरता को सूर गला देते हैं और उनकी भक्ति सभी के लिए मुक्ति के द्वार खोलती है। जनता में सर्वाधिक पीड़ित स्त्रियाँ और अछूत थे। इसलिए इन सभी के प्रति इस कवि की करुणा का सागर-उमड़ता है—ब्रजनायक-लोकनायक सभी नारियों को अपने बराबर खड़ा करता है। श्रीपति राधा को ही नहीं कुब्जा को भी प्रेम-सम्पत्ति देते हैं। मित्र सुदामा को आदर और धन देकर निर्धन के प्रति ऊँचा भाव रखते हैं। सामन्ती समाज में निर्धनों को कोई पूछनेवाला न था—उस समाज में श्रीकृष्ण के चरित्र की इस विशेषता का लोक मन पर बहुत गहरा असर पड़ा। निर्धन जनता के हृदय में भक्ति एवं भगवान पर भरोसा कायम हुआ—

चरन कमल बंदौ हरि राई।
जाकी कृपा पंगु गिरि लंघै अंधे को सब कुछ दरसाई।
बहिरौ सुनै, मूक पुनि बोलै, रंक चलै सिर छत्र धराई॥
सूरदास स्वामी करुणामय, बार-बार बंदौ तिहि पाई॥

श्री कृष्ण ही हैं जो स्वामी होने पर भी स्वामित्व का दम्भ नहीं पालते। दाता होकर भी दान का मद नहीं पालते। छोटे से छोटे को अपने बड़प्पन से बड़ा करते हैं। दुर्योधन के राजसूय यज्ञ में कृष्ण सभी की जूठी पत्तल बटोरने का काम लेते हैं, कोई दम्भ नहीं पालते हैं। सच है 'हरि सो ठाकुर और न कोई', जो भक्तों के लिए कुछ उठा नहीं रखते—'हरि सौं मीत न देख्यो कोई' जो गाढ़े समय की भुजा बनता है।

राम भक्त वत्सल निज बानौ
जाति, गोत, कुल, नाम गनत नहि, रंक होइ कै रानौ।
शिव ब्रह्मादिक कौन जाति प्रभु, हौं अजान नहीं जानौ।
हमता जहाँ तहाँ प्रभु नाहीं, सो हमता क्यों मानौ?
प्रकट खंभ तै दए दिखाई, जद्यपि कुल कौ दानौ।
रघकुल राघव कृस्न सदा ही गोकुल कीन्हों कानौ।
बरनि न जाय भक्त की महिमा, बारंबार बखानौ।
ध्रुव, रजपूत, विदुर, दासी सुत, कौन कौन अरगानौ।
जुग-जुग विरद यहै चलि आयौ, भक्तनि हाथ बिकानौ।
राजसूय मैं चरन पखारे स्याम लिये करपानौ।
रसना एक, अनेक स्याम गुन, कहँ लगि करौं बखानौ।
सूरदास प्रभु की महिमा अति साखी वेद-पुरानौ॥

सूरदास ने भक्ति-आन्दोलन की चेतना से कृष्ण को सम्पूर्ण भारतीय-मानस का लोकनायक बनाया। भारतीय संस्कृति के विकास के इतिहास में इस भाव-नायक का योगदान आँकना कठिन है—कलाओं और काव्य क्षेत्रों में कृष्ण प्रकाश फैलाते दिखाई देते हैं। भारतीय कलाओं की अनेक शैलियाँ कृष्ण को प्रेरणा-रूप में पाकर पनपती और फैलती हैं। चिन्तन, भाव और कर्म या कहिए इच्छा-क्रिया ज्ञान की त्रिवेणी इस भाव-नायक के सौन्दर्य से प्रवाहित होती है। श्री कृष्ण ही सच्चिदानन्द हैं, अवतारी दिव्य लीलापुरुष हैं। वे ही जगत के मूल कारण हैं और सृष्टि उन्हीं की लीला का परिणाम है। यह लीलावतारी कृष्ण भक्त-वत्सल और दीनानाथ हैं। भारतीय मानस ने कृष्ण के ऐश्वर्य रूप से ज्यादा प्रेमरूप-लीला नायक को ही सर्जनात्मक अभिव्यक्ति दी है। विद्वानों ने आज यह निष्कर्ष सहज ही निकाल लिया है कि प्रेममूलक वैष्णव परम्परा

की उपलब्धियों ने ही कृष्ण की मधुर छवियों को जन-मन में अमिट कर दिया है। भूलना न चाहिए कि प्रेममूलक वैष्णव परम्परा (भागवत धर्म) किसी एक कवि की कल्पना नहीं है। न जाने कितने रचनाकारों ने इस रूप-सागर कृष्ण की सृष्टि की है। जन में प्रचलित कथाओं, भाव-व्यापारों ने कृष्ण को काव्यात्मक साँचे में ढाला है और हर देश और काल के प्रभाव दबाव में यह साँचा बदला गया है। निरन्तर गतिशील-प्रगतिशील साँचे में कृष्ण को कवि-कल्पना रूप देती रही। इतिहास, पुराण, कल्प, पुरावृत्त, आख्यान, अवदान, आरण्यक, चरित, उपाख्यान, निजन्धरी कथावृत्त, गाथा, दर्शन, काव्यशास्त्र, संगीतशास्त्र, काम शास्त्र आदि न जाने कितने तत्त्वों ने श्रीकृष्ण में अपना योग दिया है। परिणाम यह हुआ है कि आज यह कहना कि कृष्ण इतिहास-पुरुष हैं, पुराण पुरुष हैं—कोई अर्थ नहीं रखता। वे भाव-नायक हैं—पूरी की पूरी भारतीय सांस्कृतिक जातीय चेतना के समग्र बिम्ब। यह बिम्ब आर्य-अनार्य शास्त्र और लोक दोनों की शक्ति से निष्पन्न हुआ है। लोक भाव-भूमि के प्रतीक कृष्ण सभी झूठी मर्यादाओं को तोड़ते हैं—अभिजात्यवादी संस्कारों को जड़ से उखाड़ने में सक्रिय रहते हैं। उनमें भारतीय सांस्कृतिक-धार्मिक संवेदना का 'धर्म बीज' मौजूद है। हर संस्कृति में मौजूद धर्म के भीतर से ऐसे व्यक्ति उभरते हैं जो विराट वृक्ष होते हैं—उन्हीं की सूचना 'धर्म-बीज' से मिलती है। अत: प्रत्येक संस्कृति को समझने के लिए इस तरह के 'धर्म बीज को ठीक-ठीक समझना अपेक्षित होता है—क्योंकि इन्हीं धर्म बीजों' में संस्कृति की सम्पूर्ण सर्जना-शक्ति सुप्तावस्था में मौजूद रहती है। जब वह धर्म बीज उगते या अंकुरित होते हैं—तो उनका वृक्ष रूप पूरी संस्कृति के रूप-ज्ञान सौन्दर्य को अभिव्यक्ति देता मिलता है। अत: 'धर्म बीज' को साम्प्रदायिक कहकर उसे नकारने या बचाने की जरूरत नहीं है—उसकी शक्ति का अनुमान लगाने की बौद्धिक सजग पीढ़ी से अपेक्षा रहती है। धर्म-नियम, दर्शन, सिद्धान्त सभी इस 'धर्मबीज' की आन्तरिक शक्ति में निवास करते हैं और इसी से वह मनुष्य जन्म देता है—जो इतिहास की दिशा बदलता है, पुराने आदर्शों-मूल्यों की रूढ़ियों को तोड़कर नये मूल्यों को रोपता है। वे पनप सकें, इसके लिए जमीन गोड़ता है, ढेले फोड़ता है। आचार्य नरेन्द्रदेव ने इसी बात को समझाते हुए कहा है कि संस्कृति चित्त की खेती का नाम है।

कृष्ण का सर्वप्रथम उल्लेख 'ऋग्वेद' में ऋषि या रचयिता के रूप में मिलता है। इसी कृष्ण को पीछे की चिन्तन-परम्परा अंगिरस या आंगिरस का उत्तराधिकारी घोषित करती है। ऋग्वेद में इन्द्र के शत्रु के रूप में भी कृष्ण का उल्लेख मिलता है। यहाँ कृष्ण अपनी दस हजार असुर सेना के साथ अंशुमती नदी के विशाल प्रदेश में विचरण करते दिखाई देते हैं। इन्द्र ने इनसे युद्ध करने के लिए मरुतों का आह्वान किया तथा बृहस्पति की सहायता से पराजित कर इनकी सेनाओं का वध कर डाला। एक ऐसा भी सूक्त मिलता है कि प्रतापी इन्द्र ने वज्र से कृष्णासुर की गर्भवती स्त्रियों का

वध किया। लेकिन वेदों के बाद इतिहास-चक्र की दिशा बदलती है और कृष्ण की शक्ति-महिमा का विस्फोट होता है। कृष्ण अनेक बार खुले युद्ध में इन्द्र को पछाड़ते हैं। इन्द्र-कृष्ण युद्ध में विदेशी-विद्वान जब घटिया नस्लवादी-सिद्धान्त से सोचते हैं—तो आर्य-अनार्य संघर्ष के बीज पाते हैं। किन्तु ऐसा नहीं है। कृष्ण को वैष्णव चिन्तन ने एक ऐसा रूप दिया है कि वह धरती का कृषिजीवी समाज-संस्कृति का नायक बनता गया। 'असुर' का अर्थ दानव या राक्षस नहीं है—असुर का अर्थ है—जो सुर या देवता नहीं है अर्थात् मनुष्य। यह मनुष्य वैदिक धर्म तन्त्र, यज्ञ-हिंसा, धार्मिक रूढ़िवाद को ललकार कर तोड़ता है और एक नवीन क्रान्तिकारी सामाजिक व्यवस्था को जन्म देता है। यज्ञ, हिंसावादी चिन्तन परम्परा को पछाड़कर यह वैष्णव धर्म के अहिंसावादी रुझान को ग्रहण करता है। बौद्ध-जैन धर्म की तरह भागवत-धर्म भी यज्ञ-हिंसावाद के खिलाफ विद्रोह है। लोक-मानस में कृष्ण की महत्त्व-महिमा के लिए कृष्ण को 'गर्व मघवा हरण' इन्द्र को पराजित करने वाला दिखाया गया है। छान्दोग्य उपनिषद में देवकीपुत्र कृष्ण अंगिरस का शिष्यत्व ग्रहण करते दिखाई देते हैं। गुरु के उपदेश-सिद्धान्त ही कृष्ण पीछे से 'गीता' में दुहराते हैं।

ध्यान देने की बात यह भी है कि वैदिक युग का विष्णु अजेय गोप है—तेजोमय है, त्रिषधस्थ—तीनों पगों से पृथ्वी को नापनेवाला है, गौ पृथ्वी का धारणकर्त्ता और रक्षक है। इन्द्र का भाई 'उपेन्द्र' है। यही विष्णु उत्तर वैदिक-युग में एक पराक्रमी व्यक्तित्व धारण करता है। विचारों का सांस्कृतिक-प्रवाह तेज होने पर शिव उभरते हैं। आर्य-आर्येतर संस्कृतियों के संघर्ष के बाद एक नया संस्कृतिक मॉडल निर्मित होता है। जिसमें निषाद, किरात, द्रविड़ और आर्य जातियों का मिलन दिखाई देता है। इस मिलन से विष्णु और शिव दोनों में नयी बातें जुड़ जाती हैं। पर प्रवाह रुकता नहीं। ब्राह्मणकाल के ब्रह्मा परवर्तीकालों में निरन्तर मन्द होते जाते हैं। लेकिन तीन पगों से धरती नापने वाले विष्णु का तेज फैलता जाता है। वे लोक, वेद और वाणी तीनों को नापने का संकेत देने लगते हैं। ऐतरेय ब्राह्मण इस प्रतीक कथा को नयी अर्थ-ध्वनियाँ देता है। इन्द्र के सभी विशेषण विष्णु-जज्ब करने लगते हैं। आश्चर्य है कि इन्द्र ने वराह का वध किया था पर विष्णु ने वराह अवतार धारण कर पुराने पाप को धो दिया। ब्राह्मणकाल की सभी कलाएँ विष्णु में समाने लगीं। उपनिषद काल की चिन्तन धारा में विष्णु-परमपद के अधिकारी हो गये। महाभारत-युग में विष्णु का मानवीकरण विशाल स्तर पर हुआ। वैष्णव चिन्तन का देवता अब मानव बनने में गौरव पाने लगा। पूरा का पूरा भक्ति-आन्दोलन वैष्णव-चिन्तन की गोद में पलने लगा और एक दिन सांस्कृतिक प्रवाह ने वह रूप भी पाया कि नारायण और वासुदेव खिसककर विष्णुमय हो गये। नर का अन्तिम लक्ष्य नारायण की प्राप्ति बना और नारायण सृष्टि के प्रतीक बने। जल का सम्बन्ध नारायण एवं विष्णु दोनों से था। फलतः दोनों देवता एक हो गये।

अनेकता में एकता स्थापित करनेवाली, विरुद्धों में सामंजस्य का गुण रखनेवाली भारतीय संस्कृति की अभेदवादी दृष्टि का यह अनूठा उदाहरण है। यही हाल वासुदेव और नारायण पूजा का हुआ। दो नहीं रहे, एक हो गये। अर्जुन-वासुदेव की नर-नारायण जोड़ी महाभारत में दिखाई देती है। कहना न होगा 'महाभारत' में नारायण और विष्णु, विष्णु और वासुदेव एक हो रहे हैं। वैष्णव चिन्तन परम्परा के महाप्रवाह में सात्त्वत, नारायण या पंचरात्र ऐसे घुलमिल जाते हैं कि पहचानना कठिन हो जाता है। तैत्तिरीय आरण्यक में विष्णु का एक नाम वासुदेव मिलता है। 'महाभारत' में वसुदेव-देवकी के पुत्र वासुदेव कृष्ण में सभी-प्राणियों का वासु या वास है—तभी तो वे वासुदेव हैं। जो विद्वान ईसाई धर्म में भक्ति-आन्दोलन और कृष्ण को क्राइस्ट रूप में खोजते हैं—उन्हें जानना चाहिए कि भक्ति मार्ग ईसाई धर्म-दर्शन से बहुत पुराना है। 'महाभारत' के 'नारायणीय उपाख्यान' को विचार के केन्द्र में रखकर बात करनी चाहिए। नारायण, वासुदेव और विष्णु का समीकरण भक्तिमार्ग के पूरे दृश्य पर साफ रोशनी डालता है। श्रीमद्‌भगवद्‌गीता में कृष्ण ने कहा—मैं वृष्णियों में वासुदेव हूँ। महाभारत सात्वत और वृष्णि जातियों से कृष्ण का सम्बन्ध स्थापित करता है। बौद्ध और जैन साहित्य में उपसागर और देवगव्या के दो बड़े लड़कों का नाम वासुदेव और बलदेव है। यहाँ पद्य भाग में केशव और कान्ह का नाम मौजूद है। कृष्ण का कन्हैया रूप श्रीमद्‌भागवत में रास-रंग के साथ दमक उठता है और हिन्दी का कृष्ण भक्ति-साहित्य भी कन्हैयालाल की छवियों से शोभा पाता रहा है। जैन-परम्परा में कृष्ण को नेमिनाथ (देखें तीर्थंकर) के समकालीन पाते हैं। सच बात यह है कि कृष्ण की लोक-प्रियता ने बौद्धों और जैनियों को भी कम नहीं लुभाया है।

विष्णु के अवतार कृष्ण ई. पू. चौथी शताब्दी (चन्द्रगुप्त मौर्य के काल) में इतने प्रसिद्ध हो चुके थे कि ग्रीक मेगास्थनीज तथा एरियन के लेख वासुदेव पूजा का प्रमाण देते हैं। जातक और महामान्ध कृष्ण कंस-कथा को सामने लाते हैं। कृष्ण का मानव रूप महाभारत में बड़ी उत्सुकता जगाता है। वे पाण्डवों के सारथी बने हैं। पाण्डवों के सखा-सलाहकार और सहायक हैं। इसी कृष्ण में नारायण, केशव, रुद्र, वासुदेव, विष्णु, दामोदर, गोविन्द सभी समाविष्ट हो जाते हैं। सभी प्राणियों के शरीर में वे आयण हैं नारायण हैं, सारे विश्व में व्याप्त हैं। विष्णु हैं, सारा विश्व कृष्ण में स्थित है, वासुदेव हैं। 'महाभारत' की द्रौपदी विपत्ति काल में कृष्ण को पुकारती है तो हरि, गोविन्द, गोपीजन प्रिय, द्वारिकावासी कहती है।

पुराणयुग में अवतारवाद त्वरित गति से विकसित होता दिखाई देता है तथा सगुणवाद का लीला-कमल अपनी गन्ध से भर जाता है। विष्णु-नारायण, वासुदेव के इस समीकरण में कृष्ण का भाव-मिलन हुआ। भारतीय-सांस्कृतिक संवेदना के भराव और मँजाव पर ध्यान देना हो तो पुराणों को समझना बहुत आवश्यक है। प्राय:

पश्चिमी झोंक में हमने पुराणों की उपेक्षा की है जबकि प्रत्येक देश का जन-मानस पुराणों की निर्मित का एक बड़ा भाग होता है। पुराण का अर्थ पुराना ही नहीं है—निरन्तर जो नवीन होता रहे—नए अर्थ सन्दर्भ भरता रहे, वह पुराण है और हमारे पुराणों ने तो यह कार्य विराट् स्तर पर निरन्तर किया है। रामायण-महाभारत से कम भागवत पुराण का योगदान भारतीय काव्यात्मकता को नहीं है। महाभारत लिखने के बाद खिन्न-अतृप्त व्यास को नारद हंसों के लिए एक मानसरोवर बनाने का उपदेश या सलाह देते हैं। नारद की सलाह मानकर व्यासजी श्रीमद्भागवत पुराण की रचना करते हैं और इसमें श्री कृष्ण-रस का सागर-प्रवाहित कर देते हैं। सत्य यह है कि वैष्णव धर्म की लोक-व्याप्ति में पुराणों का महत्त्व अक्षय है। पुराणों ने विष्णु को कथानायक लोक-लीला-नायक बनाने में इतनी बड़ी भूमिका अदा की है कि उस भूमिका का महत्त्व आँकना कठिन पड़ता है। विष्णु के दश-अवतार हंस, कूर्म, मत्स्य, वाराह, नृसिंह, वामन, परशुराम, रामदाशरथी, कृष्ण, कल्कि को पुराणों ने भाव-परिवर्तन की चेतना के साथ अभिव्यक्ति दी। हरिवंश पुराण ने साफ कहा—विष्णु के असंख्य अवतार हैं। भागवत, गरुड़, नारद, विष्णु, हरिवंश, वायु आदि पुराणों ने विष्णु की अनेक छवियाँ प्रस्तुत कर डाली हैं। काल-प्रवाह में अनेक अवतारों वाले विष्णु राम और कृष्ण में केन्द्रित हो गये। कृष्ण पर देशी-विदेशी विद्वानों ने अपने कोणों से विचार किया। आर.जी.भण्डारकर, बी.एस. सुखतानकर, एस.सी.राय चौधुरी, ए.डी. पुसलकर, जी.एन.बनर्जी, डी.सी. सरकार, सुवीरा जायसवाल, रामचन्द्र शुक्ल, हजारी प्रसाद द्विवेदी, विजयेन्द्र स्नातक, दीनदयालु गुप्त, कपिलदेव पाण्डेय, लोकमान्य तिलक, रामधारी सिंह दिनकर, राधाकृष्ण, मुंशीराम शर्मा, प्रभुदयाल मीतल, विल्सन-वेबर, वार्थ, ग्रियर्सन, गार्व हापकिन्स, कीथ आदि अनेक विद्वानों ने विचार किया है। कृष्ण एक हैं या अनेक कृष्ण हैं, इस समस्या पर बहुत बहसें हुईं और यह माना गया है कि कृष्ण एक हैं और भाव नायक हैं। उन्हें ऐतिहासिक व्यक्ति मानना सही नहीं है।

दरअसल, भण्डारकर ने 'वैष्णविज़्म और शैविज़्म' पुस्तक लिखकर पूरे भारतीय चिन्तन को गुमराह करने का प्रयास किया। उन्होंने भारतीय भक्ति-आन्दोलन पर ईसाई प्रभाव माना। कृष्ण का 'क्राइस्ट' से कोई साम्य नहीं है। भारतीय मन की मधुरता—सौन्दर्य कृष्ण-भाव रस के सौन्दर्य में लिपटी है—'क्राइस्ट' इस भाव से ही वंचित हैं। औपनिवेशिक दासता की जड़ें कितनी गहरी होती हैं और कैसे रंग दिखाती हैं, यह भण्डारकर के कृष्ण-चिन्तन में साफ दिखाई दे जाता है। एक भारतीय पाश्चात्य विचारों के चक्कर में कैसे 'पागल बुद्धि' पाता रहा है—भण्डारकर उसी के उदाहरण हैं। विडम्बना यह है कि भण्डारकर की अँग्रेजी-भाषा में लिखी पुस्तक अँग्रेजीदाँ लोगों में लोकप्रिय रही है। यहाँ तक कि भण्डारकर के विचारों का अन्धानुकरण

वैष्णव-धर्म और शैव-धर्म की चिन्तन-पद्धतियों पर विचार करते हुए हिन्दी में खूब हुआ। हिन्दी शोध प्रबन्धों में अँग्रेजी के अधूरे-अधकचरे-नासमझ उद्धरण न हों तो वह शोभा नहीं पाता। इन्हीं शोध-पुंगवों की कृपा का फल है कि भण्डारकर हिन्दी जाति की मानसिकता को विकृत करने में सफल हो सके। 'कृष्ण' पर विल्सन वेबर, वार्थ, ग्रियर्सन, गार्व हापकिन्स, जेकोबी, केनेडी, कीथ-मैक्रीकाल, बार्वेट, इलियट, रूबेन, गोंदा आदि विदेशी विद्वानों के चिन्तन को दूर से ही नमस्कार करना चाहिए। क्यों करना चाहिए, इस प्रश्न का उत्तर भी जरूरी है।

यूरोपीय चिन्तन में भारतीय 'धर्म', 'संस्कृति', 'प्रकृति', 'परम्परा', 'इतिहास' की जो धारणा बनी, वह उनके अपने संस्कारगत चिन्तन का परिणाम रही है। एक यूरोपीय एकेश्वरवादी दिमाग प्रायः यह समझने में असमर्थ रहता है कि बहुदेववादी उदारता का क्या रूप हो सकता है। नारायण, वासुदेव, दामोदर, केशव, विष्णु कैसे कृष्ण में समाते गये—एक रूप हो गये—यह प्रक्रिया यूरोपियों की समझ में ही नहीं आती। 'धर्म' की मर्यादा या जातीय अस्मिता शक्ति को किन कसौटियों पर आँका जाएगा, यह विदेशी के लिए समझ पाना कठिन है। यह कठिन इसलिए है कि इस तरह के चिन्तन भाव-प्रक्रिया का उनकी सांस्कृतिक मनोभूमि में कोई स्थान नहीं है। इसलिए वे 'धर्म' को 'रिलीजन' का पर्याय मानकर चलते हैं और 'रिलीजन' धर्म नहीं है—इस गड़बड़ी के कारण उनका पूरा चिन्तन शेखचिल्लीपन का शिकार हो जाता है। फिर भारत में धर्म से संस्कृति, संस्कृति से प्रकृति, प्रकृति से परम्परा, परम्परा से दर्शन, दर्शन से धर्म, परम्परा से धर्म और इतिहास तथा साहित्य अलग नहीं रहे। पूरा सोच समग्र पर केन्द्रित रहा। अब खण्ड-खण्ड या टुकड़े-टुकड़े करके देखने पर पूरा दिखाई ही नहीं देता। ठीक न देख पाने के कारण ही यूरोपीय दिमाग और इस तरह के दिमागी बनावट वाले बुद्धिजीवियों से बहुत से भाववादियों को 'वैष्णव धर्म' साम्प्रदायिक नजर आता है। वे वैष्णव धर्म के 'विष्णु-तत्त्व' की व्यापकता को समझ ही नहीं पाते। विष्णु की कृष्ण और राम के रूप में जो महत्त्व-प्रतिष्ठा हुई उसमें एक सांस्कृतिक सोच का कितना बड़ा संघर्ष और बुनावट छिपी हुई है, इस संस्कृति में वे बिम्ब, मिथक प्रतीक, और अभिप्राय छिपे हुए हैं जिन्हें एक संस्कृति ने हजारों अनुभवों से रचा है, पाला है और जिनमें उस संस्कृति के मनुष्य ने अपनी छवि पायी है। ईसाई धर्म में जिस तरह ईश्वर की कल्पना मनुष्य के रूप में हुई है, वैसी भारतीय चिन्तन या कहिए वैष्णव धर्म में नहीं हुई। यूरोपीय मनुष्य की आत्मकेन्द्रित छवि अपने से बाहर की दुनिया को विभाजित करके ही देख पाती है जबकि भारतीय मनुष्य की छवि में आत्म-विस्तार, लोक-मंगल भाव का ऐसा सहज प्रसार है कि बाहरी जगत को भीतरी जगत से विभाजित करके वह देख ही नहीं सकता। वह तो चींटी से ही वृक्ष तक में अपनी भाव-करुणा को पाता है। भारत के चित्त की समष्टि भाव-भूमि ने

देवताओं को मनुष्य रूप में पाया और लोक-रक्षण, लोकचिन्ता के भाव से इस मानव को भाव-नायक बनाया—संस्कृति पुरुष बनाया। कृष्ण भारतीय चिन्तन की इसी समष्टि भाव-भूमि से उपजे भाव-नायक हैं। आर्य-अनार्य आभीर-द्रविड़ सभी विभेदों को भूलकर भारतीय जीवन-पद्धति ने दर्शन ने अपनी जातीय सांस्कृतिक अस्मिता को कृष्ण का रूप दिया। इसलिए कृष्ण भक्ति की कथा-परम्परा में वे सभी बीज-भाव मौजूद हैं, जो न केवल किसी जाति या समाज का मन बनाते हैं—बल्कि उस जाति की असली पहचान मुकम्मल करते हैं। मानव-मन के विश्वास में जिस चीज के मूल्य का विकास होता है, वह न केवल सांस्कृतिक संवेदना का उजला मोती है बल्कि उस सीपी की भी पूरी स्मृति है जिसमें वह पलता है। सृजन की पूरी जीवनधारा, लय और लौ रूपायित होती है। यही उसकी सांस्कृतिक चेतना की सच्ची आँख है, जो तीनों कालों को एक साथ देखती है। इसी अर्थ में 'प्रतिभा' संस्कृति विधायिनी होती है और उससे सृजित मनुष्य देश और काल का अतिक्रमण करता है, कर सकता है। क्या यह प्रतिभा-भाव कृष्ण नहीं है? राम नहीं है? शिव नहीं है? निश्चय ही है।

यही वह दृष्टि है जो सही और सटीक सोच में भारतीय संस्कृति को विश्व की अन्य संस्कृतियों से अलग पहचान देती है। लेकिन जो लोग आज 'ग्लोबलाइजेशन' का झुनझुना बजा रहे हैं, उन्हें यह बात समझा देना बड़ी टेढ़ी खीर है। हम 'विश्व-मानव' बनने के चक्कर में हवा में उछल रहे हैं और ठोस जमीन से हमारे पैर सम्बन्ध नहीं जोड़ पा रहे हैं—नतीजा-उत्तर आधुनिकतावादी रुझानों का फटा हुआ कनस्तर बज रहा है और भाई लोग उसे दिव्य-संगीत, धन्य जीवन-दर्शन कह रहे हैं। हम भूल रहे हैं कि कृष्ण के भीतर भारतीय मनुष्य ने अपने जीवन के मूलभूत और मूल्यवान सत्य को मूर्त्त करने की संकल्प-साधना की है।

कृष्ण हमें हमारी उस जातीय-चेतना के नजदीक ले जाता है—जो खण्डित इकाइयों का अनमेल ढेर नहीं रही। मध्यकाल का सांस्कृतिक जागरण और भक्ति-आन्दोलन विश्व में अपना उदाहरण नहीं रखता। कृष्ण आत्म-विभाजित, आत्मकेन्द्रित, स्वायत्त-सभ्यता संस्कृति का भाव-नायक नहीं है—वह मन को उन्मुक्त करने वाले विश्वासों-व्यवहारों को एक सूत्र में बाँधकर केन्द्रीय दर्शन, समग्र जीवन-बोध का सांस्कृतिक बिम्ब है, जिसे भारतीय-जीवन प्रणाली के भीतर ही बिंध कर महसूस किया जा सकता है। 'बालब्रह्म' के रूप में कृष्ण की बाल-लीला का अर्थ ही है कि भारत की अनेक जातियाँ अपनी सांस्कृतिक पहचान को एक सामूहिक सभ्यता-बोध के भीतर ही जीवित रख सकी हैं। वैदिक ऋचाओं, उपनिषदों, बौद्ध-जैन-ब्राह्मण चिन्तन पद्धतियों, पौराणिक गाथाओं-आख्यानों-उपाख्यानों, महाकाव्यों, कलाओं में कृष्ण ने जातीय स्मृति की जीवन्तता का बोध कराया है। आधुनिक

यूरोपवासी के लिए स्मृति संग्रहालयों-पुस्तकों की वस्तु हो सकती है पर एक भारतीय के लिए कृष्ण की स्मृति निरन्तर धड़कता वर्तमान है, वाचिक-परम्परा का लोक-हृदय है। लोक लीला-कमल है, जो खिला रहता है। कृष्ण न अतीत है न व्यतीत है—न इतिहास का मुर्दाघर है। वे भारतीय जीवन की लय के वर्तमान भाव-नायक हैं। यूरोप की इतिहास-चेतना वर्तमान और अतीत का भेद करती है और वह भेद भारतीय मनीषा को फूटी आँख स्वीकार नहीं हुआ। हमारा 'परम्परा-बोध' तमाम विदेशी आक्रमणों से धूमाकुलित अवश्य हुआ पर अपने मूल से विच्छिन्न नहीं हो सका—या नहीं किया जा सका। इसी अर्थ में कृष्ण को हम देखते हैं—तो वे आज भी जीवन को उन्मुक्त और उल्लास के साथ जीने की चाह जगाते हैं।

प्रश्न किया जा सकता है कि कृष्ण की भाव-परम्परा के समग्रता-बोध का क्या तात्पर्य? मेरा अभिप्राय उस पूरे बीज-वृक्ष-चिन्तन से है, जिसमें निरन्तर अंकुरण-पल्लवन-कुसमन-फलन चलता रहा है। वनस्पति-जगत् का ऋतु-चक्र भीतर-बाहर से हमारे चिन्तन को दिशा देता है। पूरा जीवन तन्तुजाल की तरह लिपटकर बढ़ता है। प्राणी और वृक्ष इसी प्रक्रिया में पनपते हैं। वृक्ष-रूपक इसीलिए हमारे साहित्य में बार-बार आता है कि वह हमारे प्रकृति-दर्शन की अखण्ड-चेतना का स्मृति बिम्ब है, हमारे आदिम अवचेतन मन का अनिवार्य हिस्सा है। भारतीय मन आज भी वृक्ष रूपकों, पौराणिक प्रतीकों, आख्यानों, मिथकों, अभिप्रायों से नया अर्थ सन्दर्भ पाता है। ध्यान देने की बात यह भी है कि यूरोप ने लौकिक और अलौकिक, ईश्वर और मनुष्य के बीच एक ऐसी कँटीली दीवार खड़ी की कि आदमी बँटता गया—'आर्थिक मनुष्य', 'धार्मिक मनुष्य', 'राजनीतिक मनुष्य' जैसा विभाजन हुआ। वर्गीकरण और 'विभाजन' समग्रता का शत्रु है। इसे भारतीय चिन्तन ने कभी प्रश्रय नहीं दिया। राम और कृष्ण तथा शिव तीनों को एक सूत्र में बाँधने वाली भारतीय दृष्टि प्रमाण के रूप में देखी जा सकती है। यहाँ तो काली मन आने पर कृष्ण बनने की सोच सकती हैं एवं शिव को राधा बनना पड़ता है। सांस्कृतिक चिन्तन के अवतारवाद—लीलावाद में हमारे दार्शनिक आचार्यों ने—रामानन्द हों, वल्लभाचार्य रामानुजाचार्य हों या निम्बार्काचार्य, ऐसे सेतु बनाये जो एक-दूसरे से गहरे जुड़े हैं। इधर का उन्मत्त आधुनिकतावादी इस सेतु को तोड़ना चाहता है लेकिन सेतु है कि टूट-फूट से क्षत-विक्षत होकर भी धराशायी नहीं होता। इधर धर्मवीर भारती 'कनुप्रिया' लिखते हैं तो जगदीश गुप्त 'गोपिका' और उड़िया के रमाकान्त रथ 'श्रीराधा' काव्य रचते हैं। राधा अभी भी भारतीय सेक्युलर अनुभव की शक्ति का स्रोत बनती दिखाई देती है। श्रीमद्भागवत पुराण जयदेव, विद्यापति, चण्डीदास, सूरसागर की भाव-परम्परा का जल अभी भी प्रवाहित है। जाहिर है कि "भारतीय संस्कृति सिर्फ अतीत का अवशेष न होकर एक जीवन्त समाज-व्यवस्था में प्रवहमान थी और यह प्रवाह विशिष्ट

भौगोलिक परिवेश में दो हजार-वर्ष की ऐतिहासिक निरन्तरता में विराजमान था। इतिहास के प्रहारों द्वारा क्षत-विक्षत, जगह-जगह रुँधा हुआ, भ्रष्ट, मैला-विकृत, फिर भी क्रियाशील, अपने बिम्बों और प्रतीकों में प्राणवान, लाखों लोगों के जीवन में रचा-बसा, उनके जीवन और उनकी मृत्यु को लगातार एक अर्थ देता हुआचार्य..उसमें वे सब मैले और पवित्र तत्त्व मौजूद थे, जिससे एक जीवन्त सभ्यता का चरित्र बनता है।'' (भारत और यूरोप प्रतिश्रुति के क्षेत्र, पृष्ठ 15) किन्तु मुसीबत तब खड़ी हो गयी जब एक औपनिवेशिक सत्ता ने भारत को कुचलकर अपनी ओर मोड़ना चाहा। चालाकी कम नहीं बरती, भारत को 'रूढ़ियों एवं अन्धविश्वासों' से मुक्त करने का फन्दा फेंका। बहानेबाजी से मुँह में राम बगल में ईंटों की कहावत चरितार्थ की। ग्रियर्सन उसी चेतना के प्रतिनिधि थे जो भक्ति को ईसाइयों की देन कहते रहे।

गोपाल कृष्ण की ब्रजलीला की धारणा वैदिक साहित्य में मिलती है। इस कथन का यह अर्थ नहीं है कि हर कथा का बीज-भाव वेद हैं। किन्तु इतना अवश्य है कि भारतीय चिन्तन में एक देवता का दूसरे देवता में विलय कैसे हुआ और कैसे बहुदेववाद एक एकात्म भावाधार ग्रहण करता गया। प्राचीन देवता का नये देवता में समाहार और सामंजस्य यहाँ बराबर चलता रहा और अन्ततः ऐसे देवताओं ने भाव नायकों की छवि धारण कर ली। हमारे शास्त्र और लोक दोनों ने इस प्रक्रिया-प्रवाह को शक्ति दी और लोक-जीवन की अपनी भाव-भूमि में नायक जज्ब होते गये। धर्म, दर्शन, प्रकृति, इतिहास भूगोल सभी इनके व्यक्तित्व में रूप और रंग की चटख के साथ उमड़ता रहा। दर्शन और धर्म तो राम-कृष्ण-शिव या सीता-राधा-पार्वती में फिटकर एक हो गये। वेदों का गोप रूप विष्णु कालिदास में आते-आते 'गोपवेषस्य विष्णोः' के रूप में पक्का हो गया। यही विष्णु कृष्ण बना। क्राइस्ट से इसका कुछ लेना-देना नहीं। रही यह बात कि गोपाल कृष्ण की बाल-लीला का मूल आभीरों के देवी-देवता में खोजना और कृष्ण तथा राधा को अनार्य जातियों का देवी-देवता मानना। शोध का विषय तो है पर इससे कोई बड़ी उपलब्धि नहीं होती। आर्य-अनार्य मिलन निरन्तर होता रहा और इसके शुभ परिणाम निकले। राधा-कृष्ण लीला पर सांख्य दर्शन का गहरा रंग है—राधा प्रकृति है और कृष्ण पुरुष। परवर्ती कालों में राधा-कृष्ण पर काम शक्ति और तन्त्र-लीला का असर दिखाई देता है। कहना न होगा कि कृष्ण के लीलावाद में अनेक भाव-धाराओं का कोलाहल सुनाई देता है। पद्मपुराण में न केवल राधा-कृष्ण का (प्रकृति-पुरुष सिद्धान्त के) दार्शनिक-आधार से विवेचन है—इसमें वृन्दावन, ब्रज, गोकुल-मथुरा आदि की दार्शनिक आध्यात्मिक प्रतीकात्मकता को समझाया गया है। श्री कृष्ण के पूर्णावतार सौन्दर्य का इसमें अद्‌भुत ढंग से वर्णन है। यह वर्णन इतना व्यापक है कि पीछे के कृष्ण-भक्ति काव्य पर इसका गहरा रंग चढ़ा दिखाई देता है। गोपियों के साथ कृष्ण की मधुर लीलाओं की यहाँ एक ऐसी भाव-भूमि है, जिसका

मोहन-भाव भक्त-हृदय भूल नहीं सकता। ब्रह्मवैवर्त पुराण (अनेक विद्वान इस पुराण को बंगाल में लिखा अत्यन्त अर्वाचीन पुराण घोषित करते हैं।) में राधा-भाव की दार्शनिक व्याख्या है। गौड़ीय वैष्णवों की भक्ति-भावना का राधा-भाव इस पुराण में तन्त्रवाद (शिव-शक्ति) की ओर झुका दिखाई देता है—थोड़ी रंगत सांख्य दर्शन की भी है। लेकिन पूरी रंगत अद्वैत-भाव की चमक में मिलती है। फिर यहाँ राधा-कृष्ण विवाह का मंगल आयोजन है। बादलों से घिरे आसमान और झंझावात से आन्दोलित वन से राधा ही कृष्ण को घर पहुँचने के लिए मार्ग-दर्शन करती हैं। दिलचस्प बात यह है कि यह प्रसंग जयदेव और सूरदास दोनों के रचना-कर्म में मिलता है। यह पुराण कृष्ण कथा का रस-प्रवाह कहा जाता है—कारण यह है कि इसमें कृष्ण की बाल-लीला के अलौकिक-वर्णनों के साथ ही रास-लीला का अनुपम-भाव से विस्तार है, ऐसा विस्तार कि चित्त निमग्न हो जाने के बाद बाहर निकलना ही नहीं चाहता। यही कारण है कि कृष्ण-भक्ति काव्य की पूरी मनोभूमिका ब्रह्मवैवर्तपुराण के बिना समझी नहीं जा सकती है।

'श्रीमद्भागवत' पुराण में कृष्णलीला का रस-सागर मिलता है। भागवत का अर्थ ही है—भगवान को केन्द्र में रखकर रचा गया ग्रन्थ। विद्वान इसी पुराण को मध्यकालीन कृष्ण-भक्ति साहित्य का स्रोत मानते हैं। भगवान की भाव सत्ता तो मानवदेह में ही पूर्ण होती है और भागवत की मूल भाव-भूमि है, प्रतिपाद्य है। श्रीमद्भागवत के इस महत्त्व को समझकर ही आचार्यों ने प्रस्थान त्रयी (उपनिषद्, ब्रह्मसूत्र और गीता) के समकक्ष घोषित कर भागवत पुराण पर भाष्य लिखे। टीकाएँ-व्याख्याएँ कीं। विद्वान कहते हैं कि यह पुराण दक्षिण भारत में रचा गया और इसका समय छठी शताब्दी से नौवीं शताब्दी तक माना जा सकता है। भागवत में 'राधा' नहीं है। राधा को न पाकर विद्वान कहते हैं कि राधा-भाव उत्तर भारत की अपूर्व रस-कला है। इसी राधा के पैरों को पलोटकर कृष्ण तृप्त होते हैं—या कृष्ण में कृष्ण रस की निष्पत्ति होती है। 'श्रीमद्भागवत महापुराण' के दसवें स्कन्ध में राजा परीक्षित ने शुकदेव जी से प्रश्न पूछा—भागवत के श्रीकृष्ण समस्त प्राणियों के जीवनदाता एवं सर्वात्मा हैं। उन्होंने यदुवंश में अवतार लेकर जो लीलाएँ कीं, उनका विस्तार से हम लोगों को श्रवण कराइए। जब कुरुक्षेत्र में महाभारत युद्ध हो रहा था और देवताओं को भी जीत लेने वाले भीष्म पितामह आदि महारथियों से मेरे दादा पाण्डवों का युद्ध हो रहा था, उस समय कौरवों की सेना उनके लिए अपार समुद्र के समान थी, जिसमें भीष्म आदि वीर बड़े-बड़े मच्छों को भी निगल जाने वाले तिमिंगल मच्छों की भाँति भय उत्पन्न कर रहे थे। परन्तु मेरे स्वनामधन्य पितामह भगवान श्रीकृष्ण के चरणकमलों की नौका का आश्रय लेकर उस समुद्र को अनायास ही पार कर गये—ठीक वैसे ही जैसे मार्ग में चलता हुआ स्वभाव से ही बछड़े के खुर का गड्ढा पार कर जाए।

महाराज! मेरा यह शरीर जो आपके सामने है तथा जो कौरव और पाण्डव दोनों ही वंशों का एकमात्र सहारा था—अश्वत्थामा के ब्रह्मास्त्र से जल चुका था। उस समय मेरी माता जब भगवान की शरण में गयीं, तब उन्होंने हाथ में चक्र लेकर मेरी माता के गर्भ में प्रवेश किया और रक्षा की। वे कृष्ण समस्त शरीरधारियों के भीतर आत्मा रूप से रहकर अमृतत्व का दान कर रहे हैं और बाहर काल रूप से रहकर मृत्यु का। मनुष्य के रूप में प्रतीत होना, यह तो उनकी एक लीला है। आप उन्हीं के ऐश्वर्य और माधुर्य से पूर्ण लीलाओं का वर्णन कीजिए :

वीर्याणि तस्याखिल-देहभाजा-
मन्तर्बहिः पुरुषकालरूपैः।
प्रयच्छतो मृत्युमुतामृतं च
मायामनुष्यस्य वदस्व विद्वन्॥ 6॥

जैसे गंगा का जल या भगवान शालिग्राम के चरणामृत का जल सभी को पवित्र करता है—ऐसे ही भगवान श्री कृष्ण की लीला-कथा सभी को पवित्र करती है। यहाँ अत्याचारों से त्रस्त पृथ्वी का गाय के रूप में ब्रह्मा-शंकर-विष्णु के पास जाने का भी संकेत है और कृष्णावतार का हेतु भी। भागवत के रचयिता को महाभारत की स्मृति है किन्तु उसका मानस तृप्ति का अनुभव ही मधुर-लीलामृत में करता है। यही कारण है कि पूरा दशम स्कन्ध कृष्ण-रस से आप्लावित है—कृष्ण स्वयं भगवान हैं, अवतारी हैं, भक्तों के लिए यह लीला होती है। 'सूरसागर' में मिलने वाली ज्यादातर कथाओं का मूलस्रोत यही महापुराण है। इस महापुराण की सृष्टि में अखण्ड जीवन-प्रवाह की छवि है और यह छवि मनुष्य देह में ही सबसे ज्यादा निखर सकती है या निखरती है। मानव ही उस प्रवाह के सातत्य को सामने लाने का साधन है। भगवान द्वारा दिये जीवन के अखण्ड-प्रवाह का अनुभव करना ही मानव-जीवन की सार्थकता है। भागवत लोक-धर्म की ओर बढ़ता है पर रुकता नहीं। उसका चरम लक्ष्य तो कृष्ण-रस का साक्षात्कार ही है—नर-नारायण की अनुभूति का योग है—इसमें वैकुंठ जाने की ललक नहीं है, धरती पर जीने की लालसा है। सच है, आचार्यों ने भक्ति को पाँचवाँ पुरुषार्थ माना है तो उसकी पूरी मनोभूमिका को भागवत ने ही तैयार किया है। यही मनोभूमिका मध्ययुगीन भक्ति-आन्दोलन का आधार बनी है जिसमें सभी प्राणियों को मिलाने का भाव है—जाति-कुल के आधार पर किसी की भी उपेक्षा करने का भाव नहीं है। जो भूखा है, पीड़ित है, दीन है—शापित-तापित है, वह आवाज लगाता है तो दीनानाथ प्रभु दौड़े चले आते हैं। भक्त और भगवान का यह सम्बन्ध सामन्तवाद-विरोधी है, जातिवाद-विरोधी है। कट्टर धर्मवाद-तन्त्रवाद विरोधी है। मानवतावाद की इसी व्यापक भावभूमि पर प्रवृत्त होकर भक्ति-आन्दोलन ने योगमार्ग-तन्त्रमार्ग,

अलखवाद, शरीरवादी काम-कलावाद का निषेध किया। 'निषेध क्या, योग मार्ग तन्त्रवाद का पूरा टाट ही पलट दिया। इसलिए जो विद्वान भक्तिवाद को कर्मवाद ज्ञान-मार्ग का विरोधी समझते-समझाते हैं—उनकी बुद्धि पर दया आती है। भक्ति में कर्म-सौन्दर्य की भरपूर स्वीकृति है। भक्ति का 'तदीय' भाव समष्टिवाद की भूमि है। जो लोग कृष्ण की रास-लीला, गोपी-चीर-हरण लीला को भ्रष्ट भक्तों की कल्पना कहते घूमते हैं, उन्हें विचार करना चाहिए कि रास-लीला में चित्त-वृत्तियों के एकीकरण और 'चित्त' समाधि की वह भावभूमि है जहाँ हम क्षुद्रताओं का अतिक्रमण करते हैं। हम सब कृष्ण के हो जाते हैं—यही पूर्णता है, यह गोपियों के द्वारा नैतिकता का अतिक्रमण नहीं है। देह-मन से गोपी भाव से प्रेम की तैयारी है, प्रेम की सहजता में ही प्रेम-लय का सच्चा अनुभव किया जा सकता है। इन्द्रिय-गाय का यह सहज संस्कार है। यहाँ हमारा ध्यान 'गोपी-गीत' पर जाता है। यह गीत-भक्ति का सार सर्वस्व है—'कृष्णैक गम्यो वागर्थः।' गोपांगनाओं का यह वागर्थ केवल श्रीकृष्ण द्वारा ही गम्य है। आनन्दकन्द, परमानन्द, ब्रजचन्द्र, साक्षात् मन्मथ, श्रीकृष्ण उन ब्रजवनिताओं का दुःख हरण करने के लिए उनके मध्य आविर्भूत होते हैं। इस ब्रजपति के ब्रजधाम में वैकुंठवासिनी इन्दिरा निवास करती हैं, प्रतीक्षा करती हैं। ब्रज-वनिताएँ आपके वियोगजन्य सन्ताप से सन्तप्त हो, आपके निमित्त ही प्रायः जन्म धारण करती हैं। यही बात 'जयति ते अधिक जन्मना व्रजः' की मूल ध्वनि है। ब्रजपति की उपासना में नाम, रूप, लीला एवं धाम चारों की अतुल महिमा है और लीला हेतु ही विष्णु का अवतरण होता है, वैकुंठधाम का अवतरण होता है। करपात्री जी महाराज अवतरण के अर्थ पर जोर देकर कहते हैं कि अवतरण का अर्थ है—ऊँचे से नीचे उतरना। गोलोक धाम में जीवानुग्रहार्थ संसार में अवतरण होते हैं। ब्रज धाम ही साक्षात् ब्रज तत्त्व है। इस ब्रज धाम में प्रवेश करते ही प्राणी सद्घन, चिद्घन, आनन्दघन हो जाता है। जमुना जल ही साक्षात् प्रेम-जल है। माधुर्य भक्ति ही इसका प्रवाह है और इस प्रवाह में पड़ा हुआ जीव ही भक्त है। ब्रजधाम में भगवान के ऐश्वर्य भाव का तिरोधान है। माधुर्य भाव की ही आलोक धारा है। श्रीकृष्ण के लिए ही गोप-कन्याएँ कात्यायनी व्रत करती हैं। उनकी उत्कंठा के उद्रेक हेतु ही कृष्ण ने उनके वस्त्र चुराये। निरावरण होकर के ब्रह्म रूप हो गयीं। तादात्म्य भाव-भक्ति का यह अद्भुत रूप है। वंशी बजते ही वृक्ष लता गुल्म सभी मग्न हो जाते हैं। वेणु देव है, अमृत बीज है, अग्नि बीज है।

भागवत पुराण के उत्तरार्द्ध में कृष्ण की संघर्ष-कथा है। वे कंस का वध करते हैं। जरासंध से युद्ध करते हैं। यहाँ मथुरावासी कंसारि द्वारकाधीश बने। आठ रानियों से गाँठें जोड़ीं। उषा-अनिरुद्ध विवाह में कृष्ण-बाणासुर और कृष्ण-शिवयुद्ध हुआ। कृष्ण जीते और यह वैष्णव-चिन्तन की शैव-चिन्तन पर पहली बड़ी विजय की प्रतीक कथा है। इसके बाद कृष्ण-सुदामा मैत्री की कथा है। इन कथाओं ने हिन्दी के

मध्यकालीन–साहित्य में अनेक रूपों में अन्तर्यात्रा की है। कृष्ण के लोक–नायक रूप को सामाजिक परिवर्तनों ने हर बार नयी सोच से जोड़ा। आचार्यों ने शास्त्रपक्ष और भक्त–कवियों की इस पूरे सोच को ऐसी सृजनात्मकता में ढाल दिया कि वह लोक-मन में स्थायी होता गया। भक्ति–काव्य का पूरा सामन्त–विरोधी चरित्र सामाजिक सम्बन्धों के परिवर्तन की सूचना है। भक्ति–काव्य ने निराशावाद–मायावाद-अकर्मण्यता या भाग्यवाद को पीछे धकेलकर मानव का नया कर्म सौन्दर्यवाद भक्ति में विकसित हुआ।

राधा–भाव में रँधकर ही कृष्ण उज्ज्वलनील मणि के रूप में दमक पाते हैं। गोप–भाव, गोपी–गीत, गोपी–कृष्ण, रासलीला के बिना कृष्ण पूर्णावतार–सोलह कलाओं वाले कृष्ण नहीं बन पाते। श्रीराम पन्द्रह कलाओं वाले पुरुष हैं उनमें अमृत कला का उदय इस रूप में नहीं हुआ। श्रीकृष्ण ने सबका अभिमान तोड़ा, सबके मन माखन का आस्वाद चखा, पर मित्र बनकर, सखा बनकर, सहज बनकर। कृष्ण का सहज मानवरूप फक्कड़पन की गुहार है। वे आसक्ति को तोड़ते हैं और अकेले हो जाते हैं। इसीलिए कृष्ण 'अजित' हैं कि कभी भी कोई उन्हें जीत नहीं पाया। शिव भी नहीं जीत पाये, वे भी हार गये। कृष्ण को कोई शास्त्र और शस्त्र से नहीं जीत सकता—प्रेम के माखन से जीत सकने की ओर बढ़ सकता है—कृष्ण प्रेम रूप हैं। यही बात प्राकृत–अपभ्रंश के कवियों ने जोर देकर कही है। यही बात चैतन्य और चण्डीदास ने कही। यही बात जयदेव और विद्यापति ने गीत बनाकर कह डाली। लोक–नायक लोक–मानस में लोक–भाषा से उतरा और 14वीं–15वीं शताब्दी में अपने लीला–भाव में दीप्त–प्रदीप्त हो उठा। यही लोक–भाव सौन्दर्य 'सूरसागर' में तरंगायित हुआ है।

15

अष्टयाम रस-रंग अपारा

पिछले कुछ वर्षों में हमारी संस्कृति और कला को लेकर सरकार ने बहुत जोर-जोर से ढोल पीटना शुरू किया है और अब तो स्थिति यह है कि माननीय प्रधानमन्त्री जी तक सांस्कृतिक धरोहर को रक्षित रखने के लिए बेचैन दिखाई देते हैं। सरकार-देश-विदेश में भारतीय सांस्कृतिक चेतना और कला के भरण-पोषण के नाम पर काफी प्रचार-प्रदर्शन भी कर चुकी है। पर न जाने क्यों कला और संस्कृति के सरकारीकरण के खतरे से मेरे जैसे बहुत से लोग बेचैन हैं। कारण, इस प्रचार-संरक्षण में हृदय को छूने का भाव नहीं है, कला-संस्कृति के नाम पर बहलाने का भाव है। छूना भीतर से होता है; उसके लिए मूल जड़ों को सींचना पड़ता है। उसके लिए निष्ठा से जुतना पड़ता है। बाहर का प्रदर्शन भीतर से छूने का सुख नहीं देता। प्रदर्शन हमारी संवेदना को पथराता है और संस्कृति को बाजारू बना देता है। जबकि संस्कृति बाजारू नहीं होती। उसमें एक जाति का पूरा तप बोल रहा होता है। दिलचस्प बात यह है कि कृष्ण-राम और शिव के नाम से तो सरकार की कँपकँपी छूट जाती है। इन नामों के जुड़ते ही सरकार को कला और संस्कृति में साम्प्रदायिक बदबू आने लगती है। हमारी 'सेक्यूलर सरकार' इन नामों से भयभीत हो जाती है। एक अजीब अतर्कित स्थिति में कला और संस्कृति फँसती जा रही है। आखिरकार हमारी वैष्णव, शैव, शाक्त परम्पराओं के भीतर से ही तो कला और संस्कृति पनपती-बढ़ती रही है। किन्तु आज अपने हृदय को चीरकर देखता हूँ तो पाता हूँ कि भीषण तपिश में जल रहा है। काव्य और संगीत में हम ऊपर से सुर मिला रहे हैं पर यह चिन्ता नहीं है कि भीतर का सुर क्यों नहीं मिल रहा? हमारा अष्टयाममय रास-रंग का कला भाव कहाँ है? जाहिर है कि हर तरफ से भीतर के सुर को दबाने की कोशिश हो रही है।

श्री कृष्ण हमारी कला-संस्कृति में उन उन्मुक्त अनुभूतियों से भरे मन रहे हैं—जिनकी शक्ति से इस देश ने नया जीवन पाया है। हर चोट को झेलकर भजने रमने-खेलने-प्रेम करने का वरदान हासिल किया है। इसी धरोहर को रक्षित रखने के लिए वैष्णव-चिन्तन परम्परा के कृष्ण-भक्त सन्तों ने 'अष्टयाम' की पूजा-उपासना

कीर्तन-क्रीड़न विधि का अन्वेषण किया था। वैष्णव-सम्प्रदाय के मन्दिरों में अष्टयाम या आठ प्रहर की भाव-तन्मयता का विधान किया गया। सन्तों ने आठ प्रहर की पूजा का बड़े विस्तार से लोकचित्त को ध्यान में रखकर विधान किया। गोस्वामी विट्ठलनाथ ने कृष्ण-भाव में पूरे चित्त को रमाने के लिए सामूहिक कीर्तन को पद रचना से जोड़कर बढ़ावा दिया। कीर्तन के आठ प्रहर की सेवा से जुड़ जाने के बाद कवियों ने 'अष्टयाम' नाम से ग्रन्थ-रचना आरम्भ कर दिया। अकेले वृन्दावन के वैष्णव-सम्प्रदायों में 'अष्टयाम' नाम से सैकड़ों रचनाओं ने जन्म लिया। वल्लभ-परम्परा के सन्तों ने 'आठ समय' की कीर्तन-सेवा को इस प्रकार से प्रहरों में बाँट दिया—मंगला, शृंगार, ग्वाल, राजभोग, उत्थापन, भोग, सन्ध्या आरती, शयन। एक लम्बे समय तक राधा वल्लभ, निम्बार्क, हरिदासी, गौड़ीय आदि कृष्ण भक्तों में आठ प्रहर का अष्टयाम चलता रहा। कीर्तन और संगीत की नयी से नयी राग-रागिनियाँ फूटती-गूँजती रहीं। 'अष्टयाम' की सेवा में न कोई बड़ा है न कोई छोटा। सब बराबर हैं। नारी अगर नर की बराबरी कर सकी है और उससे भी आगे बढ़ी है तो अष्टयाम में ही। श्रीकृष्ण के लिए कोई पराया नहीं है। जाति-धर्म, ऊँच-नीच से परे कृष्ण-भाव में परायापन हो ही नहीं सकता। बिहारी-बनवारी, रासधारी सभी के साथ बिहार करता है। उसकी तान से सब बन्धन टूट जाते हैं और जीव जीवन के रस को छकता है। इसी आधार को अपनाकर अष्टछाप के कवियों ने, जिनमें सूरदास, नन्ददास, चतुर्भुजदास, परमानन्द, कुम्भन दास, कृष्णदास, छीत स्वामी, गोविन्द स्वामी के नाम आते हैं, देश के मन को मुरझाने नहीं दिया और जीवन की एक चाह ही पैदा कर दी। संगीत और काव्य की ऐसी धारा प्रवाहित हुई कि ब्रज के करील कुंजों से निकलकर वह पूरे देश में फैल गयी। उन्मुक्त प्रकृति के बीच पलने और पनपने वाले इस संगीत को सुनने के लिए तानसेन के आग्रह पर सम्राट अकबर मचलता रहा। काव्य और संगीत का 'अष्टयाम' के माध्यम से अष्टछाप में ऐसा विकास हुआ कि आज भी शायद ही कोई बड़ा गायक हो जो इन कवियों को गाये बिना तृप्ति पाता हो। जयदेव, विद्यापति और मीरा का कृष्ण भी इसी रूप-रंग में समाया हुआ है। इसी के आधार पर ध्रुवदास, नेही नागरीदास, अनन्य अली, चाचा वृन्दावनदास, ब्रजवासीदास और भारतेन्दु बाबू हरिश्चन्द्र तक इसी काव्य की लोक-जागरण धारा में तन्मय रहे हैं। कृष्ण धारा का 'अष्टयाम' इतना लोकचित को भाया कि राम-भक्ति परम्परा में भी सैकड़ों 'अष्टयाम' राम-कथा को लेकर लिखे गये हैं। इनमें नाभादास कृत 'रामाष्टयाम' सर्वाधिक प्रसिद्ध रहा है। लेकिन आज कृष्ण-राम परम्परा में उपलब्ध होनेवाले इस काव्य और संगीत के भण्डार को पूछनेवाले दिनोंदिन कम होते जा रहे हैं। हमने देखते-देखते कला और संस्कृति की इस अमूल्य निधि को धूल और दीमक के हवाले कर दिया है। सत्यानाशी आधुनिकता

ने हमें भीतर से बंजर ही इसलिए करना चाहा है कि हम अपनी सांस्कृतिक धरोहर से कट गये हैं।

'अष्टयाम' के लोक-सेवा, लोक हृदय-भाव से कट जाने का ही परिणाम है कि हमारा ब्रजभाव मर रहा है। पूरी जाति का राजनीतिक कायाकल्प हुआ जा रहा है और सांस्कृतिकीकरण अँधेरे कोनों में दुबका फिरता है। जाति के भीतर की जातियाँ विद्वेष-घृणा से भर गयी हैं—जहर काफी गहराई में उतरता जा रहा है। कभी इस जहर को हमारे देवता पीते थे और पूरी जाति तगड़ी और सम्पन्न थी। फिर कृष्ण ने तो पूरे जीवन इस जाति का जहर ही पिया और वे जहरीले नहीं हुए। जहर पीकर प्रेम रंग रास-लीला, गान, कीर्तन का अमृत पीते रहे हैं। आज हम कृष्ण को आधुनिकता की झोंक में भुला रहे हैं, तो वह कृष्ण भी जहर नहीं पीता। हम स्वयं जहर पीकर इतने जहरीले हुए जा रहे हैं कि कृष्ण को ही हमसे भय लगने लगा है। हम देवी-देवताओं से डरें या न डरें, पर हमारे देवी-देवता हमसे डरने लगे हैं। भागे नहीं हैं पर भागने की तैयारी करते जान पड़ते हैं। गाँवों में देवी-देवता पूजे जा रहे हैं, बताशे भी चढ़ रहे हैं, रस्में भी सभी पूरी करने की तैयारी रहती है। पर कीर्तन का समाज नहीं जुड़ता। वह जोड़ने का भाव नहीं जुड़ता। भावना फूलों की अँजुरी भरे उदास खड़ी रह जाती है। फिल्मी धुनों में कीर्तन होता है, नशा करके नृत्य होता है। इन धुनों से वन के देवी-देवता रीझते कहाँ हैं, खीझे हुए हैं। लोक-गीतों, लोक-धुनों को फिल्मी गीतों ने जहरीला कर दिया है। लोक-गीतों की गंगा में इतने फिल्मी परनाले गिर रहे हैं कि इसकी पवित्रता-पेयता संकट में पड़ गयी है। लोक-गीत कंठ से कंठ, सुर से सुर, हृदय से हृदय, तान से तान मिला देता था। उसका मतवालापन किसी भी रसखान को न मुसलमान रहने देता था न हिन्दू। एक ऐसा मानव बनाता था, जो सबका था—सबके साथ गाता-खेलता-मिलता था। सांस्कृतिक धरोहर की रक्षा में बेचैन एक मानव हम बना रहे हैं जिसका चैन पैसा और भोग ने छीन लिया है, जिसकी छाती में हजारों घाव हैं और सेक्स के कीड़े जिसे चाटे जा रहे हैं। आधुनिकता की नकलची दौड़ में हमारा कृष्ण हमारा रासधारी गोपाल, छबीला ही हमसे नहीं छिना है, हमारी छवि भी हमसे छिनी जा रही है। आज वृन्दावन उदास है, मथुरा बेहोश है, यमुना में जहर घोल दिया गया है। करील-कुंजों के वन झूठी बात लगने लगे हैं। गोवर्धन लीला का भाव धूल में बिछ गया है। अपने को कृष्ण और प्रेमिका को कभी राधा समझने वाला युवक इतना भावहीन हो गया है कि अपनी संगिनी का मधु चूसकर फिर उसे मसलकर फेंक देना चाहता है। हम भीतर के बाग-नदी-वृक्ष को उजाड़ रहे हैं और फूल भी हमें रस-रूप-गन्ध नहीं देते। हम उचाट और उजड्ड होते जा रहे हैं। हमारे भीतर के 'अष्टयाम' सूखने का ही नतीजा हमारी जाति भुगत रही है। हम मूल्यों के उपदेश

बनते जा रहे हैं। मूल्यों को आचरण में ढालकर जीवन-दर्शन की सृजनात्मकता नहीं ला पा रहे हैं।

जहर पीने वाले कृष्ण का साथ हमने 'जन्माष्टमी' मनाने पर भी छोड़ दिया है। भाद्रपद अष्टमी में श्रीकृष्ण का आविर्भाव होता है, भयंकर अँधेरा घिरा रहता है पर चन्द्रमा आधी रात के बाद फूटकर बढ़ने लगता है। यही चन्द्रमा कृष्णचन्द्र है। अँधेरे से निकला यही चन्द्रमा लोक की आँखों का अंजन बनता है। 'अष्टयाम' का कवि कहता है—'साँवरे लाल को साँवरे रूप मैं, नैनन में कजरा कर राखौं'। यही चन्द्रमा नयनों का नीलोत्पल और हृदय की नीलमणि है। कृष्ण को नयनों में, हृदयों में भरने की चाह पूरे भारतीय चित्त में रहती है। कृष्ण के रूपों में भारतीय संस्कृति की इतनी विविधता है कि वे पण्डितों को एक कृष्ण नहीं जान पड़ते हैं, कई-कई कृष्ण मिलकर एक पूरे कृष्ण को बनाते हैं। यह कृष्ण 'अष्टयाम' में 'अष्टकृष्ण' रूप है। वल्लभ सन्तों में इसके आठ रूप स्वीकृत हैं—श्री नाथ, नवनीत प्रिय, मथुरानाथ, विट्ठलनाथ, द्वारकानाथ, गोकुलनाथ, गोकुलचन्द्र और मदनमोहन। एक माखनचोर कृष्ण हैं, एक राधा-कृष्ण है, एक योगेश्वर कृष्ण है, एक मुरलीधर कृष्ण है, एक कंस-निकन्दन कृष्ण है, एक सुदर्शनधारी कृष्ण है, एक अर्जुन का सारथी कृष्ण है, एक सम्बन्धों में बँधा कृष्ण है, एक सम्बन्धों में निर्मम-अकेला कृष्ण है। लेकिन उसका रंग हर जगह काला है। कृष्ण अर्थात् आकर्षण, राग, खींचने वाला, लुभाने वाला और सभी रंगों को अपने काले रंग में भरकर, प्राण वल्लभ हो जाने वाला है। भारत की सभी बहुरंगी छवियों को इस काली छवि ने अपने में मग्न कर लिया है। तभी तो भारतीय आँखों को, चित्त को काला रंग ही भाता है—''बावरी वे अखियाँ जरि जाँय जो साँवरो छाँड़ि तकै तन गोरो।' दूध पीते पूतना का जहर खींच लिया। काले नाग का जहर खींचकर लोक को बचाया। गोप ग्वालों में मिलकर वैभव का जहर खींच लिया। चोरी से माखन खाया तो प्रभुत्व का जहर खींच लिया। गोपियों के चीरहरण में दुराव-छिपाव का जहर पी लिया। सुदामा के पास से दरिद्रता का जहर खींच लिया। युधिष्ठिर के राजसूय यज्ञ में जूठी पत्तल उठाने का कार्य करके बड़प्पन का जहर खींच लिया। दुर्योधन की कुनीतियों का जहर कृष्ण ने ही पान किया। जीवन भर कृष्ण घृणा-द्वेष, अहंकार, ऐश्वर्य का जहर खींचते रहे और लोक को आलोक से भरते रहे। उज्ज्वल नीलमणि बनकर प्रेम का रस, भक्ति का रस, वैष्णव-रस और लोक-रस का दान दिया। पर सबका जहर पीकर भी कृष्ण अकेले ही रहे। न राधा के, न अर्जुन के, न किसी अन्य के बन्धन में बँधे। बँध-बँधकर खुलना और खेलना ही कृष्ण का लीला भाव रहा है। यही लीला कमल है, यही बारह पंखुरियों का ब्रज कमल है। यही कालापन आद्याशक्ति महाकाली का कालापन है—जिसमें संहार और सृष्टि रिले-मिले हैं। हर

जगह कृष्ण की श्यामता में प्रकृति राधा की उज्ज्वलता फूटती दिखाई देती है। यही श्यामता राम पर चढ़ती है और आलोक की शत-शत किरणें बन जाती है। इसी श्यामता की लोक-शक्ति ने हजारों साल से भारतीय कला-संस्कृति को नये से नये रंगों में रूप दिया है किन्तु बनवारी के पीछे वन में जाना पड़ता है—अपने मन में वन-वैभव का सौन्दर्य भरना पड़ता है। भारत के सांस्कृतिक इतिहास से हम कृष्ण को हटा दें तो बचता बहुत कम है। सम्पूर्ण मधुर-रस का श्रीमद्भागवत, गीतगोविन्द, आलवारों का तमिल प्रबन्ध, मीरा का राग, नरसी मेहता और विद्यापति, चण्डीदास और सूर, नन्ददास और रसखान, घनानन्द और पद्माकर को, इधर भारतेन्दु हरिश्चन्द्र और हरिऔध के 'प्रियप्रवास', गुप्त जी के 'जय भारत', धर्मवीर भारत की 'कनुप्रिया' को निकाल दें तो हमारे भारतीय साहित्य का, समस्त ललित कलाओं का रम्यलोक खाली हो जाता है। इसलिए रसिक-बिहारी, बनवारी का 'अष्टयाम' जरूरी हो जाता है। कृष्ण हमारी कला की कविता की भीतरी आवश्यकता है। कृष्ण के साथ देने का अर्थ है—महलों के खिलाफ झोंपड़ी का साथ देना, वनवासी और कृषकों का हो जाना। गाय-बछड़े में रची-पची भाव-धारणा को सहजता में पाना। कृष्ण न तो वैकुंठ में रहते हैं, न योगियों की शक्ति में, न ज्ञानी के गर्व में और न राजा के दम्भ में। वे तो जन-जन की पीर हरने के लिए नर के नारायण बनते हैं।

'अष्टयाम' के कृष्ण कला के, काल के नियन्ता हैं। हमारा संवत्सर-चक्र शीत वर्षा और ग्रीष्म की तीन नाभियों वाला इनकी इच्छा से घूमता है। इन्हीं के हाथ में जुता काल का घोड़ा दौड़ता है—जो इस घोड़े की काल गति को बाँधने के लिए जूझता है वही रचनाकार है। इस घोड़े के रथ में पूरा लोक समाहित है। इस काल-रथ के सात चक्के हैं—वसन्त, ग्रीष्म, वर्षा, शरद, हेमन्त, शिशिर और वर्ष-चक्र। इस रथ की धुरी घिसती नहीं है, बल्कि चिकनी होकर और गतिवान रहती है। इसी से मानव की चेतना परिवर्तनशील और विकासशील है। इसी के दम से जीवन जय-यात्रा है—जिसमें निराशा का स्थायी भाव कभी नहीं रहा। पुराणों ने इसी काल को सहस्त्रफन वाले शेषनाग के रूप में देखा है और हमारे नारायण इसी पर शयन करते हैं। हमारे लिए इतिहासपुरुष महत्त्व नहीं रखता। लीला-पुरुष का लीला कमल महत्त्व रखता है—यह कमल सूर्य से खिलता है और सूर्य पूजक जाति को भावदान से चमकाता, तपाता, पकाता और रस भरता है। अतः काल-कूट को निचोड़ने वाले कृष्ण अखण्ड अनन्त कला भाव के सबसे बड़े कलाकार हैं। उनकी भंगिमा से रेखाएँ गीत गा उठती हैं और कला-रूपाकार। यही कारण है कि भारतीय साहित्य में ऋतुवर्णन के साथ अष्टयाम मिलते हैं। जीवन के हर प्रहर का फूल एक नया छन्द बनता है। राग-में रम्यता लाता है। पूरा जीवन ही इस अष्टयाम का फेरा है और प्रभात नये फेरे की नयी शुरुआत।

आज उपभोक्तावाद की धकापेल में हम इस 'अष्टयाम' का साक्षात्कार नहीं करते हैं तो जीवन से उसके सच्चे अर्थ से भटक जाते हैं। कन्हैया का जन्म दिन हमें याद दिलाता है कि हर अन्धकार पर कृष्णचन्द्र की जीत होती है। अतः कृष्ण का अष्टयाम हमें वापिस लाना होगा। तभी हम भारतीय कला-संस्कृति की रक्षा कर सकेंगे। अन्यथा हम गाँवों को उजाड़कर वनों को काटकर टूटते ही जाएँगे।

16

मीरा गिरधर हाथ बिकानी लोक कह्यां बिगड़ी

मीराबाई का रचना-कर्म संश्लिष्ट एवं जटिल सामाजिक-सांस्कृतिक प्रक्रिया की उपज है। ऐसी स्थिति के कारण उनके रचनाकर्म के सामाजिक-सांस्कृतिक सौन्दर्य शास्त्र-समाजशास्त्र की आन्तरिक उधेड़ बुन में प्रवृत्त होना एक चुनौतीपूर्ण कार्य है जिसके अपने जोखिम हैं। इन जोखिमों पर ध्यान केन्द्रित करते हुए एक प्रबुद्ध पाठक जब इस रचना-कर्म के आन्तरिक संसार में धँसता है, तो पाता है कि मीरा की पूरी मनोभूमिका की निर्मिति में विराट् भक्ति-आन्दोलन की सामन्तवादी विरोधी प्रवृत्तियों का गहरा हाथ है। मीरा का समय पन्द्रहवीं शताब्दी का उत्तरार्द्ध और सोलहवीं शताब्दी का पूर्वार्द्ध है—जिसमें भक्ति-आन्दोलन का प्रवाह, वर्णव्यवस्था, नारी और शूद्र को लेकर उत्पन्न रूढ़िवाद, जातिवाद, अभिजात्यवाद, पुरोहित-पंडावाद, प्राचीन धर्मशास्त्र की अनेक रूढ़ियों को तोड़ता हुआ उमड़ रहा है। भक्ति-आन्दोलन की इस शक्ति के विस्फोट से सामन्तवाद जर्जरित होकर कमजोर हुआ है और सामाजिक परिवर्तनवाद का क्रान्तिवादी चक्र तेजी से घूम उठा है। यह क्रान्तिकारी चक्र वैष्णव भक्तिधारा में वर्ण-व्यवस्था और नारी के प्रति शास्त्रवादी चिन्तन की जड़ों को काटकर नवजागरण की लोक-शक्ति का प्रकाश भर रहा है। यह प्रकाश आलवार भक्तों—रामानुजाचार्य की चिन्तन-परम्पराओं की चोट से फैल रहा है। यह अकारण नहीं है कि मीरा के रचना-कर्म की पूरी मानसिकता का निर्माण भक्ति-आन्दोलन की शक्तियाँ कर रही हैं और एक उच्च कुलीन रानी मीरा मध्यकालीन राजतन्त्र के खिलाफ खुला विद्रोह कर देती है। एक निर्भय विद्रोह—इतना निर्भय विद्रोह—जिसमें मृत्यु तक का भय नहीं है। सत्ता-व्यवस्था के पूरे आतंक को ठोकर मारकर मीरा का विद्रोही-रचनाकार व्यक्तित्व उभरता है।

कितनी अद्‌भुत बात है कि राजसी ऐश्वर्य के बीच रहते हुए मीरा उससे विरक्त हो जाती हैं। राजसी ऐश्वर्य को वे चौमास की बावड़ी का पानी कहती हैं—जिसे वे पीने से मना कर देती हैं—उनका मन कृष्ण-रस-सागर का जल पीना चाहता है। हरि रूपी निर्झर के अमृत जल का पान ही उनकी प्यास बुझा सकता है—'चौमास्याँ री

बावड़ी, ज्याकूँ नीर णा पीवाँ। हरि निर्झर-अमरित झर्‌या, म्हारी प्यास बुझावाँ। रूप सुरंगा साँवरो, मुख निरखण जावाँ। मीरा व्याकुल विरहिणी अपनी करल्यावाँ॥' यही श्याम-प्रेम मीरा को बावरी बना देता है—वे कुल-कानि-मर्यादा के बन्धन तोड़ देती हैं, अँगूठा दिखा देती हैं। चाहे कोई कुछ भी कहे—भला कहे बुरा कहे—कृष्ण-रंग में मीरा बावरी हो गयी हैं—'कोई कछु कहो रे रंग लाग्यो, रंग लाग्यो भ्रम भाग्यो। लोग कहैं मीरा भई बावरी, भ्रम दूनी ने खाग्यो।' वे कृष्ण प्रेम और साधुओं की संगति में इस कदर रम गयी हैं जिस प्रकार धागा गूदड़ी में मिलकर तदाकार हो जाता है। कुल मर्यादा के प्रश्न को अपनी प्रतिष्ठा से जोड़कर मीरा को सताने वाले, प्राणों के बैरी राणा (विक्रमादित्य-मीरा का देवर) से वे साफ कहती हैं कि राणा! तूने मुझे पहले ही क्यों नहीं रोक लिया था। अब तो कृष्ण से प्रीति हो गयी है और प्रीति छूटनी असम्भव है। चाहे तू मुझे मार दे या छोड़ दे, लेकिन अब मैं तुम्हारे भय से नहीं रूकूँगी। मैं तो गुण-सागर कृष्ण का सुमिरन कर रही थी कि तुम्हारे मन में खटका उत्पन्न हो गया। तुमने मुझे मारने को विष का प्याला भेजा जिसे मैं चरणामृत समझकर पी गयी। वह श्याम तो दीनबन्धु है और हर हृदय की बात जानता है—वही गिरधर मेरा रक्षक है जो इन्द्र जैसे तानाशाह का गर्व चूर करता है—तेरा भी गर्व वही चूर करेगा। 'अरे राणा पहले क्यों न बरजी, लागी गिरधारिया से प्रीत। मार चाहे छाँड़ राणा, नहीं रहूँ मैं बरजी। सगुन साहिब सुमरता रे मैं थारे कोठे खटकी। राणा जी भेज्या विष का प्याला, कर चरणामृत गटकी। दीनबन्धु साँवरियाँ है रे जाणत है, घट-घट की। म्हारे हिरदा माहि बसी है लटकन मोरमुकुट की।'

इस प्रकार की भाव-अभिव्यक्तियों से मीरा के पद भरे पड़े हैं। अपनी ननद या सखी ऊदा के समझाने की चर्चा मीरा ने की है। ऊदा चाहती थी कि मीरा राज-परिवार की परम्पराओं का पालन करते हुए ऐश्वर्य से जीवन जिएँ। वे साधुओं के साथ गली-गली भटककर उच्च कुल की मान-मर्यादा को मटियामेट न करें—पर्दानसीन रानी बनकर महल में ही पूजा-पाठ करें। पर कृष्ण की प्रेम-दीवानी मीरा ने ऊदा की एक न सुनी और कहा कि कृष्ण प्रेम की बात चाहे जगत से छिपी हो पर साधुओं से नहीं छिपी है। अब तो साधु ही मेरे माता-पिता, भाई-बहिन परिवारीजन है—साधु ही निर्मल और ज्ञानी होते हैं—राजभोग में डूबा व्यक्ति तो विकृत चित्त अज्ञानी होता है। मुझे राणा ने भी बहुत समझाया-धमकाया पर मैंने एक नहीं मानी है। मेरे स्वामी गिरधर नागर हैं और मैं सन्तों के हाथ बिक गयी हूँ। इस कथन से जाहिर है मीरा ने राणा तथा उसके कुल से सम्बन्ध तोड़ लिया था। मीरा का कहना है 'म्हारी बात जगत सू छानी, साधाँ सूँ नहीं छानी री॥ साधू माता-पिता कुल मेरे, साधु निरमले ज्ञानी री। राणा ने समझायो बाई, ऊदा मैं तो एक न मानी री। मीराँ के प्रभु गिरधर नागर सन्तन हाथ बिकानी री॥' ऊदा की बात—मान जाओ। तुम्हें राणा, महारानी और परिवार के

सभी जन रोक रहे हैं। तुमने साधुओं के साथ बैठ-बैठकर अपनी लज्जा नष्ट कर दी है। प्रतिदिन सबेरे तुम नीच के घर जाती हो, कुल को कलंक लगाती हो। बड़े घर की लड़की होकर तुम ताली दे-देकर नीचों के सामने नाचती हो। भोजराज जैसा 'हिन्दुवाणे सूरज' पति को पाकर भी पता नहीं मन में क्या ठान ली है। यह पूरा पद एक ऐसा ऐतिहासिक दस्तावेज है—जो यह साफ दिखाता है कि सामन्तवादी मूल्यों को चुनौती देकर यदि बड़े घर की बहू-बेटी घर से बाहर कदम रखती थी तो वह वर्ग कितनी हेठी का अनुभव करता था। उच्चकुलीन परम्परा की चौखट को तोड़कर नारी का घर से बाहर आना सामन्तवादी शासकों को बर्दाश्त न था। मीरा को सताने के पीछे राणा-परिवार की यही मनोभूमिका रही होगी।

'अब मान लीजो म्हारी हो जी थॉने सखियाँ बरजे सारी॥ राणा बरजे राणी बरजे, बरजे सब परिवारी, कुँवर पाटवी सो भी बरजे और सहेल्याँ सारी। साधन के संग बैठ-बैठकर लाज गवाई सारी। नितप्रति उठि नीच घर जाओ, कुल को लगाओ गारी। बड़ा घराँ की छोरूँ कहावो नाचो दे दे तारी। वर पायो हिन्दुवाणे सूरज इव दिल में कॉई धारी।'

मीरा के पूरे रचना-कर्म में मीरा के जीवन का दर्द बोलता है। वह यातना बोलती है जो उच्च कुल की मर्यादा वाली बेड़ियों को तोड़नेवाली नारी को भुगतनी पड़ती है। सामन्ती दर्पवाला पुरुष-समाज नारी को कितना प्रताड़ित, लांछित, अपमानित करता है—अन्याय-अपमान की उस परम्परा का पूरा इतिहास मीरा में बोलता है। नारी के अनकहे दर्द की पूरी भाव-भूमि ही मानो यहाँ कविता बनकर मौजूद है। भीतर तक घायल, हाड़-फोड़कर निकला हुआ नारी दर्द-गीतों में झंकार छोड़ता है। यह दर्द अकेली मीरा का ही दर्द नहीं है—मीरा जैसी न जाने कितनी नारियों के दर्द का विस्फोट है। यह दर्द तुलसी द्वारा सहे गये 'खल-दुर्जन' दर्द से ज्यादा भीषण है—इसके कारण सामाजिक हैं। मीरा की कविता में 'खल' राणा जैसे व्यक्ति हैं जो स्त्री को कुल कानि की मर्यादा, सम्पत्ति मानकर अपने पराधीन रखना चाहते हैं। नारी-स्वतन्त्रता का जिनके लिए कोई अर्थ नहीं है—घर की चहारदीवारी में ताला डालकर जो नारी को रखना चाहते हैं ताकि परपुरुष की आँख तक उसका स्पर्श न कर सके, फिर 'विधवा' के लिए तो और भी कड़ा धर्म-शास्त्र था जिसमें वह सभी इच्छाओं-आकांक्षाओं को मारकर ही 'घर की दासी' बनकर जी सकती थी। निराला जी के शब्दों में कहें तो 'वह-टूटे तरु की छुटी लता-सी दीन-दलित' रह जाती है। उसकी यातना की कोई सीमा नहीं। हर रोज का मरना ही उसका जीवन है। मीरा ने इसी जीवन के विरुद्ध विद्रोह किया था—विषपान किया था—हजार-हजार अपमानजनक बातें सही थीं—पर हर कीमत देकर भी स्वतन्त्र जीवन-जीने का संकल्प न छोड़ा था। मीरा का काव्य नारी के स्वाधीनता-संघर्ष का वह अरमान है, जो कभी उनसे छूटा नहीं। इसी

'अरमान' ने 'खल' का नाम नहीं छिपाया। मीरा ने खल का निर्भय होकर नाम लिया और कहा तेरा 'रंगरूड़ो' देश मुझे नापसन्द है—'नहि भावै थारो देसलड़ों रंगरूड़ों॥ थारे देसाँ में राणा साथ नहीं छै, लोग बसै सब कूड़ो। गहण गाँठी राणा हम सब त्यागा, त्यागो कर रो चूड़ों। काजल टीको हम सब त्यागा, त्यागो छै बाँधन जूड़ो। मीरा के प्रभु गिरधर नागर वर पायो छै पूरो।' पूर्ण पुरुष कृष्ण से प्रेम ही मीरा की शक्ति है—जीवनधन है। भोग-विलास-दौलत-महल-अटारी की ठसक छोड़कर मीरा मुक्तमन से कहती हैं—ऐसा मुक्तमन जिसमें कोई कुंठा नहीं है, ग्रन्थि नहीं है।

मीरा ने खलों के लिए अँगीठी में जल जाने की बात कही है—'राणा जी म्हाने या बदनामी लगे मीठी।। कोई निन्दो, कोई बिन्दो, मैं चलूँगी चाल अपूठी। साँकडली सेरयाँ जन मिलिया क्यूँ कर फिरूँ अपूठी। सतसंगति मा ग्यान सुणै छी दुरजन लोगाँ ने दीठी। मीरा री प्रभु गिरधर नागर, दुरजन जलो जा अँगीठी।' दुर्जनों की दुर्जनता का पूरा अनुभव इस कथन में बिम्ब बनकर चमक उठता है। दुर्जन राणा से ही वे कह उठती हैं—'राणा जी थे क्याँने राखो म्हासूँ बैर। थै तो राणा म्हाने इसड़ा लागौ ज्यों ब्रच्छन में कैर। महल अटारी हम सब त्यागे, त्यागे थानो बसनो सहर। कागज टीकी राणा हम सब त्यागा भगवी चादर पहर। मीरा के प्रभु गिरधर नागर, इमरित कर दियो जहर।' जो जहर को अमृत करता है, उस गिरधर पर मीरा का भरोसा है और भरोसा इतना बड़ा है कि अकेले ही मीरा पूरे सत्तातन्त्र को ललकारती हैं। ठीक बात है—अन्याय और यातना की हद जब बढ़ जाती है, तब दुर्बल में ही सबसे ज्यादा शक्ति आती है। यही हालत मीरा की है जो ठोंककर कहती हैं कि सिसोदिया राजा और राजवंश रूठ जाएगा तो मेरा क्या कर लेगा। राणा रूठ जाएगा तो अपने देश से निकाल देगा—लेकिन अगर गोविन्द रूठ जाएगा तो कहाँ जाऊँगी—उसके रूठने पर कुम्हला जाऊँगी। लोक-लाज की सीसोद्यो रूठ्यो म्हारो कोईं कर ले सी। म्हें तो गुणा गोविन्दे के हो माई॥ राणो जी रूठ्याँ बाँरो देस रखासी। हरि रूठ्याँ कुन्हलास्याँ माई। लोकलाज की कान न मानूँ। नरभै निसाना थुरास्याँ हो मई। स्याम नाम का झाँझ चलास्याँ। भवसागर तर जास्याँ हो माई। मीरा राणा सबल गिरधर की। चरण कमल लपटास्याँ, हो माई॥' मध्यकालीन समाज ने नारी को लेकर जो छद्म कुलीनतावादी लोक-मर्यादावादी साँचा तैयार किया था—उसे तोड़ने के लिए मीरा को बार-बार टकराना पड़ता है—इसीलिए मीरा को लोकलाज कुल-मर्यादा की ओर हर साँस में संकेत करना पड़ता है। कारण नारी को लेकर पूरा परिवेश ही ऐसा है कि वह पूरी मनोभूमिका को कसता दिखाई देता है। ध्यान देने की बात है कि मीरा का संघर्ष और कबीर-तुलसी-जायसी का संघर्ष एक नहीं है—पुरुष कवियों की तुलना में मीरा का संघर्ष उस समाज से संघर्ष है, जिसने शास्त्र बनाकर नारी को जकड़ना चाहा है। लेकिन मीरा के पास मध्यकाल में भी एक ऐसा अपराजेय नारी-मन है जो 'लोक कह्याँ मीरा बावरी सासु कह्या कुल नासाँ री' सुनकर

भी नारी-स्वाधीनता के लिए संघर्ष करता है। मीरा को लोकगत रूढ़ियाँ तोड़ने के लिए परम्परावादी रूढ़िवादी नारी स्वाधीनता के विरोधी समाज से न जाने कितने ताने सुनने पड़ते हैं। सास लड़ती है, ननद खिजाती है, राणा पहरा बिठाकर ताला जड़वा देता है—इस पूरी स्थिति का मीरा कविता में बखान करती हैं—'हेली-हासूँ हरि बिन रह्यो न जाय। सास लड़ै मेरी ननद खिजावै राणा रह्या रिसाय। पहरो भी राख्यो चौकी बिठार्यो तालो दियो जड़ाय।' पहरा चौकी ताला सब व्यर्थ हो जाता है—कारण मीरा लागौ रंग हरी, और न रंग अटंक परी' की ध्यान-समाधि में गोपी-भाव से स्थित हैं।

कृष्ण का रंग लग गया है—दूसरा रंग चढ़ नहीं सकता है। उन्हें अपनी चूड़ियाँ, तिलक और माला के शृंगार के साथ शील-व्रत के अतिरिक्त और कोई शृंगार नहीं लुभाता। मीरा के पास गुरु ज्ञान का दीपक है—चाहे कोई कितनी ही निन्दा करे—स्तुति करे—मीरा को कृष्ण के गुणों का ही गान करना प्रिय है। जिस मार्ग के पथ-प्रदर्शक साधु-सन्त हैं—वही मार्ग सच्चा मार्ग है। मीरा कहतीं कि मैं न चोरी करती हूँ, न किसी प्राणी को सताती हूँ। मेरा कोई कुछ नहीं बिगाड़ सकता। जिस प्रकार कोई व्यक्ति हाथी से उतरकर गधे की सवारी नहीं करता है, उसी प्रकार मैं एक बार कृष्ण को अपनाकर अन्य देवताओं और सांसारिक आसक्तियों में भटकती नहीं फिरती हूँ। मीरा का कृष्णप्रेम एकनिष्ठ पार्वती-तप की शक्तिवाला प्रेम है जिसमें कष्ट सहकर डिगने का भाव नहीं है।

मीरा की भक्ति-भजन-समाधि ने संसार के अतुल वैभव को तुच्छ मानकर उस ओर से ध्यान ही हटा लिया है। यह तो मीरा के लिए पूर्व जन्मों के पुण्य का उदय है कि उनका सम्बन्ध झीलों-तालाबों-नदियों से न रहकर सीधे सागर से है—उस कृष्ण से जो भक्ति-रसामृत सिन्धु हैं। दरबारों में पहुँचने के लिए तो अन्य लोगों से मेलजोल की आवश्यकता होती है—पर मीरा को उस मेलजोल की भी आवश्यकता नहीं है, क्योंकि वे तो पहले ही सरदारों में स्थान पा चुकी हैं। इसलिए पहरेदारों से मतलब नहीं है, सीधे कृष्ण के पास जाती हैं। वे तो लोहे के घन पर चढ़ चुकी हैं, उनका काँच और राँग से भी कोई लगाव नहीं है। न उन्हें सोने से काम है न चाँदी से, वे तो कृष्ण नाम के हीरों की व्यापारी हैं। अमृत का प्याला छोड़कर उन्हें कड़वापानी पीने की जरूरत क्या पड़ी है—'भाग हमारो जाग्याँ रे, रताणायकर म्हारी रीरयाँ री। अम्रत प्यालो छाइयाँ रे, कुण पीवाँ कड़वा नीरा री। भगत गणा प्रभु-परचाँ पावाँ, जावाँ गजताँ दूरयारी। मीरा रे प्रभु गिरधर नागर, मणरथ करस्याँ पूरस्या री।'

मीरा की काव्यानुभूति से एक ही ध्वनि निकलती है कि सामन्तवादी-रीतिवादी भोग-विलास के सुख में झूठी तृप्ति है। सच्चा आनन्द तो कृष्णरस पीने-छकने पर ही मिलता है। जिसे यह श्याम-रसायन नसीब हो जाता है, वह जान जाता है कि संसार के माणिक-मोतियों की चमक झूठी है, दक्षिण की कीमती साड़ी का जड़ाऊ वैभव

झूठा है, गहने झूठे हैं, छप्पन प्रकार के व्यंजनों का स्वाद फीका है—प्रियतम का संग ही सरस रंग है, अपनी पिया के संग नमक के साथ रोटी खाने में ही सुख है। पराये छैल-छबीले के साथ राग-विहार में सुख नहीं है, केवल लोक हँसाई है। अपना पति-कोढ़ी काना कैसा भी हो—उसी के साथ रहने में भलाई है। मीरा को तो भक्ति के तप से अविनाशी पति मिल गया है—उन्हें चिन्ता क्यों हो—'आबो सहेल्या रली कराँ हे, पर घर गवण निवारि। झूठा माणिक मोतिया री, झूठी जगमग जोति। झूठा सब आभूषण री, साँची पिया जी की पीति। झूठा पाट पटंबरा रे, झूठा दखिनी चीर। साँची पिया जी री गूदड़ी, जाये निरमल रहै सरीर। छप्पन भोग बहाई दे हे इन भोगनि में दाग। लूण अलूणो ही भलो हे—अपणे पिया जी को साग। देखि विराणो निवाराँ कूँ हे क्यूँ उपजावै खीज। कालर अपणो ही भलो हे जामें निपजै चीज। छैल विराणो लाख को हे, अपणे काज न होइ। ताके संग सीधारताँ हे, भला न कहसी कोइ। वर हीणो आपणो भला, कोढी कुष्टि कोई। जाके संग सीधारता है भला कहे सब लोइ। अविनासी सूँ बालवाँ हे जिनसूँ साँची प्रीत। मीरा के प्रभु मिल्याँ हे एही भगति की रीत।' मीरा की पूरी कविता में अनुभव बोलता है। अनुभूति की ईमानदारी ही मीरा की ताकत है। मीरा के चेतन-अवचेतन मन में कृष्ण का स्थायी निवास है। सोते-जागते वही चित्त में उमड़ता रहता है—हालत यहाँ तक पहुँची है कि सपने में दीनानाथ कृष्ण से विवाह कर लिया है। वर-यात्रा में छप्पन करोड़ देवता आये हैं और दूल्हा श्री कृष्ण बने हैं। मीरा के लिए भक्तों में प्रसिद्ध रहा है कि वे कृष्ण की एक सखी, जो ललिता के नाम से विख्यात रही है, उसी का अवतार थीं। उसी को वे 'पुरब जनम रो भाग' कहकर याद करती हैं।

मीरा का लालन-पालन ऐसे वैष्णव वातावरण में हुआ था कि बचपन में ही उनका राग-अनुराग कृष्ण के प्रति हो गया था। वे राठौड़ राजा राव जोधा की प्रपौत्री थीं और वीर-वीरम देव मीरा के ताऊ थे। रत्नसिंह मीरा के पिता थे और पिता की यह अकेली सन्तान थीं। पिता रत्नसिंह राणा साँगा के साथ बाबर से युद्ध करते हुए परलोक सिधारे थे। मीरा चार-पाँच वर्ष की ही थीं कि माँ का स्वर्गवास हो गया। बड़ा कठोर-दुर्भाग्य भरा जीवन मीरा को मिला। ठीक है—'माई-म्हाणो सुपणा माँ परण्याँ दीनानाथ। छप्पण कोटाँ जगाँ पधारयाँ दूल्हो सिरी ब्रजनाथ' सपने में ही मीरा ने अचल सुहाग पाया। एक दिन सन 1516 ई. में उनका विवाह महाराणा साँगा के ज्येष्ठ पुत्र कुँवर भोजराज के साथ हुआ। मेड़ता से मेड़तणी कहलाने वाली मीरा भोजराज के पास आयीं। पर दुर्भाग्य ने पीछा नहीं छोड़ा। पाँच-छह वर्ष बाद ही कुँवर भोजराज की मृत्यु हो गयी। मीरा पर विपत्ति के पहाड़ टूट पड़े। ससुराल के राजवंश ने मीरा को सताना शुरू किया। मीरा ने परवाह नहीं की। अविनाशी दीनबन्धु गिरधर का पतिरूप में वरण किया। ऐसा वरण किया कि लौकिक पति भी उस विराट् परमपति में एकाकार हो

गया। राणा-सांगा के छोटे पुत्र मीरा के देवर राणा विक्रमाजीत ने मीरा पर अनेक अत्याचार किये। सास ने 'कुलनासी' कहकर कोसा—ननद ने बुरी-भली कही—पर मीरा ने कुल कानि-मान-मर्यादा' की बात पर ध्यान नहीं दिया। उन पर प्रतिबन्ध पर प्रतिबन्ध लगे। मीरा मेवाड़ छोड़कर मेणता चली गयीं, वृन्दावन गयीं पर राणा ने पीछा न छोड़ा। वृन्दावन छोड़कर द्वारका धाम गयीं, मेवाड़-मेणता बुलाते रहे-पर मीरा ने लौटने का नाम नहीं लिया। आज भी लोक में प्रसिद्ध है कि मीरा द्वारका के रणछोड़ जी की मूर्ति में समा गयीं।

मीरा को लेकर अनेक किंवदन्तियाँ रही हैं। एक प्रचलित किंवदन्ती यह भी रही है कि मीरा का तुलसीदास से पत्र-व्यवहार हुआ था। अपने घर-परिवार से तंग आकर मीरा ने तुलसीदास को पत्र लिखकर भेजा—'स्वस्ती श्री तुलसी कुलभूषण, दूषण हरण गोसाई। बारहि बार प्रणाम करहुँ अब हरहुँ सोक समुदाई। घर के स्वजन हमारे जेते सबन्ह उपाधि बढ़ाई। साधु संग अरु भजन करत मोहि, देत कलेस महाई। मेरे मात-पिता के समहों हरि भक्तन सुखदाई। हमको कहा उचित करिबों है सो लिखिये समझाई।'

कुछ पाठान्तर के साथ यही पद मीराबाई की शब्दावली में इस प्रकार दिया गया है—'श्री तुलसी सुख निधान, दुख हरन गोसाई। बारहि बार प्रणाम करूँ अब हरो सोक समुदाई। घर के स्वजन हमारे जेते सबन उपाधि बढ़ाई। साधु-संग अरु भजन करत मोहि देत कलेश महाई। बालपने ते मीरा कीन्ही गिरधर लाल मिताई। सों तो अब छूटत नहि क्यों हूँ, लगी लगन बरियाई। मेरे मात-पिता के समहौ, हरि भक्तन सुखदाई। हमको कहा उचित करिबो है—सो लिखिए समुझाई।' मीरा के इस पत्र को पढ़कर कहते हैं कि तुलसीदास का हृदय भर गया था और उन्होंने मीरा को लिखा—'जाके प्रिय न राम वैदेही। तजिए ताहि कोटि बैरी सम जद्यपि परम सनेही। तज्यो पिता प्रहलाद, विभीषण बन्धु, भरत महतारी। बलि गुरु तज्यो, कंत ब्रज बनिता, भए सब मंगलकारी। नातो नेह राम सो मनियत सुहृद सुसेव्य जहाँ लौं। अंजन कहा आँखि जेहि फूटैं, बहुतक कहौं कहाँ लौं। तुलसी सो सब भाँति परम हित, पूज्य प्रान ते प्यारो। जारों बढ़े सनेह रामपद ऐतो मतो हमारो।' कहते हैं कि एक 'सलाह-सवैया' भी तुलसी ने मीरा को लिखकर भेजा था—'सो जननी सो पिता सोइ भ्रात सो भामिन सो सुत सो हित मेरो। सोह सगो सो सखा सोइ सेवक सो गुरु सो सुर-साहिब चेरो। सो तुलसी प्रिय प्रान समानु, कहाँ लौं बताइ कहौं बहुतेरो। जो ताजि गेह को, देह को नेह, सनेह सो राम को होय सबेरो।' इसमें कोई शक नहीं है कि दोनों रचनाएँ तुलसीदास की हैं—किन्तु प्रश्न यह है कि क्या तुलसीदास जी मीरा के समकालीन थे ? मीरा और तुलसी के काल की दृष्टि से दोनों में पत्र-व्यवहार सम्भव ही नहीं है। पर लोक-मन इस पत्र-व्यवहार पर डटा हुआ है। यदि पत्र व्यवहार की थोड़ी-सी भी भनक होती तो

'भक्तमाल' में चर्चा होती। ऐसा लगता है कि बाबा वेणीमाधव ने तुलसी की महानता, सन्त-लोक प्रियता को दर्शाने के लिए 'गुसाई चरित्र' में यह कल्पित-घटना गढ़ी है। बाबाजी ने लिखा—'तब आया मेवाड़ ते विप्र नाम सुखपाल। मीराबाई पत्रिका लायो प्रेम प्रबाल। पढ़ि पाती उत्तर लिखे गीत कवित्त बनाय। सब तजि हरि भजिबो भलो, कहि हिय विप्र पठाय।' सन्त-विचार-चर्चा की बात तो ऊँची है—पर घटना कल्पित है। कल्पित घटना के भीतर यह सच तो मौजूद है कि राणा के द्वारा दिये गये कष्टों की चर्चा मीरा-प्रसंग आने में भक्तगणों में होती थी।

राजस्थान के सामन्तवादी परिवारों में लोक-लाज कुल की मर्यादा का भंजन करने वाली मीरा के प्रति चाहे आज भी घृणा का भाव हो, लेकिन लोक-मन में और सन्त-परम्परा में मीरा का विशेष आदर है। लोक-मन ने मीरा की लोकप्रियता के भाव से भरकर एक किंवदन्ती यह भी गढ़ ली कि मीरा के संगीत की प्रसिद्धि सुनकर अकबर और तानसेन गुप्त वेश धारणकर संगीत सुनने आया करते थे। 'मीरां बृहत् पद-संग्रह' में इस तरह का एक पद मिलता है—'माई री मैं साँवलियो जान्यो नाथ। लेन परचो अकबर आयो, तानसेन के साथ। राग तान इतिहास श्रवणकरिनाथ नाय सिर माथ। मीरा के प्रभु गिरधर नागर, कीन्हयो मोहि सनाथ। तानसेन जी अकबर को लेकर मीरा के पास गये थे—यह वर्णन प्रियादास जी ने भी दिया है—'रूप की निकाई भूय अकबर भाई हिए लिए संग तानसेन देखियो को आयो है।' लगता है कि ऐसी कपोल-कल्पित घटनाएँ मीरा की लोक-प्रसिद्धि के कारण ही गढ़ी गयी हैं। सन्त-परम्परा में मीरा के भक्ति-भाव की इतनी चर्चा रही है कि नाभादास रचित 'भक्तमाल', हरीराम व्यास रचित 'बानी', गुसाँई गोकुलनाथ रचित 'चौरासी वैष्णवन की वार्ता', ध्रुवदास रचित 'भक्तनामावली' तथा प्रियादास की 'भक्तमाल' की टीका में मीरा का उल्लेख हुआ है। मीरा को अल्प आयु मिली। वे लगभग अड़तालीस वर्ष ही जीवित रहीं। लेकिन छोटे से जीवन में इस नारी ने विद्रोह का एक जीवन्त इतिहास ही खड़ा कर दिया। एक ऐसा इतिहास जिसने कुल-जाति-वर्ग के सामन्तवादी ढाँचे को खुली चुनौती दी। मीरा के साथ 'बाई' शब्द लोक ने जोड़ा है। राजस्थानी में 'बाई' बहिन के लिए सम्मान भरा सम्बोधन है। मीरा लोकबहिन बन गयी। यह लोक-मन के द्वारा दिया गया बहुत बड़ा आदर है।

कृष्ण के प्रति मीरा का अनुराग बचपन से ही था। इससे सम्बन्धित अनेक जनश्रुतियाँ हैं। इन जनश्रुतियों का सार इतना ही है कि मीरा ने विवाह से पूर्व ही कृष्ण को पति रूप में वरण कर लिया था। बचपन से ही कृष्ण-प्रेम के कारण मीरा की तुलना दक्षिण भारत की प्रसिद्ध भक्तिन अण्डाल से की गयी है। हालाँकि इस तुलना का कोई तार्किक आधार नहीं है। अण्डाल दक्षिण भारत की देवदासी प्रथा के चक्कर में कृष्ण से ब्याह दी गयी थी। लेकिन मीरा? मीरा ने स्वयं कृष्ण को पतिरूप में वरण किया

और भक्ति के प्रपत्तिभाव से भरकर आराधना की। मीरा को लौकिक पति भोजराज जी मिले—जिनसे मीरा को कोई शिकायत नहीं है। भोजराज के न रहने पर मीरा ने भोजराज को कृष्ण में ही पाया। ऐसा नहीं है कि हाड़-मांस की मीरा को पति खला नहीं होगा—लेकिन मीरा इसकी रो-फूटकर चर्चा नहीं करतीं। भीतर ही भीतर मीरा घुलती हैं और उनके शुद्ध सात्त्विक कृष्ण-प्रेम में लौकिक वासनाएँ गल जाती हैं। प्रेम का ऐसा उदात्तीकरण होता है कि मीरा कृष्ण बन जाती हैं—साँवलिया को मोल खरीद लेती हैं। जो विद्वान मीरा को फ्रायडीय चश्मे से समझना चाहते हैं, वे भूल जाते हैं कि मीरा को भक्ति-भाव-दर्शन की शर्तों से ही समझा जा सकता है। जाहिर है कि मीरा अण्डाल नहीं हैं। मीरा के कृष्ण-प्रेम में परिवार निरन्तर बाधा डालता है। लेकिन मीरा हैं कि 'माई साँवरे रंग राची। साज सिंगार बाँध पग घूँघर लोक-लाज तज नाची। गयाँ कुमत ल्याँ साधाँ संगत, स्याम प्रीत जग साँची।' साधुओं की संगति करने के कारण कुबुद्धि नष्ट हो गयी है, मुझे यह ज्ञान मिल गया है कि कृष्ण-प्रेम ही सच्चा प्रेम है। रात-दिन कृष्ण नाम-जप करती हूँ—काल रूपी सर्प मेरा क्या कर सकता है। गिरधर नागर की 'भगति रसीली जाँची' की स्थिति मीरा को प्राप्त है। मीरा के माधुर्य-भाव की तड़प में अण्डाल से ज्यादा तीव्रता है। सूर ही नहीं अष्टछाप का कोई भी कवि मीरा के प्रेम की तीव्रता और माधुर्य-भाव का मुकाबला नहीं कर सकता। मीरा का गोपी-भाव कृष्ण-लीला का रस भीतर ही भीतर छकता है—यह सूरदास को नसीब कहाँ है, वे तो लीला-देखते हैं—मीरा लीला में शरीक हैं। फिर मीरा की लीला-भूमि में देह नहीं है, संसार नहीं है, वह अदेह-अद्भुत रस लीला है—'अपूर्व' लीला। इन्द्रियाँ हैं पर अनुभव-संसार के भीतर बाहर में भक्ति-रस की तन्मयता के अतिरिक्त और कुछ नहीं है। संसार के चमकीले रंगों की झूठी चमक, वैभव-विलास की दमक को मीरा ने भीतर से, पास से देखा था और उसकी असारता का साक्षात्कार स्वानुभूति से किया था। उनकी स्वानुभूति में विराग और राग मिलकर एकाकार हो गया है।

मीरा की कृष्ण विषयक रति में सहज दाम्पत्य प्रेम की लोक-कला का उज्ज्वल रूप है। मीरा का दास्य-भाव, सखी-भाव तुलसी जैसे दास्य-भक्ति के कवियों की तरह अपना नक्शा नहीं बनाता। तीव्र कान्तारति में दास्य-भाव घुल जाता है और पति-प्रेम की एक मधुर मोहिनी छवि मीरा में झाँकने लगती है। मीरा की रति ललक मीरा की ही रति-ललक है। उसमें नारी भाव का अखण्ड प्रेम-प्रवाह है, जिसका मुकाबला कृष्ण-भक्ति धारा का कोई भी पुरुष कवि नहीं कर सकता। मीरा की रति न्यारी बेजोड़ और उद्दाम है। इतनी सहज उच्छलन भरी रति कि उसमें कुण्ठा नहीं है—मन का खुलापन है। मीरा की प्रेम-पद्धति का स्रोत श्रीमद्भागवत जरूर है—पर मीरा के मधुर-भाव में उनके अपने स्वानुभवों की कड़ुवाहट भी मिली हुई है। जैसे 'आज

अनारी लै गयो सारी बैठी कदम्ब की डारी हे माय। सास बुरी और ननद हठीली, लरि लरि दे मोहि गारी, हे माय।' मीरा का ध्यान अनारी द्वारा साड़ी ले जाने पर कम है, कृष्ण-लीला पर ज्यादा और स्वच्छन्द मिलनवाले प्रेम की बात रूढ़िवादी नहीं सोच सकता। खुलकर प्रेम करना तो लोक-संस्कृति वाला प्रेम ही सोच सकता है। मीरा मूलतः कृष्ण-चरित की दीवानी है, लेकिन ब्रजलीला की हैं, द्वारिका या मथुरा लीला की नहीं। कृष्ण का राजा रूप उन्हें नहीं मोहित करता है, प्रेमी-गोपाल-बनवारी, रसिया-रंग रंगीला रूप उन्हें पसन्द आता है। मीरा ने ब्रज लीला में कुछ पद बाल-कृष्ण लीला के लिखे हैं—जिनमें वात्सल्य भाववाली बाल लीला नहीं है—किशोर भाववाली लीला है। मीरा न तो कृष्ण के बाल-स्वभाव के बिम्ब प्रस्तुत करती हैं, न यशोदा के मातृ-हृदय की ओर जाती हैं। मीरा का आकर्षण कृष्ण की बाल-छवि की ओर है—'निपट बंकट छवि अटके म्हारे नैणा निपट बंकट छब अटके। देख्याँ रूप मदन मोहन री पियत पियूखण मटके। वारिज भवाँ अलक मतवारी नैन रूप रस अटके। टेड्याँ करि टेड़े करि मुरली टेडयां पाग लर लटके। मीरा प्रभु के रूप लुभाणी गिरधर नागर नट के।' कृष्ण की त्रिभंगी छवि पर मीरा की आँखें टिकी रहती हैं। कृष्ण की किशोर-लीला में वंशी-मोहिनी, चीरहरण, पनघट-फाग, उद्धव-संवाद जैसे पद हैं और रस-नायक रस-पति की रसिकता का रंग भी भरा है—'म्हारी गलियाँ ना फिरै बाके आंगण डोले हो। म्हारी अँगुली ना छुबै बाकी बहियाँ मोरे हो।' लेकिन संयोग शृंगार में मीरा का नारी-संयम, नारी-शील सौन्दर्य देखते ही बनता है—'केसर-चीर दरयाई को लेहगो, ऊपर-अँगिया भारी। आवत देखी किसन मुरारी, छिप गयी राधा प्यारी।' राधा का कृष्ण को देखकर लाज से छिप जाना कृष्ण-भक्तों में केवल मीरा में ही मिलता है।

मीरा के निर्गुण-भक्तिपरक पद और सगुण-भक्तिपरक पदों पर बहुत सावधानी से विचार करने की आवश्यकता है। बहुत से विद्वान तो निर्गुणपरक पदों को मीरा के पद ही नहीं मानते। इन विद्वानों का विचार है कि पीछे से निर्गुणपरक पदों को मीरा के नाम से प्रचारित कर दिया गया है। मीरा के पदों के आज हिन्दी राजस्थानी, गुजराती में अनेक संस्करण मिलते हैं और इनमें मौजूद सामग्री की प्रामाणिकता सन्दिग्ध है। ऐसा लगता है कि वाचिक परम्परा में जीवित रहनेवाले मीरा के पदों में अनेक पद अन्य सन्तों के मिल गये हैं—देश और काल के अनुसार उनका रूप भी बदलता रहा है। कई कवियों के पद, पद्यांश मीरा के पदों में खप गये प्रतीत होते हैं। अतः मीरा की मूल विचारधारा का ठीक-ठीक निर्धारण बड़ा कठिन काम है। मीरा के आज उपलब्ध पदों में तीन प्रकार के पद मिलते हैं—एक तो कृष्ण-प्रेम के सगुण भक्ति-परक पद हैं और इनकी संख्या काफी है। दूसरे, निर्गुण भक्तिपरक पद हैं जो कबीर-रैदास-दादू जैसे सन्तों की स्मृति दिलाते हैं। तीसरे, हठयोग साधना वाले पद हैं जो 'त्रिकुटी

महल', 'सुन्न महल' की ओर संकेतों से प्राप्त हुए हैं। इधर के बहुत से विद्वान यह विचार रखते हैं कि सगुण भक्ति के पद ही मीरा के मूल पद रहे होंगे। शेष सभी पदों में हेर-फेर और मेल मिश्रण है। दरअसल, निर्गुण- सगुण का भेदभाव छोड़कर मीरा सभी मतों-सम्प्रदायों विचारधाराओं के दार्शनिकों, आचार्यों, सन्तों से मीरा 'लोक लाज कुल की मर्यादा' के बन्धनों को तोड़कर मिलती रहीं। ऊँच-नीच, अपना-पराया, राजा-रंक, जाति-पाँति, वर्णाश्रम-व्यवस्था के सभी कँटीले तारों को लाँघकर मीरा मानव-प्रेम और मानव-प्रेम के माध्यम से कृष्ण-प्रेम में निमग्न होती गयीं। उनके प्रेम की विश्वदृष्टि में एक ऐसा मानवतावाद निष्पत्ति पा गया है—जो देश और काल का अतिक्रमण करता है। मीरा के हृदय के दु:खते कसकते अनुभवों की भी राय यही बनी है कि मानव को करुणा और प्रेम के जल से सींचकर बड़ा किया जाए। मीरा को सताने वाले राणा ने बहुत से साधुओं को भी सताया-मरवाया था—यह 'स्मृति' मीरा के लोक-हृदय में तड़पती है। मीरा में जो भाव-साधनाओं की विविधता मिलती है वह भी उनके काव्य की व्यापक मनुष्यता का प्रतिनिधित्व करती है।

महाप्रभु चैतन्य के शिष्यों में रूप गोस्वामी और जीव गोस्वामी भक्ति-शास्त्र के निर्माताओं में से रहे हैं। इन दोनों शिष्य आचार्यों ने भक्ति-रस को काव्यशास्त्रीय आधार भी दिया। मीरा से सम्बन्धित जनश्रुतियों में से एक जनश्रुति से ज्ञात होता है कि वृन्दावन में रूप गोस्वामी और जीव गोस्वामी-से उनकी भेंट हुई थी। कहते हैं कि इन आचार्यों ने स्त्रियों से न मिलने का नियम बना रखा था। जब मीरा इनसे मिलने गयीं तो मिलने से इनकार कर दिया। मीरा को इस व्यवहार से बड़ी ठेस लगी और उन्होंने कहलवाया कि मैं तो सुनती हूँ कि इस जगत में एक ही पुरुष है और वह पुरुष है कृष्ण। अब पता चला कि कोई दूसरा भी पुरुष पैदा हो गया है। मीरा की इस बात को सुनकर आचार्यों के हिये की आँखें खुल गयीं और वे दौड़ते हुए मीरा के पास आये। क्षमा माँगी और मीरा ने उनका आतिथ्य स्वीकार किया। यह भी प्रसंग आता है कि मीरा वैष्णव सम्प्रदाय में दीक्षित हुई थीं और वल्लभाचार्य के सम्पर्क में आयी थीं। यह भी कहा जाता है कि वे रैदास की शिष्या बनी थीं। पता नहीं सच क्या रहा होगा। लेकिन मीरा के काव्य से ऐसा लगता है कि वे किसी भी सम्प्रदाय के खूँटे से नहीं बँधी थीं। इसीलिए किसी भी सम्प्रदाय की विचारधारा विशेष का वे प्रचार नहीं करतीं। वे निर्गुण और सगुण दोनों के मध्य झूलती दिखाई देती हैं।

डॉ. पीताम्बरदत्त बड़थ्वाल का यह विचार निराधार नहीं दिखाई देता है कि राजस्थान में नाथ सम्प्रदाय की एक जीवन्त परम्परा रही है और उस परम्परा ने मीरा को भी प्रभावित किया है। मीरा अपने प्रियतम को 'जोगी' सम्बोधन से पुकारती भी हैं और यह 'जोगी' शब्द नाथ-सम्प्रदाय की शब्दावली का शब्द है। योग मार्ग के 'औघट घाट' से भी मीरा का परिचय है। कई बार वे गाती हैं कि 'तेरो मरम नहि पायो

रे जोगी। आसण मारि गुफा मैं बैठयो, ध्यान हरि को लगाओ। गलबिच सेली हाथ हाजरियो, अंग भभूति रमायो। मीरा के प्रभु हरि अविनाशी, भाग लिख्यो सो पायौ।' मीरा कभी तो 'जोगी' को जाने से रोकती हैं—कभी खुद 'जोगिन' बन जाने पर आमादा दिखाई देती हैं। 'तेरे खातिर जोगण हूँगी करवट लूँगी कासी।' में यही भाव-ध्वनि है। इस 'जोगिन' का वेश क्या हो—'अंग' भभूत गले मृगछाला यों तन भस्म करूँ री। अजहूँ न मिल्या राम अविनाशी, बन बन संग फिरूँगी।'

कई बार मीरा की मनोभूमिका में 'सन्त-भाव' जोर मारता है और शील-धैर्य-क्षमा से भरा अरमान 'राम नाम रस पीजै मनुआँ, राम नाम रस पीजै। तजि कुसंग सत्संग बैठि नित, हरि चरचा सुणि लीजै। काम-क्रोध-मद लोभ-मोह कूँ बहा चित्त से दीजै। मीराँ के प्रभु गिरधर नागर ताही के रंग भीजै।' राम के रंग में भीगना और अद्वैत भाव-भूमि पर पहुँच जाना 'तुम बिच हम बिच अन्तर नाही, जैसे सूरज घामा। मीराँ के मन अबर न माने चाहे सुन्दर स्यामा।' मीरा के भक्ति-रस की अखण्ड प्रवाहभूमि है। संसार की असारता को जान चुकी हैं—'ना घर तेरा ना घर मेरा, गावै मीरा दासी।' सतगुरु ही तत्त्व-सार है—इसी प्रेम रस-रूप कृष्ण के सामने मीरा का पूर्ण समर्पण है—ऐसा पूर्ण समर्पण कि कृष्ण को सौंपकर मीरा निश्चिन्त हो गयी हैं, उसकी हर बात मानने को तैयार हैं—'जेहि-जेहि विधि रीझै हरि, सोइ विधि की जैहो। सुन्दर स्याम सुहावण मुख देख्या जी जैहो।' मुख देखकर जीती हैं तो उसका एक क्षण के लिए भी वियोग उन्हें असह्य है—उसे उन्होंने स्थायी रूप से हृदय में बसा लिया है—'जिणरो पियाँ परदेस बस्याँरी, लिख लिख भेज्याँ पाती। म्हारा पिया म्हारे हीवड़े बसताँ...' हृदय में बसे इस गिरधर नागर का ही वे हर समय भजन-कीर्तन करती हैं—'भज मण चरण कँवल अवणासी। तेजाइ दीसाँ धरण गगन बिच तेताई सब उठ जासी। तीरथ बरताँ ग्याण कथन्ता, कहा लिया करवट कासी। या देही रो गरब का करणा, माटी माँ मिल जासी। यो संसार चहर रो बाजी, साँझ पड्या उठ जासी। कहा भया थाँ भगवा पहर्‌या, घर तज लया संन्यासी।' मन-क्रम-वचन से कृष्णार्पण ही मीरा का 'ध्येय-धर्म है।'

मीरा ने निर्गुण-भाव के पदों में प्रिय को घट के भीतर देखा है और 'जोति से जोति' मिला देने की साध भी व्यक्त की है। किन्तु मीरा की काव्यानुभूति का सच्चा रंग सगुण-सौन्दर्य के पदों में ही मिलता है—'म्हा गिरधर के रंग राती। पचरंग चोला पहर सखी म्हाँ, झिरमिट खेलण जाती। वाँ झिरमिट में मिल्यो साँवरो, देख्याँ तणमण राती'। कृष्ण के रूप-सौन्दर्य पर मुग्ध मीरा ने ही लोकलाज को तिलांजलि दी है—'हेरी मा नंद को गुमानी म्हाँरे मनड़े बस्यो। गहे द्रुमडार कदम को ठाडो, मृदु मुस्काय म्हारी ओर हस्यो। पीताम्बर कट काछनी काछे, रतन जटिल माथे मुकुट कस्यो। मीरा के प्रभु गिरधर नागर, निरख वदन म्हारो मनड़ो फँस्यो।' जयदेव और विद्यापति से मीरा

की समानता यह है कि न संयोग में चैन है न वियोग में। प्रतिक्षण एक बेचैनी मीरा को सजग रखती है—'अखय तरसा दरसण प्यासी। मग जोवाँ दिव बीता सजणी–बैठ पड्य दु:खरासी। डारा बेठ्या कोइल बोल्या, बोल सुण्यारी गासी। कडवा बोल लोक जग बोल्यो, करस्याँ म्हाँरी हाँसी। मीरा हरि के हाथ बिकाणी, जणम जणम की दासी।' कई बार प्रतिष्ठारत मीरा को कृष्ण के आने की आहट मिलती है—मीरा ही राधा बनकर छिपने लगती है—'आवत मोरी गलियन में गिरधारी। मैं तो छिप गयी लाज की मारी।' नारी का शील-संकोच मीरा में संस्कार का रंग बना है। बहुत कम पदों में मीरा कृष्ण के साथ राधा का संकेत देती हैं, ज्यादातर पदों में वे स्वयं राधा-भाव से कृष्ण को पुकारती हैं। 'होली खेलत हैं गिरधारी। छैल छबीले नवल कान्ह संग स्यामा प्राण पियारी। गावत चार धमार राग-तहँ, दै दै कल करतारी।' लोक-जीवन के होरी-फाग मीरा का मन खोलते हैं और वे कई स्थानों पर कबीर-भाव से अनुभव को सामने लाती हैं—'यो संसार कुमति को भाड़ों साधु संगत का भावाँ।' साधु-संगति से ही मीरा ने लोक-संवेदना को वाणी दी है जैसे—'करम गत दारा नाहि टराँ। सत बादी हरिचन्दा राजा, डोम घर णीराँ भराँ। पाँच पाण्डु की राणी द्रुपदा हाड़ हिमालाँ गराँ। जग्य कियाँ बलि लेण इन्द्रासण, जायाँ पाताल पराँ। मीरा के प्रभु गिरधर नागर विखरू अम्रत कराँ।' विष को अमृत करने वाले प्रभु की चर्चा मीरा बार-बार करती हैं। इसलिए विष और अमृत मीरा काव्य के दो ऐसे प्रतीक हैं—जिनका अर्थ-गर्भ सन्दर्भ मीरा के स्वानुभव से जुड़ा है और यह स्वानुभव हर राग और तान में बोलता मिलता है। मीरा पदों की रचना नहीं करतीं—पद में जीवनानुभव ही मीरा के सामन्तवाद विरोधी-स्वर को गुंजरित करता है।

सामन्तवाद का जहर पीकर मीरा की भक्ति का रंग बहुत अधिक पक्का हो जाता है और नृत्य में गति बढ़ जाती थी। वंदन, दास्य, सख्य और आत्मनिवेदन से भरी नवधा भक्ति का रंग मीरा में मधुर माधवी-छवियों से झाँकता है। माधुरी मूरत चित्त चढ़ी है उर में अड़ी है—'आली रे म्हारे नैणा बाण पड़ी। चित्त चढ़ी मेरे माधुरी मूरत, उर बिच आन अड़ी।' क्यों न माधुरी-मूरत चित्त में चढ़े, मीरा को भक्ति की शक्ति पर भरोसा है—'मण थे परस हरि के चरण। सुभग सीतल, कँवल कोमल, त्रिविध ज्वाला हरण। इण चरण प्रहलाद परस्याँ इन्द्र पदवी धरण। इण चरण ध्रुव अटल करस्याँ, सरण असरण सरण। इण चरण ब्रह्माण्ड भेद्या, नखसिखा गिरि भरण। इण चरण कालिया णाथ्या, गोपी-लीलाकरण। इण चरण गोबरधन धार्‌या गरब मघवा हरण। दासि मीरा लाल गिरधर, आगम तारण तरण॥' भक्ति आन्दोलन ने शबरी, प्रह्लाद, इन्द्र गर्व नाश की मिथक कथाओं से जन-मन को बड़ी आशा बँधाई थी कि भगवान दीनबन्धु हैं और अत्याचारी का वध करनेवाले हैं। मीरा में ये सभी मिथक भक्ति-आन्दोलन की लोक-भूमि से आये हैं। मध्ययुगीन जाति-प्रथा, नारी-पराधीनता और कुलीन रूढ़िवादिता

को भी शबरी जैसे मिथक ढीला करते थे, नर-नारी में नया विश्वास प्रकाश भरते थे।

सामन्ती अत्याचारों से नारी-मुक्ति का रास्ता मीरा को भक्ति-आन्दोलन की आन्तरिक शक्ति में ही दिखाई देता है। मीरा घर में बैठकर पूजा-पाठ नहीं करतीं—घर की चहारदीवारी छोड़ती हैं, साधुओं के साथ वन-वन घूमती हैं, 'राणा' की एक नहीं चलने देतीं। जबकि वे राणा कुल की प्रतिष्ठा से जुड़ी हैं। पर वे 'राणी' होकर भी हर किसी से मिलती हैं, तो प्रतिष्ठा कैसे बचती? फिर वे राज-परिवार से अपना रिश्ता रखने में गर्व का अनुभव नहीं करतीं। उनका मन साधु-संगति, कीर्तन-नृत्य से तृप्ति पाता है। गिरधर से प्रेम के लिए उन्होंने सब सहा है और डंके की चोट पर कहा है कि मेरा तो एक मात्र गिरधर गोपाल ही है, दूसरा कोई नहीं है। 'म्हारा री गिरधर गोपाल दूसरा णाँ कूयाँ। दूसरा णाँ कूयाँ साधाँ सकल लोक जूयाँ।। भाया छाँड्याँ बन्धा छाँड्याँ छाँड्याँ सगा सूयाँ। साधा ढिंग बैठ-बैठ लोक लाज खूयाँ। भगत देख्या राजी हुयों जगत देख्याँ रूयाँ। असवाँ जल सींच सींच प्रेम बेल बूयाँ। यह पूरा पद मीरा की मनोभूमिका का एक गहन साक्षात्कार है कि उनके जीवन का संघर्ष-तनाव और दृढ़ता के एक साथ पकड़ में आते हैं। इस पद के भाव मीरा ने अपने सभी पदों में घुमा-फिराकर अपने ढंग से कहे हैं। कभी कहा—जगत से दूर, साधु संगति में हरि-सुख का 'रस' मिलता है—'साधाँ संगत बैठ बैठ लोकलाज खोना' सन्त परम्परा की एक रीति है? इसका उत्तर यह है कि मीरा ने अपने आसपास के दुर्जनों को सहा-समझा था। 'थारे देसाँ में राणा साधु नहीं है, लोग बसै सब कूड़ों' में यही अर्थ-ध्वनि छिपी है। इन्हीं दुर्जनों के लिए मीरा में भीतर से आवाज उठती है कि 'दुरजन जलौ ना अँगीठी।' यही दुर्जन कड़वे बोल बोलते हैं—उपहास व्यंग्य करते हैं—'कड़वा बोल लोक बोल्या करस्याँ म्हारी हाँसी'। कड़वे बोलों की असह्य वेदना ने मीरा के मन को छलनी कर दिया है। 'सास-ननद-देवर' के कड़वे बोल बोलना भारतीय परिवारों का वह नरक है—जो जीने नहीं देता। फिर सास-बहू के रिश्ता तो बिल्ली-कुत्ते के बैर वाला रिश्ता है। जायसी ने 'पद्मावत' में 'सास-ननद बोलहि जिउ लेही' की चर्चा हमारे सामाजिक ढाँचे को लेकर ही की है। भारतीय लोक-साहित्य सास-बहू के कलह-वाले प्रसंगों से भरा पड़ा है। बहुत कम परिवारों में सास-बहू में प्रेम रहता होगा ज्यादातर तो 'सास कह्या कुल नासी री' वाली स्थिति की ही स्मृति ताजा करते रहे हैं। डॉ. पद्मावती 'शबनम' ने 'मीरा : व्यक्तित्व और कृतित्व' शीर्षक पुस्तक में कुछ ऐसे संवादों का संकलन किया है जो मीरा की ननद ऊदा और मीरा के बीच हुए संवादों को सामने लाने का प्रयास करते हैं। लेकिन इन संवादों की प्रामाणिकता सन्दिग्ध है। कुछ भी रहा हो, मध्यकाल में कुल-मर्यादा का पाठ नारी को खूब पढ़ाया जाता रहा। यह प्रसंग ब्रजनारियों के कृष्ण-प्रेम में भी बार-बार याद आता है कि कैसे गोपियों-वधुओं को घर वाले मर्यादा की याद दिलाते हैं। फिर मीरा तो बड़े राजकुल की बेटी

थी—राजस्थान के क्षत्रिय-परिवारों में कुल कॉनि-मर्यादा की कुछ ज्यादा ही सतर्कता बरती जाती थी। राणा-साँगा की बहू होने का बहुत बड़ा मान-सम्मान-सन्दर्भ उनसे जुड़ा था। अत: राणा विक्रमादित्य का मीरा पर भारी क्रोध करना स्वाभाविक ही था। भाभी के साधु-सन्तों में बैठने-भटकने से राणा-परिवार की नाक कटती थी। कुलीनता का दम्भ भरनेवाला मध्ययुगीन राजतन्त्र कई रूढ़ियों का शिकार था। वह मीरा की सात्त्विक मानसिकता को समझने में ही असमर्थ था। वह सात्त्विक मानसिकता जिसमें कामजन्य उच्छृंखलता का लेशमात्र भी नहीं था।

मीरा का मन भोग में नहीं, भक्ति में प्रवृत्त हुआ और यह भक्ति सामन्तों को फूटी आँख पसन्द न थी। कारण, इस भक्तिवाद का निशाना था क्रूर सामन्तवाद। मीरा इस पूरे सामन्तवाद को चुनौती दे रही थी—'सिसोदयो रूठ्यो म्हारो काई कर लेसी' जैसी मीरा की काव्य-पंक्ति इसी चुनौती का मूर्त रूप है। मीरा राणा को वृक्षों में कैर कहती हैं—'राणा जी थे क्या ने राखो म्हासू बैर। थे तो राणाजी म्हाने इसड़ा लागो ज्यों ब्रच्छन में कैर।' कैर नाम का वृक्ष न छाया देता है न फल। हरामी जाति का उद्दण्ड वृक्ष है, जिसके प्रति लोक-मन में आदर कभी नहीं रहा। राणा को वृक्षों में कैर का वृक्ष कहना उसी लोक घृणा का प्रतीक है। फिर मीरा का मन हर पल कृष्णमय रहता है। कृष्णमय अनुभूति का अर्थ है—सम्पूर्ण रिश्तों का कृष्ण-भाव। काव्य-पंक्ति ये स्पष्ट करती हैं कि लोक तथा कुल कुटुम्बवाले भटका हुआ समझ रहे हैं—वे सभी नासमझ हैं क्योंकि उन्हें यह समझ में नहीं आ रहा है कि मेरा मन स्याम-रसायन में मगन क्यों हो गया है। मोहन का रूप मोहता है—जीवमात्र को खींचता है अपनी ओर—'म्हा मोहन रो रूप लुभाणी। सुन्दर वदन कमल दल लोचण, बाँका चितवण जेणाँ समाणी। जमणा किनारे कान्हा धेनु चरावाँ, वंशी बजावाँ, मीठाँ वाणी। तण मण धण गिरधर पर वाराँ, चरण कमल मीरा बिलमाणी।' पूरा का पूरा कृष्ण का भाव-चित्र भागवत-भाव की भूमि पर उकेरा गया है। ऐसा लगता है कि सन्तों में श्रीमद्भागवत पुराण बहुत लोकप्रिय रहा होगा और भागवत की कथाओं के ब्रज-वृन्दावन वाली लोक-परम्परा ने मीरा का मन मोह लिया है। साँवरे नन्दनन्दन का नटवर वेश लोक-रस का पूरा सौन्दर्यशास्त्र निर्मित कर रहा है और यही लोक-संस्कृति का सौन्दर्य मीरा में भाव और विभाव बना है—कान्तारति का गोपी-भाव तरंगायित है मीरा में—'साँवरा नन्दनन्दन दीठ पड्या माई। डार्‌या सब लोकलाज सुध-बुध बिसराई। भोर चन्द्रमा किरीट मुकट छब सोहाई। केसर री तिलक भाल लोचन सुखदाई। कुण्डल झलकां कपोल अलकां लहराई। मीण तज सरवर ज्यों मकर मिलन धाई। नटवर प्रभुवेश धरयाँ रूप जग लोभाई। गिरधर प्रभु अंग-अंग मीरा बलिजाई।' कृष्ण का यही नटवर वेश मीरा के परवर्ती सूर तथा कृष्ण-भक्त कवियों में चकोर-चन्द्रमा भाव बनता है। सूर का प्रसिद्ध पद है—'नटवर वेश धरे हरि आवत'। रसखान इसी नटवर वेश पर लट्टू

हैं। किन्तु मुझे मीरा में एक बात खटकती है कि हर समय मीरा 'डार्या सबलोक लाज सुधि बुद्धि बिसराई' की चर्चा मौके-बेमौके पर कुछ ज्यादा ही करती हैं। अपनी व्यथा-कथा की हर समय मुनादी करना मीरा जैसी बुद्धिमान विद्रोही उदात्त-चित्त स्त्री को शोभा नहीं देता। यह ठीक है कि कहने से दुःख बँटता है लेकिन हर समय दुःखड़ा रोने से उस बात का वजन गिर जाता है। निराला पर दुःखों की मार पड़ती है—'जब कड़ी मारें पड़ी दिल हिल गया' या 'दुःख ही जीवन की कथा रही क्या कहूँ आज जो नहीं कही।' पर निराला अपने दुःख को लेकर तमाशा खड़ा नहीं करते।

यह ठीक है कि मीरा बराबर यह देखती-कहती हैं कि बड़ा ही पतन से भरा बुरा समय उपस्थित हो गया है। गुणवान भटक रहे हैं और गधे पंजीरी पा रहे हैं—मूर्ख सिंहासन पर बैठकर पाँव पुजवा रहे हैं—मृग जैसी दीर्घ नयनवाली नारी मारी मारी घूम रही हैं। राणा जैसे क्रूर पापी, भक्तों का संहार कर रहे हैं। विधाता की क्या उल्टी रीति है—'बिध-बिधना री न्याराँ॥' दीरघ नैण मिरघ कूँ देखाँ कणला फिरताँ माराँ। उजलो बरण बाँगला पावाँ, कोयल बरण काराँ। नद्याँ निरमल धारा समुंद कर्या जल खाराँ। मुराव जन सिंहासन राजा पीड़ित फिरताँ द्वाराँ। मीरा रे प्रभु गिरधर नागर राणा भगत संघाराँ॥ मीरा के काव्य में इस 'कलि-युग' व्यथा का लम्बा इतिहास है और यह इतिहास लोक-गीतों में निरन्तर गाया भी जाता रहा है। एक बार मैंने मीरा के इसी पद का लोक-भाव वाला गीत एक अनपढ़ आदमी से शिकोहाबाद में सुना था—'बड़ी-बड़ी आँखी मिरग का दीन्ही'। गीत में समाज के पूरे दर्द को दर्शाया गया था। ऐसा लगता है कि इस तरह के लोकानुभव मीरा को संत-संगति, जन-संगति से मिले और उनके पदों में समा गये। पं. रामनरेश त्रिपाठी ने 'ग्राम-गीतों' में इस तरह के भावों से मिलते-जुलते बहुत से ग्राम-गीत संकलित किये हैं, जो सिद्ध करते हैं कि शास्त्रकार से गाँव का जन ज्यादा प्रबुद्ध रहा है। 'रामचरितमानस' में राम से ज्यादा केवट प्रबुद्ध दिखाई देता है। पूरी लोक-जागरण परम्परा वाचिक परम्परा के रूप में सन्तों को मिलती है और सन्त फिर उसे आगे बढ़ाते हैं और यह परम्परा कल तक भारतीय गाँवों में मौजूद थी, जिसका अन्त आज शिक्षित आधुनिकतावाद पश्चिमवाद से किया जा रहा है। लोक को उजाड़कर हम अभागे लोक 'विकास' और 'प्रगति' का सपना रच रहे हैं। राम को खदेड़कर रावण को सिंहासन दे रहे हैं। हर युग में राणा विक्रमादित्य जैसे लोग साधु-जनों का संहार करते रहे हैं और सिलसिला जारी है। जो सत्ता और शक्ति में होता है, उसे यह सब करने से कौन रोक सकता है। हिन्दू और सूफ़ी सन्तों को सूली पर कौन चढ़ाता रहा? कौन भारतीय गुलामों को 'जरायम पेशा' जाति कह-कहकर धिक्कारता रहा। इन आदिम जनों को पकड़वाकर कौन अरब-ईरान देशों में बेचता रहा? यह उत्तर मध्यकालीन इतिहास में खोजना चाहिए और उत्तर खोजते ही राजाओं-बादशाहों की कलई खुल जाती है। हिन्दू राजकुमार और मुसलमान

शहजादे दोनों इस लूट में शामिल रहे हैं। सामन्तवाद का कोई धर्म-ईमान नहीं होता, वह भोगवादी लूटतन्त्र से उपजकर रक्तखोर हो जाता है।

मीरा को 'राणा' ने कितना सताया होगा, यह कल्पना करते ही मन काँप जाता है। बार-बार जहर दिया, देश छुड़वा दिया, वृन्दावन में भी चैन नहीं लेने दिया। आखिरकार वे द्वारका गयीं—वहाँ भी क्या बीती, कौन कह सकता है। रणछोड़ जी के द्वारका मन्दिर में मीरा की मृत्यु कैसे हुई—सब कुछ अज्ञात है। हाँ, सच इतना जरूर है कि मीरा ने सामन्तवादी कुकृत्यों के सामने हार नहीं मानी—उनसे लोहा लिया—'राणा जी म्हाने या बदनामी लगै मीठी। कोई निन्दो कोई बिन्दो मैं चलूँगी चाल अपूठी।' विपत्ति व्याकुल मीरा 'खल-जनो' का कुछ बिगाड़ तो क्या पायी होंगी—पर उनके हृदय से शाप-वाणी अवश्य फूटती है—'निन्दा करसे नरककुंड मा जासे थासे आँधला अपंग रे।' कहने से भी कम तृप्ति नहीं होती। हरि-समर्पित अबला नारी ने कृष्ण का अवलम्ब लिया—'मण म्हारो लग्याँ गिरधारी जगरा बोल सह्या। मीरा रे प्रभु हरि अविनासी थारी शरण गह्याँ।' 'थारी शरण गह्याँ' भाव की शक्ति से ही मीरा ने गाया—'मीरा मगन भई हरि के गुण गाय॥ साँप पिटारा राणा भेज्याँ, मीरा हाथ दियो जाय। न्हाय धोय जब पीवण लागी, हो गयी अमर सँचाय। गूज सेंज राणा ने भेजी दीज्यों मीराँ सुलाय। साँझ भई मीरा सोवण लागी, मानो फूल बिछाय। मीरा के प्रभु सदा सहाई राखे विघन हटाय। भजन भाव में मस्त डोलती गिरधर पर बलि जाय। मीरा बराबर द्रौपदी, अहल्या, कुब्जा, गोपी-गणिका भक्तिन को 'स्मृति' में रखती हैं—भीलनी-शबरी के मीठे बेरों पर भरोसा करती हैं। मीरा की तरह रसखान भी भरोसे की भाषा बोलते हैं—'कहा करै रसखान को कोइ कावर, कूट, लबार। जोपै राखनहार है माखन चाखनहार।' इन सभी भक्त कवियों का माखन-चाखन हार, गिरधर नागर पर अटूट अखण्ड भरोसा है और यही भरोसा जीवन जीने की नयी चाह पैदा करता है। इसीलिए पूरे भक्ति-आन्दोलन में संसार में रहते हुए संघर्ष करने की सलाह है संसार से पलायन करने की नहीं। आध्यात्मिक-धार्मिक रंग लेकर भी भक्तिकाव्य पलायनवादी काव्य नहीं है। गोकुल की अहीरनों की मटकी फोड़नेवाला, मक्खन खानेवाला कृष्ण स्वयं अहीर है—अहीर बनकर वह ऊँची जातियों और महलों का मान तोड़ता है। ऐसे ही राम निषाद, गुह, केवट, जटायु को गले लगाते हैं—राजाओं के चक्कर नहीं काटते। विष्णु ही कृष्ण हैं, राम हैं, शिव हैं। विष्णु शब्द का अर्थ ही है विष पीकर जीवन को अमृतत्व में ले जाने वाला। मीरा इसी 'विष्णु भाव' से अपने को हवाले कर देती हैं। सुदामा की कथा मीरा 'विष्णु-भाव' से ही कहती हैं—'बालपणे को मीत सुदामा अब क्यूँ दूर बसे। कहा भावज ने भेंट पठाई तन्दुल तीन पसे। कित गयी प्रभु मोरी टूटी टपरिया, हीरा, मोती, लाल कसे। कित गयी प्रभु मोरी गउवन बछिया, द्वार बिच हसती फँसे।' लोक साक्षी है कि कृष्ण-सुदामा की कथा

न जाने कितनी विधवाओं-अनाथों-दुर्बलों को लम्बे समय से शक्ति देती रही है। भक्ति-आन्दोलन ने दीनों-अनाथों को सनाथ बनाने का संकल्प दृढ़ रखा। इसी अर्थ में यह इस देश की जनता का सबसे विराट् सामाजिक-सांस्कृतिक आन्दोलन है।

इस विराट्-सामाजिक-सांस्कृतिक आन्दोलन ने ही मीरा के मन का 'अबला' भाव दूर किया है और विपत्तियों-व्याधियों-विकृतियों-विद्रूपताओं से भरे समाज से बाहर निकलने का रास्ता सुझाया है। भक्ति का यही 'प्रेमपन्थ' मीरा ने पकड़ लिया। वे पति की मृत्यु पर 'सती' नहीं हुईं। भक्तिन होकर हर कष्ट सहने पर आमादा हो गयीं। 'राणा' से हजार-हजार गुना शक्तिशाली पूर्ण पुरुष गिरधर नागर के चरणों में समर्पित हो गयीं। गीत भरोसे से भर कर गाया, 'हरि थें हर्‍या जग की पीर। द्रौपदा री लाज राख्याँ थे बढ़ाया चीर। भगत कारण रूप नरहरि, धर्‍याँ आप सरीर। बूड़ताँ गजराज राख्याँ, कुट्याँ कुंजर मीर। दासि मीरा लाल गिरधर हरो म्हारी पीर।' कृष्ण क्यों मीरा पर कृपा नहीं करेंगे—उनके रोष का कोई कारण ही नहीं है—'गिरधर रीसाण कौन गुणाँ॥ कछुक औगुन हममै काढ़ौ, मैं भी कान सुणाँ। मैं तो थारी दासी जनम जनम की, थे साहिब सुगणा। मीरा कहे प्रभु गिरधर नागर का कोई नाम भणा।' नाम जप, ध्यान-जप, रूप-ध्यान, गुण-सुमिरण, विरह-व्याकुलता जैसे सन्त-साधना के तत्त्व-दीप मीरा में निरन्तर प्रज्वलित हैं। नारी प्रेम की अबाध-गति में कसक ज्यादा है—'प्रभु जी कहाँ गया नेहड़ा लगाय। छोड्यो म्हा विस्वास संगाती, प्रीत री बाती जलाय। विरह समन्द में छोड़ गया छो, नेहरी नाव चलाय। मीरा के प्रभु कबरे मिलोगे थे बिण रह्या न जाय।' पहली बात मन में यह बैठानी जरूरी है कि मीरा के प्रेम में इतनी आग है कि विरह का समुद्र उबलने लगता है। कवि की समृद्ध सर्जनात्मक कल्पना मीरा के 'प्रेम' को लोक मन के बिम्बों प्रतीकों में मूर्त करती है। प्रेम में गति बहुत है—दर्द का सच्चा अनुभव बहुत है—'आँवाँ की डाल कोईल इक बोले, मेरी मरण अरु जग केरी हाँसी। विरह की मारी मैं बन-बन डोलूँ, प्राण तजूँ करवट ल्यूँ कासी। मीरा रे प्रभु हरि अविनासी, तुम मेरे ठाकुर मैं तेरी दासी।' मीरा को भनक तक लग जाए कि ठाकुर जी दासी की बात पर कम ध्यान दे रहे हैं, तो वे फूट-फूटकर कहती हैं—'माई म्हारी हरिहूँ णा बूझ्या बात॥ पिंड मांसू प्राण पाँखी, निकसि क्यूं नहि जात। पटाणा खोल्या, मुखां णा बोल्या सांझ भयां परभात। अबोलामें जुग बीतणां लागां कायारी कुसलात। सावण आवण हरि आवण री, सुण्या म्हाणे बात। घोर रैणां बोजु चमकां बार भिनतां प्रभात। मीरा दासी स्याम राती, ललक जीवणां जाति।' घोर विपत्ति काल की तरह मीरा की विरहाग्नि में तड़प है। यह प्रेम-पीड़ा की तड़प मात्र सूफ़ी प्रेम-पद्धति का प्रभाव नहीं है। इसमें गहरा घाव है—भीतर तक घाव है। इस प्रेम-घाव के दर्द को वही जानता है जिसने भीतर तक यह घाव पाया है। यह घाव बाहर से नहीं दिखाई देता है—पर इसमें रोम-रोम पीर करता है—'लागी सोई जाणै कठिन

लगण दी पीर। विपत पड़्याँ कोई निकट न आवै, सुख माँ सबका सीर। बाहरि घाव कछू नहि दीसै रोम-रोम दी पीर। जण मीरा गिरधर के ऊपर सदकै करूँ शरीर।'

इसी 'कठिण लगण' ने मीरा को हर तरह की यातना सहने का साहस दिया और आत्म-साक्षात्कार से उत्पन्न वह विमल विरह दिया जिसमें हर तड़प हरि बन गयी। हरि रंग में मीरा इतनी खौलीं कि फिर अन्य रंग नहीं चढ़ा। विरहिणी मीरा ने दुख को पालकर पहचान लिया-रोग के भीतर ही वैद्य बैठा है—वह रोग की औषधि जानता है—'रोगी अन्तर वैद बसत है बैद ही ओखद जांणै हो। विरह दरद उरि अंतर माही हरि विष सब सुख काणै हो। दुगधा आरण फिरै दुखारी, सूरत, बसी सुत मानै हो। चातग स्वाति बूँद मन माही, पील उकलाणै हो। सब जग कूड़ो कंटक दुनिया, दरद न कोई पिछांणै हो। मीरा के पति रमैया, दूजो नहि कोई छाणै हो।' मीरा की वेदनानुभूति ने कृष्ण के लिए निरन्तर तलाश की है 'साँवलिया म्हारा छाय रहा परदेस' परदेश जाकर उसने न सन्देश भेजा न खबर ली। उसके वियोग में 'रतन आभरण भूखण छांड्यां, खोर किया सिर केस।' उसके ही लिए भगवा वेश बनाया था। कारण, ढूंढ्यां। चारयां देस।' हेरी म्हाँ दरद दिवाणी म्हारा दरद न जान्यां कोय। घायल की गति घायल जाण्या, हियड़ों अगन सँजोय। जौहर की गत जौहर जाण्यां, कै जिण जौहर होय। दरद की मार्‌यां दर-दर डोल्यां वैद मिल्या णा कोय। मीरां की प्रभु पीर मिटांगा जब वैद साँवरिया होय।' मीरा के दर्द को समझना आसान नहीं है क्योंकि मीरा ने ऐसा प्रेम-घाव पाया है जो उनका नितान्त निजी है। फिर वे साधना की इतनी ऊँचाई पर पहुँची हुई हैं कि उनका अनुभव गहन आकांक्षा के साथ एकाकार है। चौमासी की बावड़ी का नीर उनकी प्यास नहीं बुझाता—उनकी प्यास तो हरि-निर्झर के अमृत पीने से ही बुझती है। मीरा के प्रेम-योग में केवल साँवलिया है। कबीर को मीरा जैसा सघन प्रेमानुभव नहीं होता। हालाँकि कबीर प्रेम को रटते ज्यादा हैं—पर भीगते भीतर तक नहीं हैं। लेकिन मीरा में हृदय भीतर तक तर है—भीतर ही श्याम दर्द बनकर बरसता रहता है। विद्यापति-कबीर-सूर में माधुर्य-भाव की वह खमीरी रंगत नहीं है जैसी मीरा में है। पुरुष गोपी-भाव से भक्ति-साधना करने पर भी गोपी-भाव की वह अद्‌भुत तन्मयता नहीं पा सके जैसी मीरा ने राधा-भाव या गोपी-भाव में पायी है। मीरा में विवाहित जैसी कान्ता रति है, जिसमें नैतिकता का बन्धन नहीं है। अपने-अपने-अपने पतियों को छोड़कर कृष्ण के पीछे प्रेम-दीवानी होकर दौड़ने वाली गोपियों के लिए जो समस्या है, नैतिकता का प्रश्न है। वह प्रश्न मीरा के लिए नहीं है। कृष्ण ही उनका पति है। इसलिए गोपियों के प्रेम के लिए कृष्ण-भक्त के सम्प्रदायों को स्वकीया-परकीया प्रेम को लेकर जैसे वाद-विवाद में उलझकर समाधान देने पड़े हैं, वैसे समाधानों की भी यहाँ आवश्यकता नहीं है। एक ऐसी उन्मुक्तता जिसे परिभाषित नहीं किया जा सकता। पतिव्रता नारी की रति को नापा भी नहीं जा सकता।

दास्य और सखा-भाव दोनों ही उसके रंग-रस-भाव हैं। मीरा में कान्ता-भाव की मिलन-विरह क्रीड़ा है—पर मिलन की कम विरह की ज्यादा है। मिलन की उमंग में मीरा के साथ प्रकृति भी उल्लास-उमंग में थिरक उठती है। यहाँ नारी और प्रकृति तदाकार हैं।

बादल-वर्षा-कोयल-मोर मीरा को बहुत भाते हैं और प्रिय मिलन की आस हो तो कहना ही क्या—'सुण्यां री म्हारा हरि आवगां आज। म्हैला चढ़-चढ़ जोवा सजनी कब आवाँ महाराज। दादुर मोर पपीहा बोल्याँ, कोइल मधुरा साज। उमगां इन्द्र चहूँदिसि बरस्यां, दामन छोड्या लाज। धरती रूप नवाँ नवाँ धर्या, पीय मिलन के काज। मीरा के प्रभु गिरधर नागर वेग मिल्या महाराज।' दामिनी ने लज्जा छोड़कर मेघ का आलिंगन किया है—बस यही मीरा के संयोग शृंगार की व्यंजना है—कहीं भी वर्णन स्थूल नहीं है—सूक्ष्म-ध्वनियों से सजग है। लोक-लाज-कुल की मर्यादा को तोड़ने वाली मीरा कान्ता-भाव के चित्रों में बड़ी मर्यादित हैं। उनका शील और सौन्दर्य स्त्रीत्व का संयम नहीं खोता है।

मीरा के प्रेम-विरह में विशिष्ट तरह की 'हृदय की मुक्तावस्था' है, ऐसी मुक्तावस्था जो भेद मिटाकर अभेद की ओर ले जाती है। पूरी साधना की भूमि से एक ही ध्वनि उठ रही है—'भज मण चरण कँवल अवणासी।' मीरा के कृष्ण जोगी हैं—प्रेमयोगी हैं—नाथपन्थी जोगी नहीं हैं। मीरा के काव्य का स्वभाव है कि वे किसी भी मत या सम्प्रदाय पर आक्रमण नहीं करतीं—सभी के भीतर से श्रेष्ठ को गह लेती हैं। कृष्ण के प्रेम में गोपी-भाव से ऐसा आत्म-समर्पण करती हैं कि आत्म-समर्पण का मूल्य बढ़ जाता है—'जहाँ बैठावे तित ही बैठूँ बेचे तो बिक जाऊँ।' एक विराट-सत्ता को सौंपने की भाव स्थिति क्या होती है—मीरा उस अखण्ड भाव-स्थिति का प्रतिमान हैं। प्रिय के दर्शन के लिए, रूप-रंग के सौन्दर्य को निरखने के लिए मीरा की आँखों का प्रेम-भाव समझना चाहिए। इस भाव को समझ लेने पर ही मीरा के काव्य-सौन्दर्य का मर्म खुल जाता है। उस मिलन भरी रंगभरी होली का रंग चन्दन-केसर गन्ध के साथ मन में रच-बस जाता है—जिसमें गुलाल के लाल बादल उठते हैं—'रंग भरी राग भरी रागसूँ भरी री। होली खेल्यां स्याम संग रंग सूँ भरी री'।

मीरा का पूरा काव्य इस अनुभव का साक्षात्कार है कि व्यक्ति को समष्टि के साथ एकाकार किये बिना जीवन में राग-रस-सौन्दर्य का कोई अर्थ नहीं है। हरि सागर के नेह में डूब जाना ही जीवन की सार्थकता है। राणाओं का सामन्तवाद विकृत भोगवादी संस्कृति का जहरवाद है—जिससे हर कीमत पर मुक्त हो जाने में ही जीवन का सच्चा सौन्दर्य है। मीरा ने रीतिवाद के खण्डन का स्वर अपनी पूरी शक्ति से ऊँचा किया है और लोक-चित्त, लोक-संस्कृति की जागरणवादी भूमि की महत्त्व प्रतिष्ठा की है। मीरा की 'प्रेम' शक्ति को सन्त काव्य परम्परा में पहचानना और मानव-प्रेम

का विस्तार करना ही मानुष-भाव की रक्षा का प्रयत्न कहा जाएगा। आज के उपभोक्तावादी संस्कृति के पीछे भागते मानव को मीरा का काव्य दिशा-दृष्टि दे सकता है—इसमें सन्देह नहीं है।

17

रसखान : प्रेम के सौन्दर्यशास्त्र का श्याम रंग

रसखान जिस भारतीय लोक-चित्त की उपज हैं, उसमें उस श्रीकृष्ण भाव का स्थायी निवास है—जो मनुष्य को तोड़ता नहीं है, जोड़ता है, क्षुद्रताओं को गलाकर व्यापक मानुष्य भाव भरता है। सत्रहवीं शताब्दी का यह रचनाकार अभिजात्यवादी काव्य के सम्पूर्ण दम्भ-दर्प को चुनौती देता हुआ, लोक-परम्परा के भीतर से अपनी कवित्व क्षमता का विस्तार करता है और धर्म, जाति, कुल, सम्प्रदाय, वर्ग आदि की सभी दीवारों को तोड़कर भागवत भाव के रस-सागर में निमग्न हो जाता है। सैयद इब्राहीम खाँ उर्फ रसखान पर आधुनिक भारतीय सांस्कृतिक-सामाजिक नवजागरण के दौर में भारतेन्दु हरिश्चन्द्र और राधाचरण गोस्वामी की दृष्टि पड़ती है तो वे दोनों रीझ जाते हैं और भारतेन्दु तो यह कहने में गर्व का अनुभव करते हैं कि इन मुसलमान भक्त कवियों की भाव-तन्मयता पर, मनुष्यता पर सैकड़ों हिन्दुओं को न्यौछावर किया जा सकता है। आखिर ऐसी क्या बात है रसखान के कवित्त में, जो आज भी उन्हें भारतीय जनता का लाड़ला कवि बनाये हुए है। उनकी सदाबहार कविता का हरा-हरा रंग निरन्तर प्राणों को खींचता है, लुभाता है और अपने रंग में रँगने की तैयारी करता है। हिन्दी के अधिकांश कृष्ण-भक्त कवि किसी न किसी 'सम्प्रदाय-विशेष' से चेतना एवं प्रेरणा का विशिष्ट चिन्तन प्रवाह पाते हैं—लेकिन रसखान यहाँ, 'सम्प्रदाय विशेष' की सीमा में बँधते नहीं दिखाई देते हैं। उनमें कई तरह के विचार एक साथ अन्तर्गुम्फित एवं संश्लिष्ट होने की भूमिका निर्मित करते हैं—इसलिए उनका रचनाकार व्यक्तित्व एकदम 'असम्प्रदायी' है। वैसे यह बात भूलने की नहीं कि पूरा का पूरा सोलहवीं-सत्रहवीं शताब्दी का कृष्ण-काव्य 'सम्प्रदाय विशेष' या विचार-दर्शन विशेष का काव्य होकर भी आज की भाषा में जिसे 'साम्प्रदायिकता' कहा जाता है, उससे पूरी तरह मुक्त है—न केवल मुक्त है बल्कि हर स्तर पर 'साम्प्रदायिकतावाद' का विरोधी है।

रसखान के रचना-कर्म में प्रेम-रस का अपूर्व सौन्दर्य है। उनकी उपलब्ध रचनाओं में 'प्रेमवाटिका', 'सुजान-रसखान' तथा 'दानलीला' का नाम उल्लेखनीय

है। ब्रज और ब्रजपति के इस प्रेमी कवि ने न जाने कितने छन्द भगवान की भक्ति-भावना में रचे होंगे वे सभी आज उपलब्ध नहीं हैं। थोड़ी-सी रचनाएँ भक्त-कंठों से मिल सकी हैं। लेकिन थोड़ी-सी रचनाओं से ही इस कवि की मनोभूमिका पहचानी जा सकती है। रसखान ने पुरुष अहं को मारकर-दबाकर 'गोपी-भाव' से रचना की है। माधुर्य-भरा काव्य। कभी-कभार शिव और गंगा की ओर भी इनका मन ढरका है और इस भाव से ढरका है कि शिव और कृष्ण दोनों अभिन्न हो गये हैं। अभेद-अद्वैत एकाकार अनन्यता से बनी मानसिकता में लोक-उल्लास की उज्ज्वलनील वाणी दमक रही है—'एक ओर किरीट लसै दूसरि दिसि नागन के गन गाजत री। मुरली-मधुरी धुनि ओठन पै उत डामर नाद सौ बाजत री। रसखानि पीताम्बर एक कन्धा पर एक बघम्बर राजत री। कोउ देखहुँ संगम लै डुबकी निकसे यह भेख विराजत री।' (सुजान-रसखान, पद-16) ऐसा लगता है कि रसखान को 'देवीपुराण' की वह कथा याद है जिसमें कृष्ण के बारे में कहा गया है कि देवी ने शिव से कहा—मैं तुम्हें पुरुष बनकर प्यार करना चाहती हूँ। शिव बड़ी मुसीबत में फँस गये पर देवी की इच्छा को कैसे टालते। मान गये भोलेनाथ—आशुतोष शिव ने राधा-रूप धारण किया और देवी ने कृष्ण रूप। देवी की सम्पूर्ण शक्तियाँ श्रीकृष्ण में खिल पड़ीं और नयी लीला भूमि का रंग उभरा। देवी की शक्तियों से सम्पन्न कृष्ण ने हर तरह का दम्भ तोड़ा, इन्द्र और कालिय का मद तोड़ा, कंस और असुरों का विध्वंस किया।

रसखान पर श्रीमद्भागवत का पूरा जादू छाया हुआ है। भागवत का आरम्भ ही सभी कामनाओं के श्रीकृष्ण भाव में विसर्जन से होता है। यही श्रीकृष्ण भाव रसखान का काव्य मन है। यहाँ श्रीकृष्ण से राधा अलग नहीं हैं—भाव और रस की तरह अभिन्न हैं। श्रीकृष्ण का राधा-मय होना ही प्रेम-सागर का ज्वार है—उद्दाम-प्रेम-तरंग का अगाध प्रवाह। जीवन की हर जड़ता को तोड़ने वाली आदि शक्ति है राधा। राधा को पाने पर ही माधव, रस को रास बना देता है—रास लीला बन जाता है। रसखान कृष्ण के द्वारा राधा के पाँव पलोटने की जो बात कहते हैं उसका बड़ा मधुर-विराट अर्थ है—प्रकृति के चरणों में समर्पित पुरुष है—पूरा दर्शन ही रसायन बन जाता है—'ब्रह्म में ढूँढ्यो पुरानन गानन वेद रिचा सुनि चौगुनि चायन। देख्यो सुन्यो कबहूँ न कितौं वह कैसे स्वरूप औ कैसो सुभायन। टेरत हेरत हारि पर्‌यो रसखानि बतायो न लोग लुगायन। देख्यो दुरो वह कुंज कुटीर में बैठो पलोटत राधिका पायन।' कृष्ण-भाव के बिना राधा को पाये प्रेम का अर्थ खुलता नहीं है। राधा में राँधने का भाव है, राधा ही पकाती है, तपाती है, खौलाती है, श्याम-रसायन बनाती है।

पण्डित लोग कहते हैं और ठीक कहते हैं कि रसखान के प्रेम-तत्त्व निरूपण पर थोड़ा रंग राधा-वल्लभ सम्प्रदाय का है। महाप्रभु वल्लभाचार्य श्रीमद्भागवत को श्रीकृष्ण का साक्षात् विग्रह घोषित करते हैं। भागवत पढ़ने-सुनने-सुनाने पर एक ऐसा

रस-प्रवाह उमड़ता है कि उसमें सबकुछ निमग्न हो जाता है—मन-बुद्धि इन्द्रियाँ देह-देश और काल। श्रीकृष्ण साक्षात् उपस्थित हो जाते हैं—ऐसी लीला का आनन्द मन लेता है कि जिसे कहा नहीं जा सकता, केवल अनुभव किया जा सकता है। पूरी कथा लीला बन जाती है और पूरी लीला कथा। यह लीला किसी देश और काल में बँधी नहीं है। हर समय लीला 'वर्तमान' रहती है। अतीत होकर व्यतीत होने का उसमें भाव ही नहीं रहता। श्रीमद्भागवत भाव का एक अखण्ड सनातन प्रवाह है—जिसमें लीला के साथ गान है और गान के साथ लीला। गान में समय समय नहीं रहता न देश देश। केवल एक निरन्तर प्रवाह रह जाता है। यही प्रभाव विष्णु है, कृष्ण है, गोपी-भाव का प्रेम-रस दर्शन है—भक्ति रसामृत सिन्धु है, उज्ज्वलनील मणि है। इसी प्रवाह में रसखान गोपी भाव से निमग्न हैं और गा रहे हैं—'जा दिन में निरख्यो नन्दनन्दन कानि तजी घर बन्धन छूट्यो। चारु विलोकनि की निसिमार सम्हार गयी मन मार ने लूट्यो। सागर को सरिता जिमि धावत रोकि रहे कुल को पुल टूट्यो। मत्त भयो मन संग फिरै रसखान स्वरूप सुधारस छूट्यो।' कृष्ण-भाव ने ही रसखान के मन में इतना सुधा-रस भर दिया है कि उनका मन और कहीं जाने की सोच तक नहीं सकता। यही भाव पुकार कर कहता है कि 'मानुष हौं तो वही रसखानि बसौं ब्रज गोकुल गाँव के ग्वारन। जो पशु हौं तो कहा बस मेरो चरौं नित नन्द की धेनु मँझारन। पाहन हौं तो वही गिरि को जो धर्यो कर छत्र पुरन्दर धारन। जो खग हौं तो बसेरो करौं मिलि कालिन्दी कूल कदम्ब की डारन।' ब्रजपति के ब्रज में ही रसखान रहना चाहते हैं, न उनका मन मथुरा जाना चाहता है, न द्वारका। सत्ता के केन्द्रों में वे नहीं जाना चाहते—सत्ता-मद उन्हें फूटी आँखों नहीं सुहाता। ऐसा होता तो वे दिल्ली में ही रहते, वृन्दावन क्यों जाते। बादशाह वंश की ठसक क्यों छोड़ते? रसखान के जीवन का क्रमबद्ध कच्चा चिट्ठा तो कोई नहीं जानता। केवल इतना पता चलता है कि गाँव पिहानी जिला हरदोई से बचपन में दिल्ली आये। सत्ताकामी राज में राजाओं-बादशाहों के युद्ध में दिल्ली श्मशान हुई। रसखान का मन उचट गया, वृन्दावन चल पड़े और वहीं ब्रह्मलीन हुए। आज भी वहीं समाधि में सुख से पड़े हैं।

वास्तविकता यह है कि रसखान को देशव्यापी युद्ध, अराजकता, नरसंहार तथा भयंकर दुर्भिक्ष देखने पड़े। सत्ता-लोलुप भेड़ियों से उनका मन फट गया। हर तरह की ठसक को ठोकर मारकर वे ब्रजपति के पास गये। इस घटना का पूरा संकेत रसखान ने 'प्रेमवाटिका' के अन्त में दिया है—'देखि गदर हित साहबी, दिल्ली नगर मसान। छिनहि बादशाह बंस की ठसक छोरि रसखान। प्रेम-निकेतन श्री बनहि आइ गोवर्द्धन धाम। लह्यो सरन चितचाहि के, जुगल स्वरूप ललाम॥ तोरि मानिनी ते हियो फोरि मोहिनी-मान। प्रेमदेव की छबिहि लखि, भए मियाँ रसखान। ब्रज-भूमि में जाकर रसखान को अपार सुख मिला। कहाँ तो राजनीति की हाय-हत्या, कहाँ कृष्ण, राधा

का संग और रंग। इस रंग ने उनके मन को 'बाबरी' कर दिया।' राधा माधव सखिन संग बिहरत कुंज कुटीर। रसिक राज रसखानि जहँ कूजत कोइल कीर।' रसखान का मन मणि कुट्टिम महलों की महत्त्वाकांक्षा को धिक्कारता है और गाँव, गाय-जमुना-वन-वैभव पर स्वच्छन्द भाव से झूमता है। दरबारी-संस्कृति की झूठी दमक और शाही-वैभव को हिकारत की निगाह से देखनेवाले इस लोक-संवेदना के कवि ने कई छन्दों में 'वैभव-विलास' पर लिखा है—जैसे 'कंचन मंदिर ऊँचे बनाइ के मानिक लाइ सदा झलकैयत। प्रात ही ते सगरी नगरी नगमोतिन की तुलैयत। जद्यपि दीन प्रजान प्रजापति की प्रभुता मघवा ललचैयत। ऐसे भये तो कहा रसखानि जो साँवरे ग्वाल सों नेह न लैयत।' दरबारी ठसक से साँवरे लाल का प्रेम बहुत बड़ा है। यही प्रेम-प्यास रसखान को ध्रुवदास जी के पास ले गयी। राधा-वल्लभीय प्रेम-तत्त्व को समझा और अपनी नयी राह निकाली। कार्य-कारण, कर्ता-कर्म, क्रिया-करण सब कुछ प्रेम-तत्त्व है—पूरा विश्व प्रेम-बीज से उपजा है और इस विश्व-वृक्ष का फल पुनः नये प्रेम-बीज देता रहता है—प्रेम से प्रेम उत्पन्न है।

प्रेम और ब्रजपति कृष्ण में कोई अन्तर नहीं है—प्रेम ही हरि रूप है, हरि रूप ही प्रेम-स्वरूप। एक सीमा के बाद तो प्रेम-तत्त्व हरि से भी बड़ा हो जाता है। उसे ज्ञात कर बैकुंठ की भी कामना नहीं रहती। क्यों रहे, वैकुंठ से तो ज्यादा महान यह धरती है जिस पर देह-धारण करने को देवता तरसता है। रसखान धरती की महिमा के कवि हैं—स्वर्ग के लिए तड़पने वाले भोग-विलास भाव के कवि नहीं हैं। उन्होंने कहा है—जीवन की प्रेम वाटिका के माली श्रीकृष्ण और मालिन राधा है। फिर चिन्ता क्या है, ये गर्व तो किसी का नहीं रखते, चाहे इन्द्र ही क्यों न हो। प्रेम ही जीवन की गति है—सार सर्वस्व है—यथा—'प्रेम-अयनि श्री राधिका प्रेम-वरन नंद नंद। प्रेम वाटिका के दोऊ माली-मालिन द्वन्द्व॥ प्रेम प्रेम सब कोइ कहत प्रेम न जानत कोय। जो जन जाने प्रेम को मरै जगत क्यों रोय॥ प्रेम अगम अनुपम अमित, सागर सरिस बखान। जो आवत एहि ढिंग बहुरि जात नाहिं रसखान॥ प्रेम-बारुनी छानि के, बरुन भए जगदीश। प्रेमहि ते विषपान करि, पूजे जात गिरीस॥' यह प्रेम-तत्त्व बड़ी अद्‌भुत चीज है—यह इतना कोमल है कि कमलनाल की तरह है और इतना कठिन है कि तलवार की धार है। यह बड़ा सीधा मार्ग भी है और बहुत टेढ़ा भी। इसी 'प्रेमपन्थ अनिवार' की राह रसखान ने ली है जिसमें बन्धनों को तोड़ा गया है। यहाँ प्रेमी-प्रेमिका घर के भीतर आँखें लड़ाकर चौकड़ी नहीं भरते, भरे दरबारों में नयनों से बात नहीं करते—नदी-वन-उपवन में स्वच्छन्द विचरते हैं—'लोक-वेद-मरजाद सब, लाज, काज-सन्देह। देत बहाए प्रेम करि, विधि-निषेध को नेह॥ कबहुँ न जा पथ भ्रम तिमिर, रहै सदा सुखचन्द। दिन दिन बाढ़त ही रहै, होत कबहु नहि मन्द।' यह प्रेम न तो वासना है न विलास-लीला। यह प्रेम मानुष-भाव के विस्तार का सागर है

जो ज्ञान गरूर को फीका करता है और भावयोग को रस-रसायन में पहुँचा देता है। यह तो पूरी भाव-परम्परा का निचोड़ है—कर्म-भक्ति-ज्ञान सभी का यह धर्म-तत्त्व है जो धरती के मानव को आकाश तक उठाता है—'श्रुति, पुरान, आगम, स्मृतिहि, प्रेम सबहि को सार। प्रेम बिना नहि उपज हिय, प्रेम-बीज अँकुवार।' जाहिर है कि यह प्रेम विषयानन्द नहीं है—जिसमें आज का आधुनिकतावादी-उपभोक्तावादी गर्क है और बेचैन है। यह प्रेम उस बौद्धिकतावादी-भौतिकवादी तर्क की कसौटी भी बन सकता जिसमें श्रद्धा और विश्वास का तरुवर खो गया है। यह प्रेम आज का वह प्रेम भी नहीं है जिसमें नारी-देह एक भूख बनकर रह गयी है, जिसका पूजा-भाव हम चाट गये हैं। यह प्रेम न पण्डित का पुरोहितवाद-पण्डावाद है न मौलवी का कट्टर इस्लामवाद-मुल्लावाद। यह प्रेम जीवन का अमृतत्व है जिसमें काम गल जाता है और धर्म लोकमंगल का ध्येय बन जाता है—'शास्त्रन पढ़ि पंडित भए कै मौलवी कुरान। जुए प्रेम जान्यो नहीं कहा कियो रसखान॥ काम, क्रोध, मद, लोभ, भय, द्रोह से यह प्रेमानुभव परे है। इसमें धन जौवन रूप का गर्व नहीं है। यह तो वह प्रेम है जिसे जानने पर जानने को कुछ विशेष नहीं रह जाता। न हिन्दू हिन्दू रह जाता है न मुसलमान मुसलमान। एक ऐसा मनुष्य रह जाता है जो मनुष्य को मनुष्यता की हर कीमत पर बड़ा करना चाहता है। यह ठीक है कि राजनीति के कीचड़ से ऐसा जहरवाद पनपा है कि हम अपनी प्रेम-परम्परा का मनुष्यतावाद भूल रहे हैं। लेकिन रसखान को कबीर-जायसी-सूर-तुलसी की सन्त-परम्परा का प्रेम-तत्त्व पता है—'जोहि पाए वैकुण्ठ अस हरि हूँ कि नहि चाहि।' तत्त्व की बात यह कि 'ज्ञान, ध्यान, विद्या, मती, मत, विश्वास, विवेक। बिना प्रेम सब घूर हैं अग जग एक अनेक॥' रसखान की यह बात ऐसी है कि इसे आज भी सरकारी सन्तों-राजनीतिज्ञों, तथाकथित बौद्धिकों के सामने लिखकर टाँग देनी चाहिए।

रसखान प्रेम-तत्त्व को उस अनुभव की ओर ले जाते हैं, जो भागवत का निचोड़ है, इस प्रेम को उद्धव ने पाया है—'वा रस की कछु माधुरी ऊधो लही सराहि। पावै बहुरि मिठास अस, अब दूजो को आहि।' यह प्रेम ही मध्ययुग की नवधा-भक्ति है—जिसमें सन्त-तरंगों की तान-गति लय है। रसखान ने राधा-वल्लभ-सम्प्रदाय के हल्के-रस वाले प्रेम को अपनी भाव-भूमि में स्थान नहीं दिया। सबसे ऊँचा प्रेम 'गोपी-प्रेम' को माना है जिसकी तन्मयता का रंग रसखान में पोर-पोर भरा है—'मोर पखा सिर ऊपर राखिहौं गुंज की माल गरे पहिरौगी। ओढ़ि पितम्बर लै लकुटी वन गोधन ग्वारनि संग फिरौंगी। भावतो वोहि मेरो रसखानि सो तेरे कहे सब स्वांग करौंगी। या मुरली मुरलीधर की अधरान धरी अधरा न धरौंगी।' रसखान की पूरी कविता में पशु, चारण-काव्य की लोक-संस्कृति अपनी समृद्ध छवि के साथ मौजूद है। मोरपंख, गुंजा, बाँसुरी, लकुटी, वन, गोधन, ग्वाल, जमुना, हरिनी, दूध-दही, मक्खन, मटकी,

जादू-टोना, होरी, फाग, लकुटी, कामरिया आदि न जाने कितने लोकजीवन के प्रतीक रसखान प्रयुक्त करते हैं। उनका प्रसिद्ध कथन है कि इस लकुटी तथा कामरिया के सामने तीनों लोकों का राज भी तुच्छ है—'या लकुटी औ कामरिया पर राज तिहूँ पुर को तजि डारौं। आठहु सिद्धि नवोनिधि को सुख नन्द की गाय चराइ बिसारौं॥ रसखानि कबौ इन आँखिन ते ब्रज के वन-बाग तड़ाग निहारौ। कोटिक हूँ कलधौत के धाम करील के कुंजन ऊपर वारौं।' जो मन नन्द की गाय चराने में आठ सिद्धियों, नव-निधियों की प्राप्ति से ज्यादा सुख पाता है वह मन लोक-संस्कृति की आन्तरिक लय में पूरी तरह अनुरक्त है। लोक-संस्कृति की इसी प्रकृत भाव-भूमि पर खड़े होकर वे निकुंजरस से ज्यादा ब्रज-रस के गीत गाते हैं। कृष्ण की ब्रजलीला के गायन में गोचरण लीला, दान-लीला, मान, चीरहरण, बाँसुरी मन, होली-चाँचर के मधुर बिम्ब हैं। वंशी की तान पर कुल कानि-मर्यादा के बन्धन तोड़ने वाली नवेली वधुओं में प्रेम-राग की नैसर्गिक छटा है। स्वकीया से ज्यादा परकीया प्रेम की गति में कान्ता-भाव का अद्भुत रूप सौन्दर्य है। रसखान ज्यादा गोपी भेद के चक्कर में नहीं पड़े। उन्होंने अपने युग की प्रचलित कृष्ण-लीला का लोक-भाव से गायन किया। गोपियों में सर्वाधिक प्रबल भाव यदि कोई है तो वह है रूपासक्ति। बाल-छवि के चित्र हैं पर सूरदास की तरह वात्सल्य रस का परिपाक नहीं है। कभी-कभार—'तेल लगाइ, लगाइ कै अंजन, भौंह बनाइ, बनायी डिठौनहि। डालि हमेलनि हार निहारत बारक ज्यौं चुचुकारत छौनहि।' वास्तव में, रसखान कृष्ण की रूप छवि के सौन्दर्य सागर पर मुग्ध रहे। नतीजा यह हुआ कि उनकी सर्जनात्मकता में प्रेम-वृत्ति के संचारी कम आ पाये हैं—समग्र रूप में रूपाकर्षण ही अधिक हुआ है।

स्वच्छन्द प्रेम-वृत्ति की धारा का कमाल यह है कि उनके संयोग-शृंगार के बिम्बों में भी बाग-वन विहार के प्रेम-लोक का विस्तार हुआ है। बहुत से ऐसे संयोग प्रेम-चित्र हैं, जो रीतिकाल की स्वच्छन्द भाव-धारा की याद दिलाते हैं। इनमें आगामी रीतिकाल के चरणों की पदचाप सुनाई देती है जैसे—'बागन काहे को जात पिया घर बैठेहि बाग लगाय दिखाऊँ। एड़ी अनार-सी मौर रही बहियाँ दोउ चम्पे की डार नवाऊँ। छातिन में रस के निबुआ अरु घूँघट खोलि के दाख चबाऊँ। टाँगन में रस के चसके रति फूलन की रसखानि लुटाऊँ।' यहाँ दरबारी काव्य-परम्परा की कविता जोर मार रही है पर पिया को बागों में न जाने से टोकने वाली नायिका का अरमान खुला रूप ले रहा है। युग के प्रभाव-दबाव से रसखान में ऐसे संयोग रूप आये हैं पर कम। फिर इनमें रसखान का मन नहीं रमता है। उनका मन तो कृष्ण माधुरी का मधुप है। उनकी गोपियों में विरह की व्यथा का वह तड़पता-कड़कता रूप नहीं है, जो सूरदास या घनानन्द में मिलता है। विरह में संयोग की स्मृतियों के फड़कते चित्र हैं जैसे—'काह कहूँ रतियाँ की कथा बतियाँ कहि आवत है न कछूरी। आय गोपाल लियो भरि

अंक कियो मन भायो पियो रसकूं री। ताहि दिनो सों गड़ी अखियाँ रसखानि मेरे अंग-अंग में पूरी। पै न दिखाई परै अब साँवरे दै के वियोग-व्यथा की मजूरी।' मूल बात यह कि जब-तब रीतिकालीन ढंग का वर्णन तो किया पर मन सात्त्विक भक्ति-भावना के अनन्य प्रेम संसार में ही सुख का अनुभव करता है। कहना न होगा कि रसखान के राधा-कृष्ण निकुंज बिहारी श्यामा श्याम कम हैं—ब्रज बिहारी-गोचारण भाव के राधा-कृष्ण ज्यादा हैं। सूर के वर्णनों की तरह राधा बहुत कम सामने आयी हैं—समस्त प्रेम-चर्चा में गोपी-कृष्ण के प्रेम की प्रधानता है। 'चौरासी वैष्णवन की वार्ता' तथा 'दो सौ बावन वैष्णवन की वार्ता' को आधार मानकर कुछ विद्वानों ने यह अनुमान भी फैलाया है कि रसखान ने वल्लभ-सम्प्रदाय में दीक्षा-ग्रहण की थी। रसखान में 'देख्यो दुरो पर वह कुंज कुटीर में बैठो पलोटत राधिका पायन' जैसी काव्य-पंक्ति को आधार बनाकर वल्लभ-सम्प्रदाय के समर्थक 'निकुंज-रस' पाने की बात कहते हैं। इस तर्क में आंशिक सत्य भी है पर है आंशिक ही। राधा वल्लभ सम्प्रदाय का प्रभाव होने पर भी रसखान उस मार्ग का पूरी तरह अनुसरण नहीं करते। वे वृन्दावन की मधुर कृष्ण-भक्ति परम्परा में ही रमते हैं—और यही उनकी प्रेम दृष्टि का केन्द्रीय-भाव भी है।

हमें आज इस व्यर्थ की बहस में पड़ने की जरूरत नहीं है कि रसखान का 'रचना-कर्म पुराना पड़ गया है, अब जमाना दूसरा आ गया' या 'यह सब बासी हो गया' है। साहित्य में अतीत को वर्तमान से अलग नहीं किया जा सकता। साहित्य में 'स्मृति' अनेकार्थक शब्द है जिसकी झंकार को वर्तमान अपने कान लगाकर सुनता है। फिर साहित्य में धर्म निरपेक्षता की प्रक्रिया को समझने के लिए रसखान पर ध्यान दिये बिना काम नहीं चलेगा। रसखान ने इस्लाम-धर्म छोड़कर हिन्दू-धर्म नहीं अपनाया लेकिन हिन्दुस्तानी मिट्टी की उपज ने श्रीकृष्ण को पूरी तरह अपनाया। इस कार्य में उनका मजहब आड़े नहीं आया। न इस कार्य में कुरान की अवज्ञा हुई। हिन्दुस्तान में हिन्दू-मुस्लिम रिश्तों को लेकर जो बहस चलती है—रसखान उसके उत्तर बनकर सामने आये। उन्होंने धर्म-जाति, सम्प्रदाय से ऊपर उठकर मनुष्य को प्रेम-तत्त्व का अहसास कराया। और तब अहसास कराया जब हिन्दूबहुल प्रजा पर मुस्लिम सुलतानों का हुक्म चलता है। लेकिन सुल्तानों का कोई हुक्म रसखान पर नहीं चलता। हुक्म चलता है उन पर कृष्ण का। कृष्ण के प्रति ही वे शरणागति या प्रपत्तिवाद का भाव रखते हैं। व्यापक सन्दर्भों में देखें तो रसखान पर 'धर्मनिरपेक्षता' का प्रतिमान छोटा पड़ता है। कारण, उनके कवि-कर्म की मनुष्यता बहुत बड़ी है। बहुत परिष्कृत है। विराट् सत्ता के सामने विराट् भाव का साक्षात्कार रसखान करा रहे हैं। इस प्रेम-भाव में कोई पराया नहीं है। सब सबके सगे हैं—अपने हैं। हिन्दू हो या मुसलमान जिसके भी हृदय में भगवान के लिए प्रेम रूपी मक्खन है, जिसमें भी खुलापन है—

कृष्ण उसका मक्खन चखते हैं उसका कोई कुछ नहीं बिगाड़ सकता। 'कहा करै रसखान को कोऊ चुगुल लबार। जै पै राखनहार है माखन चाखन हार।' मनुष्य अपने को एक विराट सत्ता का अंग मान ले, उसी को सौंप दे और निश्चिन्त हो जाए, यही 'मूल-भाव' रसखान में व्याप्त है और इसी मूलभाव को खो देने के कारण आज का आदमी बेचैन है। वह पश्चिमवादी 'विकास' की होड़ में फँसकर गर्म रेत पर पड़ी मछली की तरह तड़प रहा है—उसे सहारा नहीं है। हिन्दुस्तान के आदमी के पास सहारा था जिसे राजनीति और धर्म के धर्मान्ध नृत्य ने नष्ट-भ्रष्ट कर दिया। पश्चिमी आधुनिकतावाद की मृग-तृष्णा में डालकर भटका दिया। इस भटके-बेचैन-अकेले आत्मनिर्वासित आदमी को रसखान आज भी राहत दे सकते हैं, दिशा दिखा सकते हैं। उस धर्मान्धतावाद से बचने का मूलमन्त्र फूँक सकते हैं जिसने आज हिन्दुस्तान को तबाह कर दिया है और अगली तबाही की योजना बना रहा है। हिन्दू-मुसलमान ने हमारे इतिहास के मध्यकाल में प्रेम-भाव से रहने का एक ढंग निकाल लिया था जिसे पहले तो यहाँ आकर फिरंगियों ने तोड़ा, फूट डाली, राज किया। यही 'मॉडल' आजाद हिन्दुस्तान की राजनीति ने थोड़े उलट-फेर से अपना लिया। हिन्दू-मुसलमान को लड़ाकर कोई दल हिन्दू वोट बटोर लेता है कोई दल मुसलमान वोट। राजनीति की गिद्ध नजर वोटों पर है—सत्ता पर है, जनता के मेल-मिलाप पर नहीं। जनता सुख-शान्ति से जिए, कमाए-खाए, यह राजनीतिज्ञ को मंजूर नहीं है। आज हालत यह है कि हिन्दू धर्मनिरपेक्षता, मुस्लिम धर्मनिरपेक्षता, सिख धर्मनिरपेक्षता, ईसाई धर्म निरपेक्षता सभी अलग-अलग चीजें हैं—अनेक तरह की धर्मनिरपेक्षताएँ हैं। हर दल की धर्मनिरपेक्षता सम्बन्धी अलग व्याख्या है। गाँधी-लोहिया की बात, मार्क्स की बात कोई सुनता नहीं है। फलतः 'हाय-हाय हत्या-हिंसा' में यह अहिंसावादी समाज कराह रहा है। कबीर, तुलसी, रहीम, रसखान की सन्त-परम्परा से इस समाज को जोड़ने की आज गहरी आवश्यकता है।

सोचने की बात है कि राजभाषा फारसी में रसखान श्रीमद्भागवत का अनुवाद पढ़ते हैं और फारसीदाँ नहीं जानते। राजभाषा फारसी की गिरफ्त तोड़कर लोक-भाषा के प्रति समर्पित हो जाते हैं। रसखान के समय में लोक-भाषा है—ब्रज-भाषा। अकबर के काल में और उसके बाद हिन्दू-मुसलमान जनता के बीच में प्रेम-संवाद की रसीली-रंगीली साहित्यिक भाषा उभरती है—ब्रजभाषा। लगभग तीन शताब्दियों तक यह लोकभाषा पूरे देश पर छायी रही। पूरा हिन्दुस्तानी मन इसी भाषा में धड़कता और गाता है। हिन्दू-मुसलमान दोनों ब्रज भाषा को अपना दिल दे देते हैं। अठारहवीं शताब्दी के अन्त और उन्नीसवीं शताब्दी में फारसी और ब्रजभाषा के मेल से बनी उर्दू उठती है और अंग्रेज की मदद से हिन्दुस्तानी दिल के दो टुकड़े हो जाते हैं। ब्रजभाषा आज भी अर्थात् इस सदी में भी अपना अरमान कायम रखे है—जिसे बाद में खड़ी

बोली को धकेलकर अँग्रेजी ने तोड़ा है। मुगलकाल में फारसी राजभाषा रही पर हिन्दू-मुसलमान किसी की भी मातृभाषा नहीं रही। हिन्दू मुसलमान दोनों ही फारसी सीख रहे हैं पर फारसी दोनों के लिए विदेशी भाषा है। आज की अंग्रेजी की तरह मुगल शहजादे घरों में ब्रज-भाषा बोल रहे हैं—उसमें कविता रच रहे हैं—ब्रजभाषा के शास्त्रीय रागों पर दरबार झूम रहा है। लोक-भाषा के आधार पर हिन्दू-मुसलमान मन एकाकार-तदाकार हो रहे हैं। पूरी जनता का मन किस कदर लोक-भाषा ब्रजभाषा ने मिला दिया था—रसखान उसी शक्ति का जीवन्त इतिहास हैं। लोकभाषा बाँधती है—विदेशी भाषा तोड़ती है। आज भी हिन्दी-पंजाबी-उर्दू को छोड़कर हम जितना ही अंग्रेजी की ओर लपक रहे हैं, भीतर से टूट रहे हैं, बाहर से बिखरकर लड़ रहे हैं।

जिस अरमान और तमन्ना से हिन्दू-मुसलमान ने मिलकर ब्रजभाषा का प्रेम-रसायन या श्याम-रसायन तैयार किया था—वह घोल हिन्दी जाति के स्वास्थ्य के लिए मुफीद था। मुस्लिम-राज ने लोक भाषाओं का लोक-जागरण दिया। इस प्रकाश से हिन्दी का पूरा भक्तिकाव्य दीप्त है। भाषा के साथ 'धर्म' नहीं जड़ा है न 'धर्म' के साथ भाषा। वहाँ धर्म पण्डितों-मौलावियों में सीमित हो गया है। जनता का उससे बहुत कम लेना-देना है। किन्तु आगे चलकर हमने भाषा के साथ धर्म को जोड़ दिया। इतनी बड़ी गलती कि आज सोचकर अल्लाह याद आता है। आदमी ही आदमी को कैसे तोड़कर, मारकर पछाड़ता है—कैसे शैतान खड़ा होकर स्वर्ग उजाड़ देता है, यह इतिहास ब्रज-भाषा के माध्यम से समझा जा सकता है, रसखान-रहीम-जायसी के रचना-कर्म से समझा जा सकता है और समझने के बाद शर्म से हमारा सिर झुक जाता है। 'माडर्न' होने का फल हमें यह मिला कि हम मनुष्यत्व खोकर पशुत्व की ओर चल पड़े और आँखों पर पट्टी बाँधकर कोल्हू के बैल हो गये। पश्चिमी दिमाग हमें हाँक रहा है और हम विवश-बेचैन-पराजित-भाव से घूम रहे हैं। लगता है श्रीकृष्ण ने द्वारिका ही नहीं छोड़ी, हम सभी को रोते हुए अर्जुन की तरह अनाथ छोड़ दिया है। अर्जुन की तरह ही हमारे अस्त्र-शस्त्र हमारा साथ नहीं दे रहे हैं। रसखान ने 'बादसाह बंस की ठसक' यों ही नहीं छोड़ी थी, सोच-समझकर छोड़ी थी। उन्हें समझ में आ गया था कि महत्त्वाकांक्षा में मार देने वाली ध्वनि है—इस ध्वनि से फकीराना प्रेम-भाव अपनाकर ही मुक्त हुआ जा सकता है। रसखान के प्रेम-दर्शन पर सूफ़ी प्रेम-दर्शन की गहरी छाप है। वह प्रेम-दर्शन जिसे पाकर मानुष बैकुंठी हुआ है और जिस प्रेम-भाव के न रह जाने पर आदमी मुट्ठी भर खाक ही तो रह जाता है।

थोड़ा मुड़कर पीछे देखते हैं तो रसखान से करीब तीन सौ वर्ष पहले अमीर खुसरो अपने को हिन्द की तूती कह रहे हैं। उनके लिए हिन्दुस्तान दुनिया का बहिश्त है। हिन्दुस्तान क्यों बहिश्त है, उसके लिए खुसरो मियाँ दस कारण गिनाते हैं। स्व. श्री विजयदेवनारायण साही अपनी 'साहित्य क्यों?' पुस्तक में 'धर्मनिरपेक्षता की

खोज में हिन्दी साहित्य और उसके पड़ोस पर एक दृष्टि' शीर्षक निबन्ध में रसखान के साथ अमीर खुसरो को याद करते हैं और अमीर खुसरो के फारसी पद्य का वह अनुवाद देते हैं जो बताता है कि क्यों खुसरो हिन्दुस्तान को सबसे ऊपर रखते हैं। खुसरो ने कहा है—'अगर प्रतिद्वन्द्वी मुझे ताना मारे कि हिन्दुस्तान को मैं क्यों इतनी तरजीह देता हूँ तो दो कारण बता सकता हूँ। एक तो यह कि यह मेरी जन्मभूमि है, मेरा ठिकाना है, वतन है। और रसूल ने यह कहा है कि ऐ दीनवालो! देश-भक्ति ईमान की चीज है। अत: मैंने तो अपने देश का झंडा-गाड़ा। अगर तेरे पास है तो तू भी गाड़। दूसरा कारण यह कि उत्तरी ध्रुव से लेकर दक्षिणी ध्रुव तक सचमुच यह देश सारे संसार से श्रेष्ठ है।' दु:ख की बात यह है कि खुसरो का यह मातृ-प्रेम भाव ही हमने खो दिया है और हम पश्चिमी संस्कृति के अनुकर्त्ता या नकलची बनकर व्यक्तित्वहीन-स्वाभिमानहीन हो गये हैं।

आखिरकार क्या कारण है कि हिन्दी प्रदेशों में ही भाषाई साम्प्रदायिकतावाद भरभरा कर फूट पड़ता है। हिन्दी और उर्दू दो अलग-अलग धर्मों की भाषा हो जाती हैं। भारतेन्दु का हाथ गालिब से छूट जाता है। तुलसी से रहीम की मित्रता धरी रह जाती है। विट्ठलनाथ से रसखान दूर हो जाते हैं। इन सभी कारणों को समझने के लिए फिरंगी-शासन की लूटतन्त्रवादी नीतियों में जाना होगा। पर यहाँ विषयान्तर से बचने के लिए इतना इशारा काफी है कि हिन्दी परिवेश में बनारस की हिन्दू संस्कृति और अलीगढ़ की मुस्लिम संस्कृति खड़ी की जाती है। पहले राजनीति के शैतान धर्म-शास्त्रों को बाँट देते हैं फिर आदमी का बँटवारा करते हैं। उस आदमी का बँटवारा करते हैं जिसे रसखान ने प्रेम-जल से सींचकर पाला-पोसा था। बँटे हुए धर्म के आधार पर बँटे हुए। इस आदमी को देखकर क्या आपको रसखान याद नहीं आते?

वह फाग याद नहीं आती जिसमें ब्रज की नारी अपने प्रेमी से कह रही हैं कि खुलकर फाग खेलो, तन-मन दोनों भीग जाए। 'खेलिए फाग निसंक ह्वै आज मयंक मुखी कहे भाग हमारो। लेहु गुलाल छुओ कर में पिचकारिन मैं रंग हिय मँह डारो। भावे सुमोहि करो रसखान जू पाँव परों जनि घूँघट टारो। बीर की सौंह हौं देखि हैं कैसे अबीर तौ आँखि बचाय के डारो।' फाग में प्रेम सौन्दर्य की छटा का अनुपम रंग बरस रहा है 'खेलत फाग लख्यो पिय प्यारी कों ता मुख की उपमा किहि दीजै। देखत ही बनि आवै भलै रसखान कहा है जो वारि न कीजै। ज्यों ज्यों छबीली कहै पिचकारी लै एक लई यह दूसरी लीजै। त्यों-त्यों छबीली छकै छबि छाक सों हेरे हँसे न टरै खरौ मीजै।' छबीली छवि की छाक को छकना ही मधुर-रस की पराकाष्ठा है। नर और नारी यहाँ बराबर हुए हैं। नारी अगर पुरुष की बराबरी में समानतावाद की भूमि पर यदि कहीं बराबर हुई है—तो इस कृष्णभाव भरी ब्रज-भाषा की कविता में ही। यह इस कविता का एक विशिष्ट, महत्त्वपूर्ण और स्मरणीय पहलू है। यही वह भावभूमि

है जहाँ राधा ने कृष्ण को या नारी ने नर को पूरे उन्मुक्त भाव से पाया है। गोपियों ने कृष्ण को इसी भाव-भूमि पर पाया है—'मिलि खेलत फाग बढ्यो अनुराग सुराग सनी सुख की रमकै। कर कुंकुम लैकरि कंजमुखी प्रिय के दृग लावन कौ धमकैं। रसखानि गुलाल की घूँघट में ब्रज बालन की दुति यौं दमकै। मनौ सावन साँझ ललाई के माँझ चहूँ दिसि तें चपला चमकै॥ रसखान का यही अनिवार प्रेम-पन्थ है—जिसमें प्रिया और प्रिय द्वैत में नहीं अद्वैत में रहते हैं। रसखान के लिए ज्ञान-कर्म उपासना के सभी अहंकार (जिनमें कहीं न कहीं अहंकार रहता) भरे मार्ग व्यर्थ हो चुके हैं। उनका अपना अनुपम प्रेम-संसार है—'जिसमें 'सुन्दर स्याम सिरोमनि मोहन जोहन मैं चित चोरत हैं। बाँके विलोकलि की अवलोकनि नोकनि कै दृग जोरत हैं। रसखान महावर रूप सलोने को मारग तैं मन मोरत हैं। गृहकाज समाज सबै कुल लाज लला ब्रजराज को तोरत हैं।' ब्रजराज के लला को कुल कानि इस लिए तोड़नी पड़ी है कि बृषभानु की लली ने समस्त संसार का रूप लेकर ब्रज में अवतरण किया है। 'अपूरब बाला' का विद्यापति जयदेव भाव रसखान में और रम्याद्भुत रूप धारण करता है-'कि राधा यदि दिन की रोशनी में निकलती हैं तो उनके रूप पर विस्मय विमुग्ध सूर्य का रथ आकाश के मध्य में ठहर जाता है और रात में भी यही गति चन्द्रमा की होती है। चन्द्रमा राधा को देखने के लिए आँगन से नहीं टरता है। बेचारे बटोहियों की तो हालत और भी बुरी है—राहगीर राह नहीं चल पाते। जायसी की पद्मावती का रूप अनुपम है, तो रसखान की राधा का रूप भी अनुपम है। 'बासर तूं जु कहूँ निकरै रबि को रथ माँझ अकास अरै री। रैन यहै गति है रसखानि छपाकर आँगन ते न टरै री। द्यौस निस्वास चल्योई करै निसि द्यौस की आसन पाय धरै री। तेरो न जात कछू दिन-राति विचार बटोही की बाट परै री।' राधा ही नहीं, रसखान की गोपियाँ भी रूप-सौन्दर्य की निधियाँ हैं। 'कैधों रसखान रसकोस दृग प्यास जानि आनि के पियूष पूष कीनो बिधि चन्द पर। कैधों मनि मानिक बैठारिबै को कंचन मैं जरिया जोबन जिन गढ़िया सुघर घर। कैधों काम-कामना के रजत अधर चिन्ह कैधों यह भौरं ज्ञान बोहित गुमान हर। ऐरी मेरी प्यारी युति कोटि रम्या की वारि डारों तेहि चित चोरनि चिबुक पर।'

रसखान की आँखों में ब्रज, ब्रजपति, ब्रजवनिताओं का इतना रूप-सौन्दर्य भरा है कि वह नये से नये रूप बिम्बों में दमकता है। यह रूप ब्रज वृन्दावन की भूमि में ही है और कहीं नहीं मिल सकता। रसखान के लिए ब्रज भूगोल इतिहास नहीं है, पूरी रस-प्रक्रिया है, रस-निष्पत्ति है। ब्रजनायक कृष्ण की पूरी जीवन-यात्रा क्या है? ब्रज है—वे कभी कहीं रुके नहीं, जेल में जन्मे और चल निकले, पैरों चलने लगे तो गोकुल छान मारा, गोकुल से निकले तो वृन्दावन में गाय चरानेवंशी बजाने लग गये, वृन्दावन से मथुरा गये। मथुरा से जी उचाट हुआ तो द्वरिका चल पड़े। फिर द्वरिका को छोड़कर अकेले हो गये। पीपल के वृक्ष का आश्रय लिया। श्रीकृष्ण थिर नहीं रहते—

निरन्तर गति रखते हैं—व्रजन, परिव्रजन, प्रव्रजन, निव्रर्जन यही तो श्री कृष्ण हैं। ब्रजभूमि कृष्ण को एक बार नहीं बार-बार जन्म देती है—'जयति तेधिकं जन्मना ब्रज: श्रयत इन्दिरा शश्वदत्रहि।' भागवतकार व्यास को पता है कि इस ब्रज में इन्दिरा का स्थायी निवास रहता है। अनन्त गोपियाँ कृष्ण को तलाशती रहती हैं और तलाश कभी अन्त नहीं पाती। पण्डितों ने खोजकर बता दिया है कि ब्रज का सबसे पुराना सन्दर्भ यजुर्वेद में मौजूद है। यहाँ अग्नि से प्रार्थना की गयी है कि हमें 'गोमन्तं ब्रजं' गउओं वाले ब्रज में प्रवेश कराओ। अर्थात ब्रज ही गोलोक है—गउएँ सूर्य की ऊर्ध्वगामी किरणें हैं, वही विष्णु का धाम है—वहाँ मधु का झरना प्रवाहित रहता है। गउओं को इन्द्रियाँ भी माना गया है और गोलोक ब्रज को इन्द्रिय गोचर जगत। जीवन का पूरा राग-रंग ब्रज है क्योंकि यहाँ ब्रजपति लीला-रत होता है। वहीं पर नर का नारायण राधा-राधा पुकार रहा है और राधा के पैरों को पलोट रहा है—स्वयं रसखान ने इस दृश्य का साक्षात्कार किया है—'बैठो पलोटत राधिका पायन'। यह ब्रज कृष्ण की भाँति ही नर-नारी को अपनी ओर खींचता है। कृष्ण का व्युत्पत्तिलब्ध अर्थ है—आकृष्ट करना, अपनी ओर खींचना ही जिसका स्वभाव है, जो हरा-भरा श्यामल है—जीवन्त, चित्ता-कर्षक वही श्याम-सुन्दर है। कृष्ण में कृष् का अर्थ है—जोतना, धरती में बीजवहन की क्षमता उत्पन्न करना। बंजरपन को तोड़ना और सृजन की गति का संचार करना। स्थिति और गति दोनों को खींचना। यही कृष्ण का मोहन भाव है। यही मोहन-भाव रसखान की कविता में रचा-बसा है। यही मोहन यहाँ गोपियों की छाछ पर नाच रहा है—प्रेम-राग में बँधा आता है—'गावै गुनी गनिका गन्धर्व और सारदा सेस सबै गुन गावत। नाम अनन्त गनन्त गनेस ज्यौं ब्रह्मा त्रिलोचन पार न पावत। जोगी जती तपसी अरु सिद्ध निरन्तर ताहि समाधि लगावत। ताहि अहीर की छोहरियाँ छछिया भरि छाछ पै नाच नचावत॥ श्रीकृष्ण भाव में ब्रजभाव में इस देश के सभी प्रदेश निमग्न रहे हैं। इस भाव ने सभी को खींचा है और खींचकर बाँध दिया है। इस बँधने में ही सभी ने सच्चिदानन्द घनश्याम को पाया है। हिन्दू-मुसलमान सभी को ब्रज-भाव और ब्रजभाषा की मिठास ने एक किया है। जन-साधारण के कंठ में ब्रजभाषा के सवैये, घनाक्षरी, दोहे, सोरठे बसते थे। रसखान के सवैये तो जनता जीवन मूल्य और जीवन-रस मानकर कंठस्थ करती रही और आज भी यह परम्परा जीवन्त है। ब्रजभाषा का शायद ही कोई कवि बाल कंठों से इतना अधिक गाया गया हो, जितने कि रसखान गाये गये हैं।'

आज जब हम सांस्कृतिक-भावात्मक स्तर पर एकता की बात करते हैं तो लगता है कि कहीं कुछ था जो टूट गया है, बिखर गया है। यह उत्तर रसखान के सृजन कर्म में मौजूद है कि कैसे भावात्मक एकता स्थापित होती है। ब्रजभूमि का भाव-प्रवाह पूरे भारत का स्पन्दन था। यही स्पन्दन जयदेव, चैतन्य, रूप गोस्वामी, वल्लभाचार्य को

प्रेम से खींचकर ब्रजभूमि लाया था—यही भाव-प्रवाह रसखान को दिल्ली से खींचकर ब्रजभूमि लाया था। ब्रजभूमि ने अलगाववाद भेदभाव को दूर किया। उसने किसी को पराया नहीं रहने दिया। इसीलिए भारतीय भावात्मक एकता के प्राणों की धड़कन ब्रजभूमि में रही। कृष्ण गोपी-गोप-गाय बछड़े वंशी-वन, लता गुल्म-फूल, तड़ाग, भौंरे-कोकिल, हंस-बगुले, मोर-मेढक सभी ने मिलकर ब्रज भाव में नयी लहर पैदा की। एक-एक फूल यहाँ कृष्ण की मुस्कान बन गया। यमुना की एक-एक तरंग में दर्शन फूट पड़ा, घने बादलों में घनश्याम की शोभा चमकी, राधा-रूप दामिनी बनकर दमक उठा। ब्रजभूमि का ऐसा प्रभाव न होता तो रसखान 'इन आँखिन ते ब्रज के बन बाग तड़ाग निहारों' के लिए विकल न होते। उनमें 'मानुष हौं तो वही रसखानि बसौ ब्रज गोकुल गाँव के ग्वारन' की प्राण-ध्वनि न उठती। ब्रज में 'गाइयो तान जमाइयो नेह रिझाहूगो प्रान चराइगो गैया' का पूरा वैकुण्ठ-भाव है। ब्रजपति का रूप ब्रजबाला बनकर ही जाना जा सकता है—गोपी-भाव से ही प्रेम की उज्ज्वल नीलमणि को पाया जा सकता है—'सोहत है चँदवा सिर मौर के जैसियै सुन्दर पाग कसी है। तैसियै गोरज माल विराजति जैसी हिये बनमाल लसी है। रसखान बिलोकत बौरी भई दृग मूँदि के ग्वालि पुकारि हँसी है। खोलि री घूँघट खोलौं कहा वह मूरति नैनन माँझ बसी है' घनश्याम का रूप माधुर्य नैनों में बस जाए और वह परम ब्रह्म बालक छवि में दर्शन दें यही भावभरे भक्त का जीवन है—'धूलभरे अति शोभित स्याम जू तैसी बनी सिर सुन्दर चोटी। खेलत खात फिरैं अँगना पग पैंजनी बाजत पीरी कछोटी। वा छबि को रसखानि विलोकत बारत काम कला-निधि कोटी। काग के भाग बड़े सजनी हरि हाथ सों लै गयो माखन रोटी।' रसखान के पूरे सौन्दर्य विधान में रूप की रौर पड़ी है और हर दृश्य में इतनी नूतनता और ताजगी कि मन मनमोहन का हो जाता है। जबकि पूरा सौन्दर्य-विधान प्राकृतिक-वैभव से खड़ा किया है कि मोर मुकुट, बनमाला, गोरज भाल, कुंज-फूल-सभी में प्रकृति का लावण्य भरा है। कृत्रिम नागर संस्कृति के सौन्दर्य-बोध से रसखान ने ब्रजपति के रूप-सौन्दर्य को दूर रखा है। सच बात है कि रसखान ने दरबारी संस्कृति की कृत्रिमता को उघाड़ने के लिए एक ग्राम्य परिवेश का सौन्दर्यशास्त्र रचा है—जिसमें जीवन की कृत्रिमता नहीं है—सहज वंशी-ध्वनि की मोहक-मोहन तान है।

पूरे भक्तिकाव्य में वंशी की ध्वनि का सम्बन्ध अनहदनाद से है। योग-साधना वाले शरीर में ही समुद्र-गर्जन, मेघ-गर्जन, और भेरी झर्झर आदि जैसी ध्वनि की खुलकर चर्चा करते रहे हैं। वंशी, वीणा और भ्रमर की गुंजार-ध्वनि पर साधकों ने बड़ा ध्यान केन्द्रित किया है। उलटवाँसी शब्द की व्युत्पत्ति में ही उलट वंशी (बाँसुरी) की खोज की गयी है—'बाजत अनहद बाँसुरी तिरवेनी के तीर'। कृष्ण भक्ति कवियों ने 'बाँसुरी' को कृष्ण की योगमाया शक्ति का प्रतीक माना है—रस रूप और रस शक्ति

भी। रसानुभूति में दैहिक अनुभवों की विस्मृति है। व्यक्तित्व का विगलन है। कृष्ण-रस की वर्षा बाँसुरी से होती है। यही कृष्ण-भक्ति का रस-स्वभाव है, रस तत्त्व है, लीला भाव की क्रीड़ा है—'मदन मोहन बेनु बजावत मोहन-नाद सुनत भई बावरी। बंछरा खीर पीवत थन छाड्यो दाँतन तृन खंडित नहि गाँवरी। अचल भये सरिता मृग पंछी खेवट चकित चलत नहिं नाव री। कमल नयन घनस्याम मनोहर सब विधि अकथ कथा है रावरी। परमानन्द स्वामी रति नाइक यह मुरली रस-रूप सुभाव री।' यह रसानुभूति एकान्त-अनुभूति न होकर समाईमूलक मंगलमूलक है। इसमें सभी बाहरी वृत्तियाँ स्थगित रहती है। नन्ददास का तो विश्वास है कि श्रीकृष्ण ही रस तत्त्व हैं। यही विश्व रस है। यही रस-सागर का आनन्द ज्वार है। यह रस ही 'प्रेम तत्त्व' का पर्याय है और गोपियाँ ही इसकी 'प्रेम-निपुणा' हैं। यही शुद्ध प्रेम-रस परम एकान्त में निकुंजरस है—मधुररस का शृंगारी रूप है। यह परम-रस, महारस या प्रेम-रस ही अनिर्वचनीय आनन्द है—यही प्रेम घन वर्षा का आनन्द रस है। यह रस मोहक द्रावक एवं स्तम्भक है। भक्ति-रस कैसे अमिय-रस-सागर है यह अनुभूति नन्ददास की तरह रसखान के गोपी भाव में प्रबल है। रसखान में प्राणों की तड़प, आकुलता और तन्मयता का तत्त्व अष्टछाप के कवियों से ज्यादा है। कृष्ण की बाँसुरी गोपियों को, ब्रज को तन्मय कर लेती है। 'मोहन की मुरली सुनि कै वह बौरी ह्वै आनि अटा चढ़ि झाँकी। गोप बड़ेन की डीठि बचाइ कै दीठि सौं दीठि मिली दुहु घाँकी। देखत मोल भयो अँखियान को को करै लाज कुटुम्ब पिता की। कैसे छुटाई छुटैं अटकी रसखानि दुहूँ की बिलोकनि बाकी।' रसखान के पूरे प्रेम का सौन्दर्यशास्त्र तन्मयता में है—जिसमें 'कुलकानि' टूट जाती है। क्यों टूटे 'कुलकानि' मोहन की मोहिनी तान की ताकत ही ऐसी है—'ए सजनी वह नन्द को साँवरो या वन धेनु चराइ गयो है। मोहिनी तानिन गोधन गाइ कै बेनु बजाइ रिझाइ गयो है। ताही घरी से कछु टोना सो कै रसखानि हिए में समाइ गयो है। कोऊ न काहू की बात सुनै सिगरो ब्रज वीर बिकाइ गयो है।'

सम्पूर्ण ब्रज-ररा इस बाँसुरी के रस में समाहित है। रसखान के चित्त में कृष्ण रस का लोक सौन्दर्य उमड़ता-घुमड़ता है। 'गोरज बिराजै माल लहलही बनमाल आगे गैया पाछे ग्वाल गावै मृदुतान री। तैसी धुनि बाँसुरी मधुर-मधुर तैसी बंक चितवनि मन्द-मन्द मुस्कानि री। कदम विटप के निकट तटनी के आव अटा चढ़ि चाहि पीत पट फहरानि री। इस बरसाबै तन तपन बुझावै नैन प्राननि रिझावै वह आवै रसखानि री।' यह रूप इतना मदमस्त है कि नवेली दुल्हिनों को समझाया जाता है कि वे स्याम रंग की मुस्कान और तान से बचकर रहें—'अरी अनोखी बाम, तूँ आयी गौने नयी। बाहर धरसिन पाम, है छलिया तुव ताक मैं।' पर यह छलिया अपना जादू किये बिना रह नहीं पाता। रसखान एक पूरी प्रेम दीवानी गोपी रूप-गति की बिम्ब माला खड़ी कर देते हैं और ऐसा लगता है सबकुछ आँखों के सामने हो रहा है। 'दूध दुह्यो सीरो

पर्‌यो, तातो न जमायो कर्‌यो जामन दयो सो धर्‌यो-धर्‌योई खटाइगो। आने हाथ आन पाइ सबही। के तबहीतें, जब हीते रसखानै तानन सुनाइगो। ज्योंही नर त्योंही नारि तैसी तरुन बारी! कहिए कहारी सब ब्रज बिललाइगो। जानिए न आली यह छोहरा जसोमति को, बाँसुरी बजाइगो कि विष बगराइगो।' बाँसुरी की महिमा ने ब्रज को बैकुंठ से ऊपर कर दिया है। बाँसुरी का प्रभाव नाद ब्रह्म की लीला का महारस है—सभी को बन्धनों से मुक्त कर स्वच्छन्द करता है—गति एवं लय से भर देता है। एक नवेली ठीक कह रही है—'कानन दै अँगुरी रहिबो जब ही मुरली धुनि मन्द बजै है। मोहिनी तानन सों रसखानि अटा चढ़ि गोधन गैहैं तो गैहैं। टेरि कहौं सिगरे ब्रज लोगन काल्हि कोउ कितने समुझै है। माइ री वा मुख की मुस्कानि सम्हारि न जैहै न जैहे न जैहै॥' आनन्द रस का प्रवाह उमड़ा हो और बनवारी अपनी पर आमादा हो तो किसी का वश नहीं चल सकता। 'बजी है बजी रसखानि बजी सुनि कै अब गोप कुमारि न जी है। न जी है कोऊ जो कदाचित कामिनी कानि मैं बाकी जू तान कू पी है। कु पी है बिदेश सँदेस न पावति मेरी व देह को मैन सजी है। सजी है तो मेरा कहा बस है सु तौ बैरिनि बाँसुरी फेरि बजी है।' रसखान की पूरी मनोभूमिका में ब्रजपति का रस-रास छाया हुआ है। मधुर-रस का स्वाद ही जीवन का अमृत है—'अधर लगाय रस प्याय बाँसुरी बजायी मेरा नाम गाय हाथ जादू कियो मन में। नटवर नवल सुघर नन्दनन्दन ने, करि कै अचेत चेत हरि है जतन में। झट-पट उलट-पुलट हट परिधान जान लागों लालन पै सबै बाम बन में। रस रास सरस रँगीलो रसखानि आनि, जानि जोरि जुगुति बिलास किये जन में।' अपना मन अपना न रह जाय वह ब्रजपति का हो जाय—यही जीवन की गति है। इसे पुकारना ही जीवन का प्रेम छन्द है—'एहो बनवारी बलिहारी जाऊँ तेरी आजु मेरी कुंज आइ नेकु मीठी तान गाउ रे। नन्द के किसोर चित चोर मोरपंख वारे बंसीवारे साँवरे पियारे इत आउ रे।' कृष्ण के रस-रंग के आगे सभी ऐश्वर्य झूठा है, सारा राजपाट व्यर्थ है—इसीलिए रसखान 'ह्याँ के गजमोती माल बारौं गजमालन पै' की धुन में मगन हैं। उन्हें सोने के महल नहीं चाहिए। ब्रज के रस-रंग चाहिए—वह चाहिए जो बनवारी की बाँसुरी से मिलता है, चोरी से मिलता है। वह चाहिए जिसे सोकर जसोदा ने पा लिया है। जिसे योगी जागकर भी नहीं प्राप्त कर सकता है। प्रेम से जो 'अरे हरि चेरी को चेरो भयो है।' कुबरी दासी का जो दास हो गया है—वह श्रीकृष्ण रसखान का प्राणपति है। उसी के लिए प्राण धड़कता है, तड़पता है और कहता है—'मेरे बनमाली को न काली तें छुड़ाव ही।' श्रीमद्‌भागवत की कथाओं का रस रसखान की कविता में निरन्तर उफनता रहता है।

रसखान का प्रेम-रस ही ऐसा है कि इसके सभी आलम्बन कृष्ण हो जाते हैं, सारे उद्दीपन कृष्ण हो जाते हैं। विभाव-अनुभाव संचारी सभी भाव कृष्ण हो जाते हैं। श्रीकृष्ण को देखना ही श्रीकृष्ण हो जाना है—''दृष्टि परी तब ही चटको अटको हियरे

पियरे पटवारो।" इस 'पियरे पटवारो' को तन्त्र-मन्त्र से नहीं पा सकते। समाधि लगाने वालों को भी कहाँ मिलता है—पर प्रेम रंगरति को मिलता है। कृष्ण ही एक ऐसा अनुभव है जिसमें देह-गेह, मन, बुद्धि अहंकार-ऐश्वर्य, देश और काल सभी डूब जाते हैं—तिरोहित हो जाते हैं। निमग्नता ही 'शिव' है। लगता ऐसा है कि श्रीकृष्ण जैसे निष्ठुर निर्मम क्या कभी प्रेम विवश होंगे, राग-पाश में बँध सकेंगे। ब्रजपति क्या ब्रजन छोड़ देंगे। पर जब भक्त पूरी तरह श्रीकृष्ण को ही अपने राग-द्वेष, पाप-पुण्य सब कुछ सौंप देता है तब वह अकिंचनता ही श्रीकृष्ण को पाने की रस-दशा बन जाती है। यह रस दशा ही कृष्ण से साक्षात्कार है—लीला-नायक के भाव का सहृदय-भोग है। जड़-चेतन, वन-पर्वत, यमुना-रमणरेती, गाय-बछड़ा, सन्त और कामी, ग्वाला और गोपी सभी कृष्ण बन जाते हैं। हृदय में प्रेम मथानी चल पड़ती है। उसका नवनीत अपने आप प्रेम-जल के छींटे देने से एकत्र हो जाता है—श्रीकृष्ण इसी नवनीत के चोर हैं। प्रकृति की अनन्त श्यामलता इसी श्याम को पुकारती है। इसलिए लीला-कल्पना विलास नहीं है भाव-यथार्थ है। यह लीला निरन्तर होती रहती है वह किसी देश और काल में न घटती है न बँधती है, बल्कि हर बार नयी होती रहती है। सुहागभरी नवेलिन दुल्हनें या मनमोहिनियाँ निरन्तर इसी प्रेम-रूप पति श्रीकृष्ण के साथ होली खेलती रहती हैं। उनकी रंगभरी पिचकारी हमेशा लाल के लिए तैयार रहती हैं। रति-नागर ही रति की लूट करते हैं—'अंगनि अंग मिलाय दोउ, रसखानि रहे लपटे तरु छाँही। संग निसंग अनंग को रंग सुरंग सनी पिय दै गलबाँही॥ बैन ज्यों मैन सु ऐन सनेह को लूटि रहे रति अन्तर जाहीं। नीबी गहै कुच कंचन कुम्भ कहै बनिता पिय नाही जू नाहीं।' बनिता की 'ना' का अर्थ 'हाँ' से अधिक है—यह प्रेम-व्यंजना रति-नायक को ही समझ में आती है। ब्रज बालाओं का मन इसी 'मोहन-भाव' ने हर लिया है—यह भाव ही निर्वैयक्तिक परम्परा का सामूहिक चित्त है, बिम्ब है—'बंक विलोकन है दुःख मोचन दीरघ लोचन रंग भरे हैं। घूमत बारुनी पान किये जिमि झूमत आनन रंग ढरे हैं।' यही बनवारी ब्रज बालाओं की आँखों में झूमता रहता है। यही गोपवेष में विष्णु है, कामदेव का अवतार है, कमल नयनों का सूर्य है। यही वह प्रवाह है जिसे गोपियाँ भरती हैं, उलीचती हैं और फिर-फिर खाली होकर भरती हैं। रसखान की कविता 'माडर्न' भारतीय को प्रेम-भाव का धोखा दिखाई देती है। कारण, इस 'माडर्न' में इस काव्य को समझने का संस्कार ही नहीं है। शेष है तो भाव-विकृतियों का शरीरवाद-देहवाद। साहित्य शब्द का शुद्ध अर्थ ही यह 'माडर्न' भूल गया है—वह सोच ही नहीं सकता कि नर-नारी के 'नारायण' अद्वैत कैसे होते हैं। हित का भाव रखने के कारण ही साहित्य कैसे आत्म-विसर्जन की ओर ले जाता है। श्रीमद्भागवत की भाव-भूमि से उत्पन्न रसखान के काव्यास्वादन के लिए व्यक्ति को विकृतियों से छूटकर 'सहृदय-चक्रवर्ती' न सही, पर सच्चा भावक (परमहंस) तो बनना ही

पड़ेगा। रसखान का काव्य ही वह मानसरोवर है—जहाँ प्यासे परमहंसों को तृप्ति मिल सकती है।

कई बार सोचता हूँ कि वह क्या शक्ति है रसखान के काव्य में कि बार-बार पढ़ने के लिए मन तड़पता रहता है। बार-बार पढ़ता हूँ, मन कभी ऊबता नहीं है। पढ़कर और अधिक अतृप्ति अनुभव करता है। इस भाव-प्रवाह में जितना डूबता हूँ उतना ही और डूबने को मन करता है। इसी मन से अज्ञेय एक कविता लिखते हैं—शीर्षक है—'वासुदेव लीला।' ठीक बात है जो रस-भाव भरी लीला कृष्ण द्वैपायन व्यास की व्याकुलता दूर कर सकती है, उन व्यास की जिसने महाभारत रचकर, वेद को संहिताबद्ध करने पर भी खालीपन और बेचैनी का अनुभव किया था। नारद ने बेचैन-व्यग्र व्यास से पूछा—इतनी खिन्नता (अथापि शोचस्यात्मानमकृतार्थ इव प्रभो) क्यों? नारद ने ही यह भी कहा कि इस खिन्नता का कारण यह है कि आपने वासुदेव लीला का मधुरामृत पान नहीं किया, रस-नागर की लीला नहीं गायी। फिर श्रीकृष्ण भाव के बिना निरंजन ज्ञान भी व्यर्थ है—''नैष्कर्म्यमप्यच्युतभाववर्जितं न शोभते ज्ञानमलं निरंजनम्।'' नारद ने अपने लीला-रस-पान का इतिहास सुनाया और व्यास ने 'ध्यान-सामाधि' लगाकर श्रीमद्भागवत की रचना कर डाली। रचने के बाद अपार तृप्ति का अनुभव किया। पूरी भागवत कथा को 'सुत-शौनक संवाद, शुक-परीक्षित संवाद, मैत्रेय-विदुर संवाद और श्रीकृष्ण-उद्धव संवाद' में पूरा किया। पूरी कथा का मर्म कवि रसखान ने समझा और वही मर्म उनकी काव्यात्मकता का मूल सौन्दर्य है। 'स्याम सघन घन घेरि कै, रस बरस्यो रसखानि। भई दिवानी पान करि, प्रेम मद्य मनमानि।' घिरकर सघन घन श्याम रसखान पर बरसता है। उनका अन्तर बाहर सब भींग जाता है। यही भाव शक्ति पाठक भी इस कविता को पढ़ने से पाता है। वह भी भीतर तक भीग जाता है—''ब्याही अनब्याही ब्रजमाही सब चाही तासों दूनी सकुचाई दीठि परै न जुन्हैया की। नेकु मुसकानि रसखानि की विलोकत ही, चेरी होत एक बार कुंजनि दिखैया की। मेरो कह्यो मानि अन्त मेरी गुन मानि हैरी, प्रात खात-जात ना सकात सौंह भैया की। माइ की अँटक जौलौं सासु की हटक तौलौं देखी ना लटक मेरे दूलह कन्हैया की।'' इस दूलह कन्हैया की छवि ही पल में प्लवन कर देती है।

रसखान का भागवत भाव उत्कण्ठा से भरा पड़ा है। इस उत्कण्ठा के तीन स्तर हैं—पहली उत्कण्ठा गोपी-भाव की उत्कण्ठा है जिसमें दरस-परस, भय और अकुलाहट है। दूसरी उत्कण्ठा उस क्रिया शक्ति की है जिसमें बछड़े और गाय वाली अकुलाहट है, जिसमें बछड़े को भूख सताती है और माँ भी दिन ढले रँभाती हुई आती है और बछड़े से लिपट जाती है। स्नेह-रस की यह उग्रतर उत्कण्ठा है। तीसरे स्तर पर इच्छा, क्रिया और ज्ञान तीनों एक हैं और इसमें आकुलता की पुकार गहरी है, छटपटाहट है—यह मुरली ध्वनि की गति है। इसमें पूरा का पूरा ब्रज बिलला जाता

है और यह बिललाहट ही आनन्द है। यही भागवत भाव का शिखर है और इसी शिखर पर रसखान की कविता उपस्थित है। शरीर छोड़ने से पहले भीष्म पितामह ने इसी अकुलाहट से भरकर श्रीकृष्ण से प्रार्थना की थी—तुम्हारी वही छवि निहारना चाहता हूँ जिसमें घोड़ों की टापों से रौंदी हुई धूलि से तुम्हारे लहराते केश सने हैं, जिसमें तुम अपनी प्रतिज्ञा भूलकर और रथ का चक्का लेकर मुझे मारने दौड़ पड़े हो। उस भाव-मूर्ति की समाधि लगाना चाहता हूँ। बचपन में श्रीकृष्ण गउओं के खुर से उठी धूलि में सनते हैं और यह गोपाल छवि भक्तों की मन-भावन भाव-भूमि है। श्रीकृष्ण की लीला का रस ज्ञान-कर्म-भक्ति तीनों सोपानों को पार करने के बाद ही मिलता है। वेद की गायत्री ने ब्रजबालाओं का रूप धारण कर श्रीकृष्ण को इसी भाव से पाया है। श्रीकृष्ण को पाने के लिए तपस्या करनी पड़ती है—पकाना-खेलाना-औटाना पड़ता है। इन्द्रिय रूप गायों को श्रीकृष्ण के लिए 'बावरी' होना पड़ता है। इस भाव को पाकर स्वयं श्रीकृष्ण विवश हो जाते हैं। भागवतकार की तरह रसखान ने नारी-देह, नारी-मन और नारी-चित्त को जो विस्तार एवं गहराई दी है—वह अमित और अनन्त है। प्रेम के क्षणों में लला की 'झटका झटकी में फटो पटुका दरकी अँगिया मुकता झरिकै' से संयोग की शोभा बढ़ जाती है। गोपी के मन में यह पछतावा रह जाता है कि सास-ननद-जिठानी सभी के ताने सहती हूँ—'कलंक लग्यो पर अंक न लागी।' और कलंक लग ही गया है—तो मन भर मिलते क्यों नहीं—'बावरी जो पै कलंक लग्यो तौ निसंक ह्वै क्यों नहीं अंक लगावत।' प्रेम-वियोग की आग दीपशिखा है—भभक-भभककर जलती है—'मोहन जू के वियोग की ताप मलीन महा द्युति देह तिया की। पंकज सों मुख गो मुरझाय लगैं लपटैं बिरहागि हिया की। ऐसे में आवत कान्ह सुने रसखान सु तनी तरकी अँगिया की। यों जग जोति उठी तन की उकसाय दई मानो बाती दिया की।' प्रेम की प्यास में बाँसुरी खून पीती है।

बाँसुरी में नाद-रस तो है पर वह पागल कर देती है, लोक-लाज की मर्यादा तुड़वा देती है, साँस-जिठानी-ननद के ताने दिलाती है, मन्मथ के हाथों सौंपकर मरम्मत करवाती है। इस बाँसुरी का विनाश तो करना ही होगा—'जल की न घट गरैं मग की न पग धरैं घर की न कछु करैं बैठी भरैं साँसुरी। एकै सुनि लोट गई एकै लोह पोट भई एकनि के दृगन निकसि आये आँसुरी। कहै रसनायक सो ब्रज बनितानि विधि बाधिक कहायें हाथ हुई कुल हाँसुरी। करिए उपाय बाँस डारिये कटाय नाहि उपजैगो बाँस नाहि बाजै फेरि बाँसुरी॥' बाँसुरी के वश हैं श्रीकृष्ण। उस सौतिन से श्रीकृष्ण को छुड़ाने का यही उपाय है। यह उपाय न चला तो ब्रज में बाँसुरी की ही चलेगी—'जग कान्ह भए बस बाँसुरी के अब कौन सखी हमको चहि है। यह राति दिना संग लागी रहे वा सौति की साँसन को सहि है। जिन मोहि लियो मन मोहन को रसखान सु क्यों न हमें दहि है। मिलि आवौ सबै कहीं भाग चलैं अब तौ ब्रज में बँसुरी रहि

है॥' प्रेम एकाधिकार चाहता है—प्रेमिका प्रेमी पर किसी की छाया तक बर्दाश्त नहीं कर सकती है, प्रेम-राग के इस रहस्य की जानकारी में रसखान बहुत आगे हैं। इतना प्यार-पराग पाकर भी निर्मोही मथुरा चला जाए, यह बर्दाश्त करने योग्य नहीं है—'साँझ से भोर लौं भोर से साँझ लौं गोपिन चातक यो रट लाई। एरी भटू कहिए तो कहाँ कहूँ बैरी अहीर ने पीर न पाई॥' माखन-सा मन चखकर भी माखनचोर का यह बर्ताव। 'त्रिभंगी' तोड़ना जानता है—'काज समाज सबै कुल लाज लला ब्रजराज के तोरत हैं।' पर करें क्या, लला की मुसकान आँखों की लाज तोड़ देती है, मटका फोड़ देती है—गोरस छीनकर छक लेता है—'रसखानि लखे मन खोय गयो मग भूलि गयी तन की सुधि सातो। फूटि गयो दधि को सिर भाजन टूटिगौ नैनन लाज को नातो।' और 'खंजन नैन फँसे पिंजरा छवि' की गति यह हुई कि 'चित्र लिखी-सी भई सब देह न बैन कढ़ै मुख दीन्ह दुहाई।' कुछ भी हो प्रेम में हर जोखिम उठाना पड़ेगा। यह प्रेम-रंग ही होली है। इस होली के रंग में पता ही नहीं चलता है कि ब्रजबाला ज्यादा रंगी हुई है—या श्रीकृष्ण ज्यादा रंगे हुए हैं। 'होरी भई कै हरी भए लाल कै लाल के लागै पगी ब्रजबाला।'

प्रेम रंग में प्रिया-प्रिय एक रूप हैं, एकाकार हैं। द्वैत ने अद्वैत पा लिया है। वर्षा आने वाली है। गोपी दही लेकर मटकती चलती है। नख से शिख तक प्रेम-वस्त्र (नीला-वस्त्र) पहन लिये हैं और अचानक मनमोहन मिल जाते हैं तो नीले वस्त्र में दीपित पूरा शरीर 'लली' का काँप उठता है—गोरी-गोल गुमान भरी कंचन काया थरथरा उठती है। आकाश में बादलों के बीच दामिनी दमकती है और धरती पर नीले वस्त्र पहने हुई प्रिया (राधा) काँप उठती है। जाने क्या होगा, जाने क्या होने वाला है—भीतर-ही-भीतर तड़प उठती है। मन के घिरे हुए बादलों में मानो बिजली कौंध-कौंध जाती है। रसखान ने प्रेम का ऐसा अद्‌भुत बिम्ब प्रस्तुत किया है, जैसा कि कृष्ण-काव्य-परम्परा में ही दुर्लभ है—न केवल दुर्लभ बल्कि एकदम रम्याद्‌भुत—'पहिले दधि लै गयी गोकुल में चखचारि भए नट नागर पै। रसखान करी उन चातुरता कहैं दान दै दान, अरे अरपै। नख सों सिख लौं पट नील लपेटे लली सब भाँति कँपे डरपै। जनु दामिनी सावन के घन तैं, निकसैं नहि भीतर ही तरपै॥'

रसखान के प्रेम-तत्त्व को समझने के लिए भागवत के प्रतिपाद्य को भाव-विभोर होकर ग्रहण करने वाली तपस्या चाहिए। यह तपस्या केवल नर-देह से ही सम्भव है। देह-धारी होने के कारण ही समस्त प्राणियों के साथ तादात्म्य का अनुभव करने में मानव सर्वाधिक समर्थ है। क्यों समर्थ है ? क्योंकि उनमें ज्ञान-बोध अन्य प्राणियों से अधिक है। इस ज्ञान-बोध के भीतर ही भाव-प्रसार होता है और यह भाव-प्रसार शक्ति सभी को जोड़ती है। यह उसका स्व-भाव है। श्रीकृष्ण तो अखण्ड जीवन-प्रवाह को निरन्तर प्रवाहित करने वाली शक्ति हैं। स्वयं प्रकृति उनके लिए ही फूल

बरसाती है, मोर नाचते हैं, कोयल कुहकती है, हरणियाँ स्नेह-भाव से देखती हैं, नदी-पर्वत उन्हीं के लिए शोभा बिखेरते हैं। प्रकृति या विश्व के केन्द्र में जीवन का अखण्ड प्रवाह है और मनुष्य जीवन की सार्थकता इस अखण्ड जीवन प्रवाह की निरन्तर या सातत्य के साक्षात्कार में है। इसी भाव से भरकर भागवत ने मोक्ष और निर्वाण को तुच्छ समझा है। अगर कहीं पर बैकुंठ है तो वह धरती पर है—ब्रज वृन्दावन में है। इसी ब्रज में ब्रजपति अपनी सम्पूर्ण शक्तियों के साथ अवतरित होता है। राधा गोप-ग्वाल-गोपी को लेकर यमुना तट पर रास रचाता है। गाय चराता है। कृष्णभाव की यह पूरी पीठिका प्राणि मात्र की एकता और समता को प्रतीकित संकेतित करती है। जहाँ कहीं आकुल भक्त की पुकार है, भगवान वहीं पर दौड़े आते हैं। पर यह समझना भूल होगी कि भक्ति के भाव से विवश नारायण मानव को कर्म और ज्ञान से दूर करते हैं। रास की वंशी सभी चित्तवृत्तियों को एकाग्र कर देती है। प्रिय प्रिया के चित्त में ठहर जाता है। दूरी नहीं रहती। संसर्ग-सुख पुण्य में बदल जाता है-'देखि कैं रास महावन को इक गोपबधू कह्यो एक वधू पर। देखति हौ सखि मार से गोप कुमार बने जितने ब्रज भू-पर। तीछें निहारि लखो रसखानि सिंगार करौ किन कोऊ कछू पर। फेरि फिरैं-अँखियाँ ठहराति हैं कारे पितम्बर बारे के ऊपर।' इस कारे पीताम्बर वारे पर 'ब्रजबाल नदी उमही' रहती है और श्रीकृष्ण का आगमन ही वर्षा ऋतु का आगमन है जिसमें प्रेम के बादल घिरते हैं और रूप की दामिनी दमकती है—धरती रस से छक जाती है। रास-लीला हो, फाग-होली का राग-अनुराग हो, स्वच्छन्द प्रेम-क्रीड़ा में रसखान का मन रमता है। लोक-संस्कृति का यह प्रगाढ़ प्रवाह सामन्तवादी मूल्यों को हर जगह अँगूठा दिखाकर आगे बढ़ता है। ब्रज-बालाओं और ब्रजपति का पूर्ण प्रेम प्रकृति की गोद में फूलता-फलता है। राधा का राग-रंग जमुना और कुंजों में गीत गाता है—'आजु हौं निहार्‌यो बीर कालिन्दी तीर दोउन को दोउन सों मुरि मुसकाइबो। दोऊ परैं पैयाँ दोऊ लेत हैं बलैयाँ इन्हें भूलि गयी गैयाँ उन्हें गागर उठाइबो।'

रसखान की गोपियाँ (प्रेमिकाएँ) हर बँधी प्रेम-लीक को तोड़ती हैं। साधारण फ्रायडीय मन उन पर कई दुष्ट विचार थोप सकता है। पर रसखान के भागवत मन में कोई विकृति नहीं उठती। न वे नैतिकता की ठेकेदारी में उलझते हैं। जिस समाज में नैतिकता की चर्चा ज्यादा होती है, उसमें व्यभिचार ज्यादा पनपता है। रसखान का समाज खुला समाज है जिसमें कुंठाएँ-मनोग्रन्थियाँ नहीं हैं। युवतियों के जिन उरोजों को देखकर योगियों की समाधि टूट जाती है, वे उरोज यहाँ कृष्ण को खुले तौर पर समर्पित हैं। रूप यहाँ आँख हो गया है और आँख यहाँ रूप। श्रवणों में नाद भरा है और नाक में गन्ध-तरंग। सभी इन्द्रियों में श्रीकृष्ण अखंड होकर बस गये हैं। रस ही श्रीकृष्ण-राधा हो गया है और राधा-कृष्ण ही रस हो गये हैं—सभी वैभव ऐश्वर्य को लात मार वह कविता कह रही है कि गंगा नहाकर, मुक्ताफल लुटाकर, बीसों बार

वेद गाकर, ध्यान समाधि लगाकर भी यदि 'चित दै न कीनी प्रीत पीत पटवारे सौ' तो सब व्यर्थ है। दरबारी काव्य-परम्परा की सामन्ती ठसक को ठोकर मारकर रसखान की कविता जन-साधारण की लोक-चेतना से जुड़ी लोक-जागरण की परम्परा का प्रत्यक्षवाद सामने लाती है...'चीर की चटक औ लटक नव कुण्डल की भौंह की मटक नेह आँखिन दिखाउ रे। मोहन सुजानु गुन रूप के निधान फेरि बाँसुरी बजाइ तनु तपन सिराउ रे। ऐहो बनवारी बलिहारी जाऊँ तेरी आजु मेरी कुंज आइ नेकु मीठी तान गाउ रे। नन्द के किसोर चितचोर मोर पंख वारे। बंसी वाले साँवरे पियारे इत आउ रे।' रसखान का यह गोपी-भाव से भरा प्रेम ही 'उज्ज्वल नीलमणि' की दीप्ति है और ब्रजभाषा की मिठास ही मधुर रस में भरा श्रीकृष्ण-सागर। यह कविता निरन्तर भीतर की उदासी काटती है—जाति, धर्म, सम्प्रदाय, वर्ग, प्रदेश, देश से ऊपर उठती है और मानव-मात्र को प्रेम राग में बाँधती है। इस प्रेम-राग में बासीपन झड़ जाता है और ताजगी की तरंग का रंग भर जाता है। पश्चिमवाद, आधुनिकतावाद, धर्मवाद के चक्कर से छूटकर यदि हम रसखान से आज भी मिलते हैं तो 'रस बरसावै तन तपन बुझावै' का भाव पाते हैं। आज इस रसखान-भाव के बिना मानव जलती बालू में मछली-सा तड़प रहा है।

पता नहीं इस देश का हिन्दू और मुसलमान प्रेम से एक होकर कब कहेगा—'बंसीवारे साँवरे पियारे इत आउ रे॥'

18

रहीम की सर्जनात्मकता का अर्थ

यद्यपि रहीम आज हिन्दी के लोकप्रिय कवियों में से हैं, मुझे प्रतीत होता है कि वे अभी भी सही मूल्यांकन की प्रतीक्षा में हैं। रहीम में तुलसी की तरह लोक-जागरण के तत्त्व मौजूद हैं और उनके सर्जन की संवेदनशील जागरूकता का आज के उत्तर-आधुनिकतावादी समाज में मूल्य कम नहीं है। इसका प्रधान कारण यह है कि रहीम अपनी ज्ञानात्मक संवेदना और संवेदनात्मक ज्ञान में ऐतिहासिक अनुभूति के कवि हैं। रहीम की रचनाओं का उत्तर-संरचनावादी 'पाठ' अभी नहीं हुआ है, इसलिए उनकी ऐतिहासिक अनुभूति और काव्यगत मौलिकता, प्रयोगधार्मिता के अर्थ विस्फोटकारी केन्द्र पर ध्यान नहीं गया है। फिर रहीम दरबारी काव्य-परम्परा के उस 'केन्द्र' को तोड़ते हैं जिसमें प्रशस्तिगायन की एक लम्बी रूढ़ि रही है। रहीम ने अपने कवि को जन-मन को छूनेवाली लोक-संवेदना की व्यापक काव्य-भूमि पर खड़ा करके बहुत भारी कार्य किया है। हिन्दी भाषी क्षेत्रों में तुलसीदास की तरह रहीम की लोकप्रियता की ओर आचार्य रामचन्द्र शुक्ल का ध्यान यों ही नहीं गया था—इसके पीछे लोक-भावभूमि की एक जीवन्त-परम्परा का इतिहास धड़क रहा था। आचार्य शुक्ल किसी भी कवि को परखते समय काव्य-प्रतिमान के रूप में 'लोकप्रियता' को आदर देते हैं। लोकप्रियता में कवि की काव्य-सम्प्रेषण क्षमता के साथ जन-मन को निरन्तर छूने और भाने की क्षमता का प्रमाण भी निहित रहता है जिसे कवि की प्रासंगिकता से जोड़कर देखना चाहिए।

प्रश्न उठता है कि इस लोकप्रिय कवि का काव्य-जगत में ठीक-ठीक 'भाष्य' या मूल्यांकन क्यों नहीं हुआ। इस बात का एक सीधा-सपाट उत्तर तो यही दिया जा सकता है कि हिन्दी के भक्ति-काल और भक्ति-काव्य, भक्ति-आन्दोलन और भक्ति-शास्त्र में रहीम की ऐतिहासिक महत्त्व की भूमिका को सही सन्दर्भों में उजागर नहीं किया गया। रहीम ने इस्लाम और हिन्दू-धर्म की स्थिति-परिस्थिति का अतिक्रमण करते हुए देश-धर्म-जाति-वर्ण से निरपेक्ष 'सेकुलर मानव' की साहित्य और जीवन में महत्त्व-प्रतिष्ठा की और दरबारी काव्य-परम्परा की रूढ़ियों को चुनौती

के स्तर पर तोड़कर लोक-संस्कृति तथा लोक-हृदय की भावभूमि पर स्वच्छन्दता से विचरण करने का जीवन मन्त्र दिया। कहना न होगा कि रहीम ने भक्तिकाल के लोक-जागरण को हिन्दू-मुसलमान परिप्रेक्ष्य में एक नया अर्थ सन्दर्भ दिया। यह अर्थ सन्दर्भ ही वह जादू है जो आज के मनुष्य को यह महसूस कराता है कि अनेकता में एकता का अहसास ही मनुष्यता की सच्ची भावभूमि है और सच्चा कवि ही उस भावभूमि से मानव का साक्षात्कार कराता है। इसलिए रहीम काव्य की ऐतिहासिक काव्यानुभूति के दिक् और काल की अनन्तता का अपना सौन्दर्य है और अपनी ऐतिहासिक पृष्ठभूमि। इस ऐतिहासिक अनुभूति के पीछे रहीम की मनोभूमिका—मनोरचना की प्रकृतियाँ छिपी हुई हैं जिन पर आज विचार, पुनर्विचार की अपेक्षा है।

रहीम में जीवनानुभव और जीवन-वास्तव के प्रति विशेष उन्मुखता दृष्टिगत होती रही है। भारतीय पुराण गाथाओं, मिथकों, रूपकों, भाव-स्वप्नों का सौन्दर्य पूरे रूपाकार के साथ उनकी कवि-प्रतिभा में उपस्थित होता है। वे दोहा में कथा कहते नहीं, कथा का संकेत देते हैं और यह संकेत पूरे अर्थवृत्त को प्रकाशित कर देता है। उनके दोहे नट-कला में इसीलिए माहिर हैं—

दीरघ दोहा अरथ के, आखर थोरे आहिं।
ज्यों रहीम नट कुण्डली, सिमिटि कूदि चढ़ि जाहिं॥

जैसे जापानी हाइकू छन्द कम से कम शब्दों में अधिक से अधिक अर्थ का विस्फोट कर सकने में समर्थ छन्द है, ऐसे ही भारतीय दूहा या दोहा-छन्द है जिसकी शब्द-कला को अर्थ-सौन्दर्य के विस्तार और गहनता का जादू हासिल है। दोहा जनता की जीभ पर सहज ही रच जाता है, इसका कारण सूक्ति-रचना की सूत्रबद्धता भी है।

दरअसल, रहीम के जीवन-संघर्ष से रहीम की सर्जनात्मकता इस कदर अभिन्न है कि एक को दूसरे से अलग करके समझा ही नहीं जा सकता। इसलिए रहीम काव्य के पाठक के लिए जरूरी है कि वह उस सत्ता-संघर्ष को जानने-समझने का प्रयास करे, जिसके भीतर से रहीम का कवि गुजरा है, तपा है, खपा है। रहीम के समय और समाज में भक्ति-आन्दोलन की हवा सर्वत्र चल रही है। राजनीति और जनजीवन के संस्कारों पर भक्ति-संवेदना के सरोकार सक्रिय हैं। फिर रहीम अपने में मगन रहने वाले अन्तर्मुखी कवि नहीं हैं। वे बहिर्मुखी होने के साथ सत्ता की राजनीति से जुड़े हैं। इसलिए यह आकस्मिक नहीं है कि रहीम के काव्य की चर्चा करते समय हमारा ध्यान सत्ता-राजनीति और मानव से उसके सम्बन्ध को कई कोणों से परखना चाहता है। फिर राजनीति और कवि का सम्बन्ध ऋग्वेद काल से अब तक किसी न किसी रूप से जुड़ा रहा है। सच है, रहीम का समय तो गहरी उथल-पुथल का दौर था और इस समय के कवि केवल द्रष्टा, पर्यवेक्षक, टिप्पणीकार मात्र नहीं रह सकते थे, प्रत्यक्ष

राजनीति में भाग लेना उनकी विवशता थी। यही कारण है कि व्यापक अर्थ में रहीम की कविता राजनीति से सम्पूर्ण लगाव को अभिव्यक्ति देने वाली कविता है। कवि अपने पूरे परिवेश के साथ यहाँ द्वन्द्वमय स्थिति में उपस्थित है। अब्दुर्रहीम खानखाना थे तो मुगल सम्राट् अकबर के मित्र, मन्त्री और सेनापति। और उनका मन्त्री तथा सेनापति व्यक्तित्व तत्कालीन राजनीति की घटनाओं से सीधा जुड़ा था। इतिहास साक्षी है कि उनके पिता बैरमखाँ हुमायूँ और अकबर के संरक्षक रहे। इस तथ्य की पुष्टि 'हुमायूँनामा', 'अकबरनामा', 'तुजुके जहाँगीरी', 'तारीख-ए-फरिश्ता' तथा 'तारीख बदाउनी' से होती है। रहीम तुर्कमान जाति में उत्पन्न बैरमखाँ के पुत्र और तुर्कमान की मुगल शाखा से सम्बन्धित थे। हुसैन खाँ मेवाती का चचेरा भाई जमाल खाँ हुमायूँ के पास आया। उसने अपनी बड़ी पुत्री का निकाह हुमायूँ से तथा छोटी पुत्री का निकाह बैरमखाँ से किया। इसी मेवाती कन्या से 17 दिसम्बर 1556 को लाहौर में अब्दुर्रहीम का जन्म हुआ। 27 जनवरी 1556 को हुमायूँ का निधन होने के बाद बैरमखाँ ने अकबर को लाहौर की राजगद्दी पर बैठाकर खुतबा पढ़वा दिया। बैरमखाँ राज-कार्य का दायित्व उठाते हुए अकबर को लेकर दिल्ली आये। इसी बीच जालन्धर में बैरमखाँ ने बाबर की पुत्री की पुत्री (नवासी) नाम सलीमा सुलताना बेगम से दूसरा विवाह किया—बैरमखाँ की मृत्यु के बाद इसी सलीमा सुलताना बेगम से अकबर ने निकाह किया। रहीम की जिन्दगी का एक भयानक त्रासद पक्ष इस सत्ता-व्यवस्था से जुड़ा है। उस समय के कुछेक नीचट राजनीतिज्ञों ने बैरमखाँ के विरुद्ध अकबर के कान भरे। नतीजा यह हुआ कि दोनों के बीच का विश्वास सेतु टूट गया। बैरमखाँ ने विद्रोह किया, पराजित हुए और हज के लिए मक्का-मदीना जाने का हुक्म मिला। गुजरात में पहुँचे ही थे कि कत्ल कर दिये गये, डेरा लूट लिया गया। प्राणों की बाजी लगाकर बैरमखाँ के वफादार सरदार चार वर्ष के रहीम और बारह वर्ष की सलीमा को अहमदाबाद लाये। पाँच वर्ष के बालक रहीम को अकबर ने अपने संरक्षण में ले लिया और पढ़ाया-लिखाया। सरदार अज़ीज कोकलताश की बहिन माह बानू बेगम से रहीम का विवाह कराया।

बचपन से ही रहीम में योद्धा के गुण थे। उन्नीस वर्ष की अवस्था में गुजरात पर चढ़ाई की और उसे जीता। अकबर ने उन्हें गुजरात का सूबेदार नियुक्त किया। लेकिन गुजरात में फिर उपद्रव उठ खड़े हुए, जिन्हें रहीम ने मजबूती से दबाकर शान्त किया। इतना ही नहीं रहीम ने सिन्ध, अहमदनगर और दक्षिण के कई सूबों पर फतह हासिल की। उनका रुतबा बुलन्द था लेकिन उनसे जलनेवाले षड्यन्त्र करने में लग गये। इस षड्यन्त्र में दुर्भाग्य यह था कि अकबर के लड़के ही शामिल थे। इसका एक कारण तो यह था कि रहीम का एक दामाद अकबर का बेटा था।

अकबर के समय में तो रहीम की तूती बोलती रही। उनकी दानवीरता ऐसी

प्रसिद्ध हुई कि अपने समय के दानवीर कर्ण कहे जाने लगे। लेकिन जब जहाँगीर गद्दी पर बैठा तो यह नीति बदली। जहाँगीर के लड़के मुरीद और परवेज, रहीम को पसन्द नहीं करते थे। रहीम के पाँव में चक्कर—कभी विद्रोह शान्त करने के लिए भेजे जाते, कभी बुला लिये जाते। फिर एक दिन ऐसा भी आया कि रहीम की नूरजहाँ बेगम से ठन गयी। नूरजहाँ अपने दामाद शहरयार को गद्दी पर बिठाना चाहती थी। शाहजहाँ ने विद्रोह किया। इस विद्रोह में रहीम ने शाहजहाँ का साथ दिया। बस, इसी मित्रवाद से रहीम के भाग्य को काली आँधी ने घेर लिया। जहाँगीर-शाहजहाँ की लड़ाई में रहीम ऐसे भँवर में फँसे कि उनके पुत्र-पौत्र मरवा डाले गये। रहीम को भी कैद किया गया और मरने के कुछ माह पूर्व ही जेल से छूटे। जर्जर शरीर लेकर वे राजशाही के आदेश पर महावतखाँ के विद्रोह को दबाने गये और सफल हुए। रहीम को रणथम्भौर, जौनपुर और कालपी की नामी जागीरें सम्मान में दी गयीं। लेकिन बूढ़ा शरीर बहत्तर वर्ष की अवस्था में बैठ गया और वे अल्लाह को प्यारे हो गये। आगरे की ब्रज और अवध की अवधी भाषा में वे काफी तन्मय रहे। उनकी मित्रता तुलसीदास से थी और इस मित्रता का गाढ़ा रंग रहीम की सर्जनात्मकता पर चढ़ा हुआ है। 'रहीम ने फारसी में 'दीवान' लिखा तथा 'बाबरनामा' का तुर्की से फारसी में अनुवाद करके बड़ा यश कमाया। अवधी में बरवै जैसे लोक-छन्द की लय से धूम मचा दी। दोहे, सोरठे, कवित्त-सवैया ब्रजभाषा में रचे तथा खड़ी बोली में 'मदनाष्टक' रच डाला। भक्ति-शृंगार और नीति की त्रिधारा से रहीम का काव्य लहराता मिलता है। रहीम संस्कृत में देवी-देवताओं की स्तुति करते हैं और ज्योतिष में जाते हैं तो संस्कृत-हिन्दी-फारसी तीनों को फेंटकर 'खेटक कौतुकम्' रचते हैं।

अपने जीवन की त्रासदियों से विकल रहीम ने श्रीकृष्ण के चरणों में निवेदन किया कि जीवन-नाटक में कौन-कौन-सी भूमिका नहीं की, आज इन स्वांग भरी भूमिकाओं से मुक्ति दो। देखिए :

आनीता नटवन्मया तव पुरः श्रीकृष्णया भूमिका।
व्योमाकाश-खखाम्बरब्धिवसवस्त्वत्प्रीतये ऽद्यावधि॥

श्रीकृष्ण ने हिन्दी भक्तिकाव्य में जीवन को जीने की जो चाह पैदा की थी और जिस चाह से पूरा कृष्ण-भक्ति काव्य भरा पड़ा है, उस व्यापक मानवीय भावबोध के साझीदार रहीम-रसखान दोनों हैं। इस व्यापक मानवीय भाव-बोध के निर्माण में भक्ति-आन्दोलन की महत्त्वपूर्ण भूमिका को भुलाया नहीं जा सकता। इस भक्ति आन्दोलन में भारतीय धर्म-दर्शन परम्परा, संस्कृति, कला-कर्म की स्मृति है और यह स्मृति सांस्कृतिक-सामाजिक-आन्दोलन की जन-मनव्यापी भूमिका को उजागर करती है। इस भक्ति-काव्य और भक्ति-आन्दोलन का उद्देश्य है—मनुष्यता के भावों

का परिष्कार और विस्तार। इसमें जाति-कुल धर्म का कोई भेदभाव नहीं है—

तैं रहीम मन आपुनो, कीन्हों चारुचकोर।
निसि बासर लागो रहे कृष्णचन्द्र की ओर॥
अच्युत चरण तरंगिणी, शिवसिर मालति-माल।
हरि न बनायो सुरसरी, कीजो इन्दव-भाल॥

इस भक्ति-काव्य का सर्वाधिक व्यापक भाव है प्रेम। यह प्रेम ही बीज-भाव है और परम पुरुषार्थ है—'प्रेमा पुमार्थो महान्'। प्रेम ही महान पुरुषार्थ है और इस पुरुषार्थ के आगे अन्य सभी पुरुषार्थ छोटे हैं। यह प्रेम-पुरुषार्थ ही धर्म सम्प्रदाय की संकुचित भूमि से मानव को उठाता है। इस तरह ईश्वर की सत्ता में अपनी सत्ता को समर्पित कर मानव मध्ययुग में कितना सुकून पाता है इसे कह पाना कठिन है। भक्त कवियों ने 'प्रेमतत्त्व' को पूरी गहराई से सूफ़ियों से पाया था। जैसे सूरदास की भक्ति का महत्त्व भटकन की पीड़ा से मुक्ति है, उसी तरह रहीम की भक्ति का महत्त्व भी सत्ता-त्रास से उत्पन्न आतंक और पीड़ा से मुक्ति है। यह प्रेम ही पुरोहितवाद को नीचा दिखाता है और जनता को निर्भय बनाता है। आचार्य शुक्ल ने 'प्रेम' को अभारतीय कहा है, उस 'प्रेम' को जो भक्तिकाव्य का सार-सर्वस्व है। भक्तिभाव का यह 'प्रेम' ही सूर, मीरा, तुलसी, कबीर, जायसी रहीम को एक अन्तःसूत्र में बाँधता है। तुलसीदास के सखा रहीम के भक्ति-काव्य का प्रेम लोकवादी मूल्यों से सम्पन्न है, साथ ही कृष्ण काव्य के पुष्टि-मार्ग की वल्लभाचार्य वाली छाप भी इस पर है। यह प्रेम वैष्णव भक्ति-शास्त्र से शक्ति अवश्य पाता है—लेकिन मूलतः यह रूढ़ि-विरोधी लोक-धर्म है। लोक-जीवन की वेदना ही रहीम के काव्य की मूल संवेदना बनी है जिसमें दरबारी वातावरण के रीतिवाद से मुक्ति का सन्देश है। रहीम को जितना ध्यान प्राचीन संस्कृति की परम्पराओं पर है, उससे कम ध्यान अपने समय-समाज की जन-संस्कृति पर नहीं है। इसलिए 'दोहावली' हो 'नगर शोभा' वर्णन हो, 'बरवै नायिका-भेद' हो, भक्तिपरक बरवै काव्य, शृंगार-सोरठा हो या सवैया या फुटकल काव्य, सभी में अन्तर्वस्तु और रचना दृष्टि का एक नया काव्यशास्त्र है जो प्राचीन काव्यशास्त्र से एक दम स्वतन्त्र है। उनके भक्ति-परक बिरवै रहीम के प्राणों का बीज-भाव भक्ति सामने लाते हैं :

सुमिरौं मन दृढ़ करिकै नन्दकुमार।
जे वृषभानु कुँवारि कै प्राण-अधार॥
भजहु चराचर नायक सूरज देव।
दीन जनक सुखदायक, तारक एव॥

ध्यावौं सोच-बिमोचन, गिरिजा-ईस।
नागर भरन त्रिलोचन, सुरसरि सीस॥

भारतीय परम्परा का बहुदेववाद रहीम में एक ऐसा रंग लाता है—जिसकी महिमा का बखान 'इन मुसलमान हरिजन' की याद दिलाता है। आज जब यह भारत देश हिन्दू-मुस्लिम साम्प्रदायिकता की आग में जल रहा है, रहीम की याद आती है। डॉ. लोहिया कहते थे कि बाबर—शेरशाह लुटेरे थे लेकिन रजिया और रहीम हमारे पूर्वज हैं। इन पूर्वजों ने हमें सभी तरह के भेदभावों को भुलाकर जीवन जीने की राह दिखायी है। इनकी दिशा-दृष्टि को अपनाकर ही हम इस देश में प्रेम-भाव से जीवन जी सकते हैं। रहीम सन्त-भक्त और कवि हैं, इसलिए उनमें भावों की उच्चतर उदात्त भूमि मिलती है।

यह देखकर आश्चर्य होता है कि रहीम की सर्जनात्मकता में एक ऐसा उदात्त प्रेम-भाव है—जिसे विधिवत् दीक्षित साधु-सन्तों में पाना दुर्लभ है। इस महाभाव में न हिन्दू को स्थान है, न मुसलमान को, केवल उस 'मानुष भाव' को स्थान है जो भक्ति-काव्य की मूल धुरी रही है। रहीम की सूक्तियों में कभी कबीर-दादू बोलते मिलते हैं कभी सूरदास-परमानन्द दास और कभी हरिराम व्यास। तुलसी के साथ उनका तादात्म्य है—भाव एवं भाषा के स्तर पर लेकिन जायसी और रसखान का बाँधने वाला राग भी कम नहीं है। विद्वानों ने कबीर-तुलसी के दोहों के बहुत से भावों की रहीम के दोहों के भावों से समानता दिखायी है—लेकिन इस क्षेत्र में अभी और अनुसन्धान की आवश्यकता है। फारसी ब्रजभाषा की भंगिमा और भाव-प्रसंग पर तो अभी चर्चा तक रहीम को लेकर नहीं हुई है, यह चर्चा होनी चाहिए। इस चर्चा से रहीम की लोक-संवेदना-संस्कृति के कई पक्षों का उद्‌घाटन हो सकेगा। रहीम में योद्धा और दानी का जो सामंजस्य हुआ—उसमें वैष्णव-दर्शन का चरम-भाव समर्पण है—अपने को कर्त्ता मानने का भाव—

देनहार कोई और है भेजत है दिन-रैन।
लोग भरम हम पै धरैं, याते नीचे नैन॥

क्या बात है कि ज्यों-ज्यों दान के समय रहीम का हाथ उठता है, त्यों-त्यों उनकी दृष्टि नीची होती जाती है। रहीम को यह भ्रम नहीं है कि वे दाता हैं—दाता के अहंकार से मुक्त रहीम देने वाले प्रभु के कृतज्ञ हैं।

एक अद्‌भुत-विचित्र किन्तु सत्य बात यह है कि रहीम अपने समय के मिथक पुरुष हैं। उनको लेकर प्रेम-दान ज्ञान-सहृदयता की न जाने कितनी किंवदन्तियाँ हैं। इन सभी किंवदन्तियों की चर्चा न तो यहाँ सम्भव है न उचित ही। मैं केवल एक किंवदन्ती की चर्चा करना चाहूँगा। हो सकता है कि यह किंवदन्ती सच हो। सच हो

या झूठ, पर कहते हैं कि रहीम का एक सैनिक छुट्टी लेकर विवाह करने के लिए गया और छुट्टी खत्म हो जाने के बाद बहुत दिनों तक लौटा ही नहीं। और जब लौटा तो अपनी प्रिया का 'बरवै' लेकर आया, जिसका भाव था कि प्रियवर प्रेम का बिरवा लगा तो दिया है, उसे शीघ्र ही सींचने की सुध लेना। सुध न ली तो यह बिरवा मुरझा जाएगा। इस कोमल नारी भाव से रहीम का मन पिघल गया। वे सिपाही को दंड देना भूल गये, उसे क्षमा कर दिया और उसे धन देकर नववधू के पास पुनः भेज दिया। स्त्री का बरवै रहीम के सृजन की प्रेरणा बन गया। उन्होंने बरवै नायिका भेद लिखा और इसी प्रयोगात्मक शैली पर तुलसीदास ने 'बरवै रामायण'। स्त्री का बरवै बड़ा मार्मिक भाव-सौन्दर्य रखता है। उसकी लय में हृदय की धड़कन है—

प्रेम-प्रीति कौ बिरवा-चलेहु लगाय।
सींचन की सुधि लीजै, मुरझि न जाय॥

रहीम काव्य-मर्मज्ञता में कितने बढ़े-चढ़े हुए थे कि उनके बारे में एक कहानी मिलती है कि एक बार तानसेन ने अकबर के दरबार में यह पद गाया। पद के अर्थ को लेकर बादशाह चक्कर में पड़ गये। उन्होंने कई क्षेत्रों के मर्मज्ञों से उस पद का अर्थ पूछा। तानसेन ने पद गाया था—

जसुदा बार-बार यों भाखै।
है कोई ब्रज में हितू हमारो चलत गोपालहि राखै॥

अकबर के सभासदों में इस पद का अर्थ तानसेन ने किया कि यशोदा 'बार-बार' अर्थात् 'पुनः पुनः' यह पुकार लगाती है कि ऐसा कौन मेरा हित-चिन्तक है जो जाते हुए गोपाल को ब्रज में ही रोक ले। अकबर ने बीरबल से अर्थ करने को कहा तो उन्होंने अर्थ किया कि जसोदा 'बार-बार' अर्थात् द्वार-द्वार पर आवाज लगाती है कि कोई है जो कृष्ण को ब्रज में रोक सके। अकबर ने सभासद खाने आजम कोका से अर्थ करने को कहा तो कोका कहने लगे कि 'बार-बार' का अर्थ 'दिन-दिन' है और जसोदा हर दिन कहती है कि कृष्ण को ब्रज से न जाने दे। और अन्ततः एक दिन अकबर ने रहीम से इस पद का अर्थ पूछा तो उन्होंने कहा कि तानसेन शास्त्रीय-संगीत का गायक है—राग आलापता है वह तो 'बार-बार' का अर्थ पुनरुक्ति करेगा ही। उसकी मानसिकता ही उसके अर्थ में व्याप्त है। शेख फैजी फारसी के शायर हैं—इन्हें उस शायरी में रात-दिन रोने का ही काम है। राजा बीरबल द्वार-द्वार भटकने वाले ब्राह्मण हैं, वे तो बार-बार का अर्थ 'द्वार-द्वार' ही करेंगे। खाने आजम कोका ज्योतिषी हैं—उन्हें तिथि वार से ही लेना-देना है—वे उससे बाहर कैसे निकल सकते हैं। इन अर्थों के बाद रहीम ने कहा कि बादशाह हुजूर इस पद का वास्तविक अर्थ है कि मानो

जसोदा का 'बार-बार' अर्थात् 'रोम-रोम' पुकारता है कि कोई तो मेरे कृष्ण को ब्रज में रोक ले। इस अर्थ-विदग्धता से कहते हैं कि अकबर मुग्ध हो गये। ध्यान देने की बात है कि 'पाठ' में अर्थ की अनेकता मौजूद रहती है और हर पाठक एक ही 'पाठ' का स्थिति और सन्दर्भ से नया भाष्य या डिस्कोर्स प्रस्तुत करता है। कविता के 'पाठ' को पाठक जगाता है, पाठ से संवाद करता है और एक नये अर्थ की सृष्टि करता है। उत्तर संरचनावाद में और पाठकवादी आलोचना में यह बात जोर देकर कही जा रही है कि पाठक ही 'पाठ' के अर्थ की निष्पत्ति करता है। नयी समीक्षा में 'पाठ' (टेक्स्ट) प्रधान था और पाठकवादी समीक्षा में पाठक ही पाठ का केन्द्र है, वही रचना में सोये हुए अर्थ की पुनर्रचना करता है।

काव्य-मर्मज्ञ रहीम के काव्य-प्रयोगों की कितनी धाक उनके समय और उनके परवर्ती कवियों पर रही होगी कि हिन्दी और फारसी के अनेक प्रसिद्ध कवियों ने उनकी प्रशंसा में कविताएँ लिखी हैं और काफी संख्या में कविताएँ लिखी हैं। उन कविताओं का संग्रह 'रहीम ग्रन्थावली' सम्पादक विद्यानिवास मिश्र ने किया है। अबुल फजल ने अकबरी दरबार के जिन कवियों का नामोल्लेख अकबरी दरबार के कवियों में किया है—उनमें से ज्यादातर खानखाना से जुड़े रहे हैं। इनमें से ज्यादातर कवियों को खानखाना पुरस्कृत करते थे। खानखाना की उदारता-दानशीतला की ख्याति भारत ही में नहीं, अरब-ईरान तक में फैली। उरफी नज़ीरी, मुल्ला जीलानी, अनीसी माहवी हमदानी, मुल्ला मुहम्मद रजा 'नबी' ने खानखाना की प्रशंसा में काव्य लिखा। हिन्दी में आसकरन, केशवदास, गंग, हरिनाथ, मंडन, अलाकुली, तारा, मुकुन्द तथा अन्य अनेक कवियों ने खानखाना पर काव्य-रचना की है। गंग ने लिखा है :

सीखे कहाँ नवावजू, ऐसी देनी देन।
ज्यों ज्यों कर ऊँचो करो। त्यों-त्यों नीचे नैन॥
गंग गोंछ पौंछे जमुन, अधरन सरसुती राग।
प्रकट खानखाना भयो, कामद बरन प्रयाग॥

खानखाना की दानवीरता याचकों में भरोसे योग्य थी। अपनी आर्थिक विपन्नता का दु:ख रहीम को उसी समय होता था, जब कोई याचक खाली हाथ लौटता था। रहीम की मनोभूमिका इस दोहे से समझी जा सकती है :

तब ही लौ जीबो भलो, देबौ होय न धीम।
जग में रहिबो कुंचित गति उचित न होय रहीम॥

मानव-स्वभाव का रहीम ने कितना गहरा अध्ययन किया था कि लोग धन होने पर घेरे रहते हैं, धनहीन होते ही व्यक्ति का साथ छोड़ देते हैं—

ये रहीम दर दर फिरै, माँगि मधुकरी खाहि।
यारो यारी छाँड़िए, अब रहीम वे नाहि॥

प्रसिद्ध है कि एक याचक को दीन-दशा के दिनों में रहीम ने रीवाँ नरेश के पास यह दोहा लिखकर भेजा था। रीवाँ नरेश ने उसे एक लाख रुपये दिये थे।

चित्रकूट में रमि रहे रहिमन अवध नरेश।
जा पर विपदा परत है सो आवत यहि देस॥

ऐसी एक जनश्रुति तुलसीदास से भी जुड़ी हुई है कि एक ब्राह्मण अपनी कन्या के हाथ पीले करने के लिए धन माँगने तुलसीदास के पास आया। तुलसीदास ने उसे दोहे की यह पंक्ति लिखकर रहीम के पास भेजा :

सुरतिय नरतिय नागतिय यह चाहत सब कोय।

रहीम ने उस दरिद्र ब्राह्मण को धन देने के बाद दोहे की दूसरी पंक्ति पूर्ण करते हुए लिखा :

गोद लिये हुलसी फिरै तुलसी सो सुत होय॥

रहीम काव्य के आन्तरिक सौन्दर्य की शक्ति को पहचानते हुए आचार्य शुक्ल ने उनकी भूरि-भूरि प्रशंसा की है। जबकि हम सभी जानते हैं कि कवियों की प्रशंसा करने में आचार्य शुक्ल कृपण थे। किन्तु रहीम पर वे रीझ गये थे—''संसार का इन्हें बड़ा गहरा अनुभव था। ऐसे अनुभवों के मार्मिक पक्ष को ग्रहण करने की भावुकता इनमें अद्वितीय थी। अपने उदार और ऊँचे हृदय को संसार के वास्तविक व्यवहारों के बीच रखकर जो संवेदना इन्होंने प्राप्त की है उसी की रचना अपने दोहे में की है। तुलसी के वचनों के समान रहीम के वचन भी हिन्दी भाषी भूभाग में सर्वसाधारण के मुँह पर रहते हैं। इसका कारण है जीवन की सच्ची परिस्थितियों का मार्मिक अनुभव। रहीम के दोहे वृन्द और गिरधर के समान कोरी नीति के पद्य नहीं हैं। उनमें मार्मिकता है और उनके भीतर से सच्चा हृदय झाँक रहा है। जीवन की सच्ची परिस्थितियों के मार्मिक रूप को ग्रहण करने की क्षमता जिस कवि में होगी, वही जनता का प्यारा कवि होगा। रहीम का हृदय द्रवीभूत होने के लिए, कल्पना की उड़ान की अपेक्षा न रखता था। वह संसार के सच्चे और प्रत्यक्ष व्यवहारों में ही अपने द्रवीभूत होने के लिए पर्याप्त स्वरूप पा जाता था। 'बरवै नायिका भेद' में भी जो मनोहर और छलकते हुए चित्र हैं वे भी सच्चे हैं—कल्पना के झूठे खेल नहीं हैं। उनमें भारतीय प्रेम जीवन की सच्ची झलक है।'' (हि.सा. का इतिहास, पृ. 150) रहीम का काव्य कल्पनावाद, कलावाद का खिलवाड़ नहीं है, उसमें जीवन-यथार्थ का ठोस अनुभव है। अनुभव का यथार्थ

और अनुभूति की सच्चाई, ईमानदारी, प्रामाणिकता के कारण ही रहीम सच्चे कवि-कर्म के 'मॉडल' के रूप में पेश किये जा सकते हैं। उनमें रीतिवाद-चमत्कारवाद न होकर मार्मिक अन्तर्वस्तु की व्यंजना का सौन्दर्य है। सर्वसाधारण के कवि होने के कारण उनकी कविता का लोकतन्त्र उदार और लुभावना है। वे कविता का लोकतन्त्र लानेवाले कवि हैं जो इतिहास-पुराण के मिथकों को अतीत से खींचकर वर्तमान में सार्थक बना देते हैं। इसलिए रहीम जैसे कवि की पश्चिमी ढंग से प्रासंगिकता सिद्ध करने का कोई अर्थ नहीं बनता है। वे सार्थक न होते तो पाठक की स्मृति में आज भी न धड़कते। हम भारतीय कवि की 'प्रासंगिकता' की चर्चा नहीं करते, कविता से निरन्तर संवाद में विश्वास करते हैं। पश्चिम की उपभोक्तावादी संस्कृति के प्रभाव से 'संवाद' कम हुआ है लेकिन समाप्त नहीं हुआ है। पाठ्यक्रमों में रहीम इण्टर से आगे की पढ़ाई में कहीं नहीं हैं—लेकिन जो बचपन में उन्हें पढ़ लेता है—वह जीवन भर उनके दोहे भूलता नहीं है, उल्टे उन्हें 'गुनता' है और उनसे बहुत कुछ सीखता है। उनके दोहों की क्लासिकल संवेदना ऐसी है कि समय उन्हें पुराना और आउट ऑफ डेट नहीं कर पाया है—जैसे,

(1) खैर, खून, खाँसी, खुसी, बैर, प्रीति, मदपान।
रहिमन दाबे न दबै, जानत सकल जहान॥
(2) चाह गयी चिंता मिटी, मनुआ बेपरवाह।
जिनको कछू न चाहिए, वे साहन के साह॥
(3) छिमा बड़न को चाहिए, छोटन को उतपात।
का रहिमन हरि को घट्यो जो भृगु मारी लात॥
(4) जो गरीब पर हित करै, ते रहीम बड़ होत।
कहाँ सुदामा बापुरो, कृष्ण मिताई जोग॥
(5) जो बड़ेन को लघु कहैं, नहि रहीम घटि जाँहि।
गिरधर मुरलीधर कहत, कछु दुःख मानत नाहि॥
(6) जो रहीम गति दीप की, कुल कपूत की सोय।
बारे उजियारो लगै, बढ़ै अँधेरो होय॥
(7) कहु रहीम कैसे निभै, केर बेर को संग।
वे रस झूमत आपने, इनके फाटत अंग॥
(8) रहिमन अँसुआ नैन भरि, जिय दुख प्रगट करेइ।
जाहि निकारो गेह ते, कस न भेद कहि देइ॥
(9) रहिमन को कोउ का करै, जुआरी, चोर, लबार।

जो पति राखन हार हैं, माखन-चाखन हार॥

(10) रहिमन निज मन की व्यथा मन ही राखो गोय।
सुनि इठिलैहैं लोग सब बाँट न लीहैं कोय॥

इस तरह के अनेक दोहे रहीम की ख्याति के स्थायी स्तम्भ हैं। इनमें केवल नीति और उपदेश नहीं हैं—मार्मिकता है—विदग्धता है और सर्जनात्मकता की आग दहक रही है। 'मआसिरे-रहीमी' तथा 'मआसिरुल उमरा' से ज्ञात होता है कि बहुभाषाविद कवि 'रहीम' का तखल्लुस रखते थे। हिन्दी में प्रचलित सभी लोक-छन्द उनकी सर्जनात्मकता में हँसते-खेलते मौजूद हैं। दोहा-छन्द में कहते हैं, उन्होंने सतसई लिखी थी पर मिली नहीं। केवल 300 दोहे मिले हैं।

प्राचीन भारतीय साहित्य की सूक्ति-परम्परा को रहीम नवजीवन देने का कार्य करते दिखाई देते हैं। सूक्ति में जीवनानुभव की ठोस भूमि रहती है। उसमें काव्यात्मकता कम लेकिन सामूहिक मानव-मन का अनुभव निचुड़ निथुर कर आ जाता है, इसलिए गहरी लोकानुभूति का सटीक रूप सूक्ति से उभरता है और स्मृति का सौन्दर्य। प्रतिभा के तीनों रूप स्मृति-मति और प्रज्ञा एकाग्र होकर नये दृष्टान्त रचते हैं और उस जीवन के पूरे भाव-सौन्दर्य को जीते हैं तथा उनसे प्रेरित होकर जीवन में शक्ति पाते हैं तथा यह शक्ति हमें कर्तव्य करने की 'प्रेरणा' का पर्याय बनकर आगे की दृष्टि देती है। यह कितना अद्‌भुत सच है कि रहीम का ज्यादातर काव्य सूक्ति काव्य है। यहाँ काव्य-भाषा उतनी सर्जनात्मक नहीं है, जितनी लोक-संवेदना की लोक-लय के लहजे में कथ्य के लिए उपकरण मात्र है। नीति के दोहे दूसरी पंक्ति में दृष्टान्त से भरे हैं। ध्यान देने की बात यह है कि दृष्टान्त को बिम्ब नहीं कहा जा सकता। दृष्टान्त और बिम्ब में मौलिक पार्थक्य होता है। बिम्ब का सम्बन्ध कवि के प्रत्यक्ष ऐन्द्रिय बोध से है। वह सदैव काव्य में 'विशेष' की ही अभिव्यक्ति करता है—सामान्य की नहीं। बिम्ब की इस मान्यता का परिणाम यह हुआ कि बिम्ब के परम्परा उपमान अपनी विशिष्टता खोकर सामान्य बन गये और फिर बाहर कर दिये गये। दृष्टान्त की अपनी हैसियत काव्य में रही है क्योंकि वह पूर्वकथन के स्पष्टीकरण का साधन होता है—लेकिन बिम्ब में उसका विधान पूर्वकथन से अभेद रहता है। इसलिए बिम्ब काव्य में साधन मात्र नहीं है। वह साधन साध्य दोनों है। उदाहरण के लिए—

जो रहीम उत्तम प्रकृति, का कर सकति कुसंग।
चन्दन विष व्यापत नहीं, लिपटे रहत भुजंग॥

यहाँ दूसरी काव्य-पंक्ति में जो निरीक्षण और पर्यवेक्षण है उसमें बिम्ब-रचना का कच्चा माल तो है किन्तु मूलतः वह दृष्टान्त ही है। यह जीवनानुभव का 'भाष्य' तो है लेकिन भाष्य का स्पष्टीकरण ही। इसलिए कथन की नूतन-पद्धति भर है—

अलंकार है, बिम्ब नहीं। सूक्ति काव्य की सफलता बिम्ब में नहीं, दृष्टान्त में निहित रहती है, जहाँ कवि पर्यवेक्षण को चुनिन्दा शब्दों में संयम से समेट लेता है। जो नीति वचन सीधे कहा गया है, उसे अर्थ 'व्यंजना में ध्वनित करने की जरूरत नहीं है। सूक्तिकाव्य में व्यंजना-व्यापार का कमाल नहीं होता वहाँ तो महत्त्व 'परख' और 'पर्यवेक्षण' का होता है—जैसे,

जो रहीम मन हाथ है, मनसा कहुँ किन जाहिं।
जल में ज्यों छाया परी, काया भीजत नाहिं।

जल की छाया से काया का न भींगना 'पर्यवेक्षण' है—दृष्टान्त है। लेकिन रहीम सबके सामने अपने कमाए हुए जीवन सत्य की गठरी खोलने में उल्लास पाते हैं—जीवन की घरिया में पका हुआ अनुभव। कथागत संवेदना में ज्ञानात्मक संवेदना सीधी सूक्ति-शैली अपनाती है जिसमें कल्पना की चमकदार बर्क नहीं लपेटी जाती है—

रहिमन देखि बड़ेन को, लघु न दीजिए डार।
जहाँ काम आवै सुई, कहा करै तरवारि॥

इस दोहे में नीति का कथन-जीवन-सिद्धान्त है—लोक और शास्त्र दोनों का निचुड़ा हुआ अनुभव है। और अनुभव भी सीधा और सहज। वह जटिल संश्लिष्ट बीहड़ अनुभव नहीं—जिसके आखेट के लिए कवि-कर्म पूरी मसक्कत करता रहा है।

रहीम के सूक्ति-काव्य की शक्ति या मौलिकता है कि वे पौराणिक-ऐतिहासिक स्मृति को जाग्रत करते हैं। उनके सारे दृष्टान्त या तो पुराणों से लिये गये हैं या साधारण सामान्य जीवनानुभवों (संघर्षों-चोटों-कूट चालों) से। रहीम की निरीक्षण शक्ति में उनका सेनापति रूप बोलता है। जीवन भर युद्ध किया, अगुआई की और आपसी मित्रों-सम्बन्धियों से चोटें खायीं। पुराने जमाने की घड़ी का चित्र-ध्यान में है जिसमें एक सम्पुटी में जल भरकर बारीक छेद से निकाला जाता था। एक गोले का जल धीरे से दूसरे गोले में चला जाता था और बजता था घड़ियाल—

रहिमन नीच प्रसंग ते, नितप्रति लाभ विकार।
नीर चोरावै संपुटी, मार सहै घरियार॥

नीच के पास मत रहो, नीच के साथ मत रहो—वह तो अपनी नीचता में आपको ऐसे लपेट लेगा—जैसे पानी को चुराने वाली सम्पुटी खुद तो बच जाती है—घड़ियाल को पिटवाती है। इसलिए 'नीच-प्रसंग' का पोढ़ा दृष्टान्त रहीम ने दिया है—जिस

दृष्टान्त की आज भी अर्थवत्ता कम नहीं हुई है—बल्कि और ज्यादा बढ़ी ही है।

मैंने अभी आपका ध्यान रहीम के दृष्टान्तों के पुराण सन्दर्भों की ओर दिलाया था। वामनावतार विष्णु की कथा में कहा कि याचकता-छोटी हो या बड़ी, व्यक्तित्व को घटा देती है, बड़प्पन को धूल में मिला देती है इसलिए भिखारी बनकर माँगो मत। आज 'याचक' बना भारत अमेरिका की नजर में क्या है? कटोरी लेकर दूसरे की सहायता आर्थिक मदद पर जीता देश-पिछल्लगू देश। इस प्रकार रहीम के एक-एक दोहे के 'पाठ' को अनेक-अनेक अर्थ सन्दर्भों में उठाया जा सकता है और 'पाठ' में नया आधुनिक अर्थ दुहा जा सकता है।

रहिमन याचकता गहे, बड़े छोट ह्वै जात।
नारायण हू को भयो, बाबन आँगुर गात॥

माँगने वाला कैसा भी क्यों न हो, छोटा हो जाता है—देखिए न, परम्परा यह साक्ष्य देती है कि याचकता तो नारायण (नर के नारायण) को भी 'वामन' बना देती है, उन्हें भी अपनी विशालता-विराट्ता त्यागनी पड़ जाती है।

सहज काव्य-भाषा में रहीम एक आन्तरिक संकल्प से सर्जनात्मकता में प्रवृत्त हुए हैं—जबकि उनके जीवन की कथा-व्यथा में विश्राम के क्षण कहाँ थे। पता नहीं इस महान सेनापति ने काव्य-सृजन का पुण्य कैसे पाया। 'जहाँगीर जस चन्द्रिका', के रचनाकार केशवदास ने रहीम का जो चित्र प्रस्तुत किया है 'अमित उदार अति पावन विचारि चारु, जहाँ-तहाँ आदरियो गंगाजी के नीर सो' के साथ 'खलन को घालिबे को खलक को पालिबे को, खानखाना एक रामचन्द्र जी के तीर सों' एक बड़ा पावन मानव-बिम्ब। दिलचस्प बात यह कि रहीम को गंगा-शिव-गणेश-रामकृष्ण सभी की भक्ति प्रिय है—प्राणप्रिय। इसी भक्ति-योग से उनका प्रेम-पन्थ जुड़ा है—

रहिमन मैन तुरंग चढ़ि चलिबो पावक माँहि।
प्रेमपंथ ऐसो कठिन सबसों निबहत नाँहि॥

यह प्रेम-पन्थ की कथा रीतिकाल के रीति-मुक्त कवि घनानन्द कहते हैं—इधर भारतेन्दु और प्रसाद-अज्ञेय। रहीम ने 'बरवै नायिका-भेद' और 'नगर शोभा' में नायिकाओं के अनेक रंग-बिम्ब प्रस्तुत किये हैं। प्रिय की स्मृति में कलश लिये नायिका रास्ते में खड़ी प्रतीक्षा कर रही है—

मितवा चलेउ विदेसवा, मन अनुरागी।
पिय की सुरत गगरिया, रहि मग लागी॥
भोरहि बोल कोइलिया, बढ़वति ताप।
घरी एक धरिअलिया, रहु चुपचाप॥

रातभर-स्मृतियों में निमग्न नायिका और सबेरे-सबेरे कोयल की कूक में प्रेम का ताप-मानो नारी-मन की संवेदना का नया उजला सन्दर्भ है।

रहीम 'नगर-शोभा' में विभिन्न वर्गों, जातियों-व्यवसायों, रूपसियों के चित्र प्रस्तुत करते हैं। इस शृंगार-प्रधान ग्रन्थ को रहीम ने स्वतन्त्र रूप में 142 दोहों में क्यों लिखा? सम्भवतः तरुणी रूप और मीना बाजार की प्रेरणा रही होगी। दरबारी काव्य-परम्परा का सामन्तवाद इस रचना के पोर-पोर में भिदा हुआ है। जौहरनि, बरइन रँगरेजिन, बनजारिन, तुरकिन तरुणियों का सौन्दर्य इतना मादक है कि राजरानी का सौन्दर्य उनके सामने अपनी रंगत खो देता है। अवधी भाषा में लिखा 'बरवै नायिका भेद' के भावों की रंगत में क्या है? रीति-ग्रन्थों की शैली के बीज। फिर 'मदनाष्टक' में संस्कृत मिश्रित खड़ीबोली और मालिनीछन्द। कोकल-सवैया, दोहा, सोरठा जैसे सभी लोक-छन्दों के साथ नये छन्द बरवै की प्रयोगधर्मिता।

छन्द-वैविध्य, अनुभव-वैविध्य, भाषा-वैविध्य वाले इस कवि ने गहरे अर्थों में प्रेम-सौन्दर्य का विस्तार किया है। फिर यह प्रेम नर के नारायण को प्राणों की बाजी लगाकर पाता रहा है। इस प्रेम में लेन-देन का व्यवसाय नहीं है—समर्पण की सच्ची अनुभूति है। यह प्रेम नायक-नायिका को दो नहीं, एक कर देता है—जैसे हल्दी और चूना मिलते हैं, तो हल्दी अपना पीलापन खो देती है और चूना अपनी सफेदी। दोनों मिलकर लाल (राग में) हो जाते हैं।

रहिमन प्रीति सराहिए मिले होत रंग दून।
ज्यों हरदी जरदी तजै तजै सफेदी चून॥
रहिमन धागा प्रेम का मत तोड़ो चटकाय।
टूटे तो फिर ना जुड़े जुड़े गाँठ पड़ जाय॥

रहीम की सौन्दर्यानुभूति में गंगा बसती है, पुतली में शालिग्राम और चाह चातक की है—

रहिमन पुतरी स्याम, मनहुँ जलज मधुकर लसै।
कैंधो शालिग्राम, रूपेके अरधा धरे॥

रहीम का प्रेम हिन्दू-मुसलमान को जोड़ता है, तोड़ता नहीं है। कविता एक सांस्कृतिक प्रक्रिया इसी अर्थ में है कि वह सभ्यता-संस्कृति में उच्चतर भावों की महत्त्व-प्रतिष्ठा करती है। इसी अर्थ में रहीम का सृजन आज भी हमारी मूल्यवान धरोहर है—परम्परा की आधुनिकता का तेज है। इस काव्य-स्मृति को धारण करने का अर्थ है—मानव-प्रेम। यह मानव-प्रेम ही जीवन-सौन्दर्य का पर्याय है। यही बिन्दु में सिन्धु समाने का रहस्य है—यही श्रीकृष्ण भाव है—वृन्दावन-चित्त की चेतना का

विस्तार है। यही चेतना का गंगा-भाव है—

अच्युत चरण तरंगिणि, शशि शेखर-मौलि-मालती माने।
मन तनु-वितरण-समये, हरता देया न में हरिता॥

रहीम के चित्त का यह गंगा-संस्कार उजली भारतीयता है—यह दिखावा नहीं है, भीतरी भाव-सौन्दर्य का प्रकाश है। आज के भेदभाववादी उत्तर-आधुनिकतावादी समाज में रहीम की सर्जनात्मकता ही हमारी दिशा-दृष्टि बन सकती है। धर्म और जातिवादी साम्प्रदायिकता की राजनीति के धुएँ से बचा सकती है।

रहीम ने अपने कवि को जन-मन को छूनेवाली लोक-संवेदना की व्यापक काव्य-भूमि पर खड़ा करके बहुत भारी कार्य किया। हिन्दीभाषी क्षेत्रों में तुलसीदास की तरह रहीम की लोकप्रियता की ओर आचार्यरामचन्द्र शुक्ल का ध्यान यों ही नहीं गया था—इसके पीछे लोक-भावभूमि की एक जीवन्त-परम्परा का इतिहास धड़क रहा था। आचार्य शुक्ल किसी भी कवि को परखते समय काव्य-प्रतिमान के रूप में 'लोकप्रियता' को आदर देते हैं। लोकप्रियता में कवि की काव्य-सम्प्रेषण क्षमता के साथ जन-मन को निरन्तर छूने और भाने की क्षमता का प्रमाण भी निहित रहता है जिसे कवि की प्रासंगिकता से जोड़कर देखना चाहिए।

प्रश्न उठता है कि इस लोकप्रिय कवि का काव्य-जगत में ठीक-ठीक 'भाष्य' या मूल्यांकन क्यों नहीं हुआ। इसका एक सीधा-सपाट उत्तर तो यही दिया जा सकता है कि हिन्दी के भक्ति-काल और भक्ति-काव्य, भक्ति-आन्दोलन और भक्ति-शास्त्र में रहीम के ऐतिहसिक महत्त्व की भूमिका को सही सन्दर्भों में उजागर नहीं किया गया। रहीम ने इस्लाम और हिन्दू-धर्म की स्थिति-परिस्थिति का अतिक्रमण करते हुए देश धर्म-जाति-वर्ण से निरपेक्ष 'सेकुलर मानव की साहित्य और जीवन में महत्त्व प्रतिष्ठा की और दरबारी काव्य-परम्परा की रूढ़ियों को चुनौती के स्तर पर तोड़कर लोक-संस्कृति तथा लोक-हृदय की भावभूमि पर स्वच्छन्दता से विचरण किया।

19

रहीम : हिन्दुस्तानी अवाम का धड़कता मन

आजकल सभा-गोष्ठियों में रहीम की चर्चा गरमागरम है। कुछ भोले-भाले लोग समझते हैं कि रहीम मुसलमान थे और कृष्ण तथा गंगा की भक्ति करते थे तो रहीम की 'धर्मनिरपेक्षता' को राजनीति में भुनाया जा सकता है। लेकिन इन लोगों को यह समझ नहीं है कि वे कैसे मुसलमान थे, तुर्क मुसलमान थे या पठान मुसलमान या अरब-ईरानी मुसलमान या देशी मुसलमान। सामाजिक-सांस्कृतिक इतिहास की दृष्टि से यह जानना जरूरी है कि जिन मुसलमानों ने यहाँ राज्य स्थापित किया, वे कौन थे, उनकी जातीयता क्या थी। वे धर्म-प्रचारक थे या शक्ति-सत्तावाले शाही शासक। भारत में तुर्क और पठान अपनी-अपनी राज्यसत्ता कायम करने के लिए आपस में लड़े। पर उनकी लड़ाई इस्लाम का धर्मयुद्ध नहीं थी, दो जातियों या कहिए दो कबीलों का सत्ता प्राप्त करने का संघर्ष था। हमारे देशी मुसलमान इन तुर्क-पठानों से अलग थे, जिन्हें हिन्दुओं से कम नहीं पिटना पड़ा। आक्रमणकारी तुर्क-पठानों की नजर तो सत्ता पर थी, हिन्दू-मुसलमान से उन्हें कोई मतलब नहीं था। फिर रहीम का बचपन तो अकबर के संरक्षण में बीता था—एक ऐसा संरक्षण जिसके परिवेश में कट्टरता थी ही नहीं।

रहीम की वंश-परम्परा बड़ी घुमावदार है और जिन्दगी एक बहुत बड़ी ट्रेजेडी। रहीम के पिता बैरमखाँ एक बड़े कबीले के सरदार थे और उनका जन्म बदख्शाँ—तुर्किस्तान—में हुआ था। संयोगवश सोलह वर्ष की उम्र से हुमायूँ के साथ रहे और प्राण होमकर हुमायूँ को दिल्ली की गद्दी पर बैठाया। अचानक हुमायूँ के मरने पर अकबर के अभिभावक बने। इतिहास को याद है कि जिस वर्ष हुमायूँ मरे, उसी वर्ष लाहौर में रहीम पैदा हुए। विशेष बात यह कि रहीम की माँ अकबर की मौसी थीं। अकबर से एक और सम्बन्धसूत्र था। बैरम खाँ ने अपनी दूसरी शादी बाबर की नातिन सलीमा बेगम से की थी। बैरम खाँ के मरने के बाद इसी सलीमा बेगम के साथ अकबर ने भी विवाह किया। बैरम खाँ और अकबर के सम्बन्ध प्रगाढ़ रहें यह दुष्ट सामन्तों-सरदारों को बर्दाश्त न था। इन सामन्तों सरदारों ने एक दिन अकबर और बैरमखाँ के

बीच फूट डालने में कामयाबी हासिल की। नाराजी से भरे अकबर के खिलाफ बैरमखाँ ने विद्रोह किया और नाकामयाब हुए। शाही हुक्म हुआ बैरमखाँ को हज के लिए मक्का-मदीना भेज दो। बैरमखाँ सपरिवार गुजरात पहुँचे ही थे कि कत्ल कर दिये गये। चार वर्ष के रहीम और बारह-तेरह वर्ष की सलीमा बेगम को बैरमखाँ के साथी अहमदाबाद लाये। वहाँ से परिवार अकबर के पास आया। पाँच वर्ष के रहीम को अकबर ने अपने संरक्षण में रख लिया तथा उचित शिक्षा-दीक्षा का प्रबन्ध किया। मिर्जा कोकलताश की बहिन माहबानू बेगम से रहीम का ब्याह रचवाया।

रहीम मध्यकालीन भारत के सामाजिक-सांस्कृतिक इतिहास का एक अद्‌भुत व्यक्तित्व है। योद्धा और कवि, दानी और सन्त (भक्त) का उनके व्यक्तित्व में एक अनुपम सौन्दर्य है। बीस वर्ष के भी न हुए थे कि गुजरात जीत लिया और वहाँ की सूबेदारी पायी। कई बार गुजरात में विद्रोह हुआ और हर बार विद्रोह को दबाने में रहीम कामयाब रहे। सिन्ध, अहमदनगर और कई राज्यों पर धावा बोला और विजयश्री मिली। उनके योद्धा रूप का इतना यश फैला कि अकबर के ही लड़के उनसे ईर्ष्या करने लगे। जबकि अकबर का ही एक लड़का दानियाल रहीम का दामाद था। दानियाल अतिशय मदिरा पीकर भरी जवानी में मर गया। उनके सामने ही जहाँगीर गद्दी पर बैठा। शुरू में उससे खूब छनी पर जहाँगीर के पुत्रों ने बाद में रहीम को नापसन्द किया। समय ने रहीम को शाहजहाँ से मिलने को विवश किया। नूरजहाँ बेगम नाराज हो गयीं—क्योंकि वे अपने दामाद शहरयार को सत्ता सौंपने का मन बना चुकी थीं। रहीम को शाहजहाँ के साथ पाकर नूरजहाँ बेगम के क्रोध का ठिकाना न रहा। नूरजहाँ के चक्र ने रहीम को चूर कर दिया। उनके सामने पुत्र-पौत्र मार डाले गये। रहीम ने कैद भोगी। मरने के एक साल पहले जहाँगीर ने इन्हें कैद से मुक्त करवाया, पर चैन नहीं लेने दिया। महावत खाँ के विद्रोह को दबाने के लिए रहीम को भेजा। महावत खाँ को परास्त कर वे दिल्ली आये और जर्जरित मन और शरीर से टूटकर बहत्तर वर्ष की अवस्था में अल्लाह को प्यारे हो गये। रहीम की मजार दिल्ली में बनी और आज भी उपेक्षित पड़ी है। इस हिन्दुस्तानी रंग के (जीनियस) रचनाकार को न जीवित रहते आदर मिला, न मरने के बाद ठीक से पहचाना गया।

भक्ति-युग के विशाल नवजागरणवादी परिदृश्य में रहीम ने व्यापक भावबोध की सृष्टि की। भक्ति-आन्दोलन की शक्ति से 'क्रमशः भक्ति का प्रवाह ऐसा विस्तृत और प्रबल होता गया कि उसकी लपेट में केवल हिन्दू जनता ही नहीं, देश में बसने वाले सहृदय मुसलमानों में से भी न जाने कितने आये। प्रेमस्वरूप ईश्वर को सामने लाकर भक्त कवियों ने हिन्दुओं और मुसलमानों दोनों को मनुष्य के सामान्य रूप में दिखाया और भेदभाव के दृश्यों को हटाकर पीछे कर दिया।' (आचार्य शुक्ल, हिन्दी साहित्य का इतिहास, पृ. 75-76) और भी बड़ा काम यह हुआ कि 'एक ओर

सगुणोपासना का यह काव्यक्षेत्र तैयार हुआ, दूसरी ओर मुसलमानों के बस जाने से देश में जो नयी परिस्थिति उत्पन्न हुई, उसकी दृष्टि से हिन्दू-मुसलमान दोनों के लिए एक सामान्य भक्ति-मार्ग का विकास होने लगा।' जाहिर है कि भक्ति-मार्ग का विकास कबीर-जायसी, सूर-तुलसी और रहीम के हाथों हुआ। इसमें न विजेता का गर्व भाव था न पराजित जाति का नैराश्य। ऐसा कहना इसलिए उचित है कि रहीम तो विजेता शासक के साथ रहे पर उनमें वह महत्त्वाकांक्षा जागती है जो साधु-सन्तों की भक्ति कर सकती है। रहीम की पूरी मनोभूमिका में प्रभुता से दूर शरणागत भक्त की चित्तवृत्तियाँ ही सक्रिय दिखाई देती हैं। एक प्रकार से वे भक्तिकाल की उस वास्तविक मनोभूमिका के प्रतिनिधि हैं—जो 'प्रेम' के गहन तत्त्व चिन्तन पर केन्द्रित रही है। प्रेम की इसी भावभूमि ने आम आदमी की खरी आदमियत इनकी सर्जनात्मक दृष्टि और भाषा में पैदा की। सूफ़ियों की प्रेम-दृष्टि का रहीम में नया विस्फोट है। वे अवध में रहे तो अवधी भाषा का रंग चढ़ गया—जायसी कबीरवाला रंग और ब्रज में रहे तो ब्रजभाषा और सूर के कृष्ण श्रीमद्‍भागवत् वाले माधुर्य भाव के हो गये। तुलसी के साथ तो उनका हृदय ही मिला रहा और लोक-संवेदना, लोक-जीवन में दोनों डूबे और तिरे। रहीम की हिन्दुस्तानियत का जादू सिर चढ़कर तब बोला, जब राजभाषा फारसी की ठसक को ब्रजभाषा की मिठास भरी भावभूमि ने ढीला कर दिया और और एक नये ढंग का बाँकपन पैदा हुआ। आचार्य शुक्ल ने 'मुसलमानों का राज्य प्रतिष्ठित हो जाने पर हिन्दू जन-समुदाय पर बहुत दिनों तक उदासी-सी छायी, रहने की जो बात की है, वह आंशिक सत्य से ज्यादा कुछ नहीं है। बड़ा सत्य है मुसलमानी शासन स्थापित हो जाने पर जनता में नये उत्साह का संचार होना। पठानों और मुगलों में भेद करते हुए शुक्ल जी ने ठीक लिखा है—"पठान शासक भारतीय संस्कृति से अपने कट्टरपन के कारण दूर रहे। अकबर की चाहे नीति-कुशलता कहिए; चाहे उदारता; उसने देश की परम्परागत संस्कृति में पूरा योग दिया, जिससे कला के क्षेत्र में फिर से उत्साह का संचार हुआ।" (पृ. 137)।

आश्चर्य की बात है पर है सत्य कि तुलसी की तरह रहीम भी लोक-संस्कृति के बड़े कवि हैं। दरबार में रहे पर दरबारी कवि की मानसिकता से दूर रहे। 'चन्दन विष व्यापत नहीं लिपटे रहत भुजंग' वाली कहावत उन्हें पाकर खरी कसौटी बन सकी। लोकसंस्कृति के गतिशील तत्त्व-पुंजों ने धर्मनिरपेक्ष, यथार्थदर्शी, ठेठ लौकिक चेतना से सम्पन्न कवि रहीम को बनाया। आज भक्ति-आन्दोलन के सामन्ती विरोधी, रूढ़ि मुक्त रूप में अपने युग के इस प्रतिनिधि कवि को समझा जाना चाहिए। जीवन-जगत के यथार्थ का गहरा और विस्तृत अनुभव इनके रचनाकर्म में पाकर ही आचार्य शुक्ल ने कहा था—'संसार का इन्हें बड़ा गहरा अनुभव था। वह संसार जिसमें शेख और सुल्तान, अवाम और अशरफ, हिन्दी और फारसी के जोड़े टकरा रहे थे। उनको

एक साथ दक्षता से निबाह ले जाना इनके ही बलबूते की बात थी, लोक-संस्कृति को समर्पित इस 'जीनियस' ने हर जोखिम झेलने की हिम्मत दिखायी और अवसरवादी समझौता नहीं किया। मुक्तिबोध के शब्द रहीम पर सटीक बैठते हैं—'नामंजूर उसको जिन्दगी की शर्म की-सी शर्त नामंजूर।' जीवन-जगत् की काव्यानुभूतियों को, प्रगाढ़ अनुभवों को पूरे मर्म से गहने की शक्ति इनमें अद्वितीय थी। अनुभव फिर उस अनुभव के मर्म को गहने की क्षमता, यह किसी भी बड़े रचनाकार की एक पहचान है और यह पहचान भक्तिकाल के अन्य बड़े कवियों की भाँति रहीम में पूरी तरह बरकरार है। 'अपने उदार और ऊँचे हृदय को संसार के वास्तविक व्यवहारों के बीच रखकर जो संवेदना उन्होंने प्राप्त की है उसी की व्यंजना अपने दोहों में की है।' नतीजा यह हुआ कि निर्वैयक्तिक परम्परा की अपार शक्ति का प्रवाह उनकी सर्जनात्मकता के भीतर से प्रवाहित हुआ—'तुलसी के वचनों के समान रहीम के वचन भी हिन्दी भाषी भू-भाग में सर्व साधारण के मुँह पर रहते हैं।' रहीम के वचन हिन्दीभाषी जनता के मुँह पर क्यों न रहते? उन्होंने तुलसी की तरह अपने हृदय को लोक- हृदय से मिला दिया था और दोनों ही भक्ति-आन्दोलन की विशाल सामाजिक-सांस्कृतिक दृष्टि से जुड़े थे। रहीम का शृंगार भी तुलसी के शृंगार की ही भाँति हमें 'वासना' में नहीं डुबोता। एक पावनता-उज्ज्वलता के चित्र का अहसास कराता है। 'बरवै नायिका भेद' का पूरा तेवर रीतिवादी रूढ़ियों के विरोध में पड़ता है। नतीजा साफ है कि 'बरवै नायिका भेद' में भी जो मनोहर और रस छलकते हुए चित्र हैं वे भी सच्चे हैं—कल्पना के झूठे खेल नहीं हैं। उनमें भारतीय प्रेम जीवन की सच्ची झलक है।' रहीम का नायिका-भेद रीतिवाद का नायिका-भेद नहीं है। इस बात को उनके ही काव्यार्थ से समझ सकते हैं :

लै कै सुघर खुरपिया पिय के साथ।
छइबे एक छतरिया बरसत पाथ॥

प्रिय के साथ प्रिया का यह संसार एक ऐसी अनुभूति जगाता है जिसमें 'खुरपिया' के माध्यम से जीवन का रंग निखरता है—पति के साथ श्रमरत पत्नी का। दोनों के सहयोग से ही जीवन का कर्म-सौन्दर्य हँसता-खेलता है।

आचार्य शुक्ल जैसा काव्य-पारखी रहीम की भूरि-भूरि प्रशंसा करता है तो सोचना पड़ता है कि वे 'संस्कृत, अरबी और फारसी के पूर्ण विद्वान, और हिन्दी काव्य के पूर्ण मर्मज्ञ कवि थे। वे दानी और परोपकारी ऐसे थे कि अपने समय के कर्ण माने जाते थे। इनकी दानशीलता हृदय की सच्ची प्रेरणा के रूप में थी, कीर्ति की कामना से उसका कोई सम्पर्क न था। इनकी सभा विद्वानों और कवियों से सदा भरी रहती थी। गंग कवि को इन्होंने एक बार छत्तीस लाख रुपये दे डाले थे। अकबर के समय में ये

प्रधान सेनानायक और मन्त्री थे और अनेक बड़े-बड़े युद्धों में भेजे गये थे।' अकबर का काल मानवतावाद के उठान का काल है। किन्तु इससे पूर्व ही मानवतावाद की एक भरी-पूरी पृष्ठभूमि तैयार हो चुकी थी। 'जायसी ग्रन्थावली' की भूमिका में आचार्य शुक्ल ने इस पृष्ठभूमि पर खासतौर से ध्यान दिलाया था। "एक ओर तो कट्टर और अन्यायी सिकन्दर लोदी मथुरा के मन्दिरों को गिराकर मसजिदें खड़ी कर रहा था और हिन्दुओं पर अनेक प्रकार के अत्याचार कर रहा था, दूसरी ओर पूरब में बंगाल के शासक हुसैनशाह के अनुरोध से जिसने 'सत्यपीर' की कथा चलायी थी, कुतुबन मियाँ एक ऐसी कहानी लेकर जनता के सामने आये जिसके द्वारा उन्होंने मुसलमान होते हुए भी अपने मनुष्य होने का परिचय दिया। इसी मनुष्य को ऊपर करने से हिन्दूपन, मुसलमानपन, ईसाईपन आदि के उस स्वरूप का प्रतिरोध होता है—जो विरोध की ओर ले जाता है।" (पृ.3) हिन्दूपन, मुसलमानपन और ईसाईपन से ऊपर है मनुष्य होने का भाव। यही भाव साहित्य के मानवतावादी बीज भावों का अंकुरण है। हिन्दी की सूफ़ी काव्य-परम्परा का सीधा सम्बन्ध पठान मुसलमानों से है पर पठानों की दंगई प्रवृत्ति न लेकर सूफ़ी कवियों ने प्रेम के अमृत से मनुष्य को जिलाये रखने की भरपूर कोशिश की। इसी सूफ़ी प्रेम-प्रवाह को अकबर की नीति और रहीम की सर्जनात्मकता ने गति दी है।

हिन्दी साहित्य के विद्यार्थी के लिए रहीम, तुलसी, जायसी, कबीर जैसे भक्तिकाल के कवियों को ठीक सन्दर्भ में समझने की समस्या आज भी बनी हुई है। आचार्य शुक्ल ने भक्तिकाव्य की लोक-जागरण प्रकृति को एक सही समाज दृष्टि से सुलझा दिया था किन्तु आचार्य हजारी प्रसाद द्विवेदी ने उसे न केवल उलझाया बल्कि गलत दिशा में धकेल दिया। डॉ. रामविलास शर्मा ने आचार्य द्विवेदी की इस दृष्टि का हिन्दी जाति का साहित्य, पुस्तक में जोरदार तर्कों से खण्डन किया है। आचार्य द्विवेदी विरोधी अभियान डॉ. शर्मा को चलाना ही इसलिए पड़ा कि आचार्य द्विवेदी 'भक्तिकाव्य' की नवजागरणवादी विरासत को पहचानने में न केवल चूकते हैं—अपितु भटक जाते हैं। डॉ. शर्मा ने आचार्य शुक्ल के कथनों को सामने लाकर कहा है कि 'द्विवेदी जी ने विपरीत दिशा में चलते हुए सूरदास के युग को, सोलहवीं शताब्दी को, अन्धकारमय कहा है।' (हिन्दी जाति का साहित्य, पृ. 24) आचार्य हजारी प्रसाद द्विवेदी का कथन देखिए 'विदेशी शक्तियाँ भारतवर्ष के इस कोने से उस कोने तक अपना आतंक विस्तार कर चुकी थीं। युद्ध विग्रह में, वाणिज्य-व्यवसाय में, भीतरी और बाहरी राज्य व्यवस्था में सर्वत्र विदेशियों और विधर्मियों का हाथ था। इस देश में रहने वालों ने अनिच्छापूर्वक विवश होकर यह शासन-व्यवस्था स्वीकार कर ली थी। बीच-बीच में सिर उठाने की कोशिश अगर कहीं हुई भी, तो तत्काल ही दर्प चूर्ण कर दिया गया। सचमुच यह युग इस दृष्टि से देखने से अत्यन्त अन्धकारमय

दिखाई देता है।' (हजारी प्रसाद द्विवेदी ग्रन्थावली 4/51-52) आचार्य द्विवेदी के इस कथन पर डॉ. रामविलास की टिप्पणी है—'शुक्ल जी के लिए परम्परागत साहित्य और भक्त कवियों की दिव्य वाणी की सम्मिलित विभूति से अकबर का राजत्वकाल जगमगा उठा; द्विवेदी जी के लिए चारों ओर विदेशियों और विधर्मियों का आतंक था, सूरदास का युग अत्यन्त अन्धकारमय था। आतंक राज का भय होने से पहले ही 'हिन्दू संस्कृति' की काफी दुर्दशा हो चुकी थी। इसके लिए बौद्धमत जिम्मेदार था।' (पृ. 24) द्विवेदी जी के अनुसार 'बौद्धों का प्रवर्तित वैराग्य इस युग में अति विकृत रूप में देखा गया। लाख-लाख की संख्या में काम-कर्म हीन अलस साधुओं का दल व्यर्थ वैराग्य की आँच से हिन्दू संस्कृति को झुलसा रहा था।'' (वही 4/54) इस पर डॉ. रामविलास शर्मा का कथन है —'बौद्ध प्रवर्तित वैराग्य और इस्लाम प्रवर्तित आतंक से हिन्दू-संस्कृति की रक्षा की भक्त कवियों ने निर्गुण पन्थी और सगुणपन्थी, दोनों तरह के भक्तों ने हिन्दू संस्कृति की रक्षा की।' (पृ. 24) 'सूर साहित्य' में आचार्य द्विवेदी ने लिखा है—'विदेशी संस्कृति में आत्मरक्षा के लिए अब प्रधानतः दो शक्तियाँ काम करने लगीं। पहली कबीर आदि की निर्गुण साधना और दूसरी सूरदास आदि की सगुण साधना।' (वही 4/55) अर्थात कबीर और सूर दोनों ही हिन्दू संस्कृति के रक्षक थे। आचार्य शुक्ल की दृष्टि आचार्य द्विवेदी की दृष्टि से एकदम भिन्न है। शुक्ल जी इस विचार पर दृढ़ हैं कि भक्त कवियों ने हिन्दुओं और मुसलमानों दोनों को मनुष्य रूप में प्रेमस्वरूप ईश्वर के दर्शन कराये; भारत में मुसलमानों के बस जाने के बाद जो नयी परिस्थिति उत्पन्न हुई, उसकी सहयोग दृष्टि से हिन्दू और मुसलमान दोनों के लिए एक सामान्य भक्ति-मार्ग का विकास होने लगा। जाहिर है कि आचार्य द्विवेदी के लिए भक्ति-मार्ग हिन्दू मार्ग है और आचार्य शुक्ल के लिए भक्ति-मार्ग हिन्दुओं और मुसलमानों का 'सामान्य भक्ति मार्ग' है। कबीर-जायसी सूर-तुलसी ने इस्लाम से हिन्दू-संस्कृति की रक्षा की—यह बात स्वयं द्विवेदी जी ने घपले में डाल दी है—उनका प्रसिद्ध कथन है कि कबीर में 'मुसलमानी भाव की गन्ध मिल जाती है। सही बात यह है कि कुछ नामों, शब्दों और खण्डन करने के उद्देश्य से उल्लिखित कुछ सिद्धान्तों के अतिरिक्त मुसलमानी प्रभाव कबीर में नहीं के बराबर है। यह स्मरण रखने की बात है कि योगियों का एक बहुत बड़ा सम्प्रदाय अवध, काशी, मगध और बंगाल में फैला हुआ था। ये लोग गृहस्थ थे और इनका पेशा जुलाहे और धुनिये का था। कबीर, दादू और जायसी ऐसे ही नाम मात्र के मुसलमान थे, जिनके परिवार में योगियों की साधना-पद्धति जीवित रूप में वर्तमान थी।' (वही 3/60) योगियों की साधना? कबीर ने योग साधना का विरोध किया है। एक बार बौद्ध-धर्म की प्रतिक्रिया के रूप में ब्राह्मण धर्म पुनर्जीवित हुआ और दूसरी बार इस्लाम धर्म की प्रतिक्रिया से पुनर्जीवित हुआ। आचार्य द्विवेदी की ये दोनों ही स्थापनाएँ अवैज्ञानिक एवं अनैतिहासिक हैं। इन

स्थापनाओं का डॉ. रामविलास शर्मा ने विस्तार से खण्डन किया है। (देखिए, हिन्दी जाति का साहित्य, पृ. 28)

भारतीय इतिहास का प्रवाह साक्षी है कि ग्यारहवीं शताब्दी से पन्द्रहवीं शताब्दी तक उत्तर भारत में निरन्तर युद्ध होते रहे। आखिरकार अकबर के काल में शान्ति कायम हुई। अकबर ने मालगुजारी नकदी के रूप में ली, इससे कस्बों का व्यापार बढ़ा। ये बातें इरफान हबीब मध्यकालीन भारत के आर्थिक विकास को लेकर काफी प्रमाण से सिद्ध करते रहे हैं। आगरा, दिल्ली, लाहौर और औरंगाबाद काफी अर्से तक शाही मुकाम रहे और व्यापारिक दृष्टि से समृद्ध नगर। इसी नगर-व्यवस्था का वर्णन रहीम ने 'नगर शोभा' नामक अपनी रचना में किया है। इस कृति में विभिन्न व्यवसायों-जातियों-उपजातियों के चित्र हैं। बैंगन की तरह काली कुंजड़िन साग बेचती है और बेशर्त दिल खोलकर फाग खेलती है—

भाट बरन सुकौंजरी बेचै सोवा साग।
निलजु भईं खेलत सदा गारी दै-दै फाग॥

रहीम ने डफली, गाड़ीवान, महावत, नालवन्दिनी, चिरवादारिन, कमागरी, दबगरी, बाजदारिनी, सबंनीगरी, कुन्दीगरी, जिलेदारिनी कोई ऐसा व्यवसाय नहीं है—जिसका वर्णन न किया हो। जिलेदार पर रूपसी तरुणी का जादू चलता है और घूँघट पट खुल जाते हैं। 'बरवै नायिका भेद' को भी 'नगर शोभा' से मिलाकर ही पढ़ना चाहिए। क्योंकि इस कृति के स्मृति कलश आज भी चमक रहे हैं—

मितवा चलेउ बिदेसवा, मन अनुरागि।
पिय की सुरत-गगरिया, रहिमन लागि॥

मानव-प्रकृति के अध्ययन में रहीम का मन रमता है—सज्जन-दुर्जन, कुसंग-सत्संग पर उनका ध्यान है। पूरी भारतीय सूक्ति परम्परा उनके दोहों-सोरठों की नीति मणियों में दमकती है। उनकी प्रतिभा जन-जीवन की भीतरी भोर को पकड़कर पुराणों-काव्यों से दृष्टान्तों का चयन करती है और दृष्टि की मौलिक रचनात्मक दृष्टि पूरे अर्थ-सन्दर्भ को चमका देती है। जैसे—

रहिमन याचकता गहे, बड़े छोट ह्वै जात।
नारायण हूँ को भयो बावन आँगुर गात॥

अनन्त नारायण माँगते हुए वामन हो जाते हैं। 'बाँटनवारे को लगे ज्यों मेहँदी को रंग' यह गुण रहीम के दोहो-सोरठों में भी है—जो भी इनके पास जाता है—इनका ही हो जाता है और 'मिथक' को सहज भाव से पाकर भाव-सम्पन्नता का

अनुभव करता है—

जो बड़ेन को लघु कहैं, नहिं रहीम घटि जाहिं।
गिरधर मुरलीधर कहैं, कछु दुख मानत नाहिं॥

मान और मर्यादा वाली रहीम की सूक्तियाँ तो हिन्दीभाषी जनता के हृदय में स्थायी रूप से निवास करती हैं—

रहिमन पानी राखिए बिन पानी सब सून।
पानी गये न ऊबरै, मोती, मानुस, चून॥

सोहबत और सलाह देते समय उनका सहृदयत्व विश्वव्यापी हो जाता है—

रहिमन चुप ह्वै बैठिए, देखि दिनन के फेर।
जब नीके दिन आइ हैं, बनत न लगिहैं बेर॥

इच्छाओं को जीने वाला ही मुक्त पुरुष है, शहंशाह हैं, बाकी सब गुलाम हैं, चाहे वह बादशाह ही क्यों न हो।

चाह गयी चिन्ता मिटी मनुआ बेपरवाह।
जिनको कछू न चाहिए, वे साहन के साह॥

अनुभवों की गहराई और विविधता, अनुभूति की लोक-व्यापकता और ईमानदारी तथा पूरा युग परिवेश पूरे संघर्ष-तनाव द्वन्द्व के साथ इनकी प्रतिभा की छन्नी से छनकर सामने आ जाता है। खट्टे-मीठे-चटपटे अनुभवों का एक जीवन कोश ही इनकी कविता कही जा सकती है।

खैर, खून, खाँसी, खुशी, बैर, प्रीति, मदपान।
रहिमन दाबे ना दबै, जानै सकल जहान॥

रहीम ने क्या नहीं भोगा, क्या नहीं सहा। जहाँगीर ने कैद में डाला। सम्पत्ति छीन ली। दानी रहीम दरिद्र हो गये। दरिद्रता इन्हें तब ज्यादा सालती थी, जब कोई याचक इनके पास पहुँचता था। सम्पत्ति के समय में जो घेरे रहते थे, वही विपत्ति में किनारा करते थे—

ये रहीम दर-दर फिरैं, माँगि मधुकरी खाहिं।
यारो यारी छाड़िए, अब रहीम वे नाहिं॥

कहावत है कि एक बार गरीबी में एक याचक ने इन्हें घेरा। रहीम ने यह दोहा

लिखकर उसे रीवाँ नरेश के पास भेजा। रीवाँ नरेश ने उस याचक को एक लाख रुपये दिये—

चित्रकूट में रमि रहे रहिमन अवध नरेश।
जापर विपदा परति है सो आवत एहि देश॥

कहते हैं कि एक गरीब ब्राह्मण कन्या के विवाह के लिए धन न होने पर तुलसीदास के पास आया। तुलसी ने अपने मित्र रहीम के पास दोहे की एक पंक्ति लिखकर भेजी 'सुरतिय नरतिय नागतिय यह चाहत सब कोय'। रहीम ने यह पंक्ति पढ़कर ब्राह्मण को बहुत-सा धन दिया और दूसरी पंक्ति पूरी की—'गोद लिये हुलसी फिरै, तुलसी सो सुत होय।' शुक्लजी ने लिखा है—कि क्यों ये जनता के प्यारे कवि हैं—'इसका कारण है जीवन की सच्ची परिस्थितियों का मार्मिक अनुभव। रहीम के दोहे वृन्द और गिरिधर के पद्यों के समान कोरी नीति के पद्य नहीं हैं। उनमें मार्मिकता है, उनके भीतर से एक सच्चा हृदय झाँक रहा है। जीवन की सच्ची परिस्थितियों के मार्मिक रूप को ग्रहण करने की क्षमता जिस कवि में होगी, वही जनता का प्यारा कवि होगा।' यह कवि जानता है कि प्रेम पूर्ण समर्पण है, हार-जीत उसमें नहीं होती— 'प्रानन बाजी राखिए हारि होय कै जीत।' इनके प्रेम का रंग? प्रेम का रंग चटक लाल रंग है—

रहिमन प्रीति सराहिये, मिले होत रंग दून।
ज्यों हरदी जरदी तजै, तजै सफेदी चून॥

पता नहीं अनुभव की किस भीतरी मार के कारण रहीम ने ब्याह को बाधा कहा और उससे बचने की सलाह दी—

रहिमन ब्याह बियाधि है, सकौ तो जाहु बचाय।
पाँयन बेड़ी परत है, ढोल बजाय बजाय॥

लेकिन प्रेम में हृदय किसी से जुड़ जाए तो उसे तोड़ना नहीं चाहिए। टूटने पर जुड़ता नहीं है। जुड़ता है तो गाँठ पड़ जाती है। आँखों में एक छवि भरी हो तो दूसरी छवि के लिए स्थान कहाँ—'पर छबि कहाँ समाय।' पर आँख की पुतली स्याम हो, उसी में कमल पर भ्रमर बैठा हो मानो—शालिग्राम पर रूप की अरघा धर दी गयी हो। 'रहिमन पुतरी स्याम, मनहुँ जलज मधुकर लसै। कैधों शालिग्राम, रूपै के अरघा धरे।' आँखों की पुतरी को शालिग्राम कहने की पवित्रता-दिव्यता का भाव सौन्दर्य अनुपम है। तुलसी की तरह रहीम का चातक भाव भी सच्ची प्रीति का प्रतीक है। आग लग जाती है। तो बुझने का नाम नहीं लेती—'भभकी-भभकी बारि-बारि उठै।' ऐसे ही

ईश्वरीय प्रेम में वे कबीर की तरह 'पहुँचे' हुए हैं—मस्त मगन हैं—वाणी मौन है—मधुमती भूमिका की स्थिति है—

रहिमन बात अगम्य की कहत सुनत की नाहिं।
जो जानत ते कहत नहिं, कहत ते जानत नाहिं॥

यही बिन्दु में सिन्धु समाने की स्थिति है। जिसका अनुभव कबीर से लेकर बाल कृष्ण शर्मा नवीन तक हर बार नये बोध के साथ हुआ है—

बिन्दु में सिन्धु समाय, को अचरज कासों कहै।
हेरनहार हिरान, रहिमन अपने आप ही॥

श्रीकृष्ण के प्रेम में ऐसे दीवाने हुए कि वृन्दावन गये और वृन्दावन बिहारी को गोविन्द देव मन्दिर के दरवाजे से ही पुकारा। गोविन्द भी रुक न सके, भागकर दर्शन दिये और यह पद सुना—

कमल-दल नैनन की उनमानि।
बिसरत नाहिं सखी मो मन ते मन्द-मन्द मुसकानि॥
यह दसननि दुति चपला हूँ ते महाचपल चमकानि॥
वसुधा को बस करी मधुरता सुधा पगी बतरानि॥
चढ़ी रहे चित उर बिसाल की मुकुलमाल पहरानि।
नृत्य समय पीताम्बर हूँ की फहरि-फहरि फहरानि॥
अनुदिन श्री वृन्दावन ब्रज ते आवन आवन जानि।
अब रहीम चित ते न टरति है सकल स्याम की बानि॥

यही रंग बिहारीलाल पर रीतिकाल में चढ़ गया। रहीम में स्याम का विरह सूरदास का प्रेम-भाव लेकर जाग पड़ा—

कौन धौं सीख 'रहीम' इहाँ इन नैन अनोखि सनेह की नाथनि।
प्यारे सों पुन्यन भेंट भई यह लोक की लाज बड़ी अपराधनि॥
स्याम सुधानिधि आनन को मरिए सखि सूधे चितवै की साधनि।
ओट किये रहतै न बनै कहते न बनै विरहानल बाधनि॥

दोहा हो, सोरठा हो, बरवै हो, सवैया हो, पद गान हो वृन्दावन बिहारी की तड़प रहीम के चित्त का स्थायी भाव है। प्रेम में कवित्त, सवैया और पद की झूमती अदा है। संस्कृत के श्लोक हैं—तीन स्याम रंग के, एक राम रंग का, एक गंगा का भाव-भवन है। हृदय के घने-अन्धकार में वे स्याम को छिपाने की आकांक्षा से भरे हैं—

नवनीत-सारमपहृत्य शंकया, स्वीकृतं यदि पलायनं त्वया।
मानसे मम घनान्ध तामसे, नन्दनन्दन कथं नलीयसे॥

सब कुछ स्याम के ही पास है रत्नाकर और लक्ष्मी। केवल मन श्री राधा के पास है—

रत्नाकरोऽस्ति सदनं गृहिणी च पद्मा,
किं देयमस्ति भवते जगदीश्वराय।
राधागृहीतमनसे मनसे च तुभ्यं
दत्तं मया निजमनस्तदिदं गृहाय॥

संस्कृत में रहीम का मन श्रीकृष्ण होकर खिल गया है और पूरे भावलोक में गंगा उमड़ पड़ी है। विष्णुतनया शिवप्रिया गंगा के प्रति उनका भाव अद्वैत की ओर बढ़ा—

अच्युतचरणतरंगिणि शशिशेखर-मौलि-मालतीमाले।
मम तनु वितरण समये हरता देया न मे हरिता॥

मृत्यु के बाद शरीर गंगा-माँ को सौंप दिया जाए—यह भाव भारतीयता की वह पहचान है जिसमें नस्लवाद, धर्मवाद का कोई रंग नहीं है। तुलसी, रहीम, पद्माकर, रत्नाकर सभी का गंगा-भाव एक है। वह न हिन्दू-भाव है—न मुसलमान भाव। यह-वह भाव है जो मनुष्यता की उच्च भूमि का पूर्ण दर्शन लिये है। न धर्म बदला न कर्म बदला, पर गंगा को सौंप दिया, यही रहीम का विस्तार है जिसमें घेरे नहीं है, खुला आसमान है और सजीला हिमालय-सौन्दर्य। गंगा उसी हिमवान की कन्या है—जिसने पूरी भारतीय संस्कृति को सींचा है। रहीम में हर जगह जोड़ने का संकल्प है—तोड़ने का भाव नहीं है।

रूठे सजन मनाइए, जो रूठे सौ बार।
रहिमन फिर फिर पोहिये टूटे मुक्ताहार॥

ऐसे रहीम को भारतीय संस्कृति का सच्चा निर्माता कहे बिना मन नहीं भरता। भारतीय सन्त मन का परमार्थ भाव रहीम के पूरे चित्त का भाव बिम्ब है। वे दानी हैं पर दाता का दम्भ नहीं है—

देनहार कोई और है भेजत है दिन-रैन।
लोग भरम हम पर करैं, याते नीचे नैन॥

भावुक हृदय ऐसे कि एक सिपाही की स्त्री का बरवै पढ़कर हृदय उमग पड़ा। सिपाही को नवागता के पास धन देकर भेज दिया और बरवै अपने पास रख लिया और फिर तो बरवै के उस्ताद हो गये। रहीम की ओर संवेदना की लपट ही बरवै में उठी—

प्रेम-प्रीति कौ बिरवा चलेहु लगाय।
सींचन की सुधि लीजै, मुरझि न जाय॥

रहीम की विद्वत्ता का आलम यह रहा कि अरबी, फारसी, तुर्की, उर्दू, संस्कृत इन सभी भाषाओं में रचना की। प्रसिद्ध ग्रन्थ 'बाबरनामा' का तुर्की से फारसी में अनुवाद अपनी युवावस्था में ही कर डाला। पर क्या नहीं झेला। कैद में ही उनके पास उनके प्रिय पौत्र दाराब खाँ का सिर कटवाकर भेजा गया और यह कहकर भेजा गया कि बादशाह ने तरबूज भेजा है। रहीम ने आँसू भरकर कहा यह तरबूजे शहीदी है। पर न झुके न स्वाभिमान बेचा। संकल्प था कि रहिमन मोहि-न सुहाय, अमिय पियाबै मान बिना। बरु विष देय बुलाय मान सहित मरिबो भलो।' पूरा जीवन उनका आग का गोला बना रहा, जलते रहे बुझे नहीं। ज्ञानी ऐसे कि एक बार तानसेन ने अकबर के दरबार में पद गाया—'जसुदा बार-बार यों भाखै। है कोउ ब्रज में हितू हमारो चलत गोपालहि राखै।'' अकबर ने सभासदों से इस पद का अर्थ पूछा। तानसेन ने कहा कि यशोदा बार-बार अर्थात् पुनः-पुनः यह पुकार लगाती है कि क्या कोई मेरा शुभचिन्तक ब्रज में कृष्ण को रोक सकता है। कहते हैं कि बीरबल ने 'बार-बार' का अर्थ 'द्वार-द्वार' किया। शेख फैजी ने कहा कि बार-बार का अर्थ है—जसोदा रो-रोकर पुकार लगाती है। खाने आजम कोका ने अर्थ किया कि बार-बार का अर्थ 'दिन-दिन, रोज-रोज है, यशोदा प्रतिदिन कृष्ण को पुकारती है। अन्त में अब्दुर्रहीम खानखाना ने कहा कि तानसेन गायक हैं तो 'बार-बार' का अर्थ पुनरुक्ति किया। शेख फैजी फारसी के शायर हैं, उन्हें रोने के अतिरिक्त अन्य अर्थ सूझ नहीं सकता। बीरबल ब्राह्मण हैं इन्हें द्वार-द्वार वाला अर्थ ही ठीक लगा है। कोका जी ज्योतिषी हैं, इन्हें ज्योतिष का अर्थ तिथि वार लगना ही था। वास्तविक अर्थ यह है कि यशोदा का बार-बार अर्थात् रोम-रोम पुकारता है कि कोई तो भला आदमी ब्रज में गोपाल को रोक ले। इस व्याख्या ने अकबर को चकित कर दिया। रहीम की शब्दार्थ विदग्धता से प्रभावित होकर ही उन पर केशवदास, गंग, अली कुली खाँ, मण्डन, मुकुन्दकवि, रजा नवी, उर्फी, मीर-मुदरिस, हमदानीं, यूलकुली बेग तथा मुल्ला हयाते-जीलानी ने कविताएँ लिखीं। वंश-परम्परा से विदेशी पर जन्म से हिन्दुस्तानी रहीम ने भारतीय संस्कृति को दिल से प्यार किया। लोक-भाषा ब्रजी-अवधी खड़ी बोली में उनकी सर्जनात्मकता का अमृतत्व अपूर्व छवि से प्रकट हुआ। हिन्दुस्तान के मामूली आदमी के मन पर इस

कविता ने अमिट छाप छोड़ी। ऐसे रहीम पर हिन्दू-मुस्लिम एकता का नारा लगाने वाले कुछ न कर सके। रहीम की मजार सुनसान पड़ी है और अकादमियाँ अपनी जीभ तालू में लगाये बैठी हैं। विश्वविद्यालयी उच्च शिक्षा में रहीम को रखना गुनाह है। तुलनात्मक साहित्यकारों को रहीम को लेकर लकवा मार गया है। कोई आगे नहीं आता। तुलसी-कबीर की टक्कर की यह महान प्रतिभा उपेक्षित पड़ी है। रहीम ने 'रहीम सतसई' 'बरवै नायिका भेद', 'शृंगार सोरठ', 'मदनाष्टक', 'रासपंचाध्यायी', 'नगरशोभा', 'खेट कौतुकम्' जैसी रचनाएँ की हैं। कभी उनकी रचनाओं का संग्रह 'रहीम रत्नावली' के नाम से निकला था पर आज उसे खोज पाना कठिन है। रहीम की रचनाओं को जनता के सामने लाने के लिए अकादमियों, शोध-संस्थानों को सामने आना चाहिए। जनता के इस कवि की उपेक्षा कब तक होगी। आज हम रहीम की परवाह न करें पर अवाम को तो रहीम से लगाव है।

20

सन्त-परम्परा की आन्तरिक लय का सौन्दर्य

सन्त-साहित्य भारतीय संस्कृति की आकस्मिक धारा नहीं है। यह धारा भारतीय-धर्म-दर्शन संस्कृति के भाव-रसायन से उत्पन्न हुई है। मानस की सामाजिक-सांस्कृतिक संवेदना का खमीर इस सन्त-धारा में परिस्थितियों की टकराहट से उठा है। यही कारण है कि हमारी पूरी संस्कृति-संवेदना एक विराट-भक्ति-आन्दोलन का रूप धारण कर सामने आ चुकी है। सन्त-साहित्य स्थिति-परिस्थिति के भीतरी संघर्ष, तनाव, द्वन्द्व, अन्तर्विरोध से पैदा हुआ है, उसे हिन्दू-इस्लाम, बौद्ध, श्रमण-संस्कृतियों के भीतर बाँधकर देखना सही नहीं है। कारण, सन्त-साहित्य की विशेषताएँ किसी एक धर्म-ग्रन्थ पर केन्द्रित नहीं हैं। उसमें दूर-दूर से चिन्तन-जल आकर एकत्रित हुआ है।

सन्त साहित्य में 'धर्म' शब्द से तात्पर्य लोक-धर्म से है और यही लोक-धर्म या लोक-मंगल दृष्टि महामति प्राणनाथ जी की रही है। यह ठीक है कि आज 'धर्म' बहुत ही सताया हुआ, अर्थभ्रष्ट, खतरनाक शब्द है। पर यह शब्द कम मोहक नहीं है, मोहक न होता तो मानव को इतनी बड़ी चुनौती न देता। भारतीय दर्शन में 'धर्म' एक मानवीय मूल्य है। 'धर्म' एक गलत अनुवाद से अवमूल्यन का शिकार हो गया। आज हिन्दुस्तान का आदमी 'धर्म' से बिदकने लगा है—उसके भीतर एक चोर बैठ गया है कि धर्म प्रगति का विरोधी है—विज्ञान दृष्टि का विरोधी है, वह आदमी को तोड़कर छोटा बनाकर परलोक चिन्ता की ओर ले जाता है या मानवीय चिन्तन एवं एकता में एक अनावश्यक हस्तक्षेप है। ऐसा मानने के पीछे दो कारण हैं—ओढ़ी हुई पश्चिमी मानसिकता और अपनी परिस्थितियों की विडम्बना। भारतीय 'धर्म' व्यवहार की जीवन्त-धड़कन है। वह संस्थान कभी नहीं रहा। महामति प्राणनाथ कबीर, दादू, रैदास का चिन्तन साक्षी है कि हमारा धर्म-चिन्तन जीवन-प्रक्रिया की सहज लय रहा है, वह बाहरी दिखावा नहीं रहा। तुलसी ने 'परहित सरिस धरम नहिं भाई। पर पीड़ा सम नहिं अधमाई' कहा है। कोरा भौतिकवादी धर्म की निरन्तरता-अखण्डता को नहीं समझ सकता। बड़ा धर्म भाव ही शील है—भक्ति है, श्याम रसायन है। बरसने के

लिए आये मेघों का घनश्याम भाव ही धर्म है। राधा (प्रकृति) के चरणों में बैठे कृष्ण (पुरुष) का समर्पित भाव—अद्वैतभाव ही धर्म है।
यह बात रामानुजाचार्य से लेकर रामानन्द तक, वल्लभाचार्य से लेकर स्वामी हरिदास तक सभी सन्त-परम्परा के चिन्तक लगातार सामने लाते रहे हैं। इसी भाव का विस्तार प्राणनाथ में होता है। प्राणनाथ जी के दर्शन और भक्ति-भाव को सन्तों की इसी विचार-परम्परा में समझना चाहिए। सन्त का यह महाभाव सन्त परम्परा की ही उजली आधुनिकता है।

महामति प्राणनाथ का धर्म दर्शन एक बृहत्तर मानवीय सन्दर्भ में सामाजिक सांस्कृतिक संवेदना का वह सन्त-प्रवाह है जिसमें खोटा, खरे से पराजित है। प्राणनाथ जैसे सन्त का पूरा जीवन यह सिद्ध करता है कि रवीन्द्रनाथ जिसे 'मानुष-भाव' कहते थे, उसकी हर कीमत पर रक्षा होनी चाहिए। डॉ. रणजीत साहा ने उस सन्त के जीवन की प्रामाणिक जानकारी खोजबीन के साथ दी है। प्राणनाथ अरब गये और जामनगर में दीवान के पद पर रहे। औरंगजेब से उनकी भेंट प्रसिद्ध है। उनके शिष्यों में हिन्दू मुसलमान दोनों रहे और सूफ़ी प्रेम-दर्शन की उदार चेतना का विस्तार किया। 'मानुष प्रेम भयउ वैकुंठी' की जायसी पुकार ही प्राणनाथ की मुकम्मल पुकार और पहचान है। उन्होंने धर्म-ग्रन्थों का सार निचोड़कर अमृतत्व की साधना दृष्टि दी। महाराज छत्रसाल उनके शिष्य बने और लोक रक्षा-भाव से सम्पन्न एवं समर्थ बने। प्राणनाथ की वाणी का संग्रह उनके शिष्य केशवदास ने किया—'कुलजम स्वरूपं' नामक यह ग्रन्थ जनता की अपनी सम्पत्ति बना। 'प्रकाश ग्रन्थ' गुजराती और हिन्दी में लिखा गया—जो 'जबूर' पर आधारित है। प्राणनाथ ने श्री कृष्ण की लीलाओं का गान किया। ब्रजभूमि, मथुरा और द्वारिका की लीलाओं का अलग से तन्मय गान किया। श्रीकृष्ण के स्वरूप भेद, शक्ति लीला के कार्य कारण सम्बन्ध को प्राणनाथ ने समझाया। प्राणनाथ के विवेचन से यह सिद्ध होता है कि श्रीमद्भागवत जैसा काव्य भारत में दूसरा नहीं है। भक्ति रस और भक्ति काव्य की यही सिद्धि भरी मणि है।

इस कार्य में भक्ति एवं दर्शन से सम्बन्धित अध्याय अनेक महत्त्वपूर्ण तथ्यों के साथ सँजोए गये हैं। स्वलीला द्वैत, एकेश्वरवाद, श्याम-श्यामा युगल स्वरूप की उपासना, अक्षरातीत महिमा आदि का विवेचन स्वच्छ शैली में हुआ है। लीला-वर्णन के अन्तर्गत ब्रजलीला, रासलीला, जागती लीला, बेहदवाणी, श्रीमद्भागवतसार, लक्ष्मी जी का दृष्टान्त ऋषि मार्कण्डेय का दृष्टान्त, कातनी के दृष्टान्त विवेचन में दृष्टि यह रही है कि लीला तत्त्व का अपूर्व रस-सौन्दर्य भावक तक पहुँच सके। भाव पक्ष विवेचन के अवसर पर यह स्पष्ट कर दिया है कि कुलजम 'स्वरूप' नामक यह ग्रन्थ प्रबन्ध काव्य नहीं है—इसमें मुक्तक शैली की वह उन्मुक्त रसधारा है—जिससे हृदय कलिका खिल जाती है। रासलीला का अर्थ है रसों के समूह का एकाग्र-चित्त से साक्षात्कार—'जोगमाया में खेले रास' आनंद मन अपनी उलास' (प्रकाश-हिन्दी 37/

33) यह आनन्दमय मन का उल्लास भाव ही राधा-भाव है—प्रकृति की लास्य लय है—योग की मधुमती भूमिका है—भूमानन्द है। शृंगार-रस का 'भजनानन्द' ही अपार का अपार सुख है। श्रीकृष्ण रास करते-करते अन्तर्धान हो जाते हैं—तो इन्द्रिय रूपी सखियाँ विरह ताप में तड़प उठती हैं। बड़े रूपक से यह बात सन्त ने कही है कि इन्द्रावती अपने प्रियतम परमात्मा से बिछोह होने पर करुण क्रन्दन करती है, क्यों न करे? श्रीकृष्ण रस ही जीवन-सार है—यही सार्थक है—बाकी निरर्थक। हमें आज मध्ययुगीन सन्तों के अध्यात्मभाव से बैल की तरह बिदकना न चाहिए। कारण यह अध्यात्म-भाव कर्म-सौन्दर्य से पलायन नहीं है—कर्म की बीहड़ पथ की दिशा चाहे वह न हो पर भाव-तृप्ति है। आज का 'माडर्न' इस अध्यात्म की खिल्ली उड़ा सकता है क्योंकि वह भारतीय दर्शन के गहन तत्त्ववाद और अर्थ-मीमांसा का पश्चिमवाद के प्रभाव में संस्कार खो चुका है। वह इस क्षेत्र का 'अधिकारी' नहीं रहा। ऐसे अभागे लोग पूरे मध्ययुगीन साहित्य को ही निरर्थक करार दे सकते हैं। आचार्य रामचन्द्र शुक्ल, आचार्य हजारी प्रसाद द्विवेदी, राहुल जी और रामविलास शर्मा को मध्यकालीन सन्त-साहित्य इतनी बड़ी चुनौती क्यों देता है? यह अकारण नहीं है कि आज भी भक्ति काल ही हिन्दी-आलोचना की सबसे बड़ी चुनौती है—चाहे वह आधुनिकतावादी हों प्रगतिवादी हों, या धर्म निरपेक्षतावादी। इस मूल्यवान साहित्य की प्राण-धारा से तो टकराना ही पड़ता है। साहाजी बिना किसी हीन-ग्रन्थि के प्राणनाथ जी के दार्शनिक साहित्यिक-भाषा-वैज्ञानिक अवदान पर विचार करते रहे हैं—यह अच्छी बात है। जाहिर है कि धर्म से भागने की जरूरत नहीं है। धर्म को 'जानने-समझने' की जरूरत है। धर्म बन्दरों के हाथ का चाकू न बने, यह संकल्प तो रखना ही चाहिए। कारण, धर्म ही सत्य और गहन की निरन्तर खोज है और देश और काल में बदलता हुआ मनुष्य सत्य को परिभाषित नहीं कर सकता। वही उसकी लाचारी है और यही चिन्तन-यात्रा का विस्तार।

सार-संक्षेप यह कि सन्त-परम्परा के इस लोक जागरणवादी पक्ष को सामने लाने की निरन्तर चेष्टा करनी चाहिए। यही मूल्यवान चेष्टा साहाजी के कार्य को महत्त्वपूर्ण बनाती है। सच है कि सन्तों ने धर्म पर से पुरोहितों-मुल्लाओं का इजारा तोड़ा है और लोक-संस्कृति के निर्माण-परिष्कार में बड़ी भूमिका अदा की है।

21

रास में गोपाल लाल नाचत मिलि भामिनी

यहाँ 'रासलीला' के तात्त्विक चिन्तन पर ही चर्चा को केन्द्रित करूँगा। इस चर्चा के विस्तार में नहीं जाऊँगा। यह चर्चा बहुत विस्तृत है और उसमें अवगाहन बहुत कठिन। फिर बौद्धिकों को, नयी तालीम के शिक्षितों को यह चर्चा पसन्द भी नहीं आएगी। पर मैं पसन्द-नापसन्द की परवाह नहीं करता। एक बात यह भी है कि जब वे लोग हमारी पसन्द की परवाह नहीं करते तो हमें ही क्या पड़ी है कि उनकी चिरौरी करता डोलूँ। आज की उपभोक्तावादी संस्कृति में श्यामरंग की तलाश भारत के प्राणों की तलाश है—पर तलाश की तलब बनी रहे, इतना ही मेरा उद्देश्य है। फिर यह मधु-मन्थन ऐसा है कि इसे जितना मथो, उतना ही और मथने का बुलावा देता रहता है। यह भीतर के दूध का भाव-मन्थन है, ठण्डे-प्रेम जल के छींटे पाकर इकट्ठा होता है। श्रीकृष्ण की 'रासलीला' समस्त रसों को अपने अन्तर में समाविष्ट किये रहती है।

ध्यान में रखने की बात यह है कि श्रीकृष्ण की यह 'रासलीला' उपासकों की व्यक्ति-विशिष्ट उपासना का विषय है। ज्ञान-दम्भी, योग-चक्री, भोग-भ्रष्ट लोग इस 'रास-लीला' का रहस्य नहीं समझ पाते। दादुर की भाँति कमल के पास रहना व्यर्थ होता है। सांसारिक वासना में आकंठ-मग्न प्राणी भी इस आनन्द सागर के रस का स्वाद नहीं सराह पाते। विकृत रुचियों वाले, तर्क-अधम जब-जब कभी इस 'रासलीला' का मूल्य आँकने बैठे हैं तब-तब उन्हें इसमें अधर्म-पाप के ही दर्शन हुए हैं। ऐसे प्राणी रासलीला को 'काम-क्रीड़ा' या 'काम-लीला' ही मान बैठें तो क्या आश्चर्य। उन्हें यह 'रासलीला' अभद्र, अश्लील भी लग सकती है। इसका मूल कारण उस संस्कार में खोजा जाना चाहिए जिसने हमारी परम्पराओं से अपरिचित रहने का भाव जगाया है। आज हम 'रासलीला' को मध्ययुगीन बोध की गयी-गुजरी वस्तु मानकर हिकारत से देख भी रहे हैं। हमें सब 'धर्म' ही लगता है। इससे बाहर सोच पाना बहुतों के वश की बात नहीं रही है। ये बेचारे तो कृष्ण को हल्का सांसारिक मनुष्य ही समझ बैठे हैं—कारण, कृष्ण का वास्तविक स्वरूप उनकी आँखों से एकदम ओझल रहता है। शायद श्रीमद्भागवतकार को भी यह ज्ञान अवश्य था कि कृष्ण-रस को कम

लोग ही समझ पाएँगे। इसीलिए श्रीमद्‌भागवत के श्रोता परीक्षित के मन में सन्देह होने की बात कही गयी है। परीक्षित ने सन्देह उठाया कि कृष्ण तो स्वयं पाप से मुक्ति दिलाने की भावना से, धर्म की स्थापना के लिए पैदा हुए हैं, उन्होंने परकीया प्रेम का अमर्यादित आचरण क्यों किया? परीक्षित की शंका से स्पष्ट है कि कृष्ण-लीला के तात्त्विक भाव-स्वरूप को समझना परीक्षित जैसे लोगों के लिए भी कठिन पड़ा है। क्योंकि इसके पीछे वैष्णव-चिन्तन की हजारों वर्षों का तप, इच्छा, क्रिया, ज्ञान आदि की साधना के निचोड़ का रहस्य है। श्रीमद्‌भागवत के वक्ता शुकदेव जी ने परीक्षित को तत्काल ही बताया कि ईश्वर में सामान्य मनुष्यों के धर्मों के अतिक्रमण का खुला साहस होता है। फिर कृष्ण सामान्य मनुष्य नहीं है—लीलावतारी ब्रह्म हैं। उनकी रास-लीला को ईश्वरत्व की भावभूमि से जोड़कर ही समझा जा सकता है। यह कृष्ण को पाने की लीला है—कृष्ण की भाँति आचरण करने की लीला नहीं। रासलीला भाव का लीला-कमल है। मन के ब्रज-कुंड में डुबकी लगाने का आनन्द है। ब्रजभाव को पाने-पचाने का रस है।

ब्रजभाव ही रासलीला को नये-नये अर्थों-प्रतीकों में रूपान्तरित कर देता है। वैष्णव-चिन्तकों की चिन्तन उपासना का चरम 'रासलीला' दर्शन ही है। संसार की जड़ता और स्थूलता से ऊपर उठने का सूक्ष्म भाव-लीला लोक है। रासलीला इस दृष्टि से एक बहुत बड़ा रूपक है और अनेक प्रतीकों-मिथकों का वृन्दावन। विद्वानों का एक वर्ग रासलीला को वेदस्वरूपा मानकर व्याख्यायित भी करता रहता है। इनका विश्वास है वेदों में जिस ब्रह्म की चर्चा हुई है—वह विष्णु ही हैं। 'विष्णुर्गोपा अदाम्य' से यह मान लिया गया कि यह विष्णु ही कृष्ण हैं। रासलीला को वेदरूप माननेवालों ने रूपक की भाषा में ही कहा कि कृष्ण वेदस्वरूप पुरुष हैं और गोपियाँ ॠचाएँ हैं। इनमें पति-पत्नी भाव का प्रणय-सम्बन्ध है। पीछे से यह कथा भी पुराणों से खोजकर जोड़ दी गयी कि ब्रह्म के लिए तपस्या करने वाली श्रुतियों-ॠचाओं को गोपी देह प्राप्त हुई थी। गौड़ीय वैष्णवों ने तो गोपियों को मुनि तथा औपनिषदी दो भेदों में बाँध ही रखा है।

रासलीला को ब्रह्मविद्या स्वरूप मानने का आग्रह भी कम नहीं रहा है। इसी आग्रह के विचार का विस्फोट स्वामी हरिहरानन्द सरस्वती 'करपात्री जी' महाराज के ग्रन्थ 'भगवततत्त्व' में होता है। अनेक-अनेक तर्कों के बाँध से करपात्री जी ने सिद्ध करना चाहा है कि श्रुतिवाक्य 'तत्त्वमसि' का स्वरूप ही 'रास-लीला' नाम पा गया है। उपनिषदों ने बारम्बर जोर देकर कहा है कि श्रीकृष्ण तत्पदार्थ भगवान हैं और त्वं पदार्थ गोपियाँ हैं। उन दोनों का एकीकरण ही रमणीकरण या रासलीला है। 'रमण का अर्थ है तत् पदार्थ के साथ त्वं पदार्थ का ऐक्य हो जाना।' इसमें देश और काल के व्यवधान छूट जाते हैं—कट जाते हैं। राधा-माधव मिलन में न काल रहता है न देश,

केवल भाव एकता का रमण ही रह जाता है। यही शुद्ध लीलामृत पान है। कृष्ण अपनी लीला से गोपियों के मन, बुद्धि तथा चित्त में व्याप्त तिमिरावरणमयी रात्रियों को दूर कर शरत्काल की चाँदनी का चित्त में प्रकाश करते हैं। विवेक रूपी चन्द्रमा कृष्ण स्वयं हैं जो उनके चित्ताकाश से उदित हो जाता है। मूलतः रासलीला का यह अर्थ भी उसी अर्थ का संकेत है, जिसमें कहा गया है कि वेद ही ब्रज है—यहीं पर श्रुतिरूपी गउएँ रहती हैं और श्रुतियाँ ही ब्रज-सुन्दरियाँ हैं।

'रासलीला' की अर्थच्छायाओं को 'रासपंचाध्यायी' के प्रसंगों-सन्दर्भों से समझने में काफी सहायता मिलती है। यहाँ कृष्ण की रासलीला को योग की दृष्टि से स्पष्ट किया गया है। कृष्ण योगेश्वरेश्वर हैं, उनकी वंशी का स्वर ही अनहद नाद है। नाड़ियाँ ही गोपियाँ हैं। श्रीराधा ही कुण्डलिनी शक्ति हैं, मस्तिष्क का सहस्र दल कमल ही वह सुरम्य वृन्दावन है—जहाँ आत्मा को परमात्मा का अभेद सुख प्राप्त होता है। इस अभेद सुख की प्राप्ति पर ही इन्द्रियाँ ब्रह्म के साथ रास-लीला रचाकर नृत्य किया करती हैं। तान्त्रिक मार्ग से 'रासलीला' का अर्थ करने वालों का कहना है कि श्रीराधा महाकुण्डलिनी स्वरूपा हैं। यह कुण्डलिनी जागृत होकर सहस्रार-चक्र में प्रवेश कर जाती है, रस वर्षा होने लगती है। आसपास की नाड़ियाँ गोपियाँ हैं, अनेक चक्र ही निकुंज हैं, सहस्रदल कमल ही वृन्दावन है। यही गोलोक है, यहीं कृष्ण-राधा अभिन्न भाव से रमण करते हैं। यहीं पर अखण्ड रस की अमृत वर्षा होती है, जिसका पान कर व्यक्ति महासुख का अनुभव करता है। यही आध्यात्मिक रास है। यही प्रकृति-पुरुष का लय योग है। आज भी बाँके-बिहारीजी के मन्दिर में रात में किसी को ठहरने नहीं देते। यह विश्वास किया जाता है कि रात में राधा-कृष्ण युगल यहाँ विहार करते हैं। उस विहार को जो देख लेता है, वह पागल हो जाता है। पागल हो जाने के भय से लोग वहाँ रुकते नहीं हैं। पर वहाँ राधाकृष्ण युगल का अखण्ड भाव अभी विश्वास के साथ जीवित है। पश्चिमी आधुनिकता उसका मूलोच्छेदन नहीं कर सकी है।

विद्वानों ने 'रासलीला' में राजयोगपरक प्रतीकार्थ भी समझाने की कोशिश की है। इनका कहना है कि श्रीकृष्ण अमृतत्व हैं और गोपियाँ मन की वृत्तियाँ हैं। 'गो' अर्थात् इन्द्रिय और 'गोप' अर्थात् मन। इन्द्रियों का प्रधान नियन्ता है—मन। मन की वृत्तियों को रोककर कृष्ण में प्रवृत्त करना—रमण करना ही आनन्द है। वृत्ति रूपा गोपियों का अमृतत्व कृष्ण में रमण करना ही सच्चा रास है। 'भारतीय साधना तथा सूर साहित्य' पुस्तक में डॉ. मुंशीराम शर्मा ने ऐसा ही अर्थ करते हुए कहा कि 'कृष्ण आत्मा के प्रतीक हैं, जो वंशी ध्वनि आदि संगीत स्वरों से गोपियों को अपनी ओर आकृष्ट करते हैं। जैसे इन्द्रियाँ या वृत्तियाँ एक मन, एक प्राण होकर अन्तरात्मा में मग्न हो जाने की तैयारी करते हैं, वैसे ही गोपियाँ वंशी ध्वनि से कृष्ण की ओर केवल गति

करती हैं। इसके पश्चात् रास-लीला नृत्य आता है, जो अपनी तरंगों द्वारा गोपियों को कृष्ण का सामीप्य करा देता है।' (पृ. 108) गोपियाँ कृष्ण-प्रेम में रच जाती हैं। यही महारास का महाभाव है। यही महाभाव पूर्णानन्द है।

सामान्य रूप से साहित्य में आत्मा-परमात्मा के मिलन भाव या अभेद सुख के रूप में आनन्द भाव की चर्चा रासलीला के ध्वन्यर्थ रूप में ली जाती रही है। किन्तु यह काफी चलताऊ अर्थग्रहण है जिससे 'रासलीला' के अर्थ-वैशिष्ट्य का पूर्ण मर्म उद्घाटित नहीं हो पाता। रास-लीला एक प्रकार का भाव-योग है जिसे कर्म-योग, ज्ञान-योग से भी ऊपर रखने की बात होनी चाहिए। क्योंकि यह भक्ति-रसायन का अमृत घोल प्रेमयोग से प्राप्त होता है। योगी अरविन्द ने 'भारतीय संस्कृति के आधार' नामक ग्रन्थ में इस बात को उठाते हुए कहा कि राधा-कृष्ण की प्रेम-लीलाओं को प्रतीकार्थ में हल्के ढंग से ढाल लेना उचित नहीं है। यहाँ मानव की प्रकृतिगत आत्मा भागवत आत्मा से साक्षात्कार करने के लिए प्रेम का आश्रय लेती है। वह मोहिनी मुरली के नाद से आकृष्ट और तन्मय है। इस तन्मयता की प्राप्ति के लिए वह लौकिक राग-मोह आदि विकारों को छोड़कर ऊपर उठती है। यह उदात्त-प्रेम की रसमयी अवस्था ही कृष्णरस का सच्चा रसानुभव कराती है। राधा अखण्ड रसमूर्ति है और आत्मदान आत्म-चेतना की विश्रान्ति है।

रासलीला का एक ज्योतिषपरक अर्थ भी समय-समय पर स्पष्ट करने के प्रयास मिलते हैं। इस अर्थ से कृष्ण सूर्य हैं—सृष्टि के आधार हैं। इनकी नित्य क्रीड़ा ही रासलीला है। श्री गिरिधर शर्मा चतुर्वेदी ने 'वैदिक विज्ञान और भारतीय संस्कृति' शीर्षक ग्रन्थ में रासलीला के प्रतिकार्थ को स्पष्ट करते हुए कहा है कि रासलीला का भी चन्द्रमा से बहुत सम्बन्ध है। चन्द्रमा राशिचक्र में रासलीला करता रहता है। प्राचीन काल में नक्षत्रों की गणना कृत्तिका से की जाती थी। इसके अनुसार विशाखा सब नक्षत्रों की मध्यवर्तिनी होने से रासेश्वरी है, इसका दूसरा नाम 'राधा' भी है। उसके आगे के नक्षत्र को अनुराधा कहते हैं। विशाखा पर जिस पूर्णिमा को चन्द्रमा रहता है, उस दिन सूर्य कृत्तिका पर रहता है। सम्मुखस्थित सूर्य की सुषुम्ना राशि से विशाखायुक्त चन्द्रमा प्रकाशित होता है। कृत्तिका का सूर्य वृष राशि का है, अतएव यहाँ राधा वृषभानु-सुता कही जाती हैं। फिर जब पूर्ण चन्द्रमा ठीक सम्मुख भाग में कृत्तिका पर आता है, तब कार्तिक पूर्णिमा रास का प्रमुख दिन होता है। ये सब घटनाएँ भगवान श्रीकृष्ण की रासलीला से समन्वित होती हैं। (पृ. 248) लम्बे समय से बंगाल के विद्वान रासलीला की ज्योतिष तत्त्व के रूप में व्याख्या करते रहे हैं। श्री शशिभूषण दासगुप्त ने 'राधा के क्रम-विकास' नामक ग्रन्थ में इस तरह के चिन्तन का उल्लेख भी किया है। उनके मत से कृष्ण सूर्य के प्रतिबिम्ब हैं, गोपियाँ तारागण हैं। राधा विशाखा का ही नाम है। विद्वानों ने इस प्रतीकार्थ का आधार अथर्ववेद को माना है। वहाँ 'राधे

विशाखे' का उल्लेख आया भी है। राधा की माता कीर्तिदा (कृत्तिका) पिता वृषभानु (वृषारशिस्थित सूर्य) और पति अयन (उत्तरायण) आदि के रूपक से यही विदित होता है कि रासलीला में सूर्य गतिचक्र का अर्थ अभिप्रेत रहा होगा। किन्तु मैं इन अर्थों से सन्तुष्ट नहीं हूँ। यह सभी अनुमानाश्रित अर्थ हैं—जिनमें भटकने के लिए काफी अवकाश है। वैसे इन अर्थों ने अपने प्रपंच से 'रासलीला' के प्रतीकार्थ में पाठक या रसज्ञ को काफी छुआ है।

मुझे हमेशा ही 'रासलीला' में प्रकृति-पुरुष की एकता-अभिन्नता के दर्शन हुए हैं। श्रीमद्‌भागवत के ऊपर भी सांख्य-दर्शन का प्रभाव है ही। राधा-कृष्ण को प्रकृति-पुरुष के रूप में देखने की एक बड़ी चिन्तन-परम्परा रही है। 'पद्‌म पुराण' तो साफ कहता है कि 'पुरुषः प्रकृतिश्चाद्यौ राधा वृन्दावनेश्वरौ।' पुरुष निष्क्रिय तत्त्व है और प्रकृति क्रियाशील, सृजनशील तत्त्व है। इनमें अटूट सम्बन्ध का भाव यह है कि इस प्रकृति का भोक्ता पुरुष है। पण्डितों ने प्रकृति को त्रितत्त्वरूपिणी बहुत बल देकर सिद्ध किया है। राधोपनिषद् ने साफ कहा है कि 'वृषभानुसुता गोपी मूल प्रकृतिरीश्वरी' अर्थात् राधा ही मूल प्रकृति हैं। यह मूल प्रकृति हैं तो इसमें विकार-विकृति नहीं रहती। पर जब यह प्रकृति अपने अंश का विस्तार करती है तो सोलह विकार रूपी गोपियाँ आती हैं। इस रूपक से लगता यही है कि श्रीकृष्ण रूपी पुरुष के पास नाद मुरली से खिंचकर प्रकृति अपने अंश-अंशों के साथ आती है—यही रासलीला है। रास की लय-ताल प्रकृति के गति-नर्तक में परिबद्ध है। तान्त्रिक मानते रहे हैं कि शक्ति (प्रकृति) ही त्रिपुरसुन्दरी है। इस त्रिपुरसुन्दरी को 'राधा' कह सकते हैं। शाक्तों ने तो श्रीयन्त्र को भगवती त्रिपुर सुन्दरी का यन्त्र ही घोषित किया है। इस यन्त्र में सम्पूर्ण ब्रह्माण्ड की उत्पत्ति विकास को दिखाया गया है। पत्र के भीतरी वृत्त में केन्द्रस्थ बिन्दु है। इसके चारों ओर नौ त्रिकोण हैं। इसमें पाँच त्रिकोण ऊर्ध्वमुखी और चार अधोमुखी हैं—जिन्हें शिव और शक्ति का द्योतक माना जा सकता है। ब्रह्माण्ड में ही सौर जगत का रूप है—जिसमें सूर्य केन्द्रबिन्दु है और नौ त्रिकोण नवग्रह हैं। मानव-शरीर में इस प्रक्रिया का अनुसन्धान कर लिया गया है। मूलार्थ यह कि मण्डलाकार यन्त्र ही रासलीला का रूपक है। इसी बात को ले उड़नेवाले विद्वान रासलीला को 'चक्रपूजा' से जोड़कर प्रस्तुत करते रहे हैं। यह भी हो सकता है कि वैष्णव-तन्त्रों ने रासलीला को आध्यात्मिक रहस्य के जाल में लपेटकर खड़ा किया हो—ताकि अर्थ चमत्कार पैदा कर सके। जो भी रहा हो, कौन जाने। लेकिन वल्लभाचार्य ने रासलीला की प्रतीक-चर्चा पर स्वयं टिप्पणी करते हुए कहा है कि राधा-कृष्ण की प्रेम-लीला ही रासलीला है। लेकिन वल्लभ ने कृष्णलीला के सभी प्रतीकों पर एक दार्शनिक टिप्पणी की है। कृष्ण अविद्या रूपी पूतना को मार कर यशोदा को क्रीड़ानन्द मुक्ति देते हैं। फलतः वल्लभ ने रासलीला को तामस-निरोध का मधुर रस माना है। इसीलिए वे 'रासलीला'

के आनन्द को 'भजनानन्द' की संज्ञा देते हैं। यह भजनानन्द, ब्रह्मानन्द से भी श्रेष्ठ है—

ब्रह्मानन्दात् समुद्धृत्य भजनानन्द-योजने।
लीला या युज्यते सम्यक् सा तुर्ये विनिरूप्यते॥

भजनानन्द का अर्थ है—भगवान में रमण, भगवान के साथ रमण। यह भजनानन्द अर्थ-धर्म-काम-मोक्ष आदि की सिद्धियों से भी ऊपर है। कृष्ण बराबर गोपियों का गर्व तोड़ते रहते हैं। गर्व दूर होने पर ही महारास हो पाता है।

आज हमारा ध्यान रासलीला के प्रतीकार्थों पर जाता है। लीला, आभूषण, गोपियाँ, ब्रज (स्थान) सभी के दार्शनिक और मनोवैज्ञानिक प्रतीकार्थ हैं। वैष्णव-चिन्तन-दृष्टि का तेज भी इन प्रतीकों में चमक रहा है। लेकिन ये प्रतीक इतने सरल नहीं हैं—जितने ऊपर से लगते रहे हैं। वस्तुतः ये बेहद जटिल प्रतीक हैं—जिनका सामान्य अर्थ भटका देता है। इसीलिए यह संकेत दिया जाता रहा है कि रासलीला का आनन्द उसके अधिकारी को ही मिल पाता है। कौन है रासलीला का अधिकारी? निर्मल हृदय भक्त संस्कारी कथामृत पान करने वाला शील आदि गुणों से विभूषित। लोक की मायादि कलुषित स्थितियों से ऊपर उठा हुआ—सामाजिक। इसीलिए कृष्ण लीला सभी को स्पर्श तो करती है—पर सभी इसका रसानन्द नहीं ले पाते। उसकी पात्रता प्राप्त करना दुर्लभ है। आत्म-तप, आत्म-संयम और आत्म-बोध से यह पात्रता प्राप्त होती है।

भारतीय चिन्तकों ने कृष्ण के हाथों में कोई आयुध नहीं दिया। केवल स्वर-शक्ति दी। मुरली दी। मथुरा छोड़ देने के बाद मुरली भी छूट गयी। पर त्यागना ही तो कृष्ण की भाव-लीला है। कृष्ण भावरूप रह गये—भाव-शक्ति से ही अस्त्र बुला लेते हैं। चक्रसुदर्शन ऐसा ही है जो भाव की गति से संचालित है। फिर सभी अवतार अंशावतार हैं—कृष्ण पूर्णअवतार। इसलिए कृष्ण की अवतारी शक्ति भी विशिष्ट है। वे प्रेम-स्वर से मनाते हैं, न मानने पर भावरूप, भाव-शक्ति-नियन्त्रित अस्त्र उठाते हैं।

स्थूल से सूक्ष्म की ओर बढ़ते हुए चिन्तन ने नाम-रूपों की भिन्नता मानते हुए भी ब्रह्म को एक मान लिया। परमब्रह्म के ब्रह्मा, विष्णु, शिवरूपों पर कभी उन्हें आपत्ति नहीं हुई है। क्यों नहीं हुई? दृष्टि की समानता के कारण। सभी में परमब्रह्म को तत्त्वतः पाने के कारण। इसी दृष्टि का प्रमाण है कि शैवों-शाक्तों ने भी कृष्ण में, उनकी लीलाओं में हिस्सेदारी की। शैवों-शाक्तों ने तत्त्वचिन्तन की इसी उदारता के कारण विष्णु (कृष्ण) के विभिन्न रूपों को, लीलाओं को इष्ट रूप में सैद्धान्तिक रूप से भी मान लिया। शैवों-शाक्तों की परम्पराओं का सौन्दर्य-बोध अपनी तात्त्विकता में

रासलीला में निहित है। यह रासलीला महाशक्ति, आद्याशक्ति, त्रिपुरसुन्दरी का चिद् विलास ही तो है। वैष्णव-तन्त्रों तथा पुराणों में रासलीला के वर्णन शैवों-शाक्तों के वर्णन के काफी नजदीक हैं। भारतीय-मन की सामूहिकता का यह विलक्षण योग है जिसमें सामंजस्य की प्रक्रिया बराबर दिखाई देती है। अखण्ड सामूहिकता के भाव ने ही रासलीला के प्रति सभी मतों, सिद्धान्तकारों में ग्रहण-भाव उत्पन्न किया है। सांख्य, वेदान्त की चिन्तन प्रक्रियाएँ रासलीला की अपने-अपने सिद्धान्तों से व्याख्या करने पर भी मूल अर्थों से दूर नहीं गयीं। फलतः आधुनिक दृष्टि से देखा जाए तो यहाँ विरुद्धों का विलक्षण सामंजस्य घटित हुआ है। सौर मण्डल के साथ रासलीला के रूपक का प्रतीकार्थ एक ऐसी खोज है जिसमें सभी प्रकार के विरोधों का परिहार हो जाता है। ज्योतिषशास्त्र के अनुसार सूर्य के चारों ओर ग्रहों के भ्रमण से रास की तुलना ऐसी है—जो रासलीला के प्रतीकार्थों का नये ढंग से अर्थ सन्धान कर लेती है। कृष्ण का व्यक्तित्व सभी विरोधों का आश्रय है, अन्तर्विरोधों के सघन वन के कारण अनुकरणीय नहीं है। आचार्य वल्लभ ने ठीक कहा है कि यह व्यक्तित्व 'विरुद्ध धर्माश्रयत्व' का एक भारतीय मॉडल है। परीक्षित के सन्देह का उत्तर शुकदेव जी ने यही दिया कि तेजस्वियों को दोष नहीं लगता। उनके सभी काम सामाजिक शुभ के लिए ही प्रवृत्त होते हैं। कृष्ण का ब्रजांगनाओं के साथ खेल वैसा ही है जैसा बालक दर्पण के प्रतिबिम्ब में अपने ही साथ क्रीड़ा करता है। गीता का निष्काम कर्म रासलीला के निष्काम कर्म से भिन्न नहीं है। बल्कि एक-सा है। रासलीला करने पर भी कृष्ण में काम विकृति उत्पन्न नहीं हुई—उलटे कामवृत्ति का परिष्कार ही हुआ। रासलीला, विश्व का लय-दर्शन है—इसीलिए वैष्णवों में रासलीला प्रतीक या रूपक के रूप में मान्य नहीं हो सकी, क्योंकि यह लीला ब्रज-भाव से अनादि अनन्त है, इसकी गति कभी थमती नहीं है। इसके लीलापुरुष कृष्ण अप्राकृत दिव्य-स्वरूप हैं। उनका नित्यधाम वृन्दावन है। यह जड़ सृष्टि से भिन्न चिन्मय धाम है। यहाँ स्थूल और जड़ प्रकृति के नियमों का अनुशासन नहीं चल पाता है। भगवान की देह में जीव की जड़ता नहीं है, चिन्मयता की लोक-ज्वाला है। कृष्ण के समान ही गोपियाँ चिन्मयी हैं, रसमयी हैं, चिदानन्दमयी हैं। उन्होंने न केवल स्वर्ग, मोक्ष और कैवल्य को ठुकरा दिया है, बल्कि लोक की भी प्रत्येक स्थूलता को त्याग दिया है। उनका स्वर्ग कृष्ण हैं और उनके मन में कृष्ण को तृप्ति देने वाला मक्खन है। साधना की उच्चतर अवस्था में वे पति-पुत्र-भाई सब कुछ त्याग कर कृष्णमय हो जाती हैं। कृष्ण जीव नहीं हैं जो किसी एक के हों। वे सबके हैं, कोई उनके लिए पराया नहीं है। गोपियाँ भी स्वकीया-परकीया नहीं हैं, वे तत्त्वतः स्वरूपता हैं। साधना में प्रेम ऊष्मा दिखाने के ही लिए उन पर परकीया का आरोप किया जाता है। इस प्रकार वैष्णव-चिन्तन अप्राकृत, अलौकिक एवं दिव्य तत्त्व के साक्षात्कार का रास-लीला में विस्तार है।

रासलीला को लौकिक मानने से ही तमाम भ्रम, आरोप, आपत्तियाँ पैदा होती हैं। इसीलिए वैष्णव-चिन्तन बार-बार लौकिकता का निषेध करता है। 'रासपंचाध्यायी' की रासलीला में नित्य लीला का विधान लौकिकता का भ्रम हटाने के लिए ही किया गया है। नित्य वृन्दावन केवल मधुररस का सागर है। रास रस-समूह है और रस है—आनन्दानुभूति। पर यह रसास्वाद, काव्यास्वाद से विलक्षण है। भक्त कवियों ने भगवान को ही 'रस' मानकर अपना चिन्तन आगे बढ़ाया है। इसीलिए भक्ति-रस को ही नवरसमय उज्ज्वल रस कहा गया है। भक्ति-सम्प्रदायों में कहीं कृष्ण की प्रधानता है, कहीं राधा की प्रधानता है, कहीं युगलमूर्ति की प्रधानता है। पर रस सिद्धि का नाम राधा ही है। क्योंकि स्वयं रसरूप कृष्ण जिसकी आराधना (राधे-आराधे) करते हैं, वही राधा है। कुछ सम्प्रदाय ब्रज तथा निकुंज-लीला में अन्तर मानते हैं—पर राधा वल्लभीय, निम्बार्कीय और गौड़ीय सम्प्रदायों में ब्रज तथा निकुंज में एक ही भाव भक्ति रूप है। अतः 'भक्ति रसामृतसिन्धु' तथा 'उज्ज्वलनीलमणि' की सिद्धान्त-दृष्टि से पुष्ट मधुर-रस वैष्णव-चिन्तन-परम्परा का सर्वोच्च मन्थन है। सूरदास, हरिदास, हित हरिवंश आदि काव्याचार्यों में इस वैष्णव-रस की धारा का प्रवाह अप्रतिम है। यहाँ—

स्याम स्याम स्याम रटत प्यारी आप ही स्याम भई।
पूछत फिरत अपनी सखियन ते, प्यारी कहाँ गई॥

प्रेमभाव की चरम तन्यमता यह है कि राधा को ही ध्यान नहीं रहता है कि राधा कहाँ हैं। राधा स्वयं राधा को खोजती फिरती हैं। इस तन्मयता में अभेद सुख का चरम आह्लाद है जिसमें देश और काल और पात्र और स्थान का भेद समाप्त हो जाता है। यहाँ जड़ता नहीं है—बासीपन नहीं है—सब कुछ नया है—

नवल बसन्त नवल वृन्दावन नवलहि फूले फूल।
नवलहि कान्ह नवल सब गोपी, निरतत एकैं तूल॥

पूरी प्रकृति फूल उठी है। वनस्पति जगत् की इस संवेदना को कृष्ण-भक्तों ने बहुत भीतर से पहचान लिया है। पावस, शरद, बसन्त की रासलीला का यह साहित्य बेजोड़ रूप बिम्ब है। इस भक्ति-फूल का रस सुमनस् को ही मिलता है। प्रत्येक सामाजिक इसे प्राप्त नहीं कर सकता। हरि का भक्त ही इस आनन्द को पाता है।

22

रास–रस रीति नहिं बरन आवै

रास का स्वरूप और चरित्र अपनी तात्त्विक और सामाजिक सांस्कृतिक अवधारणाओं में क्या भूमिका निभाता रहा है, इस पर अक्सर हमारा ध्यान ही नहीं जाता। अक्सर रास की धार्मिक लोकनाट्य के रूप में व्याख्या करके विराम पा लिया जाता है। यूरोपीय तर्क बुद्धि के गुलाम शिक्षित लोग तो इसे धार्मिक अन्धविश्वासों से पूर्ण लीला-संगीत-नृत्य कहकर ठुकरा देते हैं। कार्ल मार्क्स जैसा प्रबुद्ध विचारक तक भारतीय मन संस्कार के देवी-देवताओं की इस परम्परा को समझ नहीं पाया। उन्होंने भारतीयों को वानर-देव की पूजा करने वाले पिछड़े अन्धविश्वासी लोग कहकर उपहास किया। भारतीय मन संस्कार को माँजकर परिष्कृत करने वाली, व्यक्तिवाद के स्थान पर समूहवाद की बृहत्तर सामाजिकता से जुड़ी इन परम्पराओं को यूरोप इसलिए भी नहीं समझ सका, क्योंकि उन्होंने सृष्टि को जड़ और स्थूल स्वरूप में देखने का एक निहायत सतही ढंग अपनाया। प्रकृति और अध्यात्म से सम्बन्धित उसकी धारणाएँ भारतीय चिन्तन-परम्पराओं से अनभिज्ञ शिक्षितों-बौद्धिकों को पसन्द नहीं आयीं। चिन्तन की तात्त्विक गहराई में ऋषि तप से मन्थन करने के कारण मूल सच उनकी दृष्टि से ही ओझल रहा। वैयक्तिक सामाजिक सुख-समृद्धि और भौतिकता को ही सब कुछ मान बैठने के कारण उनकी तार्किकता फिसलती रही है। उन्होंने लौकिक उपलब्धियों के शिखर छूने में ही अपनी शेखी बघारी है। मानव तथा प्रकृति शक्ति की लीला को समझने में उन्होंने बड़े अमर्यादित ढंग से काम लिया है और वे उसे जीतने के लिए संकल्प लेकर बढ़े। पर प्रकृति को जीत पाना इतना सरल नहीं है। इसलिए यूरोप की पूरी प्रगति (प्रोग्रेस) की अवधारणा पर भारतीय चिन्तन प्रश्न चिह्न लगाता है।

स्वाधीन भारत में हमारा चिन्तन यूरोपीय चिन्तन की नकलची और अनुकृति मूलक भावना से मुक्त होना चाहिए था, पर नहीं हुआ। उलटे हम स्वाधीन भारत में पराधीन भारत की तुलना में यूरोप की ओर ज्यादा तेजी से भागे। स्वाधीनता-संग्राम के दिनों में जन्मी यह मूल्यवान चिन्तना ही खोती गयी कि हमें अपनी चिन्तन-परम्परा को अपनी शर्तों पर समझना चाहिए। पश्चिम की शर्तों से भारत को देखकर हम न्याय

नहीं कर सकते, क्योंकि भारतीय पाश्चात्य चिन्तन-दृष्टि एक-सी कभी नहीं रही। भारतीय चिन्तन के मूल में आनन्दवाद का आस्थावादी दर्शन-चिन्तन था और पश्चिम में 'ट्रेजेडी' का नियतिवादी दु:खवादी दर्शन। पश्चिम में प्रकृति से मानव अलग खड़ा होकर लड़ाई लड़ता रहा। पर भारतीय तो प्रकृति के सह तादात्म्य-भाव के साथ ही अपने चिन्तन को जोड़कर चले। भारतीय सम्पूर्ण दर्शन, अध्यात्म, कला, साहित्य और समाज-दर्शन प्रकृति से अभिन्नता स्थापित करके ही दिशा-दृष्टि पाता रहा। कोरे इन्द्रियवाद, सुखवाद, भौतिकवाद, उपभोक्तावाद आदि को हमने हीन समझा और मानव-मात्र के लिए विराट आनन्द-भाव से जुड़ने की आवाज उठाई। इसलिए भारतीय चिन्तन में जड़ और स्थूल को अन्तिम नहीं समझा गया। हजारों वर्षों के चिन्तनात्मक अनुभवों ने हमें यही सिखाया कि हम प्रकृति को दुहकर, चूसकर प्रगति नहीं कर सकते। यदि प्रगति करना चाहते हैं तो प्रकृति को सहचरी बनाकर ही बढ़ना होगा। यही प्रकृति का सहचरी भाव हमारे कला, शिल्प साहित्य में विकसित भी हुआ। इसी चिन्तनधारा ने रास-लीला-चिन्तन-परम्परा को जन्म दिया। रास हमारे आदिम सृष्टि-भाव का व्यापक और समृद्ध मूल्य भाव है—इसे ठीक सन्दर्भों में समझने की जरूरत है। उपहास भाव से उड़ा देने की यह चीज नहीं है।

गहराई से विचार किया जाए तो पता चलता है कि विश्व की सभी संस्कृतियों मिथकों-अभिप्रायों अथवा ऐतिहासिक कालक्रम से सम्बन्धित सभ्यता-संस्कृति की आधारभूत समस्याएँ प्रकृति से जुड़ी रहती हैं। मूल बात यह कि पश्चिम में मसीही-धर्म और दर्शन के आरम्भ से ही मानव के सामने मूल पाप-भावना उसके स्वरूप और उससे मुक्ति पाने की प्रेरणा प्रधान रही है, वहाँ भारतीय चिन्तन में उस प्रकृति या मूल शक्ति से एकाकार स्थापित करने के लिए अनेक बौद्धिक, सामाजिक, धार्मिक और भावनात्मक स्तरों पर संकल्पबद्ध प्रयत्न हुए हैं। रास की संकल्पना इसी चिन्तन परम्परा के भीतर से सीता की तरह उदित हुई। रास से जुड़े मिथकों और अभिप्रायों के आधार पर विद्वानों ने नये ढंग से आत्मालोचन किया है। फलतः भारतीय दर्शन, धर्म, अध्यात्म, ज्योतिष, साहित्य आदि में रास के अनेक अर्थ सन्दर्भ और अभिप्राय स्वीकृत हुए। रास की नयी-नयी व्याख्याएँ-पुनर्व्याख्याएँ की गयीं और इसमें निहित मूल अर्थ को मथकर पाने का जोरदार प्रयत्न किया गया।

ऐतिहासिक-सामाजिक कारणों की तहों में जाकर अन्वेषण करें तो रास-लीला हमारे अखण्ड ब्रज-भाव की समग्र अभिव्यक्ति का पूर्ण बिम्ब है। यह ब्रज-भाव कोरा भूगोल या इतिहास नहीं है—यह मूल में मिथक है। केवल देश और काल की सीमित अवधारणाओं में फँसा मिथक-नहीं है। यह तो देश और काल के भीतरी प्रमन्थन, चिन्तन से भरा रस-सागर का मिथक है। रास बिहारी कृष्ण की पूरी जीवन-यात्रा ब्रज है। वे कभी भी थिर नहीं रह सके। मथुरा जेल से निकलते ही ब्रज-गोकुल वृन्दावन

में बाल-लीला करते रहे। फिर वृन्दावन छोड़कर मथुरा आये और मथुरा भी छोड़नी पड़ी। वे द्वारका चले गये। और जब लीला-पूरी होने लगी तो द्वारका भी छोड़ दी, एक पेड़ के नीचे शरण बना ली। यह ब्रजन ही कृष्ण का ब्रज रूप है। फिर इस ब्रज में वे बार-बार जनमते हैं, नित्य रास करते हैं और आनन्द लुटाते हैं। सब उन्हें गोपी-भाव से (अहंकार रहित होकर) खोज रहे हैं—कृष्ण की खोज भारतीय प्राणों की खोज बन जाती है। शुक्ल यजुर्वेद में ऋषि प्रार्थना करते मिलते हैं और प्रार्थना अग्नि से की जाती है कि मुझे गउओं वाले (गोमन्तं ब्रजं) ब्रज में भेजो। यह अग्नि ही सूर्य है। यही गोलोक है, गायें सूर्य की आलोक राशियाँ हैं। इसी गोलोक में विष्णु का निवास है और मधु का झरना प्रवाहित है। इन्द्रियों की तड़प में ब्रज गोचर जगत् है, मनोजगत् है। इसीलिए ब्रज-भाव की रस-प्रक्रिया सब कुछ को जानने-पाने की आदिम चाह है। धरती रूपी ब्रज-कृष्ण यहाँ आकाश-राधा को टेर रहा है कि आओ लीला करें। यह ब्रज-लीला ब्रज से बाहर बंगाल, उड़ीसा, असम, आन्ध्र, गुजरात, महाराष्ट्र, तमिलनाडु, केरल सभी जगह पहुँची और इन प्रदेशों के प्राणों में रस बनकर रच गयी—बस गयी। ब्रज का रास-लीला-भाव सभी के प्राणों का स्पन्दन है, चित्त की क्रीड़ा है, लीला है जिसमें धर्म, जाति का भेदभाव नहीं है। भेद में अभेद की प्राप्ति ही तो रासलीला का मूल अर्थ है। ऐतिहासिक विकास क्रम में विचार करें तो रास-लीला के धार्मिक-सामाजिक अभिप्रायों ने धर्म-गाथाओं की सृजनात्मक शक्ति को साहित्य और कला में मुक्त निकास दिया है। यह कला, साहित्य सामग्री इतनी अधिक है कि कई कोशों में नहीं समाहित की जा सकती। रास का कहीं आध्यात्मिक स्वरूप है तो कहीं शुद्ध धार्मिक, कहीं लोक धर्मी नाट्य-परम्परा की सिद्धि है तो कहीं वैष्णव-जैन साम्प्रदायिक आग्रहों की ललकार है। फिर रासलीला अकेले विकसित नहीं हुई। इसने सभी कलाओं-दर्शनों को भी अपने में सहज ही मिला लिया और अन्य लोक-विधाओं पर भी अपना चक्रवर्तित्त्व स्थापित किया। ऐसी हालत के कारण रासलीला में ऐतिहासिक पौराणिक सांस्कृतिक साहित्यिक, विशुद्ध कलात्मक आदि सभी दिशाओं के परम्परागत प्रतिबिम्ब हैं। सच बात यह है कि 'रास' शब्द भारतीय-धर्म, दर्शन और साहित्य का एक अद्‌भुत विशाल विचार सागर है।

इस रास-सागर का उद्‌भव ब्रज-प्रदेश में अवश्य हुआ। किन्तु यह नृत्य, गीत और नाट्य-विधाओं से रचकर पूरे भारत में व्याप्त हो गया। गुजरात का गरबा-नृत्य और दक्षिण का यक्षगान भी इससे प्रभावित हुए बिना रह न सका। आज भी दक्षिणभारत में यक्षगान का संचालक 'भागवतकार' ही कहा जाता है। यह रासलीला सभी भारतीय समूह नृत्यों—विशेषकर युग्मों की प्रधानता वाले नृत्यों में किसी न किसी रूप-भाव में अवश्य मिलेगी। यह रासनृत्य वृन्दावन से तमिलनाडु तक अपनी एकछत्र सत्ता स्थापित किये मिलता है। इसने भारत को भावनात्मक अखण्डता में बाँधने का

बड़ा महत्त्वपूर्ण सामाजिक कार्य किया है। आज हम आपस में प्रादेशिकता को बढ़ावा देकर धर्म, भाषा, जाति के नाम पर लड़ रहे हैं। आपस में ही मार-काट, हाय-हत्या कर रहे हैं। इसका मूल कारण है कि ब्रिटिश काल के साम्राज्यवादी चिन्तन ने हमारे रासलीला भाव की भावनात्मक अखण्डता को तोड़ दिया है। भारत को आर्य-द्रविड़ के नस्लवादी विचार में डालकर तोड़ने का जाल बिछा दिया है। हम अभी भी फिरंगियों की धूर्तनीतियों का पालन आँख मूँदकर कर रहे हैं। फलतः हम घायल, बेचैन, विवश, उदास होकर अखण्ड भारत के लिए तड़प रहे हैं। भारत को जब 'इण्डिया' बनाया गया तो उसे तोड़ने-लड़ाने की मूल नीति से परिचालित किया गया है। हम अभी स्वाधीनता पाकर भी 'इण्डिया' ही बने रहना चाहते हैं—'भारत' बनाने को तैयार नहीं है। तो न हमारे पास 'भारत' आता है न 'भारतीयता'। ये दोनों ही हमें हरी झंडी दिखा देते हैं। हमें भारत में भाव-रूप में खिलनेवाले 'कमल' की चिन्ता नहीं है। हम तो कम्प्यूटर के पीछे, पश्चिमी ढंग की टेक्नालॉजी के पीछे और विदेशी उधार-पूँजी के पीछे भाग रहे हैं। ये विदेशी 'कालर' और 'डालर' हमें खाये जा रहे हैं और हम चुपचाप यह सब होते देख रहे हैं।

रासलीला के प्रकृत आनन्द को पाने का किसे समय है—जब हुल्लड़-संगीत ही हमें मदहोश कर रहा हो। 'रास' शब्द का अर्थ भी एक विशेष प्रकार की ध्वनि से है, चिल्लाहट से है, जोर की पुकार से है। किन्तु इस 'चिल्लाहट' की रास-ध्वनि में कोरी चिल्लाहट, चीख-चिंघाड़ का आततायी भाव नहीं है। इसका भाव ताल, नृत्य, छन्द, गीत, रूपक एवं लीलाभिनय से भरा-पूरा है। सृष्टि का आदिम उल्लासभाव, नृत्य, नृत्यभाव, लय, छन्दभाव से जुड़ा 'रास' वैष्णव-चिन्तन परम्पराओं में आलोक बनकर आया और जैन चिन्तन-परम्परा ने भी इसे अपने ढंग से विकसित कर डाला है। पण्डित लोग कहते हैं कि 'रास' शब्द अपनी व्युत्पत्ति में 'रस' से निष्पन्न हुआ है और इस 'रस' का अर्थ शब्द, ध्वनि, क्रीड़ा-भेद और आह्लाद के साथ बराबर जुड़ा रहा है। आदिम-मानव ने अपने उल्लास-आनन्द के सामूहिक भाव को ऊँची ध्वनि या कोलाहल से मुक्त रूप में व्यक्त किया होगा। वह प्रसन्नता से थिरककर नृत्य कर उठा होगा—उसने प्रकृति के आनन्द को झूम-झूमकर गाया होगा। गोपालक-संस्कृति के लोगों की यही लय तालमय थिरकन रास-नृत्य बन गयी। इसी 'रास' में हमारे संगीत, काव्य, नाट्य के आदिम बीज भावों का रहस्य छिपा रहा है। 'रास' से ही 'रासक' खेल विकसित हुआ और इसी से 'रासो' या 'रासउ' काव्य रूप भी निकल पड़े हैं। संगीत शास्त्रियों ने गहरी छान-बीन के साथ आज मान लिया है कि रास में देशी तालों के विविध रूप समाहित हैं। 'संगीत रत्नाकर' के मर्मज्ञ लेखक शार्ङ्गदेव ने 'तालाध्याय' में घोषित तौर पर कह दिया है कि एक सौ बीस प्रकारों में 'रास ताल' का उल्लेख है। 'रास' नामक इस ताल का स्वरूप वर्तमान कहरवा ताल

के समान था। इतना ही नहीं, 'संगीत रत्नाकर' के टीकाकार ने इन समस्त देशी तालों को 'आदि ताल' कहा है। जाहिर है कि रास का सम्बन्ध नृत्य एवं संगीत की आदिम विधाओं से है। भरत कोश में कहा गया है कि 'तेतिगिध ईति शब्देन नर्तनं रास तालत:।' रासनृत्य रासताल की आदिमता लिये है।

रास की गेय-परम्परा के चल पड़ने के बाद-कालान्तर में रास ने छन्दरूप पा लिया। इसका प्रमाण यह है कि आचार्य विरहाड़ू ने नौवीं शताब्दी में अपने छन्दशास्त्र के ग्रन्थ 'वृत्तजातिसमुच्यय' में सममात्रिक छन्द 'रासा' का उल्लेख किया है। इतना ही नहीं, बहुत से आचार्य 'रास' का छन्द रूप में हवाला देते मिलते हैं। ऐसा लगता है कि काव्य-रूप में रास या रासक एक निश्चित छन्द न रहकर अनेक छन्दों का राशीकरण बन गया। जैन साहित्य में इस काव्य-रूप की भरमार मिलती है। दिलचस्प बात यह भी हुई कि रास की गोद में 'हल्लीसक' नृत्य भी आ बैठा है। रास ने इसे अभेद-भाव से अपना लिया। नाटककर भास ने 'बाल चरित' में श्रीकृष्ण के द्वारा कालियनाग के फणों पर हल्लीस-नृत्य का उल्लेख किया है। यह भी उसके तृतीय अंक में कहा गया कि कृष्ण ने हल्लीसक नृत्य गोप-गोपियों के साथ सम्पन्न किया। कहना न होगा कि हल्लीसक नर-नारी को समान आदर भाव से स्थान देता है। यह मण्डलाकर समूह नृत्य है—जिसमें विविध लय-ताल, गायन-वादक का दूध-मिश्री संयोग रहता है। अभिनवाचार्य ने 'नाट्यशास्त्र' की टीका 'अभिनवभारती' में परम्परा साक्ष्य के रूप में रासक, 'हल्लीसक' आदि नृत्यात्मक प्रबन्धों की चर्चा की है। यहाँ 'रासक' 'तोटक' 'सहक' आदि उपरूपकों की कोटि में रखा गया है। स्वयं भरत के 'तालरासक', 'दण्डरासक', 'मण्डलरासक की परवर्ती विद्वानों ने बात उठायी है। शारदातनय ने 'भाव प्रकाश' में राजशेखर के सदृश 'कर्पूरमंजरी' को दण्डरासक कहकर परिभाषित किया है कि यह मण्डलाकार नृत्य बत्तीस नर्तकियाँ एक साथ करती हैं। इस कथन से ऐसा लगता है कि आरम्भ में यह मण्डलाकार-नृत्य केवल स्त्रियों द्वारा ही होता रहा। पीछे से इसमें एक पुरुष तथा अन्य नर्तकियों के साथ करने का विधान जुड़ गया। वैसे कृष्ण के रास में एक स्त्री-पुरुष का युग्म होता है और कृष्ण अपने विविध रूपों में गोपियों के साथ युग्म बनाकर रास करते हैं। रास-नृत्य में नर्तकियों की संख्या कभी-आठ, कभी बारह, कभी सोलह, कभी बत्तीस तक बताई गयी है। चूँकि रासक एक नाट्य रासक होता है—तो उसमें 'चर्चरी' भी आ जाती है। लास्य कोटि के इस रूप में लता एवं गुल्मादि पिण्डियों का विधान भी रहता है। वैष्णव काव्यशास्त्रियों तथा श्रीमद्‌भागवत के अनेक टीकाकारों ने 'रासक' की परिभाषा देना अपना कर्तव्य कर्म ही मान लिया है। श्रीधर स्वामी कृत श्रीमद्‌भागवत की प्रसिद्ध टीका 'भावार्थ दीपिका' में कहा गया है कि रास विविध नर्तकियों के क्रीड़ा-भाव का नृत्य-विशेष है—यथा—'रासक्रीड़ा रासो नाम बहुनर्तकीयुक्तो नृत्य विशेषस्तां

क्रीड़ाम् अन्योन्यमाबद्धाः संग्रथितां बाहवो यैस्तेः सह।'

वैष्णव आचार्यों ने 'रास' लक्षण तथा स्वरूप-निर्धारण में एड़ी-चोटी का जोर लगा दिया है। 'महाभारत' के 'खिल हरिवंश' तथा 'श्रीमद्भागवत' से ही यह परम्परा चली तथा परवर्ती कालों में विस्तृत होती गयी। वैष्णवों ने ही आन्तरिक निष्ठा भाव और उसकी निरन्तरता के कारण रास-नृत्य की अर्थच्छायाओं को विस्तृत किया। इसीलिए गोस्वामी कृष्णदास कविराज जैसे लोग 'गोविन्द लीलामृत' लिखने को आतुर हुए। इन्होंने नृत्यकला के सूक्ष्मभेद जैसे पिण्डीबन्ध की ही चर्चा नहीं की उसके भेदों-प्रभेदों पर भी प्रकाश डाला है। हालाँकि रास-नृत्य की एक शाखा जैन अपभ्रंश काव्य में भी विकसित हुई है—पर वैष्णवों ने उस परम्परा को सृजित-स्पन्दित करने में बड़ा भारी योगदान दिया। यहाँ रास-नृत्य के साथ रास का गेय रूप भी रहा, जिसमें नृत्य के साथ गीत तथा वाद्य की अभेद्यता मिलती है। बाणभट्ट ने 'हर्षचरित' में ऐसे ही रासक पदों के गायन और नृत्य का उल्लेख किया है। रासगान का अर्थ है—कृष्ण तथा गोपियों द्वारा विभिन्न रागों, ध्रुवादि ताल के साथ गाया जाने वाल नृत्यमय गीत। इसीलिए कालान्तर में कृष्ण-लीलाओं का गान 'रास-गान' ही कहा जाने लगा। इन रासलीलाओं के रचनाकारों ने अपनी रचनाओं के नाम 'रासपंचाध्यायी', 'रासाष्टक' 'रास के पद', 'रास के कवित्त' आदि रख दिये हैं।

'रासक', 'नाट्य-रूपक' और 'चर्चरी' इन तीनों ने परवर्ती कालों में एक ही रंग ले लिया। रास-क्रीड़ा की परम्परा में नृत्य के साथ 'अभिनय' का प्रवेश होने से एक युगान्तर उपस्थित हो गया। चौदहवीं शताब्दी के आचार्य विश्वनाथ ने 'साहित्य दर्पण' में रासक परम्परा और लक्षण को जिस तत्परता से प्रस्तुत किया है उससे भी स्पष्ट है कि 'भाषाविभाषा भूयिष्ठं' रासक जन-जन तक आनन्द बरसाने लगा था। इसमें वसन्तोत्सव, कामोत्सव जैसे उत्सवों के प्रवेश से भी मानव-मन को सींचने वाली शृंगार भावधारा का उजला रूप भी बढ़ता गया। एक प्रकार से वासनाजन्य भावों के उदात्त परिष्कार के लिए रास ने दवाई का काम किया है।

मेरा ध्यान बार-बार इस सच्चाई पर जाता है कि आरम्भ से ही रास का सम्बन्ध रस देवता कृष्ण से रहा है। यह भी लगता है कि वैदिक सोम और मधु का रूपान्तरण 'रास' के रस में होता चला गया। 'रास' में कृष्ण स्वयं रस हैं। इसी रस-राशि-ब्रह्म में से जीवन-रस निकलता है। उपनिषदों ने ब्रह्म को 'रसो वै सः' कहकर मानो इसी सत्य की उद्घोषण की थी। बाद में 'गीता' ने तत्त्व-दृष्टि से कृष्ण को 'रस' का अभिधान दिया। सभी 'रस' कृष्ण से ही रंग पाते हैं और उन्हीं से रस-रास-धारा चली है। तो इस रसधारा को सर्व रसमयता से जोड़कर 'रसानां समूहो रसः' कहना उचित ही है। जीवन में जितने भी रस हैं, उन सभी का समूह रास है अर्थात् ऐसा कोई रस है ही नहीं, जिसकी विद्यमानता रास में न हो। ठीक ही कहा गया है कि

'करुणबीभत्सरौद्रवीरवात्सल्यविरहसख्यश्रृंगारादि रससमूहो रासः।' कृष्ण रसरूप हैं तो वे स्वयं 'रास' सिद्ध होते हैं। रासलीला में रस का उद्‌भव मन से होता है, नृत्यदेह में काम ही भोक्ता है। जीव गोस्वामी ने 'वैष्णवतोर्षिणी टीका' में रास का यौगिकार्थ स्पष्ट करते हुए कहा है कि रास को परमरसकदम्बमय मानना चाहिए। यथा 'रासः परमरसकदम्बमय इति यौगिकार्थः।' इसीलिए वल्लभाचार्य ने श्रीमद्‌भागवत की 'सुबोधिनी टीका' में दार्शनिक दृष्टि से रास का अर्थ करते हुए कहा है कि रासलीला समाज से ही रस-निष्पत्ति पाती है। यह लौकिक रस नहीं है। सर्वथा अलौकिक और आध्यात्मिक रस है। वास्तव में, वल्लभ का यह बहुत ऊँचा रस-चिन्तन है—जिसका प्रभाव हिन्दी के मध्ययुगीन कृष्णकाव्य पर व्यापकता से पड़ा है। सूरदास ने इसी रस-भूमि के लिए लिखा है—

रास रस-रीति नहिं बरन आवै।
कहाँ वैसी बुद्धि, कहाँ वह मन लहौं, कहाँ यह चित्त, जिय भ्रम भुलावै॥
जो कहौं, कौन मानैं, जो निगम-आगम, कृपा बिनु नहि या रसहि पावै।
भाव सौं भजै, बिनु भाव में ये नहि, भाव ही माहि ध्यानहिं बसावै।।
यहै निज मन्त्र, यहै ज्ञान, यहै ध्यान है दरस दम्पति, भजनसार गाऊँ।
यहै माँगौं बार-बार प्रभु सूर के, नैन दोऊ रहैं, नर देह पाऊँ॥

इस पद का भावार्थ यह है कि रास-रस एक ऐसी चरम तन्मयता का फल है जो 'भाव ही माहि ध्यानहिं बसावै' की स्थिति प्राप्त होने पर ही अनुभव किया जा सकता है। सत्त्वोद्रेक, चिन्मय, अखण्डानन्द, ब्रह्मानन्द सहोदर की काव्यानुभूति ही रसानुभूति है। अपने परम रूप में यह रास-रस भूमा है या कहिए भजनानन्द रूप है। 'भाव सौं भजै' ही इस रस को पाने की मूलप्रतिज्ञा का रूप है, क्योंकि कृष्ण भावरूप ही हैं। यही भावरूप कृष्ण रासलीला में सम्पूर्ण परिवेश के उपस्थिति हो जाने पर अपने को रस-रूप में अभिव्यक्त कर देते हैं।

रासलीला की इसी व्यापक भूमि में 'छलिक' और 'फागु' जैसे नाट्यरूप भी समाहित रहते हैं। 'छलिक' एक ऐसा रूपक भेद है, जिसमें स्वरतालान रूप पदों की गेयता, अभिनयादि की प्रधानता रहती है। यहाँ नारद षट्‌ग्राम वीणा बजाते हैं, कृष्ण हल्लीसक नृत्य करते हैं, वंशी बजाते हैं, अर्जुन मृदंग एवं अप्सराएँ अनेक वाद्यों पर थिरकती हैं। अप्सरा रम्भा के साथ उर्वशी, मेनका, तिलोत्तमा आदि कला-रंग उड़ेलती हैं। इस प्रकार यह समूह रूप में गीत-नृत्य, वाद्य और अभिनय का मिश्र रूप है। इसे 'छालिक्य गन्धर्व' संज्ञा भी दी गयी है। महाकवि कालिदास ने 'मालविकाग्निमित्र' नाटक में मालिका छलिकनाट्य-प्रयोग के प्रति आकृष्ट दिखायी है। छलिक के लिए कहा जाता है कि महर्षि अंगिरस से सामगान की शिक्षा लेकर श्रीकृष्ण ने छलिक गान-

विधि से गोपियों के साथ नृत्य किया। भोज के 'श्रृंगार प्रकाश' में 'उभयात्मक छलिकम्' अर्थात् लास्य और ताण्डव दोनों के मूलतत्त्व अन्तर्भूत रहते हैं। यह एक ऐसा नृत्य प्रकार है जिसे 'रास' ने अपने में मिला लिया है और इसकी स्वतन्त्र सत्ता समाप्त हो गयी। रास-सागर में ऐसी नदियों का मिल जाना स्वाभाविक ही है, क्योंकि 'छलिक' ही नहीं, 'चर्चरी' की भी तो यही गति हुई है। चर्चरी कभी चौक मंच का समूह गान था। चर्चरी का अर्थ है—हर्ष क्रीड़ा, करतल ध्वनि। वसन्त-काल में 'चर्चरी' का गायन सहृदयों को फूल-सा खिला देता था। वास्तव में, चर्चरी वसन्तोत्सव की गेय रचना है—पर इसकी विशिष्ट संगीतात्मकता, वर्ण वृत्त विशेष का ध्यान, लय-ताल की गतियाँ आदि समृद्ध संगीत परम्परा का संकेत देती हैं। कभी यह इतनी लोक-प्रसिद्ध लोक-शैली रही होगी कि इसे संस्कृत, प्राकृत, अपभ्रंश, असमी सभी में आदर दिया गया है। स्वयं कालिदास के 'विक्रमोर्वशीयम्' के चतुर्थ अंक में 'चर्चरी' का प्रवेश पद है। 'कर्पूरमंजरी' में 'चर्चरी' की चर्चा प्रायः की ही जाती रही है। मूलतः 'चर्चरी' आदिम लय-ताल युक्त संगीत-रचना प्रतीत होती है। फिर चर्चरी नृत्य के मण्डलाकार नृत्य वृत्त की रास-नृत्य से समानता भी कम नहीं है। ब्रज-मण्डल में 'चर्चरी' आज भी 'चरचरी' के रूप में जीवित है। ब्रजांगनाएँ ढोलक की ताल-लय पर इस सामूहिक गान-नृत्य में होली-वसन्त आदि के अवसर पर समाँ बाँध देती हैं। इसमें नाद ब्रह्म मानो धरती पर उतर आता है। इतना ही नहीं, रासधारी-मण्डलियाँ भी रासलीला के मंचीय प्रस्तुतीकरण में 'चर्चरी नृत्य' करती हैं। सूर को ध्यान था, 'धिंगरि धिग चाँचरि करें' (सूरसागर, पृ. 2109) तथा भक्त कवि व्यास जी 'चरचरि ताल में तिरयबाँधति बनी' (पृ. 360) का स्मरण करते हैं।

रास की व्यापकता ने 'फागु' को भी गले लगाया है। 'फागु' का भी अर्थ है—वसन्तोत्सव। 'फागु' में ऋतु-वैभव की जो राग-संवेदना है—वह और कहाँ। फागु-गीतियों में श्रृंगार भावों का मुक्त गायन होता है। कोई कुण्ठा न रहे, कोई कलुष न रहे, कोई दूसरा न रहे, छोटा हृदय, प्रकृति के बड़े हृदय में लयलीन हो जाए; यही सामाजिकों की आकांक्षा इसमें रहती थी। भारत का प्राचीन, मध्ययुगीन, कलावन्त और सहृदय कितना मुक्त जीवन-रस छक कर पीता था, आज 'फागु' उसी संसार की स्मृति रह गयी है। जब आधुनिक जीवन में गोपन-दुख आया तो जाति ने खुलकर हँसना ही बन्द कर दिया। फलतः हमारे हृदय-भावों को पिस जाना पड़ा। अन्यथा हम वसन्तोत्सव की इस सामूहिक गेय-धर्मी लोक-परम्परा को छोड़ न बैठते। इसे गाने वालों को 'गँवार' कहकर सन्तुष्ट न हो जाते। गाँव जो भारत के प्राण थे और जिनमें यह कला रंग उपजा था, उससे कटकर न रह जाते। जो फाल्गुन की गेय रास-रचनाएँ वसन्त-वैभव से खिला मन लेकर आती थीं—उनकी कोमल संवेदना को न ठुकरा देते। वैशाखी-रास-परम्परा के रासमंच की 'होरी लीला' जो फागों के आधार पर ही

सदियों से होती रही है, उससे जुड़े न रहते। पश्चिमी आधुनिकता के अन्धानुकरण ने हमारा कितना सत्यानाश किया है। इसका ठीक-ठीक अनुमान हमें नहीं है। किन्तु इतना तो स्पष्ट हो गया है कि इस दौड़ ने हमारी लोक-कला परम्पराओं से काट दिया है। प्राणों का प्रकृत रस सूख रहा है तो जीवन अस्तित्ववादी दर्शन को जीवन का यथार्थ मानकर जीने को विवश है। फाग गीत होली-उत्सव की रस्म के नहीं रहे; वे हमारे भीतरी उल्लास के रंग-संस्कार रहे हैं।

ब्रज की वैष्णव रास-परम्परा में अब भी फाग गायन होता है। 'फाग' का ब्रज साहित्य ऋतु-संवेदना को धरोहर रूप में रक्षित किये है। फाग-गायन की नृत्यात्मक विशिष्टता अभी रासलीला के प्राणों से लिपटी मिलती है। फिर यह परम्परा-प्रवाह पालि, प्राकृत, अपभ्रंश के माध्यम से लोक-जीवन में हिली-मिली बराबर चली है। जैन-परम्परा ने इसे 'रास' में ढालकर बचाये रखा और जैन मन्दिर इसी परम्परा के नृत्य गायन-वादन संस्कार से चमकते भी रहे। जैनाचार्यों ने 'जम्बूस्वामी रास' से ही अपने को सन्तुष्ट नहीं माना, बल्कि महावीर स्वामी की जीवनी को भी आदिम-नृत्य नाट्य के रूप में प्रस्तुत किया है। जैनियों की इस काव्य-धारा में अनेक रचनाएँ मिलती हैं और वे पौराणिक, ऐतिहासिक, नैतिक, धार्मिक और सभी जीवन विविधताओं को सहेजे मिलती हैं। जैनियों के साथ-साथ अन्य लोक भाषाओं की गेय परम्परा ने भी 'रास-परम्परा' में अपने को मिलाकर पनपने का यत्न किया है।

प्रश्न उठता है कि रास-साहित्य के मूल स्रोत कहाँ हैं? इसके उत्तर में कहा जा सकता है कि 'महाभारत' के 'खिल हरिवंश' में इसका स्पष्ट दर्शन होता है। हरिवंश पुराण के 'विकास पर्व' में ब्रजमण्डल के यमुना पुलिन पर शरद पूर्णिमा की रातों में कृष्ण-गोपी रास-नृत्य का उल्लेख मिलता है। गोपियाँ कृष्ण की अनेक लीलाओं का अनुसरण करती हैं तथा इस अनुकृति से उल्लसित होकर रासलीला का रासभावन करती हैं। 'कीडन्ति ब्रजयोषितः' का अर्थ है मानो पूरा ब्रज नृत्य करता है। प्रकृति और मानव दोनों इसमें तदाकार हैं। इसी रास के लिए 'वैष्णवाकूटचन्द्रिका' टीका में कहा गया है कि—'अन्योन्यव्यक्तिषक्त हस्तानां स्त्रीपुरुषाणां मण्डलीभूय भ्रमतो नृत्यविनोदो रासो नाम।' यह रास ही 'रास गोष्ठी' है, रास मण्डल है—जिसमें शारदी गीत के गान की रस-ध्वनियाँ गूँजती मिलती हैं। यहाँ कहा गया है कि कृष्ण का स्वर जितना ऊँचा उठता था—गोपियाँ उतने ही ऊँचे स्वर में कह उठती थीं—'साधु कृष्ण' 'साधु कृष्ण!' दरअसल, यह एक ऐसी आध्यात्मिक प्रेमलीला है—जिसे इसके रंग में डूबकर ही समझा जा सकता है। यहाँ कृष्ण प्रेम प्रवीण, ब्रजगोपियाँ यमुना तट पर कृष्ण को खोज रही हैं। वे कृष्ण को पुकारती हैं—उनके चरित का लीला गान करती हैं। सहसा कृष्ण प्रकट हो जाते हैं—लीला-क्रीड़ा में गति आ जाती है। श्रीमद्भागवत पुराण में मिलता है कि इस रास-नृत्य में स्त्री-रत्न परस्पर हाथ पकड़कर

एक मण्डलाकार चक्र बनाते हैं और बीच में कृष्ण रहते हैं। यह मात्र गोपीमण्डल मण्डित क्रीड़ा-नृत्य नहीं है—यह सृष्टि नृत्य है जिसमें पूर्ण पुरुष के साथ प्रकृति अपनी समस्त शक्तियों के साथ क्रीड़ा नृत्य करती है। भक्त कवि व्यास इसी का वर्णन करते हैं—

आजु बनी अति रासमण्डली, नदी जमुना के तीर सहेली।
मानहुँ कोटिक गोपी धावति, फिरत राधिका तरल अकेली॥
सम्भ्रम तितनेई रुपनि धरि हरि, आतुर रह्यो कंठन भुजमेली।
अद्भुत कौतुक प्रकट करत दोऊ नाचत-माँचत ठेला-ठेली।

(श्री व्यासवाणी, पद 237)

रास का यही उल्लास ब्रज-भूमि से प्रवाहित होकर मिथिला, उड़ीसा, बंगाल, असम, गुजरात, आन्ध्र, तमिल आदि में गया। इसे इन प्रदेशों में फैलने में कठिनाई इसलिए भी नहीं हुई कि वैदिक काल के सामगीतों से ही संगीत भारतीय प्राणों को मोहित किये हुए था। 'ऋग्वेद' में 'त्रिविधं शिल्पं नृत्यं गीतं वादित्रमिति' से पता चलता है कि संगीत में पारंगतता आ चुकी थी। सामगान के भेद ग्राम गेय गान, आरण्यक गान, ऊह्यगान भी प्रचलित थे ही। इसी परम्परा ने कालान्तर में 'महाभारत' में रूपान्तरित रूप पाया। यहाँ विष्णु अवतारी कृष्ण लीलापुरुष हैं और योगिराज भी। पर 'हरिवंशपुराण', 'विष्णुपुराण', 'श्रीमद्भागवत पुराण', 'ब्रह्मवैवर्तपुराण' का लीलावर्णन ही लोक में अधिक व्याप्त हुआ है।

'श्रीमद्भागवत पुराण' की भक्ति-धारा कृष्ण को पूर्ण ब्रह्म मानकर उनकी लीलाओं में माधुर्य-भक्ति का रसामृत भर देती है। यहाँ बाल कृष्ण शंख, चक्र, गदा-पद्मधारी चतुर्भुज विष्णु हैं। इनके गिरधर रूप के आगे इन्द्र लज्जित हैं। वैष्णव-भक्ति पद्धति की भाव सुकुमारता में इतनी ताकत है कि पीछे का समस्त लीला साहित्य इसी की छाया को पकड़ता प्रतीत होता रहा है। रासलीला में इस वैष्णव धारा में इतनी दिव्यता को भर दिया कि उसमें लौकिक वासना, कामजन्य कलुष के लिए स्थान नहीं रहा। एक प्रकार से जाति के सम्पूर्ण विकारों-विकृतियों के शमन के लिए इस लीला भाव का पोषण तत्त्व लिया गया। यह मधुर भाव-भक्ति आक्रान्ताओं द्वारा सताये मनों का सहारा तो थी ही, निराशा को धो डालने का मनोवैज्ञानिक उपचार भी इसी में निहित था। इसमें जीवन की लय, ताल, गति, छन्द, नृत्य, अभिनय, गीत, वाद्य बनाकर जीने की अद्भुत कला का भावमय संसार था। राग-रागिनियों में इतनी शक्ति थी कि वे आनन्दमय कोष तक पहुँचा सकें तथा इच्छा-क्रिया-ज्ञान को अस्तित्व दे सकें। एक प्रकार से भागवत की रासलीला में शताब्दियों से होने वाले वैष्णव-चिन्तन मन्थन के रत्न थे—जिनका मूल्य न आँका जा सकता था। तभी तो इन भावरत्नों की कीमत कोई

बनिया, कोई सम्राट नहीं दे पाया। इन्हें खरीदने के लिए वे कंगाल दिखते रहे।

'ब्रह्मवैवर्त्तपुराण' ने श्रीकृष्ण के साथ राधा को साकार माधुर्य रूप में खड़ा कर दिया। श्री राधा के अवतार से श्री शोभा आ गयी। कथा आती है कि गोलोक व्यापी गोकुल में राधा तथा उनके भाई श्रीरामा में कलह हो जाती है। फलत: शापित होकर राधा ब्रज में गोपालिका कन्या के रूप में जन्म लेती हैं एवं श्रीरामा शंखचूड़ बनकर आते हैं। फिर तो अनेकानेक कथाएँ चल पड़ती हैं। यहीं पर श्री राधा-माधव की कीड़ास्थली तैयार हो जाती है। इस रासमण्डल में प्रकृति की सम्पूर्ण शोभा-सामग्री विद्यमान रहती है। यह रास क्रीड़ा तैंतीस वनों में होती है। यही रास-लीला-परम्परा परवर्ती कालों में देवीभागवत, नारद पांचरात्र, गीतगोविन्द आदि विविध कला-संगीत-साहित्य के स्रोतों से उमड़कर फूट पड़ती है। हिन्दी का रास लीला साहित्य तो पुराणाश्रित इन कथाओं को अपने हृदय में धारण कर लेता है। इन कवियों की समस्त उपासना-दृष्टि, भक्ति-दृष्टि वैष्णव-रस चिन्तन दृष्टि इसी को आधार बनाकर सामने आती है। ब्रह्म का रहस्यमय-व्यापार 'लीला' में खुलासा पा जाता है। क्रीड़ा-विहार प्रवृत्ति ही 'लीला' है। रामानुजाचार्य 'श्री भाष्य ब्रह्मसूत्र' में कह उठते हैं कि पूर्ण पुरुषोत्तम की सर्ग-रचना ही लीला का मूल प्रयोजन है। भगवान के स्वरूपानन्द का उद्रेक ही 'लीला' है। वल्लभाचार्य कहते हैं कि भगवान की विलास इच्छा ही लीला है। भगवान के इस लोक की सृष्टि ही लीला करने के लिए है। यह सृष्टि ही महालीला का मंच है। योगी अरविन्द ने लीलाभाव को समझाते हुए कहा कि 'यह खेल है' विश्व क्रीड़ा है, ब्रह्म का रंजन है। सब इसी में समाया हुआ है। इसीलिए वैष्णव-चिन्तन-परम्परा ने ब्रह्मलीला के तत्त्व को पहचानकर ही उसे आगे बढ़ाया है। लीला का अर्थ है—जो लय को प्राप्त करा दे (लयनम् लाति इति लीला)। यहाँ 'लय' या 'ली' के अनेक अर्थ है—जैसे संश्लेष, कार्य का कारण में समावेश, प्रवृत्ति-परिणाम, निर्विकल्प चित्त समाधि, भाव की तन्मयता। लीला के इन सभी अर्थों का समावेश रास लीला में हुआ भी है। लीला में सृष्टि लय होकर आत्मभाव को प्राप्त होती है। इससे ही भाव में स्थित काम का लय हो जाता है। सत, रज, तम की अवधारणात्मकता का अर्थ है—लय की सम्पादिका स्थिति इससे प्राप्त हो जाती है। तौर्यत्रिक अर्थात गीत, वाद्य-नृत्य क्रिया का लय भी रासलीला द्वारा ही होता है। इसी से त्रिपुटी लय, अर्थात् अखण्ड वृत्ति की स्थिति प्राप्त होती है—लीला द्वारा ही परमात्मा अपने आनन्द में लीन होते हैं। भक्तों के लिए लोक-प्रपंचों, छलों की विस्मृति, युक्ति ही भगवदासक्ति या लीला है। यह लीला नित्य है और यह परम रसतत्त्व के रूप में प्रकट होती रहती है। यही राधा-माधव भाव है। प्रिया-प्रिय भाव है। इसमें कृष्ण-राधा तत्त्वत: अभिन्न हैं। 'राधा' शब्द के मूल में 'राधस' शब्द है—जिसका अर्थ है सिद्धि। अर्थात् रस-स्वरूप की रसनीय रूप-प्राप्ति ही सिद्धि या राधा

है। यह ऐसी सिद्धि है जिसके न कोई बराबर है न उससे बढ़कर है। कृष्ण इसी सिद्धि के साथ वैकुण्ठ में रमण करते हैं।

श्रीराधा ही लक्ष्मी स्वरूपा होकर रूपरहित ब्रह्मानन्द की रूपमयी श्रीमूर्ति हैं। स्वभोगार्थ ब्रह्म जब जगत् की रचना करता है तब सभी शक्तियों में प्रथम शक्ति के रूप में लक्ष्मी का जन्म होता है। रसस्वरूप में स्थित, रसतत्त्व से आविर्भूत, अक्षरानन्द रूपा यही लीलाशक्ति रूप में आविर्भूत होती है। इस प्रकार कृष्ण-राधा या कृष्ण लक्ष्मी में धर्म-धर्मी सम्बन्ध है। लीला रस के लिए ही उनके कृष्ण से स्वकीया-परकीया भेद हैं अन्यथा वे तो कृष्ण से अभेद हैं। जीवन की संयोग-वियोग धारा में भाव-ऊष्मा बनी रहे, इसलिए संयोग में राधा विलासविदग्धा हैं और वियोग में अन्तर्मुखी पीड़ा। तत्त्वत: तो वे महाभाव स्वरूपा उल्लासमयी आद्या-शक्ति हैं। सूर जानते हैं कि श्री राधा श्री कृष्ण की नित्य शक्ति हैं। राधा ही प्रेम-शक्ति हैं—यही उज्ज्वल नीलमणि हैं। श्रीकृष्ण का प्रणय विकार ही लीला रसपान के लिए निजावस्था राधारूप को लेकर अवतरित होता है। मूलत: यह अंश-अंशी, शक्ति और शक्तिमान का क्रीड़ा खेल है। यही सांख्य का प्रकृति-पुरुषदर्शन है और यही वेदान्त का शक्ति-शक्तिमान उपास्य शक्ति दर्शन। प्रेम ही अपने महाभाव से राधा रूप में मूर्तिवान होता है। राधा और प्रेम पर्याय हैं। कृष्ण के हर भाव, हर गति, हर लय-ताल, वंशी की पुकार का आधार यह राधा ही है। राधा की इस प्रेम-धारा में कृष्ण ही प्रवाह हैं, अमित तरंग हैं, वृन्दावन हैं, वंशीवर हैं। राधा में ही यौवन के सभी फूल खिलते हैं, सभी रंग बोलते हैं, सभी गन्ध सुवासित हैं। राधा का रूप स्थूल नहीं सूक्ष्म है। राधा में लीला-भाव, रसभाव की रम्यता, रसास्वादयिता सभी स्थितियाँ हैं।

'रास-लीला' में गोपीगण एवं सहचरियाँ हैं। इन्हीं के सहयोग से लीला-पुरुष अपनी लीला का प्रसार करता है। 'गो' शब्द में इन्द्रिय और किरण दोनों अर्थ समाविष्ट हैं। गोपियाँ श्रीकृष्ण की इन्द्रियाँ अथवा वृत्तियाँ हैं। कृष्ण-सूर्य की गोपियाँ आनन्द-ऊष्मामय आलोक-रश्मियाँ हैं। इसीलिए वे कृष्ण की लीला सहचरी विधायिका हैं। वैष्णव-चिन्तन का लीला-दर्शन इन गोपियों के तत्सुखसुखित्व भाव पर केन्द्रित है। वल्लभाचार्य ने गोपियों को तीन श्रेणियों में विभक्त किया है। अन्यपूर्वा, अनन्यपूर्वा, सामान्या। विवाहिता होने पर कृष्णासक्त गोपियाँ अन्यपूर्वा के अन्तर्गत हैं।—अनन्यपूर्वा कुमारिकाएँ हैं—जिनमें कृष्ण के साथ विवाह करने की सदैव इच्छा रहती है। सामान्य गोपियाँ जो कृष्ण के प्रति मातृभाव रखती हैं। उन्हें सामान्या कहा गया है। अनन्य पूर्वा गोपियों की कृष्णासक्ति जार भाव की है। गौड़ीय वैष्णव इसे ही भक्ति की चरम कोटि मानते रहे हैं। रास-रस की चरम अभिव्यक्ति इन्हीं से होती है, इन्हीं में होती है। अन्यपूर्वा जहाँ परकीया हैं—वहाँ अनन्यपूर्वा स्वकीया भाव की साकार रसमूर्ति हैं। ये गोपियाँ नित्य-सिद्ध रूपा है, आप्तकाम हैं, विहाराद्या हैं, औपनिषदी

हैं। इसमें ललिता, विशाखा, चित्रा, चम्पकलता, तुंगविद्या, रंगदेवी, सुदेवी तथा इन्दुलेखा नाम की आठ सखियों के नाम उल्लेखनीय हैं। वैसे गोपियाँ अनन्त हैं। श्री राधा-माधव लीला में ये आठ सखियाँ नित्य उपस्थित रहती हैं। यहाँ 'सखी' को भी परिभाषित किया गया है—यह सेवा प्रकार भेद का लक्षण है कि कृष्ण के लीला-विलास में राधा की समजातीय सेवा से जिन गोपियों द्वारा कृष्ण के प्रीति-विधान का न्यास होता है। राधाकृष्ण सेवा से जिन्हें अनुकूलता प्राप्त होती है, उन्हें मंजरी-सखी कहा जाता है। ब्रज की साधना सिद्ध गोपियाँ ही मंजरियाँ हैं। राधा जब कृष्ण से रूठ जाती हैं तो ये सखियाँ ही दोनों में मेलमिलाप कराती हैं। सखियों के भेद भी तीन माने गये हैं—साधारणीय, समंजसा, और समर्था। रूप गोस्वामी के मत से साधारणी रति मणि के समान, समजंसा रति चिन्तामणि के समान तथा समर्थारति कौस्तुभमणि के समान होती है। कुब्जा साधारणी, रुक्मिणी, सत्यभामा समंजसा रति और समर्था राधा तथा अन्य सखियाँ। साधना सेवा-आसन्न के भाव से भी सखी, आली, दूतिका, हितू, मंजरी, भृत्या, सखीनुगा और अनेक भेद किये गये हैं। 'सखी' राधा की सहचरी है, 'अली पितृगृह की सहयोगिनी परिचारिका है, भृत्या दासी है, दूतिका माननिवारक है, मंजरी अन्तरंग विहार लीला में सहायक है, हितू राधिकाप्रिय है, सखीनुगा साधनारत सखियों की कोटि में आती है। यहाँ सखियों के अन्य भेद भी हैं—जैसे दैवत, लिंगिनी, शिल्पकारिणी आदि। वैसे 'सहचरी' सखी राधा-कृष्ण के शरीर की प्रेमछाया या परछाईं ही है। वह रात-दिन के बीच की सन्ध्या है। जल-मिश्री से बना शर्बत भी कही गयी है। यही रसमयी क्रीड़ाओं की सहायिका प्रकाशिका है। यही युगल-प्रेमियों की इच्छा-शक्ति है।

बारीकी में उतरकर और देखें तो इन वैष्णव-चिन्तकों ने 'गोपी', 'सखी' तथा 'सहचरी' के स्वरूप में भी तात्त्विक भेद उपस्थित किया है। फिर सेवा 'किंकरी' भी अलग वैशिष्ट्य रखती है। गोपीभावरूपा है—सुखी तत्त्वरूपा। इसी दृष्टि से गोपी-भाव तथा सखी-भाव में तात्त्विक भेद हो जाता है। गोपी तत्त्व कृष्णावतार लीला का दर्शन, अध्यात्म की साकारता है—वहाँ सखीभाव प्रिया-प्रियतम की रासलीला की सहकारिणी हैं। सखियाँ श्यामा-श्याम की अखण्ड रस धारण की धारिका हैं। राधा-माधव लीलाओं के द्वारा ही इनके निकट 'स्व-भाव' को प्रकट करते हैं। यह लीला भक्त प्रेम से जान सकता है पर योगी या ज्ञानी, घमण्ड से नहीं जान सकता। भक्त की उपासना का सच्चा विषय रास है। रास में श्रीकृष्ण के सम्पूर्ण लीला-स्वरूप का प्रादुर्भाव होता है।

23

निरतत श्याम श्यामा संग

आज हर स्तर पर राष्ट्रीय ऊर्जा का क्षरण हो रहा है। समाज में हाय-हत्या, लूटपाट, भ्रष्टाचार का बोलबाला है। भारत के सामूहिक मन में बेचैनी और चिन्ता उभर रही है। मूल्यों के संकट का यह दौर भारतीय अस्मिता के घोर संकट का संकेत दे उठा है। अब से थोड़ा पीछे मुड़कर देखते हैं तो पाते हैं कि गाँधीजी के समय के भारत में ऐसी स्थिति नहीं थी। आखिरकार गाँधी ने समाज की भीतरी शक्ति को पहचान कर उसे एकता के भाव से खड़ा कर दिया था। कारण, तब चाहे देश आर्थिक रूप से विपन्न हुआ हो पर उसकी सामाजिक-सांस्कृतिक ऊर्जा के स्रोत विपन्न न थे। लेकिन आज इन स्रोतों के नष्ट होने का खतरा सामने है। यह खतरा तभी टल सकता है जब हम अपनी चिन्तन-परम्पराओं के दुधारू स्रोतों से पुनः जुड़ें।

मध्यकालीन भारत में भी एक बार विदेशी आक्रान्ताओं की लूटपाट से ऐसा ही खतरा आया था। पर तब हमारा सामूहिक मन अखण्ड था और चिन्तन-परम्पराएँ समाज के हृदय में जीवन्त स्पन्दन के रूप में धड़क रही थीं। पश्चिम का मध्ययुग 'अन्धकार युग' में गर्क था पर हमारा मध्ययुग लोक-जागरण के सागर की तरह लहराता मिलता है। शंकराचार्य के अद्वैतवाद ने भारत को जगाया और उसमें तात्त्विक चिन्तन की मनोदशा उत्पन्न कर दी। फलतः आठवीं शताब्दी के प्रथम चरण में होने वाला मुहम्मद बिन कासिम का आक्रमण हमें भीतर से दबोच नहीं सका। महमूद गजनवी का बर्बर ध्वंस भी हम झेल गये। सन् 1017 में मथुरा का केशवराव मन्दिर तो धराशायी हो गया—पर वहाँ संकल्प का ब्रह्म नष्ट नहीं हुआ। राजाओं की आपसी कलह, मंगोलों के आक्रमण सभी कुछ भारतीय समाज पी गया—उसका सामूहिक मन मलिन न हुआ।

सोचने की बात है कि मुहम्मद गोरी के आक्रमण के बाद गुलाम वंश, खिलजी वंश, तुगलक वंश, लोदी वंश का तीन सौ वर्षों का शासन चला। तुर्क और अफगानों ने भारतीय जनता को अत्याचारों से पीड़ित किया। पर भारतीय समाज का सामूहिक मनोबल नहीं टूटा। उसके भीतर अशान्त भूकम्प तो आया—दरार नहीं पड़ सकी।

भारतीय-संस्कृति की वज्र धुरी पर खरोंच पड़ी और कुछ न हुआ। क्यों नहीं हुआ? हमारी सांस्कृतिक-सामाजिक ऊर्जा के स्रोत इतने तगड़े थे कि छोटा-मोटा प्रहार उनका बाल बाँका न कर पाता था। ये सांस्कृतिक-सामाजिक ऊर्जा के स्रोत दार्शनिक आचार्यों, सन्तों से जुड़े थे। समाज-मंगल की दृष्टि से भक्ति-पथ के आचार्यों ने अद्वैतवाद का विशिष्ट ढंग से नवसंस्कार किया। रामानुजाचार्य ने श्री सम्प्रदाय, मध्वाचार्य ने ब्रह्म-सम्प्रदाय, निम्बकाचार्य ने सनक सम्प्रदाय और विष्णु स्वामी ने रुद्र सम्प्रदाय को शंकर की विशिष्ट भूमिका के साथ प्रस्तुत किया। इन आचार्यों ने न केवल दार्शनिक चिन्तन किया, बल्कि भक्ति-पद्धति, भक्ति-सिद्धान्तों का निरूपण, विधि-विधान आदि के क्षेत्र में जन-जागरण पैदा किया है। अधिकाधिक जनता को भक्ति तथा भक्ति-आन्दोलन में लाने के लिए भारतीय तीर्थों, व्रतों, त्योहारों, मन्दिरों आदि का उपयोग किया। त्योहार-पर्व हमारे आन्तरिक उल्लास के ऊर्जा स्रोत थे—इन्हें सन्तों ने सामूहिक भाव की अखण्डता, भजन-कीर्तन से उत्पन्न बोधपरक समानता आदि के उपयोग का माध्यम बनाया। देखते-देखते अकेले ब्रज-वृन्दावन में सैकड़ों व्रत, पर्व, उत्सव पुनर्जीवित हो गये। जनता को आनन्द-शक्ति से प्रेरित करने के लिए रासलीला रंगभूमि की दृढ़ स्थापना की गयी।

रासलीला का चाक्षुष्य-यज्ञ शुरू होते ही जनता इसकी ओर आकृष्ट हो चली। भक्ति-भाव के प्रसार साधनों में रासलीला का योगदान बड़ा है। यह समझते हुए वैष्णव आचार्यों ने 16वीं शताब्दी में रासलीला रंगमंच का नये सिरे से गठन किया। विदेशी आक्रान्ता धर्म के नाम पर भारतीय जनता का कुफ्र और काफिर, शिर्क और बुतपरस्त कहकर जो विनाश कर रहे थे—वह थमने लगा। हिन्दू-मुसलमानों में जो धार्मिक संकीर्णता एक खास परिस्थिति से पैदा हुई थी वह भी भक्ति धारा में गलने और हटने लगी। सन्तों-फकीरों ने पूरे देश को एकता के सूत्र में बाँधने का संकल्प किया। भक्ति-प्रवाह दक्षिण से उत्तर में आलवारों का प्रेम-जल लेकर आया। उत्तरी भारत में ये प्रेम-जल ब्रज में रंग दिखाने लगा। भारत की प्रत्येक दिशा से सन्तों ने ब्रज प्रदेश में पदार्पण किया। इन सन्तों के चिन्तन का पूरा घनत्व रासलीला के अनुकरणात्मक रूप में नीलमणि-सा चमक उठा है।

भक्ति-आन्दोलन के सूत्रधारों ने भगवान और भक्त का सीधा सम्बन्ध स्थापित किया। पर मूर्तिपूजा, एवं बाह्याचारों के प्रति दृढ़ता का भाव तत्कालीन राजनीति के प्रति प्रतिरोध का प्रतीक बन गया, जिसने समाज की बाह्य प्रहारों से रक्षा तो की पर उसे रूढ़ियों से भी कस लिया। आत्मरक्षा में तत्पर समाज की यह स्वाभाविक परिणति थी जिसने आक्रान्ताओं की बर्बरता, धर्मान्धता से समाज की मूलधारा को विच्छिन्न न होने दिया। इसीलिए भक्ति-आन्दोलन केवल निराशा की देन नहीं रहा उसके भीतर जीवन के आस्थावादी मूल्यों का भी बड़ा हाथ रहा। यह भी सच है कि निराशा, अकर्मण्यता,

पापाचार हिन्दुत्व का स्वभाव कभी नहीं रहा। शील-सदाचार-करुणा और लोकमंगल की चिन्तन-धुरी ने उसे भटकने का कम ही अवसर दिया है। जब कभी भटकन की स्थिति आयी है या समाज के समूह-भाव के टूटने की स्थिति आयी है तब समाज के भीतर से ही ऐसे सन्त, चिन्तक, सुधारक पैदा हुए कि उन्होंने पूरी स्थिति को सँभालते हुए दिशा-दृष्टि दी है। भारतीय चिन्तन के केन्द्र में राजा नहीं रहा। सन्त और कवि रहा। सन्त और कवि के चिन्तन की यह धुरी इतनी बलिष्ठ रही कि इसे आक्रान्ता शासक और सामन्त मिलकर भी नहीं तोड़ सके। इस धुरी को अंग्रेजों ने तोड़ने का जाल फैलाया और देश को वे तबाही की ओर ले गये।

सन्त और कवि की इसी चिन्तन धुरी का रूप रासलीला-नाट्य की परम्परा में देखने को मिलता है। आक्रान्ताओं के प्रहारों से देश को बचाने के लिए 'धर्म' ने संगठन का भाव दृढ़ किया। अनेक चिन्तन सम्प्रदाय इस धर्म के चारों ओर ही घूमते रहे। समाज ने अपने जीवन मूल्यों की रक्षा के लिए ही भक्ति-दुर्ग का निर्माण किया। इसी दुर्ग के चारों ओर सम्प्रदायों की चौड़ी खाई खोदी गयी। इस भक्ति दुर्ग में राम-कृष्ण-शिव, सीता-राधा दुर्गा को स्थापित किया गया। आचार्यों ने पूजा-अर्चना की नियमावली तैयार की। वैष्णव-शैव-शाक्त-जैन सभी चिन्तन-धाराओं ने इसे खुला समर्थन दिया। फलतः रासलीला वैष्णवों की ही धरोहर नहीं बनी, जैनों-शैवों और शाक्तों की भी धरोहर रही। भक्ति-दुर्ग को भीतरी-बाहरी दृढ़ता देने के लिए रामानन्द और चैतन्य महाप्रभु ने संकल्प-ध्वज ऊँचा किया। चैतन्य ब्रज में आये और उन्होंने ब्रज के प्राचीन लुप्त कलेवर को पुनर्जीवित किया। उनके साथ जयदेव-विद्यापति का प्रेम-प्रवाह आया और बंगाल का आद्य-शक्ति-चिन्तन भी। चैतन्य के प्रयासों से भी कृष्ण की लीलाओं में आद्या-शक्ति दुर्गा या राधा का प्रवेश हुआ। अब गोवर्धन के श्रीनाथ जी का मन्दिर भक्ति का केन्द्र बन गया। इसे ही आचार्य वल्लभाचार्य की ब्रजयात्रा ने नया चिन्तन दिया। इन्हीं के प्रयत्नों से सामूहिक जनजीवन की अभिव्यक्ति भक्ति-रूप में सम्भव हो सकी। भक्ति के प्रसार-प्रचार के लिए रासलीलाओं का सहारा लिया और जन-मन को मुरझाने न दिया।

रासलीला में सभी प्राचीन कलाओं को पुनर्जीवित होने का अनुकूल परिवेश मिला। संगीत, नाटक, काव्य, चित्र, मूर्त्ति और स्थापत्य के प्राचीन कीर्तिमान रासलीला में प्रवेश कराये गये। दसवीं शताब्दी से लेकर चौदहवीं शताब्दी तक जो मन्दिरों तथा मूर्तियों को ध्वस्त करने का चक्र चला था—उसके ध्वंसों में कलात्मक निर्माण की आकांक्षा लहरा उठी। फलतः 15वीं तथा 16वीं शताब्दी में देश भर की कलाकार प्रतिभाएँ भक्ति-केन्द्रों की ओर आने लगीं। भारतीय संगीत-परम्परा का वह सूत्र जो 'संगीत रत्नाकर' की रचना के बाद दुर्बल पड़ गया था, पुनः ताकत पाने लगा। मानसिंह तोमर ने दक्षिण-उत्तर के संगीतज्ञों को देश के कोने-कोने से बुलाकर संगीत-सभा की

स्थापना की। ब्रजभाषा में ध्रुपद-परम्परा पुनर्जीवित हुई। विष्णु-पद गान थिरकने लगे और मन्दिरों में कीर्तन सभाओं के माध्यम से संगीत की नवीन से नवीन राग-रागिनियाँ आविष्कृत होने लगीं। इसी परिवेश ने स्वामी हरिदास जैसे महान मेधावी संगीताचार्य को जन्म दिया। इनके प्रयासों से उत्तरी भारत में रासलीला परम्परा संगीत की भक्ति-रस-लहरियों के साथ लहराने लगी। कृष्ण अब काव्य के ही नहीं, संगीत के देवता भी बन गये। इसी काल में विस्मृत चित्रकला ने नया रूप पाया। सगुण भक्ति के आचार्यों को रास-लीला के चित्रपटों की जरूरत महसूस हुई। वल्लभाचार्य ने पूजा-अर्चना लीलारास के लिए विविध चित्रात्मक पदों के प्रयोग को प्रोत्साहित किया। श्री रायकृष्ण दास ने 'भारत की चित्रकला' शीर्षक अपनी पुस्तक में इस पूरे परिवेश को भक्ति एवं चित्रकला का सम्बन्ध दिखाकर स्पष्ट किया है।

भक्ति के इन आचार्यों ने मन्दिरों में भित्ति-चित्रों के अंकन की परम्परा को महत्त्व-प्रतिष्ठा देकर जिला लिया। सगुण भक्त इन आचार्यों ने स्थापत्य और मूर्तिकला के कलाकारों को देशभर से खोज-खोजकर बुलाया। मन्दिरों में मूर्तिकला के नये से नये प्रयोगों की होड़ लग गयी। राधा और कृष्ण की मूर्तियों में कला अपना रूप-निखारने को सही अवसर पा गयी। भक्ति के इस सांस्कृतिक अभियान ने जन-जीवन को कलात्मक-सौन्दर्य की परम्परा से पुनः जोड़ दिया। वह कला-परम्परा हर्षवर्द्धन के बाद इस देश में लगभग दम तोड़ने की स्थिति में आ गयी थी। सन्तों की भक्ति-धारा ने कला को ईरानी प्रभाव से प्रभावित होने पर भी इस कुशलता से बचाया कि उसकी अपनी मौलिकता नष्ट न होने पायी। वैष्णव आचार्यों ने दक्षिण भारत की भक्ति-धारा का प्रवाह उत्तरी भारत में मोड़कर भक्ति के साथ भी नये प्रयोग किये। पूरा भक्ति-शास्त्र रचा गया और उसमें प्राचीन अनुभव की तात्त्विकता से पुष्ट प्रकृति-दर्शन को केन्द्र में खड़ा किया गया है। शंकराचार्य ने ब्रह्म को श्रुतियों के आधार पर एक, अखण्ड, अद्वितीय सिद्ध किया था। यह ब्रह्म सजातीय, विजातीय, एवं स्वगत भेदों से विवर्तित ब्रह्म था। इसमें चिन्तन का रूखापन था—मधुरता न थी। परिणामतः रामानुजाचार्य ने शंकर के ब्रह्म के स्थान पर सगुण ब्रह्म के पाँच रूपों की (पर, व्यूह, विभव, अन्तर्यामी तथा अर्चावतार) विशिष्टाद्वैत में स्थापना कर डाली। इसमें भक्त-भगवान के बीच सम्बन्ध भावना (दास्य-सख्य आदि) को विकसित किया। रामानुज के लक्ष्मी नारायण भक्तों के सामने लक्ष्मी के साथ आये। ये लक्ष्मी प्रेममयी माँ भी हैं और नारायण की प्रेममयी पत्नी भी। रास-लीला में जिस रस-केलि की प्रेम-धारा का पल्लवन हुआ, उसकी पृष्ठभूमि रामानुजाचार्य ने तैयार कर दी। उन्होंने श्री सम्प्रदाय में 'मुग्ध' और 'विमुग्ध' दो प्रकार की लीलाओं को स्वीकृति देकर रास के लिए राजपथ खोल दिया। लीला का अर्थ ही है जो लय कर ले। जिसकी लय से सब तन्मय हो जाएँ, कोई भेदभाव न रहे। लय से भगवान में लौ लग जाए और यह प्रेम

लौ फिर कभी बुझने या कम होने का नाम न ले। ब्रह्म की रसात्मक अनुभूति ही सच्ची लीला की सिद्धि हो। रामानुज की इस परम्परा को मध्वाचार्य ने नया अर्थ-सन्दर्भ दिया। दार्शनिक भूमि पर जीव और ब्रह्म को नित्य मानते हुए उन्होंने विशुद्ध एवं उनके अवतारों में अभेद की स्थापना की। मध्वाचार्य के मत से विष्णु की माया शक्ति लक्ष्मी हैं और वे हरि के अधीन होते हुए भी नित्य, अप्राकृत, अक्षर एवं दिव्य हैं। वे ही ब्रह्मा की सृष्टि-रचना की प्रेरणा हैं। प्रलयकाल में भी विष्णु इन्हीं के साथ अभिसार कर रहे होते हैं। इस प्रकार मध्वाचार्य ने विष्णु लक्ष्मी के माधुर्यभाव को व्यापक भूमि दे दी। अपने इसी भावनात्मक उत्कर्ष के कारण यह प्रेम-चिन्तन कर्नाटक, महाराष्ट्र तथा बंगाल में खूब फैल गया। ब्रज में माध्व-सम्प्रदाय के माधवेन्द्र पुरी ने गोवर्धन में श्री नाथजी की देव-प्रतिमा (गोपालकृष्ण की मूर्ति) स्थापित कर प्रेम-रस-धार में और जल छोड़ दिया। अब राधा-भाव का प्रवर्तन हुआ—जिसने रास लीला-परम्परा को सरसता से भर दिया।

निम्बकाचार्य ने भक्ति के क्षेत्र में द्वैताद्वैत की प्रतिष्ठा की तथा वृन्दावन में ही रहकर भक्ति-धारा का पथ प्रशस्त किया। भक्ति के आराध्य कृष्ण बने तथा आराध्या राधा। कृष्ण ही वंशी हैं और स्वर ही राधा हैं। जीव अपनी मुक्तावस्था अथवा बद्धावस्था दोनों में परम तत्त्व का अंश है। अर्थात जीव है अंश और कृष्ण हैं अंशी। अब रास परम्परा के लिए नया चैतन्यभाव मिल गया। रास और भक्ति को तलाश थी—बाल गोपाल की। यह तलाश विष्णु स्वामी के चिन्तन से पूरी हुई। यह बात भी धूप की तरह साफ है कि विष्णु-स्वामी के रुद्र सम्प्रदाय को वल्लभाचार्य ने नयी चेतना दी थी। वल्लभ ने सगुण-ब्रह्म कला की ज्योति को जन-जन तक पहुँचाया। ब्रह्म जब आत्मा के अन्तर में रमण करता है—तब आत्मानन्द हैं किन्तु बाह्य जगत् में अपनी शक्तियों के साथ रमणेच्छा लीला-पुरुषोत्तम रूप धारण करती है। इन्होंने श्रीकृष्ण की द्वापर कालीन नैमित्तिक ब्रजलीलाओं को स्वीकार किया तथा नित्यरूप वैकुण्ठ की लीलाओं का प्रचार किया। लीला पुरुष कृष्ण नित्य रूप से आविर्भूत होता है। श्रुतियाँ इस लीलानन्द को प्राप्त करने के लिए गोपियों के रूप में जन्म लेती हैं। आचार्य वल्लभ ने पूरे देश का भ्रमण करते हुए इस लीला-तत्त्व का महत्त्व समझाया। धीरे-धीरे भक्ति का लीलामृत चैतन्य, रूपसनातन, हरिदास, हितहरिवंश, विठ्ठलनाथ, हरि राम व्यास, घमण्डदेव, श्रीभट्ट नारायण भट्ट आदि के द्वारा पूरे देश में बाँटा जाने लगा। फलतः रासलीला का अभिनयात्मक रूप खुलकर जनता के सामने प्रकट होने लगा।

श्री कृष्ण-लीलाओं को लोक नाट्य-रूप में प्रस्तुत करने की परम्परा पुरानी थी। 'हरिवंश पुराण' के 'विष्णु पर्व' में श्रीकृष्ण के साथ अप्सराओं अर्थात नर्तकियों, यादवों तथा नारद के साथ रास का प्रसंग मिलता है। श्रीमद्भागवत के साक्ष्य में विरहातुर गोपियों द्वारा कृष्ण-लीलाओं के गान और अनुकरण की चर्चा है। 'नारद पांचरात्र' में

अनेक कृष्ण-लीलाओं के प्रस्तुतीकरण की बात कही गयी है। यह प्रस्तुतीकरण अप्सराओं तथा विद्याधरों ने संगीत-नृत्य की सूक्ष्मताओं के साथ किया था। ऊपर के इन संकेतों से जाहिर है कि रासलीला की एक परम्परा सोलहवीं शताब्दी-पूर्व से विद्यमान थी जिसमें नृत्य, गीत और अभिनय से तरंगायित रास-लीलानुकरण होता था। मन्दिरों में देवदासियों द्वारा रास-नृत्य की परम्परा का उल्लेख 'चैतन्य चरितामृत' में किया गया है। इसके अनुसार नृत्य-शिक्षा विशारद कन्याएँ श्री जगन्नाथ जी के समक्ष राय रामानन्द रचित नाट्य गीतों का लीलाभिनय करती थीं। दाक्षिण के मन्दिरों में तो पूजन नृत्य के शत-शत उल्लेख मिलते ही हैं। इन पूजन नृत्यों का इतना प्रभाव पड़ा कि राजाओं के दरबारों में भी होने वाले नृत्य-संगीत के आयोजनों में इन्हें स्थान मिलने लगा। इससे धार्मिक नृत्य संगीत की पवित्रता चाहे दूषित हुई हो, पर उसका सामाजिक प्रभाव बढ़ गया। जैन मन्दिरों ने गायन नृत्य की पवित्रता को सुरक्षित रखने के लिए गेय-रासकों की परम्परा को प्रचलित किया। आन्ध्र के ब्राह्मण 'नाट्यमेल' अथवा 'भागवत मेल' की धार्मिक नाट्य-नृत्य-परम्परा को चलाते रहे और इसे कलंकित न होने दिया। 'आईने अकबरी' में अबुलफजल ने कहा है कि ब्राह्मण कीर्तनियाँ-बालकों से महिलाओं की भूमिका कराते हैं। तथा कृष्णलीला गान प्रस्तुत कराते हैं। इस कृष्ण लीला परम्परा से 16वीं शताब्दी के वैष्णव-आचार्य परिचित थे। अत: उन्होंने भक्ति-धारा के विकास के लिए इस विधा का अपने ढंग से सदुपयोग कर लिया। फिर इनके सामने भाषा-नाटकों की विधा 'संगीतक' था। संगीतक नाट्य का उल्लेख बाणभट्ट ने 'कादम्बरी' में किया है। संगीतक के लिए 'संगीत के गृह' थे जिनमें मृदंगों की लय गूँजती रहती थी। जयदेव का 'गीत-गोविन्द' इसी परम्परा की उज्ज्वल उपलब्धि है। इसमें श्रीमद्भागवत के रास को काव्यात्मक गीतात्मक संलाप की नृत्य-शैली में प्रस्तुत किया गया है। यही नाट्य-रास की लोक-विद्या 16वीं शताब्दी में रासलीला का कलात्मक सौन्दर्य लेकर प्रस्फुटित हुई।'

प्रश्न उठता है कि भक्ति-शक्ति से सम्पन्न इस रासलीला-परम्परा का ब्रज में प्रवर्त्तन किसने किया? यह प्रश्न काफी जटिल एवं गम्भीर है। विद्वानों में रासलीला के प्रवर्तक आचार्य को लेकर काफी विवाद है। इस विवाद के केन्द्र में पाँच नाम रहे हैं। 1. वल्लभाचार्य 2. स्वामी हरिदास 3. हितहरिवंश 4. आचार्य घमण्डदेव 5. नारायण भट्ट। लेकिन इधर की खोजों से यह सिद्ध हुआ कि वल्लभाचार्य ने रासलीला को प्रेरित तो किया है। किन्तु इस परम्परा के सच्चे प्रवर्तक स्वामी हरिदास जी को ही मानना चाहिए। स्वामी हरिदास ने इस पर संगीत, नृत्य का रंग चढ़ाकर रास-लीला को लोक-हृदय में उतार दिया। इसी रासलीला का विकास हित हरिवंश, घमण्डदेव तथा नारायण भट्ट ने अपने-अपने ढंग से किया। नाभादास के 'भक्तभाल' में प्रियादास की यह कवित्त-पंक्ति मिलती है कि 'स्वामी हरिदास रस रास को बखानि

सकै।' साथ ही 'राससर्वस्व' ग्रन्थ के रचनाकार—स्वामी राधाकृष्ण ने भी हरिदास के प्रसंग में कहा है कि रास में इसके प्रकटीकरण के लिए उनसे प्रार्थना की गयी—'ऐसो करौ उपाय रासरस प्रकटै जन में।' जन में रास-रस हरिदास जैसे संगीताचार्य के द्वारा ही सम्भव भी हो सकता था। फिर हरिदास संगीतज्ञ ही नहीं थे, नृत्यज्ञ तथा अभिनयज्ञ भी थे। ऐसा कला-मर्मज्ञ साधक ही रास-रस का सागर लहरा सकता था। संगीत के क्षेत्र में हरिदास जी तानसेन जैसे शिष्य को पैदा कर सकते हैं—तो रासलीला का प्रवर्तन भी कर सकते हैं।

'रास पंचाध्यायी' में कृष्ण-गोपियों की नृत्यपरक रास-लीला का वर्णन है। किन्तु रासमंच पर कृष्ण की अनेक क्रीड़ाओं के अनुकरणात्मक प्रदर्शन को 'रासलीला' नाम दिया गया है। रंग-संरचना की दृष्टि से लीला का पूर्वार्द्ध नित्यरास या संगीत तथा उत्तरार्द्ध को लोक लीला-विशेष के नाम से पहचाना जाता है। नित्यरास की एक निश्चित परिपाटी है। यह परिपाटी नृत्यात्मक स्वरूप रखती है। तत्पश्चात श्री कृष्ण की किसी भी लीला या लीलाओं का अभिनय, नृत्य, संगीत समन्वित प्रस्तुतीकरण होता है। 'रास' तथा 'लीला' का यही अन्तरमेल 'रासलीला' कहलाता है। असल में रासलीलाकारों के सामने संस्कृत नाट्य-परम्परा के साथ लोक नाट्य-परम्पराओं की विशेष शैलियाँ थीं। इन रास-लीलाकारों ने शास्त्रीय और लोकधर्मी दोनों परम्पराओं को मिला लिया। ऐसा हो जाने से रासलीला न तो मात्र नाटक रही, न मात्र संगीतक और न मात्र हल्लीसक, चर्चरी ही रही। अनेक कलाओं की रासायनिक प्रक्रिया से यह एक नया रस-रंग नाट्य तैयार हो गया। फिर रासलीला के पीछे 'खेल', 'क्रीड़ा', 'तमाशा' वाला हल्का मनोरंजन भाव नहीं था। यह ब्रह्म की पूजा-उपासना आराधना की गम्भीर ध्येय से सृजित सृष्टि थी जिसमें मानव को भीतर से माँजने, निखारने की संकल्प-प्रेरणा मूल थी। रासलीला का प्रयोक्ता एक क्षण के लिए भी अपने दर्शन को कला-चातुर्य से यह नहीं भूलने देता था कि वह मानव-लीला देख रहा है। यह तो पूर्णावतार श्रीकृष्ण की सोलह कला समन्वित आह्लादिनी भक्ति राधा और सहेलियों के साथ दिव्य लीला का दर्शन है। रासलीला का आधार है सात्त्विक भावना, लौकिक क्षुद्रताओं से छूटकर दिव्यभावों का वरणानन्द। शील और नैतिक दृष्टि से मान्य सभी नाट्य वर्जनाओं का इसमें सावधानी से पालन किया जाता है। मर्यादा और अनुशासन इसकी शोभा है। रासलीला का प्रयोक्ता, पात्र तथा दर्शक तीनों ही भक्त-हृदय हों, यह इसकी प्रथम शर्त है। रासमण्डली का अधिपति स्वामी कहलाता है और स्वामी कलाकारों के सदाचरण का पूरा ध्यान रखता है। भक्त-हृदय दर्शक इन कलाकारों को भावना के रूप में ही देखता और पूजता है। रासलीला में भगवान की आरती का पुण्य फल अमित है। रास में राधा कृष्ण के स्वरूप को दिव्य भावना में अभिभूत होकर 'श्री लाड़िलीलालजू' तथा 'श्रीप्रियाप्रियतमजू' कहा जाता है। आचरण की शुद्धता के लिए

रास-मण्डली के कलाकारों, वादक-गायकों को सामान्य दिनचर्या में भी कड़े नैतिक-नियमों का अनुशासन मानना पड़ता है। अध्ययन, सत्संग, मधुर वाणी में बातचीत, अहंकार का त्याग, लीला के तत्त्व-बोध का चिन्तन इनकी दीक्षा का अनिवार्य अंग रहता है। ये नियमावलियाँ भक्त-आचार्यों ने बनायी हैं ताकि जनता इनसे पवित्र जीवन का रूप ले सके। फलतः रासलीला की परम्परा पश्चिम के किसी नृत्य-संगीत-नाटक की परम्परा से मेल नहीं खाती। भारतीय तात्त्विक चिन्तन का रसरूप में साक्षात्कार ही रासलीला का अभिप्रेत है।

रासलीला के दर्शक या भावक को यह बोध बार-बार रहता है और रहना चाहिए कि वह दिव्य लीला का मात्र दर्शक नहीं है बल्कि उसका दुर्निवार अंग है। लीला के प्रति अमित श्रद्धा-भक्ति का भाव लेकर ही वह रास-मण्डली में लीला-दर्शन के लिए बैठता है। आज का अपने को बुद्धिजीवी कहने वाला जिस बौद्धिक दम्भ से रंगशाला में प्रवेश करता है—वह वहाँ टिक नहीं सकता। उसे रासलीला के मर्म को समझने की तमीज ही नहीं है। रासलीला में तर्क नहीं, भावना का आनन्द है। यह आनन्द ब्रह्मानन्द सहोदर काव्यानन्द से भी ऊपर का भजनानन्द है। देह से विदेह हो जाने का आनन्द है। भक्त हृदय की साधना के कारण रासलीला की विधा अपने मूल में सिद्धि में, समस्त नाट्य विधाओं से एकदम अलग है। भारत में जब फिरंगी घुस पड़े तो उन्होंने ही इस विधा का उपहास किया। भारतीय नये शिक्षितों ने इस विद्या को गवारूँ कहकर दुतकारा। इसे धर्म की रूढ़ियों का विकासघर बताकर नष्ट किया।

रास की रंग-संरचना में लोक-नाट्य शैली का कलात्मक उपयोग रहता है। संगीत, नृत्य, नाट्य इन तीनों का लय-तालपरक विधान इस मंच की आत्मा है। विदूषक की जगह 'मनसुखा' रहता है तथा नान्दी पाठ में वन्दनापरक प्रार्थनाएँ गायी जाती हैं। विषय-वस्तु की गम्भीरता को रास कला सूक्ष्मता से प्रस्तुत करती है। अभिनय की सभी पद्धतियों का रास रंगमंच उपयोग करता है। गद्य हो पद्य हो लीला को कथा की लय में ही बोला जाता है। प्रायः श्रीमद्भागवत की कथाएँ ही लीला के रूप में प्रदर्शित की जाती हैं—जैसे ब्रजलीला, निकुंजलीला आदि। रासलीला भाव-तन्मयता का लोक है। राधाकृष्ण का अनन्त सौन्दर्य, प्रेम, शील, शक्ति का यह भावसागर है। ब्रज भाषा के कवियों ने अपार-लीला साहित्य का सृजन किया है—इन पदों का स्थिति के अनुकूल राग-रागिनियों में गायन होता है। भक्ति-रस इन लीलाओं से निर्झर की भाँति फूटता है। प्रकृति की रंगस्थली रंगमंच पर दर्शायी जाती है। युगल जोड़ी का शृंगार किया जाता है, झाँकियाँ बनायी जाती हैं—जिसमें रास में पूरा परिवेश गाता प्रतीत होता है। गुरुवन्दना, ईशवन्दना, ब्रजवन्दना, गोपीजन वन्दना के दृश्य चित्ताकर्षक बनाये जाते हैं। मण्डलाकार नृत्य के बीच में कृष्ण प्रकट होते हैं। मण्डलाकार नृत्य में सभी कन्याएँ रहती हैं या छोटे लड़कों को बालिका बना दिया जाता है। ध्रुपद और जातिगान का लयस्रोत फूटता रहता है। इसे वर्ण, लय, यति, उप

यानी इन अंगों की निश्चित स्थिति के कारण ही 'ध्रुव' पद कहा जाता है। ध्रुव के चार अवयव होते हैं—स्थायी, अन्तरा, संचारी और आभोग। यह ध्रुवपद चौताल, गजताल, रुद्र ताल आदि अनेक तालों में गाये जाते हैं। यह भी अनुभव का सत्य है कि शब्द और अर्थ-संगीत की उज्ज्वलतम रस-धारा रासमंच ध्रुपद-गायन में उठाता है। स्वामी हरिदास, सूरदास, कुम्भनदास, नन्ददास आदि को इस क्षेत्र में बड़ी प्रवीणता प्राप्त रही है। मृदंग और पखावज की ध्वनि बरसती हैं। वैसे भी पूर्णावतार कृष्ण के पास आयुध नहीं हैं, वंशी है—स्वर हैं। उनके भाव-संकेत पर ही आयुध चलते हैं, वे उन्हें साथ लेकर चलें भी क्यों। ब्रज भाषा में एक सखी रास का रूपक कहती है—'डारिए गरे में गलबैयाँ बनवारी प्यारे। राधिका-कन्हैया आज रास में पधारियै।' इस रास में भावना के भवन हैं, क्षमा के स्तम्भ हैं। कल्पना के प्रकोष्ठ हैं, प्रेम की पाटी है, सुन्दरता के तकिया हैं, अटारी पै धर्म की धुजा है, भक्ति के निकुंज हैं, यमुना है। ऐसा लगता है कि रासलीला प्रकृति की पूजा है। राधा ही प्रकृति है—कृष्ण पुरुष हैं—गोपियाँ ही वृत्तियाँ हैं, मन ही ब्रज-वृन्दावन है। निराशावेष्टित मन के लिए रास में प्रकाश का चन्द्रमा उदित है। वसन्तोत्सव-मदनोत्सव की शोभा है। काम-विकृतियों का भाव-परिष्कार है। कभी यह रासलीला भारतीय जीवन का भाव-संस्कार थी।

रास के इस भाव-संस्कार को भारतेन्दु ने मूल्यवान समझा है। पर भारतेन्दु के बाद देश में अंग्रेजियत छा गयी। हमारी परम्परा की इस धारा को यथार्थवाद भौतिकवाद के बौद्धिक मरुस्थल में सुखाने के लिए विवश किया गया। जब से संस्कृति-संस्कार की यह भाव-धारा सूखने लगी है—तब से ही भारतीय मानस-समूह में बेचैनी है। आत्मनिर्वासन की पीड़ा है। मूल्यहीनता का अँधेरा है। हमारे रंगकर्मी पश्चिमी रंगकला से इतने भटक गये हैं कि उनसे 'रंगभूमि' का एक विराट् जीवन-दर्शन छिन गया है। उनके हाथ में है—पश्चिम का रंगमंच। उसकी अनुकृति-नकल। देशी मौलिकता नहीं है। अपनी धरती से कट जाने का परिणाम क्या होता है—इसकी सबसे अच्छी मिसाल रासलीला की रोज मर रही परम्परा में देख सकते हैं। आज हमारी सांस्कृतिक-सामाजिक ऊर्जा का यह स्रोत ही नष्ट हो रहा है। हमें उसकी चिन्ता करनी चाहिए।

24

भक्तिकाव्य और तान्त्रिक चेतना

भक्ति-सिद्धान्त बाधाओं से घिरा रहा, जबकि उसका जन्म भव-भय, कलि-मल तथा पाप-बोध से मानव को मुक्त करने के लिए हुआ। ऊपर-ऊपर से देखने पर भक्ति सिद्धान्त भोला-भीरु दिखाई देता है जबकि मूलतः विद्रोही सिद्धान्त है—माधुर्य से भरा मधुर विद्रोही। आदि-विद्रोही हड़प्पा संस्कृति से खिंचकर कबीर-जायसी-सूर-तुलसी मीरा-रहीम-रसखान भारतेन्दु-निराला और भवानी प्रसाद मिश्र तक। भक्त, भक्ति, भगवत्, भागवत सभी शब्द भज् धातु से बने हैं—जिनका वैदिक अर्थ है भाग लेना या हिस्सा लेना। वितरण करना, नियत करना, विभक्त या विभाजन करना तथा साझीदार बनना आदि। आश्चर्य की बात है कि इस शब्द का पुराना अर्थ 'पूजा करना' या 'सेवा करना' 'स्वामी-सेवक सम्बन्ध रखना' कहीं नहीं मिलता। जिस अर्थ में परवर्ती ग्रन्थों में 'भक्त' शब्द का प्रयोग हुआ है—'आराधना करना' या 'उपासना करना'। पण्डित लोग कहते हैं, 'भग' शब्द ऋग्वेद में 'भाग' 'शुभभाग' या ऐश्वर्य के लिए प्रयुक्त हुआ है। इसके साथ 'वत्' प्रत्यय 'आधिपत्य', 'स्वामित्व' की संकेत ध्वनि लिये हुए हैं। भग और वत् दोनों का योग होने पर इसका अर्थ हो जाता है—'भौतिक ऐश्वर्य का स्वामी' 'अधिपति' 'ऐश्वर्यवान' 'वैभवशाली' आदि। इस शब्द में अनेक अर्थों की गूँज-अनुगूँज। इतना ही नहीं, और आगे बढ़ने पर पाते हैं कि मैत्रिउपनिषद में 'भोज्य पदार्थ' को भगवान विष्णु की अर्थ-व्यंजना दी गयी है।

भगवान-विष्णु के साथ 'भगवत्' शब्द का यह प्रयोग मैं समझता हूँ प्राचीनतम प्रयोग है। भगवान-भगवत् के साथ 'भक्ति' का सम्बन्ध दूरी का नहीं है निकटता-आत्मीयता अभिन्नता का सम्बन्ध है। द्वैत के सच पर आधारित भक्ति-भाव का सम्बन्ध अद्वैत की ओर बढ़ने की सम्भावना भर बनाता है और सम्भावना सम्भावना ही बनी रहती है, कभी पूर्णता को प्राप्त नहीं होती। 'भक्ति' के साथ 'भगवत्' का अर्थ हुआ—'अंश' या 'हिस्सा' और भक्त का अर्थ हुआ—'समर्पित', 'वितरित', 'बंटित' आदि। ऐसा लगता है कि सामाजिक-आर्थिक संरचनाओं के बदलने पर नये 'सोशल फार्मेशन्स' में नयी संज्ञाओं-व्यवस्थाओं विधि-विधानों-कर्मकाण्डों आदि के

कारण भक्ति शब्द का अर्थ-विस्तार हुआ। लेकिन यह शब्द अपना पुराना अर्थ बराबर लिये रहा—वह व्यक्ति जिसे धन या सम्पति का वितरित भाग (अपना हिस्सा) प्राप्त हो गया हो। आरम्भ में भक्ति और 'भक्त' अकर्मक भाव में ऐसी वस्तु के लिए प्रयुक्त हुए जिस पर किसी का स्वामित्व हो। भगवत् अर्थात् भग का अधिपति 'नारायण' यदि किसी जाति के सामूहिक रूप का प्रतीक था—तो भक्त उस भागवत का एक सदस्य- जिसे 'भग' का अपना अंश प्राप्त करने का अधिकार था। यहाँ जातीय सम्पत्ति का अर्थ था भोज्य या भोजन से सम्बन्धित पदार्थ। फलतः भक्त शब्द के आरम्भिक प्रयोग भोजन के अर्थ से जुड़े रहे हैं।

हमारी सभ्यता-संस्कृति की एक अवस्था ऐसी भी रही जब 'धान-संस्कृति' में चावल भोजन में प्रधानता पाता रहा। अनुमान लगाना गलत नहीं है कि 'भक्त' शब्द 'भात' का पर्याय हो गया। आगे चलकर सभ्यता-संस्कृति के विकास काल में 'भगवत्' पद, या पदवी हो गयी और 'भगवत्' शब्द का प्रयोग उन शक्तिशाली देवताओं के लिए होने लगा जो ऐश्वर्य के स्वामी या अधिष्ठाता थे तथा जो अपने उपासकों (निकट आना-निकटता) को उसका भागीदार बनाने में सक्षम थे। ऋग्वेद की ऋचाओं में 'भग' देवता सम्बोधन पाकर विद्वान वहाँ 'भगवान' को पाते हैं। भगवत् शब्द 'भग' के अधिपति के लिए प्रयुक्त है और भग का स्वामी—भगवान। उससे प्रार्थना की गयी है कि अपने याचकों को 'भगवन्ता' धनवान बना दे। इस प्रकार 'भगवत्' का अर्थ हुआ—'भौतिक ऐश्वर्य का स्वामी'। भगवान से मानव का भाग्य जुड़ा रहा होगा तभी तो 'भग' में भाग्यवान की कल्पना रही होगी। 'भग' की देवी की कृपा से भौतिक ऐश्वर्य प्राप्त होता था क्योंकि वह मानव को उसका 'भाग' बाँटती थी—'भात' बाँटती थी भरण-पोषण करती थी 'भात' करती थी। नारायण को 'भगवत' तथा उनके भक्तों—उपासकों में 'भागवत' कहा गया। यह इस बात का भी पर्याप्त संकेत है कि 'भक्त' एवं 'भगवत्' की अवधारणामूलक अर्थ-ध्वनि सर्वप्रथम नारायणी सम्प्रदायों के उपासकों से मिली। 'महाभारत' के शान्तिपर्व में नारायण सर्वोच्च देव के रूप में उपस्थित हैं तथा उन्हें विष्णु के 'अनन्य' कहा गया है। केशव जो वृष्णियों के नायक का दूसरा नाम है—भगवान का आठवाँ अंश मात्र है अर्थात् नारायण-विष्णु ही सर्वोपरि भगवान हैं। भीष्म इस वासुदेव की स्तुति करते हैं और वह तेजस्वी मुख देखना चाहते हैं—जो क्रोध में पहिया लेकर भीष्म को मारने दौड़ा था। कृष्ण-राम दोनों ही शिव के प्रतिरूप हैं—आदिदेव महादेव। देवताओं के मिलन पर बहुदेववाद से संस्कृति में उदारता, व्यापकता, महानता के बीज पड़े और इन बीजों ने 'रामायण', 'महाभारत', 'ब्रह्मसूत्रों', उपनिषदों, श्रीमद्भागवत पुराण तथा अन्य पुराणों-स्मृति ग्रन्थों टीकाओं में पुनर्नवा रूप निरन्तर पाया। इसी भाव या महाभाव ने दक्षिण-उत्तर में भक्ति-आन्दोलन का रूप पाया। इसी भाव को रामानुजाचार्य-

निम्बार्क, मध्वाचार्य, बल्लभाचार्य, हरिदास तथा रामानन्द ने दार्शनिक आधार दिया। इसी भाव ने भारतीय भक्ति-काव्य, विशेषकर हिन्दी भक्तिकाव्य की आधारभूमि को दृढ़ किया। इसी भाव ने मध्यकाल और आधुनिककाल में लोक-जागरण नवजागरण के रूपों से भारतीय संस्कृति-परम्परा-दर्शन-साहित्य और जनता को कभी मुरझाने नहीं दिया।

तन्त्रवाद, चमत्कारवाद, करामात, महासुखवाद का भक्तिकाव्य ने पुरजोर विरोध किया ताकि समाज को विकृतियों से दूर रखा जा सके। भक्ति-काव्य ने लोक संस्कृति के परिष्कृत भावों को सींचकर पल्लवित किया। कृष्ण-काव्य-गोचारण काव्य (पास्टोरल पोयट्री) में गाय चराने का काम गोप करते हैं—दही-बेचने का काम गोपियाँ करती हैं। स्त्री-पुरुष दोनों श्रम करते हैं। विनिमय करके अपना माल बेचते हैं—पशु बढ़ाते हैं। खेती करते हैं। कुंठा रहित होकर काम-क्रीड़ा करते हैं। कृष्ण से सम्बन्धित गोपियाँ 'रतिप्रिया' हैं। भोगमय जीवन जीती हैं—योग की निन्दा करती हैं। सूर का भ्रमरगीत, नन्ददास का भँवरगीत इसी सत्य की धारदार अभिव्यक्ति है।

कृष्ण-काव्य में नारी नर के बराबर है—'कुंज गली में राधा मनमोहन' स्वच्छन्द विहार करते हैं। यमुना के किनारे रास रचाते हैं—'दूध दुहत अति ही रति बाढ़ी' का खुला जीवन जीते हैं। उनमें न कोई डिप्रेशन है न आत्म-निर्वासन न गुह्यसाधना। मध्यकालीन समाज में जहाँ भी नारी की प्रधानता है, तान्त्रिक-साधना का खेल शुरू हो गया है। तान्त्रिक अनुष्ठान का प्रधान उपादान है—नारी। फिर स्थिति-परिस्थिति यह बनी कि बौद्ध-धर्म विकृत होकर वज्रयान सम्प्रदाय के रूप में देश के पूर्वी भागों में बहुत दिनों से चला आ रहा था। इन बौद्ध तान्त्रिकों के बीच वामाचार अपनी चरम सीमा पर पहुँचा। ये बिहार से लेकर आसाम तक फैले थे और सिद्ध कहलाते थे। चौरासी सिद्ध इन्हीं में हुए हैं जिनका परम्परागत स्मरण जनता को अभी तक है। इन तान्त्रिक योगियों को लोग अलौकिक शक्ति सम्पन्न समझते थे। ये अपनी सिद्धियों और विभूतियों के लिए प्रसिद्ध थे। राजशेखर ने 'कर्पूर मंजरी' में भैरवानन्द के नाम से एक ऐसे ही सिद्धयोगी का समावेश किया है।' (आचार्य रामचन्द्र शुक्ल, हिन्दी साहित्य का इतिहास—आदिकाल : प्र. 2 अप्रभ्रंश काल) कहना होगा कि वज्रयान शाखा के योगी 'सिद्ध' कहलाये और इनकी बानी अपभ्रंश मिश्रित देशभाषा में सामने आयीं। इन 'वज्रयानियों की योग-तन्त्र साधनाओं में मद्य तथा स्त्रियों का—विशेषत: 'डोमिनी' 'रजकी' आदि का अबाध सेवन एक आवश्यक अंग था। कापालिक जोगियों से बचने का उपदेश घर में सास-ननद देती थीं पर वे आकर्षित होती थीं जैसे कृष्ण से गोपियाँ।

तान्त्रिक साधना में स्त्री की प्रधानता पर आचार्य हजारी प्रसाद द्विवेदी ने बहुत गहराई से विचार किया है और माना है कि यहाँ प्रधान उपादान है—नारी, अन्य

उपादान गौण हैं। 'शाक्तों का एक सम्प्रदाय जो अपेक्षाकृत अधिक दार्शनिक था परा-शक्ति की उपासना स्त्री रूप में करता था। इस सम्प्रदाय के अनुयायी ईश्वर की पुरुष रूप में नहीं, स्त्री के रूप में उपासना करते थे।' (ग्रन्थावली 4/42)। स्त्री अर्थात् शक्ति अर्थात् त्रिभुवन मोहिनी, महामाया देवी की आराधना। इसी साधना के साधकों ने शक्ति को शिव से और राधा को कृष्ण से बड़ा घोषित किया और इस चिन्तन की पृष्ठभूमि में प्रकृति-पुरुष दर्शन की छौंक बघार भी रही। यहाँ 'राधा शक्ति हैं और कृष्ण उसकी लीला के आश्रय।' (वही)। ध्यान देने की बात यह है कि तान्त्रिक साधना में पुरुष साधक स्त्री की—भगवती की पूजा करता है। आचार्य द्विवेदी ने यह ध्यान भी दिलाया कि लोक में जिस विशेष शारीरिक संगठन को 'स्त्री' कहते हैं, उसमें भी पुरुष या शिव की सत्ता है और जिसे पुरुष कहते हैं—उसमें स्त्री या शक्ति की सत्ता है।' (वही 4/38)। पुरुषों का स्त्री-भाव ब्रजभाषा काव्य के सखी सम्प्रदाय में—विशेषकर हरिदासी सम्प्रदाय में सिद्धान्त रूप धारण करता है—गोपी-भाव बन जाता है और चैतन्य बन जाता है। चैतन्य स्वयं राधा-भाव से कृष्ण-की प्रीति में बेचैन रहते थे—परकीया भाव को बढ़ावा देते थे—राधा-भाव से कृष्ण-रस का पान, ब्रजपति के लीला-रस का अमृत छकना। तान्त्रिकाओं ने स्वयं को स्त्री मानकर देवी-पूजा का विधान अपनाया है। वारुणी पीना चाहिए यही तो विष्णु का परमपद है। आचार्य हजारी प्रसाद द्विवेदी ने इस गोमांस-भक्षण की व्याख्या में कहा है कि 'गो' जिह्वा का नाम है और इसे उलटकर ब्रह्मरन्ध्र में लगा लेना ही गोमांस-भक्षण है। तालू के नीचे जो चन्द्रस्थान है, उसमें सोमरस नामक अमृत झरा करता है, वही तो अमर वारुणी है, उसे पाना बड़े पुण्य का फल है।' (ग्रन्थावली 5/254) इन नाथों ने ऐसी प्रतीक भाषा निर्मित की जिससे वैदिक चिन्तन वाले चित्त को चोट लगे। जप-तप की व्यर्थता बताने, महामुद्रा की साधना से सिद्धि लाभ, तन्त्र-मन्त्र निरर्थक कहकर इन बामाचारी तान्त्रिकों ने जनता को चौंकाया और अपने काबू में करने की तरकीब निकाली। कबीर से पहले ही योगियों तान्त्रिकों—हठयोगियों की वाणी में कई तरह की उलटबाँसियों की भरमार है। कबीर ने इन्हीं से प्रेरणा-ग्रहण की होगी। सहजयानी उलटबाँसी 'सन्ध्या भाषा' में कही जाती थी। यहाँ 'सन्ध्या' माने साँझ नहीं है—अन्धकार और प्रकाश के बीच की झिलमिलाहट, स्पष्ट-अस्पष्ट, बुद्धि को चकरा देने वाली भाषा। इसलिए विद्वान लोग कहते हैं शब्द 'सन्ध्याभाषा' नहीं 'सन्धा-भाषा' अर्थात् अर्थ अभिसन्धि सहित। जो भी हो तान्त्रिकों के इस बैर-विरोध को मुँह की खानी पड़ी और ब्राह्मण मत प्रबल पड़ते गये। शाक्त-शैव इतने वेद-विरोधी थे कि उनसे न समझौता सम्भव था—न समरस व्यवहार। इतिहास गवाह है कि गोरखनाथ से पूर्व ऐसे बहुत से वेद-विरोधी सम्प्रदाय थे जो शिव-शक्ति के नाम पर अड़े-खड़े थे और वेद को सिंगहे पर रखते थे। ये सभी-सम्प्रदाय न हिन्दू थे न मुसलमान। इनकी अपनी ही धुन थी और सबसे

अलग राम कहानी। इन्होंने अपने अलग चावल पकाये लेकिन समाज शक्तियों के समाने झकमार कर इन्हें हिन्दू-समाज में मिलना पड़ा। इन सभी को मोटा-मोटी रूप में गोरखपन्थी माना जाने लगा। कहते हैं कि गोरक्ष मार्ग वालों ने कलकले में काली-पूजकों को पछाड़कर अपने मत में समेट लिया। सभी शाक्त चेले गोरखपन्थ में भाग-दौड़कर गये और गोरखपन्थ में कालीपूजा को आधार मिला।

तिब्बती ग्रन्थों में लिखा मिलता है कि बख्तियार खिलजी ने नालन्दा, ओदन्तपुरी और बनारस तथा सारनाथ के ग्रन्थागारों को ढेर किया तब जान बचाकर बौद्ध-भिक्षु भागे और जान से भी ज्यादा 'प्यारी पोथियों' को जहाँ-तहाँ ले गये। कृष्णदास नामक बंगाली वैष्णव कविराज ने 'चैतन्य चरितामृत' (1582 ई.) का सृजन किया तो उसमें एक दक्षिण के बौद्ध विद्वान का जिक्र भी किया और एक बौद्ध मन्दिर का भी। जाहिर है इस तरह भारत में बौद्ध-धर्म मर-मर कर जिया—नेपाल-तिब्बत-लंका-चीन में टसकमसक कर। पंडित कहते हैं कि आक्ट्रोएशियाटिक जातियों का शब्द है—धर्म। इस शब्द ने संस्कृत में शरण पायी। 'धर्म' शब्द कूर्म या कछुए का वाचक है। कबीर पन्थियों में कूर्म-पूजा-भाव का यह आदि संकेत है। इसी से जुड़ा है—निरंजन-धर्म। वस्तुतः निरंजन धर्म है क्या? आदिवासियों के ग्राम देवता की पूजा। बौद्धों से जुड़ा निरंजन धर्म निरन्तर बदलता रहा और निरंजन अर्थात् 'काल' हो गया। (दे. हजारी प्रसाद द्विवेदी, कबीर, पृ. 52-70)। मूल ध्वनि यह कि निरंजन धर्म, गोरक्ष सम्प्रदाय तथा कबीरपंथ की पुरानी पोथियों में न जाने कितनी पुरानी परम्पराओं के बीज मौजूद हैं। कबीर तथा अन्य सन्तों के साहित्य को समझने के लिए इनका अध्ययन-मनन बड़े काम का है।

वेद-समर्थक और वेद-विरोधी-दोनों की खोपड़ियाँ आपस में इतनी बार टकरायी हैं कि उनका विवरण एक 'महाभारत' का 'पाठ' है। इस टेक्स्ट का दमित अर्थ इतना तो अवश्य है कि वेदों पर उच्च वर्ग की शक्तियाँ तैनात रहीं और वेद विरोधी परम्पराओं में पिछड़ी दलित-दीन जातियों के लोग रोते-कलपते रहे। कई बार तो 'नास्तिक' कहकर इन्हें ही कोसा-कोंचा गया। इन्हीं के भीतर से सातवीं शताब्दी के बाद नास्तिक सम्प्रदाय उभरे। चार्वाक अर्थात् चार बौद्धमत—माध्यमिक, योगाचार, सौत्रान्तिक और वैभाषिक तथा दिगम्बर जैन। इतना ही नहीं है वेद विरोधी इतिहास। इस इतिहास वृक्ष की अनेक शाखाएँ-उपशाखाएँ हैं—जिन पर विचार करने का यहाँ न अवकाश है न औचित्य। हाँ, इतना अवश्य कहूँगा कि उत्तर मध्यकाल में वेदान्त के अनेक परस्पर विरोधी सम्प्रदाय एक-दूसरे से हाथ आजमाते मिलते हैं। इन सभी के कलह-स्वर में परस्पर विरोधी विचारों का तुमुल कोलाहल है। लेकिन दिलचस्प बात यह कि ये सभी अपने को श्रुतिसम्मत' घोषित करते हैं। एक पूरी राम कहानी है—अद्वैतवादी, द्वैतवादी, शुद्धाद्वैतवादी, द्वैताद्वैतवादी, विशिष्टाद्वैतवादियों के परस्पर

विरोधी मत। इसी तरह शैव, शाक्त, पाशुपत, गाणपत्य और सौर आदि अनेक सम्प्रदाय अपने को वेद ध्वजा-धारी कहते मिलते हैं। ये सभी कापाल, वाम, लाकुल, भैरव, पांचरात्र, पाशुपत को वेद विरोधी ठहराते हैं। स्वयं आचार्य शंकर ने अपने शारीरक भाष्य में पाशुपतों और माहेश्वरों को वेद बाह्य माना है। उधर शिव ने पार्वती से हर साँस में कहा है : देवि, मायावाद बहुत दुष्ट-शास्त्र है—नाश-शास्त्र है, मोह-शास्त्र है।

इसी काल में प्रस्थानत्रयी (उपनिषद, ब्रह्मसूत्र, वादरायण के वेदान्तसूत्र और श्रीमद्भगवद्गीता') पर 'भाष्य' परम्परा का सागर विस्तार हुआ। किसी-किसी सम्प्रदाय ने तो 'प्रस्थानत्रयी' के भाष्य में जीवन होम दिया। ऐसा इसलिए भी हुआ कि 'भाष्यहीन सम्प्रदाय' नास्तिक वेदविहीन समझा जाता था, लेकिन ऐसे वेद-विरोधी भी थे जो न तो भाष्य चाहते थे, न भाष्यों की व्याख्या में विश्वास करते थे। निर्भय भाव से वे वेदों की निन्दा रस का आनन्द लूटते थे और वेदवादियों को चिढ़ाने-भड़काने का कोई न कोई उपाय या युक्ति खोजते रहते थे। इनकी झगड़ा-टंटा खड़ी करनेवाली भाषा ऊपर से कठोर लेकिन भीतर से मर्मभरी भाषा थी—सन्ध्या भाषा या सन्धा-भाषा। तान्त्रिक साधना का प्रभाव निर्गुणिया सन्तों-भक्तों की वाणी में सिर चढ़कर बोला है। पता नहीं आचार्य रामचन्द्र शुक्ल ने इन निर्गुणियाँ सन्तों को किस सनक में 'लोक विरोधी' घोषित कर दिया। (तुलसीदास-16)। आज उनके इस विचार से हृदय में पीड़ा होती है। लोकसंस्कृति और लोकपीड़ा की सहज ध्वनि तो इन निर्गुणियाँ सन्तों-भक्तों की वाणी में ही फूटी है—कबीर-रैदास-सुन्दर को लोक विरोधी कहना-अनुचित है। निर्गुणिया साधना के पर तो छठी-सातवीं में उगे लेकिन इसने उड़ना नौवीं-दशवीं शताब्दी में शुरू किया। फिर तान्त्रिक साधना ने योगाभ्यास' का बाना धारण कर लिया। दक्षिण भारत की लोक-भाषाओं में योग और भक्ति के ग्रन्थों की बाढ़ आ गयी। विशाल पांचरात्र साहित्य रचा गया। शैव आगमों-उपागमों की संख्या दो सौ के पास पहुँच गयी। इन ग्रन्थों से यह भी ध्वनि निकलती है कि आर्य-आर्येतर जातियों में शताब्दियों तक घमासान हुआ। असुरों, दैत्यों, नागों, यक्षों, राक्षसों के रगड़ों-झगड़ों का कोई अन्त इस साहित्य में दिखाई नहीं देता। धीरे-धीरे उन पर आर्य-वर्चस्ववाद कायम हुआ अवश्य लेकिन भारी वैचारिक महाभारत के बाद। पुराणों के अनुशीलन से पता चलता है कि कैसे आर्येतर जातियाँ आर्य जातियों के भाषा-धर्म-दर्शन-परम्परा के प्रभाव में आयीं और आर्य-परम्पराओं को प्रभावित भी किया। रवीन्द्रनाथ टैगोर ने 'भारतवर्ष में इतिहास की धारा' (1912) निबन्ध में भारी सोच-विचार के साथ निष्कर्ष निकाला था—''किसी को यह नहीं समझना चाहिए कि अनार्यों ने हमें कुछ नहीं दिया। वास्तव में, प्राचीन द्रविड़ लोग सभ्यता की दृष्टि से हीन नहीं थे। उनके सहयोग से हिन्दू-सभ्यता को रूप-वैचित्र्य और रस-

गाम्भीर्य मिला। द्रविड़ तत्त्वज्ञानी नहीं थे, पर उनके पास कल्पना-शक्ति थी। वे संगीत और वास्तुकला में निपुण थे।' रवीन्द्रनाथ के इस निबन्ध का प्रभाव आचार्य हजारी प्रसाद द्विवेदी की अनेक स्थापनाओं पर दृष्टिगत होता है। डॉ. नामवरसिंह ने लिखा है—द्विवेदी जी ने इसी रास्ते चलकर गन्धर्वों, यक्षों और नागों जैसी आर्येतर जातियों के कलात्मक अवदान की खोज की है।' (दूसरी परम्परा की खोज, पृ. 12)।

भारतीय-संस्कृति-साधना के बड़े भारी खोजी हैं—रवीन्द्रनाथ टैगोर। इसी खोज से उनका यह चिन्तन-मन्थन निकला है कि वैष्णव धर्म में एक ओर भगवद्‌गीता का विशुद्ध, उच्च धर्म तत्त्व है, तो दूसरी ओर अनार्य ग्वालों में प्रचलित देव लीला की विचित्र कहानियाँ भी उसमें सम्मिलित हैं।' इन कथा-कहानियों के चिन्तन-मनन से गुरुदेव टैगोर का यह विचार बना था—'वैष्णव धर्म का आश्रय लेकर जो लोक प्रचलित पौराणिक कथाएँ आर्य-समाज में प्रतिष्ठित हुईं, उनमें प्रेम, सौन्दर्य और यौवन की लीला हैं, प्रलयपिनाक के स्थान पर बाँसुरी के स्वर हैं; भूत-प्रेत के स्थान पर वहाँ गोपियों का विलास है; वहाँ वृन्दावन का चिर वसन्त और स्वर्गलोक का चिर ऐश्वर्य है।' वैष्णव धर्म में अनेक आर्य-अनार्य मत घुलते-मिलते रहे। यहाँ तक कि आभीर जाति की प्रेम देवी राधा और प्रेम-देवता श्री कृष्ण के वैष्णव धर्म में आने पर धरती पर वैकुंठ उतर आया। इधर गोपीनाथ कविराज ने शाक्त-शैव वैष्णव साधनाओं पर जो पुस्तकें लिखी हैं—उनसे एक नया आयाम सामने आया है कि कैसे वैष्णव-शैव साधनाएँ टकराकर हिन्दू धर्म में समाती गयी हैं। धर्मों में तन्त्र-मन्त्र-मुद्रा-जप को बढ़ावा मिला और सभी सम्प्रदायों में उपास्य देवियों की महिमा का विस्तार हुआ। दर्शन ने टीकाओं-भाष्यों के सहारे से देवी के शक्ति-तन्त्र का अर्थानुसन्धान किया और आकर ग्रन्थों के सिद्धान्त चिन्तन के शिखरों का स्पर्श करने लगे। क्या यह समय रहा होगा जिसमें कुमारिल और प्रभाकर जैसे मीमांसक और आद्य शंकर जैसे अद्वैतवादी जन्म धारण करते हैं। सभी वैदिक सम्प्रदायों में शंकर ने प्राण फूँकने का कार्य किया। क्या ही अद्‌भुत बात है कि इसी काल में वाचस्पति-मिश्र ने 'न्यायदर्शन' पर 'वात्स्यायन भाष्य' लिखा। आचार्य चन्द्रकीर्त्ति ने दार्शनिक नागार्जुन की 'कारिका' पर 'टीका' लिखकर तहलका मचा दिया। पुराणों, आगमों, तन्त्रों और संहिताओं ने इस काल में जीवन-पुनर्जीवन पाया और 'भागवतपुराण' की काव्यात्मकता, दार्शनिकता, धर्म-मधुरता, कथात्मकता की लोकमन पर धाक जम गयी। विष्णु, भागवत, नारद, गरुड़ चारों पुराण वैष्णव-धर्म-साधना के चार पाये बनते गये।

इसी काल में तन्त्रों ने जनता के मन पर राज करना शुरू कर दिया। तन्त्र-मन्त्र के अर्थों का बहुलार्थक भाष्य या विमर्श बढ़ा और इन्हें ही त्राणकारी मान लिया गया। तन्त्र केवल शाक्त-ग्रन्थों का नाम ही नहीं रहा, सभी प्रकार के 'आगम' तन्त्र कहे जाने लगे। इन आगमों की तीन श्रेणियाँ हैं—वैष्णव आगम, शैव-आगम और शाक्त आगम।

आचार्य द्विवेदी ने इस स्थिति को स्पष्ट करते हुए लिखा है—'व्यवहार में इन तीनों के अधिक प्रचलित नाम क्रमशः संहिता, आगम और तन्त्र हैं। श्रीमद्भागवत में पांचरात्र या सात्वत संहिताओं को सात्वत तन्त्र कहा गया है।' (ग्रन्थावली 5/224)। इन आगमों में कुछ वैदिक हैं—कुछ अवैदिक। बौद्ध धर्म को अपनी ताकत से रौंदकर जब ब्राह्मण धर्म का तेज चमका तो लोक में वेदों की धूम मची। इसी धूम में लोक वेदों (लोक साहित्य नाटक) का भी उद्भव हुआ। कापाल, वाम, भैरव, पांचरात्र, लकुम, पाशुपत आदि को अवैदिक कहकर घेरा-धिक्कारा जाने लगा। शंकराचार्य के प्रबल प्रताप के आगे अवैदिक धर्म टिक न सके। शंकर सुनामी में उनका साँचा-ढाँचा ढीला पड़ गया। वैष्णव-आगम दो प्रकार के हैं—पांचरात्र संहिताएँ और वैखानस संहिताएँ। किसी समय कश्मीर शाक्तों का प्रधान केन्द्र रहा और बाद में बंगाल और असम। सभी आगम घूम-फिरकर भक्ति पर जोर देते हैं और ईश्वर की इच्छा-शक्ति क्रियाशक्ति पर भरोसा। उपासना में जाति-वर्णों के भेदभाव को अस्वीकार करते हैं और मन्त्र, बीज, यन्त्र, मुद्रा, न्याय, भूतसिद्धि और कुण्डलिनी योग की साधना। आगमों में पारिभाषिक शब्द भरे पड़े हैं—कहीं त्रिपुर सुन्दरी महाकाली हैं तो कहीं लक्ष्मी-शक्ति।

प्रश्न उठता है कि भक्ति में भागवत किसे कहते हैं? मोटे तौर पर तो पांचरात्र-सम्प्रदाय या मत के भक्तों को भागवत कहते हैं। पांचरात्र-संहिताएँ कब कहाँ लिखी गयीं किस समय (छठी से आठवीं शताब्दी तक) लिखी गयीं—कहना कठिन है। कुछ भी हो, संहिताओं को आचार्य द्विवेदी 'वैष्णवों का कल्पसूत्र' कहना ठीक मानते हैं। यदि इनके शास्त्रीय विभाग को छोड़ दिया जाए तो संहिताओं में तत्त्वज्ञान, मन्त्रशास्त्र, यन्त्रशास्त्र मायायोग, योग, मन्दिर-निर्माण, प्रतिष्ठा-विधि संस्कार, वर्णाश्रम और उत्सव दस विषयों का ही विस्तार है। (ग्रन्थावली, 5/228)। पांचरात्र मत का प्रसिद्ध नाम है चतुर्व्यूह सिद्धान्त। इस सिद्धान्त के अनुसार वासुदेव से संकर्षण (जीव) संकर्षण से प्रद्युम्न (मन) और प्रद्युम्न से अनिरुद्ध (अहंकार) की उत्पत्ति है। यह सिद्धान्त कभी इतना लोकप्रसिद्ध रहा होगा कि शंकराचार्य को इसके खण्डन के लिए खड़ा होना पड़ा। शंकर को रामानुजाचार्य ने कई स्तरों पर परवर्ती काल में खदेड़कर दम लिया। उन्होंने दक्षिण के मन्दिरों में से वैखानस संहिताएँ (शिव प्रधान) को बाहर निकाला और पांचरात्र संहिताओं (विष्णु प्रधान) की महत्त्व-प्रतिष्ठा की। मन्दिरों में शिव और विष्णु की पूजा-अर्चना होती थी और दोनों ही समान थे। रामानुजाचार्य ने शिव को पीछे कर विष्णु को आगे बढ़ाया और उनकी पूजा को प्रधानता दी। भागवत-मत में ज्यादा विस्तार किया और चर्चा की है। लेकिन सर्वाधिक बड़ा सत्य इनका यही है कि यहाँ भक्ति को प्रधानता दी गयी है। भगवान के अनुग्रह से ही जीव के पापों (मल) का नाश होता है।

संहिताओं ने और कुछ किया हो या न किया हो इतना अवश्य किया है कि वे भगवान को लोक के बीच ले गयीं और कष्टों से कराहते मानव को नया जीवन मन्त्र दिया। सांसारिक प्रपंचों से मुक्ति पाने का एक ही मार्ग है अहं को त्याग कर भगवान की शरण में जाना, गुणगान करना और रक्षक रूप में वरण करना। भागवतों के दो प्रसिद्ध, मन्त्रों का जाप करना द्वादशाक्षर—'ओं नमो भगवते वासुदेवाय' और अष्टाक्षर...ओं नमो नारायणाय।— गुरु से दीक्षा लेकर पाँच नियमों का व्रत लेना—(1) तप, शंख, चक्र आदि से शरीर को चिह्नित करना (2) तिलक धारण करना (3) नया नाम स्वीकार (4) मन्त्र-जाप (5) योग अर्थात् भगवान की तन्मय पूजा। दक्षिण भारत में इस तरह का भक्ति-विधान लगभग सभी मन्दिरों में अपनाया गया। यहाँ सातवीं शताब्दी से लेकर दसवीं शताब्दी तक भक्तों का संगीत से अटूट रिश्ता जुड़ा और गायकों की धूम रही। भक्त गायक मन्दिर-मन्दिर गीत-गायन में प्रवृत्त हो गये। शैव और वैष्णव दोनों तरह के भक्त गा-गाकर भगवान को प्रसन्न करने लगे। वैष्णवों में आठ-आलवार भक्त-बहुत प्रसिद्ध हुए। उनके भजनों में रामायण महाभारत, पुराण की कथा-तरंगों ने मानव-मन को लुभा लिया। आलवारों ने जात-पाँत के बन्धनों से विद्रोह किया। मन्दिरों में यह वैष्णव गूँज उठा—'ओं नमो नारायणाय।' नारायण की इतनी महत्त्व-प्रतिष्ठा हुई कि श्री वैष्णवों ने अष्टाक्षर मन्त्र को स्वीकार कर लिया तथा दो नयी उपनिषदें बना डालीं—'नारायण' तथा 'आत्मबोध'। 'नारायणीयोपाख्यान' ने अवतारवाद को लोकमन में उतार दिया। इसी काल (सातवीं-आठवीं शताब्दी) में नृसिंह-मन्त्र-महिमा का विस्तार हुआ। नृसिंह-महिमा का ही प्रताप है कि बाण भट्ट ने 'कादम्बरी' में नृसिंह-महिमा का स्मरण किया। अनेक वराह मूर्तियाँ बनी और 'राम उत्तर तापनीय' तथा 'रामपूर्व तापनीय' नामक दो उपनिषदों को लिखा गया। राम, सूर्य, गरुड़, गणेश की पूजा से भक्तों ने अपने चित्त को निर्मल किया। स्थिति ऐसी बनी कि शैवों का पाशुपत मत बलशाली हो गया। इतना बलशाली हो गया कि शंकराचार्य (आठवीं शताब्दी) को 'शारीरक भाष्य' में इस पाशुपत मत का प्रबल शब्दों में प्रतिवाद करना पड़ा।

अनेक पुराणों में लिंगपुराण ने सिर उठाया। इस पुराण के साक्ष्य पर कहा जा सकता है कि उस समय पाशुपत मत की तीन प्रमुख शाखाएँ सक्रिय थीं—(1) वैदिक, (2) तान्त्रिक, (3) मिश्र। वैदिक पाशुपत लिंग रुद्राक्ष और भस्म, मिश्र पाशुपत-पंचदेवी की पूजा-उपासना तथा तान्त्रिक पाशुपत—चिह्न और शूल धारण करते थे। इसी समय गुजरात में लकुलीश पाशुपत मत का प्रादुर्भाव हुआ और कापालिक सम्प्रदाय भी चर्चा में आये। इनका सिद्धान्त था जीव पशु है—शिव पशुपति। पशुपति ही समस्त कार्यों के कारण हैं। कापालिक मत वाममार्गी था—इसमें गृहस्थ नहीं आये। भवभूति के नाटक 'मालती-माधव' का अघोर घंट कापालिक चामुंडा के मन्दिर में

मालती की बलि देना चाहता था। शैव कापालिक कश्मीर में दर्शन-विस्तार को लेकर सामने आये तथा आगमों की शक्ति से तगड़े पड़े। इन्होंने त्रिक्-दर्शन का प्रतिपादन किया। त्रिक् माने-शिव भक्त और अणु या पशु। इस त्रिक दर्शन का एक नाम प्रत्यभिज्ञा दर्शन है—त्रिक् अर्थात् स्पन्दन। पंडित लोग कहते हैं कि शैवागमों की संख्या अट्ठाईस है और उपागमों की सत्तर। कश्मीरी शैव, तमिल शैव और उत्तर भारत के शैव समय की दूरी को गलाकर नजदीक आते गए। दक्षिण भारत की तरह उत्तरी-भारत भी शैवागम के आनन्द-रस से धन्य हो गया। शैवागमों की अद्वैतपरक व्याख्या ने भी इस मत को प्रसिद्ध किया। एक लोक-कथा यह है कि शिवजी से स्वप्न में आदेश पाकर वसुगुप्त ने सतहत्तर शिव-सूत्रों को लोक-कल्याणार्थ उपलब्ध कराया। इन्हीं सूत्रों को आधार बनाकर 'स्पन्द कारिका' की निष्पत्ति हुई। वसुगुप्त के दो प्रतिभा शाली शिष्य थे—कल्लट और सोमानन्द। कल्लट ने त्रिक-दर्शन और सोमानन्द ने प्रत्यभिज्ञा-दर्शन का प्रतिपादन किया। सोमानन्द के मेधावी प्रशिष्य हुए—पादाचार्य अभिनवगुप्त। अभिनव आचार्य उत्पल के शिष्य थे। 'महाकुलांगना विनिर्णयतन्त्र' परमेश्वरमत तन्त्र' तथा 'सम्मोहन तन्त्र' की विचार-ध्वनि यह है कि शक्ति-शिव अभेदमय हैं। शक्ति लीलामयी है—'महाचिति' है और आद्या ललिता महाशक्ति ने ही श्रीकृष्ण और श्री राम का पुरुष-विग्रह धारण किया है—इसलिए शिव-कृष्ण-राम में जो भिन्नता बनाकर अपना विचार रखते हैं वे महामूढ़ हैं। इनमें ऊपर से भेद दिखाई देता है—तत्त्वत: ये तीनों अभेदमय हैं। बुद्धिमान लोग शैव और शाक्तों के छत्तीस-तत्त्वों पर विमर्श करते हैं और पाते हैं कि एक तत्त्व दूसरे तत्त्व से अभिन्न है। शैवों में कापालिक मत, नाथमत, रसेश्वर मत दिखाई देते हैं—अलग। लेकिन अलग हैं नहीं, तीनों में अद्वैत स्वर की अन्तर्योजना है। यहाँ तक कि 'कौलावलि निर्णय' में शैवपद और विष्णुपद को एक ही 'परमपद' का नाम दिया गया है। यह सिद्धान्त साक्षी है कि भारतीय मनीषा सदैव विरोधों में सामंजस्य स्थापित करने की शक्ति धारण किये रही तथा भेद को भूलकर अभेद की ओर बढ़ने में ही अपना गौरव पाती रही। इसलिए हमारे लिए कोई 'अन्य' कभी नहीं रहा। 'सम्मोहन तन्त्र' में बौद्ध जैन, अघोर, भैरव, कापालिक, पांचरात्र, पाशुपत आदि बाईस आगमों की चर्चा अवश्य है किन्तु सभी आगम एक-दूसरे के पूरक हैं, विरोधी होने पर भी पूरक हैं।

इसे 'प्रभु इच्छा भावी बलवाना' ही मानना चाहिए कि इसी काल के अन्तिम चरणों में 'भागवतपुराण' का महिमा गान शुरू हुआ। इस पुराण ने उत्तर-साहित्य का पूरा प्रतिपाद्य विषय ही बदल डाला। फिर इसे 'श्री भाष्य' का श्रीफल मिला। दोनों ने एक होकर वैष्णव सिद्धान्त-मत-चिन्तन का ऐसा ठाठ खड़ा किया कि वह लोक हृदय में रच बस गया। राग पर आधारित प्रेम साधनाओं ने मानव-मन को गंगा-जमुना जल के प्रेम से सींच डाला। वल्लभ और चैतन्य सम्प्रदाय इस प्रेम-वारि से भर गये

और श्रीकृष्ण का प्रेममूलक रूप-राग लोक-सौन्दर्य भक्ति-सौन्दर्य बन गया। इस भक्ति-सौन्दर्य के हिमालय से चार सम्प्रदाय निकल पड़े—श्रीवैष्णव, ब्रह्म-सम्प्रदाय, रुद्र और सनक। श्री वैष्णव मत के आचार्य रामानुजाचार्य ने सगुण भक्तिमार्ग से लोक जागरण का शंखनाद किया—'प्रस्थानत्रयी' का नये सिरे से भाष्य किया और शिव से ज्यादा विष्णु को प्रधानता दी। ब्रह्म सम्प्रदाय के आनन्दतीर्थ मध्वाचार्य, रुद्र सम्प्रदाय के आचार्य विष्णु स्वामी और उनके अनुयायी शुद्धाद्वैतवादी वल्लभाचार्य, सनक सम्प्रदाय के आचार्य निम्बार्क द्वैताद्वैत के प्रतिष्ठापक आचार्य हुए। इनमें चैतन्य सम्प्रदाय का नाभिनाल सम्बन्ध मध्वाचार्य के सिद्धान्त चिन्तन से रहा है। लेकिन अपने विशाल साहित्य और विशालतम चिन्तन के कारण इसे अचिन्त्य भेदाभेदवाद जैसा सार्थक नाम दिया गया।

यह संयोग ही है कि दक्षिण में भक्तिमूलक वैष्णव मत का आन्दोलन जब अपनी जवानी पर था तब उत्तर-भारत में एक तरह की भक्ति-खुमारी भरी हुई थी और योगमत कई छवियों में अपनी वैचारिक आभा बिखेर रहा था। इस योगमार्ग ने भक्ति मार्ग में अपने को बिना ज्यादा ननु-नच के मिला लिया और इसी मेल मिलाप से एक क्रान्तिकारी सन्त-भक्त पैदा हुआ जिसका नाम है—कबीरदास।

इस समय तान्त्रिकों और कापालिकों की दुनिया में काफी रौनक मिलती है। दोनों का विश्वास था कि शिव-उपासना में आशुतोष देवता हैं—ज्ञेय हैं। 'भागवत' में कहा गया है कि शक्ति से रहित शिव शव के समान है। ''शिवोऽपि शवतां याति कुण्डलिन्या विवर्जितः।'' तान्त्रिकों में न जाने कब से पक्का विश्वास है कि शिव का 'स्वरूप' लक्षण नहीं किया जा सकता, क्योंकि उनके न नाम हैं न गुण। निर्गुण शिव ज्ञेय तो हैं पर उनकी भक्ति असम्भव है। शक्ति का क्रीड़ा-नर्तन और शिव का ताण्डव अव्याख्येय तत्त्व हैं। शैव कापालिक स्वेच्छाचारी थे, वामाओं के साथ रतिक्रीड़ा करते थे और 'युगनद्धता के दर्शन में रमते थे। ये हर तरह से भारत के 'पोस्ट माडर्न' उत्तर आधुनिक लोग थे—भोगवादी-डकारवादी और नैतिकताओं के परम विरोधी। देहवादी-मनुष्य। ये मद्यपायी नारी-प्रेमी कहते अपने को शैव योगी थे पर इनका योगवाद योनिवाद से जुड़ा था। शाक्त-तन्त्र का श्रीपर्वत दर्शन सिद्धों-नाथों तक खिंचा चला आता है—और 'वाममार्ग' में वामा दर्शन का पर्याय। इस वामा दर्शन को भक्ति-साधनाओं ने अस्वीकार किया और प्रेमरूप परमात्मा पर अपना ध्यान और दर्शन केन्द्रित किया। बहुदेववाद के कारण भक्तिवाद में हृदय की उदारता का प्रवेश हुआ।

शाक्त-साधना और तन्त्रवाद का केन्द्र था—मगध। समय की लीला का ऐसा विस्तार हुआ कि मगध में ही शैवमत ने गढ़ बनाया। बौद्ध-मत की चिन्तन प्रसारभूमि भी यही थी। फिर बौद्धमत के पतनकाल में तान्त्रिक साधनाओं की आँधी चल पड़ी। लेकिन शाक्त-साधना तो बौद्ध-मत से पहले ही मौजूद थी। वैदिक धर्म को केवल

बौद्ध-धर्म का विरोध ही नहीं, शैव-शाक्तों का विरोध भी झेलना पड़ा। इतना ही नहीं मगध से काफी दूर थे वैदिक यज्ञ संस्कृति के केन्द्र। हाँ, वैदिक कर्मकाण्ड के विरोधी थे जनक और याज्ञवल्क्य, बुद्ध और महावीर। पूर्वी प्रदेशों में जन्म लेने के कारण जनक, गौतम बुद्ध और महावीर मगध की नगर सभ्यता से जुड़े हुए हैं। खेती और व्यापार, राजनीति और नारी मगध में वाममार्ग को बुला रही थीं और बाद में हुआ भी यह सच।

बौद्ध-जैन मतों ने 'अहिंसा' को मूल्य मानकर नैतिकता का एक नया समाज शास्त्र गढ़ डाला जिसमें देवी को प्रसन्न करने के लिए 'पशुबलि' को स्थान न था। न ही उस भोगवाद को स्थान था जो मन्दिरों में सम्भोग मुद्राओं के आर्किटाइपल स्वप्न साकार कर रहे थे। जैन-मत व्यापारियों से, बौद्ध मत क्षत्रिय सुधारवाद से आन्दोलित था। लेकिन बौद्धमत के ह्रास काल में तन्त्रवाद ने उसमें स्थान पाया और जब भागवत धर्म का प्रसार हुआ तो विष्णु की पत्नी लक्ष्मी ने कला और व्यापार को पुनर्जीवित किया। डॉ. रामविलास शर्मा ने दक्षिण भारत में व्यापक पैमाने पर भक्ति-आन्दोलन के प्रसार में व्यापारिक पूँजीवाद की भूमिका को रेखांकित किया है क्योंकि इससे नगर जागे और व्यापार को बढ़ावा मिला। (हिन्दी जाति का साहित्य, पृ. 89) जैनमत, बौद्धमत और वैष्णवमत ने तन्त्रवाद की बढ़ती ताकत को रोक दिया। हालाँकि बौद्ध और वैष्णव मत उससे मुक्त कभी नहीं हो सके। भारत के नगर जब लुटे-पिटे तो तन्त्रवाद फिर हरा-भरा हुआ और एक भोगवादी संस्कृति की पूरी बत्तीसी बनकर तैयार हुई। आचार्य द्विवेदी के मन में तन्त्रवाद के लिए एक कोमल कोना है, यही कोना उन्हें खींचकर वैष्णव मत के सूरदास से कबीर की ओर ले गया। शिव की ओर ले गया— निर्गुनियाँ सन्तों के लोक-धर्म की ओर ले गया। आचार्य शुक्ल की वृत्ति ऐसी थी कि तन्त्रवाद की ओर जा नहीं सकते थे। शैवों के गढ़ काशी में वैष्णव रामानन्द के शिष्य अपनी अक्खड़ता से काशी के पंडित को ललकार सकते थे, लेकिन वैष्णव तुलसी दास भी 'अलख-निरंजन' से धक्का-मुक्की करने में पीछे न थे। शैव पंडितों की कट्टर जातिप्रथा का दोनों कवियों ने खंडन किया। मूल बात यह कि वैष्णव भक्तिवाद के मूल में जातिवाद विरोधी एक प्रबल अभियान की क्रान्ति-ध्वनि है।

वैष्णव-मत शाक्त-शैव-नाथ मत तन्त्रवाद को धकेल कर पीछे कर रहा था। दरअसल, बौद्धों की महायान शाखा के प्रभाव से तन्त्र और योग पनपता रहा। उधर नाथों, शैवों और बौद्धों में जो एकता स्थापित हुई उसका रंग नेपाल में दिखाई दिया। गोरखपन्थी कनफटे साधु-स्फटिक की भारी मुद्रा कान छिदवाकर पहनते थे, इससे इनके कान बढ़ जाते थे—बुद्धों और बोधिसत्त्वों के कान भी बड़े होते हैं। कबीर ने एक शाक्त को कसाई तक कह डाला—"साधो पाँड़े निपुन कसाई" वैष्णव अर्थात् अहिंसावादी मानव। आचार्य शुक्ल ने 'जायसी ग्रन्थावली' की भूमिका में शाक्त और वैष्णव विरोध पर लिखा है—"चैतन्य महाप्रभु, वल्लभाचार्य और रामानन्द के प्रभाव

से प्रेमप्रधान वैष्णव धर्म का जो प्रवाह बंगदेश से लेकर गुजरात तक बहा, उसका सबसे अधिक विरोध शाक्तमत और वाममार्ग के साथ दिखाई दिया।'' वैष्णवों के साथ सूफ़ियों ने तन्त्रवाद का विरोध किया—'पद्मावत' का राघव चेतन तान्त्रिक है—''इस पात्र का स्वरूप समाज की उस भावना का पता देता है जो लोकप्रिय वैष्णव-धर्म के कई रूपों में प्रचार के कारण शाक्तों-तान्त्रिकों या वाममार्गियों के विरुद्ध हो रही थी।'' (जायसी ग्रन्थावली)। आगे कहा—''मन्त्र-तन्त्र के प्रयोग करने वाले, भूत-प्रेत और यक्षिणी आदि सिद्ध करनेवाले तान्त्रिकों और शाक्तों के प्रति उस समय समाज के भाव कैसे हो रहे थे, इसका पता राघव-चेतन के चरित्र-चित्रण से मिलता है।'' इस ओर भी पाठक का ध्यान जाना चाहिए कि पूरा तुलसी काव्य तन्त्रवाद का निषेध है। यहाँ त्रिपुर-सुन्दरी रूप का तान्त्रिक भाव नारी सिद्धान्त को मूल रूप में अपनाता है। मूल साधना यह कि त्रिपुर-सुन्दरी से कैसे एकात्म भाव स्थापित करें। शाक्त मत कहता है—ईश्वर स्त्री है। सहजिया सम्प्रदाय वाले साधना करते हैं कि पुरुष तत्त्व का नाश कर नारी तत्त्व को जाग्रत करें, क्योंकि सृष्टि के मूल में व्याप्त नारी ही सर्जनात्मकता का केन्द्र है। तान्त्रिक साधना में पंचमकारों (मद्य, मांस, मत्स्य, मुद्रा और मिथुन) को 'सिद्धि' से जोड़ दिया गया है। प्रश्न उठना ही था कि साधक अपने पुरुष का नाश करके मैथुन क्रिया कैसे करेगा? इसका उत्तर दिया गया कि पहुँचा हुआ साधक शक्ति का रसास्वाद शिव में, आत्मा में करता है। यही शिवानन्द की भूमि है।

शाक्त-साधना के साथ शैव-मत का प्रचार-प्रसार भी जोर पकड़ता रहा। यह शैव-मत भी तन्त्रवाद से नाभि-नाल जुड़ गया। कश्मीर और काशी इसके प्रधान (मेरुदंड) केन्द्र बने और इसमें लिंगोपासना को अपनाया गया। शिव योगी हैं और शैव मत योग साधना का दर्शन। इस दर्शन में पंचमकारों को स्थान नहीं है—न मैथुनी — महासुखवाद को। डॉ. रामविलास शर्मा ने लिखा है—'मैथुन' चित्तवृत्ति निरोध के अन्तर्गत नहीं है। जहाँ जोगी स्त्री-सहवास में भी अमैथुनी साधना का दावा करता है वहाँ वह पुरानी तान्त्रिक साधना को योग के साँचे ढालने का प्रयत्न करता है। उत्तर भारत के एक प्रसिद्ध योगी थे—गोरखनाथ।' (दे. हिन्दी जाति का विकास, पृ. 87)। ध्यान रहे कि गोरखनाथ के नाथपन्थ का मूल भी बौद्धों की वही व्रजयान शाखा है जिसके चौरासी सिद्धों में गोरख भी मौजूद हैं। किन्तु यह स्पष्टता से जानना होगा कि आगे चलकर गोरखनाथ ने अपना मार्ग सिद्धों से अलग कर लिया। 'योगियों की इस हिन्दूशाखा ने वज्रयानियों के अश्लील और वीभत्स-विधानों से अपने को अलग रखा, यद्यपि शिव-शक्ति की भावना के कारण कुछ शृंगारमयी वाणी भी नाथ-पन्थ के किसी-किसी ग्रन्थ (जैसे—शक्ति संगम तन्त्र) में मिलती हैं। गोरख ने पतंजलि के उच्च लक्ष्य ईश्वर प्राप्ति को लेकर हठयोग का प्रवर्तन किया। वज्रयानी सिद्धों का लीला क्षेत्र भारत का पूर्वी भाग था। गोरख ने अपने पन्थ का प्रचार देश के पश्चिमी

भागों में किया—राजपूताने और पंजाब में। पंजाब में नमक के पहाड़ों के बीच बाल नाथ योगी का स्थान बहुत दिनों तक प्रसिद्ध रहा। जायसी के 'पद्मावत' में 'बालनाथ का टीला' आया है। (हिन्दी साहित्य का इतिहास-आदिकाल, पृ. 2)। सिद्धों की संख्या चौरासी है—नाथों की नौ। नवनाथों में नागार्जुन, जड़ भरत, हरिश्चन्द्र, सत्यनाथ, भीमनाथ, गोरक्षनाथ, चर्पट, जलन्धर और मलयार्जुन।' (दे. गोरक्ष सिद्धान्त संग्रह)। नागार्जुन प्रसिद्ध रसायनी हैं और नाथपन्थ में रसायन की सिद्धि है। नाथपन्थ सिद्धों की परम्परा से छँटकर अलग हुआ—इसमें सन्देह नहीं। कितनी बड़ी बात है कि भारत में आनेवाले बहुत से सूफ़ियों ने भारतीय योगियों से प्राणायाम की क्रियाएँ सीखीं। गोरखनाथ ने मुसलमानों पर भी अपनी छाप कम नहीं छोड़ी। इस्लाम के पीरों और फकीरों को योगियों तथा सिद्धों से पहले तो टकराना पड़ा फिर सीखना शुरू किया। बाद में ख्वाजा मुइनुद्दीन सिद्धों के करामाती दंगल में उतरे और जीत हासिल की।

सहज और नाथ सिद्धों का वेद-विरोधी स्वर छठी-शताब्दी में काफी मुखर होकर सामने आया। इसमें बौद्धों-जैनों का वेद-विरोधी स्वर भी मौजूद था। नाथपन्थी तान्त्रिक और योगी भी इस स्वर में शामिल थे।

वैष्णवों का विरोध शैवमत से न था, वामाचारियों से था—'तजि श्रुतिपन्थ बाम पथ चलहीं। बंचक विरचि वेष जगु छलहीं॥' हठयोग भी वामाचार से सम्बन्धित था और 'रामरतन' की महिमा से दूर था। लेकिन वैष्णव भक्ति-आन्दोलन में ऐसा जादू था कि निर्गुण भक्तों ने भी राम को अपनाया। कबीर ने 'राम भजौ रे भाई' की जो आवाज लगायी है, उसके पीछे समाज की यही वैष्णव शक्तियाँ सक्रिय थीं। स्वयं कबीर तान्त्रिकों को नापसन्द करते हैं, क्योंकि वे मक्कारी से भरे करामाती थे और राम-नाम से दूर होकर 'इक करै कलापी सुरापान' के प्रतीक। कितने बड़े आश्चर्य की बात है कि नाथपन्थ से प्रभावित होकर भी कबीर शिव से दूर रहे। जब कि तुलसीदास ने 'गोरख जगायो जोग भगति भगायो लोग' कहकर शिव और शिव-भक्ति में कोई कोर कसर नहीं छोड़ी। कहा 'शिवद्रोही मम दास कहावा। सो जन मोहि सपनेहु नहि भावा॥' पुराणों में ज्यादातर राक्षस असुर शिवपूजक हैं—शिव आशुतोष हैं, पशु चेतनावाले जीवों के पति-पशुपति नाथ हैं। शिव से पिछड़ी जातियों के सम्बन्ध को समझने में पुराण मदद करते हैं। आचार्य शुक्ल और रामविलास शर्मा का मत है कि भक्ति-आन्दोलन तन्त्रवाद का निषेध है। लेकिन आचार्य हजारी प्रसाद द्विवेदी उसे निषेध न मानकर उसका परिष्कार प्रसार मानते हैं। आचार्य द्विवेदी भारी अनुसन्धान के बाद इस विचार को सामने लाते हैं कि भक्ति-आन्दोलन ने बौद्धों-शाक्तों और शैवों की जटिल साधनाओं का सार-तत्त्व ग्रहण किया और वह सार तत्त्व ही भक्ति-मार्ग बना। तो तन्त्रवाद के निषेध का प्रश्न कहाँ है ? आचार्य शुक्ल बौद्ध तान्त्रिकों के विकृत वामाचार को बर्दाश्त नहीं कर पाते हैं। लेकिन यह सब आचार्य द्विवेदी को सुहा जाता

है—क्योंकि वे विकृतियों से बौखलाते नहीं। उनके अन्तःसूत्र समाज से जोड़ते हैं और उसे भारतीय चिन्ताधारा का स्वाभाविक विकास मान लेते हैं।

दरअसल, भक्तिकाल का मुख्य अन्तर्विरोध न निर्गुण-सगुण मतों के बीच है, न लोक और शास्त्र के बीच। इस काव्य का मुख्य अन्तर्विरोध भक्तिवाद और तन्त्रवाद का है। कुछ भी कहिए मूल बात यही बची रह जाती है कि भक्तिवाद ने तन्त्रवाद को पछाड़ा भी है और इसे लोक-विरोधी मानकर अस्वीकार भी किया है। पूरा भक्तिकाव्य ऐसे स्वामी की तलाश में है जो करुणामय हो, 'जाहि दीन पर नेह' हो, जो पतित-पावन हो और ऊँच-नीच के भेदभाव को, जाति-वर्ण-वर्ग की असमानता को मिटानेवाला हो, विषमतामूलक हर स्थिति से छुटकारा दिलानेवाला हो। भक्तिकाव्य अपने समस्त-सामाजिक-राजनीतिक अभिप्रायों में सामन्तवादी, वर्चस्ववादी, कुलीनतावादी, पुरोहितवादी, जातिवादी जकड़नों से मुक्ति चाहता है। यह प्रेम का काव्य है और स्वच्छन्दता-स्वतन्त्रता का समर्थक। भक्तों को न निर्वाण चाहिए न मोक्ष न वैकुंठ धाम का भोग। मानव प्रेम चाहिए—'प्रेमा पुमर्थो महान।' आज के उत्तर-आधुनिक समाज में जो चीज नदारद है वह प्रेम है। प्रेम के अभाव में सभी सम्बन्ध सूख रहे हैं। इस उपभोक्तावादी संस्कृति और समाज में भक्तिकाव्य ही हमें जीवन जीने की दिशा और दृष्टि दे सकता है।

परिशिष्ट (क)

पूर्व-मध्यकाल : भक्तिकाल

देश में मुसलमानों का राज्य प्रतिष्ठित हो जाने पर हिन्दू जनता के हृदय में गौरव गर्व और उत्साह के लिए वह अवकाश न रह गया। उसके सामने ही उनके देवमन्दिर गिराये जाते थे, देवमूर्तियाँ तोड़ी जाती थीं और पूज्य पुरुषों का अपमान होता था और वे कुछ भी नहीं कर सकते थे। ऐसी दशा में अपनी वीरता के गीत न तो वे गा ही सकते थे और न बिना लज्जित हुए सुन ही सकते थे। आगे चलकर जब मुसलिम साम्राज्य दूर तक स्थापित हो गया तब परस्पर लड़नेवाले स्वतन्त्र राज्य भी नहीं रह गये। इतने भारी राजनीतिक उलटफेर के पीछे हिन्दू जनसमुदाय पर बहुत दिनों तक उदासी-सी छायी रही। अपने पौरुष से हताश जाति के लिए भगवान की शक्ति और करुणा की ओर ध्यान ले जाने के अतिरिक्त दूसरा मार्ग ही क्या था?

यह तो हुई राजनीतिक परिस्थिति। अब धार्मिक स्थिति देखिए। आदिकाल के अन्तर्गत यह दिखाया जा चुका है कि किस प्रकार वज्रयानी सिद्ध, कापालिक आदि देश के पूरबी भागों में और नाथपन्थी जोगी पच्छिमी भागों में रमते चले आ रहे थे। इसी बात से इसका अनुमान हो सकता है कि सामान्य जनता की धर्म भावना कितनी दबती जा रही थी, उसका हृदय धर्म से कितनी दूर हटता चला जा रहा था।

धर्म का प्रवाह कर्म, ज्ञान और भक्ति, इन तीन धाराओं में चलता है। इन तीनों के सामंजस्य से धर्म अपनी पूर्ण सजीव दशा में रहता है। किसी एक के भी अभाव से वह विकलांग रहता है। कर्म के बिना वह लूला लँगड़ा, ज्ञान के बिना अन्धा और भक्ति के बिना हृदयविहीन क्या निष्प्राण रहता है। ज्ञान के अधिकारी तो सामान्य से बहुत अधिक समुन्नत और विकसित बुद्धि के कुछ थोड़े से विशिष्ट व्यक्ति ही होते हैं। कर्म और भक्ति ही सारे जनसमुदाय की सम्पत्ति होती है। हिन्दी साहित्य के आदिकाल में कर्म तो अर्थशून्य विधि-विधान, तीर्थाटन, पर्वस्नान आदि के संकुचित घेरे में पहले से बहुत कुछ बद्ध चला आता था। धर्म की भावात्मक अनुभूति या भक्ति, जिसका सूत्रपात महाभारत काल में और विस्तृत प्रवर्तन पुराणकाल में हुआ था, कभी कहीं दबती, कभी कहीं उभरती, किसी प्रकार चली भर आ रही थी।

अर्थशून्य बाहरी विधि-विधान, तीर्थाटन, पर्वस्नान आदि भी निस्सारता का संस्कार फैलाने का जो कार्य वज्रयानी सिद्धों और नाथपन्थी जोगियों के द्वारा हुआ, उसका उल्लेख हो चुका है। पर उनका उद्देश्य 'कर्म' को उस तंग गड्ढे से निकालकर प्रकृत धर्म के खुले क्षेत्र में लाना न था बल्कि एकबारगी किनारे ढकेल देना था। जनता की दृष्टि को आत्मकल्याण और लोककल्याण विधायक सच्चे कर्मों की ओर ले जाने के बदले उसे वे कर्मक्षेत्र से ही हटाने में लग गये थे। उनकी बानी तो 'गुह्य, रहस्य और सिद्धि' लेकर उठी थी। अपनी रहस्यदर्शिता की धाक जमाने के लिए वे बाह्य जगत् की बातें छोड़, घट के भीतर के कोठों की बात बताया करते थे। भक्ति, प्रेम आदि हृदय के प्रकृत भावों का उनकी अन्तस्साधना में कोई स्थान न था, क्योंकि इनके द्वारा ईश्वर को प्राप्त करना तो सबके लिए सुलभ कहा जा सकता है। सामान्य अशिक्षित या अर्धशिक्षित जनता पर इनकी बानियों का प्रभाव इसके अतिरिक्त और क्या हो सकता था कि वह सच्चे शुभकर्मों के मार्ग से तथा भगवद्भक्ति की स्वाभाविक हृदयपद्धति से हटकर अनेक प्रकार के मन्त्र, तन्त्र और उपचारों में जा उलझे और उसका विश्वास अलौकिक सिद्धियों पर जा जमे? इसी दशा की ओर लक्ष्य करके गोस्वामी तुलसीदास ने कहा था—

गोरख जगायो जोग, भगति भगायो लोग।

सारांश यह कि जिस समय मुसलमान भारत में आये उस समय सच्चे धर्मभाव का बहुत कुछ ह्रास हो गया था। प्रतिवर्तन के लिए बहुत कड़े धक्कों की आवश्यकता थी।

ऊपर जिस अवस्था का दिग्दर्शन हुआ है, वह सामान्य जनसमुदाय की थी। शास्त्रज्ञ विद्वानों पर सिद्धों और जोगियों की बानियों का कोई असर न था। वे इधर-उधर पड़े अपना कार्य करते जा रहे थे। पण्डितों के शास्त्रार्थ भी होते थे, दार्शनिक खंडन मंडन के ग्रन्थ भी लिखे जाते थे। विशेष चर्चा वेदान्त की थी। ब्रह्मसूत्रों पर, उपनिषदों पर, गीता पर, भाष्यों की परम्परा विद्वन्मण्डली के भीतर चली चल रही थी, जिससे परम्परागत भक्तिमार्ग के सिद्धान्त पक्ष का कई रूपों में नूतन विकास हुआ। कालदर्शी भक्त कवि जनता के हृदय को सँभालने और लीन रखने के लिए दबी हुई भक्ति को जगाने लगे। क्रमशः भक्ति का प्रवाह ऐसा विकसित और प्रबल होता गया कि उसकी लपेट में केवल हिन्दू जनता ही नहीं, देश में बसनेवाले सहृदय मुसलमानों में से भी न जाने कितने आ गये। प्रेमस्वरूप ईश्वर को सामने लाकर भक्त कवियों ने हिन्दुओं और मुसलमानों दोनों को मनुष्य के सामान्य रूप में दिखाया और भेदभाव के दृश्यों को हटाकर पीछे कर दिया।

भक्ति का जो सोता दक्षिण की ओर से धीरे-धीरे उत्तर भारत की ओर पहले

से ही आ रहा था उसे राजनीतिक परिवर्तन के कारण शून्य पड़ते हुए जनता के हृदयक्षेत्र में फैलने के लिए पूरा स्थान मिला। रामानुजाचार्य (संवत् 1073) ने शास्त्रीय पद्धति से जिस सगुण भक्ति का निरूपण किया था, उसकी ओर जनता आकर्षित होती चली आ रही थी।

गुजरात में स्वामी मध्वाचार्यजी (संवत् 1254-1333) ने अपना द्वैतवादी वैष्णव सम्प्रदाय चलाया, जिसकी ओर बहुत से लोग झुके। देश के पूर्व भाग में जयदेव जी के कृष्ण-प्रेम-संगीत की गूँज चली आ रही थी जिसके सुर में मिथिला के कोकिल (विद्यापति) ने अपना सुर मिलाया। उत्तर या मध्य भारत में एक ओर तो ईसा की 15वीं शताब्दी में रामानुजाचार्य की शिष्यपरम्परा में स्वामी रामानन्दजी हुए, जिन्होंने विष्णु के अवतार राम की उपासना पर जोर दिया और एक बड़ा भारी सम्प्रदाय खड़ा किया, दूसरी ओर बल्लभाचार्यजी ने प्रेममूर्ति कृष्ण को लेकर जनता को रसमग्न किया। इस प्रकार रामोपासक और कृष्णोपासक भक्तों की परम्पराएँ चलीं जिनमें आगे चलकर हिन्दी काव्य को प्रौढ़ता पर पहुँचानेवाले जगमगाते रत्नों का विकास हुआ। इन भक्तों ने ब्रह्म के 'सत्' और 'आनन्द' स्वरूप का साक्षात्कार राम और कृष्ण के रूप में इस बाह्य जगत् के व्यक्त क्षेत्र में किया।

एक ओर तो प्राचीन सगुणोपासना का यह काव्यक्षेत्र तैयार हुआ, दूसरी ओर मुसलमानों के बस जाने से देश में जो नयी परिस्थिति उत्पन्न हुई उसकी दृष्टि से हिन्दू-मुसलमान दोनों के लिए एक 'सामान्य भक्तिमार्ग' का विकास भी होने लगा। उसके विकास के लिए किस प्रकार वीरगाथा काल में ही सिद्धों और नाथपन्थी योगियों के द्वारा मार्ग निकाला जा चुका था, यह दिखाया जा चुका है। बज्रयान के अनुयायी अधिकतर नीची जाति के थे अतः जाति-पाँति की व्यवस्था से उनका असन्तोष स्वाभाविक था। नाथ सम्प्रदाय में भी शास्त्रज्ञ विद्वान् नहीं आते थे। इस सम्प्रदाय के कनफटे रमते योगी घट के भीतर के चक्रों, सहस्रदल, कमल, इड़ा, पिंगला, नाड़ियों इत्यादि की ओर संकेत करनेवाली रहस्यमयी बानियाँ सुनाकर और करामात दिखाकर अपनी सिद्धई की धाक सामान्य जनता पर जमाये हुए थे। वे लोगों को ऐसी-ऐसी बातें सुनाते आ रहे थे कि वेदशास्त्र पढ़ने से क्या होता है, बाहरी पूजा-अर्चन की विधियाँ व्यर्थ हैं, ईश्वर तो प्रत्येक के घट के भीतर है, अन्तर्मुख साधनाओं से ही वह प्राप्त हो सकता है, हिन्दू-मुसलमान दोनों एक हैं, दोनों के लिए शुद्ध साधना का मार्ग भी एक ही है, जाति-पाँति के भेद व्यर्थ खड़े किये गये हैं, इत्यादि। इन जोगियों के पन्थ में कुछ मुसलमान भी आये। इसका उल्लेख पहले हो चुका है।

भक्ति के आन्दोलन की जो लहर दक्षिण से आयी उसी ने उत्तर भारत की परिस्थिति के अनुरूप हिन्दू-मुसलमान दोनों के लिए एक सामान्य भक्तिमार्ग की भी भावना कुछ लोगों में जगायी। हृदयपक्षशून्य सामान्य अन्तस्साधना का मार्ग निकालने

का प्रयत्न नाथपन्थी कर चुके थे, यह हम कह चुके हैं। पर रागात्मक तत्त्व से रहित साधना से ही मनुष्य की आत्मा तृप्त नहीं हो सकती। महाराष्ट्र के प्रसिद्ध भक्त नामदेव (सं. 1328-1408) ने हिन्दू-मुसलमान दोनों के लिए एक सामान्य भक्तिमार्ग का भी आभास दिया। उसके पीछे कबीरदास ने विशेष तत्परता के साथ एक व्यवस्थित रूप में यह मार्ग 'निर्गुणपन्थ' के नाम से चलाया। जैसा कि पहले कहा जा चुका है कबीर के लिए नाथपन्थी जोगी बहुत कुछ रास्ता निकाल चुके थे। भेदभाव को निर्दिष्ट करनेवाले उपासना के बाहरी विधानों को अलग रखकर उन्होंने अन्तस्साधना पर जोर दिया था। पर नाथपन्थियों की अन्तस्साधना हृदयपक्षशून्य थी, उसमें प्रेमतत्त्व का अभाव था। कबीर ने यद्यपि नाथपन्थ की बहुत-सी बातों को अपनी बानी में जगह दी, पर यह बात उन्हें खटकी। इसका संकेत उनके ये वचन देते हैं—

झिलमिल झगरा झूलते बाकी रही न काहु।
गोरख अटके कालपुर कौन कहावै साहु?
बहुत दिवस ते हिंडिया सुन्नि समाधि लगाइ।
करहा पड़िया गाड़ में दूरि परा पछिताइ ॥

[करहा =(1) करभ; हाथी का बच्चा, (2) हठयोग की क्रिया करनेवाला]

अत: कबीर ने जिस प्रकार एक निराकार ईश्वर के लिए भारतीय वेदान्त का पल्ला पकड़ा उसी प्रकार उस निराकार ईश्वर की भक्ति के लिए सूफ़ियों का प्रेमतत्त्व लिया और अपना 'निर्गुणपन्थ' धूमधाम से निकाला। बात यह थी कि भारतीय भक्तिमार्ग साकार और सगुण रूप को लेकर चला था, निर्गुण और निराकार ब्रह्म भक्ति या प्रेम का विषय नहीं माना जाता। इसमें कोई सन्देह नहीं कि कबीर ने ठीक मौके पर जनता के उस बड़े भाग को सँभाला जो नाथपन्थियों के प्रभाव से प्रेमभाव और भक्तिरस से शून्य और शुष्क पड़ता जा रहा था। उनके द्वारा यह बहुत ही आवश्यक कार्य हुआ। इसके साथ ही मनुष्यत्व की सामान्य भावना को आगे करके निम्न श्रेणी की जनता में उन्होंने आत्मगौरव का भाव जगाया और भक्ति के ऊँचे से ऊँचे सोपान की ओर बढ़ने के लिए बढ़ावा दिया। उनका 'निर्गुणपन्थ' चल निकला जिसमें नानक, दादू, मलूकदास आदि अनेक सन्त हुए।

कबीर तथा अन्य निर्गुणपन्थी सन्तों के द्वारा अन्तस्साधना में रागात्मिका 'भक्ति' और 'ज्ञान' का योग तो हुआ, पर 'कर्म' की दशा वही रही जो नाथपन्थियों के यहाँ थी। इन सन्तों के ईश्वर ज्ञानस्वरूप और प्रेमस्वरूप ही रहे, धर्मस्वरूप न हो पाये। ईश्वर के धर्मस्वरूप को लेकर, उस स्वरूप को लेकर, जिसकी रमणीय अभिव्यक्ति लोक की रक्षा और रंजन में होती है, प्राचीन वैष्णव भक्तिमार्ग की रामभक्ति शाखा उठी। कृष्ण-भक्ति शाखा केवल प्रेमस्वरूप ही लेकर नयी उमंग से फैली।

यहाँ पर एक बात की ओर ध्यान दिला देना आवश्यक प्रतीत होता है। साधना के जो तीन अवयव—कर्म, ज्ञान और भक्ति—कहे गये हैं, वे सब काल पाकर दोषग्रस्त हो सकते हैं। 'कर्म' अर्थशून्य विधि-विधानों से निकम्मा हो सकता है, 'ज्ञान' रहस्य और गुह्य की भावना से पाखण्डपूर्ण हो सकता है और 'भक्ति' इन्द्रियोपभोग की वासना से कलुषित हो सकती है। भक्ति की निष्पत्ति श्रद्धा और प्रेम के योग से होती है। जहाँ श्रद्धा या पूज्यबुद्धि का अवयव—जिसका लगाव धर्म से होता है—छोड़कर केवल प्रेमलक्षणा-भक्ति ली जाएगी, वहाँ वह अवश्य विलासिता से ग्रस्त हो जाएगी।

इस दृष्टि से यदि हम देखें तो कबीर का 'ज्ञानपक्ष' तो रहस्य और गुह्य की भावना से विकृत मिलेगा पर सूफ़ियों से जो प्रेमतत्व उन्होंने लिया वह सूफ़ियों के यहाँ चाहे काम-वासनाग्रस्त हुआ हो, पर 'निर्गुणपन्थ' में अविकृत रहा। यह निस्सन्देह प्रशंसा की बात है। वैष्णवों की कृष्णभक्ति शाखा ने केवल प्रेमलक्षणा भक्ति ली, फल यह हुआ कि उसने अश्लील विलासिता की प्रवृत्ति जगायी। रामभक्ति शाखा में भक्ति सर्वांगपूर्ण रही; इससे वह विकृत न होने पायी। तुलसी की भक्तिपद्धति में कर्म (धर्म) और ज्ञान का पूरा सामंजस्य और समन्वय रहा। इधर आजकल अलबत्ता कुछ लोगों ने कृष्णभक्ति शाखा के अनुकरण पर उसमें भी 'माधुर्य भाव' का गुह्य रहस्य घुसाने का उद्योग किया है जिससे 'सखी सम्प्रदाय' निकल पड़े हैं और राम की भी 'तिरछी चितवन' और 'बाँकी अदा' के गीत गाये जाने लगे हैं।

यह सामान्य भक्तिमार्ग एकेश्वरवाद का एक अनिश्चित स्वरूप लेकर खड़ा हुआ, जो कभी ब्रह्मवाद की ओर ढलता था और कभी पैगम्बरी खुदावाद की ओर। यह 'निर्गुणपन्थ' के नाम से प्रसिद्ध हुआ। इसकी ओर ले जानेवाली सबसे पहली प्रवृत्ति जो लक्षित हुई वह ऊँच-नीच और जाति-पाँति के भाव का त्याग और ईश्वर की भक्ति के लिए मनुष्य मात्र के समान अधिकार का स्वीकार था। इस भाव का सूत्रपात भक्तिमार्ग के भीतर महाराष्ट्र और मध्य देश में नामदेव और रामानन्द जी द्वारा हुआ। महाराष्ट्र में नामदेव का जन्मकाल शक संवत् 1192 और मृत्युकाल शक संवत् 1272 प्रसिद्ध है। ये दक्षिण के नरूसी बमनी (सतारा जिला) के दरजी थे। पीछे पण्ढरपुर के विठोबा (विष्णु भगवान्) के मन्दिर में भगवद्भजन करते हुए अपना दिन बिताते थे।

महाराष्ट्र के भक्तों में नामदेव का नाम सबसे पहले आता है। मराठी भाषा के अभंगों के अतिरिक्त इनकी हिन्दी रचनाएँ भी प्रचुर परिमाण में मिलती हैं। इन हिन्दी रचनाओं में एक विशेष बात यह पायी जाती है कि कुछ तो सगुणोपासना से सम्बन्ध रखती हैं और कुछ निर्गुणोपासना से। इसके समाधान के लिए इनके समय की परिस्थिति की ओर ध्यान देना आवश्यक है। आदिकाल के अन्तर्गत यह कहा जा चुका है कि मुसलमानों के आने पर पठानों के समय में गोरखपन्थी योगियों का देश में बहुत

प्रभाव था। नामदेव के ही समय में प्रसिद्ध ज्ञानयोगी ज्ञानदेव हुए हैं जिन्होंने अपने को गोरख की शिष्यपरम्परा में बताया है। ज्ञानदेव का परलोकवास बहुत थोड़ी अवस्था में ही हुआ, पर नामदेव उनके उपरान्त बहुत दिनों तक जीवित रहे। नामदेव सीधे-सादे सगुणभक्ति मार्ग पर चले जा रहे थे, पर पीछे उस नाथपन्थ के प्रभाव के भीतर भी ये लाये गये, जो अन्तर्मुख साधना द्वारा सर्वव्यापक निर्गुणब्रह्म के साक्षात्कार को ही मोक्ष का मार्ग मानता था। लानेवाले थे ज्ञानदेव।

एक बार ज्ञानदेव इन्हें साथ लेकर तीर्थयात्रा को निकले। मार्ग में ये अपने प्रिय विग्रह विठोबा (भगवान्) के वियोग में व्याकुल रहा करते थे। ज्ञानदेव इन्हें बराबर समझाते जाते थे कि 'भगवान् क्या एक ही जगह हैं; वे तो सर्वत्र हैं, सर्वव्यापी हैं। यह मोह छोड़ो। तुम्हारी भक्ति अभी एकांगी है, जब तक निर्गुण पक्ष की भी अनूभूति तुम्हें न होगी, तब तक तुम पक्के न होंगे।' ज्ञानदेव की बहन मुक्ताबाई के कहने पर एक दिन 'सन्तपरीक्षा' हुई। जिस गाँव में यह सन्त मण्डली उतरी थी, उसमें एक कुम्हार रहता था। मण्डली के सब सन्त चुपचाप बैठ गये। कुम्हार घड़ा पीटने का पिटना लेकर सबके सिर पर जमाने लगा। चोट पर चोट खाकर भी कोई विचलित न हुआ। पर जब नामदेव की ओर बढ़ा, तब वे बिगड़ खड़े हुए। इस पर वह कुम्हार बोला, ''नामदेव को छोड़ और सब घड़े पक्के हैं।'' बेचारे नामदेव कच्चे घड़े ठहराये गये। इस कथा से यह स्पष्ट लक्षित हो जाता है कि नामदेव को नाथ पन्थ के योगमार्ग की ओर प्रवृत्त करने के लिए ज्ञानदेव की ओर से तरह-तरह के प्रयत्न होते रहे।

सिद्ध और योगी निरन्तर अभ्यास द्वारा अपने शरीर को विलक्षण बना लेते थे। खोपड़ी पर चोट खा-खाकर उसे पक्की करना उनके लिए कोई कठिन बात न थी। अब भी एक प्रकार के मुसलमान फकीर अपने शरीर पर जोर-जोर से डंडे जमाकर भिक्षा माँगते हैं।

नामदेव किसी गुरु से दीक्षा लेकर अपनी सगुण भक्ति में प्रवृत्त नहीं हुए थे, अपने ही हृदय की स्वाभाविक प्रेरणा से हुए थे। ज्ञानदेव बराबर उन्हें 'बिनु गुरु होइ न ज्ञान' समझाते आते थे। सन्तों के बीच निर्गुण ब्रह्म के सम्बन्ध में जो कुछ कहा-सुना जाता है और ईश्वर प्राप्ति की जो साधना बतायी जाती है, वह किसी गुरु की सिखायी हुई होती है। परमात्मा के शुद्ध निर्गुणस्वरूप के ज्ञान के लिए ज्ञानदेव का आग्रह बराबर बढ़ता गया। गुरु के अभाव के कारण किस प्रकार नामदेव में परमात्मा की सर्वव्यापकता का उदार भाव नहीं जम पाया था और भेदभाव बना था, इस पर भी एक कथा चली आती है। कहते हैं कि एक दिन स्वयं विठोबा (भगवान्) एक मुसलमान फकीर का रूप धरकर नामदेव के सामने आये। नामदेव ने उन्हें नहीं पहचाना। तब उनसे कहा गया कि वे तो परब्रह्म भगवान् ही थे। अन्त में बेचारे नामदेव ने नागनाथ नामक शिव के स्थान पर जाकर विठोबा खेचर या खेचरनाथ नामक

एकनाथपन्थी कनफटे से दीक्षा ली। इसके सम्बन्ध में उनके ये वचन हैं—

मन मेरी सुई, तन मेरा धागा। खेचरजी के चरण पर नामा सिंपी लागा।

सुफल जन्म मोको गुरु कीना। दुःख बिसार सुख अन्तर दीना॥
ज्ञान दान मोको गुरु दीना। राम नाम बिन जीवन हीना॥
× × ×
किसू हूँ पूजूँ दूजा नजर न आयी।
एके पाथर किज्जे भाव। दूजे पाथर धरिए पाव॥
जो वो देव तो हम बी देव। कहै नामदेव हम हरि की सेव॥

यह बात समझ रखनी चाहिए कि नामदेव के समय में ही देवगिरि पर पठानों की चढ़ाइयाँ हो चुकी थीं और मुसलमान महाराष्ट्र में भी फैल गये। थे। इसके पहले से ही गोरखनाथ के अनुयायी हिन्दुओं और मुसलमानों दोनों के लिए अन्तस्साधना के एक सामान्य मार्ग का उपदेश देते आ रहे थे।

इनकी भक्ति के अनेक चमत्कार भक्तमाल में लिखे हैं; जैसे—विठोबा (ठाकुर जी) की मूर्ति का इनके हाथ से दूध पीना, अविन्द नागनाथ के शिवमन्दिर के द्वार का इनकी ओर घूम जाना, इत्यादि। इनके माहात्म्य ने यह सिद्ध कर दिखाया कि 'जाति-पाँति पूछै नहिं कोई। हरि को भजै सौ हरि का होई।' इनकी इष्ट सगुणोपासना के कुछ पद नीचे दिये जाते हैं जिनमें शबरी-केवट आदि की सुगति तथा भगवान् की अवतारलीला का कीर्तन बड़े प्रेमभाव से किया गया है—

अंबरीष को दियो अभय पद, राज विभीषन अधिक कर्‌यो।
नव निधि ठाकुर दई सुदामहिं, ध्रुव को अटल अजहूँ न टर्‌यो।
भगत हेत मार्‌यो हरिनाकुस, नृसिंह रूप ह्वै देह धर्‌यो।
नामा कहै भगति बस केसव, अजहूँ बलि के द्वार खरो॥

दसरथरायनन्द राजा मेरा रामचन्द्र। प्रणवै नामा तत्त्व रस अमृत पोजै॥

धनि धनि मेघा रोमावली, धनि धनि कृष्ण ओढ़े काँवली।
धनि धनि तू माता देवकी, जिह गृह रमैया कँवलापती॥
धनि धनि बनखंड वृन्दाबना, जहँ खेलै श्रीनारायना।
बेनु बजावै, गोधन चारै, नामे का स्वामि आनँद करै॥

यह तो हुई नामदेव की व्यक्तोपासना सम्बन्धी हृदयप्रेरित रचना। आगे गुरु से सीखे हुए ज्ञान की उद्धरणी अर्थात् 'निर्गुन बानी' भी कुछ देखिए-

माई न होती, बाप न होते, कर्म्म न होता काया।

हम नहिं होते, तुम नहिं होते, कौन कहाँ ते आया॥
चन्द न होता, सूर न होता, पानी पवन मिलाया।
शास्त्र न होता, वेद न होता, करम कहाँ ते आया॥

× × ×

पांडे तुम्हरी गायत्री लोधे का खेत खाती थी।
लैकरि ठेंगा टँगरी तोरी लंगत लंगत आती थी।
पांडे तुम्हरा महादेव धौल बलद चढ़ा आवत देखा था।
पांडे तुम्हरा रामचन्द्र सो भी आवत देखा था॥
रावन सेंती सरबर होई, घर की जोय गँवाई थी।
हिन्दू अन्धा तुरुकौ काना, दुवौ ते ज्ञानी सयाना॥

हिन्दू पूजै देहरा, मुसलमान मसीद।
नामा सोई सेविया जहँ देहरा न मसीद॥

सगुणोपासक भक्त भगवान् के सगुण और निर्गुण दोनों रूप मानता है, पर भक्ति के लिए सगुण रूप ही स्वीकार करता है, निर्गुण रूप ज्ञानमार्गियों के लिए छोड़ देता है। सब सगुणमार्गी भक्त भगवान के व्यक्त रूप के साथ-साथ उनके अव्यक्त और निर्विशेष रूप का भी निर्देश करते आये हैं जो बोधगम्य नहीं। वे अव्यक्त की ओर संकेत भर करते हैं, उसके विवरण में प्रवृत्त नहीं होते। नामदेव क्यों प्रवृत्त हुए, यह ऊपर दिखाया जा चुका है। जबकि उन्होंने एक गुरु से ज्ञानोपदेश लिया तब शिष्यधर्मानुसार उसकी उद्धरणी आवश्यक हुई।

नामदेव की रचनाओं में यह बात साफ दिखाई पड़ती है कि सगुण भक्ति के पदों की भाषा तो ब्रज या परम्परागत काव्यभाषा है, पर 'निर्गुण बानी' की भाषा नाथपन्थियों द्वारा गृहीत खड़ी बोली या सधुक्कड़ी भाषा।

नामदेव की रचना के आधार पर यह कहा जा सकता है कि 'निर्गुणपन्थ' के लिए मार्ग निकालनेवाले नाथपन्थ के योगी और भक्त नामदेव थे। जहाँ तक पता चलता है 'निर्गुण मार्ग' के निर्दिष्ट प्रवर्तक कबीरदास ही थे, जिन्होंने एक ओर तो स्वामी रामानन्दजी के शिष्य होकर भारतीय अद्वैतवाद की कुछ स्थूल बातें ग्रहण कीं और दूसरी ओर योगियों और सूफ़ी फकीरों के संस्कार प्राप्त किये। वैष्णवों से उन्होंने अहिंसावाद और प्रपत्तिवाद लिये। इसीसे उनके तथा 'निर्गुणवाद' वाले और दूसरे सन्तों के वचनों में वही भारतीय अद्वैतवाद की झलक मिलती है, कहीं योगियों के नाड़ीचक्र की, कहीं सूफ़ियों के प्रेमनृत्य की, कहीं पैगम्बरी कट्टर खुदावाद की और कहीं अहिंसावाद की। अत: तात्त्विक दृष्टि से न तो हम इन्हें पूरे अद्वैतवादी कह सकते हैं और न एकेश्वरवादी। दोनों का मिलाजुला भाव इनकी वाणी में मिलता है। इनका

लक्ष्य एक ऐसी सामान्य भक्तिपद्धति का प्रचार था जिसमें हिन्दू और मुसलमान दोनों योग दे सकें और भेदभाव का कुछ परिहार हो। बहुदेवोपासना, अवतार और मूर्तिपूजा का खंडन ये मुसलमानी जोश के साथ करते थे और मुसलमानों की कुरबानी, हिंसा, नमाज, रोजा आदि की असारता दिखाते हुए ब्रह्म, माया, जीव, अनहद नाद सृष्टि, प्रलय आदि की चर्चा पूरे हिन्दू ब्रह्मज्ञानी बनकर करते थे। सारांश यह कि ईश्वर-पूजा की उन भिन्न-भिन्न बाह्य विधियों पर से ध्यान हटाकर, जिनके कारण धर्म में भेदभाव फैला हुआ था, ये शुद्ध ईश्वर प्रेम और सात्त्विक जीवन का प्रचार करना चाहते थे।

इस प्रकार देश में सगुण और निर्गुण के नाम से भक्तिकाव्य की दो धाराएँ विक्रम की 15वीं शताब्दी के अन्तिम भाग से लेकर 17वीं शताब्दी के अन्त तक समानान्तर चलती रहीं। भक्ति के उत्थानकाल के भीतर हिन्दी भाषा की कुछ विस्तृत रचना पहले-पहल कबीर ही की मिलती है, अतः पहले निर्गुण सन्तों के मत का उल्लेख उचित ठहरता है। यह निर्गुण धारा दो शाखाओं में विभक्त हुई—एक तो ज्ञानाश्रयी शाखा और दूसरी शुद्ध प्रेममार्गी शाखा (सूफ़ियों की)।

पहली शाखा भारतीय ब्रह्मज्ञान और योगसाधना को लेकर तथा उसमें सूफ़ियों के प्रेमतत्त्व को मिलाकर उपासना क्षेत्र में अग्रसर हुई और सगुण के खण्डन में उसी जोश के साथ तत्पर रही जिस जोश के साथ पैगम्बरी मत बहुदेवोपासना और मूर्तिपूजा आदि के खण्डन में रहते हैं। इस शाखा की रचनाएँ साहित्यिक नहीं—फुटकल दोहों या पदों के रूप में हैं, जिनकी भाषा और शैली अधिकतर अव्यवस्थित और ऊटपटाँग है। कबीर आदि दो एक प्रतिभासम्पन्न सम्तों को छोड़ औरों में ज्ञानमार्ग की सुनी-सुनायी बातों का पिष्टपेषण तथा हठयोग की बातों के कुछ रूपक भद्दी तुकबन्दियों में हैं। भक्ति रस में मग्न करनेवाली सरसता भी बहुत कम पायी जाती है। बात यह है कि इस पन्थ का प्रभाव शिष्ट और शिक्षित जनता पर नहीं पड़ा, क्योंकि उसके लिए न तो इस पन्थ में कोई नयी बात थी, न नया आकर्षण। संस्कृत बुद्धि, संस्कृत हृदय और संस्कृत वाणी का वह विकास इस शाखा में नहीं पाया जाता जो शिक्षित समाज को अपनी ओर आकर्षित करता। पर अशिक्षित और निम्न श्रेणी की जनता पर इन सन्त महात्माओं का बड़ा भारी उपकार है। उच्च विषयों का कुछ आभास देकर, आचरण की शुद्धता पर जोर देकर, आडम्बरों का तिरस्कार करके, आत्मगौरव का भाव उत्पन्न करके, इन्होंने इसे ऊपर उठाने का स्तुत्य प्रयत्न किया। पाश्चात्यों ने इन्हें जो 'धर्मसुधारक' की उपाधि दी है, वह इसी बात को ध्यान में रखकर।

दूसरी शाखा शुद्ध प्रेममार्गी सूफ़ी कवियों की है जिनकी प्रेमगाथाएँ वास्तव में साहित्य कोटि के भीतर आती हैं। इस शाखा के सब कवियों ने कल्पित कहानियों के द्वारा प्रेममार्ग का महत्त्व दिखाया है। इन साधक कवियों ने लौकिक प्रेम के बहाने उस 'प्रेमतत्त्व' का आभास दिया है जो प्रियतम ईश्वर से मिलानेवाला है। इन प्रेमकहानियों

का विषय तो वही साधारण होता है अर्थात् किसी राजकुमार का किसी राजकुमारी के अलौकिक सौन्दर्य की बात सुनकर उसके प्रेम में पागल होना और घर-बार छोड़कर निकल पड़ना तथा अनेक कष्ट और आपत्तियाँ झेलकर अन्त में उस राजकुमारी को प्राप्त करना। पर 'प्रेम की पीर' की जो व्यंजना होती है, वह ऐसे विश्वव्यापक रूप में होती है कि वह प्रेम इस लोक से परे दिखाई पड़ता है।

हमारा अनुमान है कि सूफ़ी कवियों ने जो कहानियाँ ली हैं वे सब हिन्दुओं के घर में बहुत दिनों से चली आती हुई कहानियाँ हैं जिनमें आवश्यकतानुसार उन्होंने हेरफेर किया है। कहानियों का मार्मिक आधार हिन्दू है। मनुष्य के साथ पशुपक्षी और पेड़-पौधों को भी सहानुभूतिसूत्र में बद्ध दिखाकर एक अखण्ड जीवनसमष्टि का आभास देना हिन्दू प्रेम कहानियों की विशेषता है। मनुष्य के घोर दुःख पर वन के वृक्ष भी रोते हैं, पक्षी भी सन्देशे पहुँचाते हैं। यह बात इन कहानियों में भी मिलती है।

शिक्षितों और विद्वानों की काव्यपरम्परा में यद्यपि अधिकतर आश्रयदाता राजाओं के चरितों और पौराणिक या ऐतिहासिक आख्यानों की ही प्रवृत्ति थी, पर साथ ही कल्पित कहानियों का भी चलन था, इसका पता लगता है। दिल्ली के बादशाह सिकन्दरशाह (संवत् 1546-1574) के समय में कवि ईश्वरदास ने 'सत्यवती कथा' नाम की एक कहानी दोहे-चौपाइयों में लिखी थी, जिसका आरम्भ तो व्यास-जनमेजय के संवाद से पौराणिक ढंग पर होता है, पर जो अधिकतर कल्पित, स्वच्छन्द और मार्मिक मार्ग पर चलनेवाली है। वनवास के समय पांडवों को मार्कण्डेय ऋषि मिले, जिन्होंने यह कथा सुनायी—

मथुरा के राजा चन्द्रउदय को कोई सन्तति न थी। शिव की तपस्या करने पर उनके वर से राजा को सत्यवती नाम की एक कन्या हुई। वह जब कुमारी हुई तब नित्य एक सुन्दर सरोवर में स्नान करके शिव का पूजन किया करती। इन्द्रपति नामक एक राजा के ऋतुवर्ण आदि चार पुत्र थे। एक दिन ऋतुवर्ण शिकार खेलते-खेलते घोर जंगल में भटक गया। एक स्थान पर उसे कल्पवृक्ष दिखाई पड़ा जिसकी शाखाएँ तीस कोस तक फैली थीं। उस पर चढ़कर चारों ओर दृष्टि दौड़ाने पर उसे एक सुन्दर सरोवर दिखाई पड़ा जिसमें कई कुमारियाँ स्नान कर रही थीं। वह जब उतरकर वहाँ गया तब सत्यवती को देख मोहित हो गया। कन्या का मन भी उसे देख कुछ डोल गया। ऋतुवर्ण जब उसकी ओर एकटक ताकता रह गया, तब सत्यवती को क्रोध आ गया और उसने यह कहकर कि—

एक चित्त हमैं चितवै जस जोगी चित जोग।
धरम न जानसि पापी, कहसि कौन तैं लोग॥

शाप दिया कि 'तू कोढ़ी और व्याधिग्रस्त हो जा।'

ऋतुवर्ण वैसा ही हो गया और पीड़ा से फूट-फूट कर रोने लगा—

रोवै ब्याधी बहुत पुकारी। छोहन ब्रिछ रौवें सब झारी॥
बाघ सिंह रोवत बन माहीं। रोवत पंछी बहुत ओनाहीं॥

यह व्यापक विलाप सुनकर सत्यवती उस कोढ़ी के पास जाती है; पर वह उसे यह कहकर हटा देता है कि 'तुम जाओ, अपना हँसो खेलो।' सत्यवती का पिता राजा एक दिन जब उधर से निकला तब कोढ़ी के शरीर से उठी दुर्गन्ध से व्याकुल हो गया। घर आकर उस दुर्गन्ध की शान्ति के लिए राजा ने बहुत दान पुण्य किया। जब राजा भोजन करने बैठा तब उसकी कन्या वहाँ न थी। राजा कन्या के बिना भोजन ही न करता था। कन्या को बुलाने जब राजा के दूत गये, तब वह शिव की पूजा छोड़कर न आयी। इस पर राजा ने क्रुद्ध होकर दूतों से कहा कि सत्यवती को जाकर उसी कोढ़ी को सौंप दो। दूतों का वचन सुनकर कन्या नीम की टहनी लेकर उस कोढ़ी की सेवा के लिए चल पड़ी और उससे कहा—

तोहि छाँड़ि अब मैं कित जाऊँ। माइ बाप सौंपा तुव ठाऊँ॥

कन्या प्रेम से उसकी सेवा करने लगी और एक दिन उसे कन्धे पर बिठाकर सत्यवती तीर्थस्नान कराने ले गयी, जहाँ बहुत से देवता, मुनि, किन्नर आदि निवास करते थे। वहाँ जाकर सत्यवती ने कहा, ''यदि मैं सच्ची सती हूँ तो रात हो जाय।'' इस पर चारों ओर घोर अन्धकार छा गया। सब देवता तुरन्त सत्यवती के पास दौड़े आये। सत्यवती ने उनसे ऋतुवर्ण को सुन्दर शरीर प्राप्त करने का वर माँगा। व्याधिग्रस्त ऋतुवर्ण ने तीर्थ में स्नान किया और उसका शरीर निर्मल हो गया। देवताओं ने वहीं दोनों का विवाह करा दिया॥

ईश्वरदास ने ग्रन्थ के रचनाकाल का उल्लेख इस प्रकार किया है—

भादौं मास पाष उजियारा। तिथि नौमी और मंगलवारा।
नषत अस्तिनी, मेष क चन्दा। पंच जगा सो सदा अनन्दा॥
जोगनीपुर दिल्ली बड़ थाना। साह सिकन्दर बड़ सुलताना॥

कण्ठे बैठ सरसुती विद्या गनपति दीन्ह।
ता दिन कथा आरम्भ यह इसरदास कवि कीन्ह॥

पुस्तक में पाँच-पाँच चौपाइयों (अर्द्धालियों) पर एक दोहा है। इस प्रकार 58 दोहे पर यह समाप्त हो गयी है। भाषा अयोध्या के आसपास की ठीक ठेठ अवधी है। 'बाटै' (=है) का प्रयोग जगह-जगह है। यह अवधी भाषा, चौपाई दोहे का क्रम और कहानी का रूप रंग सूफ़ी कवियों ने ग्रहण किया। आख्यान काव्यों के लिए

चौपाई-दोहे की परम्परा बहुत पुराने (विक्रम की 11वीं शती के) जैन चरित काव्यों में मिलती है, इसका उल्लेख पहले हो चुका है।

सूफ़ियों के प्रेमप्रबन्धों में खण्डन-मण्डन को बुद्धि के किनारे रखकर, मनुष्य के हृदय को स्पर्श करने का ही प्रयत्न किया गया है जिससे इनका प्रभाव हिन्दुओं और मुसलमानों पर समान रूप से पड़ता है। बीच-बीच में रहस्यमय परोक्ष की ओर जो मधुर संकेत मिलते हैं, वे बड़े हृदयग्राही होते हैं। कबीर में जो रहस्यवाद मिलता है वह बहुत कुछ उन पारिभाषिक संज्ञाओं के आधार पर है जो वेदान्त और हठयोग में निर्दिष्ट है। पर इन प्रेम प्रबन्धकारों ने जिस रहस्यवाद का आभास बीच-बीच में दिया है, उसके संकेत स्वाभाविक और मर्मस्पर्शी हैं। शुद्ध प्रेममार्गी सूफ़ी कवियों की शाखा में सबसे प्रसिद्ध जायसी हुए, जिनकी 'पद्मावत' हिन्दी काव्यक्षेत्र में एक अद्‌भुत रत्न है। इस सम्प्रदाय के सब कवियों ने पूरबी हिन्दी अर्थात् अवधी का व्यवहार किया है, जिसमें गोस्वामी तुलसीदासजी ने अपना रामचरिमानस लिखा है।

अपना भावात्मक रहस्यवाद लेकर सूफ़ी जब भारत में आये तब यहाँ उन्हें केवल साधनात्मक रहस्यवाद योगियों, रसायनियों और तान्त्रिकों में मिला। रसेश्वरदर्शन का उल्लेख 'सर्वदर्शनसंग्रह' में है। जायसी आदि सूफ़ी कवियों ने हठयोग और रसायन की कुछ बातों को भी कहीं-कहीं अपनी कहानियों में स्थान दिया है।

जैसा ऊपर कहा जा चुका है, भक्ति के उत्थानकाल के भीतर हिन्दी भाषा में कुछ विस्तृत रचना पहले-पहल कबीर की ही मिलती है, अतः पहले निर्गुण सम्प्रदाय की ज्ञानाश्रयी शाखा का संक्षिप्त विवरण आगे दिया जाता है जिसमें सर्वप्रथम कबीरदासजी सामने आते हैं।

(आचार्य रामचन्द्र शुक्ल, 'हिन्दी साहित्य का इतिहास' से साभार)

परिशिष्ट (ख)

निर्गुणधारा
ज्ञानाश्रय शाखा

कबीर—इनकी उत्पत्ति के सम्बन्ध में अनेक प्रकार के प्रवाद प्रचलित हैं। कहते हैं, काशी में स्वामी रामानन्द का एक भक्त ब्राह्मण था जिसकी विधवा कन्या को स्वामीजी ने पुत्रवती होने का आशीर्वाद भूल से दे दिया। फल यह हुआ कि उसे एक बालक उत्पन्न हुआ जिसे वह लहरतारा के ताल के पास फेंक आयी। अली या नीरू नाम का जुलाहा उस बालक को अपने घर उठा लाया और पालने लगा। यही बालक आगे चलकर कबीरदास हुआ। कबीर का जन्मकाल जेठ सुदी पूर्णिमा, सोमवार विक्रम संवत् 1456 माना जाता है। कहते हैं कि आरम्भ से ही कबीर में हिन्दू भाव से भक्ति करने की प्रवृत्ति लक्षित होती थी जिसे उनके पालनेवाले माता-पिता न दबा सके। वे 'राम-राम' जपा करते थे और कभी-कभी माथे पर तिलक भी लगा लेते थे। इससे सिद्ध होता है कि उस समय में स्वामी रामानन्द का प्रभाव खूब बढ़ रहा था और छोटे-बड़े, ऊँच-नीच, सब तृप्त हो रहे थे। अतः कबीर पर भी भक्ति का यह संस्कार बाल्यावस्था से ही यदि पड़ने लगा हो तो कोई आश्चर्य नहीं। रामानन्दजी के माहात्म्य को सुनकर कबीर के हृदय में शिष्य होने की लालसा जगी होगी। ऐसा प्रसिद्ध है कि एक दिन वे एक पहर रात रहते ही उस (पंचगंगा) घाट की सीढ़ियों पर जा पड़े, जहाँ से रामानन्दजी स्नान करने के लिए उतरा करते थे। स्नान को जाते समय अँधेरे में रामानन्दजी का पैर कबीर के ऊपर पड़ गया। रामानन्दजी बोल उठे 'राम राम कह'। कबीर ने इसी को गुरुमन्त्र मान लिया और वे अपने को रामानन्दजी का शिष्य कहने लगे। वे साधुओं का सत्संग भी रखते थे और जुलाहे का काम भी करते थे।

कबीर पन्थ में मुसलमान भी हैं। उनका कहना है कि कबीर ने प्रसिद्ध सूफ़ी मुसलमान फकीर शेख तकी से दीक्षा ली थी। वे उस सूफ़ी फकीर को ही कबीर का

गुरु मानते हैं।[1] आरम्भ से ही कबीर हिन्दू भाव की उपासना की ओर आकर्षित हो रहे थे। अत: उन दिनों जबकि रामानन्दजी की बड़ी धूम थी, अवश्य वे उनके सत्संग में भी सम्मिलित होते रहे होंगे। जैसा आगे कहा जाएगा, रामानुज की शिष्य परम्परा में होते हुए भी रामानन्दजी भक्ति का एक अलग उदार मार्ग निकाल रहे थे, जिसमें जाति–पाँति का भेद और खानपान का आचार दूर कर दिया गया था। अत: इसमें कोई सन्देह नहीं कि कबीर को 'राम नाम' रामानन्दजी से ही प्राप्त हुआ। पर आगे चलकर कबीर के 'राम' रामानन्द के 'राम' से भिन्न हो गये। अत: कबीर को वैष्णव सम्प्रदाय के अन्तर्गत नहीं ले सकते। कबीर ने दूर–दूर तक देशाटन किया, हठयोगियों तथा सूफ़ी मुसलमान फकीरों का भी सत्संग किया। अत: उनकी प्रवृत्ति निर्गुण उपासना की ओर दृढ़ हुई। अद्वैतवाद के स्थूल रूप का कुछ परिज्ञान उन्हें रामानन्द जी के सत्संग से पहले ही था। फल यह हुआ कि कबीर के राम धनुर्धर साकार राम नहीं रह गये; वे ब्रह्म के पर्याय हुए—

दसरथ सुत तिहुँ लोक बखाना।
राम नाम का मरम है आना॥

सारांश यह कि जो ब्रह्म हिन्दुओं की विचारपद्धति में ज्ञानमार्ग का एक निरूपण था, उसी को कबीर ने सूफ़ियों के ढर्रे पर उपासना का ही विषय नहीं, प्रेम का भी विषय बनाया और उसकी प्राप्ति के लिए हठयोगियों की साधना का समर्थन किया। इस प्रकार उन्होंने भारतीय ब्रह्मवाद के साथ सूफ़ियों के भावात्मक रहस्यवाद, हठयोगियों के साधनात्मक रहस्यवाद और वैष्णवों के अहिंसावाद तथा प्रपत्तिवाद का

---

1. ऊजी के पीर और शेख तकी चाहे कबीर के गुरु न रहे हों पर उन्होंने सत्संग से बहुत–सी बातें सीखीं, इसमें कोई सन्देह नहीं। कबीर ने शेख तकी का नाम लिया है पर उस आदर के साथ नहीं जिस आदर के साथ गुरु का नाम लिया जाता है; जैसे—'घट–घट है अविनासी सुनहु तकी तुम शेख'। इस वचन में कबीर ही शेख तकी को उपदेश देते जान पड़ते हैं। कबीर ने मुसलमान फकीरों का सत्संग किया था, इसका उल्लेख उन्होंने किया है। वे झूँसी, जौनपुर, मानिकपुर आदि गये थे जो मुसलमान फकीरों के प्रसिद्ध स्थान थे।

मानिकपुर हि कबीर बसेरी। मदहति सुनी शेख तकि केरी॥
ऊजी सुनी जौनपुर थाना। झूँसी सुनि पीरन के नामा॥

पर सबकी बातों का संचय करके भी अपने स्वभावानुसार वे किसी को भी ज्ञानी या बड़ा मानने के लिये तैयार नहीं थे, सबको अपना ही वचन मानने को कहते थे—

शेख अकरदीं सकरदीं तुम मानहु वचन हमार।
आदि अंत औ जुग जुग देखहु दीठि पसारि॥

मेल करके अपना पन्थ खड़ा किया। उनकी बानी में ये सब अवयव स्पष्ट लक्षित होते हैं।

यद्यपि कबीर की बानी 'निर्गुण बानी' कहलाती है पर उपासनाक्षेत्र में ब्रह्म निर्गुण नहीं बना रह सकता। सेव्य-सेवक-भाव में स्वामी में कृपा, क्षमा, औदार्य आदि गुणों का आरोप हो ही जाता है। इसीलिए कबीर के वचनों में कहीं तो निरुपाधि निर्गुण ब्रह्म सत्ता का संकेत मिलता है, जैसे—

पंडित मिथ्या करहु बिचारा। ना वह सृष्टि, न सिरजनहारा॥
जोति सरूप काल नहिं उहँवाँ, बचन न आहि सरीरा॥
थूल अथूल पवन नहिं पावक, रवि ससि धरनि न नीरा॥

और कहीं सर्ववाद की झलक मिलती है, जैसे—

आपुहि देवा आपुहि पाती। आपुहि कुल आपुहि है जाती॥

और कहीं सोपाधि ईश्वर की, जैसे—

साईं के सब जीव हैं कीरी कुंजर दोय।

सारांश यह कि कबीर में ज्ञानमार्ग की जहाँ तक बातें हैं, वे सब हिन्दू शास्त्रों की हैं जिनका संचय उन्होंने रामानन्दजी के उपदेशों से किया। माया, जीव, ब्रह्म, तत्त्वमसि, आठ मैथुन (अष्टमैथुन), त्रिकुटी, छह रिपु इत्यादि शब्दों का परिचय उन्हें अध्ययन द्वारा नहीं, सत्संग द्वारा ही हुआ, क्योंकि वे, जैसा कि प्रसिद्ध है, कुछ पढ़े-लिखे न थे, उपनिषद् की ब्रह्मविद्या के सम्बन्ध में वे कहते हैं—

तत्त्वमसी इनके उपदेशा। ई उपनीसद कहैं सँदेसा॥
जागबलिक औ जनक सँबादा। दत्तात्रेय बहैं रस स्वादा॥

यहीं तक नहीं, वेदान्तियों के कनक-कुण्डल-न्याय आदि का व्यवहार भी इनके वचनों में मिलता है—

गहना एक कनक तें गहना, इन महँ भाव न दूजा॥
कहन सुनन को दुइ करि थापिन, इक निमाज, इक पूजा॥

इसी प्रकार उन्होंने हठयोगियों के साधनात्मक रहस्यवाद के कुछ सांकेतिक शब्दों (जैसे, चन्द, सूर नाद, बिन्दु, अमृत औंधा कुआँ) को लेकर अद्भुत रूपक बाँधे हैं जो सामान्य जनता की बुद्धि पर पूरा आतंक जमाते हैं; जैसे—

सूर समाना चन्द में दहूँ किया घर एक।
मन का चिन्ता तब भया कछू पुरबिला लेख॥
आकासे मुखि औंधा कुआँ पाताले पनिहारि।
ताका पाणी को हँसा पीवै बिरला आदि बिचारि॥

वैष्णव सम्प्रदाय से उन्होंने अहिंसा का तत्त्व ग्रहण किया जो कि पीछे होनेवाले सूफ़ी फकीरों को भी मान्य हुआ। हिंसा के लिए वे मुसलमानों को बराबर फटकारते रहे—

दिन भर रोजा रहत हैं, राति हनत हैं गाय।
यह तो खून वह बन्दगी, कैसे खुसी खुदाय॥
अपनी देखि करत नहिं अहमक, कहत हमारे बड़न किया।
उसका खून तुम्हारी गरदन, जिन तुमको उपदेश दिया॥
बकरी पाती खाति है ताको काढ़ी खाल।
जो नर बकरी खात है तिनको कौन हवाल॥

उपर्युक्त विवेचन से स्पष्ट है कि ज्ञानमार्ग की बातें कबीर ने हिन्दू साधु, संन्यासियों से ग्रहण कीं जिनमें सूफ़ियों के सत्संग से उन्होंने 'प्रेमतत्त्व' का मिश्रण किया और अपना एक अलग पन्थ चलाया। उपासना के बाह्यस्वरूप पर आग्रह करनेवाले और कर्मकाण्ड को प्रधानता देनेवाले पण्डितों और मुल्लों दोनों को उन्होंने खरी-खरी सुनायी और 'राम-रहीम' की एकता समझकर हृदय को शुद्ध और प्रेममय करने का उपदेश दिया। देशाचार और उपासनाविधि के कारण मनुष्य-मनुष्य में जो भेदभाव उत्पन्न हो जाता है, उसे दूर करने का प्रयास उनकी वाणी बराबर करती रही। यद्यपि वे पढ़े-लिखे न थे पर उनकी प्रतिभा बड़ी प्रखर थी जिससे उनके मुँह से बड़ी चुटीली और व्यंग्य-चमत्कार पूर्ण बातें निकलती थीं। इनकी उक्तियों में विरोध और असम्भव का चमत्कार लोगों को बहुत आकर्षित करता था, जैसे—

है कोई गुरुज्ञानी जगत महँ उलटि बेद बूझै।
पानी महँ पावक बरै, अंधहिं आँखिन्ह सूझै॥
गाय तो नाहर को धरि खायो, हरिना खायो चीता।

अथवा—

नैया बिच नदिया डूबति जाय।

अनेक प्रकार के रूपकों और अन्योक्तियों द्वारा ही इन्होंने ज्ञान की बातें कही हैं जो नयी न हो पर भी वाग्वैचित्र्य के कारण अपढ़ लोगों को चकित किया करती थीं। अनूठी अन्योक्तियों द्वारा ईश्वरप्रेम की व्यंजना सूफ़ियों में बहुत प्रचलित थीं। जिस प्रकार कुछ

वैष्णवों में 'माधुर्य' भाव से उपासना प्रचलित हुई थी उसी प्रकार सूफ़ियों में भी ब्रह्म को सर्वव्यापी प्रियतम या माशूक मानकर हृदय से उद्‌गार प्रदर्शित करने की प्रथा थी। इसको कबीरदास ने ग्रहण किया। कबीर की वाणी में स्थान-स्थान पर भावात्मक रहस्यवाद की जो झलक मिलती है, वह सूफ़ियों के सत्संग का प्रसाद है। कहीं इन्होंने ब्रह्म को खसम या पति मानकर अन्योक्ति बाँधी है और कहीं स्वामी या मालिक, जैसे—

मुझको क्या तू ढूँढ़ै बन्दे मैं तो तेरे पास में।

अथवा—

साईं के संग सासुर आयी।
संग न सूती, स्वाद न जाना, गा जीवन सपने की नाईं॥
जना चारि मिलि लगन सुधायो, जना पाँच मिलि माड़ो छायो।
भयो विवाह चली बिनु दूलह, बाट जात समधी समझाई॥

कबीर अपने श्रोताओं पर यह अच्छी तरह भासित करना चाहते थे कि हमने ब्रह्म का साक्षात्कार कर लिया है, इसी से वे प्रभाव डालने के लिए बड़ी लम्बी-चौड़ी गर्वोक्तियाँ भी कभी-कभी कहते थे। कबीर ने मगहर में जाकर शरीर त्याग किया जहाँ इनकी समाधि अब तक बनी है। इनका मृत्युकाल संवत् 1575 माना जाता है, जिसके अनुसार इनकी आयु 120 वर्ष की ठहरती है। कहते हैं कि कबीर की वाणी का संग्रह उनके शिष्य धर्मदास ने संवत् 1521 में किया था जबकि उनके गुरु की अवस्था 64 वर्ष की थी। कबीर की वचनावली की सबसे प्राचीन प्रति, जिसका अब पता लगा है, संवत् 1561 की लिखी है।

कबीर की वाणी का संग्रह बीजक के नाम से प्रसिद्ध है, जिसके तीन भाग किये गये हैं—रमैनी, सबद और साखी। इसमें वेदान्ततत्त्व, हिन्दू-मुसलमानों को फटकार, संसार की अनित्यता, हृदय की शुद्धि, प्रेमसाधना की कठिनता, माया की प्रबलता, मूर्तिपूजा, तीर्थाटन आदि की असारता, हज, नमाज, व्रत, आराधना की गौणता इत्यादि अनेक प्रसंग हैं। साम्प्रदायिक शिक्षा और सिद्धान्त के उपदेश मुख्यत: 'साखी' के भीतर हैं जो दोहों में है। इसकी भाषा सधुक्कड़ी अर्थात् राजस्थानी पंजाबी मिली खड़ी बोली है, पर 'रमैनी' और 'सबद' में गाने के पद हैं जिनमें काव्य की ब्रजभाषा और कहीं-कहीं पूरबी बोली का भी व्यवहार है। खुसरो के गीतों की भाषा भी हम ब्रज दिखा आये हैं। इससे यह स्पष्ट हो जाता है कि गीतों के लिए काव्य की ब्रजभाषा ही स्वीकृत थी। कबीर का यह पद देखिए—

हौं बलि कब देखौंगी तोहि।
अहनिस आतुर दरसन कारनि ऐसी व्यापी मोहि।

नैन हमारे तुम्हको चाहैं, रती न मानै हारि॥
बिरह अगिनि तन अधिक जरावै, ऐसो लेहु बिचारि।
सुनहु हमारी दादि गोसाईं, अब जनि करहु अधीर॥
तुम धीरज, मैं आतुर, स्वामी, काँचे भाँडै नीर।
बहुत दिनन के बिछुरे माधौ, मन नहिं बाँधै धीर॥
देह छताँ तुम मिलहु कृपा करि आरतिवंत कबीर।

सूर के पदों की भी यही भाषा है।

भाषा बहुत परिष्कृत और परिमार्जित न होने पर भी कबीर की उक्तियों में कहीं-कहीं विलक्षण प्रभाव और चमत्कार हैं। प्रतिभा उनमें बड़ी प्रखर थी, इसमें सन्देह नहीं।

रैदास या रविदास—रामानन्दजी के बारह शिष्यों में रैदास भी माने जाते हैं जो जाति के चमार थे। इन्होंने कई पदों में अपने को चमार कहा भी है, जैसे—

(1) कह रैदास खलास चमारा।

(2) ऐसी मेरी जाति विख्यात चमार।

ऐसा जान पड़ता है कि ये कबीर के बहुत पीछे स्वामी रामानन्द के शिष्य हुए क्योंकि अपने एक पद में इन्होंने कबीर और सेन नाई दोनों के तरने का उल्लेख किया है—

नामदेव कबीर तिलोचन सधना सेन तरै।
कह रविदास, सुनहु रे सन्तहु! हरि जिउ तें सबहि सरै।

कबीरदास के समान रैदास भी काशी के रहनेवाले कहे जाते हैं। इनके एक पद से भी यही पाया जाता है—

जाके कुटुम्ब सब ढोर ढोवन्त
फिरहिं अजहुँ बानारसी आसपासा।
आचार सहित विप्र करहि डंडउति
तिन तनै रविदास दासानुदासा॥

रैदास का नाम धन्ना और मीराबाई ने बड़े आदर के साथ लिया है।

रैदास की भक्ति भी निर्गुण ढाँचे की जान पड़ती है। कहीं तो वे अपने भगवान् को सब में व्यापक देखते हैं—

थावर जंगम कीट पतंगा पूरि रह्यो हरिराई।

और कहीं कबीर की तरह परात्पर की ओर संकेत करके कहते हैं—

गुन निर्गुन कहियत नहिं जाके

रैदास का अपना अलग प्रभाव पछाह की ओर जान पड़ता है। 'साधो' का एक सम्प्रदाय, जो फर्रूखाबाद और थोड़ा-बहुत मिर्जापुर में भी पाया जाता है, रैदास की ही परम्परा में कहा जा सकता है; क्योंकि उसकी स्थापना (संवत् 1600) करनेवाले बीरभान उदयदास के शिष्य थे और उदयदास रैदास के शिष्यों में माने जाते हैं।

रैदास का कोई ग्रन्थ नहीं मिलता; फुटकर पद ही 'बानी' के नाम से 'सन्तबानी सीरीज' में संगृहीत हैं। चालीस पद तो 'आदि गुरु ग्रन्थ साहब' में दिये गये हैं। कुछ पद नीचे उद्धृत किये जाते हैं—

दूध त बछरै थनह बिडारेउ। फूलु भँवर, जलु मीन बिगारेउ॥
माई, गोबिंद पूजा कहा लै चढ़ावउँ। अवरु त फूल अनूपु न पावउँ॥
मलयागिरिवै रहै हैं भुअंगा। विषु अमृत बसहीं इक संगा॥
तन मन अरपउँ पूज चढ़ावउँ। गुरु परसादि निरंजन पावउँ॥
पूजा अरचा आहि न तोरी। कह रविदास कवनि गति मोरी॥
अखिल खिलै नहिं, का कह पण्डित, कोई न कहै समुझाई।
अबरन बरन रूप नहिं जाके कहँ लौ लाई समाई॥
चन्द सूर नहिं, राति दिवस नहिं, धरनि अकास न भाई॥
करम अकरम नहिं, सुभ असुभ नहिं, का कहि देहुँ बड़ाई॥

जब हम होते तब तू नाहीं, अब तू ही, मैं नाहीं।
अतल अगम जैसे लहरि भइ उदधि, जल केवल जलमाहीं॥

माधव क्या कहिये प्रभु ऐसा, जैसा मानिये होइ न तैसा।
नरपति एक सिंहासन सोइया, सपने भया भिखारी॥
अछत राज बिछुरत दुःखु पाइया, सो गति भई हमारी।

धर्मदास—ये बान्धव गढ़ के रहनेवाले और जाति के बनिये थे। बाल्यावस्था से ही इनके हृदय में भक्ति का अंकुर था और ये साधुओं का सत्संग, दर्शन-पूजा, तीर्थाटन आदि किया करते थे। मथुरा से लौटते समय कबीरदास के साथ इनका साक्षात्कार हुआ। उन दिनों सन्त समाज में कबीर की पूरी प्रसिद्धि हो चुकी थी। कबीर के मुख से मूर्तिपूजा, तीर्थाटन, देवार्चन आदि का खण्डन सुनकर इनका झुकाव 'निर्गुण' सन्तमत की ओर हुआ। अन्त में ये कबीर से सत्य नाम की दीक्षा लेकर उनके प्रधान शिष्यों में हो गये और संवत् 1575 में कबीरदास के परलोकवास पर उनकी गद्दी इन्हीं को मिली। कहते हैं कि कबीरदास के शिष्य होने पर इन्होंने अपनी सारी सम्पत्ति,

जो बहुत अधिक थी, लुटा दी। ये कबीरदास की गद्दी पर बीस वर्ष के लगभग रहे और अत्यन्त वृद्ध होकर इन्होंने शरीर छोड़ा। इनकी शब्दावली का भी सन्तों में बड़ा आदर है। इनकी रचना थोड़ी होने पर भी कबीर की अपेक्षा अधिक सरल भाव लिये हुए है, उसमें कठोरता और कर्कशता नहीं है। इन्होंने पूरबी भाषा का ही व्यवहार किया है। इनकी अन्योक्तियों के व्यंजक चित्र अधिक मार्मिक हैं क्योंकि इन्होंने खण्डन-मण्डन से विशेष प्रयोजन न रख प्रेमतत्त्व को लेकर अपनी वाणी का प्रसार किया है। उदाहरण के लिए कुछ पद नीचे दिये जाते हैं—

झरि लागै महलिया गगन घहराय।
खन गरजै, खन बिजुली चमकै, लहरि उठे सोभा बरनि न जाय।
सुन्न महल से अमृत बरसै, प्रेम अनन्द ह्वै साधु नहाय॥
खुली केवरिया, मिटी अँधियरिया, धनि सतगुरु जिन दिया लखाय।
धरमदास बिनवै कर जोरी, सतगुरु चरन में रहत समाय॥

मितऊ मड़ैया सूनी करि गैलो॥
अपना बलम परदेश निकरि गैलो, हमरा के किछुवौ न गुन दे गैलो।
जोगिन होइके मैं बन बन ढूँढ़ौं, हमरा के बिरह बैराग दै गैलो॥
सँग की सखी सब पार उतरि गइलीं, हम धनि ठाढ़ि अकेली रहि गैलो।
धरमदास यह अरजु करतु है, सार सबद सुमिरन दै गैलो॥!

गुरु नानक—गुरु नानक का जन्म सं. 1526 कार्तिकी पूर्णिमा के दिन तिलवंडी ग्राम जिला लाहौर में हुआ। इनके पिता कालूचन्द खत्री जिला लाहौर, तहसील शकरपुर के तिलवंडी नगर के सूबा बुलार पटान के कारिन्दा थे। इनकी माता का नाम तृप्ता था। नानकजी बाल्यावस्था से ही अत्यन्त साधु स्वभाव के थे। संवत् 1545 में इनका विवाह गुरुदासपुर के मूलचन्द खत्री की कन्या सुलक्षणी से हुआ। सुलक्षणी से इनके दो पुत्र श्रीचन्द और लक्ष्मीचन्द हुए। श्रीचन्द आगे चलकर उदासी सम्प्रदाय के प्रवर्तक हुए।

पिता ने इन्हें व्यावसाय में लगाने का बहुत उद्योग किया पर ये सांसारिक व्यवहारों में दत्तचित्त न हुए। एक बार इनके पिता ने व्यवसाय के लिए कुछ धन दिया जिसको इन्होंने साधुओं और गरीबों को बाँट दिया। पंजाब में मुसलमान बहुत दिनों से बसे थे, जिससे वहाँ उनके कट्टर एकेश्वरवाद का संस्कार धीरे-धीरे प्रबल हो रहा था। लोग बहुत से देवी-देवताओं की उपासना की अपेक्षा एक ईश्वर की उपासना को महत्त्व और सभ्यता का चिह्न समझने लगे थे। शस्त्रों के पठन-पाठन का क्रम मुसलमानों के प्रभाव से प्राय: उठ गया था जिससे धर्म और उपासना के गूढ़ तत्त्व समझने की शक्ति नहीं रह गयी थी। अत: जहाँ बहुत से लोग जबर्दस्ती मुसलमान

बनाये जाते थे वहाँ कुछ लोग शौक से भी मुसलमान बनते थे। ऐसी दशा में कबीर द्वारा प्रवर्तित 'निर्गुण सन्तमत' एक बड़ा भारी सहारा समझ पड़ा।

गुरु नानक आरम्भ ही से भक्त थे अतः उनका ऐसे मत की ओर आकर्षित होना स्वाभाविक था, जिसकी उपासना का स्वरूप हिन्दुओं और मुसलमानों दोनों को समान रूप से ग्राह्य हो। उन्होंने घर-बार छोड़ बहुत दूर-दूर के देशों में भ्रमण किया जिससे उपासना का सामान्य स्वरूप स्थिर करने में उन्हें बड़ी सहायता मिली। अन्त में कबीरदास की निर्गुण उपासना का प्रचार उन्होंने पंजाब में आरम्भ किया और वे सिख सम्प्रदाय के आदि गुरु हुए। कबीरदास के समान वे भी कुछ विशेष पढ़े-लिखे न थे। भक्तिभाव से पूर्ण होकर वे जो भजन गाया करते थे उनका संग्रह (संवत् 1661) ग्रन्थ साहब में किया गया। ये भजन कुछ तो पंजाबी भाषा में हैं और कुछ देश की सामान्य काव्यभाषा हिन्दी में हैं। यह हिन्दी कहीं तो देश की काव्यभाषा है। कहीं खड़ी बोली जिसमें इधर-उधर पंजाबी के कुछ रूप भी आ गये हैं, जैसे—चल्या, रह्या। भक्ति या विनय के सीधे-सादे भाव सीधी-सादी भाषा में कहे गये हैं, कबीर के समान अशिक्षितों पर प्रभाव डालने के लिए टेढ़े-मेढ़े रूपकों में नहीं। इससे इनकी प्रकृति की सरलता और अहंभावशून्यता का परिचय मिलता है। इनका देहान्त संवत् 1596 में हुआ। संसार की अनित्यता, भगवद्-भक्ति और सन्त-स्वभाव के सम्बन्ध में उदाहरणस्वरूप दो पद दिये जाते हैं—

इस दम दा मैनूँ कीबे भरोसा, आया आया, न आया न आया।
यह संसार रैन दा सुपना, कहीं देखा, कहीं नाहिं दिखाया॥
सोच-विचार करे मत मन मैं, जिसने ढूँढ़ा उसने पाया॥
नानक भक्तन दे पद परसे निसदिन राम चरन चित लाया॥

जो नर दुःख में दुःख नहिं मानै।
सुख सनेह अरु भय नहिं जाके, कंचन माटी जानै॥
नहिं निन्दा नहिं अस्तुति जाके, लोभ मोह अभिमाना॥
हरष सोक ते रहै नियारो, नाहिं मान अपमाना॥
आसा मनसा सकल त्यागि कै जग तें रहै निरासा॥
काम क्रोध जेहि परसै नाहिं न तेहिं घट ब्रह्म निवासा॥
गुरु किरपा जेहि नर पै कीन्हीं तिन्ह यह जुगुति पिछानी।
नानक लीन भयो गोबिन्द सों ज्यों पानी सँग पानी॥

दादूदयाल—यद्यपि सिद्धान्त दृष्टि से दादू कबीर के मार्ग के ही अनुयायी हैं पर उन्होंने अपना एक अलग पन्थ चलाया, जो 'दादूपन्थ' के नाम से प्रसिद्ध हुआ।

दादूपन्थी लोग इनका जन्म संवत् 1601 में गुजरात के अहमदाबाद नामक स्थान में मानते हैं। इनकी जाति के सम्बन्ध में भी मतभेद हैं। कुछ लोग इन्हें गुजराती ब्राह्मण मानते हैं और कुछ लोग मोची या धुनिया। कबीर साहब की उत्पत्ति-कथा से मिलती-जुलती दादूदयाल की उत्पत्ति-कथा भी दादूपन्थी लोग कहते हैं। उनके अनुसार दादू बच्चे के रूप में साबरमती नदी में बहते हुए लोदीराम नामक एक नागर ब्राह्मण को मिले थे। चाहे जो हो, अधिकतर ये नीची जाति के ही माने जाते हैं। दादूदयाल का गुरु कौन था, यह ज्ञात नहीं। पर कबीर का इनकी बानी में बहुत जगह नाम आया है और इसमें कोई सन्देह नहीं कि ये उन्हीं के मतानुयायी थे।

दादूदयाल 14 वर्ष तक आमेर में रहे। वहाँ से मारवाड़, बीकानेर आदि स्थानों में घूमते हुए संवत् 1659 में नराना में (जयपुर से 20 कोस दूर) आकर रह गये। वहाँ से तीन-चार कोस पर भराने की पहाड़ी है। वहाँ भी ये अन्तिम समय में कुछ दिनों तक रहे और वहीं संवत् 1660 में शरीर छोड़ा। वह स्थान दादूपन्थियों का प्रधान अड्डा है और वहाँ दादूजी के कपड़े और पोथियाँ अब तक रखी हैं। और निर्गुणपन्थियों के समान दादूपन्थी लोग भी अपने को निरंजन निराकार का उपासक बताते हैं। ये लोग न तिलक लगाते हैं, न कण्ठी पहनते हैं, साथ में एक सुमिरनी रखते हैं और 'सत्तराम' कहकर अभिवादन करते हैं।

दादू की बानी अधिकतर कबीर की साखी से मिलते-जुलते दोहों में है, कहीं-कहीं गाने के पद भी हैं। भाषा मिलीजुली पश्चिमी हिन्दी है जिसमें राजस्थानी का मेल भी है। इन्होंने कुछ पद गुजराती, राजस्थानी और पंजाबी में भी कहे हैं। कबीर के समान पूरबी हिन्दी का व्यवहार इन्होंने नहीं किया है। इनकी रचना में अरबी-फारसी के शब्द अधिक आये हैं और प्रेमतत्त्व की व्यंजना अधिक है। घट के भीतर के रहस्यप्रदर्शन की प्रवृत्ति इनमें बहुत कम है। दादू की बानी में यद्यपि उक्तियों का वह चमत्कार नहीं है जो कबीर की बानी में मिलता है, पर प्रेमभाव का निरूपण अधिक सरस और गम्भीर है। कबीर के समान खण्डन और वाद-विवाद में इन्हें रुचि नहीं थी। इनकी बानी में भी वे ही प्रसंग हैं, जो निर्गुणमार्गियों की बानियों में साधारणतः आया करते हैं; जैसे—ईश्वर की व्यापकता, सतगुरु की महिमा, जाति-पाँति का निराकरण, हिन्दू-मुसलमानों का अभेद, संसार की अनित्यता, आत्मबोध इत्यादि। इनकी रचना का कुछ अनुमान नीचे उद्धृत पद्यों से हो सकता है—

घीव दूध में रमि रह्या व्यापक सब ही ठौर।
दादू बकता बहुत है, मथि काढ़ै ते और॥
यह मसीत यह देहरा सतगुरु दिया दिखाइ।
भीतर सेवा बन्दगी बाहिर काहे जाइ॥

दादू देख दयाल को सकल रहा भरपूर।
रोम-रोम में रमि रह्या तू जनि जानै दूर॥
केते पारखि पचि मुए कीमति कही न जाइ।
दादू सब हैरान हैं गूँगे का गुड़ खाइ।
जब मन लागे राम सों तब अनत काहे को जाइ।
दादू पाणी लूण ज्यों ऐसै रहै समाइ।

भाई रे! ऐसा पन्थ हमारा।
द्वै पख रहित पन्थ गह पूरा अबरन एक अधारा।
बाद बिबाद काहु सौं नाहीं मैं हूँ जग थें न्यारा॥
समदृष्टि सूँ भाई सहज मैं आपहिं आप बिचारा।
मैं, तैं, मेरी यह मति नाहीं निरबैरी निरविकारा॥
काम कल्पना कदे न कीजै पूरन ब्रह्म पियारा।
एहि पथि पहुँचि पार गहि दादू, सो तब सहज सँभारा॥

सुन्दरदास—ये खण्डेलवाल बनिये थे और चैत्र शुक्ल 9, संवत् 1653 में द्यौसा नामक स्थान (जयपुर राज्य) में उत्पन्न हुए थे। इनके पिता का नाम परमानन्द और माता का नाम सती था। जब ये 6 वर्ष के थे तब दादूदयाल द्यौसा में गये थे। तभी से वे दादूदयाल के शिष्य हो गये और उनके साथ रहने लगे। संवत् 1660 में दादूदयाल का देहान्त हुआ। तब तक ये नराना में रहे। फिर जगजीवन साधु के साथ अपने जन्मस्थान द्यौसा में आ गये। वहाँ संवत् 1663 तक रह कर फिर जगजीवन के साथ काशी चले आये। वहाँ तीस वर्ष की अवस्था तक ये संस्कृत व्याकरण, वेदान्त और पुराण आदि पढ़ते रहे। संस्कृत के अतिरिक्त ये फारसी भी जानते थे। काशी से लौटने पर ये राजपूताने के फतहपुर (शेखावाटी) नामक स्थान में आ रहे। वहाँ के नवाब अलिफ खाँ इन्हें बहुत मानते थे। इनका देहान्त कार्तिक शुक्ल 8, संवत् 1746 को साँगानेर में हुआ।

इनका डीलडौल बहुत अच्छा, रंग गोरा और रूप बहुत सुन्दर था। स्वभाव अत्यन्त कोमल और मृदुल था। ये बालब्रह्मचारी थे और स्त्री की चर्चा से सदा दूर रहते थे, निर्गुणपन्थियों में ये ही ऐसे व्यक्ति हुए हैं, जिन्हें समुचित शिक्षा मिली थी और जो काव्यकला की रीति आदि से अच्छी तरह परिचित थे। अतः इनकी रचना साहित्यिक और सरस है। भाषा भी काव्य की मँजी हुई ब्रजभाषा है। भक्ति और ज्ञानचर्चा के अतिरिक्त नीति और देशाचार आदि पर भी इन्होंने बड़े सुन्दर पद कहे हैं। और सन्तों ने केवल गाने के पद और दोहे कहे हैं, पर इन्होंने सिद्धहस्त कवियों के समान बहुत से कवित्त और सवैये रचे हैं। यों तो छोटे-मोटे इनके अनेक ग्रन्थ हैं

पर 'सुन्दरविलास' ही सबसे अधिक प्रसिद्ध है, जिसमें कवित्त-सवैये ही अधिक हैं। इन कवित्त-सवैयों में यमक, अनुप्रास और अर्थालंकार आदि की योजना बराबर मिलती है। इनकी रचना काव्यपद्धति के अनुसार होने के कारण और सन्तों की रचना से भिन्न प्रकार की दिखाई पड़ती है। सन्त तो ये थे ही, पर कवि भी थे। इससे समाज की रीति-नीति और व्यवहार आदि पर भी पूरी दृष्टि रखते थे। भिन्न-भिन्न प्रदेशों के आचार पर इनकी बड़ी विनोदपूर्ण उक्तियाँ हैं, जैसे गुजरात पर—'आभड छीत अतीत सों होत बिलार और कूकर चाटत हाँड़ी', मारवाड़ पर—'वृच्छ न नीर न उत्तम चीर सुदेसन में गत देस है मारू', दक्षिण पर—'राँधत प्याज, बिगारत नाज, न आवत लाज, करै सब भच्छन; पूरब देश पर—'ब्राह्मन क्षत्रिय वैसरु सूदर चारोई बर्न के मच्छ बघारत।

इनकी रचना के कुछ नमूने नीचे दिये जाते हैं—

गेह तज्यो अरु नेह तज्यो पुनि खेह लगाइ कै देह सँवारी।
मेह सहे सिर, सीत सहे तन, धूप समै जो पँचागिनि बारी।
भूख सही रहि रूख तरे, पर सुन्दरदास सबै दुःख भारी।
डासन छाँड़िकै कासन ऊपर आसन मार्‌यो, पै आस न मारी॥

व्यर्थ की तुकबन्दी और ऊटपटाँग बानी इनको रुचिकर न थी। इसका पता इनके इस कवित्त से लगता है—

बोलिए तौ तब जब बोलिबे की बुद्धि होय,
ना तौ मुख मौन गहि चुप होय रहिए।
जोरिए तो तब जब जोरिबे की रीति जानै,
तुक छन्द अरथ अनूप जामे लहिए॥
गाइए तौ तब जब गाइबे को कण्ठ होय,
श्रवन के सुनत ही मनै जाय गहिए।
तुकभंग, छन्दभंग, अरथ मिलै न कछु,
सुन्दर कहत ऐसी बानी नहिं कहिए॥

सुशिक्षा द्वारा विस्तृत दृष्टि प्राप्त होने से इन्होंने और निर्गुणवादियों के समान लोकधर्म की उपेक्षा नहीं की। पातिव्रत का पालन करनेवाली स्त्रियों, रणक्षेत्र में कठिन कर्तव्य पालन करनेवाले शूरवीरों आदि के प्रति इनके हृदय में सम्मान के लिए पूरी जगह थी। दो उदाहरण अलम् हैं—

पति ही सूँ प्रेम होय, पति ही सूँ नेम होय,
पति ही सूँ छेम होय, पति ही सूँ रत है।

पति ही है जज्ञ जोग, पति ही है रस भोग,
पति ही सूँ मिटै सोग, पति ही को जत है॥
पति ही है ज्ञान ध्यान, पति ही है पुन्य दान,
पति ही है तीर्थ, न्हान, पति ही को मत है।
पति बिनु पति नाहिं, पति बिनु गति नाहिं,
सुन्दर सकल बिधि एक पतिव्रत है॥

सुनत नगारे चोट बिगसै कमलमुख,
अधिक उछाह फूल्यो मात है न तन में।
फेरै जब साँग तब कोऊ नहीं धीर धरै,
कायर कँपायमान होत देखि मन में॥
कूदि कै पतंग जैसे परत पावक माहिं,
ऐसे कूदि परै बहु सावँत के गन में।
मारि घमसान करि सुन्दर जुहारै श्याम,,
सोई सूरबीर रूपि रहै जाय रन में॥

इसी प्रकार इन्होंने जो सृष्टि तत्त्व आदि विषय कहे हैं, वे भी औरों के समान मनमाने और ऊटपटाँग नहीं हैं, शास्त्र के अनुकूल हैं। उदाहरण के लिए नीचे का पद्य लीजिए जिसमें ब्रह्म के आगे और सब क्रम सांख्य के अनकूल हैं—

ब्रह्म तें पुरुष अरु प्रकृति प्रगट भई,
प्रकृति तें महत्तत्त्व, पुनि अहंकार है।
अहंकार हू तें तीन गुण सत, रज, तम,
तमहू तें महाभूत विषय पसार है॥
रजहू तें इन्द्री दस पृथक्-पृथक् भई,
सत्तहू तें मन आदि देवता विचार है।
ऐसे अनुक्रम करि शिष्य सूँ कहत गुरु,
सुन्दर सकल यह मिथ्या भ्रमजार है॥

मलूकदास—मलूकदास का जन्म लाला सुन्दरदास खत्री के घर में वैशाख कृष्ण 5, संवत् 1631 में कड़ा, जिला इलाहाबाद में हुआ। इनकी मृत्यु 108 वर्ष की अवस्था में संवत् 1739 में हुई। ये औरंगजेब के समय में दिल के अन्दर खोजनेवाले निर्गुण मत के नामी सन्तों में हुए हैं और इनकी गद्दियाँ कड़ा, जयपुर, गुजरात, मुलतान, पटना, नेपाल और काबुल तक में कायम हुईं। इनके सम्बन्ध में बहुत से चमत्कार या करामातें प्रसिद्ध हैं। कहते हैं कि एक बार इन्होंने एक डूबते हुए शाही जहाज को पानी

के ऊपर उठाकर बचा लिया था और रुपयों का तोड़ा गंगाजी में तैराकर कड़े से इलाहाबाद भेजा था।

आलसियों का यह मूल मन्त्र—

अजगर करै न चाकरी, पंछी करै न काम।
दास मलूका कहि गये, सबको दाता राम॥

इन्हीं का है। इनकी दो पुस्तकें प्रसिद्ध हैं—रत्नखान और ज्ञानबोध। हिन्दुओं और मुसलमानों—दोनों को उपदेश देने में प्रवृत्त होने के कारण दूसरे निर्गुणमार्गी सन्तों के समान इनकी भाषा में भी फारसी और अरबी शब्दों का बहुत प्रयोग है। इसी दृष्टि से बोलचाल की खड़ी बोली का पुट इन सब सन्तों की बानी में एक-सा पाया जाता है। इन सब लक्षणों के होते हुए भी इनकी भाषा सुव्यवस्थित और सुन्दर है। कहीं-कहीं अच्छे कवियों का-सा पद विन्यास और कवित्त आदि छन्द भी पाये जाते हैं। कुछ पद्य बिलकुल खड़ी बोली में हैं आत्मबोध, वैराग्य, प्रेम आदि पर इनकी वाणी बड़ी मनोहर है। दिग्दर्शनमात्र के लिए कुछ पद्य नीचे दिये जाते हैं—

अब तो अजपा जपु मन मेरे।
सुर नर असुर टहलुआ जाके मुनि गन्ध्रव हैं जाके चेरे।
दस औतार देखि मत भूलौ, ऐसे रूप घेनेरे॥
अलख पुरुष के हाथ बिकाने जब तैं नैनहि हेरे।
कह मलूक तू चेत अचेता काल न आवै नेरे॥
नाम हमारा खाक है, हम खाकी बन्दे।
खाकहि से पैदा किये अति गाफिल गन्दे॥

कबहूँ न करते बन्दगी, दुनिया में भूले।
आसमान को ताकते, घोड़े चढ़ फूले॥
सबहिन के हम सबै हमारे। जीव जन्तु मोहिं लगें पियारे॥
तीनों लोक हमारी माया। अन्त कतहूँ से कोई नहिं पाया॥
छत्तिस पवन हमारी जाति। हमहीं दिन और हमहीं राति॥
हमहीं तरवर कीट पतंगा। हमहीं दुर्गा, हमहीं गंगा॥
हमहीं मुल्ला हमहीं काजी। तीरथ बरत हमारी बाजी॥
हमहीं दसरथ, हमहीं राम। हमरै क्रोध और हमरै काम॥
हमहीं रावन, हमहीं कंस। हमहीं मारा अपना बंस॥

अक्षर अनन्य—संवत् 1710 में इनके वर्तमान रहने का पता लगता है। ये दतिया रियासत के अन्तर्गत सेनुहरा के कायस्थ थे और कुछ दिनों तक दतिया के राजा

पृथ्वीचन्द के दीवान थे। पीछे ये विरक्त होकर पन्ना में रहने लगे। प्रसिद्ध छत्रसाल इनके शिष्य हुए। एक बार ये छत्रसाल से किसी बात पर अप्रसन्न होकर जंगल में चले गये। पता लगने पर जब महाराज छत्रसाल क्षमाप्रार्थना के लिए इनके पास गये तब इन्हें एक झाड़ी के पास खूब पैर फैलाकर लेटे हुए पाया। महाराज ने पूछा, 'पाँव पसारा कब से?' चट से उत्तर मिला—'हाथ समेटा जब से'। ये विद्वान, थे और वेदान्त के अच्छे ज्ञाता थे। इन्होंने योग और वेदान्त पर कई ग्रन्थ—राजयोग, विज्ञानयोग, ध्यानयोग, सिद्धान्तबोध, विवेकदीपिका, बह्मज्ञान, अनन्य प्रकाश आदि लिखे और दुर्गा शसशती का भी हिन्दी पद्यों में अनुवाद किया पद्यों में अनुवाद किया। राजयोग के कुछ पद्य नीचे दिये जाते हैं—

यह भेद सुनौ पृथिचन्दराय। फल चारहु को साधन उपाय॥
यह लोक सधै सुख पुत्र बाम। परलोक नसै बस नरक धाम॥
परलोक लोक दोउ सधै जाय। सोइ राजजोग सिद्धान्त आय॥
निज राजजोग ज्ञानी करन्त। हठि मूढ़ धर्म साधत अनन्त॥

जैसा कि ऊपर कहा जा चुका है, निर्गुणमार्गी सन्त कवियों की परम्परा में थोड़े ही ऐसे हुए हैं, जिनकी रचना साहित्य के अन्तर्गत आ सकती है। शिक्षितों का समावेश कम होने से। इनकी अधिकतर बानी साम्प्रदायिकों के ही काम की है। उसमें मानव-जीवन की भावनाओं की वह विस्तृत व्यंजना नहीं है जो साधारण जनसमाज को आकर्षित कर सके। इस प्रकार के सन्तों की परम्परा यद्यपि बराबर चलती रही और नये-नये पन्थ निकलते रहे पर देश के सामान्य साहित्य पर उनका कोई प्रभाव न रहा। दादूदयाल की शिष्यपरम्परा में जगजीवनदास या जगजीवन साहब हुए जो संवत् 1818 के लगभग वर्तमान थे। ये चन्देल ठाकुर थे और कोटवा (बाराबंकी) के निवासी थे। इन्होंने अपना एक अलग 'सत्यनामी' सम्प्रदाय चलाया। इनकी वाणी में साधारण ज्ञानचर्चा है। इनके शिष्य दूलगदारा हुए जिन्होंने एक शब्दावली लिखी। उनके शिष्य तोंवरदास और पहलवानदास हुए। तुलसी साहब, गोविन्द साहब, भीखा साहब, पलटू साहब आदि अनेक सन्त हुए हैं। प्रयाग के वेलवेडियर प्रेस ने इस प्रकार के बहुत से सन्तों की वाणियाँ प्रकाशित की हैं।

निर्गुणपन्थ के सन्तों के सम्बन्ध में यह अच्छी तरह समझ रखना चाहिए कि उनमें कोई दार्शनिक व्यवस्था दिखाने का प्रयत्न व्यर्थ है। उन पर द्वैत, अद्वैत, विशिष्टाद्वैत का आरोप करके वर्गीकरण करना दार्शनिक पद्धति की अनभिज्ञता प्रकट करेगा। जो थोड़ा-बहुत भेद दिखाई पड़ेगा, वह उन अवयवों की न्यूनता या अधिकता के कारण उनका मेल करके निर्गुण पन्थ चला है। जैसे किसी में वेदान्त के ज्ञानतत्त्व

का अवयव रूप मिलेगा, किसी में योगियों के साधनातत्त्व का, किसी में सूफ़ियों के मधुर प्रेमतत्त्व का, किसी में व्यावहारिक ईश्वरभक्ति (कर्ता, पिता प्रभु की भावना से युक्त) का। दिखाया जा चुका है कि निर्गुणपन्थ में जो थोड़ा-बहुत ज्ञानपक्ष है वह वेदान्त से लिया गया है; जो प्रेमतत्त्व है, वह सूफ़ियों का है, न कि वैष्णवों का। 'अहिंसा' और 'प्रपत्ति' अतिरिक्त वैष्णवत्व का और कोई अंश उसमें नहीं है। उसके 'सुरति' और 'निरति' शब्द सिद्धों के हैं। बौद्धधर्म के अष्टांग मार्ग के अन्तिम मार्ग हैं—सम्यक् स्मृति और सम्यक् समाधि। 'सम्यक् स्मृति' वह दशा है जिसमें क्षण-क्षण पर मिटनेवाला ज्ञान स्थिर हो जाता है और उसकी शृंखला बँध जाती है। 'समाधि' में साधक सब संवेदनों से परे हो जाता है। अतः 'सुरति', 'निरति' शब्द योगियों की वाणियों से आये हैं, वैष्णवों से उनका कोई सम्बन्ध नहीं।

(आचार्य रामचन्द्र शुक्ल : 'हिन्दी साहित्य का इतिहास' से साभार)

सहायक-ग्रन्थ-सूची

संस्कृत-ग्रन्थ

अभिनवगुप्त : ध्वन्यालोक लोचन, अनु. जगन्नाथ पाठक चौखम्बा विद्याभवन, वाराणसी-1965

: हिन्दी अभिनव भारती, अनु. आचार्य विश्वेश्वर हिन्दी अनुसन्धान परिषद्, दिल्ली विश्वविद्यालय, दिल्ली-1960

आनन्दवर्धन : ध्वन्यालोक, अनु. जगन्नाथ पाठक, चौखम्बा विद्याभवन, वाराणसी-1954

उद्भट : काव्यालंकार सार संग्रह, भण्डारकर रिसर्च इन्स्टिट्यूट, 1952

कुन्तक : वक्रोक्तिजीवितम्, हिन्दी, अनु. आचार्य विश्वेश्वर, आत्माराम एण्ड सन्स, दिल्ली-1955

क्षेमेन्द्र : औचित्य विचार चर्चा, निर्णयसागरप्रेस, बम्बई, 1933

जगन्नाथ पण्डितराज : रसगंगाधर, अनु. बदरीनाथ झा और मनमोहन झा, चौखम्बा विद्याभवन, वाराणसी, 1955

भरत : नाट्यशास्त्र, भाग-1, गायकवाड़, ओरिएण्टल सीरीज, द्वितीय संस्करण, 1956

: भरत का नाट्यशास्त्र, भाग-1, अनु. रघुवंश, मोतीलाल बनारसीदास, दिल्ली, 1964

माभट्ट : काव्यालंकार, अनु. देवेन्द्रनाथ शर्मा, बिहार राष्ट्रभाषा परिषद्, पटना, 1963

भोज : सरस्वती कंठाभरण, काव्यामाला, 1955

मम्मट : काव्यप्रकाश, अनु. आचार्य विश्वेश्वर ज्ञान मण्डल लिमिटेड, वाराणसी, 1960

महिम भट्ट : व्यक्तिविवेक, अनु. रेवाप्रसाद द्विवेदी, चौखम्बा विद्याभवन, वाराणसी, 1964

राजशेखर : काव्यमीमांसा : हिन्दी अनुवाद, केदारनाथ शर्मा सारस्वत, बिहार राष्ट्रभाषा परिष्झद्, पटना, 1954

रुद्रट : काव्यांलकार, काव्यमाला, 1909

वामन : काव्यालंकार सूत्र-वृत्ति, अनुवाद आचार्य विश्वेश्वर, आत्माराम एण्ड सन्स, दिल्ली, 1954

विश्वनाथ : साहित्य दर्पण, विमला टीका, शाल ग्राम शास्त्री, मोतीलाल बनारसीदास, च.सं., 1961

शारदातनय : भावप्रकाश, गायकवाड़ ओरिएण्टल सीरीज, 1930

हिन्दी

आनन्दप्रकाश दीक्षित : रस-सिद्धान्त : स्वरूप-विश्लेषण, राजकमल प्रकाशन, दिल्ली, 1960

अमीर सिंह : रसखान और 'घनानन्द', इण्डियन प्रेस प्रयाग, 1929

हरफान हबीब : भारतीय इतिहास में मध्यकाल सम्पादन और अनुवाद— रमेश रावत ग्रन्थशिल्पी, दिल्ली, प्र. सं. 1999

कृष्णदत्त पालीवाल : हिन्दी आलोचना के नये वैचारिक आधार, वाणी प्रकाशन, नयी दिल्ली, प्र. सं. 2003

: मध्ययुगीन हिन्दी महाकाव्यों में नायक, साहित्य प्रकाशन, मालीवाड़ा, दिल्ली, प्र. सं. 1972

: सीय राममय सबजगजानी, वाणी प्रकाशन, नयी दिल्ली, प्र. सं., 1997

गदाधर भट्ट : शक्तिवाद, वेण्कटेश्वर प्रेस, बम्बई, प्र. सं., 1970

गुलाबराय : सिद्धान्त और अध्ययन, आत्माराम एण्ड सन्स, दिल्ली, छठा संस्करण, 1965

ग. त्र्यं. देशपाण्डे : भारतीय साहित्य शास्त्र, पालुलटुबकरियो, बम्बई, 1960

ग.मा. मुक्तिबोध : नयी कविता का आत्मसंघर्ष तथा अन्य निबन्ध, विश्वभारतीय प्रकाशन, नागपुर, प्र.सं. 1964

निर्मल वर्मा : दूसरे शब्दों में भारतीय ज्ञानपीठ प्रकाशन, दिल्ली, प्र.सं. 1997

नगेन्द्र : रीतिकाव्य की भूमिका, गौतम बुक डिपो, दिल्ली, द्वि. सं. 1953

: भारतीय सौन्दर्य शास्त्र की भूमिका, नेशनल पब्लिशिंग हाउस, दिल्ली, 1970

: रस-सिद्धान्त, नेशनल पब्लिशिंग हाउस, दिल्ली, 1964

नन्दकिशोर आचार्य : साहित्य का अध्यात्म, सूर्यप्रकाशन मन्दिर, बीकानेर, प्र.सं. 2006

नामवर सिंह : दूसरी परम्परा की खोज, राजकमल प्रकाशन, दिल्ली, पेपर बैक, प्र. सं., 1983

प्रेमस्वरूप गुप्त : रसगंगाधर का शास्त्रीय अध्ययन, भारत प्रकाशन मन्दिर, अलीगढ़, 1962

: हिन्दी वैष्णव साहित्य में रस परिकल्पना, नेशनल पब्लिशिंग हाउस, दिल्ली, प्र. सं. 1969

प्रेमशंकर : भक्ति काव्य का समाजशास्त्र, राधाकृष्ण प्रकाशन, दिल्ली, द्वि. सं. 1993

: भारतीय स्वच्छन्दतावाद और छायावाद, वाणी प्रकाशन, दिल्ली, प्र. सं. 2006

परशुराम चतुर्वेदी : मीराबाई की पदावली, हिन्दी साहित्य सम्मेलन, प्रयाग, 1957

भगवतीप्रसाद सिंह : रामभक्ति में रसिक सम्प्रदाय, अवध साहित्य मन्दिर, बलरामपुर, 1960

मधुसूदन सरस्वती : भक्ति रसायन, भाग-1, धनंजय प्रेस, खानापुर, 1956

जयशंकर 'प्रसाद' : काव्य और कला तथा अन्य निबन्ध, भारती भण्डार, इलाहाबाद, पंचम संस्करण, 1958

रमेशचन्द्र शाह : समय संवादी, सूर्य प्रकाशन मन्दिर, बीकानेर, प्रथम संस्करण 2005

रामस्वरूप चतुर्वेदी : हिन्दी साहित्य और संवेदना का विकास लोक भारती प्रकाशन, इलाहाबाद, चौ. सं. 2000

रीतारानी पालीवाल : समालोचना से साक्षात्कार, इन्दिरा गाँधी राष्ट्रीय मुक्त विश्वविद्यालय, मानविकी विद्यापीठ, मैदानगढ़ी, प्र.सं. 2003

रामविलास शर्मा : परम्परा का मूल्यांकन, राजकमल प्रकाशन, नयी दिल्ली, प्र. सं. 1981

: भारतीय सौन्दर्यबोध और तुसलीदास, साहित्य अकादेमी, दिल्ली, प्र. सं. 2001

: गाँधी, अम्बेडकर, लोहिया और भारतीय इतिहास की समस्याएँ, वाणी प्रकाशन, नयी दिल्ली, प्र. सं. 2000

रामचन्द्र शुक्ल : रस–मीमांसा, नागरीप्रचारिणी सभा काशी, द्वि. सं. 1957

: चिन्तामणि, भाग–1, इण्डियन प्रेस, प्रयास, संस्करण 1953

: चिन्तामणि, भाग–2, सरस्वती मन्दिर, वाराणसी, पाँ. सं. 1962

: हिन्दी साहित्य का इतिहास, नागरीप्रचारिणी सभा, काशी, सं. सं. 1951

रूप गोस्वामी . उज्जवलनीलमणि, निर्णय सागर प्रेस, बम्बई, 1932

: श्री हरिभक्ति रसामृतसिन्धु, अच्युत ग्रन्थमाला कार्यालय, काशी, 1931

विद्यानिवास मिश्र : अंगद की नियति, प्रभातप्रकाशन दिल्ली, प्र. सं. 1984

: सहृदय, साहित्य अकादेमी, दिल्ली, 1980

वल्लभाचार्य : ब्रह्मसूत्र, अणुभाष्य, भाग–1–10, निर्णय सागर प्रेस, 1983–1937

: तत्त्वार्थ दीप निबन्ध, सर्वनिर्णय प्रकरण, श्री वल्लभाचार्यजी, सेठ नारायणदास तथा जेठानन्द, आसनमलग्रन्थमाला, 12, प्र. सं. 1942

विजयेन्द्र स्नातक : वल्लभ सम्प्रदाय : सिद्धान्त और साहित्य नेशनल पब्लिशिंग हाउस, प्र. सं. 1957

विश्वनाथप्रसाद मिश्र : केशव ग्रन्थावली, खण्ड 1–2, हिन्दुस्तानी अकादेमी, 1954

वियोगी हरि (सं) : ब्रजमाधुरीसार, हिन्दी साहित्य सम्मेलन, प्रयाग, प. सं. 1942

विश्वनाथप्रसाद मिश्र : वाङ्मय विमर्श, हिन्दी साहित्य कुटीर, वाराणसी, तृतीय संस्करण, 1957

विजयदेव नारायण साही : छठवाँ दशक, हिन्दुस्तानी एकेडेमी, इलाहाबाद, प्र. सं. 1987

: जायसी, हिन्दुस्तानी एकेडेमी, इलाहाबाद, 1980

श्यामसुन्दर दास : कबीर ग्रन्थावली, काशी नागरीप्रचारिणी सभा, काशी, प्र. सं. 1928

श्यामदास : श्री चैतन्य चरितामृत, श्रीधाम वृन्दावन, प्र. सं. 1951

शशिभूषणदास गुप्त : राधा का क्रमिक विकास और दर्शन, हिन्दी प्रचारक पुस्तकालय, वाराणसी, प्र. सं. 1956

शम्भुनाथ : हिन्दी नवजागरण और संस्कृति, आनन्दप्रकाशन, कोलकाता, प्र. सं. 2004

सुवीरा जायसवाल : वैवणाव धर्म का उद्भव और विकास, ग्रन्थशिल्पी, नयी दिल्ली, द्वि. सं. 1996

: जाति वर्ण व्यवस्था, उ. भ., प्रकार्य और रूपान्तरण, ग्रन्थशिल्पी, नयी दिल्ली, प्रथम हिन्दी संस्करण 2004

सचिदानन्द-हीरानन्द वात्स्यायन 'अज्ञेय' : त्रिशंकु : संघर्षयुग में साहित्य सरस्वती प्रेस बनारस, प्र. सं. 1954

: शेषा, प्रभात प्रकाशन, दिल्ली, प्र. सं. 1995

: सर्जना और सन्दर्भ, नेशनल पब्लिशिंग हाउस, नयी दिल्ली, प्र. सं. 1985

हजारीप्रसाद द्विवेदी : हजारीप्रसाद द्विवेदी ग्रन्थावली, भाग 1-8, राजकमल प्रकाशन, दिल्ली, प्रथम संस्करण, 1981

अंग्रेजी

Alexander, S. : Beauty and other form of value, Clarendon Press, Oxford, 1933

Bradley, A.C. : Oxford Lectures on Poetry, Macmillan London, 1909

Daiches, David : Critical Approaches to Literature, Longmans Press, 1956

Eliot, T.S. : The Sacred Wood, Second Edition, Faber and Faber, London, 1928

: Notes Towards the Definition of Culture, Faber and Faber, London, 1951

: Selected Essays, Third Edition Faber and Faber, London, 1951

Empson, Will AM : The Structure of Complex Words, New York, 1951

Greene, T.M. : Art and The Art of Critism, Princeton University Press, 1940

Jung, C.G. : Modern man in search of a soul, Rouledge and Regan Paul, London, 1962

Leavis, F.R. : The Common Pursuit, Chatto and Windus, London, 1952

Hopper, Stanley : -ed. Spiritual Problems in Contemporary Literature, Harber, New York, 1957

Pater, Walter : The Renaissance, Macmillan, London, Fifth edition, 1994

Willams, Raymond : Culture and Society (1780-1950) Chatto and Windus, London, 1958

Wrigth, George, T. : The Poet in the Poem, University of California Press, Berkeley, 1962

❒❒❒